霍邱堰台

——淮河流域周代聚落发掘报告

安徽省文物考古研究所 编著

科学出版社
北京

内 容 简 介

本书是关于安徽霍邱县堰台遗址的考古发掘报告。书中发表了2004年对堰台遗址发掘的全部考古资料，重点考察了该遗址的聚落布局及地层堆积的特点与成因，对出土的各类遗物进行了全面的叙述，并以陶器为核心对该遗址进行了分期。书后还附录了关于堰台遗址的古环境及出土动物、植物、人骨等相关方面的专题研究。

本书适合于从事商周考古的专家学者和相关专业的大专院校师生参考阅读。

图书在版编目（CIP）数据

霍邱堰台：淮河流域周代聚落发掘报告/安徽省文物考古研究所编著.—北京：科学出版社，2010

ISBN 978-7-03-029449-4

Ⅰ.①霍… Ⅱ.①安… Ⅲ.①文化遗址-发掘报告-安徽省 Ⅳ.①K878.05

中国版本图书馆 CIP 数据核字（2010）第 215547 号

责任编辑：宋小军／责任校对：张凤琴

责任印制：赵德静／封面设计：谭 硕

科学出版社 出版
北京东黄城根北街16号
邮政编码：100717
http://www.sciencep.com

双青印刷厂 印刷
科学出版社发行　各地新华书店经销

*

2010年12月第 一 版　　开本：787×1092 1/16
2010年12月第一次印刷　印张：32　插页：48
印数：1—1 600　　　　字数：732 000

定价：218.00元

（如有印装质量问题，我社负责调换）

本报告出版得到

国家重点文物保护专项补助经费

资　助

目　　录

第一章　概述 ··· (1)
　第一节　自然环境与历史背景 ·· (1)
　第二节　遗址概况与发掘经过 ·· (4)
　第三节　资料整理与报告编写 ··· (10)

第二章　地层堆积 ·· (13)
　第一节　地层堆积及整理概况 ··· (13)
　第二节　地层堆积举例 ·· (19)
　第三节　地层堆积特点及成因 ··· (29)

第三章　遗迹 ·· (31)
　第一节　环壕 ·· (32)
　第二节　建筑遗迹 ·· (39)
　第三节　墓葬 ··· (171)
　第四节　其他遗迹 ··· (209)
　第五节　小结 ··· (245)

第四章　遗物 ··· (248)
　第一节　陶器 ··· (248)
　第二节　铜器 ··· (339)
　第三节　玉石器 ·· (345)
　第四节　骨、角、蚌器 ··· (363)

第五章　分期与年代 ··· (366)
　第一节　地层分组 ··· (366)
　第二节　遗物分期 ··· (368)
　第三节　年代判断 ··· (377)

第六章　结语 ··· (388)
　第一节　文化特征与文化因素分析 ··· (388)
　第二节　堰台遗址聚落形态分析 ·· (402)
　第三节　关于淮夷文化的探讨 ··· (410)

附录 ……………………………………………………………………………………（416）

  附录一 堰台遗址古环境背景及其对人类活动的影响 ………………………（416）

  附录二 堰台周代遗址人骨研究 …………………………………………………（423）

  附录三 堰台遗址出土的动物骨骼研究报告 ……………………………………（444）

  附录四 堰台遗址浮选结果分析报告 ……………………………………………（479）

Abstract …………………………………………………………………………………（491）

后记 ………………………………………………………………………………………（494）

插 图 目 录

图一	淮河水系示意图	(2)
图二	遗址位置示意图	(5)
图三	遗址地形示意图	(6)
图四	遗址地貌示意图	(7)
图五	遗址布方示意图	(9)
图六	堰台遗址台地部分南北大剖面图	(插页)
图七	T0805 四壁剖面图	(20)
图八	T0816 四壁剖面图	(22)
图九	T0811 四壁剖面图	(24)
图一〇	T0512 四壁剖面图	(26)
图一一	T1113 四壁剖面图	(28)
图一二 A	台地遗迹分布图	(插页)
图一二 B	堰台遗址环壕、台地位置示意图	(31)
图一三	台地东南部内、外壕沟平、剖面图	(33)
图一四	台地北部内、外壕沟平、剖面图	(35)
图一五	台地南部 T1 内、外壕沟平、剖面图	(36)
图一六	台地南部内、外壕沟钻探剖面示意图	(36)
图一七	台地东部内、外壕沟钻探剖面示意图	(37)
图一八	台地西北部内、外壕沟钻探剖面示意图	(37)
图一九	台地西部北段内、外壕沟钻探剖面示意图	(38)
图二〇	台地西部南段钻探剖面示意图	(38)
图二一	F1 平、剖面图	(46)
图二二	F2 平、剖面图	(48)
图二三	F3 平、剖面图	(49)
图二四	F4 平、剖面图	(51)
图二五	F5 平、剖面图	(53)
图二六	F6 平、剖面图	(54)

图二七	F7 平、剖面图	(55)
图二八	F8 平、剖面图	(56)
图二九	F9 平、剖面图	(57)
图三〇	F10 平、剖面图	(58)
图三一	F11 平、剖面图	(59)
图三二	F12 平、剖面图	(60)
图三三	F13 平、剖面图	(61)
图三四	F14 平、剖面图	(62)
图三五	F15 平、剖面图	(63)
图三六	F16 平、剖面图	(64)
图三七	F17 平、剖面图	(64)
图三八	基槽6、基槽7 平、剖面图	(65)
图三九	基槽10、基槽11 平、剖面图	(66)
图四〇	基槽14、基槽16 平、剖面图	(67)
图四一	基槽23、基槽24 平、剖面图	(68)
图四二	基槽27、基槽28 平、剖面图	(69)
图四三	基槽36、基槽37 平、剖面图	(70)
图四四	T0409D3、T0415D7 平、剖面图	(158)
图四五	T0608D10、T0714D9 平、剖面图	(159)
图四六	T0515D1、T0915D2 平、剖面图	(160)
图四七	T0415D15、T0910D1、T0610D6、T0514D20 平、剖面图	(161)
图四八	T0806D7、T0611D2 平、剖面图	(162)
图四九	T0614D6、T0514D7 平、剖面图	(163)
图五〇	T0808D9、T0914D3、T0509D12、T1012D4 平、剖面图	(164)
图五一	T0708D1、T071D1 平、剖面图	(165)
图五二	F7 与木板灰烬平面示意图	(167)
图五三	Z1、Z2、Z3、Z4 平、剖面图	(169)
图五四	Z5、Z6、Z7 平、剖面图	(170)
图五五	M1 平、剖面图	(174)
图五六	M3 平、剖面图	(175)
图五七	M4 平、剖面图	(176)
图五八	M5 平、剖面图	(176)
图五九	M6 平、剖面图	(177)

图六〇	M8 平、剖面图	(178)
图六一	M9 平、剖面图	(178)
图六二	M10 平、剖面图	(179)
图六三	M11 平、剖面图	(180)
图六四	M12 平、剖面图	(180)
图六五	M13 平、剖面图	(181)
图六六	M14 平、剖面图	(182)
图六七	M15 平、剖面图	(182)
图六八	M17 平、剖面图	(183)
图六九	M19 平、剖面图	(183)
图七〇	M20 平、剖面图	(184)
图七一	M21 平、剖面图	(185)
图七二	M22 平、剖面图	(185)
图七三	M23 平、剖面图	(186)
图七四	M25 平、剖面图	(186)
图七五	M26 平、剖面图	(187)
图七六	M27 平、剖面图	(187)
图七七	M29 平、剖面图	(188)
图七八	M31 平、剖面图	(189)
图七九	M33 平、剖面图	(189)
图八〇	M34 平、剖面图	(190)
图八一	M35 平、剖面图	(191)
图八二	M37 平、剖面图	(192)
图八三	M39 平、剖面图	(192)
图八四	M40 平、剖面图	(192)
图八五	M41 平、剖面图	(193)
图八六	M42 平、剖面图	(194)
图八七	M45 平、剖面图	(194)
图八八	M47 平、剖面图	(195)
图八九	M50 平、剖面图	(195)
图九〇	M51 平、剖面图	(196)
图九一	M54 平、剖面图	(197)
图九二	M55 平、剖面图	(198)

图九三　M56 平、剖面图 …………………………………………………………（198）
图九四　M2 平、剖面图 ……………………………………………………………（199）
图九五　M7 平、剖面图 ……………………………………………………………（200）
图九六　M16 平、剖面图 …………………………………………………………（201）
图九七　M18 平、剖面图 …………………………………………………………（201）
图九八　M24 平、剖面图 …………………………………………………………（202）
图九九　M28 平、剖面图 …………………………………………………………（203）
图一〇〇　M30 平、剖面图 ………………………………………………………（203）
图一〇一　M32 平、剖面图 ………………………………………………………（204）
图一〇二　M36 平、剖面图 ………………………………………………………（205）
图一〇三　M38 平、剖面图 ………………………………………………………（205）
图一〇四　M43 平、剖面图 ………………………………………………………（206）
图一〇五　M44 平、剖面图 ………………………………………………………（206）
图一〇六　M46 平、剖面图 ………………………………………………………（207）
图一〇七　M48 平、剖面图 ………………………………………………………（207）
图一〇八　M49 平、剖面图 ………………………………………………………（208）
图一〇九　M52 平、剖面图 ………………………………………………………（209）
图一一〇　M53 平、剖面图 ………………………………………………………（210）
图一一一　H1、H2、H3、H4 平、剖面图 ………………………………………（211）
图一一二　H5、H6 平、剖面图 …………………………………………………（213）
图一一三　H7、H8 平、剖面图 …………………………………………………（214）
图一一四　H9、H10 平、剖面图 ………………………………………………（215）
图一一五　H11、H12、H13 平、剖面图 ………………………………………（216）
图一一六　H14 平、剖面图 ………………………………………………………（217）
图一一七　H15、H16、H17、H18 平、剖面图 …………………………………（218）
图一一八　H19、H20 平、剖面图 ………………………………………………（220）
图一一九　H21、H22 平、剖面图 ………………………………………………（221）
图一二〇　H23、H24 平、剖面图 ………………………………………………（222）
图一二一　T0413K5、T0412K1、T0509K2、T0508K7 平、剖面图 …………（239）
图一二二　T0413K3、T0410K6、T0412K2、T0711K2 平、剖面图 …………（241）
图一二三　T0806K3 平、剖面图 …………………………………………………（242）
图一二四　G1 平、剖面图 …………………………………………………………（242）
图一二五　G2 平、剖面图 …………………………………………………………（243）

插图目录

图一二六	石块堆积1平面图	(244)
图一二七	石块堆积2平面图	(245)
图一二八	陶器纹饰拓片	(250)
图一二九	印纹硬陶纹饰拓片	(251)
图一三〇	甲类A型陶鬲	(253)
图一三一	甲类B型陶鬲	(255)
图一三二	乙类A型陶鬲	(256)
图一三三	乙类B型陶鬲	(257)
图一三四	乙类B型陶鬲	(258)
图一三五	乙类Bb型陶鬲	(260)
图一三六	乙类C型陶鬲	(261)
图一三七	乙类D型陶鬲	(262)
图一三八	乙类E型陶鬲	(264)
图一三九	乙类Ec型陶鬲	(266)
图一四〇	乙类F型陶鬲	(267)
图一四一	陶鬲口沿及鬲足	(268)
图一四二	Aa型陶罐	(269)
图一四三	Ab型陶罐	(270)
图一四四	B型陶罐	(272)
图一四五	C型陶罐	(273)
图一四六	D型陶罐	(275)
图一四七	E型陶罐	(276)
图一四八	甲类A型陶盆	(278)
图一四九	甲类B、C型陶盆	(279)
图一五〇	甲类D型陶盆	(280)
图一五一	乙类A型陶盆	(281)
图一五二	乙类B型陶盆	(283)
图一五三	乙类C型盆	(284)
图一五四	乙类D、E型陶盆	(285)
图一五五	陶盉	(286)
图一五六	A型盉把	(287)
图一五七	B型盉把及管状流	(288)
图一五八	陶甗	(289)

图一五九	A 型陶簋	（290）
图一六〇	B 型陶簋	（291）
图一六一	C 型陶簋	（293）
图一六二	C 型陶簋	（294）
图一六三	D、E 型陶簋	（295）
图一六四	F 型陶簋及圈足	（296）
图一六五	A 型陶豆	（298）
图一六六	B 型陶豆	（299）
图一六七	B、C 型陶豆	（300）
图一六八	D 型陶豆	（302）
图一六九	E 型陶豆	（303）
图一七〇	F 型陶豆	（304）
图一七一	G 型陶豆	（305）
图一七二	G 型陶豆	（306）
图一七三	H 型陶豆	（307）
图一七四	I、J 型陶豆及原始瓷豆	（308）
图一七五	A 型陶钵	（309）
图一七六	B 型陶钵	（311）
图一七七	B、C 型陶钵	（312）
图一七八	C、D 型陶钵	（314）
图一七九	E 型陶钵	（315）
图一八〇	F 型陶钵	（317）
图一八一	甲 a 类 A 型陶器盖	（317）
图一八二	甲 a 类 B、C 型陶器盖	（318）
图一八三	甲 b 类 A 型陶器盖	（319）
图一八四	甲 b 类 B 型陶器盖	（320）
图一八五	甲 c 类 A 型陶器盖	（321）
图一八六	甲 c 类、甲 d 类陶器盖	（322）
图一八七	甲 d 类陶器盖	（322）
图一八八	乙类陶器盖	（323）
图一八九	陶壶	（324）
图一九〇	陶瓮	（325）
图一九一	陶瓮	（326）

图一九二	其他类陶器	(327)
图一九三	Aa 型陶纺轮	(329)
图一九四	Aa 型陶纺轮	(330)
图一九五	Aa 型陶纺轮	(332)
图一九六	Ab、B 型陶纺轮	(332)
图一九七	网坠、陶垫、球形带孔器	(333)
图一九八	A 型陶拍	(334)
图一九九	B、C 型陶拍	(336)
图二〇〇	B 型陶拍	(337)
图二〇一	陶范	(338)
图二〇二	陶范	(339)
图二〇三	甲类 Aa 型铜镞	(341)
图二〇四	甲类 A、B 型铜镞	(342)
图二〇五	甲、乙类铜镞	(343)
图二〇六	铜器	(344)
图二〇七	铜器	(345)
图二〇八	石锛、石斧	(346)
图二〇九	B 型石锛	(348)
图二一〇	石斧、石锛	(349)
图二一一	石刀	(350)
图二一二	甲类石镰	(351)
图二一三	石镰	(353)
图二一四	石凿	(354)
图二一五	B 型石凿	(355)
图二一六	B 型石凿	(357)
图二一七	B 型石凿	(358)
图二一八	石凿、石铲	(359)
图二一九	砺石	(360)
图二二〇	石器	(361)
图二二一	石范	(362)
图二二二	其他玉、石器	(362)
图二二三	骨、角、蚌器	(364)
图二二四	陶鬲演变图	(369)

图二二五	陶罐、簋演变图	（370）
图二二六	陶盆演变图	（371）
图二二七	陶豆演变图	（372）
图二二八	陶钵演变图	（373）
图二二九	陶器盖演变图	（374）
图二三〇	各段陶器器类变化比较图	（375）
图二三一	各段陶质陶色变化比较图	（375）
图二三二	各段陶器纹饰变化比较图	（376）
图二三三	堰台遗址主要遗迹分布图	（插页）
图二三四	霍邱县商周遗址分布图	（409）

插 表 目 录

表一	东南区探方地层关系对应表	（15）
表二	东北区探方地层关系对应表	（16）
表三	西北区探方地层关系对应表	（17）
表四	西南区探方地层关系对应表	（18）
表五	堰台遗址房址、基槽统计表	（40）
表六	堰台遗址柱洞统计表	（72）
表七	墓葬统计表	（172）
表八	堰台遗址坑统计表	（223）
表九	T0911陶质陶色统计	（249）
表一〇	T0911纹饰统计	（249）
表一一	T0913器类统计	（252）
表一二	遗址诸单位分组、分期对应表	（368）
表一三	陶器型式划分与分组对应表	（插页）
表一四	北京大学加速器质谱实验室、第四纪年代测定实验室碳-14测定数据	（379）
表一五	T0909⑩陶片统计表	（380）
表一六	T0912⑥陶片统计表	（380）
表一七	T0913⑦陶片统计表	（381）
表一八	T0910⑥陶片统计表	（381）
表一九	T0911⑤陶片统计表	（382）
表二〇	T0913④陶片统计表	（383）
表二一	T0910③陶片统计表	（383）
表二二	T0912③陶片统计表	（384）
表二三	T0913③陶片统计表	（385）
表二四	T0909③陶片统计表	（385）
表二五	T0910②陶片统计表	（386）
表二六	T0911②陶片统计表	（387）
表二七	霍邱县商周遗址一览表	（406）

彩 版 目 录

彩版一　　堰台遗址远景

彩版二　　堰台遗址发掘现场与剖面

彩版三　　内、外壕沟

彩版四　　F1、F3

彩版五　　F5、F6、F7、F8

彩版六　　F10、F12

彩版七　　F13

彩版八　　基槽

彩版九　　红烧土痕迹

彩版一〇　G1、G2、T0806D7

彩版一一　M28、M30、M52、M43

彩版一二　M16、M48、M36

彩版一三　M24、M44、M51

彩版一四　M49、M7

彩版一五　陶鬲

彩版一六　陶鬲

彩版一七　陶鬲

彩版一八　陶盆

彩版一九　陶簋

彩版二〇　陶豆

彩版二一　陶器盖

彩版二二　陶罐

彩版二三　石凿、石范、陶范

彩版二四　铜器

彩版二五　陶盉、壶、缸底、钵

彩版二六　陶瓮、陶三足盘、原始瓷豆、陶甗、玉琮

彩版二七　人骨特殊病理现象

彩版二八　出土植物遗存

图 版 目 录

图版一　　M1、M8、M10、M35
图版二　　M5、M12、M13、M17、M18、M23、M27
图版三　　M9、M38、M42、M46、M53、M55
图版四　　陶鬲
图版五　　陶鬲
图版六　　陶鬲
图版七　　陶鬲
图版八　　陶鬲
图版九　　陶鬲
图版一〇　陶鬲
图版一一　陶盆
图版一二　陶盆
图版一三　陶盆
图版一四　陶豆
图版一五　陶豆
图版一六　陶豆
图版一七　陶豆
图版一八　陶豆
图版一九　陶豆
图版二〇　陶豆
图版二一　陶豆、原始瓷豆
图版二二　陶罐
图版二三　陶罐
图版二四　陶罐
图版二五　陶簋
图版二六　陶簋
图版二七　陶钵
图版二八　陶钵

图版二九　陶钵
图版三〇　陶钵
图版三一　陶钵
图版三二　陶钵
图版三三　陶钵
图版三四　陶钵
图版三五　陶钵
图版三六　陶器盖
图版三七　陶器盖
图版三八　陶器盖
图版三九　陶器盖
图版四〇　陶器盖
图版四一　陶器盖
图版四二　陶器盖、壶、箕形镂空器
图版四三　陶甗及盉把
图版四四　陶瓮及圈足器
图版四五　陶钵和盉把
图版四六　陶器
图版四七　陶纺轮、石圆饼
图版四八　石斧、钵、凿
图版四九　石凿、铲、刀
图版五〇　石镰
图版五一　骨角器
图版五二　陶拍、陶垫、陶范、蚌刀
图版五三　出土植物遗存
图版五四　男性颅骨（2004HYM2）
图版五五　女性颅骨（2004HYM7）
图版五六　男性颅骨（2004HYM24）
图版五七　猪、马骨骼
图版五八　狗、牛骨骼
图版五九　鹿骨骼
图版六〇　软体动物骨骼

第一章 概　　述

第一节　自然环境与历史背景

一、自　然　环　境

据古地理学研究①，经过第三纪的喜马拉雅造山运动之后，我国地势的面貌和现代接近，东部地区大规模下沉的广大充填式平原开始形成。早更新世时期，秦岭—淮河一带已属北亚热带范围，西部是山地剥蚀区，东部是平原堆积区。到全新世初期，淮河平原原本是坎坷不平的地面，逐渐为冲刷的黏土所填平，黏土层常含铁锰结核和钙结核，属于一种湖相沉积，当时湖泊的分布比现在更为广泛。同时，寒冷气团衰退，暖湿气候推进到淮河流域，自然环境开始有利于人类生存。

源自河南南部桐柏山的淮河，是我国南北重要的地理分界线，干流自西向东流经河南南部、安徽北部、江苏北部，注入洪泽湖，主流经高邮湖入长江，全长约1000千米。洪河口以上为上游，长360千米，地面落差178米，洪河以下至洪泽湖出口中渡为中游，长490千米，地面落差16米，中渡以下为下游，长150千米，地面落差约7米。历史上淮河独流入海，黄河夺淮后，下游三角洲向东延伸，淮河故道淤塞后，迫使淮河改道入江。

淮河两岸支流众多，水系呈羽毛状（图一）。北岸有洪河、润河、颍河、西淝河、涡河、浍河、沱河等，一般都源远流长，具平原河道特征；南岸有白露河、史河、沣河、汲河、淠河、东淝河、池河等，均源于江淮分水岭北侧，流程较短，具山区河道特征。大别山区、桐柏山区、伏牛山区、嵩山山区等都是淮河的主要洪水源地。沿淮多湖泊，分布在支流汇入口附近，如八里湖、城西湖、城东湖、瓦埠湖、高塘湖等。流域西部、西南部、东北部为山区、丘陵区，其余为广阔的平原。

淮河流域地处我国南北气候过渡带，淮河以北属暖温带区，以南属北亚热带区，气候温和，年平均气温为11~16℃。气温变化由北向南，由沿海向内陆递增。极端最高气温达44.5℃，极端最低气温达-24.1℃。淮河流域多年平均降水量约为920毫米，其分布状况大致是由南向北递减，山区多于平原，沿海大于内陆。年平均水面蒸发量为900~1500毫米，无霜期200~240天。

---

① 中国科学院《中国自然地理》编辑委员会：《中国自然地理（古地理）》，科学出版社，1984年。

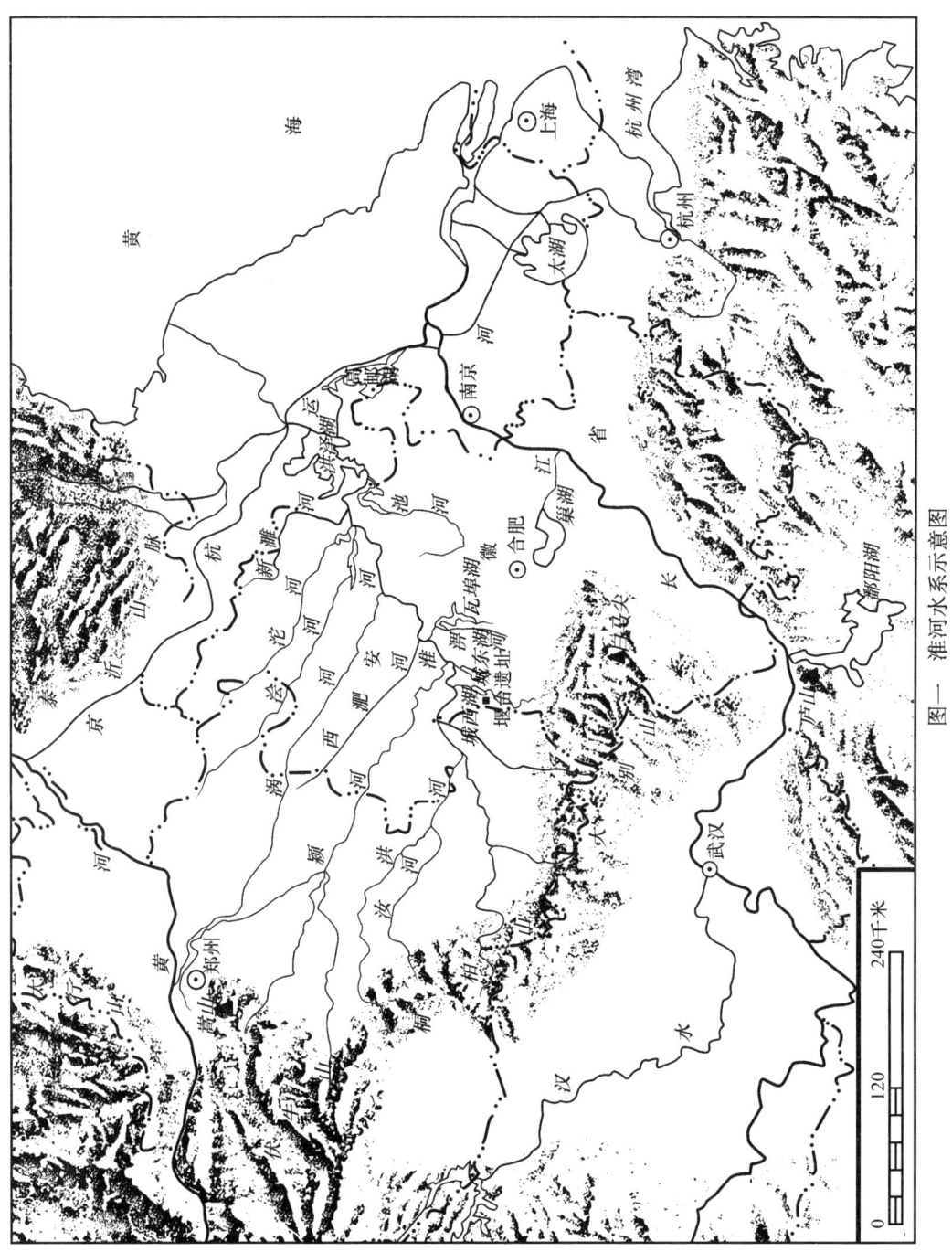

图一　淮河水系示意图

霍邱县位于安徽西部，地处大别山北麓、淮河中游南岸。东以沣河和寿县交界，东南与六安市相接，南与金寨县毗邻，西与河南固始县相接，北依淮河与阜南、颍上两县隔水相望。境内地势南高北低，西部、南部为大别山余脉，西部与固始县交界处有白大山，海拔419米。中部为丘陵垄岗地区，间有垄岗之间的平原，海拔50～60米；北部为沿淮平原、洼地，海拔18～23米。地面河流有史河、沣河、汲河、沣河等，均源于大别山余脉及江淮丘陵，注入淮河，境内城西湖、城东湖，位于支流汇入淮河口处。全县明显跨两大地理单元，西部、南部为低山丘陵岗地，北部为河谷平原。

霍邱县位于北亚热带季风气候区，气候温暖，雨量适中，光照充足，无霜期较长，四季分明。年平均气温15.6℃，年平均降雨量989.8毫米，年平均无霜期226天。

县内成土母岩主要为碳酸盐类、泥质岩类、石英岩类、紫色岩类和红砂岩类等，按其成土原因可分为3类9种。一类是残积坡积物，共四种，即紫色岩类风化物、碳酸岩类风化物、泥质岩类风化物和红砂岩类风化物；一类是下蜀系黄土，只有一种，分布于全县大面积岗地；一类是河湖冲积物，有史沣河冲积物、淮河冲积物、黄泛冲积物、黄土性古河流冲积物四种。这些物质经水耕熟化和旱耕熟化而形成现代的耕地土壤。

县区境内储藏有丰富的矿产资源，主要为沉积变质铁矿、磁铁矿或磁铁—镜铁矿体。该县西部有寒武纪底部的小型磷矿、石煤矿，震旦—寒武纪地层分布有丰富的云岩、石灰岩熔剂和水泥原料，此外还有石料板材等①。

二、历 史 背 景

淮河流域在新石器时期即有人类广泛分布，位于上游的河南舞阳贾湖遗址，中游的安徽蚌埠双墩遗址、定远侯家寨遗址，下游的江苏高邮龙虬庄遗址都发现了较为发达的新石器时代文化。在霍邱县陈家埠乡的扁担岗遗址、绣鞋墩遗址也均有新石器时代遗存分布②。据文物调查资料，县内共发现新石器时代遗址15处。

三代时期，淮河流域当是淮夷集团居地。据第二次文物普查资料，霍邱县境内共发现商周时期遗址60余处。相关的文献记载也零星出现。《古本竹书纪年》载"夏后相元年征淮夷、畎夷"，说明淮河流域已与夏王朝发生了一定的关系，寿县斗鸡台遗址发现有与中原二里头文化密切联系的遗存③。固始、霍邱、六安等淮河中游

---

① 霍邱县地方志编纂委员会：《霍邱县志》，中国广播电视出版社，1992年。
② 北京大学考古学系商周组、安徽省文物工作队：《安徽省霍邱、六安、寿县考古调查试掘报告》，《考古学研究（三）》，科学出版社，1997年。
③ 同②。

一带，淮夷古国见于文献记载的有六、英、许等，《史纪·夏本纪》记载"封皋陶之后于英、六，或在许"。六的地望在今六安市境内，英的地望据《史纪·夏本纪》正义"英盖蓼也"，而蓼的地望在今河南固始一带，霍邱与固始、六安相接，其地在夏代盖为英、六之地。

商代卜辞中亦多见关于淮夷之记载，地处淮南者有六、林、虎方等。周代淮夷方国颇多，一般认为霍邱、固始一带为古蓼国所在。《左传》关于此蓼的记载见于文公五年："冬，楚子燮灭蓼。"杜预注：蓼国，今安丰县。又注，蓼与六皆皋陶后也。据《读史方舆纪要》卷二一"寿州霍丘县"："蓼县城，在县西北接固始县界，古蓼国，皋陶之后封此，……汉置蓼县。"地当今河南固始，则霍邱在周代当为蓼地。蓼又为舒蓼，当为群舒之一。战国时期，霍邱已在楚国版图之内。

秦末设县，地属九江郡。西汉，在县境设安风县、阳泉县，属淮南国九江郡。又在现霍邱固始之间设蓼县、安丰县、零娄县，归属如前。武帝元狩二年（公元前121年）封淮南康王幼子刘庆为六安王，此五县归其辖。东汉县属扬州刺史部庐江郡。自西晋以后，南北分裂，本县境域时南时北，郡县废置不定。隋开皇十九年（公元599年）始设霍邱县，属淮南郡。唐高祖武德四年（公元621年），属淮南道，并于霍邱县置蓼州，别置松滋县于县治西40里沣河西岸高家埠。霍邱、松滋均属蓼州。武德七年蓼州和松滋县均废，仍属寿州。贞观初属寿春郡。神功元年（公元697年）改霍邱县为武昌县，属淮南道寿春府。景云元年（公元710年），复名霍邱县，属淮南镇寿春郡。此后县名无变。今霍邱县隶属六安市。

第二节　遗址概况与发掘经过

一、遗址概况

遗址位于霍邱县石店镇韩店村堰台村民组西南约500米，东北距霍邱县城约26千米，北距淮河南岸直线距离约25千米，地理坐标大致为东经116°09′，北纬32°15′（图二）。

遗址西部是大别山向北延伸的余脉，为南北向绵延起伏的长垄岗地，其西约4千米有马鞍山，海拔177米，西北约6千米有长山，海拔198米。遗址向北为沿淮平原和洼地，以东和以南地区则为大别山向北延伸余脉的岗地间平地，地势平坦开阔，海拔20～40米（图三）。

遗址形态为一高台，高于周围水田约2米，俗称堰台，村名因此而得。江淮之间的商周时期遗址绝大多数为此类形态，俗名往往称某某墩或某某台，考古学通常称为台形遗址，或称为墩子遗址。遗址所处位置就整体大地势而言，地势略低平，而与其周边小地势相比,地势又稍高。

堰台遗址平面形状略呈圆形,中央略高,呈漫坡状至遗址边缘,周边因当地群众平整而呈陡坎。从漫坡趋势看,遗址周边部分应当遭到后期平整,但被平整的部分有限,估计外延不超过3~5米,整体保存较好。现存遗址台地部分东西长约53米,南北长约71米,面积3000余平方米。发掘前台地为庄稼地,种植小麦等农作物,边缘经平整后用作菜地,因而台地底线范围比台地更大。在台地的西部、西南部有4座现代坟堆,发掘过程中对其中的3座进行了迁移。台地东、北、南三面为平坦的水田,西边为当地的一条小河,名为堰湾河,紧挨遗址西侧由西北流向东南,注入城西湖后与淮河相通(图四;彩版一,1、2)。台地西侧较陡,可能与河水冲刷有关。

1983年第二次文物普查时该遗址就已被发现,并录入《中国文物地图集·安徽分册》,命名为"韩堰台"遗址,当时估算遗址面积为4400平方米,时代定为新石器、商周,这与发掘结果相比有一定的出入。

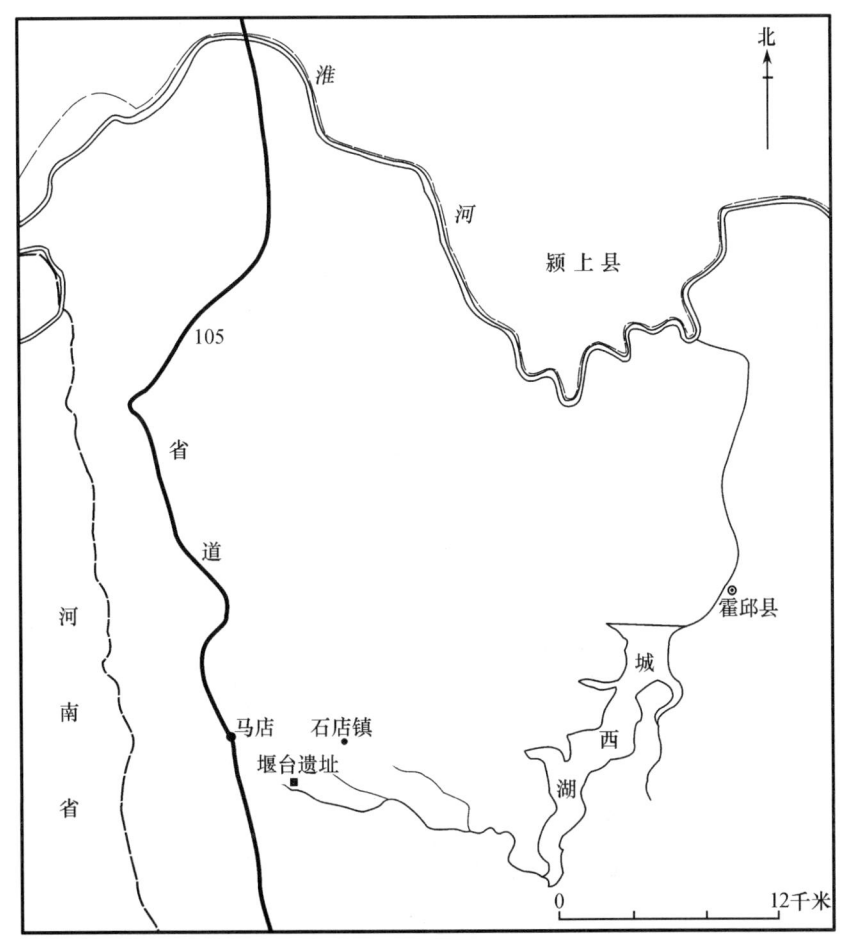

图二　遗址位置示意图

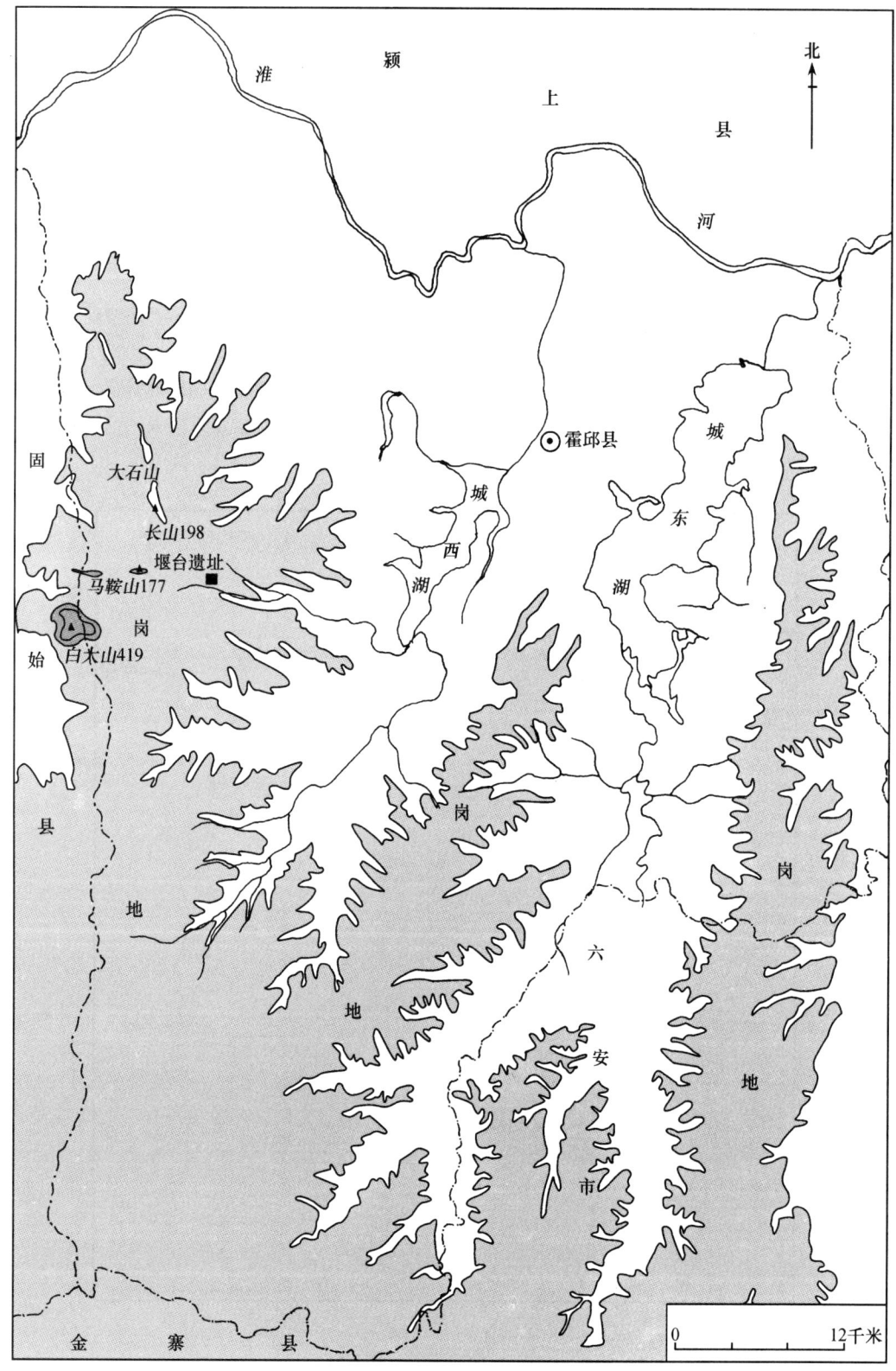

图三 遗址地形示意图

第一章 概　述

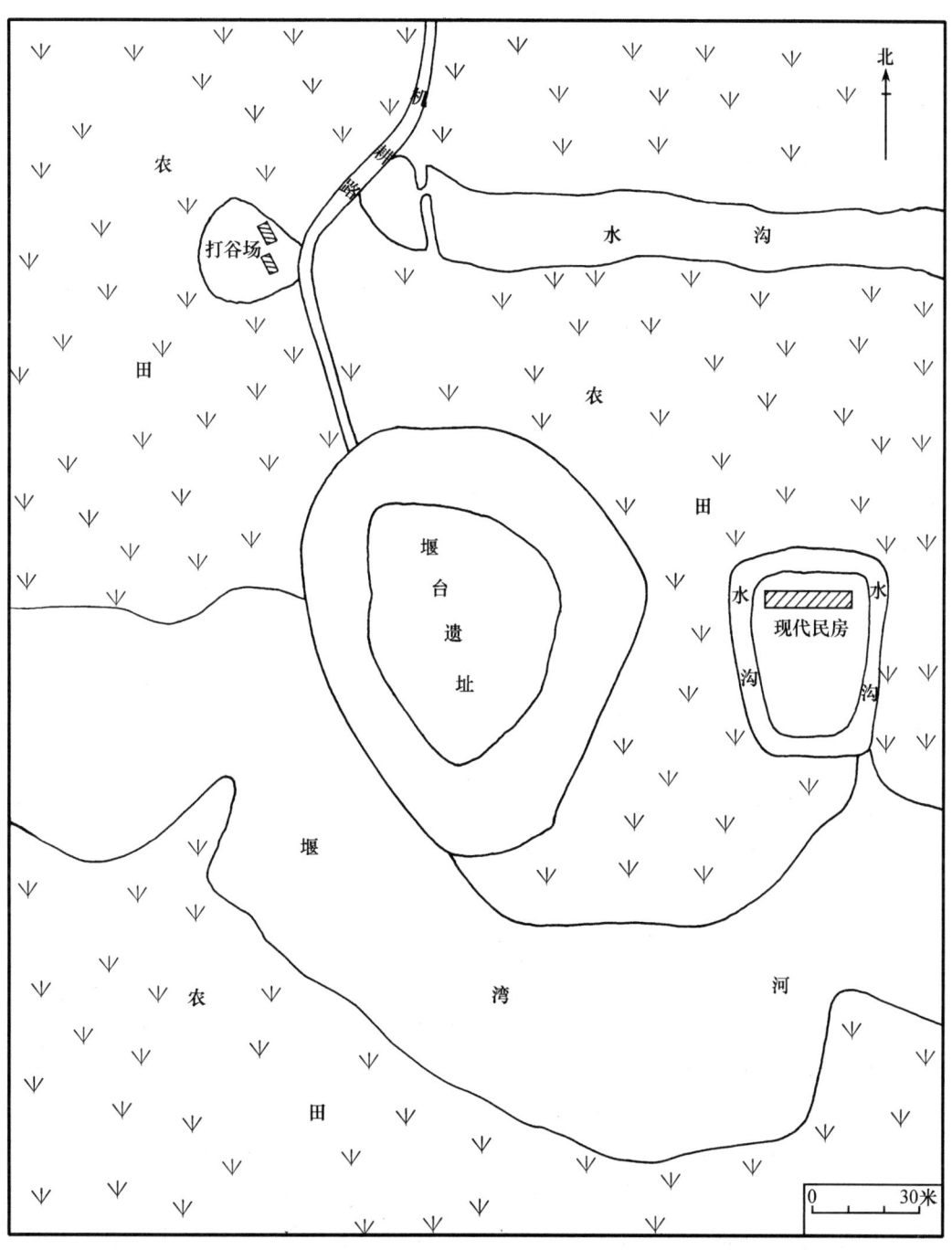

图四　遗址地貌示意图

二、发 掘 经 过

2004年2~7月,为配合阜六(阜阳—六安)高速公路建设,安徽省文物考古研究所对堰台遗址进行了抢救性发掘,并向国家文物局申请了发掘执照(考执字2004第165号),发掘领队为王峰。由于遗址绝大部分位于高速公路路基范围内,因此在发掘前就作了全面积发掘的准备。

根据遗址的大小情况,选择遗址西南方向的某个点为基点,以正北方向为纵轴,正东方向为横轴,将整个遗址置于平面坐标系的第一象限内。以5米×5米的面积布方,按纵、横坐标均为两位数进行编号,共布探方100个,加上局部探沟和扩方,总发掘面积约2770平方米(图五)。除局部最边缘部分及不可迁移的现代坟部分外,基本上对整个遗址进行了全面发掘。其中T0411以西部分因涉及现代坟未发掘到底。发掘过程中,为了解台地与台地以外部分的联系情况,将横坐标为08的一列探方向正南方向延伸发掘,又另布了一条2米×23米的探沟(编号T1),发现台地外可能存在环壕,于是又对台地以外部分进行了钻探,并在台地东南部的台地外部分布了5米×5米正南北方向探方5个,以了解环壕及台地外堆积情况。

发掘期间,我们邀请了中国社会科学院考古研究所的赵志军先生到工地现场指导浮选工作,以期对遗址进行多学科的深化研究。我们还邀请了北京大学环境学院的夏正楷先生、中国科学院地理科学与资源研究所的杨晓燕博士到工地现场采集土壤样品,并对该区域的几个同时期遗址进行了采样,试图了解堰台遗址的古环境背景,北京大学环境学院2002级硕士研究生石军民同学也参加了该项工作。中国科技大学科技考古系博士研究生姚正权同学、硕士研究生吴妍同学也到工地进行了相关方面的研究。

参加发掘的主要为从事发掘工作多年的技工,在此对中国社会科学院考古研究所的朱岩石先生、中国人民大学历史学院的魏坚先生深表感谢,是他们帮助提供了必要的发掘人力资源。中国科技大学科技考古系的赵晓军同学、留学生贾兴和同学也参加了发掘。发掘期间,安徽省文物考古研究所的邓坚同志、王强同志为发掘工作提供了强有力的后勤保障,在此一并感谢。

需要补充说明的是,由于堰台遗址处于江淮之间,土壤黏性大。这种土在雨天或水分大时,呈烂泥状,而稍有风吹日晒,则异常坚硬,这必然增加了发掘难度。发掘后期正值雨季,雨水较多,所保留的探方隔梁容易坍塌,也给发掘工作带来了极大的不便。加上遗址堆积较厚,地层复杂,致使发掘工作难免有失误之处。

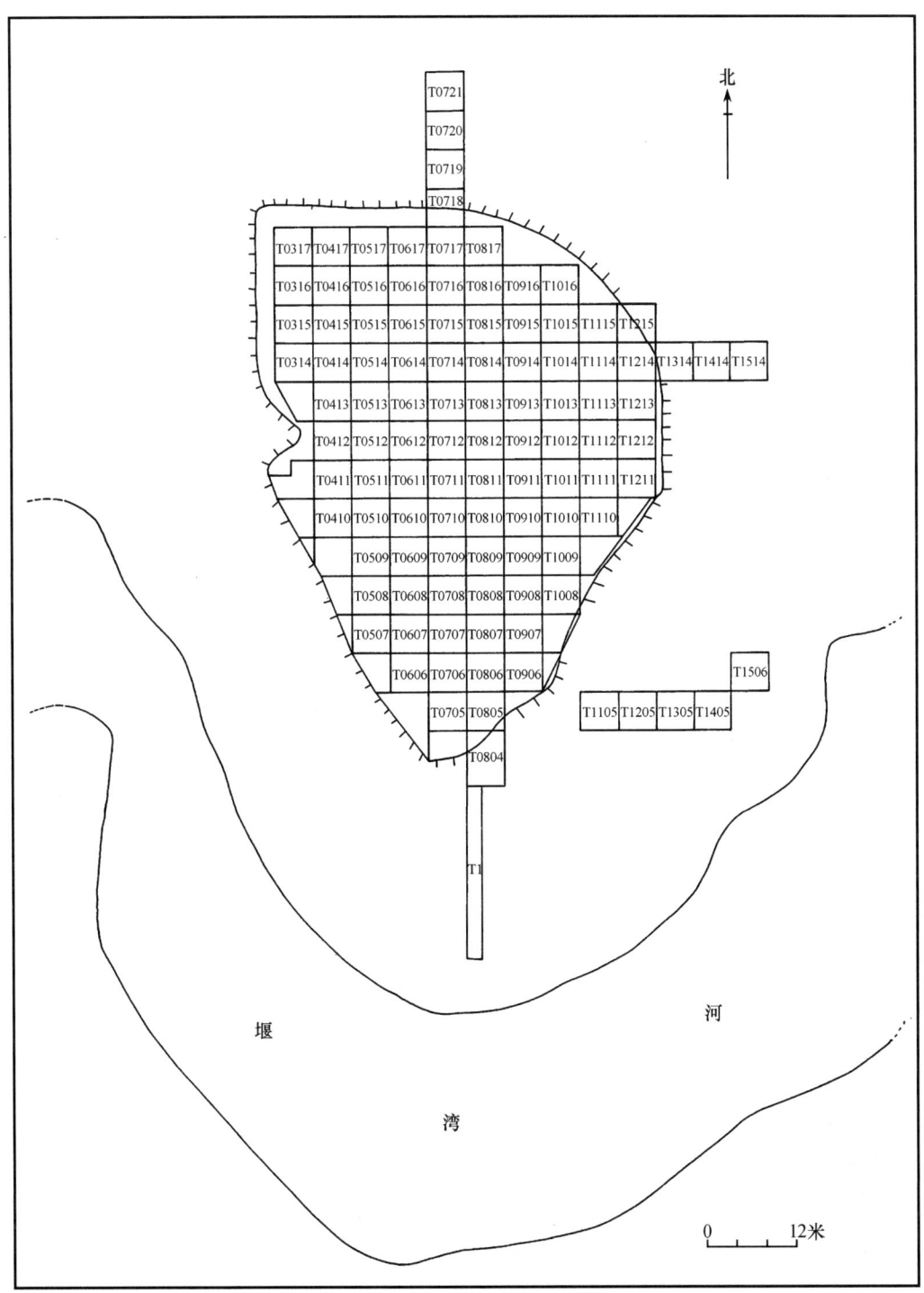

图五 遗址布方示意图

第三节　资料整理与报告编写

一、资料整理

1. 第一阶段

2004年7月下旬，堰台遗址野外发掘结束后，我们对发掘资料进行了核对，主要包括地层、主要遗迹单位（包括环壕、墓葬、房址及基槽部分），但对于大量看不出分布规律的柱洞，没有一一核对。对各单位的小件登记表也进行了全面核对，对采集的炭样品、浮选样品经核对后及时交给了相关实验室。此外，对收集的所有人体骨骼、动物骨骼也全部核对并进行了包装。由于堰台遗址出土陶片数量大，限于时间和场地，当时没有进行统计。

2. 第二阶段

2005年11月~2006年9月，主要整理遗址出土的陶片。对所有出土的陶片按统一的标准进行了统计，并逐一进行拼对，挑选标本。在此过程中，尽量考虑与邻方之间的拼对，结果使可修复的完整器大大增加，为后期的整理研究工作打下了坚实的基础。

这段时间，还完成了所有可复原器物的修复工作，并对重要标本也进行了修复。

3. 第三阶段

2007年4~9月，为室内后期整理阶段。主要对所有小件器物进行绘图。同时，对地层、遗迹图及其描述进行了初步核对。

二、报告编写

2008年12月~2009年9月。由于堰台遗址发掘面积较大，地层堆积复杂，遗迹较多，报告编写的工作量巨大，经与吉林大学边疆考古研究中心王立新老师协商，委派吉林大学考古学系2008级博士研究生豆海峰同学协助整理资料和编写报告。在拟定报告编写提纲的基础上，着手进行报告编写工作。

首先，重新核对所有地层，制作了各探方地层对应关系统计表。以此为基础，以出土陶器数量较多的单位为标准，结合其他各单位出土器物，在反复研究陶器形态特征及其演变规律的基础上，对堰台遗址出土陶器的主要器类进行了排队比较，得出了遗址的初步分期。

其次，对堰台遗址出土的所有小件和挑选的标本进行了描述，并一一核对了编号。

2009年暑期，吉林大学考古学系硕士研究生林森、陈斌也协助参加了资料整理工作，主要核对了遗址中所有柱洞的层位关系、尺寸及文字描述，制作了堰台遗址柱洞登记表、坑登记表。此外，还制作了堰台遗址房址、基槽登记表、墓葬登记表及其他部分遗迹图的电子版制作。

期间，吉林大学考古学系2007级博士研究生原海兵、2008级硕士研究生赵莹也来到安徽，对堰台遗址出土的人体骨骼标本、动物骨骼标本作了初步整理，并将标本带回学校测量研究。

报告编写过程中始终得到了吉林大学边疆考古研究中心王立新老师的指导，在此深表谢意。

三、相关问题的说明

1. 编号

探方编号：如04HYT0908，04表示2004年发掘，HY代表霍邱堰台遗址，在以下的行文中将04HY省略。T0908则是依据坐标法对探方的编号，其中09表示横坐标，08表示纵坐标。

遗迹编号：①墓葬、房址、灰坑、灶、灰沟均采用考古学通用的编号方法，即以M、F、H、Z、G分别表示。②堰台遗址中还有数量较多的房址基槽，这些基槽在发掘时未能及时确认为房址，只是在F3发现后，从逻辑上确认处于同一层位下、位置相邻且形成一定空间的两条基槽构成一座房址，因此当时没有以房址（F）编号，而仅以基槽编号，基槽以JC表示。③柱洞的主要形态有两种，一种是先挖柱坑后栽木柱，一种是没有柱坑的木柱洞，均以D表示。④遗址中还发现了较多的坑，其内几无包含物，仅仅是土质土色不同于地层堆积土，与北方遗址中作为窖藏类的灰坑不同，可能是有柱坑类的柱洞在木柱缺失后的一类，一律以K表示。⑤内外环壕以文字表述。

探方地层编号：由于堰台遗址地层堆积复杂，在发掘时难以统一编号，因此各探方地层均单独编号，但依土质土色可与相邻诸探方的地层建立对应关系。为了说明诸探方层位的对应关系，将遗址各探方地层的对应关系或相对早晚关系单独制成了表格。

2. 关于红烧土遗迹的处理方式

堰台遗址先后主要有4层红烧土堆积，但在遗址不同的区域厚薄和密集程度不一，绘制全面的平面分布图难度大，因此在发掘中没有将红烧土作为明确的遗迹来处理，而是作为地层堆积处理。鉴于红烧土堆积的特殊性，我们还是在遗迹中作了专门的说明，各红烧土堆积单位的对应关系可参看各探方红烧土层对应表，从中也可以大致了解其分布范围。

3. 关于柱洞的处理方式

堰台遗址中发现的柱洞数量多，近1000个。在发掘时不能发现其分布规律，因此由各探方分别单独编号。限于报告篇幅，在遗迹中仅举例说明各类形制的柱洞，其他形制近同者可参阅相关附表。同时，遗址总平面图中包含了各柱洞在探方内的平面分布情况，亦可参阅。

第二章 地层堆积

第一节 地层堆积及整理概况

堰台遗址地层堆积比较复杂,突出表现在遗址四周边缘区域的夹层较多。为了宏观了解遗址的地层堆积情况,我们在发掘时保留了横坐标为08一列探方西壁(即横坐标为07一列探方的东隔梁)的遗址台地部分南北大剖面(图六),如果以此剖面的中心为原点旋转一周,其轨迹大约就是整个遗址的堆积概况。

我们试图以此大剖面为桥梁,寻找遗址南部区域探方地层和北部区域探方地层间的一一对应关系,并借此沟通整个遗址的所有探方地层间的一一对应关系。从这个大剖面来看,要做到这一点是不可能的,我们仅仅可以把一些数量不多的几个大通层的层位关系对应起来,却无法把数量较多、相距较远、分布范围较小的夹层一一对应。首先,遗址南部探方的堆积层次与北部探方的堆积层次在数量上并不一致;其次,位于某一通层之上的南、北夹层,尽管它们在时间上具有相对应的早晚关系,即都晚于所叠压的大通层,而又早于叠压于其上的某个大通层,我们也无法将其视为同时的一一对应的关系,二者之间亦可或早或晚。当然,即使相对应的夹层在时间上可能存在早晚,它们之间相隔的时间也是有限的。

由于我们在发掘堰台遗址之前曾经发掘过同时期的同类遗址[1],对此类遗址的地层堆积情况有所了解,认识到在实际发掘过程中、尤其在抢救性发掘过程中无法将整个遗址的地层堆积统一编号,因此采用了各探方单独对地层进行编号的方法。这样,在发掘过程中对于一个探方而言,显然是比较方便的,同时也有利于加快发掘进度。当然,对于一些重要层面,也尽量注意各相邻探方发掘的同步性,以期观察同一界面的遗迹间的关系。不过,各探方地层单独编号,却极大地增加了后期整理

---

[1] 安徽省文物考古研究所、六安市文物管理所:《安徽六安堰墩西周遗址发掘简报》,《考古》2002年3期。

的工作量，需要对所有探方的所有堆积单位一一核对，以明确它们之间的对应或相对早晚关系。

鉴于这类遗址复杂的地层关系，我们在发掘过程中也试图合并一些地层，但往往这些夹层下都有柱洞或其他遗迹现象，又不能将它们合并。尽管如此，在发掘过程中还是对一些不涉及遗迹开口的地层进行了合并，如果不进行合并，遗址边缘部分的小夹层还有更多。

从08列探方西壁的南北大剖面看，整个遗址在堆积过程中共有4层红烧土堆积。最上层红烧土分布于遗址中央及其偏西的局部探方，范围较小，其下的3层红烧土堆积基本分布于整个遗址，局部区域各有缺失。这3层红烧土都是边缘地区较厚较密，向遗址中央趋薄趋疏，或断续延伸，至遗址中部消失。对于红烧土堆积的性质，将在后面的遗迹部分详细叙述。由于红烧土堆积特征明显，且分布范围广，把它们作为参照对象，首先可以明确所有堆积单位的相对早晚关系。如位于第三层红烧土以上的堆积单位，显然晚于第三层红烧土以下的堆积单位。当然，即使是同一层红烧土，南与北或东与西之间或许也有时间上的早晚，但毕竟是有限的，我们对此予以忽略。

由于无法将相距较远的遗址南部区域的一些堆积单位与位于遗址北部区域的堆积单位一一对应，同样也无法将位于遗址东部区域的一些堆积单位与遗址西部的堆积单位一一对应，这就给确定不同探方间的堆积单位的对应关系带来了极大的困难。为此，我们将整个遗址的台地部分以横坐标为08列的探方为纵轴、纵坐标为11列的探方为横轴分为4个区域，即东北区、西北区、东南区、西南区，以缩小范围，将各区内位置相邻、又处于较小范围内探方的地层堆积单位一一核对其对应关系，并统一以08列探方的地层关系为唯一参照标准，建立起各区域的独自的地层对应关系（表一~表四）。这样，通过08列探方西壁的南北大剖面，尤其是4层红烧土及其他几个大通层的对应关系，就基本建立了整个遗址的地层对应关系。需要说明的是，即使将范围缩小到四个区域，各区域内相距稍远的探方间亦同样存在某些小夹层不能一一对应的情况，我们在地层对应表中只是标出了它们的相对早晚关系，而非一一对应的关系。因此，地层对应表中只有位置相邻探方间的连续对应的地层为一一对应关系，其余堆积单位仅具相对早晚关系。

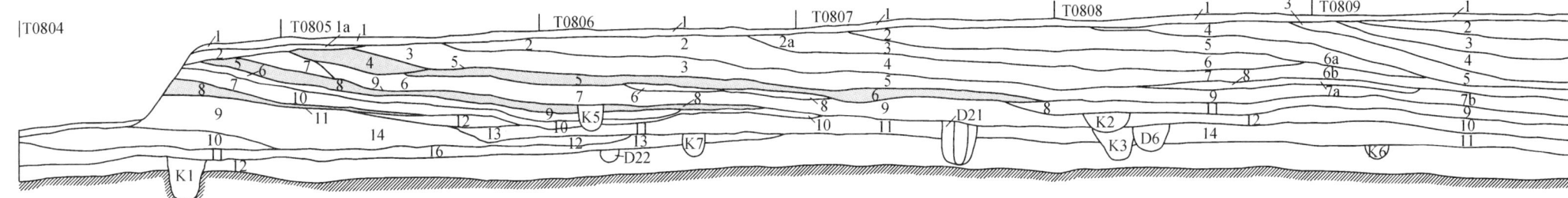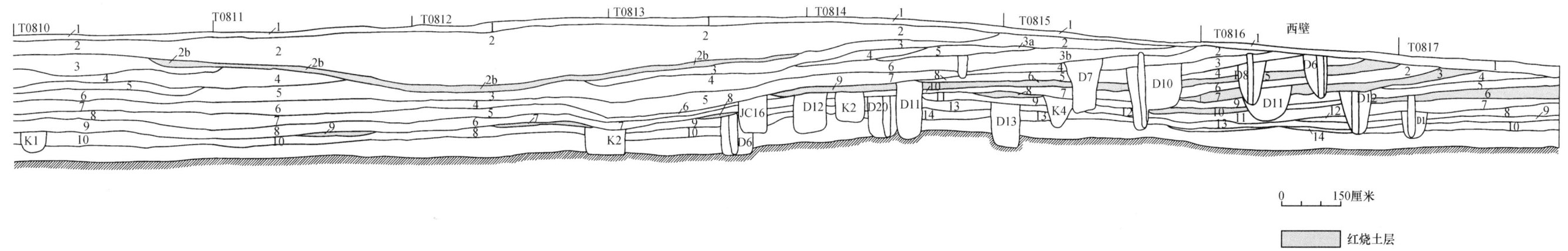

0 150厘米

红烧土层

图六 堰台遗址台地部分南北大剖面图

表一 东南区探方地层关系对应表

探方	第四期			第三期			二	三			四	第二期 一					第一期			
T0804	1\2					3			4	5	6	7	8			9		9	10	11
T0805	1\1a			2a	2	3	4\5						11	12	13		14	15	16
T0806	1				3	2b	3	4\5	6		7	8	9	10	11		12		13
T0807	1		2			4		6\7	8		9		10	11					
T0808	1	2		3	5	6	7		11		12		13		14				
T0809	1	2	3		4	6a		7b	9		10								
T0810	1	2a	3	4	5		6b	6	7		8		9			9	11		
T0811	1	2a	3	4	5		6	7	7		10	8				8			
T0906	1					2			8		5	6	7		14				
T0907	1	2	3		4	2	3		4	5	6	7	8	9	13		11	12	15	14
T0908	1	2	3		4		3		5	6	7	8	9	9			10	16	
T0909	1	2		3			4		4	5	6	7	8				9	11	
T0910	1	2	3		4				5	6	7				10	10			11
T0911	1	2	3		4				4	5	6	5		9		7	8	9	8
T1008	1	2	3		4				5	6	7	6	8			6	7		
T1009	1	2	3		4				5	6	7	8		10	9		8		
T1010	1	2	3		4				4	5	6	5				8	10	11	
T1110	1	2	3		4				4	5	6		11		10	6	7		8
T1011	1	2	3		4				4	5	6	6		8	9	6	10		
T1111	1	2	3		4				4	5	6	6		9	7	8		11	
T1211	1	2	3		4				4	5	6	7	9	9			10	12	

注：一、二、三、四分别表示第一、二、三、四层红烧土。

表二　东北区探方地层关系对应表

探方	第四期		第三期			第二期				第一期				
	1					三	二	一	四					
T0812	1	2a												
T0813	1	2a	2b	3	4	5		6	7	8				10
T0814	1	2	3	4	5	6			7	8	9	13		14
T0815	1	2	3a	3b		7		9	8	11	12	13		13
T0816	1			5	6					9	10	11	12	13
T0817	1			2	3	4			5	6	7		8	9
T0912	1													
T0913	1	2		3	4				5	6	7			10
T0914	1	2		3	4	6		5	6	7	8a	8b		
T0915	1		2	3	4	8	7	5	6	9	9	11a	11b	11c
T0916	1				2	3		5	5	9	10	11a	11b	11c 11d
T1012	1			3	4	5			6	7	8			9
T1013	1	2		3	4	6	7			8	10	11	10	12
T1014	1	2		3	5	7		8	6	9	10	11	13a	13b
T1015	1		2	2	4	5		7		8	9	12	11	12a 12b 12c
T1016	1	2			4	5			5	6	3	10	4	5a 5b 5c
T1112	1		3						6	5		9		
T1113	1	2			4	6	7	4	4	5	7	8	10	11 12 13
T1114	1	2			4	5	6		5	6	7	8	10	11a 11b 11c
T1115	1				2	3		5	3	3	4	5	6a 6b 6c
T1212	1	2			4	5	7		6	5	8	9	10	11
T1213	1	2 3						2	2					
T1214	1	2							2	3			4	5	6	7a 7b 7c
T1215	1	2			3	4				3	4	5	6a 6b 6c
	1	2												3	4

注：一、二、三、四分别表示第一、二、三、四层红烧土。

表三 西北区探方地层关系对应表

	第四期						第三期				第二期				第一期			
	1										二			三			四	第一期
T0812	1	2a							3	4	5		6			7	8	
T0813	1	2a	3						4	5	6		7			8	9	
T0814	1	2	3	4				5	6	7	10	9	8	11	10		12 13	14
T0815	1		3b					3a	6			6	5			9	11 12	13
T0816	1		2							2	7	5	3 4	8	5	9	10 11	14
T0817	1																6 7	8 9 10
T0712	1	2a	2b					5	6	7	9	8		10		11	11 12	13 14
T0713	1	2a	3	4					7	8	10			11			12 13	
T0714	1	2	3a 3b	4 5	6a 6b	7		3a 3b	4	5	11	10			10	12	11	13
T0715	1							2			8	7	6 4		8	10	9 10 11	12 13
T0716	1									3		5			6	8	7 8	11
T0717	1											3			2		3 4	6 7
T0718	1	2	3	4	5	6	7				10 11		10 11	12	12	13	14 15	
T0612	1	2	3	4	5	6	7		9	10			9 10			14	15 16	
T0613	1	2	3	4	5	6	7	8			12 13	11	12	13	14		15	16
T0614	1	2	3b	4	5	6	7				12 13	12	11	13	14	15	16 17	13
T0615	1	2	2		4	5	6			8		9 8	8	10		13	14 15	15
T0616	1	2	3	4						6	9		5	7		11	12 13	12
T0617	1		2							3			3	4				
T0512	1	2	3	4	5	6	7	8				11 12	5	6		14	15 16	12 13
T0513	1	2	3	4	5	6	7	8		10			11	12	13	14	16 17	11 12
T0514	1	2	3	4	5	6	7	8		9			10	11	12	15	14 15	14 15
T0515	1	2	3	4						7			9	8	10	13	12 13	
T0516	1	2	3	4	5					4				10	11	9	9 10	11
T0517	1							4 5				6a			6	7	8 9	10 11
T0413	1		2					3				5a 5b		4 5	7	6	15	
T0414	1		2	3	4							6		10	12	14	11 12	13 14
T0415	1	2			5		7						11	9	10	11	11 12 13	13
T0416	1	2	3	4		6					3		9		10		8 9	14
T0417	1		2						4 5	6			8		5		5	6 7
T0314	1	2	3	4				3				2		6	3 4	10	12 13	6 7
T0315	1	2											7	8	10	8	10 11	14
T0316	1	2												5		4	6 7	8 9
T0317	1	2													3		5 6	7

注：一、二、三、四分别表示第一、二、三、四层红烧土。

表四　西南区探方地层关系对应表

探方	第四期				第三期				第二期 一		第二期 二		第二期 三		第二期 四				第一期			
T0805	1				2				3		4\5		6	7	8	9	10	11	12	13	14	15	16
T0806	1				2a	2b			3		4\5		6	7	8	9	10		11		12	14	
T0807	1				3	4			5a	5b	6\7		8	9	10				11				
T0808	1	2			4	5	6	7	9		10		11	12	13		14						
T0809	1	2			5	6a	6b	7	7b				9	10					11				
T0810	1	2a	2b		3	4	5	6	7	8			8	9	10								
T0811	1	2a	2b		3	4		5	6				7		8	9	10						
T0705	1	2						3	4		5												
T0706	1				2	3			3	4	6		7		9			13					11
T0707	1				2	3			5	6	7		7a 7b	8	11					14			
T0708	1				4	5			6	7	8		8	9	12	13				14			
T0709	1	2			3	4	5		8		9		9	10									
T0710	1	2		3	4	5	6	7	8		10		11		12	13	14						
T0711	1	2a	2b	3	4	5	6	7			7			9	10			11					
T0606	1				2	3					3		5		7	8	9						
T0607	1	2			3	4			6		4		5		8	9		15				12	
T0608	1				2			6	6		6		6	7	9		11		13	9	10		
T0609	1				3	4	5		6		7		7			10	11		13	13	11	14	
T0610	1				4	5	6		6		8		8	9	10	11	11		18	12			
T0611	1	2			2a 2b 3a 3b		4	5	11	12	13		14	15	16	17				10b			12
T0507	1				3	4			5	6	4		5	7	8	9	10		11				
T0508	1				2	3			4	5	5		6		9	10			14	12			
T0509	1				2	3			4	5	7		7	8	10	11	12			14	11		
T0510	1				2				4		6		8	9	10	11	10a		14	13	14		
T0511	1				2	3a 3b	4	5			11	12			16	17	18	19	14	15			
T0408	1				2				3	4	5		6		8	9	10		10		11	13	
T0409	1				2	3			4		6		7	8	9		11		12	13	14		
T0410	1				3				4		6		7		8	10			12	13	14		
T0411	1				2	3			4		5				9		10		9	10	11		
T0310	1				2				2		3			5		6	7		8		11	14	

注：一、二、三、四分别表示第一、二、三、四层红烧土。

第二节 地层堆积举例

从 08 列探方西壁南北大剖面可以大致了解整个遗址的地层堆积概况，为更详细了解遗址的堆积情况，我们分别择取遗址东、西、南、北及中央区域各一个探方为例分别介绍，其中南部、北部、中央分别择取 08 列的 T0805、T0816、T0811 三个探方，西部以 T0512 为例，东部以 T1113 为例。

1. T0805 地层堆积（遗址南部）

位于遗址台地最南端，探方东南部已在台地之外。文化堆积可划分 16 层，厚度达 250 厘米（图七；彩版二，2）。

第 1 层：耕土层。土质疏松，土色灰黑，内夹有大量植物根茎和红烧土颗粒，并见有近现代陶瓷片，厚 15~30 厘米。

第 2 层：青灰色土，仅分布于探方西北角。土质较硬，内夹有大量的木炭屑及少量红烧土，厚 0~18 厘米。没有遗物出土。

第 3 层：黑色土，分布于探方西北部。土质疏松，内夹有大量木炭屑，厚 0~50 厘米，出土少量陶片和兽骨。开口于本层下的遗迹有 1 个柱洞坑（探方内编号为 D1）。

第 4 层：红烧土，分布于探方中、北部，平面呈条带状。由坚硬的红烧土块及颗粒组成，厚 0~40 厘米。没有遗物出土。

第 5 层：黑灰色土，分布于探方西北部。土质疏松，内夹有较多的红烧土颗粒，厚 0~20 厘米。没有发现遗物。

第 6 层：青灰色土，分布于探方西北部。土质疏松，内夹有大量木炭屑和少量红烧土颗粒及螺蚌壳，厚 0~35 厘米。出土少量陶片。

第 7 层：黄褐色土，分布于探方西南部。土质坚硬，内夹有大量红烧土颗粒，厚 0~33 厘米。没有遗物出土。

第 8 层：红烧土，分布于整个探方。由坚硬的红烧土块及颗粒组成，厚 10~50 厘米。无出土遗物。开口于本层下的遗迹有 M17。

第 9 层：灰褐色土，分布于整个探方。土质较硬，内夹有大量木炭屑和红烧土颗粒，厚 10~40 厘米。无出土遗物。开口于本层下的遗迹有 M19。

第 10 层：灰黑色土，分布于整个探方。土质疏松，内夹有大量的木炭屑和螺蚌壳，厚 10~30 厘米。没有发现遗物。开口于本层下的遗迹有 M22。

第 11 层：红烧土，分布于东南大半个探方。由坚硬的红烧土块及颗粒组成，土质坚硬，厚 0~25 厘米。出土遗物有陶片，可辨器形有罐。

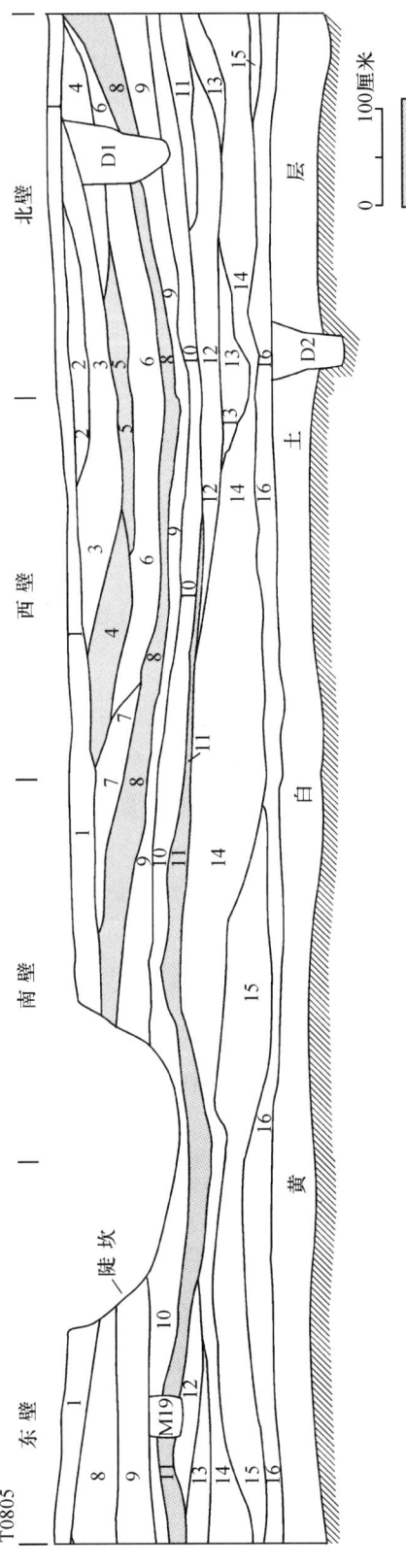

图七 T0805 四壁剖面图

第 12 层：灰色土，主要分布于探方西北部。土质较硬，内夹有少量螺蚌壳，厚 0~30 厘米。出土少量陶片及兽骨。

第 13 层：浅黄色土，分布于探方中北部，平面呈条带状。土质坚硬，较纯净，厚 0~35 厘米。无遗物出土。

第 14 层：青灰色土，分布于整个探方。土质松软，内夹有大量螺蚌壳及木炭屑，厚 5~80 厘米。出土有兽骨、陶片及石器等。

第 15 层：棕黄色土，分布于探方东部。土质坚硬，黏性较大，较纯净，厚 0~55 厘米。没有遗物出土。

第 16 层：青灰色土，分布于整个探方。土质较硬，内含有少量的螺蚌壳及木炭屑，厚 10~20 厘米。无遗物出土。开口于本层下的遗迹有 3 个柱洞坑（探方内编号为 D2、D3、D4）。

第 16 层以下为黄白色土。此层分布于整个台地，土质坚硬紧密，极纯净，厚 30~100 厘米。推测本层为定居之初时平整地面形成，其下即为生土（下同）。

2. T0816（遗址北部）

文化堆积可分 14 层，厚度达 220 厘米（图八）。

第 1 层：耕土层，土质疏松，土色灰黑，内含有少量红烧土颗粒，厚 10~20 厘米。出土有少量陶片。D1、D2、D3、D5、D6、D7 开口于本层下。

第 2 层：灰褐色土，仅分布于探方的西南部。结构紧密，有少量红烧土颗粒，厚 0~30 厘米。有少量陶片，纹饰以绳纹为主。D4 开口于本层下。

第 3 层：黄灰色土，仅分布于探方南部。土质疏松，有少量红烧土颗粒，厚 0~45 厘米。包含物较少。D8 开口本层下。

第 4 层：浅黄色土，分布于探方大部，东北部不存。土质疏松，含少量草木灰，厚 0~35 厘米。开口于本层下的遗迹有 M7。出土少量陶片，纹饰以绳纹为主。

第 5 层：红烧土，分布于探方大部，东北部不存。为坚硬的块状和颗粒状红烧土，夹有少量灰褐色土，厚 0~23 厘米。包含有少量陶片，纹饰仍以绳纹为主。

第 6 层：灰褐色土，探方北部略有缺失。土质疏松，内含有较多的螺壳和少量草木灰，厚 0~35 厘米。出土大量陶片，可辨器形有鬲、豆、罐，纹饰有绳纹、附加堆纹。开口于本层下的遗迹有 3 个柱洞坑（探方内编号为 D9~D11）。

第 7 层：红烧土，为大小不等的块状或颗粒状红烧土。结构紧密，厚 5~50 厘米。无遗物出土。开口于本层下的遗迹有 D12。

第 8 层：黄色土，仅分布于探方东北部。土质稍硬，较纯净，厚 0~30 厘米。开口于本层下的遗迹有 1 个柱洞坑（探方内编号为 D13）。

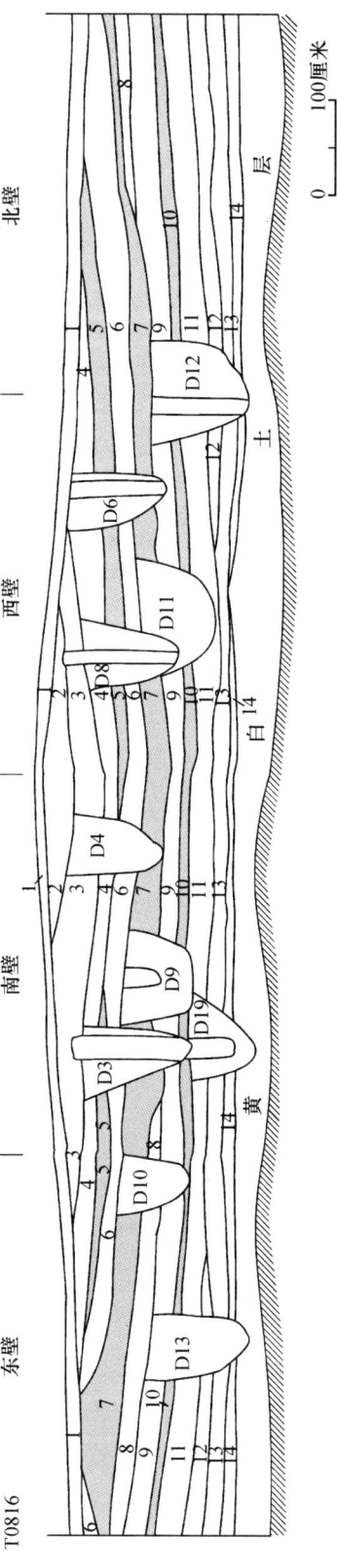

图八 T0816 四壁剖面图

第9层：灰褐色土，分布于整个探方，结构紧密，包含有大量的螺壳及少量木炭，厚10~35厘米。出土较多陶片，可辨器形有鬲、豆、罐等，陶片以夹砂黑陶为主，纹饰有绳纹、附加堆纹。

第10层：红烧土，分布于整个探方，含有少量的红烧土块和颗粒，其间杂有浅灰褐色土，土质较硬，厚5~15厘米。出土少量陶片。D19开口于本层下。

第11层：灰褐色土，分布于整个探方，结构紧密，稍硬，有少量红烧土颗粒和较多的螺壳，厚15~35厘米。出土较多陶片，可辨器形有鬲、豆等，纹饰以绳纹为主。

第12层：灰色土，分布于探方北部，土质疏松，内含有少量的螺壳，厚0~15厘米。出土少量陶片。

第13层：黄色土，分布于整个探方，土质紧密、较硬，内含有数量极少的螺壳，厚5~20厘米。出土少量陶片。

第14层：灰色土，土质疏松，厚5~15厘米。包含物极少。开口于本层下的遗迹有6个柱洞坑（探方内编号为D14~D18、D20）。

其下即为黄白色土。

3. T0811（遗址中部）

各层堆积情况介绍如下（图九）。

第1层：耕土层，黄褐色，分布于整个探方，土质结构紧密，包含有植物根茎，厚10~15厘米。出土近代陶瓷片。

第2a层：黑褐色土，分布于整个探方，土质较硬，土中包含有少量红烧土颗粒和木炭屑，厚60~110厘米。出土有少量的夹砂褐陶，纹饰有绳纹、附加堆纹。

第2b层：红烧土，分布于探方西南部，土质结构紧密，内含有红烧土块和红烧土颗粒，并夹杂零星黑褐土，厚0~15厘米。无遗物出土。

第3层：灰褐色土，分布于探方南部，土质略显疏松，内包含有少量红烧土颗粒及木炭屑，厚0~25厘米。可辨器形有鬲、罐等。

第4层：黑褐色土，分布于探方西南部，土质松软，含有少量红烧土颗粒和木炭屑，厚0~55厘米。出土少量陶片，多为夹砂红褐陶。

第5层：青灰色土，分布于整个探方，土质较坚硬，含有少量红烧土颗粒，厚25~50厘米。出土较多陶片，可辨器形主要有鬲、钵、器盖、陶拍等。

第6层：灰色土，分布于整个探方，土质较坚硬，内含有少量红烧土颗粒和木炭屑，厚25~45厘米。出土器物器形主要有陶范、网坠、陶拍、陶鬲及石锛等，另出土大量陶片。

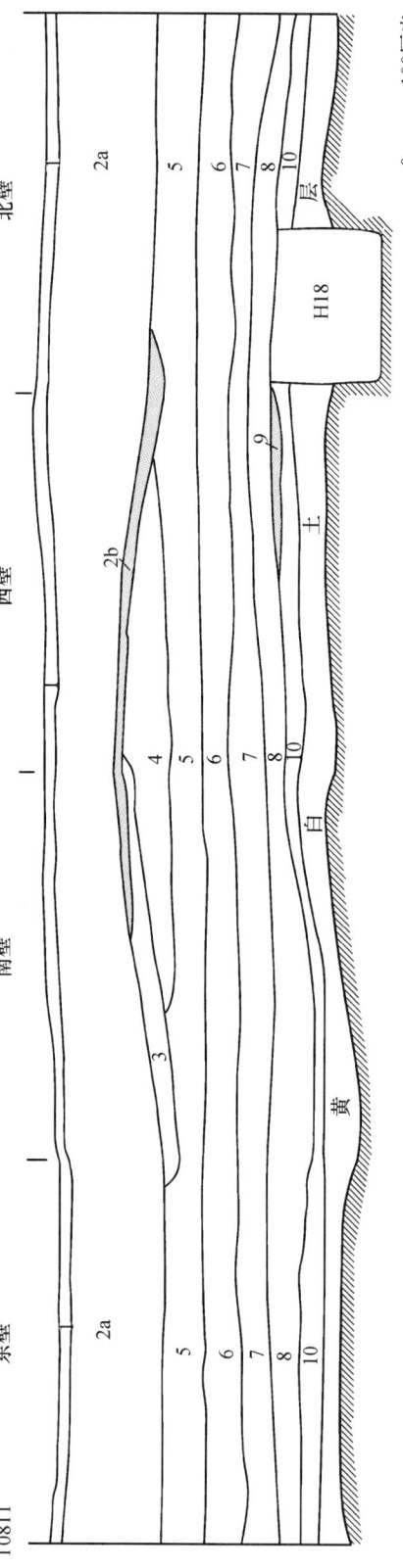

图九 T0811 四壁剖面图

第7层：深青灰色，分布于整个探方，土质结构紧密，内含少量红烧土颗粒和木炭屑，厚20~45厘米。出土器物器形有陶范、纺轮、器盖和石器等，另出土大量陶片。

第8层：浅青灰色土，分布于整个探方，土质较坚硬，内含有少量红烧土颗粒和木炭屑，厚20~55厘米，出土大量陶片。H18开口于本层下（H18编号于T0812内）。

第9层：红烧土层，仅分布在探方西部一小部分，土质紧密、坚硬，夹杂物较少，厚0~10厘米。无出土遗物。

第10层：灰白色土，分布于整个探方，土质坚硬，厚10~25厘米。包含物较少，出土少量陶片。

第10层以下为黄白色土。

4. T0512（遗址西部）

位于遗址的西部，文化堆积共分16层，厚度达275厘米（图一〇）。

第1层：耕土层，褐色土，土质疏松，包含物有大量植物根茎，厚10~20厘米。出少量陶片。

第2层：黑褐色土，分布于探方的东北部，土质疏松，内含有大量的红烧土颗粒及木炭屑，厚0~25厘米。无遗物出土。

第3层：灰褐色土，分布于探方的东北大部，土质紧密、较硬，内含有大量的红烧土块及少量的木炭屑，厚0~20厘米。出土极少量陶片。

第4层：浅灰色土，分布于整个探方，土质紧密、较硬，内含有大量的红烧土块及少量的木炭屑，厚10~30厘米。出土少量陶片，陶质主要为夹砂陶，少量为泥质陶。

第5层：浅红色土，分布于整个探方，土质坚硬，内含有少量的红烧土颗粒，厚10~20厘米。出土少量陶片。

第6层：浅灰色土，分布于整个探方，土质致密、较硬，内含有少量的红烧土颗粒及木炭屑，厚5~20厘米，出土少量陶片。

第7层：红烧土层，分布于整个探方，土质致密、坚硬，内含有大量的红烧土块及木炭屑，厚5~20厘米，无遗物出土。

第8层：灰褐色土，分布于整个探方，土质疏松，含有少量的红烧土颗粒及木炭屑，厚8~35厘米。出土少量陶片。K1、K2、D1、D2、D3开口于本层下。

第9层：浅灰色土，分布于整个探方，土质疏松，内含有少量的红烧土块及木炭屑，厚20~45厘米。出土少量陶片。

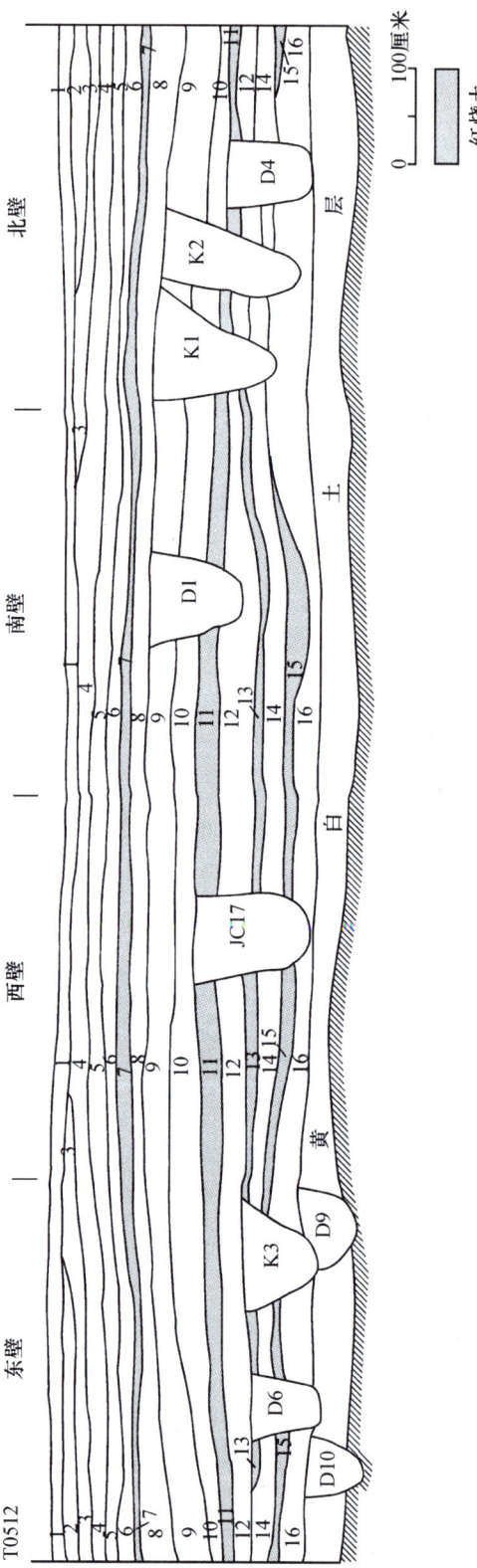

图一〇 T0512 四壁剖面图

第 10 层：灰褐色土，分布于整个探方，土质疏松，内含有大量的红烧土块及木炭屑，厚 8~40 厘米，出土少量陶片。D4、JC17 开口于本层下。

第 11 层：红烧土层，分布于整个探方，土质紧密、坚硬，内含有大量的红烧土块及木炭屑，厚 5~25 厘米，无遗物出土。

第 12 层：灰褐色土，分布于整个探方，土质紧密、较硬，内含有少量的红烧土颗粒及木炭屑，厚 20~40 厘米，出土少量陶片。K3、D5、D6 开口于本层下。

第 13 层：红烧土层，分布于探方内大部分，东北角缺失，土质很硬，内含大量的红烧土块及木炭屑，厚 0~15 厘米。无遗物出土。

第 14 层：灰褐色土，分布于整个探方，土质致密、较硬，土质较为纯净，厚 10~30 厘米。出土少量陶片。

第 15 层：红烧土层，分布于探方内大部分，西北角缺失，土质致密、较硬，含有大量的红烧土块及木炭屑，厚 0~25 厘米。无遗物出土。

第 16 层：灰褐色土，分布于整个探方，土质致密、较硬，较为纯净，包含物较少，厚 10~45 厘米。无遗物出土。D7、D8、D9、D10 开口于本层下。

第 16 层以下为黄白色土。

5. T1113（遗址东部）

文化堆积共分 13 层，厚度达 210 厘米（图一一）。

第 1 层：耕土层，褐色土，土质疏松，厚 10~20 厘米，包含物有少量陶片及晚期瓦片。H8 开口于本层下。

第 2 层：黄褐色土，分布于探方的西南大部分，土质较硬，土中夹杂有少量的木炭屑，厚 0~35 厘米。出土少量陶片，可辨器形有鬲、罐等。K1 开口于本层下。

第 3 层：浅灰色土，分布于探方的大部，东北角处缺失，土质结构紧密且较硬，内夹杂有木炭屑，厚 0~42 厘米。出有极少量的陶片。开口于此层的遗迹有 9 个柱洞（探方内编号为 D1~D7、D9、D10）。

第 4 层：红烧土层，分布于整个探方内，由东向西呈斜坡状堆积，土质结构紧密、坚硬，内夹杂有红烧土块及红烧土颗粒，厚 0~25 厘米。无遗物出土。

第 5 层：黄褐色土，分布于整个探方，土质较硬，内夹杂有较多的红烧土颗粒和少量的木炭屑，厚 0~40 厘米。出土 1 件石凿，另出少量的陶片。

第 6 层：红烧土层，分布于整个探方的东部，且延伸至 T1213，由东向西呈斜坡状分布，土质紧密、坚硬，内夹杂红烧土颗粒，厚 0~40 厘米。无遗物出土。开口于本层下的遗迹有 M37 和 M40。

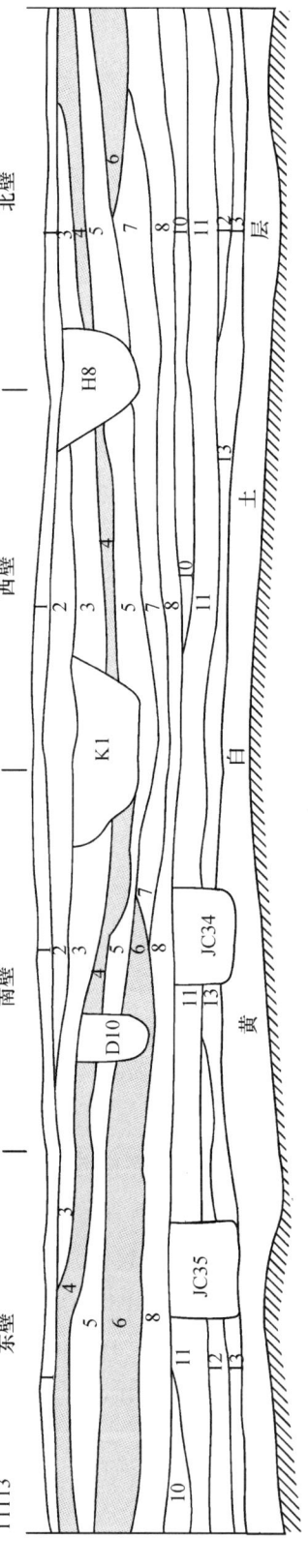

图一 T1113 四壁剖面图

第7层：灰褐色土，分布于探方内的西半部，土质致密，内含有少量的螺壳、少量的红烧土颗粒及木炭屑，厚0~40厘米。无出土遗物。

第8层：黄褐色土，分布于整个探方，土质较硬，内夹杂有极少量的螺壳，厚10~40厘米。开口于此层下的遗迹有2条基槽（JC34、JC35）。无遗物出土。

第9层：红烧土层，仅分布于探方的东北角处，范围较小，土质致密、较硬，内含有红烧土颗粒，厚0~15厘米。无遗物出土。

第10层：黑灰土，分布于探方内的西北部，土质疏松，包含物较少，厚0~30厘米，无遗物出土。

第11层：青灰色土，分布于整个探方，土质紧密、较硬，内含有极少量的螺壳和木炭屑，厚18~40厘米。出土少量陶片，可辨器形有鬲、罐等。

第12层：青黄色土，分布于探方东侧大部，土质紧密、较硬，内含有极少量的螺壳，厚0~25厘米。出土遗物为少量陶片和兽骨。

第13层：青灰色土，分布于整个探方，土质致密，较硬，内含有极少量螺壳和木炭屑，厚10~35厘米。开口于此层下的遗迹有2个柱洞坑（探方内编号为D8、D11）。无遗物出土。

第13层下为黄白色土。

第三节　地层堆积特点及成因

通过上节对遗址东、西、南、北、中四处探方地层堆积的详细介绍，结合遗址08列探方西壁南北大剖面，我们对堰台遗址的地层堆积情况有了比较全面的了解。事实上，堰台遗址除中心的几个探方与T0811的地层堆积相似之外，台地四周探方的地层堆积分别与所举的东、西、南、北四个探方的地层堆积也基本一致，仅仅是夹层或多或少不尽相同。显然，堰台遗址的地层堆积是极具自身特征的，与其他地区的同时期遗址相比存在很大的差异，而与过去安徽江淮地区发掘的几个同时期台形遗址有着极大的共性。

堰台遗址的地层堆积具有以下几个显著特征：

（1）台地边缘区域的地层堆积层次多，中部堆积层次少。

（2）台地边缘区域的地层堆积厚，中部堆积薄。从08列探方西壁南北大剖面看，中部探方的地层堆积如除去最晚的第二层，其下的堆积厚度大约140厘米，而与其相对应的南北边缘区域的堆积厚度则在200厘米以上。

（3）台地边缘区域的地层堆积多数从边缘向中间趋深趋薄，并渐平缓，直至消失，而中部区域的地层堆积则较平缓，整个遗址的地层堆积呈平缓的圜底形态。

（4）台地边缘区域的堆积存在较多层次的土质较纯净的黄土、黄褐土堆积，这些堆积分布范围不大，一般只有几十平方米，往往较硬，且没有任何遗物。

（5）遗址最下层（生土层之上）普遍存在一层纯净的黄白色土，厚度相对均匀，极为坚硬，且没有任何遗物，其下即为生土。

（6）整个台地周边自上而下共有4层红烧土堆积。最上层红烧土堆积分布范围较小，仅存在于台地中央及其偏西地区，其他3层红烧土堆积则基本分布于整个台地的四周，局部地区略有缺失。红烧土堆积的特点也是边缘地区较厚较密，向遗址中央趋薄趋疏，或断续延伸，至遗址中部消失。

（7）夹有螺蚌壳（以螺壳为主）的地层，螺壳的数量亦是边缘地区多、密集，向遗址中央渐少、稀疏，直至消失。

（8）从08列探方西壁剖面图上还可以看出南北两端遗迹较多，中部则基本没有遗迹，表明台地周边区域居民的活动多，中部区域居民的活动少。

以上特点是与堰台聚落的分布特点及其居民的行为方式紧密联系的，或与环境、气候之间也有一定的联系。从后文我们可以了解到，堰台聚落的房址、墓葬、柱洞等大量遗迹基本分布于台地的边缘区域，而中央则几乎没有遗迹，我们据此判断当时居民的主要活动范围应当在台地的四周而非中央区域，这就决定了在通常情况下台地边缘区域堆积一定厚于中央。同时，由于本地区土质黏性很大，考虑到气候（如雨水）、房子简陋等因素，需要铺垫干土以方便于生活（反映在边缘地区存在较多的纯黄土堆积），久而久之，就形成了堰台遗址的堆积形态。因此，台地边缘区域的某些堆积，不同于通常考古学意义上的文化层，而是一种遗迹，台地中央的堆积，才是严格意义上的文化层。遗址中的红烧土堆积（其性质将在遗迹中说明），推测其功用应与铺垫黄土一样。至于遗址最底层的纯黄白土，推测是聚落形成之初居民平整地面的行为所致。

第三章 遗 迹

包括环壕、建筑遗迹、墓葬以及灰坑等其他遗迹（图一二；彩版二，1）。

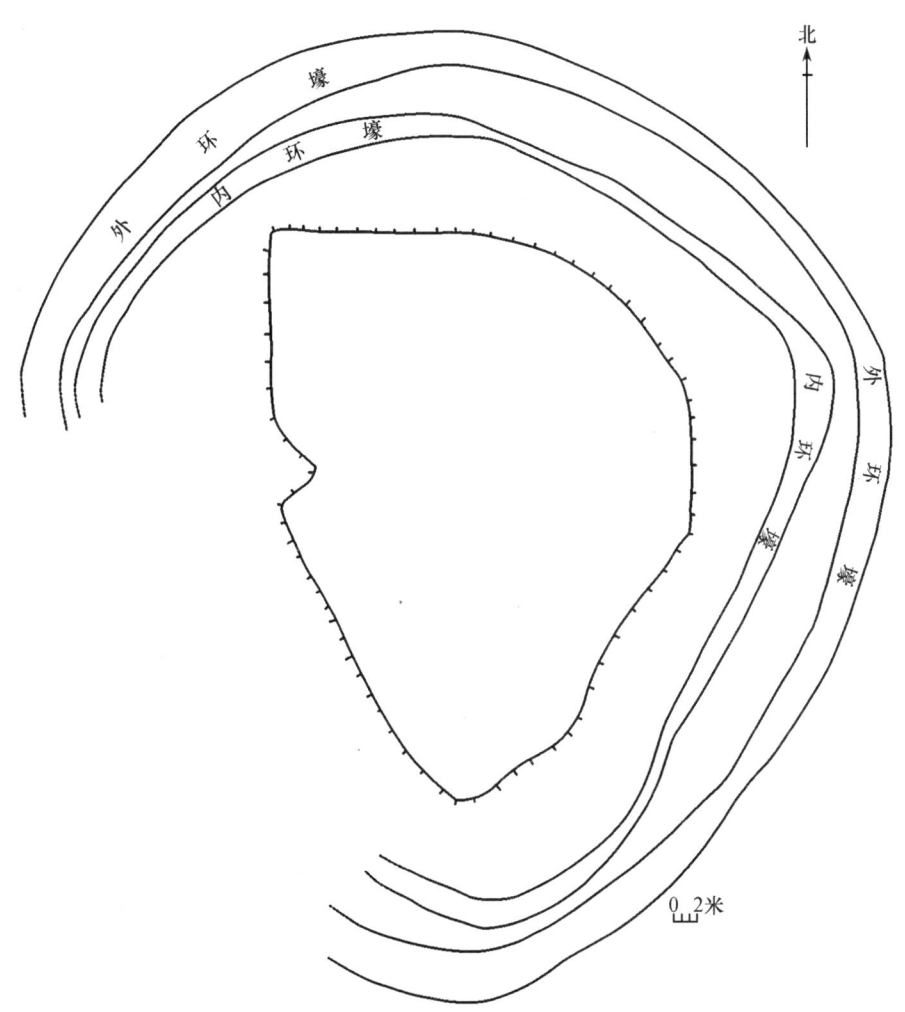

图一二 B 堰台遗址环壕、台地位置示意图

第一节　环　壕

一、内、外环壕的发掘与钻探情况

为了解台地以外的堆积情况，在台地东南部分发掘了 T1105、T1205、T1305、T1405 及 T1506 五个探方，发现此处台外存在内外两条壕沟。为了解这两条沟是否在台地外围普遍存在，我们又将横坐标为 07 的一列探方向正北延伸发掘，也发现了一条并不深阔的沟。随后，又将横坐标为 08 的一列探方向正南延伸发掘了一条长 23 米、宽 2 米的探沟 T1，同样发现存在两条壕沟。而此时 T1514 的发掘也发现探方东部的堆积陡然下降，似乎同样存在壕沟。据此我们初步推测台地外围有可能存在环壕。由于发掘时间有限，为了进一步验证这种推测，分别在台地的北部、西北部、西南部、南部、东部选择了六个地点进行钻探，均发现台地外围存在内外两条壕沟。以下分别详细介绍各个地点的发掘和钻探情况。

1. 台地东南部发掘点（图一三；彩版三，2）

台地东南部地表低于台地约 150 厘米，此处共布 T1105、T1205、T1305、T1405、T1506 五个探方，以前四个探方南壁为例，说明其地层堆积情况：

第 1 层：耕土层，黄褐色土，土质疏松，包含有较多的红烧土颗粒，厚 20～40 厘米，出土晚期陶瓷片及砖瓦。

第 2 层：黑褐色土，土质较硬，夹杂有大量红烧土颗粒及少量木炭屑，厚 40～120 厘米。出土少量陶片、瓷片及瓦片，陶片可辨器形有鬲、豆、罐。

第 3 层：灰褐色土，T1105 本层缺失。土质坚硬，相对纯净，厚 0～90 厘米。有少量灰黑色陶片出土，器形不辨。

第 4 层：黄褐色土，T1405（包括 T1506）本层缺失。土质坚硬，黏性较大，夹有较多的红烧土块、颗粒及炭屑，出土较多陶片、少量石器、兽骨，可辨器形有鬲、豆、钵。

第 5 层：灰色土，T1105 本层缺失。土质紧密，黏性较大，包含少量红烧土小颗粒，厚 0～70 厘米。出土少量陶片。内、外壕沟均开口于本层下。

第 5 层下即为生土。

台地以外部分的地层堆积并不能与台地的地层堆积直接相通。

内壕沟发现于 T1205 内，上口宽 170～180 厘米，下底宽约 70 厘米，深约 40 厘米，呈东北—西南走向。东壁较浅，东西沟壁光滑平整，西壁显然利用了自然地势高差修整而成。其内填土为浅灰色淤土，结构紧密，黏性较大。包含有较多的炭粒及少量碎

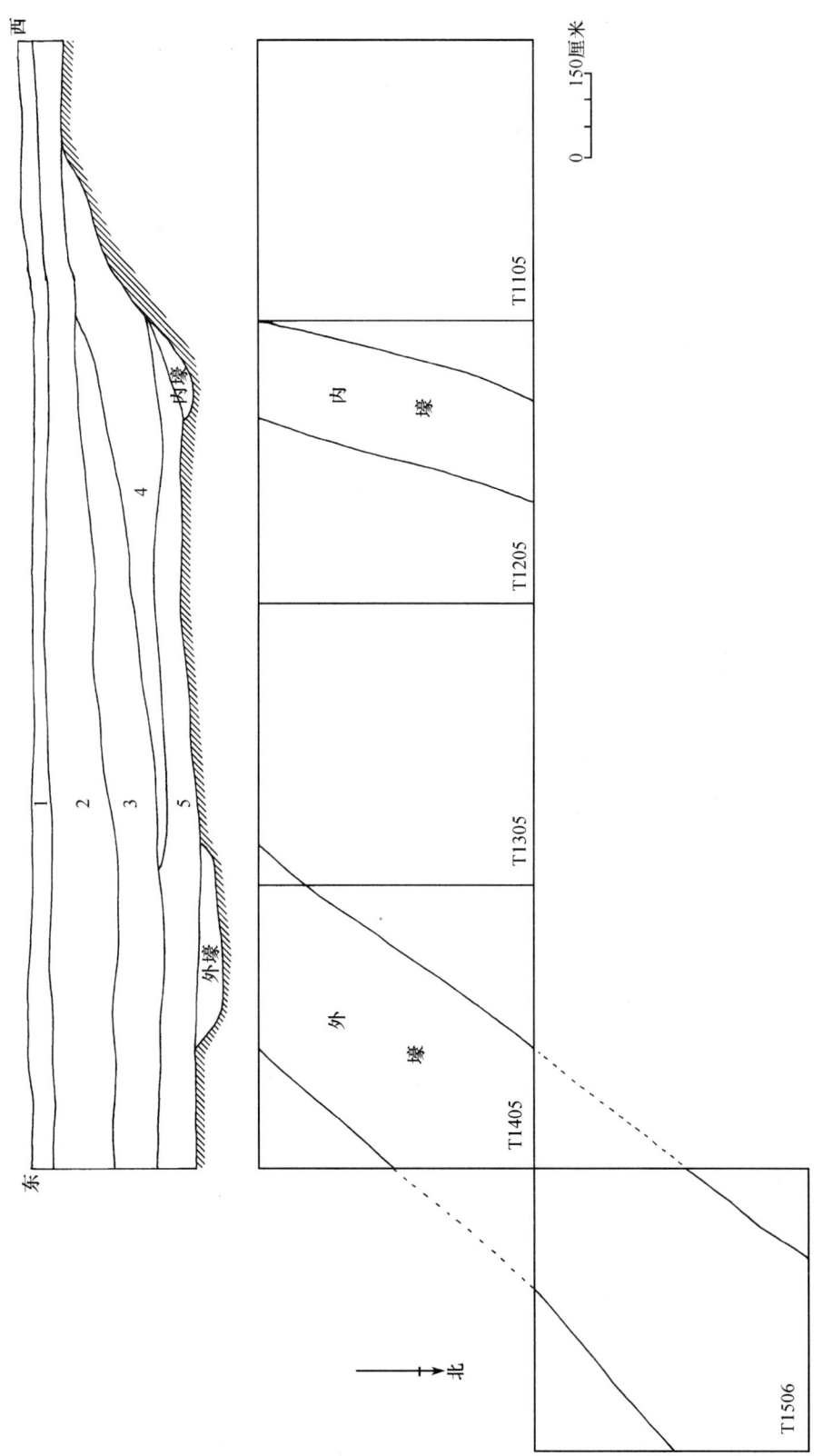

图一三 台地东南部内、外壕沟平、剖面图

陶片、兽骨等，陶片为灰、黑陶，饰绳纹，时代与台地内遗物一致。

外壕沟主要发现于T1405、T1506内，上口直边，宽285~390厘米，底宽约220厘米，深约60厘米，呈东北—西南走向。外沟横截面呈梯形，两壁斜直，平整光滑，平底。沟内为灰色淤土，结构紧密，黏性大，有较多的木炭颗粒、红烧土颗粒和少量碎陶片及兽骨，多为灰、黑陶，饰绳纹，时代与台地内遗物一致。

2. 台地北部T0720、T0721发掘点及钻探（图一四）

由于这两个探方没有出土遗物，其地层堆积与遗址内堆积不相通，对壕沟的年代判断没有直接证据，故略去其地层堆积介绍。

内壕沟发现于T0721④层下，上口宽125~250厘米，深约70厘米，圜底，呈东西向。南壁利用自然高差修整而成，北壁较浅，两壁均平整光滑。其内填土为灰黄色淤土，土质细腻紧密，无遗物出土。沟北有一道凸起的生土梗。

为了解外壕沟情况，沿T0721西壁向正北方向延伸的直线上进行了钻探，共设探孔11个（A~K），探孔间距50~150厘米不等。根据从A至K的11个探孔地表至生土的深度（依次为270、250、245、240、230、210、200、190、160、120、100厘米）及堆积情况，大致可知此处外壕沟截面略呈梯形，上口宽约400、下底宽约100、深约120厘米。

3. 台地南部探沟T1发掘点（图一五；彩版三，1）

在T1探沟4层下发现内、外两条壕沟。因壕沟以上堆积与遗址内堆积不相通，且无遗物出土，不能以此确定壕沟的年代，故略去地层堆积介绍。

内壕沟为长条形，呈东西走向。南、北两沟边较直，平行。上口宽约300厘米，斜壁，圜底，深约120厘米。其内填土堆积可分上、下两层，上层为褐色土，夹有大量的红烧土颗粒，下层堆积较纯，为棕色黏土，无遗物出土。

外壕沟亦为长条形，呈东西走向，与内壕沟平行。上口宽约650厘米，斜壁，南壁较缓，北壁较陡，深约90厘米。沟内中央有一道略凸起的生土梗。沟内填土堆积分上、下两层，上层为褐色土，内夹有大量的红烧土块和颗粒，下层为青灰色土，土质黏细，较硬，似干燥的淤土。无遗物出土。

4. 台地南部钻探点（图一六）

以T0906东南角为基点，向正南方向延长13.2米开始钻探A点，并继续向正南方向延伸钻探B~L点，探孔间距1米或2米。根据从A至L的12个探孔地表至生土的深度（依次为70、120、240、240、200、190、180、260、260、260、210、160厘米），大致

第三章 遗 迹

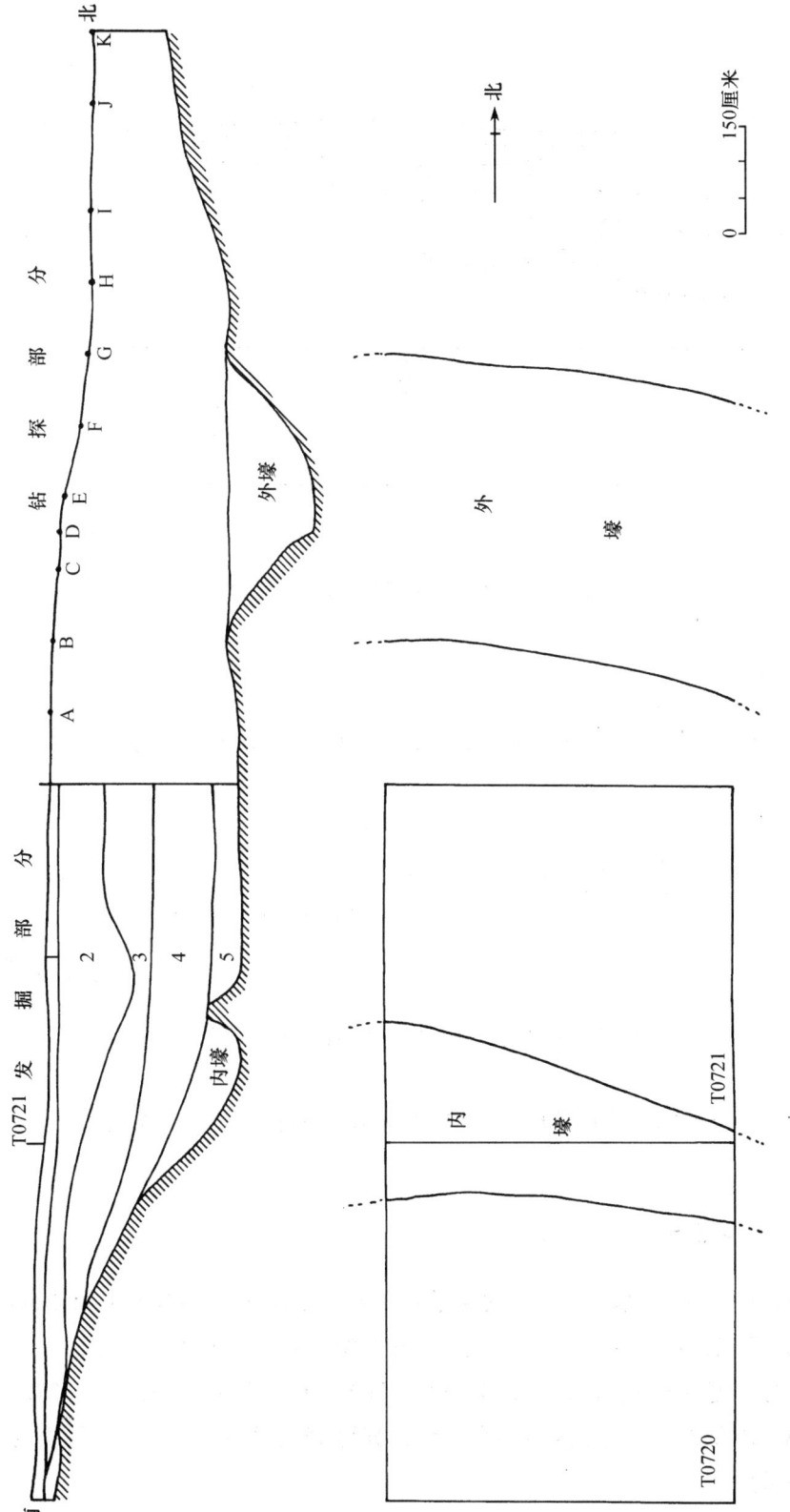

图一四 台地北部内、外壕沟平、剖面图

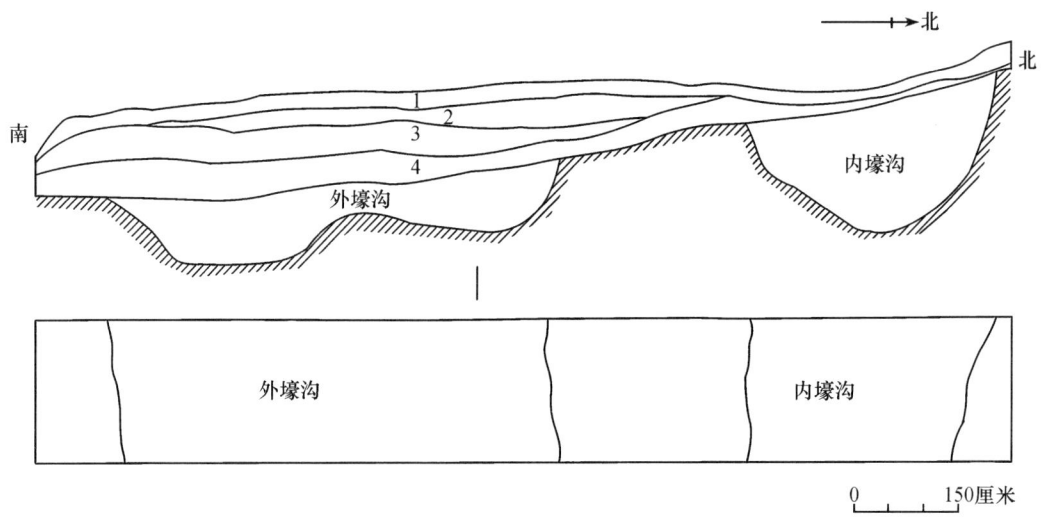

图一五 台地南部 T1 内、外壕沟平、剖面图

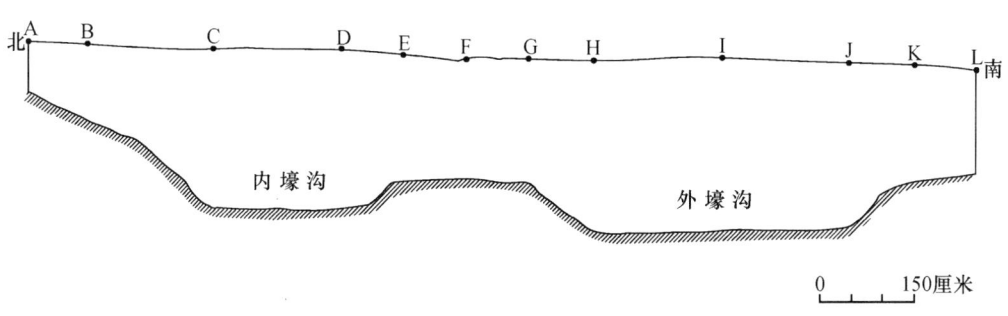

图一六 台地南部内、外壕沟钻探剖面示意图

可知此处内壕沟为平底，宽约 300、深约 30 厘米，外壕沟平底，宽约 550、深约 70 厘米。

5. 台地东部钻探点（图一七）

以 T1514 东壁中点为基点（东、北隔梁未发掘），向正东方向延伸 1 米开始钻探 A 点，并继续向正东方向延伸钻探 B~L 点，探孔间距 1 米。根据从 A 至 L 的 12 个探孔地表至生土的深度（依次为 250、310、330、260、260、260、290、330、270、240、120、90 厘米），大致可知此处内壕沟为圜底，宽约 250、深约 60 厘米，外壕沟圜底，宽约 500、深约 120 厘米。

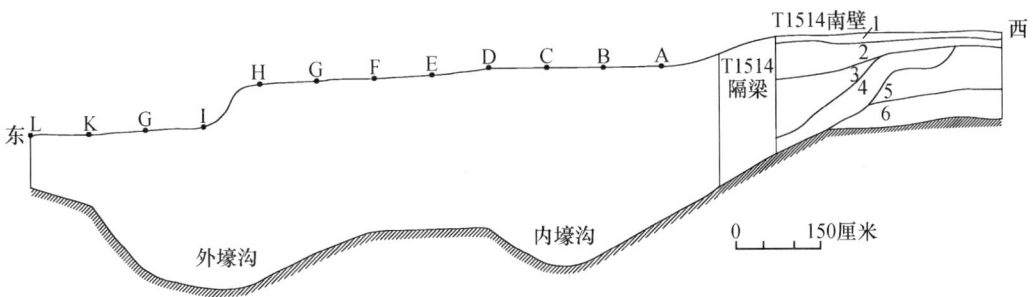

图一七　台地东部内、外壕沟钻探剖面示意图

6. 台地西北部钻探点（图一八）

以 T0317 东北角为基点，西北角与东南角的延长线为基线，距基点 18 米开始钻探 A 点，并继续沿基线方向延伸钻探 B~I 点，探孔间距以 1 米为主，局部因地形不便钻探，适当加宽。根据从 A 至 I 的 9 个探孔地表至生土的深度（依次为 160、260、260、240、480、410、340、260、180 厘米），大致可知此处内壕沟宽约 200、深约 30 厘米，外壕沟圜底，宽约 900、深约 270 厘米。

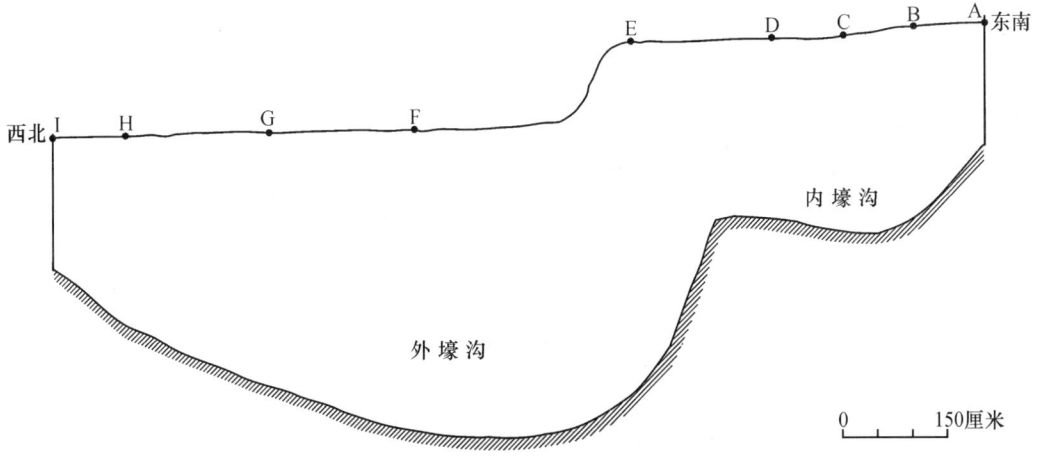

图一八　台地西北部内、外壕沟钻探剖面示意图

7. 台地西部北段钻探点（图一九）

以 T0314 东北角为基点，向正西方向延长 24 米开始钻探 A 点，并继续向正西方向延伸钻探 B~L 点，钻孔间距 0.5~2 米，根据从 A 至 L 的 12 个探孔地表至生土的深度（依次为 30、110、120、160、200、130、120、160、260、190、30、30 厘米），大致可知此处内壕沟宽约 250、深约 60 厘米，外壕沟宽约 500、深约 180 厘米。

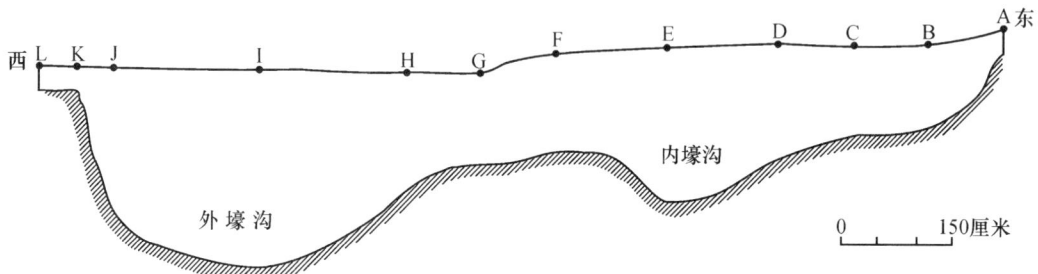

图一九　台地西部北段内、外壕沟钻探剖面示意图

8. 台地西部南段钻探点（图二〇）

以 T0507 西南角为基点，向正西方向延长 11 米开始钻探 A 点，并继续向西延伸钻探 B～H 点，探孔间距以 1 米为主，根据从 A 至 H 的 8 个探孔地表至生土的深度（依次为 100、100、130、160、180、150、120、60 厘米），我们判断此处内、外壕沟已缺失。

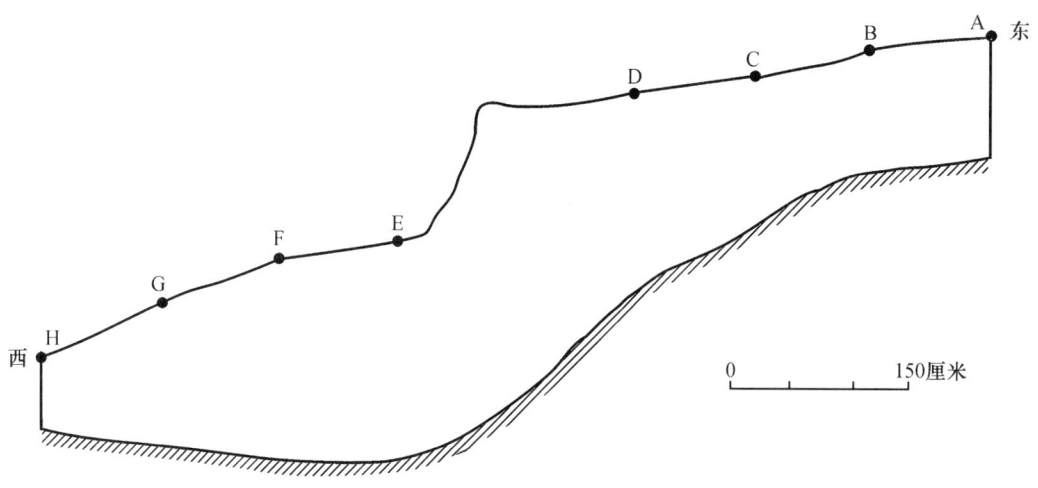

图二〇　台地西部南段钻探剖面示意图

凡钻探部分在壕沟内的填土均为纯净的灰色或灰蓝色土，淤土特征明显，外壕沟内的填土淤土特征更为显著。

以上发掘及钻探资料表明，堰台遗址外围存在内、外两条环绕遗址一周的壕沟，内、环壕大体平行。内环壕宽 125～300 厘米，深 30～70 厘米，更多地利用了台地内外地势高差修整而成。外壕沟宽 285～900 厘米，在遗址西北部和南部最宽，深 60～270 厘米，明显为人工修建而成。内、外环壕在遗址西南部缺失，推测与西部的堰湾河侵袭有关。当然钻探资料与实际结果之间存在一定的误差，内、外环壕的实际宽度和深度未必十分精确。我们根据发掘和钻探在数据，大致绘制了内、外壕的示意图（图一二 B）。

二、内、外环壕的年代

根据遗址南部探沟 T1 和台地东南部探方的发掘，内、外环壕均开口于同一层位下，说明二者年代大致相同。但所发掘部分的地层堆积均不能与台地部分的地层堆积相通，因此判断内、外环壕的年代仅可以依据壕沟内堆积出土遗物的年代。遗憾的是，在发掘部分的沟内堆积中，出土遗物甚少，只有台地东南部的沟内出土少量绳纹碎陶片，陶片特征与台地内遗物相同，但具体为遗址的早或晚段不能确定。所幸在台地东南部叠压于环壕之上的地层堆积中发现了较多的遗物，该处堆积第一、二层为晚期堆积，第三、四、五层出土遗物时代单纯，有陶鬲、豆、石凿等（见第四章），具有遗址晚段遗物的特征，为遗址晚段的堆积。据此我们判断环壕的形成和使用年代不晚于遗址的晚段。

第二节 建筑遗迹

堰台遗址发现大量建筑类遗存，主要有房址及可推测为房址的墙基槽，另有大量平面分布无一定规律的柱洞以及分布较广的红烧土和其他与建筑有关的遗迹现象，以下分类进行介绍。

一、房址与基槽

在堰台遗址发掘初期，我们一直关注遗址内房址的存在形态。虽然不断地发现柱洞，但即使是处于同一界面的柱洞，也看不出它们之间的排列规律（构成方形、长方形、圆形或其他规则形态的空间）。其后，在 T1013④层下，发现了两条平行的西北—东南走向的基槽，其内有三组对称的朽木柱，并构成 10 余平方米的空间，形态上颇似房基，但东北、西南两端并不封闭，况且没有发现灶、门道等相关遗迹，也没有发现遗物，尚不足以判断为房址。尽管如此，我们仍然尝试性地给这组遗迹编了房号 F1，并作了详细的记录。随后，又在 T0615 和 T0515 两探方内也发现了一组基槽，情况与 F1 类似，只是基槽内木柱痕迹只有对称的一组，比 F1 保存更差，虽然也给了房址编号 F2，但因佐证太少，又分别对基槽进行了单独编号（JC1 和 JC2）。以后的发掘中不断发现基槽，因作为房址的证据太少，我们没有继续编房址号，而是编了基槽号。直到发掘后期在 T0410⑭层下发现 F3，由一组西北—东南走向的平行基槽（JC38 和 JC41）组成，其东南端有与 JC38 和 JC41 相通的封闭基槽，西北端又有一排在一条直线上的柱洞，它们构成一个 20 余平方米的封闭空间，且形状规则，尽管仍然缺少灶、遗物等相关辅证，但作为房基的证据已相当充分。

在后期的资料整理中，我们正是根据对 F3 的认识，从逻辑上判断了由基槽组成的 10 余个房址。构成一个房址的条件是：位于同一活动面上，且位置相邻、并构成一定空间的一组基槽，基槽长短相近且基本平行。对于不能构成房基的单条基槽，仍作为基槽遗迹介绍。为检索方便，单独编列了堰台遗址所有发现的房址与基槽统计表（表五）。

表五 堰台遗址房址、基槽统计表

编号	所在探方	开口层位	形状	尺寸（厘米）	结 构	填 土	遗物	备 注
JC1	T0615中部	6层下	长条形	开口长530、宽85、深75	斜直壁，平底，基槽北段有一木柱洞	黄褐色，内夹有红烧土颗粒	无	JC1与JC2组成F2
JC2	T0515东部	7层下	长条形	开口长450、宽90、深75	斜直壁，平底，基槽北段中部有一木柱洞	黄褐色，内夹有红烧土颗粒	无	
JC3	T0413东部	4层下	长条形	开口长460、宽80~90、深60	直壁，平底。基槽一端有两木柱洞	内堆积为灰褐色花土，土质较硬，内夹有大量红烧土粒及少量木炭粒	少量陶片	JC3与JC5组成F4
JC4	T0513西南部	9层下	长条形	开口长295、宽95、深60	直壁，平底。基槽南端有一木柱洞	为灰褐色花土，土质较硬，内夹大量白土块，并含有少量木炭粒及红烧土块	少量陶片	或为F4分隔墙基槽
JC5	T0513东北部	9层下	长条形	开口长395、宽80~110、深90~115	直壁，坑底两端下凹，中部鼓起，南端浅，北端深。基槽北端有一木柱洞	为灰褐色花土，土质较硬，内夹大量白土块，并含有少量木炭粒及红烧土块	少量陶片	
JC6	T0908南部	4层下	长条形	开口长375、宽98、深80	斜壁，底略平。槽内有3个木柱洞	两基槽内填土土质土色基本一致，均为灰黑色土，含有少量木炭粒及红烧土块	少量陶片	
JC7	T0908东北部	4层下	长条形	开口长349、宽87、深78	斜壁，底略平。槽内有3个木柱洞			

第三章 遗 迹

续表

编号	所在探方	开口层位	形状	尺寸（厘米）	结 构	填 土	遗 物	备 注
JC8	T0908 西北部	7层下	长条形	开口长518、宽79、深125，槽底长500、宽58	斜直壁，基槽内有3个木柱洞，槽底部有小浅槽	呈灰褐色并夹有黄白色花土，并有细碎红烧土颗粒及木炭粒，土质较硬	无	JC8与JC13组成F5
JC13	T0908 东南部	7层下	长条形	开口长600、宽80、深134，底长590、宽67	近直壁，槽内有3个木柱洞，基槽底部有窄槽	呈灰褐色并夹有黄白色花土，并有细碎红烧土颗粒及木炭粒，土质较硬	少量夹砂陶片及兽骨	
JC9	T1008 西北部	6层下	长条形	开口长605、宽80、深75，底长580、宽45	斜直壁，基槽内有3个木柱洞，槽底部有窄槽	呈灰褐色并夹有黄白色花土，并有细碎红烧土颗粒及木炭粒，土质较硬	无	JC9与JC18组成F6
JC18	T1009 西北部	7层下	长条形	开口长615、宽80、深80，底长560、宽47	底部有窄槽，槽内有3个木柱洞	灰褐色并夹有黄白色花土，并有细碎红烧土颗粒，土质较硬	无	
JC10	T1009 西南部	5层下	长条形	开口长348、宽84、深115	近直壁，底一端有台阶，槽内有2个木柱洞	灰褐色，土质松软，夹有大量红烧土颗粒及炭粒	少量陶片	
JC11	T0909 西部	6层下	长条形	开口长335、宽50～92、深60	斜直壁，底不平。槽内有3个木柱洞	灰黄色，土质松软，夹有少量红烧土颗粒及炭粒	无	
JC12	T0608 西北部	3层下	长条形	开口长445、宽65、深55	斜直壁，平底。内有4个木柱洞	黄褐色，内夹有大量红烧土颗粒	无	F15

续表

编号	所在探方	开口层位	形状	尺寸（厘米）	结构	填土	遗物	备注
JC14	T1110 中部	4 层下	长条形	开口长 260，东西宽 30~80，深 20~60	斜直壁，底不平。槽内有 4 个木柱洞	浅灰色，土质较硬，夹有少量红烧土颗粒及炭粒	少量陶片及动物碎骨	
JC15	T0411、T0412 内	T0411 第 4 层下	长条形	开口长 505，宽 65~95，深 105	直壁，平底。槽内有木柱洞 5 个	呈灰褐色，杂有黄土点，土质较硬，内含红烧土颗粒及少量木炭粒	少量陶片	JC15 与 JC17 组成 F7
JC17	T0511、T0512 内	T0512 第 10 层下	长条形	开口长 490，宽 50~90，深 80~100	近直壁，底部略平。槽内仅发现 2 个木柱洞	呈灰褐色有黄土点，土质较硬，内含红烧土颗粒及木炭粒	无	
JC16	T0813 北部	5 层下	长条形	长 400，宽 60~100，深 46~95	斜直壁，底部不平，基槽两端有 2 个木柱洞	黄花土，土质较硬，内夹有大量的红烧土块	无	
JC19	T0614 东南部，部分进入 T0613 北隔梁内	9 层下	长条形	长 235，宽 75，深 70~75	斜直壁，底略平。内有 2 个木柱洞	呈褐色，土质较硬	无	JC19 与 JC20 组成 F8
JC20	T0614 西部	9 层下	长条形	长 260，宽 70，深 46~60	近直壁，底不平。木柱洞分布于基槽两端			

续表

编号	所在探方	开口层位	形状	尺寸（厘米）	结构	填土	遗物	备注
JC21	T0510中西部	8层下	长条形	开口长590，宽75，深120	近直壁，平底。基槽中部发现1个木柱洞	呈灰褐色，含有烧土块、炭粒及浅黄色土	无	JC21与JC22组成F9
JC22	T0410中南部	7层下	长条形	开口长480，宽80，深105	近直壁，平底。内有木柱洞2个	黄褐色，含少量的黄色土块，夹杂炭粒、烧土粒	无	
JC23	T1215	2层下	长条形	开口长450，宽52~68，深36~56	斜壁，底不平。槽内有11个木柱洞	灰褐色，含较多的红烧土颗粒及少量木炭粒	少量陶片	
JC24	T1215	2层下	长条形	开口长425，宽50~75，深28~50	斜壁，底不平。槽内有12个木柱洞	灰褐色，含较多的红烧土颗粒及少量木炭屑	少量陶片	
JC25	T0707内，部分进入T0708内	8层下	长条形	开口长545，宽105~110，深105	直壁，平底。槽内有3个木柱洞	两基槽内填土较为疏松，土色灰褐，包含有较多的灰白色土块、红烧土颗粒及木炭屑	无	JC25与JC26组成F10
JC26	T0707内，部分进入T0607内	8层下	长条形	开口长550，宽105，深110	直壁，平底。槽内有3个木柱洞		无	
JC27	T1214	3层下	长条形	开口长325，宽40~45，深40	斜壁，底不平。槽内有7个木柱洞	黄褐色，含较多的红烧土颗粒及少量木炭粒	少量陶片	
JC28	T1214	3层下	长条形	开口长300，宽55~60，深26~38	斜壁，底不平。槽内有7个木柱洞	与JC27略同	少量陶片	
JC29	T1214	3层下	长条形	开口长395，宽75，深40	斜壁，平底。槽内有9个木柱洞	红烧土碎块	无	F16
JC30	T0411中部	10层下	长条形	开口长450，宽45~55，深40~45	直壁，平底。槽内有3个木柱洞	呈灰褐色，夹有黄土斑点，土质略带黏性，内含少量木炭粒及红烧土粒	少量陶片	
JC31	T0411西角，部分延伸到西壁之外及T0410北隔梁	10层下	长条形	开口长460，宽55~60，深70~80	近直壁，平底。槽内有3个木柱洞	呈灰褐色，夹有黄土斑点，土质较硬，内含红烧土及木炭颗粒	少量陶片	JC30与JC31组成F11

续表

编号	所在探方	开口层位	形状	尺寸（厘米）	结构	填土	遗物	备注
JC32	T0609西南部，部分进入T0608内	8层下	长条形	开口长460、宽40~55、深50	中间部分略向内弧，直壁，平底。槽内发现10个深浅不一的木柱洞	为灰褐色，土质较硬，含有少量红烧土颗粒及木炭颗粒	无	JC32与JC33组成F12
JC33	T0608西北侧，部分延伸至T0509内	8层下	长条形	开口长452、宽55~65、深70	斜壁，平底。槽内中央有间距不等的木柱洞7个	灰褐色，内夹有少量红烧土颗粒及炭粒	无	
JC34	T1113西南部，部分进入T1112内	8层下	长条形	开口长545、宽64~96、深52~76	斜直壁，底不平。槽内有4个木柱洞	黄花土，土质较硬，夹有少量青灰色土	少量陶片	JC34与JC35组成F13
JC35	T1113内	8层下	长条形	开口长485、宽60~95、深55~75	斜直壁，底不平。槽内有5个木柱洞	黄花土，土质较硬，夹有少量青灰色土	少量陶片	
JC36	T0412南部	13层下	长条形	开口长435、宽25~50、深35~40	近直壁，近平底。槽内有木柱洞11个	青灰色，土质硬，内夹少量炭粒	少量陶片	
JC37	T0412西部	13层下	长条形	开口长670、宽65~80、深30~35	近直壁，近平底。槽内有木柱洞13个	青灰色，土质硬，含少量木炭粒及红烧土粒	少量陶片	

续表

编号	所在探方	开口层位	形状	尺寸（厘米）	结构	填土	遗物	备注
JC38	T0410 东北角	13层下	长条形	开口长685，宽50	直壁，基槽底部不甚平整，南部稍浅，北部略深	灰黄色花土	无	JC38与JC41组成F3
JC39	T0413 西南部，部分进入T0412内	11层下	长条形	开口长480，宽55~70，深75	直壁，平底，基槽中部有1个木柱洞	灰黄色花土，夹黄红褐色及黄色土块，并含有少量红烧土块及木炭粒	无	JC39与JC40组成F14
JC40	T0413 内	11层下	长条形	开口长490，宽55，深75	直壁，平底。基槽中部有1个木柱洞	灰黄色花土，夹有红褐色及黄色土块，并含有少量红烧土块及木炭粒	无	
JC41	T0410 西南部	13层下	长条形	开口长715，宽50	直壁，底部不平	灰黄色花土	无	
JC42	T0411 西南部	11层下	长条形	开口长305，宽20~30，深104厘米	斜直壁，平底。槽内有3个木柱洞	黄褐色，土质紧密	无	F17
JC43	T1013 西北部	4层下	长条形	开口长410，宽70~80，深45~70	斜直壁，底不平，基槽内有3个木柱洞	填土灰褐色，较紧密，夹有黄土颗粒及少量木炭屑、红烧土颗粒	少量陶片	JC43与JC44组成F1
JC44	T1013 东南部	4层下	长条形	长410，宽60~70，深40~45	斜直壁，底近平，基槽内有4个木柱洞	填土灰褐色，较紧密，夹有黄土颗粒及少量木炭屑、红烧土颗粒	少量陶片	

（一）房址

1. F1（图二一；彩版四，1）

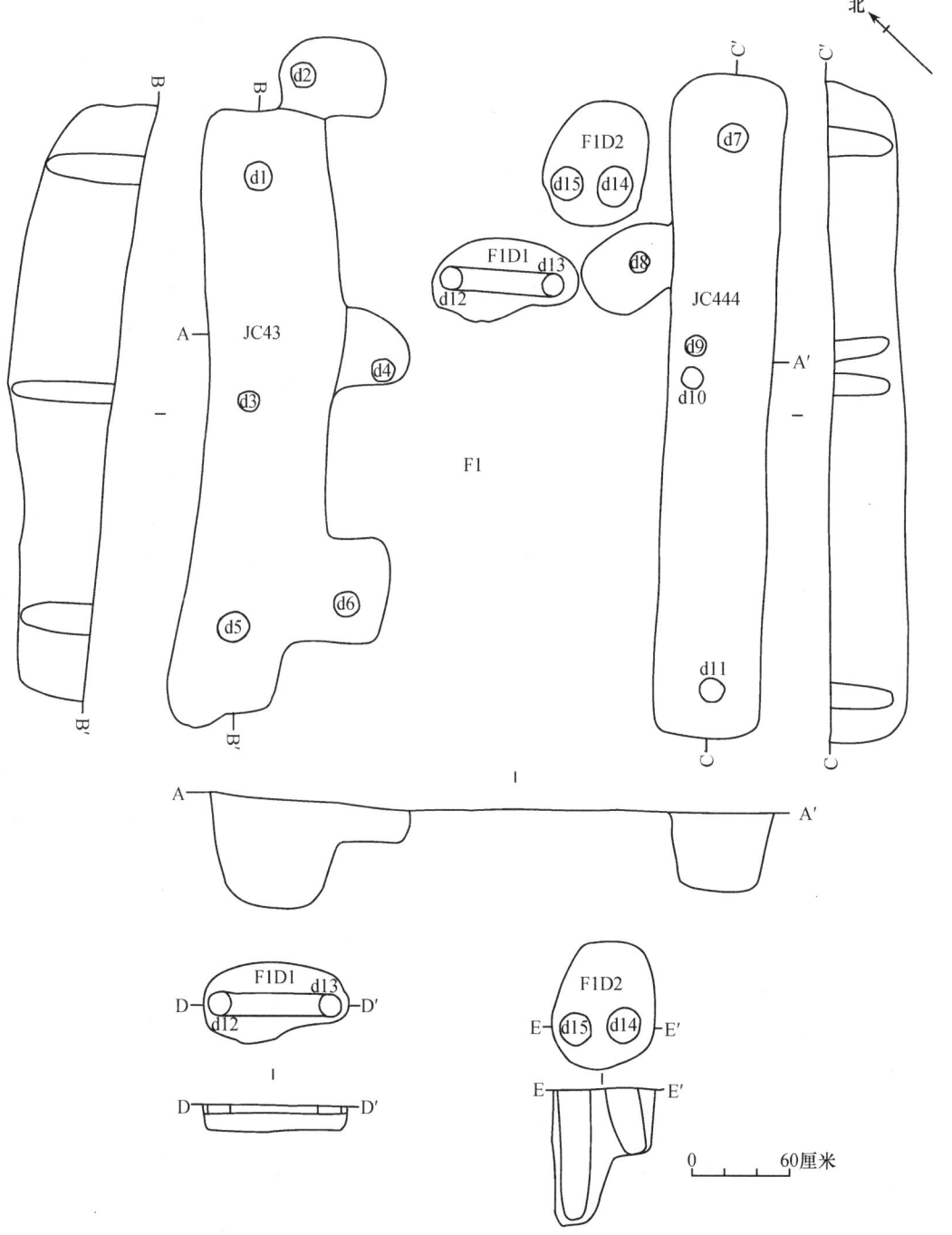

图二一　F1平、剖面图

F1 由基槽 43 和基槽 44（后期编号）组成，位于 T1013 内，东北—西南走向。两条基槽均开口于第 4 层下。

基槽 43 平面呈长条形，位于 T1013 西北部。长 410、宽 70~80、深 45~70 厘米，斜直壁，底不平，填土灰褐色，较紧密，夹有黄土颗粒及少量木炭屑、红烧土颗粒，有少量陶片。基槽外侧为直边，内侧有 3 个向内凸出的垛。基槽内有 3 个木柱洞（其内填土为纯净细腻的褐色土，粉末状，松软。以下略），其中 d1 直径 18、深 60 厘米，竖直；d3 直径 13、深 63 厘米，竖直；d5 直径 20、深 45 厘米，竖直；垛内各 1 个木柱洞，其中 d2 直径 14、深 20 厘米，略斜；d4 直径 14、深 24 厘米，略斜；d6 直径 16、深 48 厘米，略斜。

基槽 44 平面为长条形，位于 T1013 东南部。长 410、宽 60~70、深 40~45 厘米，斜直壁，底近平，填土灰褐色，较紧密，夹有黄土颗粒及少量木炭屑、红烧土颗粒，有少量陶片。基槽外侧直边，内侧有 1 个向内凸出的垛。基槽内有 4 个木柱洞，其中 d7 直径 18、深 40 厘米，竖直；d9 直径 12、深 34 厘米，略斜；d10 直径 12、深 36 厘米，竖直；d11 直径 16、深 40 厘米，竖直。d9 和 d10 相距仅 6 厘米。垛内 1 个木柱洞 d8，直径 13、深 26，竖直。

在两条基槽之间偏东北侧的同一面上，有两个柱坑 F1D1、F1D2。其中 F1D1 内有两个木柱洞 d12 和 d13，二者相距 50 厘米，其中 d12 直径 14、深 6 厘米，竖直；d13 直径 14、深 5 厘米，竖直，d12 和 d13 底部有横木相连（横木处土与木柱洞内填土相同）。F1D2 内有 2 个木柱洞 d14 和 d15，其中 d14 直径 20、深 40 厘米，较斜；d15 直径 20、深 78 厘米，竖直。

基槽 43 和基槽 44 内木柱基本对称，两条基槽间没有发现明显的踩踏面。以木柱间距离计算，F1 空间长约 340、宽约 300 厘米，面积约 10.2 平方米。垛内木柱多倾斜，相对较浅，可能起斜撑作用。D1、D2 与房址的关系不清，D1 或为门道所在。

2. F2（图二二）

F2 由基槽 1 和基槽 2 组成，位于 T0515、T0615 内，东北—西南走向。

基槽 1 开口于 T0615 第 6 层下。平面为长条形，长 530、宽 85、深 75 厘米，斜直壁，平底，底宽 60~70 厘米。其内填土黄褐色，夹有少量红烧土颗粒。基槽内发现木柱洞 1 个，直径 20、深 75 厘米。

基槽 2 开口于 T0515 第 7 层下。平面为长条形，长约 450、宽 90、深 75 厘米，斜直壁，平底，底宽 50~60 厘米。其内填土黄褐色，夹有少量红烧土颗粒。基槽内发现木柱洞 1 个，直径 25、深 70 厘米。

两条基槽平行，长短相近，以木柱间距离计算，间距 240 厘米，其组成的空间 F2 面积约 12 平方米。基槽内木柱应有缺失。

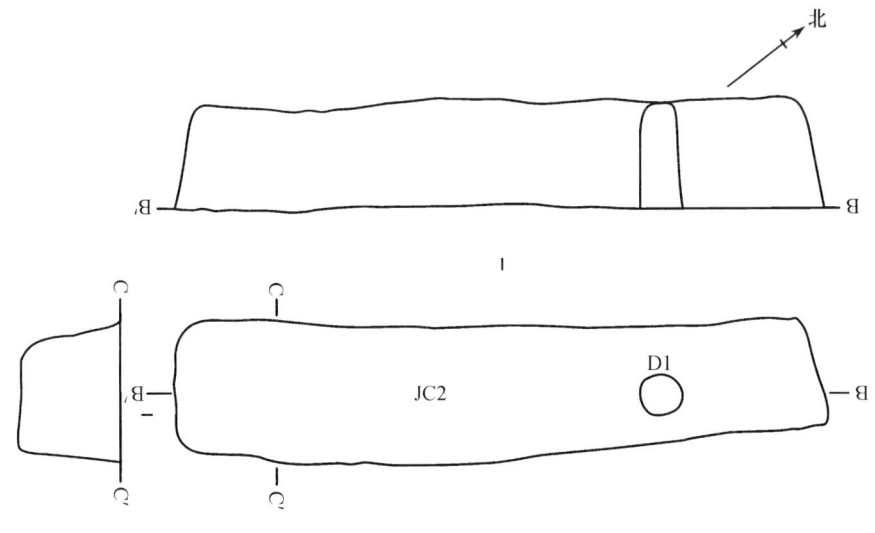

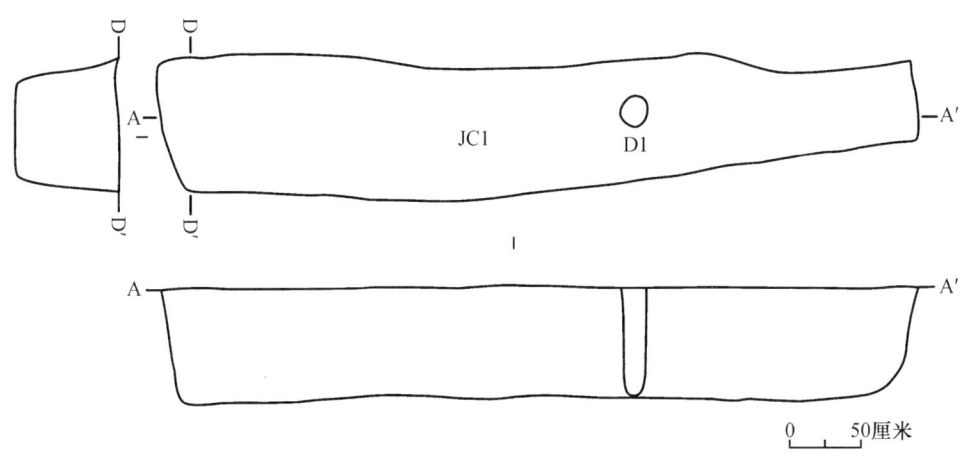

图二二　F2 平、剖面图

3. F3（图二三；彩版四，2）

F3 由基槽 38 和基槽 41 及相关柱洞组成，呈西北—东南走向，主要位于台地西部 T0410、T0510 内，基槽及相关柱洞均开口于 T0410 的 13 层下。

房基主体为基槽 38 和基槽 41，两条基槽的东南端另有一条东北—西南向的基槽与其沟通，形成一个三面封闭的平面。在基槽 38 和基槽 41 的西北端，两条基槽之间有 4 个在一条直线上的柱洞，它们与基槽共同组成 F3 的长方形平面。以基槽内木柱之间的距离计算，该平面长 620、宽 360 厘米。在 F3 南部，另有 5 个在一条直线上的柱洞，将 F3 分成南北两部分，这排柱洞应为 F3 的分间墙柱洞。

第三章 遗　迹　　49

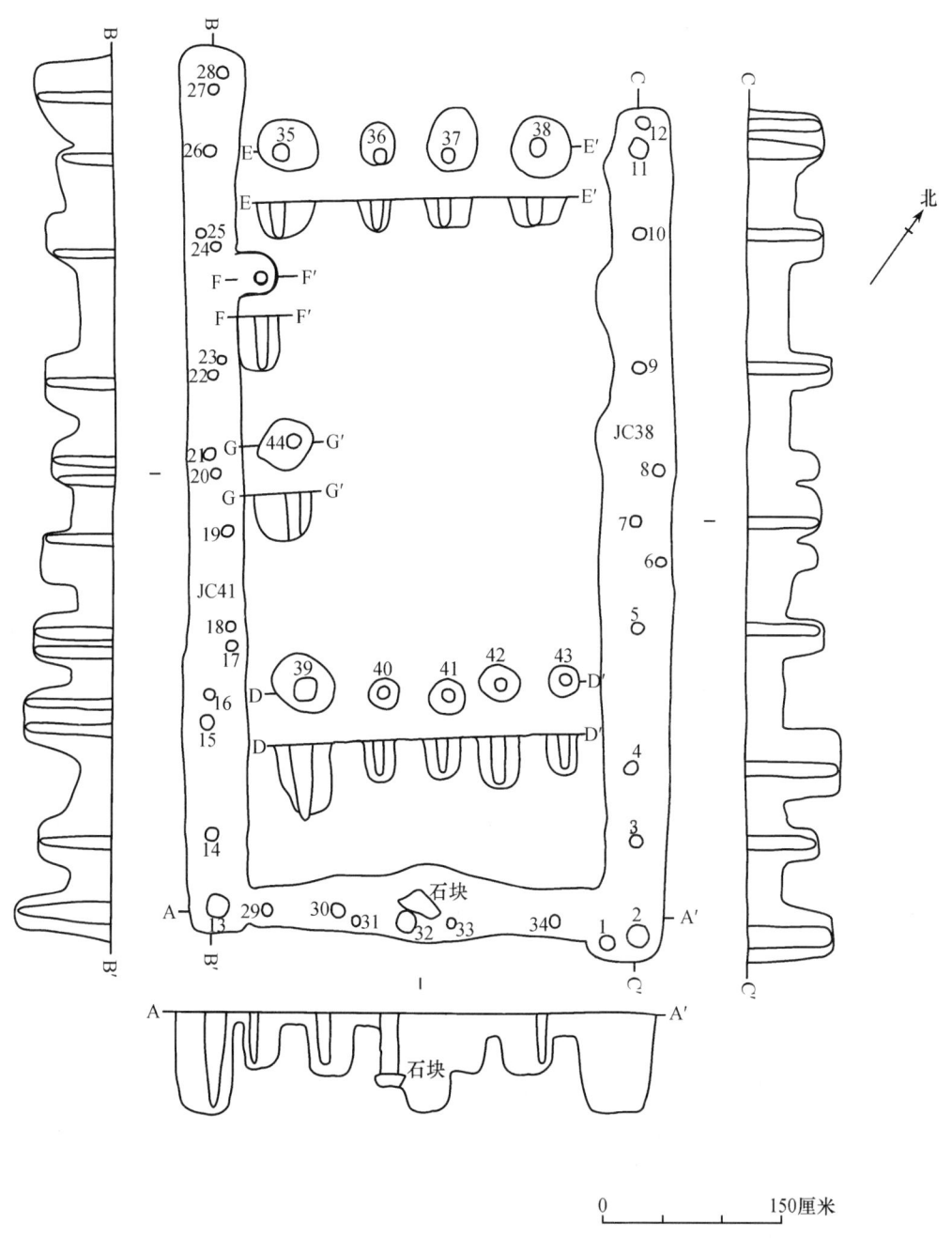

图二三　F3 平、剖面图

基槽 38 平面呈长条形，长 685、宽约 50 厘米，底部不平，凡立柱之处均较深，其内填土为灰黄色花土，无包含物。由南向北共有 12 个木柱洞（d1～d12），均竖直，间距不等，大小略有差异。d1 直径 10、深 72 厘米；d2 直径 20、深 72 厘米；d3 直径 10、深 60 厘米；d4 直径 10、深 80 厘米；d5 直径 8、深 70 厘米；d6 直径 8、深 58 厘米；

d7 直径 10、深 70 厘米；d8 直径 10、深 60 厘米；d9 直径 10、深 70 厘米；d10 直径 10、深 65 厘米；d11 直径 18、深 70 厘米；d12 直径 10、深 70 厘米。

基槽 41 平面为长条形，长 715、宽约 50 厘米，结构与基槽 38 大致相同，北端向内凸出一垛，内有木柱洞 1 个，直径 10、深 42 厘米。槽内填土与基槽 38 相同，由南向北共有木柱洞 16 个（d13～d28），其中 d15 与 d16、d17 与 d18、d20 与 d21、d22 与 d23、d24 与 d25、d27 与 d28 各自相距较近，似为一组。d13 至 d28 直径依次为 16、9、10、8、9、8、8、8、10、8、8、8、8、8、10 厘米，深依次为 75、60、75、75、70、70、60、50、55、60、60、55、60、45、72、70 厘米（彩版四，3）。

沟通基槽 38 与基槽 41 之间的基槽内共有 6 个木柱洞（d29～d34），d29～d34 直径依次为 10、12、6、16、8、8 厘米，深依次为 45、40、50、50、40、40 厘米。在 d32 的基槽开口平面上，有两块石块叠垒紧靠柱洞，石块大小约 20 厘米×30 厘米×10 厘米；d32 的底部有石块作柱础，石块大小约 25 厘米×35 厘米×10 厘米。

基槽 38 和基槽 41 北端另有一排直线分布的 4 个柱洞（d35～d38），均为有柱坑的柱洞。其中 d35 柱坑直径 40～50、深 30 厘米，木柱直径 15、深 30 厘米；d36 柱坑直径 30、深 25 厘米，木柱洞直径 10、深 25 厘米；d37 柱坑直径 40～50、深 25 厘米，木柱洞直径 10、深 25 厘米；d38 柱坑直径 50、深 22 厘米，木柱洞直径 12、深 22 厘米。

房基内南部亦有一排直线分布的 5 个柱洞（d39～d43），均为有柱坑的柱洞。d39 柱坑直径 45～50、深 55 厘米，木柱洞直径 20、深 60 厘米；d40 柱坑直径 25、深 35 厘米，木柱洞直径 10、深 30 厘米；d41 柱坑直径 35、深 35 厘米，木柱洞直径 10、深 30 厘米；d42 柱坑直径 25～30、深 45 厘米，木柱洞直径 10、深 43 厘米；d43 柱坑直径 25、深 35 厘米，木柱洞直径 10、深 30 厘米。

此外，在房基内中部西侧，另有一个柱洞 d44，柱坑直径 35～40、深 38 厘米，木柱直径 12、深 38 厘米。

平面上没有发现门道的位置。从房基的平面布局看，东北、西北、东南三面均有基槽，且埋柱较深，应为封闭的承重墙体，而西北端的一排柱洞，并不以基槽的形式存在，而且埋柱较浅，其功能当与其他三面不同，或为门道所在。

4. F4（图二四）

F4 由基槽 3 和基槽 5 组成，位于 T0413、T0513 内，西北—东南走向。

基槽 3 开口于 T0413 第 4 层下。平面为长条形，长 460、宽 80～90、深 60 厘米，直壁，在埋木柱的部位深挖，深 115 厘米。其内填土为灰褐色，土质较硬，内夹有大量的黄白土块，夹有少量红烧土颗粒及木炭屑，并出有少量陶片。基槽内发现木柱洞 2 个，直径为 15 和 20 厘米。均穿透基槽底部 15～20 厘米。

第三章 遗 迹 51

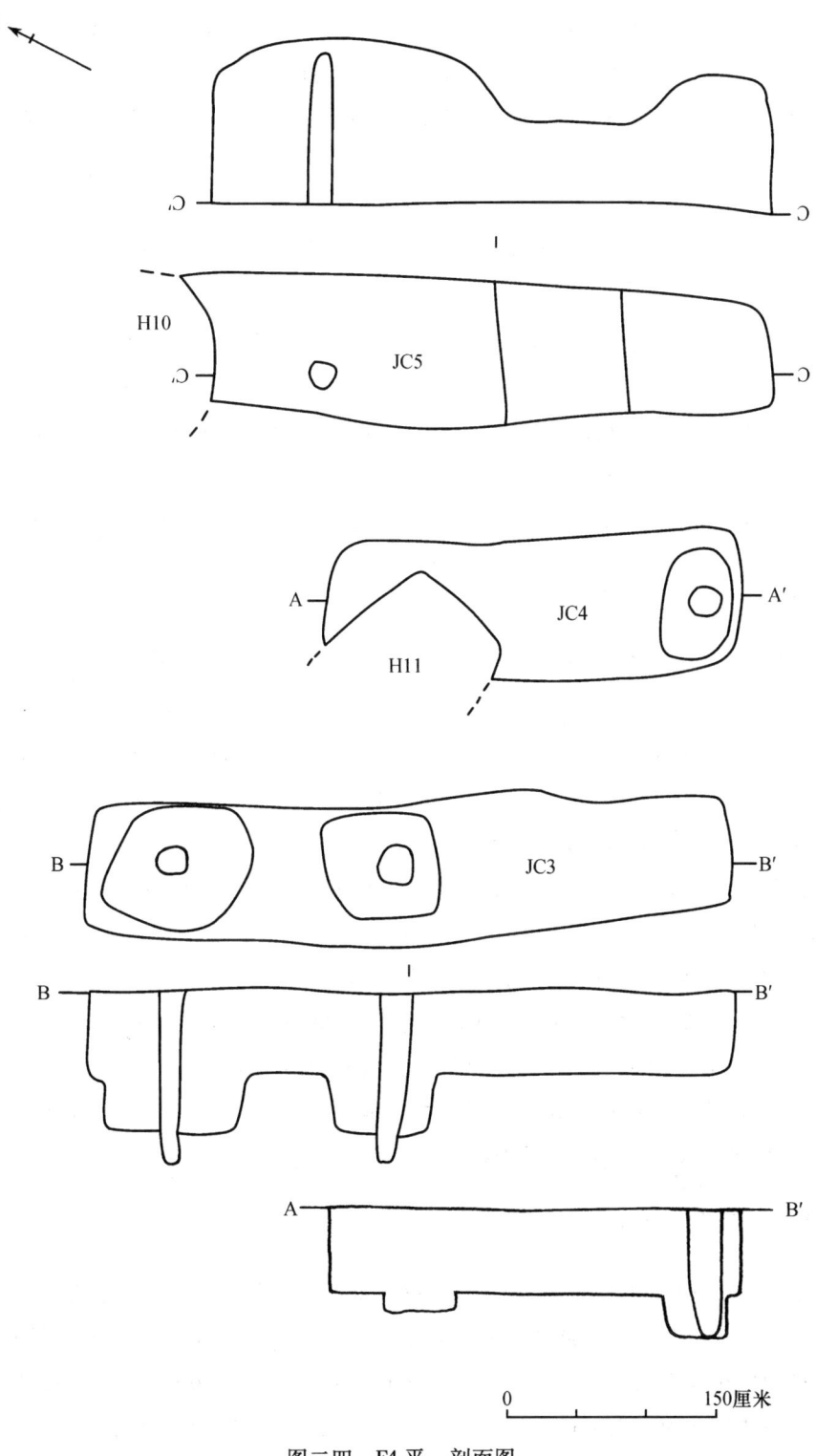

图二四 F4平、剖面图

基槽 5 开口于 T0513 第 9 层下。平面为长条形，北端被 H10 打破。残长 395、宽 80 ~ 110、深 90 ~ 115 厘米。直壁，坑底两端下凹，中部凸起，南端深 90 厘米，北端深 115 厘米。其内填土为灰褐色花土，土质较硬，夹有大量白土块，并含有少量木炭屑及红烧土颗粒，有少量陶片出土。基槽北端发现 1 个木柱洞，直径 20 厘米，深 110 厘米，竖直。

基槽 3 和基槽 5 平行，间距 435 厘米。其组成的空间 F4 面积约 20 平方米。基槽内木柱应有缺失。

在两条基槽之间另有基槽 4，与基槽 3、5 平行，开口于 T0513 第 9 层下，西北角被 H11 打破，为同一活动面上的遗迹。平面为长条形，长 295、宽 95、深 60 厘米。直壁，平底。南端有一木柱洞，埋柱处深挖，低于基槽底部 30 厘米。木柱洞直径 25 厘米，深 90 厘米，竖直。基槽内填土为灰褐色花土，土质较硬，夹有大量白土块，并含有少量木炭屑及红烧土颗粒，出土少量陶片。基槽 4 可能是 F4 分隔墙的墙基。

5. F5（图二五；彩版五，1）

F5 由基槽 8 和基槽 13 组成，位于 T0908 内，东北—西南走向。两条基槽均开口于 7 层下。

基槽 8 位于 T0908 西北部，部分进入 T0808 东部。平面为长条形，长 518、宽 79、深 125 厘米。斜直壁，平底，底长 500、宽 58 厘米，底部有深 10 厘米的小浅槽。基槽内由北至南有 3 个等距木柱洞，直径均为 25 厘米。

基槽 13 位于 T0908 东南部，部分进入 T0907 西北部。平面为长条形，长 600、宽 80、深 134 厘米。近直壁，底长 590、宽 67 厘米，基槽底部有深 10 厘米的窄槽。基槽内由北至南有 3 个等距木柱洞，直径均为 25 厘米。

两条基槽内填土一致，均为夹有黄白色土的灰褐色花土，并夹有细碎红烧土颗粒及木炭屑，基槽 13 出土少量陶片及兽骨，基槽 8 无出土遗物。

基槽 8 和 13 长短相近，相互平行，结构及填土一致，并有对称的木柱洞，应构成同一座房址 F5，木柱间的距离约 350 厘米，面积约为 20 平方米。

6. F6（图二六；彩版五，1）

F6 由基槽 9 和基槽 18 组成，位于 T1009 和 T1008 内，东北—西南走向。

基槽 9 位于 T1008 西北部和 T1009 东南部，开口于 T1008 第 6 层下（即 T1009 第 7 层下，见地层对应表），被 T1008 第 3 层下开口的 K1 及 T1009 内基槽 10 打破。平面为长条形，东北端向内凸出成垛，长 605、宽 80、深 75 厘米。斜直壁，圜底，底长 580、宽 45 厘米，槽底有宽 30、深 10 厘米的窄槽。基槽内由北至南有 3 个等距的木柱洞，直径均为 25 厘米。

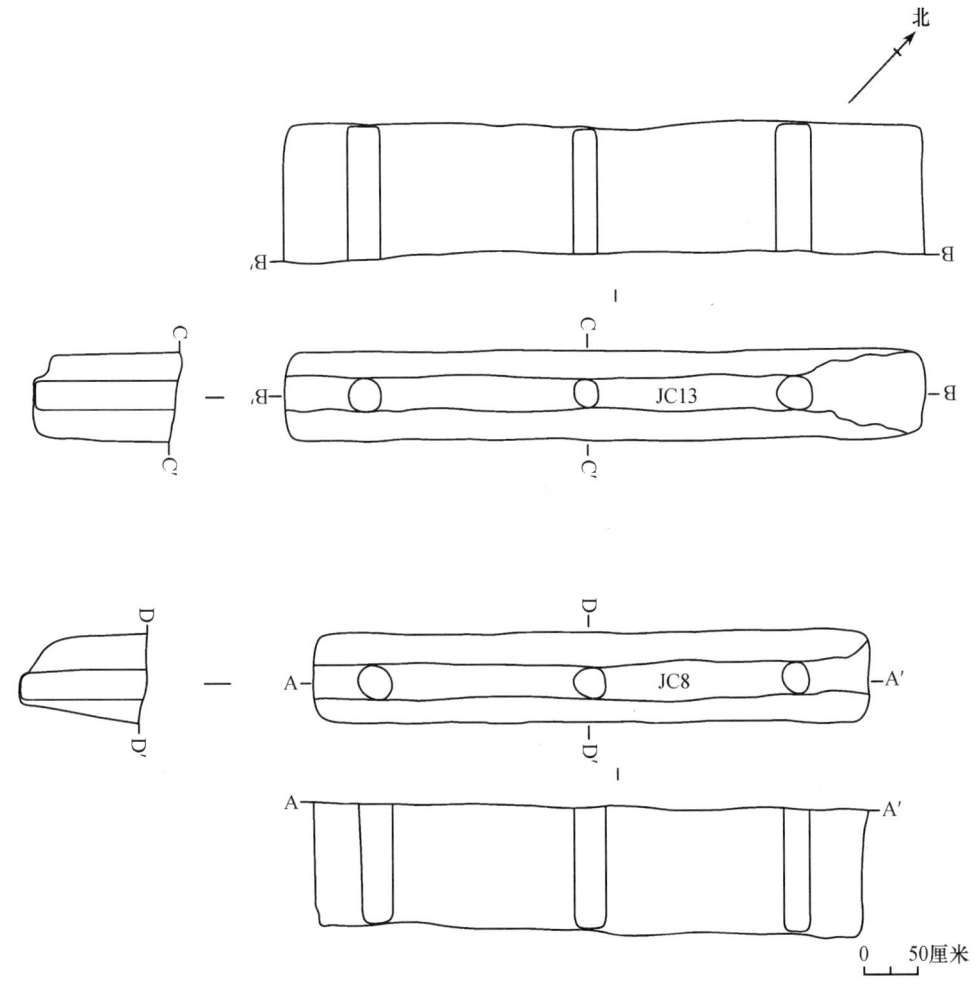

图二五 F5 平、剖面图

基槽 18 位于 T1009 西北部，部分进入 T0909 东南部。开口于 T1009 第 7 层下。平面为长条形，中部外侧略凸出，长 615、宽 80、深 80 厘米。斜直壁，圜底，底长 560、宽 47 厘米，槽底有宽 29、深 10 厘米的窄槽。基槽内由北至南有 3 个等距木柱洞，直径均为 25 厘米（彩版八，4）。

两条基槽内填土一致，均为夹有黄白色土的灰褐色花土，并夹有细碎红烧土颗粒及木炭屑，无出土遗物。

基槽 9 和 18 长短相近，相互平行，结构及填土一致，并有对称的木柱洞，应构成同一座房址 F6，木柱间的距离约 360 厘米，其面积约为 22 平方米。

F5 和 F6 处于同一活动面上，结构相同，方向一致，应为同时建造及使用的两座房子。两者相距较近，相距约 150 厘米。

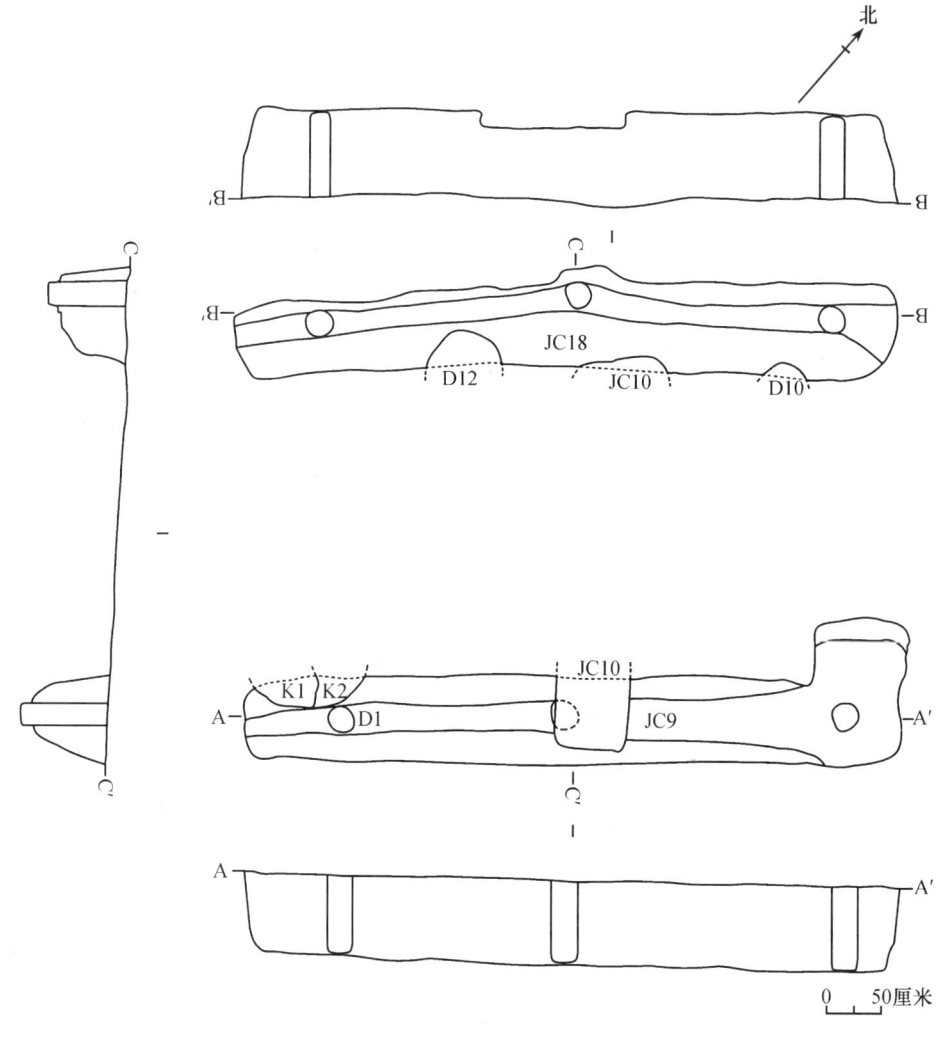

图二六　F6 平、剖面图

7. F7（图二七；彩版五，2）

F7 由基槽 15 和基槽 17 组成，主要位于 T0411、T0412、T0512 内，西北—东南走向。

基槽 15 位于 T0412 南部和 T0411 北部，开口于 T0411 第 4 层下（即 T0512 第 10 层下，见地层对应表）。平面为长条形，中部向外凸出一块，其底部高于基槽底部 17 厘米。基槽长 505、宽 65~95、深 105 厘米。直壁，平底。其内填土呈灰褐色，杂有黄土点，土质较硬，夹有红烧土颗粒及少量木炭粒，出土少量陶片。基槽内由北至南共有 5 个木柱洞，直径依次为 20、20、10、8、20 厘米，深 100~105 厘米。

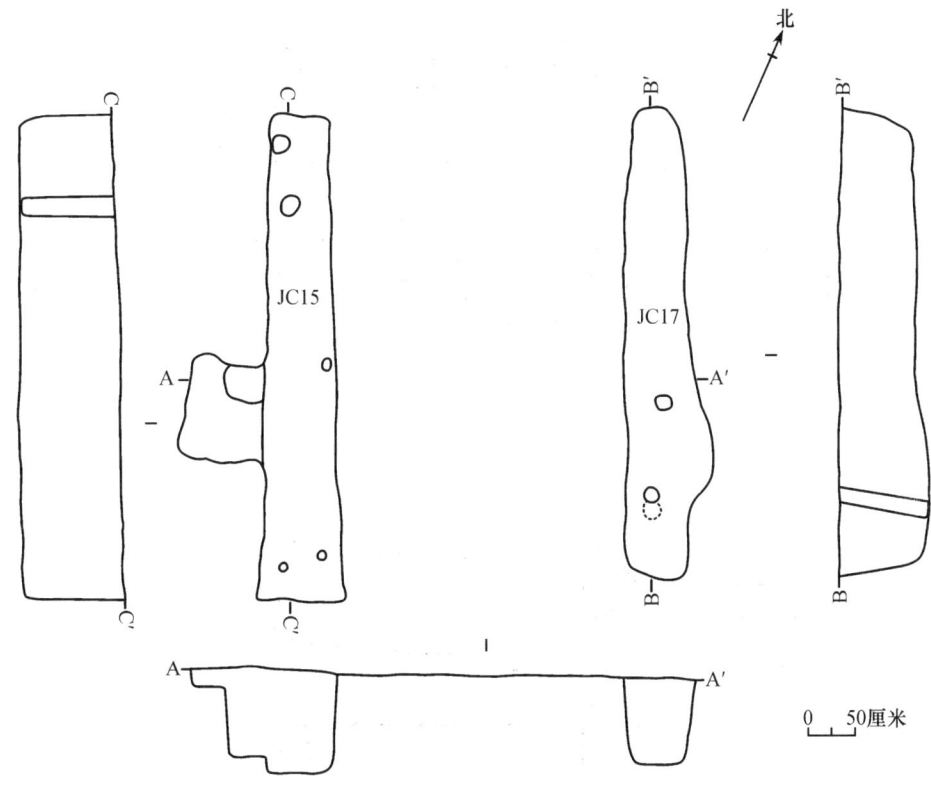

图二七　F7 平、剖面图

基槽 17 位于 T0512 内，南端进入 T0511 北隔梁，开口于 T0512 第 10 层下。平面为长条形，长 490、宽 50~90、深 80~100 厘米。近直壁，底部略平。其内填土灰褐色，夹杂有黄土点，土质较硬，夹有红烧土颗粒及少量木炭粒。基槽内发现 2 个木柱洞，直径均为 15 厘米，北侧木柱洞竖直，深于槽底 15 厘米，南侧木柱洞斜直，深 100 厘米。

两条基槽平行，长短相近，间距 400 厘米，其组成的空间 F7 面积约 20 平方米。基槽内木柱应有缺失。

8. F8（图二八；彩版五，3）

F8 由基槽 19 和基槽 20 组成，位于 T0614 内，东北—西南走向，均开口于第 9 层下。

基槽 19 位于 T0614 东南部，部分进入 T0613 北隔梁内。平面为长条形，两端圆弧，长 235、宽 75、深 70~75 厘米。斜直壁，底部略平。其内填土呈褐色，土质较硬。基槽内有 2 个木柱洞，北端木柱洞直径 18、深 66 厘米，竖直；南端木柱洞直径 20、深 66 厘米，竖直（彩版八，3）。

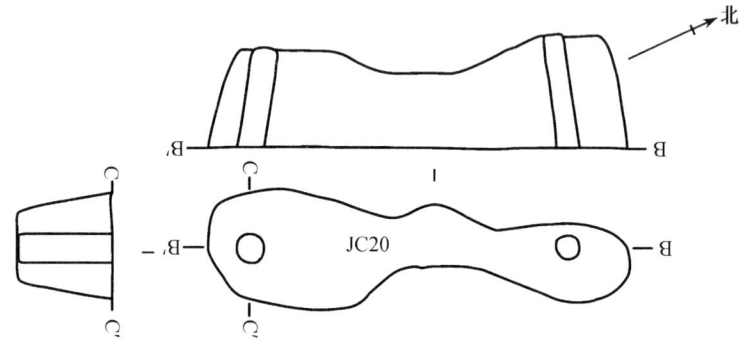

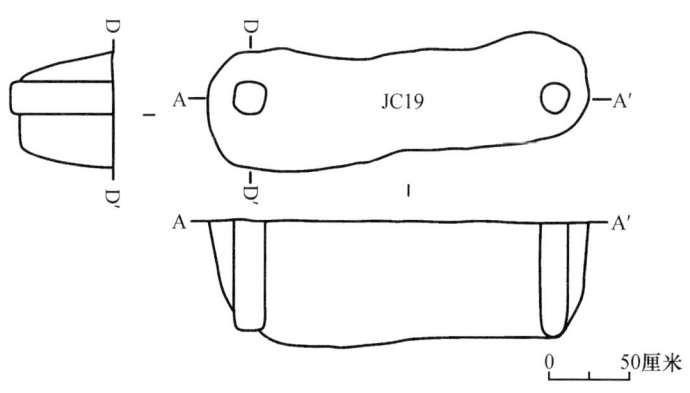

图二八　F8 平、剖面图

基槽 20 位于 T0614 西部，平面为长条形，两端圆弧，长 260、宽 70、深 46~60 厘米。近直壁，底部不平，两端深，中间浅。槽内填土呈褐色，土质较硬。基槽内有 2 个木柱洞，北端木柱洞直径 15、深 70 厘米，倾斜；南端木柱洞直径 18、深 60 厘米，倾斜。

两条基槽平行，长短相近，间距 220 厘米，其组成的空间 F8 面积约 5 平方米。

9. F9（图二九）

F9 由基槽 21 和基槽 22 组成，位于 T0410 和 T0510 内，西北—东南走向。

基槽 21 位于 T0510 中部，开口于第 8 层下。平面为长条形，长 490、宽 75、深 120 厘米。近直壁，平底。基槽内填土呈灰褐色，杂有黄色土粒，并夹有红烧土块、木炭粒。基槽内发现 1 个木柱洞，直径 16、深 110 厘米，竖直。

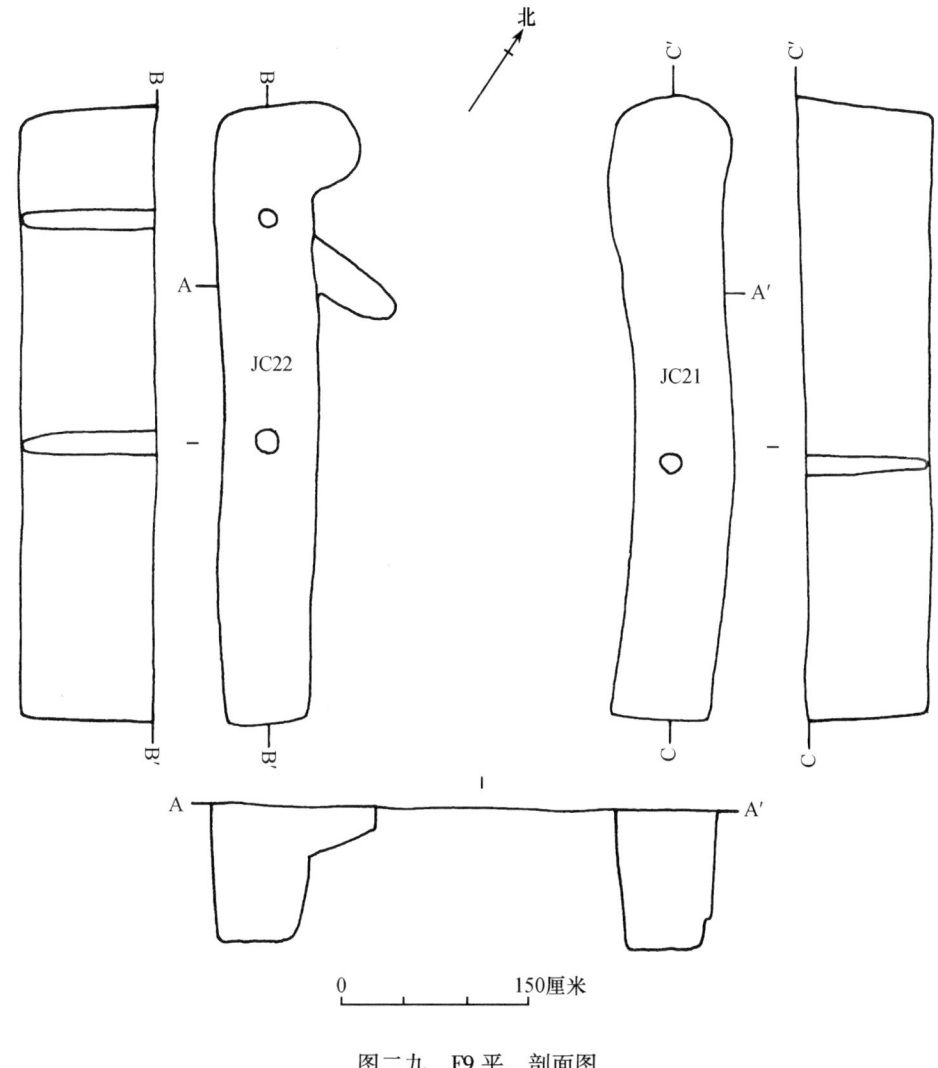

图二九　F9 平、剖面图

基槽22位于T0410的中部，东南端进入T0409北隔梁，开口于第7层下（即T0510第8层下，见地层对应表）。平面为长条形，北端略向内凸出成垛，并有一道向内凸出的短槽。基槽长480、宽80、深105厘米；短槽长70、宽25、深40厘米。近直壁，平底。基槽内填土呈黄褐色，杂有灰色土块，并夹有红烧土块、木炭粒，无出土遗物。基槽内发现2个木柱洞，北端木柱洞直径23、深110厘米，竖直；中部木柱洞直径25、深110厘米，竖直。

两条基槽平行，长短相近，间距325厘米，其组成的空间F9面积约16平方米。

10. F10（图三〇；彩版六，1）

F10由基槽25和基槽26组成，大部位于T0707内，西北—东南走向，均开口于第8层下。

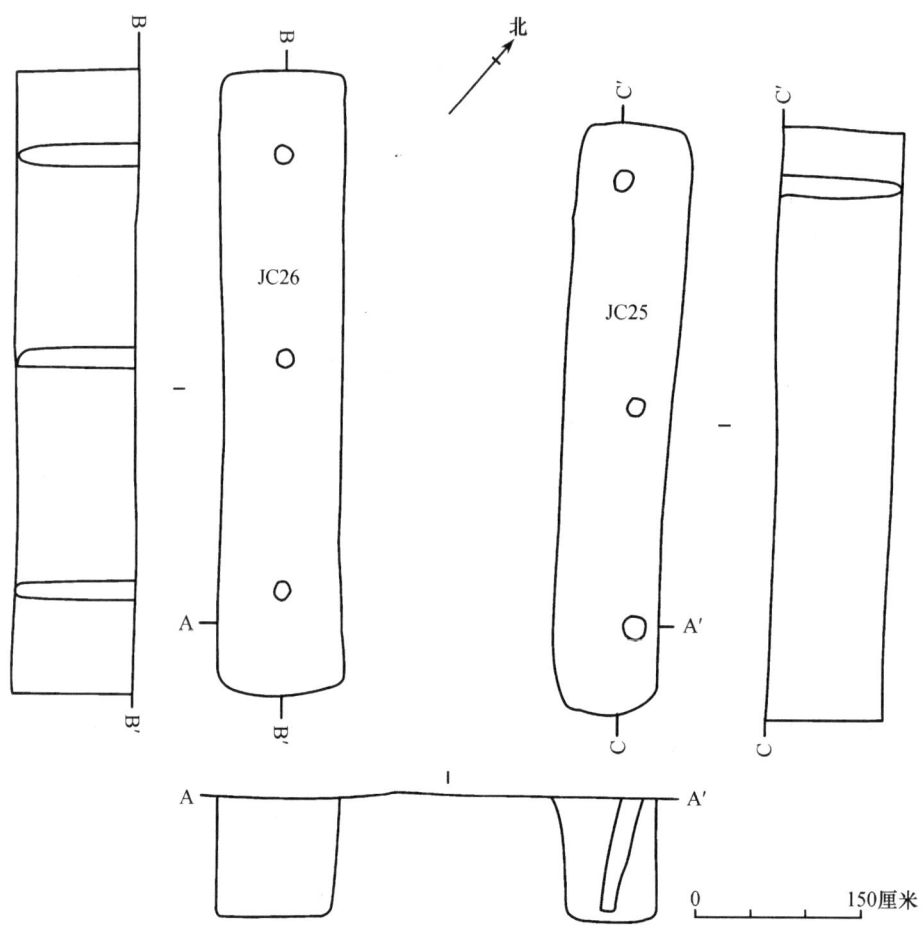

图三〇 F10 平、剖面图

基槽 25 位于 T0707 东北部，部分进入 T0708 内。平面为长条形，长 545、宽 105～110、深 110 厘米。直壁，平底。基槽内发现等距木柱洞 3 个，直径 18、深 108 厘米，斜直。

基槽 26 位于 T0707 西南部，部分进入 T0607 东北角。平面为长条形，长 550、宽 105、深 110 厘米。直壁，平底。基槽内发现等距木柱洞 3 个，直径 18、深 110 厘米，竖直（彩版六，2）。

两条基槽内填土一致，为灰褐色土，杂有灰白色土块，并有较多的红烧土颗粒及少量木炭屑。无出土遗物。

两条基槽平行，长短相近，结构及填土一致，并有对称的木柱洞，间距 300 厘米，所组成的空间 F10 面积约 16 平方米。

11. F11 （图三一）

F11 由基槽 30 和基槽 31 组成，位于 T0411 内，西北—东南走向，均开口于第 10 层下。

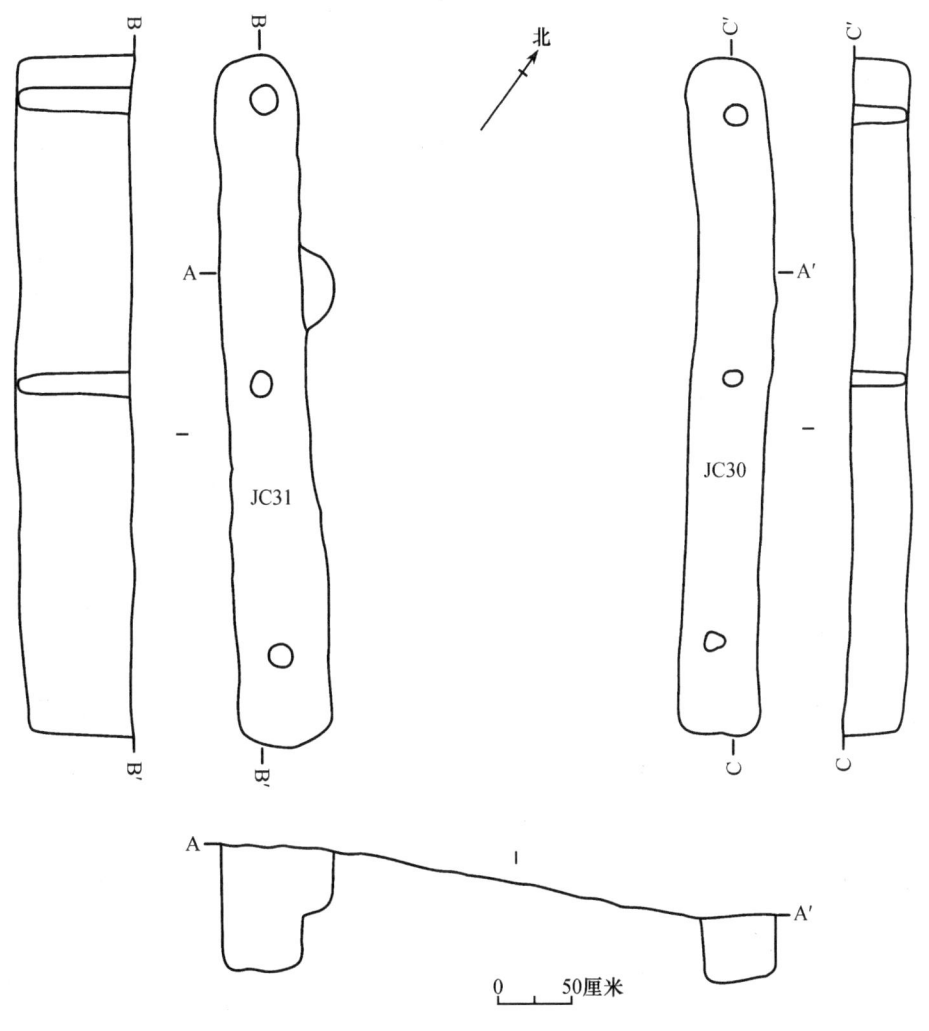

图三一　F11 平、剖面图

基槽 30 位于 T0411 中部。平面呈长条形，长 450、宽 45~55、深 40~45 厘米。直壁，平底。槽内填土呈灰褐色，夹有黄土斑点，土质略带黏性，内含少量木炭粒及红烧土颗粒，并发现极少量陶片。基槽内有 3 个等距木柱洞，自北向南直径依次为 13、12、12 厘米，深均为 40 厘米，竖直。

基槽 31 位于 T0411 西南角，部分延伸到西壁之外及 T0410 北隔梁。平面呈长条形，长 460、宽 55~60、深 70~80 厘米。近直壁，底略平。北端内侧有一向内凸出的垛，其底部高于槽底。基槽内填土呈灰褐色，夹有黄土斑点，土质较硬，并含有红烧土及木炭粒，出土少量陶片。基槽内有3个木柱洞，自北向南直径依次为20、15、15厘米，深依次为80、70、70厘米。

基槽30和基槽31长短相近，相互平行，填土一致，并有对称的木柱洞，应构成同一座房址F11，木柱间的距离320厘米，面积约为14平方米。

12. F12（图三二；彩版六，1）

F12由基槽32和基槽33组成，大部位于T0608和T0609内，西北—东南走向。

基槽32位于T0609中部，部分进入T0608北隔梁内，开口于T0609第8层下。平面为长条形，长460、宽40~55、深50厘米。直壁，平底。其内填土为灰褐色，内夹有少量红烧土颗粒及炭粒，未发现其他遗物。基槽内有木柱洞10个，直径8~10厘米，深20~65厘米，均竖直。南北两端最深，分别为60、65厘米，且深入槽底外10厘米。

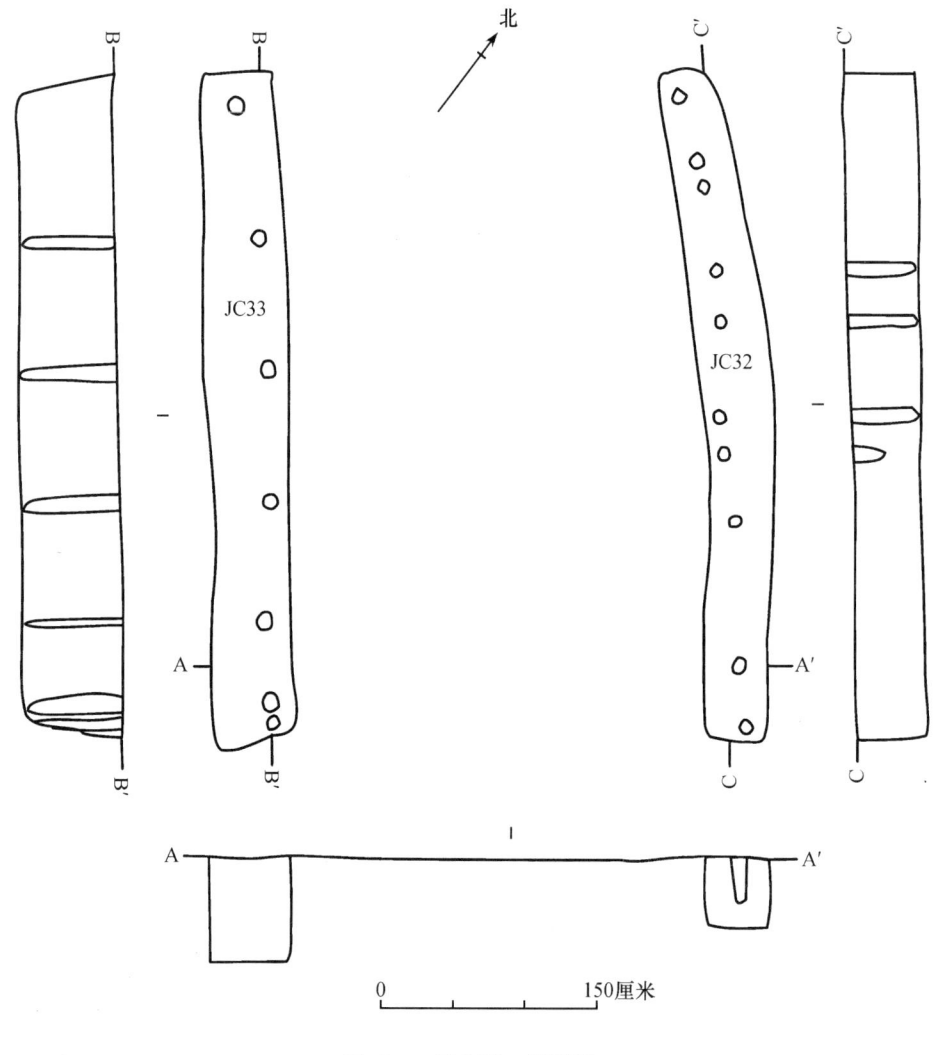

图三二　F12平、剖面图

基槽33位于T0608西北侧，部分延伸至T0509内，开口于T0608第8层下。平面为长条形，长452、宽55～65、深70厘米。斜直壁，平底，底宽40～45厘米。槽内填土为灰褐色，内夹有少量红烧土颗粒及炭粒，未发现其他遗物。基槽内有木柱洞7个，直径7～10厘米，深均为70厘米，竖直。

两条基槽处于同一活动面上，相互平行，长短相近，相距320厘米，它们构成的空间F12的面积约14平方米。

13. F13（图三三；彩版七，1）

F13由基槽34和基槽35组成，位于T1113和T1112内，西北—东南走向，均开口于T1113第8层下。

基槽34位于T1113西南部和T1112东北部，平面为长条形，长545、宽64～96、深52～76厘米。近直壁，底部凹凸不平。槽内填土为黄花土，夹有少量青灰色土，土质较硬，有极少量陶片出土。基槽内有间距不等的4个木柱洞，由北至南直径依次为20、22、16、16厘米，深依次为33、76、48、52厘米，均竖直。其中北端两个相距较近，且深浅差别较大。

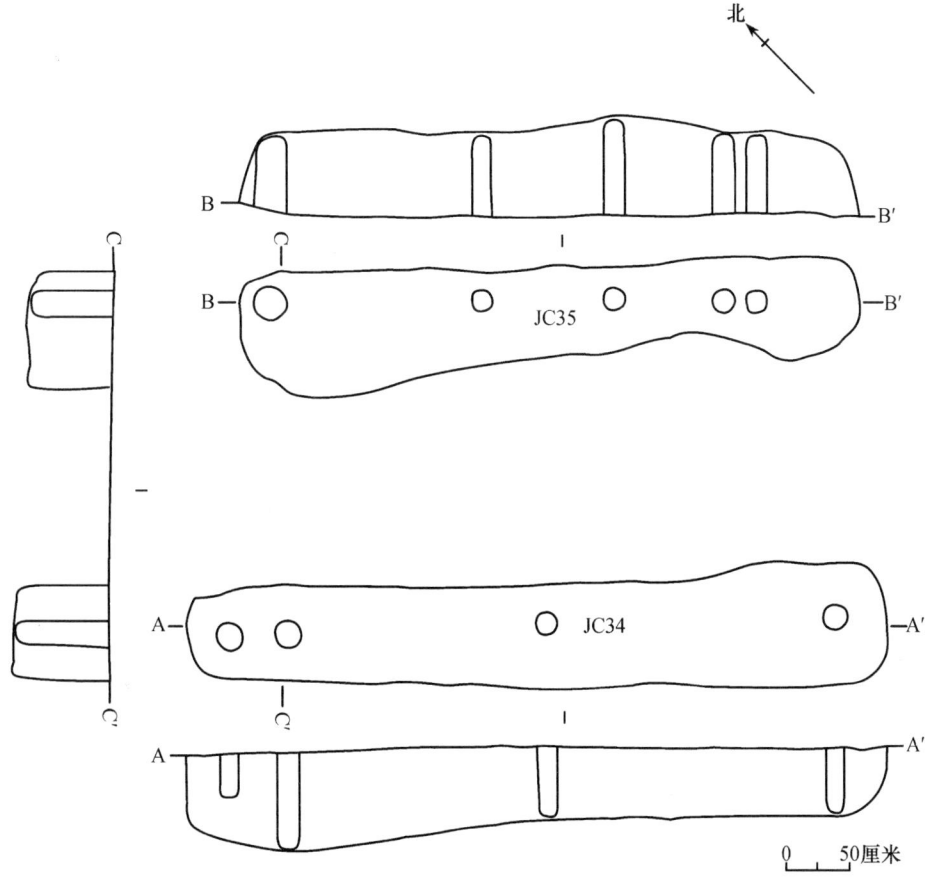

图三三　F13平、剖面图

基槽35大部位于T1113内，平面为长条形，长485、宽60~95、深55~75厘米。斜直壁，底部不平。槽内填土为黄花土，夹有少量青灰色土，土质较硬，有极少量陶片出土。基槽内有5个间距不等的木柱洞，由北至南直径依次为20、14、18、16、16厘米，深依次为57、66、75、64、64厘米，其中南端两个间距仅5厘米（彩版七，2）。

两基槽之间北部的地面上，有一片灰烬面。基槽34、35处于同一活动面上，相互平行，长短相近，填土相同，结构相似，它们组成F13，长约480、宽约250厘米（以柱间距计算），面积约12平方米。

14. F14（图三四）

F14由基槽39和基槽40组成，位于T0413和T0412内，西北—东南走向。均开口于T0413第11层下。

基槽39位于T0413西南角，部分进入T0412内。平面为长条形，长480、宽55~70、深75厘米。直壁，平底。基槽内填土为灰黄色花土，夹有红褐色及黄色土块，土质较硬，并含有少量红烧土块及木炭粒，没有遗物出土。基槽中部发现1个木柱洞，直径16、深75厘米，竖直。

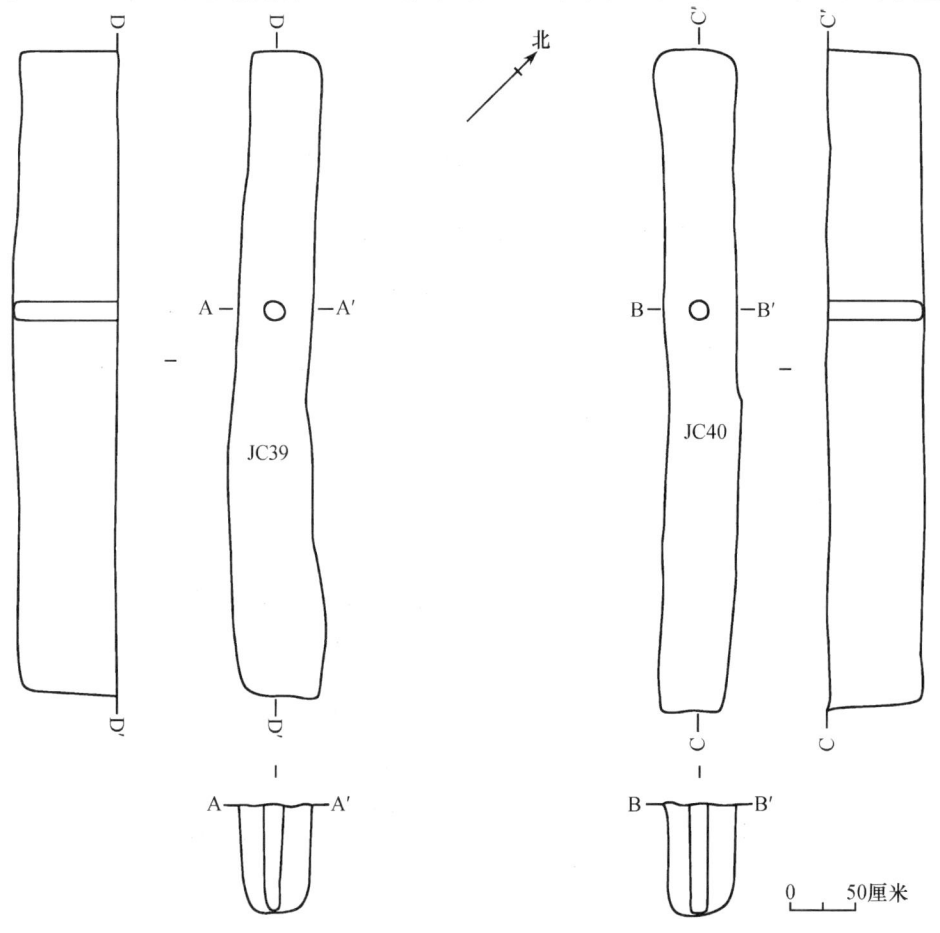

图三四　F14平、剖面图

基槽 40 位于 T0413 中部。平面为长条形，长 490、宽 55、深 75 厘米。直壁，平底。槽内填土为灰黄色花土，夹有红褐色及黄色土块，土质较硬，并含有少量红烧土块及木炭粒，没有遗物出土。基槽中部发现 1 个木柱洞，直径 16、深 75 厘米，竖直。

两条基槽相互平行，长短相近，结构及填土一致，并有对称的木柱洞，间距 330 厘米，所组成的空间 F14 面积约 16 平方米。基槽内木柱洞应有缺失。

15. F15（图三五）

F15 为残房基，位于 T0608 西北部，部分进入 T0508 东北部，西北—东南走向。仅剩东边一条基槽 12，但基槽 12 北端向西直角转折 85 厘米后，被晚期扰沟打破。推测基槽 12 东部应有与其平行的基槽，并与基槽 12 构成一座房基，或为后期破坏。

基槽 12 开口于 T0608 第 3 层下，平面为长条形，长 445、宽 65、深 55 厘米。斜直壁，平底。槽内填土为黄褐色，内夹有大量红烧土颗粒，基槽发现 4 个木柱洞，直径 8~10 厘米，深均为 55 厘米。向西转折处略浅，宽 30 厘米，填土与基槽 12 一致。

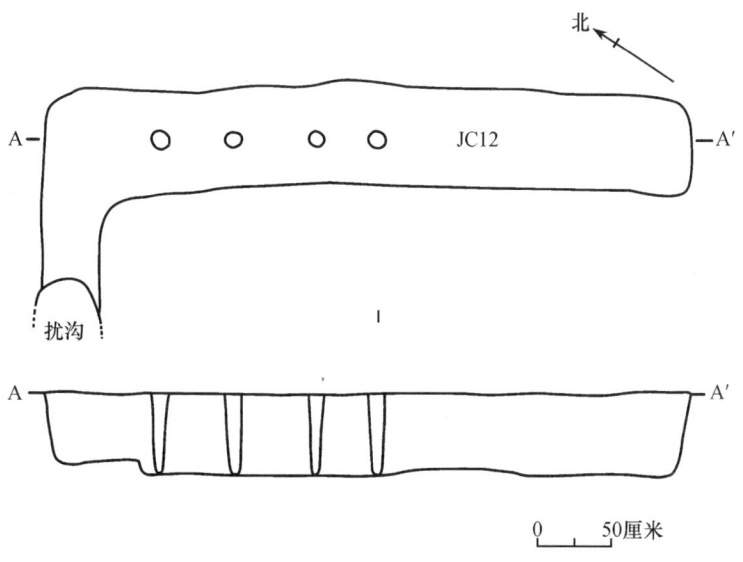

图三五　F15 平、剖面图

16. F16（图三六）

F16 为残房基，主要位于 T1214 内，开口于第 3 层下，西北—东南走向。仅剩西边的一条基槽 29，但基槽 29 北端向东直角转折，残长 125 厘米。因距地表较浅，可能于晚期被破坏。基槽 29 平面为长条形，长 395、宽 75、深 40 厘米。斜直壁，平底。填土以红烧土碎块为主，没有遗物出土。基槽内共有木柱洞 13 个，排列紧密，并在一条直线上。直径 8~10 厘米，深 24~38 厘米。推测在基槽 29 的东侧有一条与其平行的基槽，与基槽 29 共同构成一座房基。

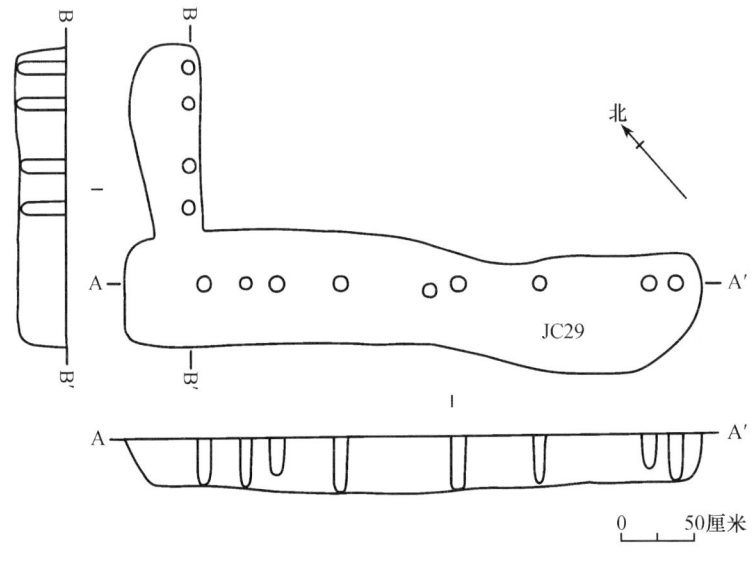

图三六　F16 平、剖面图

17. F17（图三七）

F17 位于 T0411 的西南角，仅发掘一条基槽 42，开口于第 11 层下，向西因有现代墓未能发掘。基槽 42 为西北—东南走向，北端向西直角转折。基槽 42 长 305、宽 20～30、深 104 厘米。北部向西转折处发掘了一小段，长 60 厘米。斜直壁，平底。其内填土为黄褐色，较紧密，无遗物出土。基槽内发现木柱洞 3 个，直径 8～10 厘米，深均为 102 厘米。推测西部应有一条与基槽 42 平行的基槽。

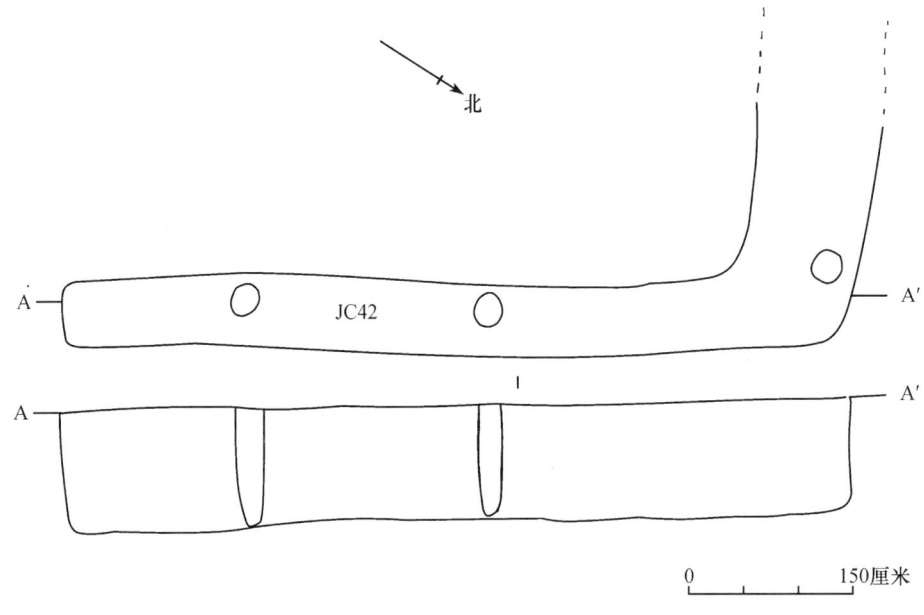

图三七　F17 平、剖面图

(二) 基槽

除上述组成房址的成组基槽外，遗址中还存在单条的基槽，它们应为残房址的一部分。以下逐条介绍。

1. 基槽 6（图三八，1）

基槽 6 位于 T0908 南部，部分进入 T0907 内，呈西北—东南走向，开口于第 4 层下。平面为长条形，长 375、宽 98、深 80 厘米。斜壁，底略平，底长 284、宽 74 厘米。填土为灰黑色，含有少量木炭屑及红烧土块，并有少量陶片出土。基槽内有 3 个木柱洞，直径 15 厘米。

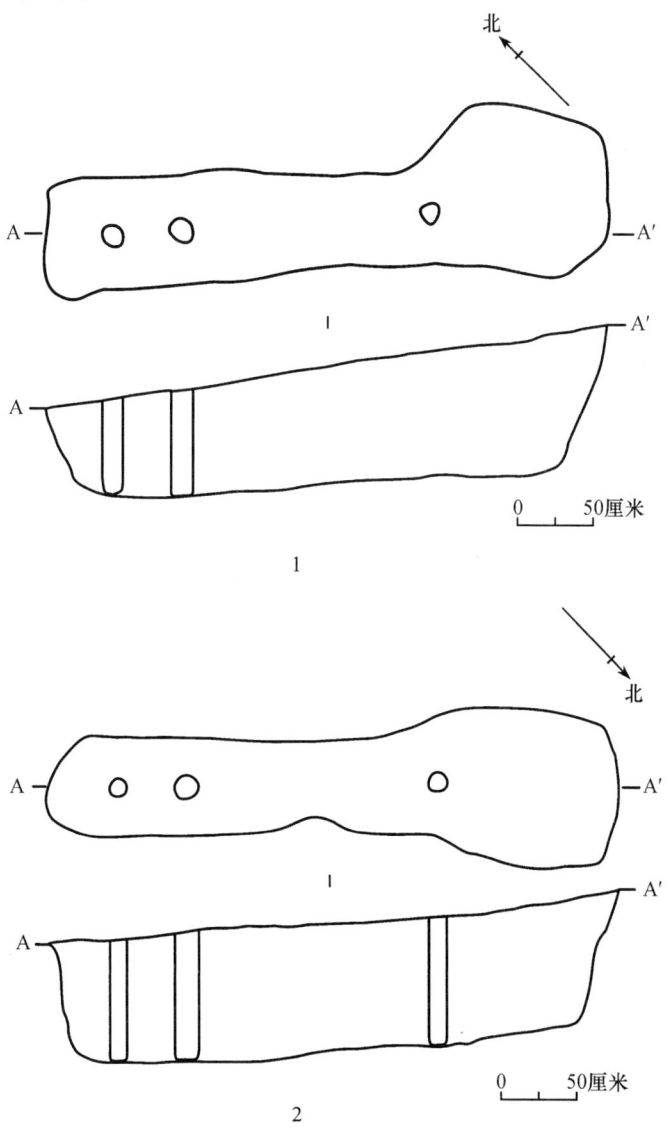

图三八　基槽 6、基槽 7 平、剖面图
1. 基槽 6　2. 基槽 7

2. 基槽 7（图三八，2）

位于 T0908 东北部，呈西北—东南走向，开口于第 4 层下。平面为长条形，长 349、宽 87、深 78 厘米。斜壁，底略平，底长 306、宽 69 厘米。其内填土灰黑色，含有少量木炭屑及红烧土块，并有少量陶片出土。基槽内共有 3 个木柱洞，由北至南直径依次为 12、14、11 厘米。

3. 基槽 10（图三九，1）

位于 T1009 西南部，西北—东南走向，开口于第 5 层下。平面为长条形，长 348、宽 84、深 115 厘米。近直壁，底部不平，中间浅，两端深，底长 340、宽 50 厘米。槽内填土为灰褐色，土质松软，内夹有大量红烧土颗粒及炭粒，并含有少量陶片。基槽内发现 2 个木柱洞，北端木柱洞直径 14、深 70 厘米，竖直；南端木柱洞直径 16、深 115 厘米，竖直。

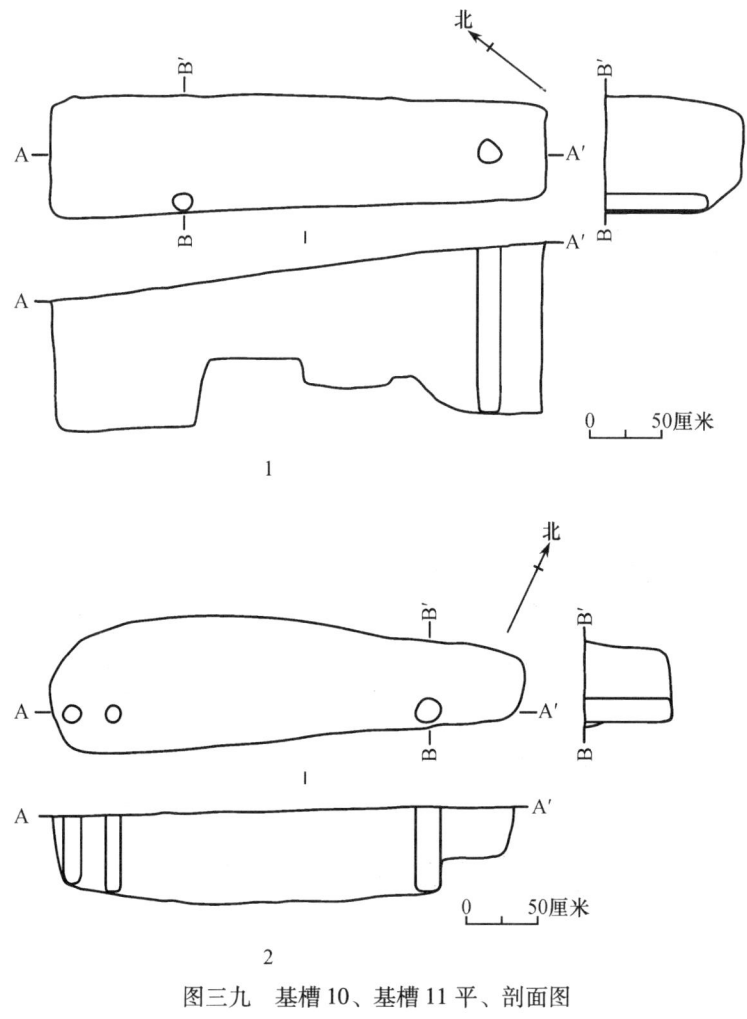

图三九 基槽 10、基槽 11 平、剖面图
1. 基槽 10　2. 基槽 11

4. 基槽 11（图三九，2）

位于 T0909 西部，部分延伸到 T0809 内，东北—西南走向，开口于第 6 层下。平面为长条形，长 335、宽 50~92、深 60 厘米。斜壁，底部略平，东端较浅，呈台阶状。槽内填土为灰黄色，土质松软，内夹有少量红烧土颗粒及炭粒，未发现其他遗物。基槽内发现 3 个木柱洞，由东向西直径依次为 18、10、14 厘米，深依次为 60、54、48 厘米，均竖直。

5. 基槽 14（图四〇，1）

位于 T1110 中部，东北—西南走向，开口于 4 层下。平面呈长条形，北端宽，南端窄，长 260、宽 30~80、深 20~60 厘米。斜直壁，底部深浅不一，北端及中部发现木柱洞处较深。槽内填土为浅灰色，土质较硬，夹有少量红烧土颗粒及炭粒，并出少量陶片及动物碎骨。基槽内发现木柱洞 4 个，两个一组，直径 13~16 厘米，北端木柱洞稍浅，深 40 厘米，竖直；南端木柱洞较深，深 60 厘米，竖直。

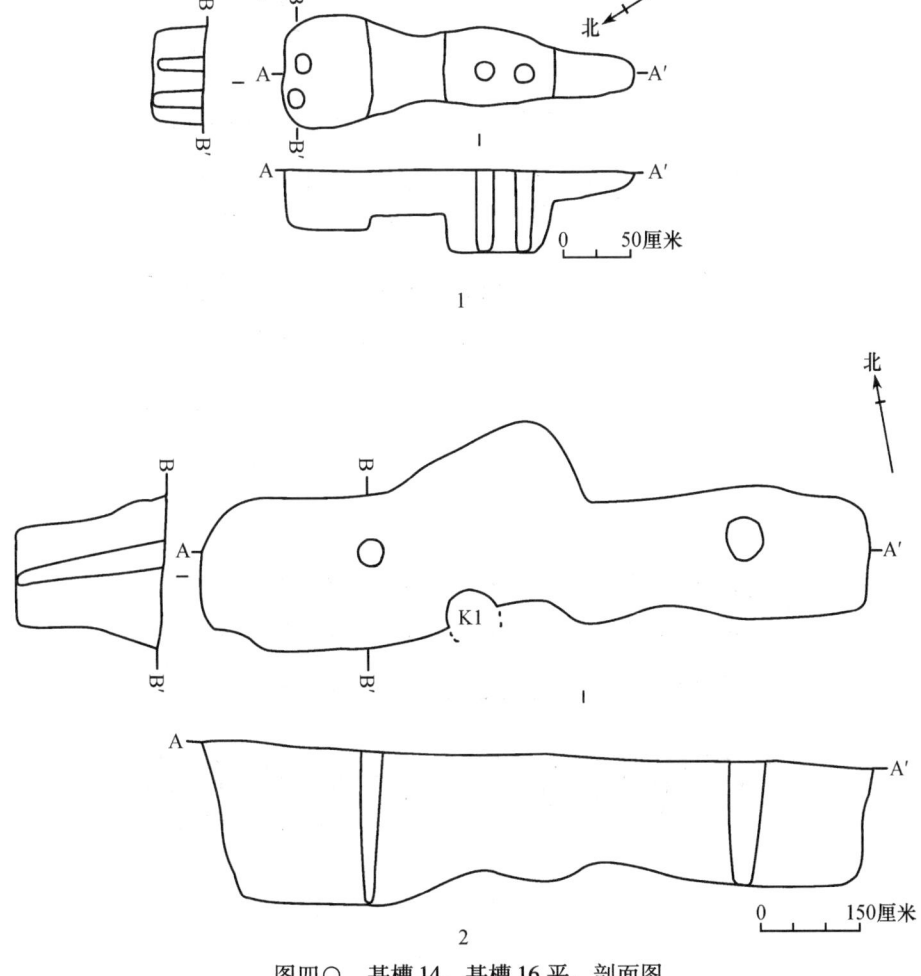

图四〇 基槽 14、基槽 16 平、剖面图
1. 基槽 14　2. 基槽 16

6. 基槽 16（图四〇，2；彩版八，1、2）

位于 T0813 北部，略呈西北—东南走向，开口于第 5 层下，被同层位下开口的 K1 打破。平面呈不规则长条形，长 400、宽 60~100、深 60~95 厘米。斜壁，底部不平。槽内填土为黄花土，土质较硬，内夹有大量的红烧土块，无出土遗物。基槽内发现 2 个木柱洞，西端木柱洞直径 18、深 92 厘米，略斜；东端木柱洞直径 24、深 72 厘米，竖直。

7. 基槽 23（图四一，1）

位于 T1215 西南部，向西北延伸到 T1115 东隔梁内，呈西北—东南走向。开口于 2 层下，距离地表深 40 厘米，打破 3 层。平面形状呈长条形，长 450、宽 52~68 厘米，斜壁，深 36~56 厘米，底部不平。槽内填土呈灰褐色，夹黄土点，土质较硬，内含较多的红烧土颗粒及少量木炭粒，并出少量陶片。基槽内有木柱洞 11 个，间距不等，深浅不一，呈直线排列，直径 8~12、深 19~50 厘米，均竖直。基槽 23 西邻基槽 24，两基槽平行，相距极近，长宽略差，填土略同。

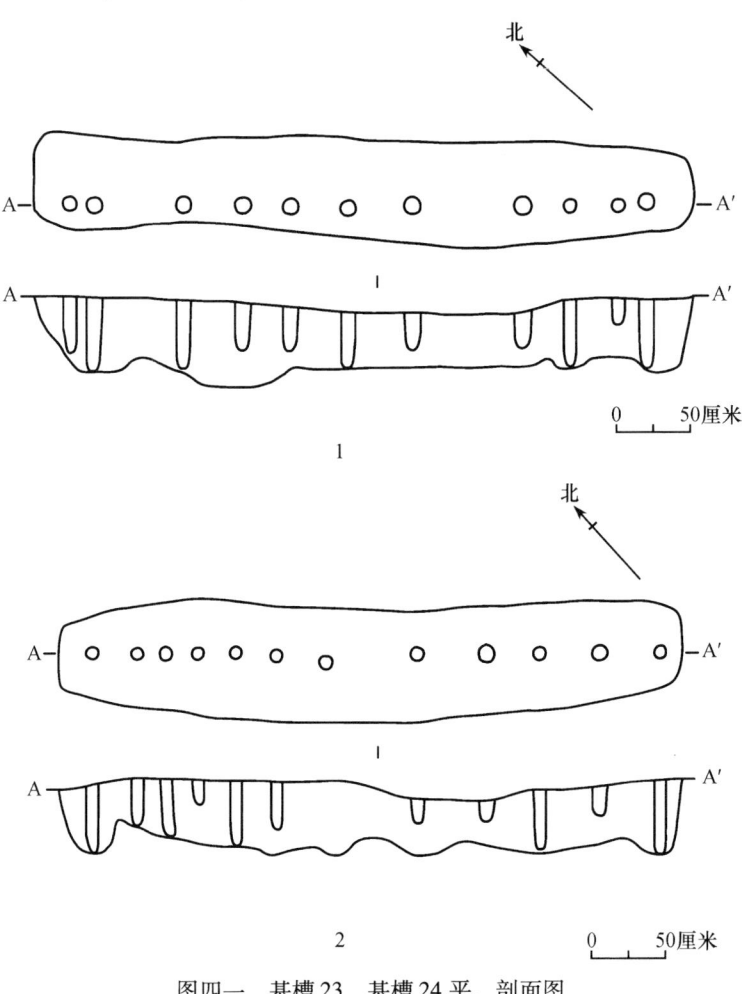

图四一　基槽 23、基槽 24 平、剖面图
1. 基槽 23　2. 基槽 24

8. 基槽 24（图四一，2；彩版八，5）

位于 T1215 西部，向西北延伸到 T1115，呈西北—东南走向，开口于第 2 层下，距离地表深 40 厘米，打破 3 层。平面呈长条形，长 425、宽 50~75 厘米，槽壁略斜，深 28~50 厘米，底部不平。槽内填土呈灰褐色，夹黄土点，土质较紧，内含较多的红烧土颗粒及少量的木炭屑，出土少量陶片。基槽内分布有 12 个木柱洞，间距不等，深浅不一，呈直线排列，直径 8~12、深 14~48 厘米。

9. 基槽 27（图四二，1；彩版八，6）

位于 T1214 探方内，呈西北—东南走向。开口于第 3 层下，距离地表深 40 厘米。平面呈长条形，长 325、宽 40~45 厘米，壁略斜，底部不平，深约 40 厘米。槽内填土呈黄灰色，土质略紧，内含较多的红烧土碎颗粒及少量木炭屑，陶片较少。基槽内有木柱洞 7 个，竖直，直径均为 8、深 32~45 厘米。基槽 27 东邻基槽 28，两基槽平行，长、宽略差，填土略同。

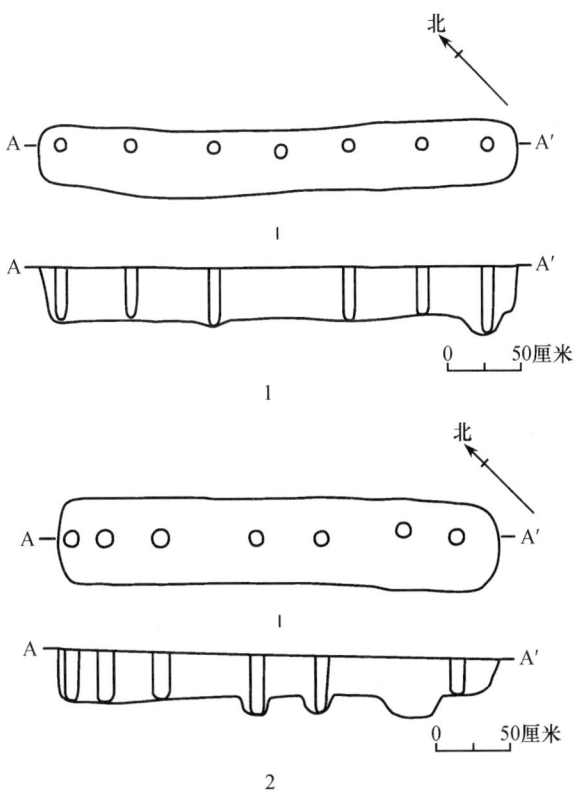

图四二　基槽 27、基槽 28 平、剖面图
1. 基槽 27　2. 基槽 28

10. 基槽 28（图四二，2）

位于 T1214 东北部，呈西北—东南走向。开口于第 3 层下，距离地表深 40 厘米。平面形状呈长条形，长 300、宽 55~60 厘米，深 26~38 厘米。壁略斜，槽底不平，木柱洞下部基槽略深。槽内分布 7 个木柱洞，竖直，直径 10~12、深 25~40 厘米。

基槽 23、24、27、28 位置相近，填土略同，其内木柱洞排列规律一致，年代略同。

11. 基槽 36（图四三，1）

位于 T0412 西南部，部分延伸至 T0411 内，呈西北—东南走向，开口于 T0412 的 13 层下。平面呈长条形，长 435、宽 25~50 厘米，近直壁，深 35~40 厘米，平底。槽内填土呈青灰色，土质较硬，内含少量炭粒及陶片。基槽内木柱洞共 11 个，直径 7~12、深 36~40 厘米。

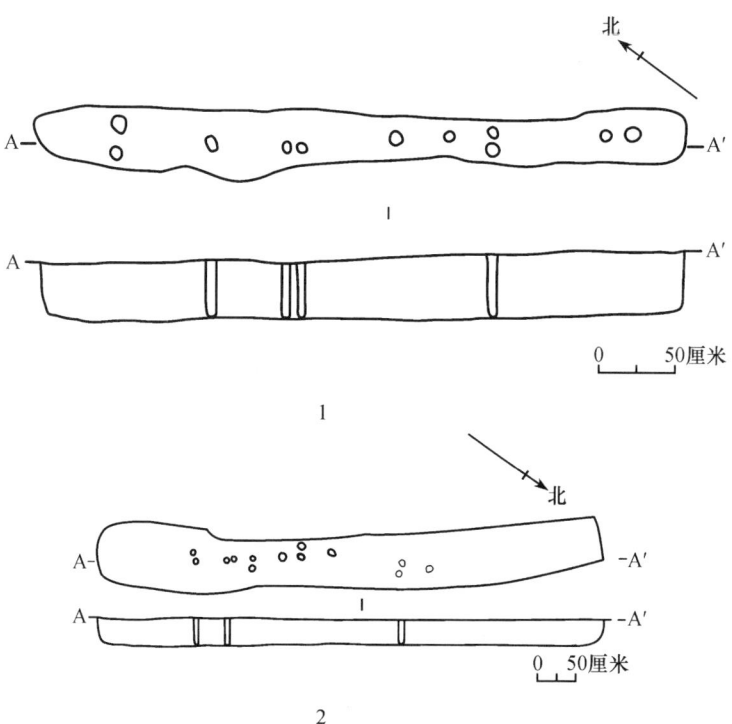

图四三　基槽 36、基槽 37 平、剖面图
1. 基槽 36　2. 基槽 37

12. 基槽 37（图四三，2）

位于 T0412 西部，部分延伸至南壁和西壁之外，呈西北—东南走向，开口于第 13 层下，打破 14、15 层。平面呈长条形，长 670、宽 65~80 厘米，近直壁，深 30~35 厘米，近平底。槽内填土呈青灰色，土质略硬，含少量木炭粒及红烧土颗粒，并出少量陶片。槽内有木柱洞 13 个，直径 7~9、深 37~40 厘米。

二、柱　　洞

堰台遗址遗迹中数量最多的是柱洞，从早到晚普遍存在。在实际发掘过程中，由于在平面上不能判断它们之间的排列规律，而数量又太大，因此没有统一编号，而由各探方按顺序单独编号记录，这类柱洞总数达 975 个（见堰台遗址总平面图）。虽然不能确定这些柱洞构成怎样的建筑，但毫无疑问它们一定与建筑遗迹相关。以下挑选了一部分按类分别介绍柱洞的形态及其结构，其他柱洞我们在本报告中作了统计表（表六），记录了柱洞的平面形状、开口层位、结构、填土、相关尺寸等内容。

这些柱洞可以分为两大类，一类是挖坑埋柱，由柱坑和木柱洞组成；一类是没有柱坑的木柱洞。有柱坑的又可以分为一坑一柱、一坑两柱、一坑三柱三种，木柱或直或斜；木柱洞有的高于柱坑口，有的与坑口一平；有的木柱洞深度与柱坑深度一致，有的深于柱坑，有的浅于柱坑；而柱坑本身的形态又有圆形、椭圆形、长方形及其他不规整形态等多种；柱坑内有的出土几块陶片，个别还出有石器。无柱坑的柱洞形态简单，一般为圆形木柱状。

（一）有柱坑柱洞

A. 一坑一柱

数量最多。

1. T0409D3（图四四，2）

位于 T0409 东隔梁，开口于第 3 层下。柱坑平面为圆形，直径 45~50 厘米，直壁平底，深 60 厘米。坑内填土黄褐色，夹有少量红烧土颗粒及炭粒。木柱洞平面呈圆形，直径 18、深 60 厘米，竖直，填土为细腻松软的灰褐土。

表六 堰台遗址柱洞统计表

编号	位置	开口层位	柱坑形状	尺寸（厘米）	柱坑填土	木柱尺寸（厘米）	备注
T0317D1	探方东南角	2层下				直径10，深40	无柱坑
T0317D2	探方西部	2层下				直径20，深30	无柱坑
T0317D3	探方西北角	2层下				直径25，深45	无柱坑
T0317D4	探方西北角	2层下	平面呈椭圆形，斜壁平底	长径50，短径40，深75	灰褐土	直径15，深75	
T0317D5	探方西北部	2层下				直径18，深38	无柱坑
T0317D6	探方西北部	2层下				直径15，深30	无柱坑
T0317D7	探方西北偏北	2层下	平面呈椭圆形，斜壁平底	长径42，短径34，深35	灰褐土	直径10，深45	
T0417D1	探方中南部偏北	10层下	平面呈圆形，斜壁圜底	直径30，深40	黄褐土	直径20，深35	
T0417D2	探方西部	10层下	平面呈圆形，斜壁圜底	直径30，深35	黄褐土	直径20，深30	
T0316D1	探方东部，部分在东隔梁内	7层下	平面呈圆形，直壁圜底	直径50，深36	黄土	直径20，深50	
T0316D2	探方东部，部分在东隔梁内	7层下	平面呈椭圆形，直壁平底	长径57，短径44，深53	黄土	直径20，深60	
T0316D3	探方西部，部分在探方外	9层下	平面呈长方形，直壁平底	长72，宽54，深50	黄褐土	直径20，深50	
T0316D4	探方中部偏南	9层下	平面呈长方形，直壁平底	长80，宽48，深65	黄褐土	直径20，深65	
T0316D5	探方中部偏北	9层下	平面呈不规则形，直壁平底	长120，宽44~70，深52	黄褐土	直径20，深65	
T0315D1	探方东部，部分在东隔梁内	1层下	平面呈圆形，斜壁平底	直径70，深110	黄褐土	直径20，深105	
T0315D2	探方南部，部分在T0314北隔梁内	1层下	平面呈椭圆形，斜壁平底	直径90，深115	黄褐土	直径15，深110	
T0315D3	探方西部，部分在探方以外	5层下	平面呈椭圆形，斜壁平底	长径116，短径104，深100	灰褐土	直径15，深100	
T0315D4	探方西南部	5层下	平面呈圆形，斜壁圜底	直径50，深100	黄褐土	直径14，深100	
T0315D5	探方东南部，部分在东隔梁内	6层下	平面呈圆形，斜壁圜底	直径55，深90	黄褐土	直径15，深90	
T0315D6	探方西北角，部分在探方以外	9层下	平面呈圆形，斜壁平底	直径约136，深70	黄褐土	直径15，深70	
T0315D7	探方南部，部分在探方以外	10层下	平面呈椭圆形，斜壁圜底	长径85，短径55，深65	黄褐土	直径15，深60	

第三章 遗 迹

续表

编号	位置	开口层位	柱坑形状	尺寸（厘米）	柱坑填土	木柱尺寸（厘米）	备注
T0315D8	探方西部，部分在探方以外	11层下	平面呈近方形，斜壁平底	边长约105，深100	黄褐土	直径20，深100	
T0315D9	探方中部	12层下	平面呈椭圆形，斜壁平底	长径110，短径80，深50	黄花土	直径10，深50	
T0315D10	探方南部，部分在探方以外	13层下	平面呈长方形，斜壁平底	长85，宽54，深30	黄褐土	直径10，深30	
T0314D1	探方南部，部分在探方以外	2层下	平面呈圆形，斜壁圜底	直径约105，深75	灰褐土	直径12，深105	
T0314D2	探方东部，部分在东隔梁内	3层下	平面呈椭圆形，斜壁圜底	长径116，短径90，深90	黄褐土	直径20，深100	
T0314D3	探方北部，部分在东隔梁内	5层下	平面呈不规则形，斜壁圜底	最长110，深60	黄褐土	直径10，深120	
T0314D4	探方东南角，部分在东隔梁内	5层下	平面呈椭圆形，斜壁平底	最长80，深50	黄褐土	直径15，深75	
T0314D5	探方东部，部分在东隔梁内	5层下	平面呈不规则形，斜壁圜底	长径170，短径110，深38	黄褐土	直径20，深50	
T0314D6	探方东部，部分在东隔梁内	4层下	平面呈椭圆形，斜壁圜底	长径118，短径84，深30	黄褐土	直径15，深50	
T0314D7	探方东南角，部分在东隔梁内	4层下	平面呈椭圆形，斜壁圜底	最长162，最宽100，深40	黄褐土	直径25，深60	
T0314D8	探方东北部	8层下	平面呈椭圆形，直壁圜底	长径60，短径44，深58	黄褐土	直径15，深55	
T0314D9	探方西北部	8层下	平面呈椭圆形，斜壁圜底	长径50，短径35，深50	黄褐土	直径15，深60	
T0314D10	探方中部偏西	8层下	平面呈圆形，斜壁圜底	长径70，短径60，深65	黄褐土	直径22，深75	
T0314D11	探方西部	8层下	平面近圆角长方形，斜壁圜底	长58，宽37，深55	黄褐土	直径10，深65	
T0314D12	探方西部	8层下	平面呈椭圆形，斜壁平底	长径78，短径40，深58	黄褐土	直径14，深65	
T0314D13	探方南部，部分在探方以外	9层下	平面呈椭圆形，斜壁圜底	长径约110，短径约40，深80	黄褐土	直径10，深80	
T0314D14	探方西南角，部分在探方以外	9层下	平面呈圆形，直壁平底	直径约100，深60	黄褐土	直径10，深100	
T0314D15	探方东部	10层下	平面呈圆角长方形，斜壁圜底	长径约68，短径约30，深70	黄褐土	直径15，深75	
T0314D16	探方西北角，部分在探方以外	10层下	平面呈椭圆形，斜壁圜底	长径约110，短径约70，深90	黄褐土	直径20，深95	
T0314D17	探方东北部	11层下	平面呈椭圆形，斜壁圜底	长径50，短径36，深55	黄褐土	直径20，深55	
T0314D18	探方西部	11层下	平面呈圆形，斜壁圜底	直径60，深70	黄褐土	直径15，深75	
T0314D19	探方东部，部分在东隔梁内	11层下	平面呈不规则形，斜壁圜底	最长约70，深50	黄褐土	直径12，深55	

续表

编号	位　　置	开口层位	柱坑形状	尺寸（厘米）	柱坑填土	木柱尺寸（厘米）	备注
T0314D20	探方东北部，部分在东隔梁内	11层下	平面呈椭圆形，斜壁圜底	长径120、短径95、深58	黄褐土	直径22、深70	
T0314D21	探方东北部	11层下	平面呈不规则形，斜壁圜底	长104、宽68、深85	黄褐土	直径25、深80	
T0314D22	探方东部	11层下	平面呈椭圆形，斜壁圜底	长径68、短径40、深40	黄褐土	直径10、深45	
T0314D23	探方西部	11层下	平面呈不规则形，斜壁圜底	长100、宽65~80、深55	黄褐土	直径14、深58	
T0314D24	探方西部	11层下	平面呈椭圆形，斜壁圜底	长径105、短径75、深70	黄褐土	直径15、深75	
T0314D25	探方东北部	14层下	平面呈椭圆形，斜壁平底	长径100、短径70、深80	黄土	直径28、深80	
T0314D26	探方西南部	14层下				直径15、深55	无柱坑
T0314D27	探方西南部	14层下				直径12、深15	无柱坑
T0314D28	探方西部	14层下				直径15、深50	无柱坑
T0416D1	探方东南部，部分在东隔梁内	1层下	平面呈椭圆形，斜壁圜底	长径110、短径90、深130	灰褐土	直径20、深125	
T0416D2	探方东南部，部分在探方以外	6层下	平面呈椭圆形，斜壁圜底	长径115、短径68、深80	灰褐土	直径20、深95	
T0416D3	探方东部	8层下	平面呈长方形，直壁平底	长120、宽68、深100	黄土	直径25、深118	
T0416D4	探方东部，部分在东隔梁内	8层下	平面呈不规则形，直壁平底	长约80、宽约50、深85	黄褐土	直径25、深110	
T0416D5	探方东部，部分在东隔梁内	8层下	平面呈椭圆形，斜壁圜底	长60、短径50、深90	黄土	直径20、深90	
T0416D6	探方西部，部分在探方以外	8层下	平面呈椭圆形，直壁圜底	长径60、短径50、深90	黄褐土	直径18、深95	
T0416D7	探方西部	10层下	平面呈椭圆形，斜壁圜底	长径40、短径30、深30	黄土	直径15、深40	
T0416D8	探方西南部	11层下	平面近圆角长方形，斜壁圜底	长110、宽30~90、深60	黄土	直径20、深65	
T0415D1	探方东南部	4层下				直径20、深135	无柱坑
T0415D2	探方东南部	4层下				直径15、深135	无柱坑
T0415D3	探方东部	4层下				直径18、深110	无柱坑
T0415D4	探方西部，部分在探方以外	4层下	平面呈圆形，斜壁圜底	直径80、深115	黄褐土	直径15、深40	
T0415D5	探方西部	4层下				直径15、深110	无柱坑

第三章 遗迹

续表

编号	位置	开口层位	柱坑形状	尺寸（厘米）	柱坑填土	木柱尺寸（厘米）	备注
T0415D6	探方西部	4层下				直径20，深110	无柱坑
T0415D7	探方中部	4层下	平面呈圆形，斜壁平底	直径90，深100	黄花土	直径15，深100	
T0415D8	探方东部	4层下	平面呈圆形，斜壁平底	直径60，深90	黄花土	直径20，深90	
T0415D9	探方东部，部分在东隔梁内	4层下	平面不规则形，斜壁平底	长径90，短径80，深80	黄花土	直径15，深70	
T0415D10	探方南部，部分在探方以外	4层下	平面呈圆角长方形，斜壁圜底	长径130，宽90，深120	黄褐土	直径10，深120	
T0415D11	探方南部，部分在探方以外	9层下	平面呈圆形，斜壁平底	直径60，深90	黄花土	直径20，深90	
T0415D12	探方南部，部分在探方以外	11层下	平面呈椭圆形，斜壁圜底	长径50，短径35，深60	黄土	直径15，深58	
T0415D13	探方东南部	12层下	平面呈圆形，斜壁平底	直径60，深65	黄花土	直径23，深60	
T0415D14	探方南部	14层下	平面呈椭圆形，斜壁平底	长径60，短径48，深60	黄花土	直径15，深60	
T0415D15	探方西部	14层下	平面呈圆形，斜壁平底	长径100，短径70，深60	黄花土	直径15，深60	
T0415D16	探方东部，部分在东隔梁内	14层下	平面呈椭圆形，斜壁平底	长径50，短径35，深40	黄花土	直径10，深40	
T0415D17	探方东南部	14层下				直径25，深40	无柱坑
T0414D1	探方中部	5层下	平面呈椭圆形，斜壁圜底	长径68，短径50，深65	灰褐土	直径15，深95	
T0414D2	探方中部	5层下	平面呈圆形，斜壁圜底	直径65，深70	灰褐土	直径15，深80	
T0414D3	探方西中部	5层下	平面呈圆形，斜壁平底	长径70，短径50，深70	灰褐土	直径15，深85	
T0414D4	探方北部	5层下	平面呈椭圆形，斜壁平底	长径80，短径60，深73	灰褐土	直径15，深85	
T0414D5	探方东北部，部分在东隔梁内	5层下	平面呈圆形，直壁平底	直径60，深100	灰褐土	直径25，深100	
T0414D6	探方北部，部分在东隔梁内	5层下	平面呈椭圆形，斜壁圜底	长径100，短径63，深160	灰黄土	直径16，深160	
T0414D7	探方西南部，部分在探方以外	5层下	平面呈长方形，直壁平底	长90，宽50，深78	灰褐色花土	直径15，深85	
T0414D8	探方西南部	5层下	平面呈椭圆形，斜壁平底	长径60，短径50，深70	灰褐土	直径16，深76	
T0414D9	探方西部	6层下	平面呈椭圆形，斜壁圜底	长径90，短径72，深60	灰褐土	直径15，深70	
T0414D10	探方西北部	6层下	平面呈椭圆形，斜壁平底	长径70，短径50，深40	灰褐土	直径20，深50	

续表

编号	位置	开口层位	柱坑形状	尺寸（厘米）	柱坑填土	木柱尺寸（厘米）	备注
T0414D11	探方北部	13层下	平面呈椭圆形，斜壁平底	长径120、短径80、深60	黄褐土	直径25、深70	
T0413D1	探方东南角，部分在探方以外	12层下	平面呈长方形，斜壁平底	长120、宽78、深60	灰褐土，土质松软，夹有红烧土、木炭粒	直径14、深56	
T0413D2	探方东隔梁内，部分在探方以外	4层下	平面呈椭圆形，直壁斜底	长径90、短径50、深80	黑褐土，夹有红烧土粒、白土块	直径12、深96	一坑两柱，另一柱直径11、深96
T0413D3	探方东北角，部分在探方以外	5层下	平面呈椭圆形，直壁圜底	长径136、短径120、深74	灰褐土，夹有大量红烧土粒、白土块，土质较硬	直径24、深86	
T0413D4	探方北部	4层下	平面呈长方形，直壁平底	长130、宽90、深90	灰褐土，夹有木炭粒、黄红烧土块及红烧土颗粒，土质松软	直径28、深90	
T0413D5	探方东南部，部分在探方以外	5层下	平面呈不规则圆角长方形，直壁平底	长149、宽64、深66	灰褐土，夹有大量木炭粒、红烧土粒和几片陶片，土质松软	直径12、深66	
T0413D6	探方中部	8层下	平面呈不规则长方形，直壁平底	长118、宽24~50、深50	灰褐土，夹有大量红烧土粒，土质松软	直径14、深50	

续表

编号	位置	开口层位	柱坑形状	尺寸（厘米）	柱坑填土	木柱尺寸（厘米）	备注
T0413D7	探方中部	8层下	平面呈椭圆形，直壁平底	长径70，短径106，深64	灰褐土，夹有木炭粒及红烧土粒，土质松软	直径10，深62	
T0413D8	探方西部	8层下	平面呈长方形，斜壁平底	长129，宽100，深92	灰褐土，夹有木炭粒，红烧土粒和几片陶片，土质松软	直径20，深90	
T0413D9	探方北部	12层下	平面呈椭圆形，直壁平底	长径100，短径68，深70	灰褐土，包含较多红烧炭粒，少量炭粒，土质松软	直径20，深70	
T0517D1	探方东南部	1层下	平面呈圆形，斜壁圜底	直径35，深50	灰褐土	直径18，深58	
T0517D2	探方东南部，部分在东隔梁内	1层下	平面呈椭圆形，斜壁圜底	直径50，深50	灰褐土	直径23，深50	
T0517D3	探方东南部	1层下				直径13，深30	无柱坑
T0517D4	探方东南部	1层下				直径20，深40	无柱坑
T0517D5	探方东部	4层下				直径10，深20	无柱坑
T0517D6	探方东部	4层下				直径10，深30	无柱坑
T0517D7	探方南部	4层下				直径20，深48	无柱坑
T0517D8	探方东中部	7层下	平面呈椭圆形，斜壁平底	长径105，短径60，深50	灰褐土	直径20，深60	
T0517D9	探方东部	7层下	平面呈椭圆形，斜壁圜底	长径80，短径60，深60	灰褐土	直径18，深65	
T0517D10	探方东北部	7层下	平面呈圆角长方形，直壁平底	长130，宽50，深50	灰褐土	直径20，深60	
T0517D11	探方北部	7层下	平面呈圆角长方形，直壁平底	长130，宽40，深70	灰褐土	直径15，深75	
T0517D12	探方北部，部分在探方以外	7层下	平面呈圆形，斜壁圜底	直径约90，深80	灰褐土	直径20，深90	

续表

编号	位置	开口层位	柱坑形状	尺寸（厘米）	柱坑填土	木柱尺寸（厘米）	备注
T0517D13	探方西部	7层下	平面呈长方形，直壁平底	长80，宽36，深30	灰褐土	直径20，深40	
T0517D14	探方南部	11层下	平面呈椭圆形，斜壁圜底	长径80，短径60，深60	黄花土	直径25，深73	
T0517D15	探方东部，部分在东隔梁内	11层下	平面呈椭圆形，斜壁圜底	长径115，短径60，深90	黄花土	直径25，深100	
T0516D1	探方西北部	1层下	平面呈长方形，斜壁平底	长90，宽54，深100	灰黄土	直径18，深110	
T0516D2	探方南部	1层下	平面呈长方形，呈阶梯状	长约80，宽54，深125	黄花土	直径20，深140	
T0516D3	探方南部	1层下	平面呈长方形，直壁平底	残长60，宽约35，深125	黄花土	直径20，深142	
T0516D4	探方中部	1层下	平面呈椭圆形，斜壁圜底	长径40，深50	灰褐土	直径18，深54	
T0516D5	探方北隔梁内，部分在探方以外	6a层下	平面呈圆形，斜壁圜底	直径40，深65	灰褐色夹烧土	直径10，深13	
T0516D6	探方东部，部分在探方以外	1层下	平面呈椭圆形，斜壁圜底	长径100，短径52，深88	灰褐土	直径20，深95	
T0516D7	探方东隔梁内，部分在探方以外	1层下	平面呈椭圆形，斜壁圜底	长径90，短径80，深85	黄花土	直径15，深70	
T0516D8	探方东南部	5层下	平面呈圆形，斜壁圜底	直径80，深58	灰褐色夹烧土	直径22，深85	
T0516D9	探方中部	8层下	平面呈椭圆形，斜壁圜底	长径100，短径80，深85	黄土	直径20，深90	
T0516D10	探方东北部	6a层下	平面呈圆形，斜壁圜底	直径55，深88	灰褐土	直径15，深88	
T0516D11	探方北隔梁内，部分在探方以外	6a层下	平面呈圆形，斜壁圜底	直径115，深85	灰褐土，夹有红烧土、螺壳	直径25，深95	
T0516D12	探方北部，部分在探方以外	6a层下	平面呈椭圆形，斜壁圜底	长径85，短径65，深90	灰褐土，夹螺壳	直径22，深100	
T0516D13	探方北隔梁内，部分在探方以外	6a层下	平面呈椭圆形，斜壁圜底	长径约80，短径45，深65	灰褐土	直径12，深64	
T0516D14	探方东北角，部分在东隔梁内	7层下	平面呈圆角长方形，斜壁圜底	长110，宽70，深100	灰褐土，夹有螺壳	直径22，深110	

续表

编号	位 置	开口层位	柱坑形状	尺寸（厘米）	柱坑填土	木柱尺寸（厘米）	备注
T0516D15	探方北部，部分在北隔梁内	8层下	平面呈圆形，斜壁圜底	直径92，深65	灰褐土，夹有红烧土、螺壳	直径25，深75	
T0516D16	探方东部，部分在东隔梁内	8层下	平面呈椭圆形，斜壁圜底	长径120，短径80，深90	黄花土	直径35，深110	
T0516D17	探方东南部，部分在探方以外	8层下	平面呈长方形，斜壁圜底	长100，宽60，深50	黄褐土	直径23，深60	
T0516D18	探方东部	10层下	平面呈圆形，斜壁圜底	直径45，深65	黄褐土	直径15，深65	
T0516D19	探方东北部	10层下	平面呈圆形，斜壁圜底	直径48，深56	黄褐土	直径12，深56	
T0516D20	探方中部	10层下	平面呈圆角长方形，直壁圜底	长60，宽44，深45	黄土	直径16，深45	
T0516D21	探方西南部	10层下	平面呈长方形，直壁圜底	长55，宽30，深26	黄褐土	直径12，深25	
T0516D22	探方东部	10层下	平面呈长方形，直壁圜底	长80，宽30，深48	黄花土	直径12，深46	
T0515D1	探方东南角	3层下	平面呈圆形，斜壁圜底	直径100，深120	黄褐土	直径30，深120	
T0515D2	探方西南角	3层下			黄褐土	直径25，深120	无柱坑
T0515D3	探方西部，部分在探方以外	4层下	平面呈圆形，斜壁圜底	直径130，深100	黄褐土	直径25，深58	
T0515D4	探方东北部	5层下	平面呈椭圆形，斜壁圜底	长径130，短径约90，深65	黄褐土	直径16，深70	
T0515D5	探方南部，部分在东隔梁内	5层下	平面呈椭圆形，斜壁圜底	长径150，短径100，深75	灰褐土	直径16，深95	
T0515D6	探方中部	5层下			黄褐土	直径20，深95	无柱坑
T0515D7	探方南部，部分在探方以外	5层下	平面呈圆形，斜壁圜底	直径90，深115	黄褐土	直径15，深115	
T0515D8	探方东北部	5层下			黄花土	直径20，深95	无柱坑
T0515D9	探方南部	5层下				直径20，深100	无柱坑
T0515D10	探方东南角	6层下	平面呈椭圆形，斜壁平底	长径70，短径40，深100	黄花土	直径20，深100	
T0515D11	探方南部，部分在探方以外	6层下	平面呈椭圆形，斜壁圜底	长径84，短径75，深90	黄花土	直径14，深90	
T0515D12	探方西南部，部分在探方以外	6层下				直径15，深90	无柱坑
T0515D13	探方南部	6层下	平面呈椭圆形，斜壁圜底	长径50，短径约40，深90	黄花土	直径18，深90	

续表

编号	位置	开口层位	柱坑形状	尺寸（厘米）	柱坑填土	木柱尺寸（厘米）	备注
T0515D14	探方北隔梁内，部分在探方以外	6层下	平面呈椭圆形，斜壁平底	长径125、短径90、深90	黄褐土	直径18、深90	
T0515D15	探方西南部	6层下	平面呈圆形，斜壁平底	长径80、短径60、深50	黄褐土	直径15、深120	
T0515D16	探方西南部	6层下	平面呈圆形，斜壁圜底	直径50、深85	黄褐土	直径20、深90	
T0515D17	探方北部，部分在北隔梁内	6层下	平面近圆角长方形，斜壁圜底	长95、宽60、深130	黄褐土	直径20、深130	
T0515D18	探方中部	6层下				直径20、深135	无柱坑
T0514D1	探方西北部	1层下	平面呈圆形，斜壁平底	直径60、深18	灰褐土	直径17、深50	
T0514D2	探方东部	8层下	平面呈椭圆形，斜壁圜底	长径85、短径60、深65	灰褐土	直径38、深110	
T0514D3	探方中部	8层下	平面呈椭圆形，斜壁圜底	长径140、短径90、深60	灰褐土	直径25、深75	
T0514D4	探方东部	8层下	平面呈椭圆形，斜壁圜底	长径135、短径80、深55	灰褐土	直径15、深72	
T0514D5	探方西部，部分在探方以外	8层下	平面呈椭圆形，斜壁圜底	长径150、短径85、深135	灰褐土	直径20、深135	
T0514D6	探方中部	8层下	平面呈圆形，斜壁圜底	直径40、深65	灰褐土	直径10、深110	
T0514D7	探方东隔梁内，部分在探方以外	8层下	平面呈椭圆形，斜壁平底	长径100、短径68、深65	灰褐土	直径15、深65	一坑两柱，另一柱直径20、深65
T0514D8	探方东南部	15层下	平面呈圆形，直壁平底	直径60、深85	黄花土	直径25、深85	
T0514D9	探方北部，部分在北隔梁内	9层下	平面呈椭圆形，斜壁圜底	长径72、短径44、深40	灰褐土	直径15、深45	
T0514D10	探方北北部	10层下	平面呈圆形，斜壁圜底	直径50、深70	灰褐土	直径15、深80	
T0514D11	探方中部	10层下	平面呈椭圆形，斜壁圜底	长径98、短径80、深90	黄花土	直径20、深110	
T0514D12	探方中部	10层下	平面呈椭圆形，斜壁圜底	长径70、短径46、深80	灰褐土	直径15、深85	
T0514D13	探方东部	10层下	平面呈椭圆形，斜壁圜底	长径90、短径55、深70	黄花土	直径20、深80	
T0514D14	探方东部	10层下	平面呈椭圆形，斜壁圜底	长径60、短径52、深70	灰花土	直径20、深80	

续表

编号	位置	开口层位	柱坑形状	尺寸（厘米）	柱坑填土	木柱尺寸（厘米）	备注
T0514D15	探方东南部	10层下	平面呈椭圆形，斜壁圜底	长径50、短径36、深50	灰花土	直径15、深55	
T0514D16	探方东北部	10层下	平面呈圆形，斜壁圜底	直径55、深50	灰褐土	直径14、深60	
T0514D17	探方东北部	10层下	平面呈椭圆形，斜壁圜底	长径55、短径40、深65	灰花土	直径15、深70	
T0514D18	探方东南部，部分在东隔梁内	10层下	平面呈椭圆形，斜壁圜底	长径62、短径30、深65	灰花土	直径10、深85	
T0514D19	探方东南部，部分在东隔梁内	10层下	平面呈圆形，斜壁圜底	直径28、深45	灰花土	直径14、深40	
T0514D20	探方东南部	13层下	平面呈圆角长方形，直壁圜底	长62、宽44、深90	黄花土	直径15、深85	
T0514D21	探方西北部	13层下	平面呈圆形，斜壁圜底	直径70、深60	黄花土，夹烧土	直径15、深60	
T0514D22	探方西北部	13层下	平面呈圆形，斜壁圜底	直径50、深80	黄花土	直径15、深80	
T0514D23	探方西北角，部分在东隔梁内	13层下	平面呈圆形，斜壁圜底	直径80、深90	黄花土	直径23、深90	
T0514D24	探方南部	13层下	平面呈圆形，斜壁圜底	直径65、深75	黄花土	直径15、深75	
T0514D25	探方中部	13层下	平面呈椭圆形，斜壁圜底	长径75、短径58、深70	黄土	直径30、深70	
T0514D26	探方西南部，部分在探方以外	13层下	平面呈圆形，斜壁圜底	直径62、深35	黄土	直径12、深35	
T0514D27	探方西北部，部分在探方以外	14层下	平面呈椭圆形，斜壁圜底	长径110、短径65、深35	黄褐土	直径12、深35	
T0513D1	探方东南角，部分在探方以外	9层下	平面呈不规则形，斜壁圜底	长72~110、宽26~28、深44	灰褐色花土，夹有较多灰白土	直径10、深26	
T0513D2	探方南部	9层下	平面呈长方形，直壁斜底	长100~134、宽约80、深60	灰褐色花土	直径20、深58	
T0513D3	探方西部	9层下	平面呈不规则形，直壁平底	长74、宽52~80、深82	灰褐色花土	直径28、深90	
T0513D4	探方的东隔梁内	9层下	平面呈圆形，直壁平底	直径76、深74	灰褐土，夹有烧土颗粒	直径16~20、深70	
T0513D5	探方东隔梁内，部分在探方以外	9层下	平面呈圆角长方形，斜壁平底	长130、宽46~60、深72	褐色花土，土质较硬，夹有少量红烧土块、木炭粒	直径20、深82	

续表

编号	位置	开口层位	柱坑形状	尺寸（厘米）	柱坑填土	木柱尺寸（厘米）	备注
T0513D6	探方东部	9层下	平面呈椭圆形，斜壁平底	长径78、短径46、深55	灰褐色花土，土质较硬，夹有少量的木炭粒、烧土及白土块	直径16、深48	
T0513D7	探方中部	9层下	平面呈椭圆形，斜壁圜底	长径45、短径38、深76	灰褐色花土，土质较硬，夹有少量的木炭粒、烧土及白土块	直径13、深74	
T0513D8	探方中部	9层下	平面呈椭圆形，直壁平底	长58、宽48、深80	灰褐土，夹有烧土颗粒	直径20、深78	
T0617D1	探方南部，部分在探方以外	1层下	平面呈椭圆形，斜壁圜底	长径130、短径90、深110	青灰土夹黄土	直径20、深102	
T0617D2	探方东南部	1层下	平面近圆形，斜壁圜底	直径52、深58	青灰土夹黄土	直径20、深68	无柱坑
T0617D3	探方东部	1层下	平面呈不规则长方形，斜壁平底	长76、宽70、深70	青灰土夹黄土	直径20、深58	
T0617D4	探方东部	1层下	平面呈椭圆形，斜壁圜底	长径55、短径45、深92	灰褐土，夹有烧土颗粒	直径20、深80	
T0617D5	探方西部	1层下	平面呈圆形，斜壁圜底	直径30、深80	灰褐土，夹有烧土颗粒	直径18、深85	
T0617D6	探方西部	1层下	平面呈圆形，斜壁圜底	直径40、深58	青灰褐土夹有黄土块	直径15、深72	
T0617D7	探方东北部	1层下				直径20、深58	

续表

编号	位置	开口层位	柱坑形状	尺寸（厘米）	柱坑填土	木柱尺寸（厘米）	备注
T0617D8	探方西部，部分在探方以外	4层下	平面近圆形，斜壁圜底	直径45、深128	灰褐土，夹有黄土块	直径25、深125	
T0617D9	探方东北部，部分在东隔梁内	7层下	平面呈椭圆形，斜壁圜底	长径106、短径80、深80	灰褐土，夹有黄土块	直径20、深76	
T0617D10	探方西部，部分在探方以外	7层下	平面呈椭圆形，斜壁圜底	长径50、短径45、深60	灰褐土，夹有黄土块	直径20、深58	
T0617D11	探方西南部，部分在探方以外	7层下	平面呈圆形，斜壁平底	直径68、深60	灰褐土，夹有黄土块	直径16、深60	
T0617D12	探方东南部	7层下	平面呈椭圆形，斜壁圜底	长径70、短径38、深56	灰褐土，夹有黄土块	直径20、深56	
T0617D13	探方中部	12层下	平面呈圆形，直壁平底	直径60、深50	黄白色花土	直径15、深50	
T0617D14	探方中部	12层下	平面呈圆角长方形，斜壁平底	长75、宽60、深70	黄白色花土	直径20、深70	
T0617D15	探方东部	12层下	平面呈长方形，斜壁平底	长100、宽42、深50	黄白色花土	直径20、深50	
T0617D16	探方西南部	12层下	平面呈圆形，斜壁平底	直径50、深56	黄白色花土	直径15、深56	
T0617D17	探方西南部	12层下	平面呈圆形，斜壁圜底	直径40、深45	黄白色花土	直径15、深45	
T0616D1	探方西南部，部分在探方以外	4层下	平面呈不规则形，斜壁平底	直径约80、深58	灰褐土，夹有烧土颗粒	直径20、深60	
T0616D2	探方西南部，部分在探方以外	4层下	平面呈圆形，斜壁平底	长100、宽约60、深68	灰褐土，夹有烧土颗粒	直径18、深100	
T0616D3	探方南部	4层下	平面呈椭圆形，斜壁平底	长径92、短径60、深56	灰褐土，夹有黄土	直径20、深60	
T0616D4	探方西南部，部分在探方以外	4层下	平面呈圆形，斜壁圜底	直径30、深32	灰褐土，夹有红烧土颗粒	直径20、深30	

续表

编号	位置	开口层位	柱坑形状	尺寸（厘米）	柱坑填土	木柱尺寸（厘米）	备注
T0616D5	探方西北部，部分在探方以外	6层下	平面呈椭圆形，斜壁平底	长径85，短径50，深88	灰褐土，夹有黄土	直径15，深86	
T0616D6	探方西北部，部分在北隔梁内	5层下	平面呈圆形，斜壁圆底	直径约110，深68	灰褐土，夹有黄土	直径22，深90	
T0616D7	探方东北部，部分在东隔梁内	4层下	平面呈不规则椭圆形，斜壁圆底	长径85，短径80，深68	灰褐土，夹有黄土	直径18，深55	
T0616D8	探方北隔梁内	5层下	平面呈圆形，斜壁平底	直径50，深96	灰褐土	直径20，深85	
T0616D9	探方西北部，部分在北隔梁内	8层下	平面呈椭圆形，斜壁平底	长径98，短径85，深100	灰褐土	直径10，深100	
T0616D10	探方西南部	8层下	平面呈不规则圆形，斜壁圆底	长64，宽50，深80	灰褐土	直径16，深80	
T0616D11	探方西南部	8层下	平面呈椭圆形，斜壁圆底	长径70，短径20，深60	灰褐土	直径15，深60	
T0616D12	探方北部，部分在北隔梁内	8层下	平面呈圆角长方形，斜壁平底	长110，宽65，深80	灰褐土	直径20，深80	
T0616D13	探方西南部	13层下	平面呈圆角长方形，斜壁平底	长90，宽50，深50	黄白色花土	直径15，深50	
T0616D14	探方西南部	13层下	平面呈圆角长方形，斜壁平底	长90，宽65，深45	黄白色花土	直径15，深45	
T0616D15	探方东南部	13层下	平面呈圆形，斜壁平底	直径70，深50	黄白色花土	直径20，深50	
T0616D16	探方东北部	13层下	平面呈圆形，斜壁平底	直径35，深40	黄白色花土	直径15，深40	
T0616D17	探方东北部	13层下	平面呈圆形，斜壁平底	直径40，深45	黄白色花土	直径15，深45	
T0616D18	探方北部，部分在北隔梁内	13层下	平面呈圆形，斜壁平底	直径46，深60	黄白色花土	直径20，深60	
T0616D19	探方北隔梁内	13层下	平面呈圆形，斜壁平底	直径50，深56	黄白色花土	直径20，深56	
T0615D1	探方西南部	13层下	平面呈圆角长方形，斜壁平底	长75，宽60，深85	黄花土	直径20，深85	
T0615D2	探方中部	5层下				直径20，深95	无柱坑
T0615D3	探方东北部	5层下				直径12，深120	无柱坑
T0615D4	探方西部，部分在北隔梁内	6层下	平面呈椭圆形，斜壁平底	长径130，短径58，深115	黄褐土	直径22，深130	
T0615D5	探方东部，部分在东隔梁内	6层下	平面呈椭圆形，斜壁圆底	长径95，短径72，深70	灰褐土	直径20，深120	
T0615D6	探方东南部	6层下	平面呈长方形，斜壁圆底，一壁呈长台阶状	长98，宽68，深95	黄褐土	直径25，深110	

续表

编号	位置	开口层位	柱坑形状	尺寸（厘米）	柱坑填土	木柱尺寸（厘米）	备注
T0615D7	探方东北部，部分在东隔梁内	6层下	平面呈椭圆形，斜壁圜底	长径约140，短径80，深100	黄褐土	直径20，深100	
T0615D8	探方东部	7层下				直径12，深110	无柱坑
T0615D9	探方中部	7层下				直径18，深110	无柱坑
T0615D10	探方东北部	13层下	平面呈圆形，斜壁圜底	直径65，深58	黄花土	直径20，深58	
T0615D11	探方东南部	7层下	平面呈椭圆形，斜壁圜底	长径72，短径50，深115	黄褐土	直径20，深115	
T0615D12	探方东部，部分在东隔梁内	8层下	平面呈椭圆形，斜壁圜底	长径80，短径78，深75	黄花土	直径20，深70	
T0614D1	探方东部，部分在东隔梁内	3层下	平面呈不规则形，斜壁平底	长120，宽75，深50	红褐色五花土	直径24，深50	
T0614D2	探方东北部，部分在东隔梁内	7层下	平面呈长方形，斜壁平底	长76，宽48，深62	灰褐色五花土	直径15，深82	
T0614D3	探方北部	7层下	平面呈椭圆形，斜壁平底	长径120，短径90，深78	黄花土	直径15，深80	
T0614D4	探方东南部	6层下	平面呈椭圆形，直壁平底	长径85，短径65，深45	灰褐色五花土	直径14，深45	
T0614D5	探方西南部，部分在探方以外	7层下	平面呈椭圆形，斜壁平底	长径100，短径72，深80	灰褐土	直径15，深80	
T0614D6	探方北隔梁内	9层下	平面呈圆形，斜壁平底	直径80，深70	灰褐土	直径20，深70	一坑两柱，另一木柱洞直径13，深70
T0614D7	探方南部	16层下	平面呈圆形，直壁平底	直径50，深65	黄褐色五花土		
T0614D8	探方东部	9层下	平面呈椭圆形，斜壁圜底	长径106，短径75，深76	黄土	直径18，深80	
T0614D9	探方中部	9层下				直径30，深80	无柱坑
T0614D10	探方中部	16层下	平面呈椭圆形，斜壁平底	长径68，短径50，深35	灰褐土	直径18，深35	
T0614D11	探方西南部	16层下	平面呈椭圆形，直壁平底	长径100，短径64，深75	黄褐色五花土	直径20，深75	
T0614D12	探方西部	16层下	平面呈椭圆形，斜壁平底	长径72，短径60，深40	黄花土	直径10，深40	
T0614D13	探方东北部，部分在东隔梁内	12层下	平面呈椭圆形，斜壁圜底	长径105，短径90，深115	灰褐土	直径15，深115	
T0614D14	探方东北部	12层下	平面呈圆角长方形，直壁平底	长66，宽36，深90	黄花土	直径10，深90	

续表

编号	位置	开口层位	柱坑形状	尺寸（厘米）	柱坑填土	木柱尺寸（厘米）	备注
T0614D15	探方东北部	11层下	平面呈椭圆形，直壁平底	长径90、短径58、深115	黄褐土	直径18、深115	
T0613D1	探方西北部	10层下	平面呈不规则形，直壁平底	长110、宽82、深74	灰褐色花土，夹有白土块、红烧土粒，土质较硬	直径16、深66	
T0613D2	探方中部	12层下	平面呈椭圆形，直壁平底	长径62、短径60、深52	灰褐土，夹有少量木炭、红烧土粒，土质松软	直径22、深50	
T0613D3	探方东北部	12层下	平面呈长方形，直壁平底	长60、宽50、深74	灰褐土，夹有少量木炭、红烧土粒，土质松软	直径10、深50	
T0613D4	探方西北部	12层下	平面呈椭圆形，直壁平底	长径66、短径58、深46	灰褐土，夹有少量木炭、红烧土粒，土质松软	直径16、深46	
T0613D5	探方北部，部分在北隔梁内	13层下	平面呈圆角长方形，斜壁圜底	长88、宽44、深74	灰褐土，夹有少量木炭、红烧土粒，土质松软	直径12、深70	
T0613D6	探方东北部	12层下	平面呈长方形，直壁平底	长径70、短径60、深30	灰土，夹有少量红烧土、木炭粒	直径14、深20	
T0613D7	探方东部，部分在东隔梁内	14层下	平面呈长方形，直壁平底	长102、宽56、深56	灰黑土，夹有较多红烧土粒，土质松软	直径16、深54	
T0718D1	探方西北部	7层下	平面呈圆形，斜壁平底	直径50、深45	黄灰色花土	直径20、深45	

第三章 遗 迹

续表

编号	位 置	开口层位	柱坑形状	尺寸（厘米）	柱坑填土	木柱尺寸（厘米）	备注
T0718D2	探方西南部	7层下	平面呈圆形，斜壁圜底	直径40，深40	黄灰色花土	直径15，深40	
T0718D3	探方西南部	7层下	平面呈圆形，斜壁圜底	直径60，深58	黄灰色花土	直径20，深58	
T0718D4	探方南部	7层下	平面呈圆形，斜壁平底	直径55，深42	黄灰色花土	直径20，深42	
T0718D5	探方东部	7层下	平面呈圆形，斜壁平底	直径55，深46	黄灰色花土	直径20，深46	
T0717D1	探方西南部，部分在探方以外	1层下	平面呈圆形，斜壁圜底	直径60，深110	灰褐色土，含草木灰、黄土块	直径18，深106	
T0717D2	探方西北部，部分在探方以外	1层下	平面呈椭圆形，斜壁圜底	长径60，短径43，深45	灰褐土	直径15，深37	
T0717D3	探方西部	1层下	平面呈圆形，斜壁圜底	直径50，深60	灰褐色花土，包含黄土块	直径18，深52	
T0717D4	探方东部	1层下	平面呈圆形，斜壁圜底	直径30，深60	灰褐土，包含黄土块	直径18，深55	
T0717D5	探方东部	1层下	平面呈圆形，斜壁圜底	直径25，深45	灰褐土，包含黄土块	直径18，深40	
T0717D6	探方西南部，部分在探方以外	1层下	平面呈圆形，斜壁圜底	直径约70，深65	青灰土	直径15，深60	
T0717D7	探方西南部，部分在探方以外	7层下	平面呈圆形，斜壁平底	直径44，深50	灰褐土，含黄土块、红烧土	直径10，深48	
T0717D8	探方南部，部分在探方以外	3层下	平面呈圆形，斜壁圜底	直径80，深85	灰褐土，含红烧土	直径20，深85	
T0717D9	探方西南部，部分在探方以外	3层下	平面呈圆形，斜壁圜底	直径85，深92	灰黄色花土	直径20，深90	
T0717D10	探方南部	11层下	平面呈圆形，直壁平底	直径60，深56	灰黄色花土	直径25，深56	
T0717D11	探方西部	11层下	平面呈圆形，直壁平底	直径60，深60	灰黄色花土	直径24，深60	
T0717D12	探方北部	11层	平面呈圆形，直壁平底	直径56，深50	灰黄色花土	直径25，深52	
T0716D1	探方东北部，部分在东隔梁内	1层下	平面呈椭圆形，斜壁圜底	长径115，短径80，深80	灰褐色	直径20，深90	

续表

编号	位 置	开口层位	柱坑形状	尺寸（厘米）	柱坑填土	木柱尺寸（厘米）	备注
T0716D2	探方东南部，部分在探方以外	2层下	平面呈圆角长方形，斜壁平底	长120，宽50，深60	黄花土	直径15，深75	
T0716D3	探方西南部，部分在探方以外	2层下	平面呈椭圆形，斜壁圜底	长径120，短径25，深128	灰褐土	直径20，深122	
T0716D4	探方南部，部分在探方以外	2层下	平面呈圆形，斜壁圜底	直径175，深135	灰褐土	直径15，深120	
T0716D5	探方东南部，部分在探方以外	2层下	斜壁圆底	直径65，深50	灰褐土	直径20，深50	
T0716D6	探方西南部，部分在探方以外	4层下	平面呈椭圆形，斜壁圜底	长径50，短径30，深70	灰褐土	直径10，深65	
T0716D7	探方东部，部分在东隔梁内	6层下	平面呈椭圆形，斜壁斜坡底	长径95，短径70，深65	灰褐土，包含有红烧土	直径15，深62	
T0716D8	探方西部	6层下	平面呈不规则长方形，斜壁平底	长110，宽55，深80	黄土	直径20，深90	
T0716D9	探方西部	6层下	平面呈椭圆形，斜壁平底	长径90，短径76，深85	黄花土	直径20，深90	
T0716D10	探方东北部，部分在东隔梁内	13层下	平面呈椭圆形，斜壁圜底	长径50，短径30，深65	灰褐土	直径20，深76	
T0716D11	探方西北部	13层下	平面呈圆形，斜壁平底	直径58，深60	黄褐土	直径20，深70	
T0716D12	探方西部	13层下	平面呈椭圆形，斜壁平底	长径75，短径56，深60	黄土	直径22，深72	
T0716D13	探方西北部	13层下	平面呈椭圆形，斜壁平底	长径60，短径50，深55	黄土	直径15，深70	
T0716D14	探方东南部	13层下	平面呈近长方形，斜壁圜底	长90，宽50，深55	黄花土	直径20，深60	
T0716D15	探方东南部	13层下	平面呈圆形，斜壁平底	直径70，深60	黄土	直径20，深68	
T0716D16	探方东南部	13层下	平面呈圆形，直壁斜底	直径50，深55	黄土	直径20，深65	
T0716D17	探方东南部	13层下	平面呈椭圆形，斜壁圜底	长径90，短径50，深40	黄褐土	直径20，深40	
T0715D1	探方东南部	3层下				直径20，深110	无柱坑
T0715D2	探方东南部，部分在探方以外	3层下	平面呈椭圆形，斜壁圜底	长径75，短径75，深120	黄花土	直径20，深130	
T0715D3	探方南部	3层下	平面呈圆形，斜壁圜底	直径80，深120	黄花土	直径20，深120	
T0715D4	探方东南部	3层下				直径30，深130	无坑柱

第三章 遗 迹

续表

编号	位置	开口层位	柱坑形状	尺寸（厘米）	柱坑填土	木柱尺寸（厘米）	备注
T0715D5	探方东南部	6层下	平面呈圆形，斜壁圜底	直径60，深40	黄花土	直径20，深90	
T0715D6	探方东下	3层下				直径20，深100	无柱坑
T0715D7	探方中部	3层下	平面呈圆形，斜壁平底	直径95，深140	黄花土	直径25，深140	
T0715D8	探方东北部	3层下	平面呈圆形，斜壁平底	直径40，深110	黄花土	直径15，深110	
T0715D9	探方北部	3层下	平面呈圆形，斜壁圜底	直径60，深70	黄花土	直径18，深110	
T0715D10	探方东南部	3层下	平面呈椭圆形，斜壁平底	长径88，短径70，深140	黄花土	直径25，深140	
T0715D11	探方西北部，部分在东隔梁内	6层下	平面呈椭圆形，斜壁平底	长径70，短径55，深90	黄褐土		
T0715D12	探方西部，部分在东隔梁以外	6层下	平面呈椭圆形，斜壁平底	长径110，短径64，深70	黄褐土	直径25，深70	
T0715D13	探方东南部	9层下	平面呈椭圆形，斜壁平底	长径100，短径60，深40	黄褐土	直径15，深110	
T0715D14	探方东北部，部分在北隔梁内	9层下	平面呈椭圆形，斜壁平底	长径88，短径50，深110	黄褐土	直径15，深75	
T0715D15	探方东北部，部分在东隔梁内	5层下	平面呈椭圆形，斜壁圜底	长径120，短径55，深75	黄褐土	直径15，深85	
T0714D1	探方东北部	7层下	平面呈不规则形，斜壁圜底	长85，宽70，深65			
T0714D2	探方东南部	7层下				直径40，深95	无柱坑
T0714D3	探方西北部	7层下	平面呈圆形，斜壁平底	直径105，深85	黄褐土	直径20，深84	
T0714D4	探方西北部，部分在东隔梁以外	7层下	平面呈椭圆形，斜壁平底	长径80，短径70，深35	黄褐土	直径8，深35	
T0714D5	探方东北部，部分在东隔梁内	8层下	平面呈椭圆形，斜壁平底	长径115，短径40，深50	黄褐土	直径10，深60	
T0714D6	探方东南部	8层下	平面呈圆形，斜壁圜底	直径50，深60	黄褐土	直径20，深70	
T0714D7	探方东北部	8层下	平面呈椭圆形，斜壁圜底	长115，宽45，深55	黄褐土	直径10，深50	
T0714D8	探方西部	9层下	平面呈椭圆形，斜壁平底	长径52，短径38，深65	黄褐土	直径15，深75	
T0714D9	探方北部，部分在北隔梁内	9层下	平面呈椭圆形，斜壁平底	长径100，短径86，深60	黄褐土	直径20，深70	
T0714D10	探方东北部，部分在东隔梁内	10层下	平面呈椭圆形，斜壁圜底	长径50，短径46，深85	黄褐土	直径10，深96	
T0714D11	探方东南部	10层下	平面呈不规则形，斜壁圜底	长95，宽64，深80	黄褐土	直径15，深90	

续表

编号	位 置	开口层位	柱坑形状	尺寸（厘米）	柱坑填土	木柱尺寸（厘米）	备注
T0714D12	探方东北部，部分在北隔梁内	11层下	平面呈椭圆形，斜壁圜底	长径120、短径90、深80	黄褐土	直径30、深80	
T0714D13	探方东南部，部分在探方以外	12层下	平面呈椭圆形，斜壁平底	长径100、短径90、深85	黄褐土	直径20、深85	
T0714D14	探方东北部	12层下				直径20、深60	无柱坑
T0714D15	探方西部	12层下	平面呈椭圆形，斜壁圜底	长径130、短径110、深85	黄色土	直径30、深130	
T0713D1	探方西北部，部分在探方以外	11层下	平面呈椭圆形，斜壁平底	长径104、短径62、深78	灰褐土，夹有较多烧土块	直径16、深76	
T0713D2	探方西南部	11层下	平面呈圆角长方形，直壁平底	长径86、短径46、深76	灰褐土，夹有红烧土颗粒及少量木炭	直径16、深74	
T0713D3	探方西部	11层下	平面呈椭圆形，斜壁平底	长径72、短径40、深50	灰褐土，夹有红烧土颗粒及少量木炭	直径14、深50	
T0713D4	探方北部	11层下	平面呈长方形，直壁平底	长78、宽58、深76	灰褐土，夹有红烧土颗粒及少量木炭	直径18、深76	
T0713D5	探方东北部，部分在探方以外	11层下	平面呈长方形，直壁平底	长96、宽70、深70	灰褐土，夹有红烧土颗粒及少量木炭	直径14、深70	
T0817D1	探方西南部，部分在探方以外	7层下	平面呈圆形，斜壁圜底	直径60、深68	灰褐土，夹有红烧土颗粒及少量木炭	直径15、深65	
T0817D2	探方西南部，部分在探方以外	5层下	平面呈圆形，斜壁圜底	直径40、深50	灰褐土	直径15、深50	

续表

编号	位置	开口层位	柱坑形状	尺寸（厘米）	柱坑填土	木柱尺寸（厘米）	备注
T0817D3	探方南部	5层下					无柱坑
T0817D4	探方南部，部分在探方以外	5层下	平面呈圆形，斜壁圜底	直径50、深48	灰褐土	直径20、深60	
T0817D5	探方东北部	5层下	平面呈圆形，斜壁圜底	直径40、深50	灰褐土，夹有黄土块及少量烧土颗粒	直径20、深48	
T0817D6	探方东北部	5层下	平面呈圆形，斜壁圜底	直径40、深50	灰褐土，夹有黄土块及少量烧土颗粒	直径20、深50	
T0817D7	探方东北部	5层下	平面呈椭圆形，斜壁圜底	长径50、短径40、深55	灰褐土	直径15、深50	
T0817D8	探方西南部，部分在探方以外	7层下	平面呈圆形，斜壁圜底	直径70、深65	灰褐土	直径15、深64	
T0817D9	探方西南部	10层下	平面呈圆形，斜壁圜底	直径50、深46	黄灰色花土	直径20、深48	
T0817D10	探方西南部	10层下	平面呈圆形，斜壁圜底	直径50、深56	黄灰色花土	直径20、深60	
T0817D11	探方东部	10层下	平面呈圆形，斜壁圜底	直径48、深40	黄灰色花土	直径20、深50	
T0816D1	探方东南部	1层下	平面呈圆形，斜壁圜底	直径40、深75	黄土	直径15、深80	
T0816D2	探方东南部	1层下	平面呈长方形，直壁平底	长125、宽60、深100	灰黄土	直径22、深112	
T0816D3	探方东南部，部分在探方以外	1层下	平面呈不规则形，斜壁圜底	长83、宽60、深120	灰褐土	直径20、深120	
T0816D4	探方西南部，部分在探方以外	2层下	平面呈不规则形，斜壁圜底	长88、宽60~70、深100	灰褐土	直径22、深113	
T0816D5	探方西南部	1层下	平面呈不规则椭圆形，斜壁圜底	长径45、短径25、深120	黄褐土	直径15、深120	
T0816D6	探方西北部	1层下	平面呈长方形，斜壁圜底	长110、宽58、深98	黄褐土	直径20、深100	
T0816D7	探方中部	1层下	平面呈圆形，斜壁圜底	直径50、深50	黄土	直径15、深73	
T0816D8	探方西南部，部分在探方以外	3层下	平面近圆形，斜壁圜底	直径78、深100	黄土	直径18、深115	

续表

编号	位置	开口层位	柱坑形状	尺寸（厘米）	柱坑填土	木柱尺寸（厘米）	备注
T0816D9	探方南部，部分在探方以外	6层下	平面呈圆形，斜壁平底	直径105，深75	灰褐土，夹有烧土颗粒	直径20，深80	
T0816D10	探方东南部，部分在探方以外	6层下	平面呈圆形，斜壁圜底	直径75，深80	红烧土，夹有灰土	直径25，深83	
T0816D11	探方西部，部分在探方以外	6层下	平面呈椭圆形，斜壁平底	长径125，短径100，深85	灰褐土，夹有红烧土	直径25，深98	
T0816D12	探方西北部	7层下	平面呈椭圆形，斜壁圜底	长径90，短径52，深105	灰褐土，夹有烧土颗粒	直径20，深105	
T0816D13	探方东部，部分在东隔梁内	8层下	平面呈椭圆形，斜壁圜底	长径70，短径55，深115	灰褐土	直径18，深100	
T0816D14	探方西南部，部分在东隔梁内	14层下	平面呈圆形，斜壁圜底	长径70，短径50，深55	灰花土	直径20，深62	
T0816D15	探方西部	14层下	平面呈不规则形，斜壁圜底	长125，宽60~80，深65	黄花土	直径25，深80	
T0816D16	探方南部	14层下	平面呈长方形，斜壁平底	长110，宽44，深33	黄褐土	直径20，深30	
T0816D17	探方南部	14层下	平面呈长方形，斜壁平底	长95，宽32，深50	黄褐土	直径20，深58	
T0816D18	探方北部	14层下	平面呈椭圆形，斜壁平底	长径80，短径60，深40	黄花土	直径20，深50	
T0816D19	探方南部，部分在探方以外	10层下	平面呈椭圆形，斜壁圜底	长径95，短径55，深70	黄花土	直径20，深50	
T0816D20	探方东北部	14层下	平面呈圆形，斜壁平底	直径45，深60	黄土	直径10，深65	
T0815D1	探方东南部，部分在探方以外	3层下	平面呈椭圆形，斜壁平底	长径110，短径100，深130	黄花土	直径20，深130	
T0815D2	探方中部	3层下	平面呈椭圆形，斜壁平底	长径85，短径60，深90	黄花土	直径16，深90	
T0815D3	探方中部	3层下				直径30，深100	无柱坑
T0815D4	探方中部	3层下				直径20，深130	无柱坑
T0815D5	探方西部	3层下				直径18，深120	无柱坑
T0815D6	探方西部	3层下				直径20，深130	无柱坑

续表

编号	位置	开口层位	柱坑形状	尺寸（厘米）	柱坑填土	木柱尺寸（厘米）	备注
T0815D7	探方西部，部分在探方以外	3b层下	平面近椭圆形，斜壁圜底	长径98，短径75，深140	黄花土	直径15，深140	
T0815D8	探方西北部	3层下				直径25，深110	无柱坑
T0815D9	探方东北部，部分在东隔梁内	4层下	平面呈椭圆形，斜壁平底	长径80，短径55，深50	黄褐土	直径12，深60	
T0815D10	探方西北部，部分在探方以外	4层下	平面呈不规则形，斜壁圜底，一壁呈台阶状	长125，宽50~85，深150	黄褐土	直径10，深150	
T0815D11	探方东北部	4层下	平面呈圆形，斜壁平底	直径60，深110	灰褐土	直径18，深110	
T0815D12	探方北部，部分在北隔梁内	4层下	平面呈圆形，斜壁圜底	直径65，深105	灰褐土	直径15，深105	
T0815D13	探方西南部，部分在探方以外	9层下	平面呈长方形，斜壁平底	长65，宽50，深105	黄褐土	直径20，深105	
T0815D14	探方中部	13层下	平面呈圆形，斜壁圜底	直径40，深50	黄褐土	直径10，深50	
T0815D15	探方东北部	13层下	平面呈圆形，斜壁圜底	直径110，深55	黄花土	直径25，深55	
T0815D16	探方西部	13层下	平面呈不规则形，斜壁圜底	长100，宽60~70，深50	黄花土	直径25，深50	
T0815D17	探方西部	13层下	平面呈圆角长方形，斜壁平底	长106，宽66，深35	黄花土	直径18，深35	
T0814D1	探方西北部	4层下				直径14，深44	无柱坑
T0814D2	探方西南部	6层下	平面呈圆形，斜壁平底	直径100，深80	灰褐色五花土	直径40，深126	
T0814D3	探方北部	6层下	平面呈椭圆形，斜壁平底	长径115，短径90，深50	灰褐土	直径22，深56	
T0814D4	探方西北部	6层下	平面呈椭圆形，斜壁平底	长径75，短径68，深65	灰褐土	直径24，深70	
T0814D5	探方西北部，部分在北隔梁内	5层下	平面呈圆形，斜壁圜底	直径55，深50	灰黄土	直径30，深60	
T0814D6	探方北部	7层下	平面呈圆角长方形，斜壁圜底	长100，宽50，深70	灰褐色五花土	直径18，深80	
T0814D7	探方中部	7层下	平面呈椭圆形，直壁平底	长径55，短径46，深80	黄花土	直径15，深88	
T0814D8	探方西南部	7层下	平面呈椭圆形，直壁圜底	长径85，短径68，深75	灰褐土	直径22，深90	
T0814D9	探方东南部	7层下	平面呈椭圆形，直壁圜底	长径90，短径70，深90	灰褐土	直径15，深108	
T0814D10	探方南部	7层下	平面呈椭圆形，直壁圜底	长径60，宽约40，深80	灰褐土	直径15，深90	

续表

编号	位置	开口层位	柱坑形状	尺寸（厘米）	柱坑填土	木柱尺寸（厘米）	备注
T0814D11	探方西南部，部分在探方以外	7层下	平面呈椭圆形，直壁圜底	长径120、短径76、深145	灰褐土	直径16、深80	
T0814D12	探方西南部，部分在探方以外	9层下	平面呈椭圆形，直壁平底	长约90、宽约47、深100	灰褐土	直径26、深100	
T0814D13	探方西北部，部分在探方以外	11层下	平面呈圆形，斜壁圜底	直径70、深100	灰褐土	直径15、深75	
T0814D14	探方西北部，部分在北隔梁内	9层下	平面呈不规则形，斜壁平底	长约100、宽78、深80	灰褐土	直径15、深75	
T0814D15	探方北部，部分在北隔梁内	9层下	平面呈椭圆形，斜壁平底	长径85、短径70、深45	灰褐土	直径20、深60	
T0814D16	探方东北部，部分在北隔梁内	9层下	平面呈长方形，斜壁平底	长160、宽80、深100	灰褐色五花土	直径15、深94	
T0814D17	探方东南部，部分在探方以外	10层下	平面呈椭圆形，斜壁圜底	长径125、短径90、深98	灰褐色五花土	直径25、深98	
T0814D18	探方东南部，部分在探方以外	10层下	平面呈圆形，斜壁圜底	直径50、深75	灰花土，夹有红烧土	直径15、深75	
T0814D19	探方南部，部分在探方以外	10层下	平面呈椭圆形，直壁平底	长径82、短径55、深130	灰褐土	直径18、深130	
T0814D20	探方东部	10层下	平面呈椭圆形，直壁平底	长径82、短径51、深100	黄褐土	直径20、深85	
T0814D21	探方东部	14层下	平面呈圆形，斜壁平底	长径150、短径128、深90	黄褐土	直径30、深100	
T0813D1	探方西北部，部分在探方以外	8层下	平面呈圆形，直壁平底	直径80、深96	黄花土	直径22、深93	
T0813D2	探方西部	7层下	平面呈圆形，直壁平底	直径60、深40	黄花土，夹有大量红烧土	长径16、短径10、深40	
T0813D3	探方中部	7层下	平面呈不规则形，斜壁平底，一壁有小台阶	长158、宽20~76、深60	黄褐土，夹有大量红烧土	直径21、深60	
T0916D1	探方西南部	3层下		直径53、深51		直径22、深43	无柱坑
T0916D2	探方西南部	5层下	平面呈圆形，斜壁圜底		灰褐土，含少量螺烧土、炭粒，土质紧密	直径15、深38	

续表

编号	位置	开口层位	柱坑形状	尺寸（厘米）	柱坑填土	木柱尺寸（厘米）	备注
T0916D3	探方西部，部分在探方以外	5层下	平面呈圆形，斜壁圜底	直径66，深66	灰褐土，夹有红烧土，包含少量螺壳、炭粒	直径19，深50	
T0916D4	探方南部	5层下	平面呈椭圆形，斜壁圜底	长径67，短径50，深40	灰褐土，夹有红烧土，包含少量螺壳、炭粒	直径14，深37	
T0916D5	探方南部	5层下	平面呈椭圆形，斜壁圜底	长径90，短径78，深50	灰褐土，夹有红烧土，包含少量螺壳、炭粒	直径10，深48	
T0916D6	探方南部，部分在探方以外	10层下	平面呈不规则形，斜壁圜底	长径74，宽40~62，深56	黄褐黏土，含有螺壳、炭粒及烧土粒	直径15，深55	
T0916D7	探方南部	10层下	平面呈圆形，斜壁圜底	直径56，深59	黄褐黏土，含有螺壳、炭粒及烧土粒	直径16，深56	
T0916D8	探方西北部	11d层下	平面呈椭圆形，斜壁圜底	长径40，短径32，深22	灰黄花土，含少量木炭粒、烧土颗粒，土质疏松	直径15，深18	
T0916D9	探方西北部	11d层下	平面呈椭圆形，直壁平底	长径38，短径32，深56	灰黑花土，含有少量炭粒、烧土粒，土质疏松	直径10，深56	

续表

编号	位置	开口层位	柱坑形状	尺寸（厘米）	柱坑填土	木柱尺寸（厘米）	备注
T0916D10	探方东部	11d层下	平面呈圆形，斜壁平底	直径35，深64	黄褐土，含有少量炭灰、烧土粒，土质疏松	直径12，深64	
T0916D11	探方南部	11d层下	平面呈椭圆形，斜壁圆底	长径27，短径24，深20	黄褐土，含有少量炭灰、烧土粒，土质疏松	直径10，深28	
T0916D12	探方南部，部分在探方以外	11d层下	平面呈椭圆形，直壁平底	长径50，短径38，深62	黄褐土，含有少量炭灰、烧土粒，土质疏松	直径18，深62	
T0915D1	探方西部，部分在探方以外	3层下	平面近圆形，斜壁圆底	直径66，深54	灰褐色黏土，含有少量炭灰、红烧土颗粒，土质紧密	直径16，深54	
T0915D2	探方东北部，部分在北隔梁内	4层下	平面呈椭圆形，斜壁圆底	长径75，短径70，深54	灰褐色黏土，含有少量炭灰、红烧土颗粒，土质紧密	直径16，深50	
T0915D3	探方西南部	5层下	平面呈圆角长方形，斜壁圆底	长62，宽44，深36	灰褐色黏土，含有少量炭灰、红烧土颗粒，土质紧密	直径19，深46	

第三章 遗 迹

续表

编号	位置	开口层位	柱坑形状	尺寸（厘米）	柱坑填土	木柱尺寸（厘米）	备注
T0915D4	探方西部	5层下	平面呈椭圆形，斜壁圜底	长径63、短径50、深40	灰褐色黏土，含有少量炭灰、红烧土颗粒，土质紧密	直径22、深50	
T0915D5	探方北部	5层下	平面呈椭圆形，斜壁圜底	长径60、短径55、深30	灰褐色黏土，含有少量炭灰、红烧土颗粒，土质紧密	直径16、深40	
T0915D6	探方中部	5层下	平面呈不规则形，斜壁圜底	长75、宽64、深42	灰褐色黏土，含有少量炭灰、红烧土颗粒，土质紧密	直径18、深46	
T0915D7	探方中部	5层下	平面呈圆形，斜壁圜底	直径21、深15	灰褐色黏土，含有少量炭灰、红烧土颗粒，土质紧密	直径12、深14	
T0915D8	探方西北部	5层下	平面呈圆形，斜壁圜底	直径24、深26	灰褐色黏土，含有少量炭灰、红烧土颗粒，土质紧密	直径11、深26	
T0915D9	探方西南部	5层下	平面近圆形，斜壁圜底	直径约80、深52	灰褐色黏土，含有少量炭灰、红烧土颗粒，土质紧密	直径11、深50	
T0915D10	探方西北部	7层下	平面呈椭圆形，斜壁圜底	长径66、短径48、深24	疏松的灰炭土，含有少量炭灰、红烧土颗粒	直径24、深18	

续表

编号	位置	开口层位	柱坑形状	尺寸（厘米）	柱坑填土	木柱尺寸（厘米）	备注
T0915D11	探方北部	8层下	平面呈椭圆形，直壁平底	长径88、短径66、深58	疏松的灰色土，含有少量炭粒、烧土颗粒	直径18、深54	
T0915D12	探方西南部，部分在探方以外	8层下	平面呈不规则形，斜壁圜底	最长82、最宽60、深56	浅灰色黏土，含有少量炭粒、红烧土颗粒，土质紧密	直径14、深55	一坑两柱，另一木柱洞直径13，深55
T0915D13	探方西部	10层下	平面近圆形，斜壁圜底	直径66、深72	浅灰色黏土，含有少量炭粒、红烧土颗粒，土质紧密	直径14、深70	
T0915D14	探方西南部	10层下	平面呈长方形，斜壁圜底	长92、宽70、深68	上部为灰色黏土，下部为灰黄土，含有少量红烧土、木炭灰，土质紧密	直径22、深68	
T0915D15	探方东南部	10层下	平面呈椭圆形，斜壁圜底	长径60、短径45、深36	灰褐色黏土，土质疏松，含有较多螺壳、炭粒、红烧土	直径12、深52	
T0915D16	探方东南部	10层下	平面呈椭圆形，斜壁圜底	长径49、短径38、深42	灰褐色黏土，土质疏松，含有较多螺壳、炭粒、红烧土	直径12、深39	

续表

编号	位置	开口层位	柱坑形状	尺寸（厘米）	柱坑填土	木柱尺寸（厘米）	备注
T0915D17	探方东南部	10层下	平面呈椭圆形，斜壁圜底	长径54，短径45，深50	灰褐色黏土，土质疏松，含有较多螺壳、炭粒、红烧土	直径14，深58	
T0915D18	探方中部	11c层下	平面呈圆形，斜壁圜底	直径44，深40	黄褐土，含有少量炭灰，土质紧密	直径18，深36	
T0915D19	探方中部	11c层下	平面呈圆形，斜壁平底	直径49，深56	黄褐土，含有少量炭灰，土质紧密	直径22，深50	
T0915D20	探方西北部	11c层下	平面呈圆形，直壁圜底	直径46，深60	黄褐土，含有少量炭灰，土质紧密	直径10，深46	
T0915D21	探方北部	11c层下	平面呈椭圆形，斜壁圜底	长径60，短径35，深28	黄褐土，含有少量炭灰，土质紧密	直径12，深22	
T0915D22	探方东部，部分在东隔梁内	11c层下	平面呈椭圆形，斜壁圜底	长径65，短径50，深25	黄褐土，含有少量炭灰，土质紧密	直径10，深19	
T0915D23	探方西北部	11c层下	平面呈椭圆形，直壁圜底	长径50，短径40，深60	黄褐土，含有少量炭灰，土质紧密	直径14，深53	
T0915D24	探方北隔梁内	11c层下	平面呈椭圆形，直壁圜底	长径52，短径42，深70	黄褐土，含有少量炭灰，土质紧密	直径14，深56	
T0915D25	探方北隔梁内	11c层下	平面呈圆形，直壁圜底	直径36，深30	少量红烧土粒，土质紧密，夹有灰黑花土	直径11，深27	
T0915D26	探方北隔梁内	11c层下	平面近圆形，斜壁圜底	直径22，深16	少量红烧土，炭粒，土质紧密，夹有灰黑花土	直径8，深12	

续表

编号	位置	开口层位	柱坑形状	尺寸（厘米）	柱坑填土	木柱尺寸（厘米）	备注
T0914D1	探方东部，部分在东隔梁内	5层下	平面呈不规则长方形，斜壁圜底	长132，宽74~109，深95	灰色黏土，含有较多螺壳、少量的炭粒、动物骨骼及几片陶片，土质疏松	直径20，深58	
T0914D2	探方东部，部分在东隔梁内	5层下	平面呈椭圆形，斜壁平底	长径117，短径60，深60	灰黄色黏土，含有少量炭粒、几片陶片，土质疏松	长径24，短径20，深42	
T0914D3	探方东北部	5层下	平面呈长方形，斜壁圜底	长170，宽94，深50~76	灰黄色黏土，含有少量炭粒、几片陶片，土质疏松	直径13，深74	一坑两柱，另一木柱洞直径16，深41
T0914D4	探方西南部	5层下	平面呈长方形，直壁圜底	长107，宽71，深42	灰黄色黏土，含有少量炭粒、几片陶片，土质疏松	直径20，深40	
T0914D5	探方中部	5层下	平面呈不规则形，斜壁斜坡底	长78，最宽54，深56	灰黄炭灰和烧土，含少量炭粒、几片陶片和极少的动物骨骼	直径20，深48	
T0914D6	探方西北部，部分在探方以外	5层下	平面呈不规则形，斜壁圜底	长106，宽90，深44	灰黄色黏土，土质疏松，含有较多草木灰	直径18，深46	

续表

编号	位置	开口层位	柱坑形状	尺寸（厘米）	柱坑填土	木柱尺寸（厘米）	备注
T0914D7	探方东北部，部分在北隔梁内	5层下	平面呈椭圆形，斜壁平底	长径68、短径50、深79	灰色黏土，土质疏松，含有较多的草木灰	直径18、深76	
T0914D8	探方东部	7层下	平面呈圆形，斜壁平底	直径63、深31	灰黄色黏土，土质疏松，含有较多的草木灰	直径19、深31	
T0914D9	探方西部	7层下	平面呈圆角长方形，斜壁圜底	长92、宽55、深56	灰黄色黏土，土质疏松，含有较多的草木灰	直径22、深55	
T0914D10	探方中部偏北	7层下	平面呈椭圆形，斜壁圜底	长径60、短径43、深26	灰黄色黏土，土质疏松，含有较多的草木灰	直径20、深25	
T0914D11	探方西北部	7层下	平面呈圆形，斜壁圜底	直径56、深45	灰黄色黏土，土质疏松，含有较多的草木灰	直径22、深45	
T0914D12	探方西北部	7层下	平面呈不规则形，斜壁圜底	最长70、最宽50、深68	灰黄色黏土，土质疏松，含有较多的草木灰	直径14、深67	
T0914D13	探方西南部，部分在探方以外	7层下	平面近圆形，斜壁平底	直径79、深62	灰黄色黏土，土质疏松，含有较多的草木灰	直径19、深62	

续表

编号	位置	开口层位	柱坑形状	尺寸（厘米）	柱坑填土	木柱尺寸（厘米）	备注
T0914D14	探方东隔梁内	7层下	平面呈圆形，斜壁平底	直径50，深60	灰黄色黏土，土质疏松，含有较多的草木灰	直径14，深45	
T0914D15	探方东部	8b层下	平面呈不规则形，斜壁圜底	长68，宽54，深29	黄褐色黏土，夹有少量炭粒，土粒，土质疏松	直径16，深26	
T0914D16	探方东隔梁内	8b层下	平面呈不规则形，斜壁圜底	长62，宽48，深28	黄褐色黏土，夹有少量炭粒，土粒，土质疏松	直径14，深27	
T0914D17	探方北隔梁内	8b层下	平面近圆形，斜壁圜底	直径50，深25	黄褐色黏土，夹有少量炭粒，土粒，土质疏松	直径10，深16	
T0914D18	探方北隔梁内	8b层下	平面呈椭圆形，斜壁平底	长径72，短径58，深50	黄褐土，土质较硬	直径20，深25	
T0913D1	探方东部	2层下				直径20，深40	无柱坑
T0913D2	探方北部，部分在北隔梁内	2层下				直径25，深32	无柱坑
T0913D3	探方北部	2层下				直径30，深45	无柱坑
T0913D4	探方东北部	7层下	平面呈椭圆形，直壁平底	长径90，短径56，深70	黄花土，土质较硬	直径18，深70	
T0913D5	探方东北部	7层下	平面呈长方形，直壁平底	长75，宽40，深60	黄花土	直径22，深60	
T0913D6	探方中部偏北	7层下	平面呈圆形，斜壁圜底	直径约90，深62	黄花土，土质较硬	直径20，深80	
T0913D7	探方东隔梁内	7层下	平面呈椭圆形，斜壁圜底	长径105，短径85，深65	黄花土，土质较硬	直径38，深65	
T0913D8	探方东北部	7层下	平面呈椭圆形，直壁平底	长径90，短径65，深68	黄花土，土质较硬	直径19，深68	
T1016D1	探方南部	5c层下	平面呈椭圆形，斜壁圜底	长径46，短径40，深55	黄褐土，含有少量炭粒，土质紧密	直径12，深55	

第三章 遗 迹

续表

编号	位　　置	开口层位	柱坑形状	尺寸（厘米）	柱坑填土	木柱尺寸（厘米）	备注
T1016D2	探方西南部	5c层下	平面呈椭圆形，斜壁圜底	长径62、短径50、深46	黄灰土，含有少量炭粒，土质紧密	直径12、深46	
T1015D1	探方西北部，部分在探方以外	9层下	平面呈椭圆形，斜壁平底	长径70、短径66、深50	灰褐土，含有少量炭粒，土质紧密	直径12、深50	
T1015D2	探方东北部	10层下	平面呈圆形，斜壁圜底	直径28、深30	灰褐土，含有少量炭粒，土质紧密	直径14、深28	
T1015D3	探方东北部	10层下	平面呈圆形，斜壁圜底	直径37、深26	灰褐土，含有少量炭粒，土质紧密	直径10、深25	
T1015D4	探方东部，部分在东隔梁内	10层下	平面呈椭圆形，斜壁圜底	长径38、短径30、深23	灰褐土，含有少量炭粒，土质紧密	直径10、深23	
T1015D5	探方东部	10层下	平面呈圆形，斜壁圜底	直径34、深38	灰褐土，含有少量炭粒，土质紧密	直径10、深38	
T1015D6	探方西南部	12c层下	平面呈椭圆形，直壁圜底	长径50、短径40、深65	黄灰色花土，含有少量炭粒，土质较硬	直径12、深65	
T1015D7	探方北隔梁内	12c层下	平面呈椭圆形，斜壁圜底	长径46、短径40、深55	黄灰土，含有少量炭粒，土质较硬	直径12、深55	

续表

编号	位置	开口层位	柱坑形状	尺寸（厘米）	柱坑填土	木柱尺寸（厘米）	备注
T1015D8	探方北南梁内	12c层下	平面呈圆形，斜壁圜底	直径50、深70	黄灰土，含有少量炭粒，土质较硬	直径12、深70	
T1014D1	探方东南部	9层下	平面呈圆角长方形，斜壁圜底	长85、宽76、深104	浅灰色土，夹有木炭屑、螺壳，土质略紧	直径16、深104	
T1014D2	探方东南部	9层下	平面呈椭圆形，斜壁圜底	直径50、深50	浅灰色土，夹有木炭屑、螺壳，土质略紧	直径16、深50	
T1014D3	探方南部	9层下	平面呈椭圆形，斜壁圜底	长径82、短径74、深50	浅灰色土，夹有木炭屑、螺壳，土质略紧	直径14、深48	
T1014D4	探方南部	9层下	平面呈长方形，斜壁圜底	长68、宽62、深40	浅灰色土，夹有木炭屑、螺壳，土质略紧	直径14、深40	
T1014D5	探方西南部	9层下	平面呈椭圆形，斜壁圜底	长径105、短径70、深52	浅灰色土，夹有木炭屑、螺壳，土质略紧	直径12、深50	
T1014D6	探方西部	9层下	平面呈椭圆形，斜壁圜底	长径60、短径32、深40	浅灰色土，夹有木炭屑、螺壳，土质略紧	直径14、深36	
T1014D7	探方西部	9层下	平面呈圆形，斜壁平底	直径50、深50	浅灰色土，夹有木炭屑、螺壳，土质略紧	直径16、深48	

续表

编号	位置	开口层位	柱坑形状	尺寸（厘米）	柱坑填土	木柱尺寸（厘米）	备注
T1014D8	探方北部	9层下	平面呈椭圆形，斜壁圜底	长径65，短径60，深50	浅灰色土，夹有木炭屑，螺壳，土质略紧	直径12，深48	
T1014D9	探方西南部	10层下	平面呈圆形，斜壁圜底	直径90，深60	灰土，夹有黄土块，含较多螺壳，土质略紧	直径12，深28	
T1014D10	探方西北部	10层下	平面呈椭圆形，斜壁圜底	长径130，短径52，深50	灰土，含有少量木炭屑，螺壳，土质略紧	直径14，深50	
T1014D11	探方西北部	13b层下	平面呈圆形，斜壁圜底	直径55，深65	灰黄色花土，含有少量木炭屑，螺壳	直径16，深64	
T1014D12	探方北部	13b层下	平面呈椭圆形，斜壁圜底	长径60，短径50，深64	灰黄色花土，含有少量木炭屑，螺壳	直径14，深62	
T1014D13	探方东部	13b层下	平面呈椭圆形，斜壁圜底	长径55，短径45，深66	灰黄土，含少量木炭屑，螺壳，土质略紧	直径15，深66	
T1014D14	探方西南部，部分在探方以外	13b层下	平面呈椭圆形，斜壁平底	长径85，短径65，深78	灰黄土，含少量木炭屑，螺壳，土质略紧	直径14，深78	
T1014D15	探方东隔梁内	13b层下	平面呈椭圆形，斜壁平底	长径52，短径45，深40	黄灰土，含有木炭屑，土质略紧	直径12，深39	

续表

编号	位置	开口层位	柱坑形状	尺寸（厘米）	柱坑填土	木柱尺寸（厘米）	备注
T1014D16	探方北隔梁内	13b层下	平面呈椭圆形，斜壁圜底	长径55、短径50、深60	黄灰土，含有木炭屑，土质略紧	直径12、深60	
T1013D1	探方西南部	3层下	平面呈椭圆形，斜壁圜底	长径60、短径46、深44	青灰色花土，夹有白土块	直径16、深38	
T1013D2	探方东北部	12层下	平面呈圆形，斜壁圜底	直径32、深44	黄花土，夹水锈斑点，土质较硬	直径10、深44	
T1013D3	探方南部	12层下	平面呈椭圆形，斜壁圜底	长径50、短径38、深64	黄花土，夹水锈斑点，土质较硬	直径15、深64	
T1013D4	探方西部	12层下	平面呈椭圆形，斜壁圜底	长径50、短径44、深60	黄花土，土质较硬	直径15、深60	
T1013D5	探方南部，部分在探方以外	9层下	平面呈椭圆形，斜壁圜底	长径180、短径80、深70	青灰色花土块，夹有黄土块，出土少量陶片，一件石凿	直径12、深50	
T1013D6	探方东南部	4层下	平面呈椭圆形，斜壁圜底	长径70、短径45、深26	浅灰土，夹有黄土块、木炭屑、红烧土粒，土质较软	直径14、深24	
T1013D7	探方东部，部分在东隔梁内	4层下	平面呈椭圆形，斜壁圜底	长径80、短径55、深54	浅灰土，夹有红烧土颗粒和木炭屑，土质较软	直径15、深52	

续表

编号	位置	开口层位	柱坑形状	尺寸（厘米）	柱坑填土	木柱尺寸（厘米）	备注
T1013D8	探方东北部	6层下	平面呈椭圆形，斜壁圜底	长径45、短径26、深36	青灰土，夹有少量炭粒和红烧土颗粒，土质松软	直径10、深35	
T1013D9	探方中部	6层下	平面呈椭圆形，斜壁圜底	长径42、短径32、深40	青灰土，夹有少量炭粒和红烧土颗粒，土质松软	直径10、深40	
T1013D10	探方中部	6层下	平面呈圆形，斜壁圜底	直径30、深40	青灰土，夹有少量炭粒和红烧土颗粒，土质松软	直径14、深40	
T1013D11	探方东北部	9层下	平面呈椭圆形，斜壁圜底	长径74、短径50、深40	青灰土，夹有黄土颗粒，木炭和少量螺壳，土质较硬	直径19、深35	
T1013D12	探方西部	9层下	平面呈椭圆形，斜壁平底	长径100、短径60、深42	青灰土，夹有黄土颗粒，木炭和少量螺壳，土质较硬	直径16、深40	
T1114D1	探方北隔梁内	8层下	平面呈椭圆形，斜壁圜底	长径50、短径40、深36	浅灰土，含有少量螺壳、木炭粒	直径14、深36	
T1114D2	探方北隔梁内	8层下	平面呈椭圆形，斜壁圜底	长径50、短径40、深38	浅灰土，含有少量螺壳、木炭粒	直径14、深38	
T1114D3	探方东北部	8层下	平面呈椭圆形，斜壁圜底	长径50、短径40、深36	浅灰土，含有少量螺壳、木炭粒	直径12、深36	

续表

编号	位置	开口层位	柱坑形状	尺寸（厘米）	柱坑填土	木柱尺寸（厘米）	备注
T1114D4	探方西南部	11c层下	平面呈圆形，斜壁圜底	直径40，深65	黄灰土，含少量木炭屑粒，土质较硬	直径12，深65	
T1113D1	探方西南部	3层下	平面呈圆角长方形，斜壁圜底	长70，宽43，深46	浅灰土，含有木炭屑，红烧土粒，土质疏松	直径14，深40	
T1113D2	探方中部	3层下	平面呈椭圆形，斜壁圜底	长径82，短径68，深60	浅灰土，含有木炭屑，红烧土粒，螺壳	直径16，深54	
T1113D3	探方中部	3层下	平面呈椭圆形，斜壁圜底	长径72，短径57，深56	浅灰土，含有木炭屑，红烧土粒，土质疏松	直径14，深54	
T1113D4	探方中部	3层下	平面呈椭圆形，斜壁圜底	长径36，短径30，深44	浅灰土，含有木炭屑，红烧土粒，土质疏松	直径13，深40	
T1113D5	探方东北部	3层下	平面呈椭圆形，斜壁圜底	长径58，短径50，深70	浅灰土，含有木炭屑，红烧土粒，土质疏松	直径12，深68	
T1113D6	探方西北部	3层下	平面呈椭圆形，斜壁圜底	长径100，短径50，深34	浅灰土，含有木炭屑，红烧土粒，土质疏松	直径14，深34	
T1113D7	探方西部	3层下	平面近椭圆形，斜壁圜底	长94，宽58，深32	浅灰土，夹有红烧土颗粒，木炭粒，土质较硬	直径12，深28	一坑两柱，另一木柱洞直径16，深30

第三章 遗 迹

续表

编号	位置	开口层位	柱坑形状	尺寸（厘米）	柱坑填土	木柱尺寸（厘米）	备注
T1113D8	探方西北部	13层下	平面呈圆形，斜壁圜底	直径25、深30	黄花土，土质较硬	直径10、深30	
T1113D9	探方中部	3层下	平面呈椭圆形，斜壁圜底	长径60、短径54、深50	灰褐土，夹有红烧土颗粒以及少量螺壳、木炭屑，土质较硬	直径14、深48	
T1113D10	探方东南部	3层下	平面近椭圆形，斜壁圜底	长径94、短径70、深80	灰褐土，夹有红烧土颗粒以及少量螺壳、木炭屑，土质较硬	直径16、深78	
T1113D11	探方北部	13层下	平面呈椭圆形，斜壁圜底	长径70、短径54、深47	黄花土，呈块状，土质较硬	直径15、深47	
T1214D1	探方西北部	6c层下	平面呈圆形，斜壁圜底	直径36、深40	黄灰土，含有少量木炭屑，土质略紧	直径12、深40	
T1214D2	探方西北部	6c层下	平面呈椭圆形，斜壁圜底	长径42、短径36、深45	黄灰土，含有少量木炭屑，土质略紧	直径12、深45	
T1214D3	探方南部	6c层下	平面呈圆形，斜壁圜底	直径45、深55	黄灰土，含有少量木炭屑，土质略紧	直径13、深55	
T1214D4	探方南部	6c层下	平面呈椭圆形，斜壁圜底	长径40、短径32、深55	黄灰土，含有少量木炭屑，土质略紧	直径12、深55	

续表

编号	位置	开口层位	柱坑形状	尺寸（厘米）	柱坑填土	木柱尺寸（厘米）	备注
T1213D1	探方西南部	7c层下	平面呈椭圆形，斜壁圜底	长径95、短径65、深65	黄灰土，含有少量木炭屑，土质略紧	直径14、深65	
T0508D1	探方西南角	2层下	平面呈圆形，斜壁圜底	直径30、深30	黄褐土	直径15、深28	
T0508D2	探方西中部	2层下	平面呈圆形，斜壁圜底	直径25、深35	黄褐色黏土	直径12、深30	
T0508D3	探方南侧	2层下	平面呈圆形，斜壁圜底	直径55、深50	黄褐土	直径20、深46	
T0508D4	探方南壁	2层下	平面呈椭圆形，斜壁圜底	长径90、短径70、深60	黄褐土	直径20、深60	
T0508D5	探方西南角，延伸至T0408东壁，T0507北壁	7层下	平面呈不规则圆形，斜壁圜底	直径100、深80	夹有红烧土的灰黄土	直径15、深80	
T0409D1	探方东南部	3层下	平面呈不规则圆形，直壁平底	直径27～32、深40	黄褐土，夹有少量的木炭粒及红烧土	直径15、深40	
T0409D2	探方东部偏南	3层下	平面呈不规则圆形，直壁平底	直径40～48、深60	黄褐土，夹有少量的木炭粒及红烧土	直径14、深60	
T0409D3	探方东隔梁	3层下	平面呈不规则圆形，直壁平底	直径45～50、深60	黄褐土，夹有少量的木炭粒及红烧土	直径18、深60	
T0409D4	探方东隔梁	3层下	平面呈不规则圆形，直壁平底	直径36～38、深60	黄褐土，夹有少量的木炭粒及红烧土	直径10、深60	

续表

编号	位置	开口层位	柱坑形状	尺寸（厘米）	柱坑填土	木柱尺寸（厘米）	备注
T0409D5	探方中部偏北	3层下	平面呈圆形，直壁平底	直径26，深8	浅色黄土，夹有少量的红烧土及炭粒	直径14，深8	
T0409D6	探方东南角	8层下	平面呈不规则圆形，斜壁平底	长径74，短径70，深80	褐色土，夹有少量的红烧土块和炭粒	直径16，深80	
T0409D7	探方南部	8层下	平面呈圆形，斜壁平底	直径45，深70	灰花土，含有少量的木炭和黄白土块	直径15，深75	
T0412D1	探方西南角	7层下	平面不规则形，斜壁平底	最长42，最短23，深52	深灰土，伴有黄土点	长径11，短径10，深52	
T0412D2	探方东南部	10层下	平面近长方形，直壁平底	长80，宽44，深50	灰褐土	直径8，深50	
T0412D3	探方东南部	10层下	平面近长方形，斜壁平底	长80，宽60，深50	灰褐土	直径8，深50	
T0412D4	探方西北部	10层下	平面不规则形，斜壁	最长104，最宽87，深81	黑色土，土质疏松	直径16，深80	
T0412D5	探方中部偏北	10层下	平面椭圆形，斜壁平底	长径158，短径124，深80	灰黑土，伴有黄土块	直径13，深80	
T0411D1	探方西部	4层下				直径20，深52	无柱坑
T0411D2	探方中部	4层下				长径15，短径14，深50	无柱坑
T0411D3	探方东部偏北	4层下	平面呈不规则椭圆形，斜壁圜底	长径54，短径30~42，深60	深灰色土，含少量的木炭粒、红烧土	长径14，短径11，深60	
T0411D4	探方中部偏北	4层下	平面不规则形，斜壁平底	长径48，短径22~30，深46	深灰色土，含少量的木炭粒和红烧土	直径11，深46	

续表

编号	位置	开口层位	柱坑形状	尺寸（厘米）	柱坑填土	木柱尺寸（厘米）	备注
T0411D5	探方西部	4层下	平面略呈长方形，斜壁圜底	长44~60、宽34、深50	深灰色土，含少量的木炭粒和红烧土	长径12、短径10、深50	
T0411D6	探方东南角	4层下				直径20、深56	无柱坑
T0411D7	探方扩方东侧	4层下				长径22、短径18、深57	无柱坑
T0411D8	探方扩方东侧	4层下	平面呈不规则形，斜壁圜底	长44~50、宽38~50、深56	深灰色土，含少量的木炭粒和红烧土	长径19、短径16、深56	
T0411D9	探方扩方东侧	4层下	平面呈不规则形，斜壁圜底	长径45~65、短径46、深60	深褐色土，含少量的木炭粒和红烧土	长径8、短径6、深56	一坑两柱，另一木柱洞平面呈椭圆形，直壁平底，长径10、短径8、深58
T0411D10	探方南部	4层下	平面呈椭圆形，斜壁圜底	长径72、短径35	深褐色土，含少量的木炭粒和红烧土	长径27、短径20、深60	
T0411D11	探方东隔梁，部分延伸到T0511	4层下	平面略呈长方形，斜壁平底	长130、宽80、深100	灰褐色土，伴有黄土点、烧土颗粒和木炭粒	直径15、深100	

续表

编号	位置	开口层位	柱坑形状	尺寸（厘米）	柱坑填土	木柱尺寸（厘米）	备注
T0411D12	探方东部	4层下	平面不规则形，直壁圜底	长32、宽42、深58	深灰色土，含较多的红烧土和木炭粒	长径20、短径15、深58	
T0310D1	探方东北角	3层下	平面呈圆形，斜壁平底	直径25、深38	深褐土	直径9、深38	
T0310D2	探方东北角	3层下	平面呈圆形，直壁平底	直径26、深20	深褐土	直径12、深20	
T0310D3	探方东北角	3层下	平面呈圆形，直壁平底	直径24、深11	深褐土	直径10、深11	
T0310D4	探方北侧偏东	3层下	平面呈圆形，直壁圜底	直径24、深16	深褐土	直径9、深16	
T0310D5	探方东北部	3层下	平面呈圆形，直壁平底	直径24、深13	深褐土	直径11、深13	
T0310D6	探方中部偏东	3层下	平面呈圆形，直壁平底	直径16、深10	深褐土	直径6、深10	
T0310D7	探方中部偏东	3层下	平面呈圆形，直壁平底	直径28、深19	深褐土	直径10、深19	
T0310D8	探方东隔梁东部	3层下	平面呈圆形，直壁平底	直径32、深14	深褐土	直径12、深14	
T0507D1	探方东南角	3层下	平面呈圆形，直壁平底	长60、宽36、深32	灰褐土，含有较多红烧土和炭粒	直径12、深28	
T0507D2	探方西北角，部分延伸到北隔梁	3层下	平面呈圆形，直壁平底	长110、宽80、深66	灰褐土，含有较多红烧土粒和炭粒	直径14、深16	一坑两柱，另一木柱洞直径16、深66

续表

编号	位置	开口层位	柱坑形状	尺寸（厘米）	柱坑填土	木柱尺寸（厘米）	备注
T0507D3	探方北侧，部分在北隔梁	8层下	平面呈不规则形，直壁平底	长112，宽54，深32	灰褐土，内含较多红烧土和炭粒	直径12，深32	一坑两柱，另一木柱洞直径15，深18
T0507D4	探方中部	11层下	平面呈圆形，直壁平底	长径52，短径46，深32	黄褐土，内含较多灰白土	直径20，深32	
T0507D5	探方中部	11层下	平面呈圆形，直壁平底	直径60，深56	黄褐土，含较多的灰白土	直径22，深55	
T0507D6	探方中部	11层下	平面呈圆形，直壁平底	直径52，深22	黄褐土，含较多的灰白土	直径18，深12	
T0509D1	探方西北部	4层下	平面呈不规则圆形，直壁平底	直径32~40，深36	黄褐土，夹有少量的木炭粒及红烧土	直径10，深36	
T0509D2	探方北部	4层下	平面呈不规则圆形，直壁平底	直径34~40，深42	黄褐土，夹有少量的木炭粒及红烧土	直径10，深42	
T0509D3	探方北隔梁东部	4层下	平面呈不规则圆形，直壁平底	直径32~40，深36	黄褐土，夹有少量的木炭粒及红烧土	直径10，深36	

第三章 遗 迹

续表

编号	位置	开口层位	柱坑形状	尺寸（厘米）	柱坑填土	木柱尺寸（厘米）	备注
T0509D4	探方北隔梁东部	4层下	平面呈圆形，直壁平底	直径30，深38	灰褐土，夹有少量的红烧土粒和炭粒	直径10，深38	
T0509D5	探方东南部	6层下	平面呈不规则圆形，直壁平底	直径20~26，深8	黄褐土，夹有少量的红烧土粒和炭粒	直径10，深20	
T0509D6	探方东端中部	6层下	平面呈椭圆形，直壁平底	长径44，短径23，深30	灰褐土，夹有少量的红烧土粒和炭粒	直径14，深30	
T0509D7	探方东隔梁中部	6层下	平面呈不规则圆形，直壁平底	直径56~66，深56	黄褐土，夹有少量的红烧土粒和炭粒	直径12，深60	
T0509D8	探方西部	6层下	平面呈不规则长方形，直壁底部呈斜坡状平底	长35~42，宽34，深44	黄褐土，夹有少量的红烧土粒和炭粒	直径13，深44	
T0509D9	探方东隔梁	6层下	平面呈不规则圆形，斜壁平底	直径43~45，深34	灰褐土，夹有少量的红烧土粒和炭粒	直径10，深34	一坑两柱，另一木柱洞直径15，深22
T0509D10	探方西南部	9层下	平面呈圆形，直壁平底	直径72，深80	灰褐土，夹有少量的红烧土粒和炭粒	直径20，深64	
T0509D11	探方东隔梁北部	6层下	平面呈不规则圆形，斜壁平底	直径28~34，深19	灰褐土，夹有少量的红烧土粒和炭粒	直径10，深16	

续表

编号	位置	开口层位	柱坑形状	尺寸（厘米）	柱坑填土	木柱尺寸（厘米）	备注
T0509D12	探方东北	6层下	平面呈圆角长方形，直壁平底	长92，宽52，深40	灰褐花土，内有少许红烧土颗粒和炭粒	直径8，深14	一坑三柱，另两木柱洞直径均为12，深40、32
T0509D13	探方南侧偏西	9层下	平面呈圆形，斜壁平底	直径55，深76	黄褐土，包含有少许烧土块和炭粒	直径10，深64	
T0509D14	探方南侧偏西	9层下	平面呈圆形，斜壁平底	直径70，深75	黄褐土，夹有少许木炭和较多烧土块	直径12，深75	
T0509D15	探方北隔梁偏东	6层下	平面呈不规则圆形，直壁平底	直径40~46，深14	灰褐土，内含有较多的红烧土和少许木炭	直径18，深14	
T0509D16	探方中南部	6层下	平面呈圆角长方形，斜壁平底	长70~72，宽53，深72	灰褐土，内含较多红烧土和少许炭粒	直径15，深72	

续表

编号	位置	开口层位	柱坑形状	尺寸（厘米）	柱坑填土	木柱尺寸（厘米）	备注
T0509D17	探方中南部	6层下	平面呈不规则圆形，直壁平底	直径24~28，深34	黄褐土，内含有少量的红烧土及炭粒	直径10，深34	
T0509D18	探方中部	6层下	平面呈不规则圆形，直壁平底	直径28~34，深22	黄褐土，内含少量的红烧土和木炭粒	直径15，深22	
T0509D19	探方西南部	6层下	平面呈圆形，斜壁斜坡底	直径35~40，深20	黄褐土，内含少量的红烧土和木炭粒	直径12，深20	
T0509D20	探方的中部	6层下	平面呈椭圆形，直壁平底	直径36，深50	黄褐土，内含少量的红烧土和木炭粒	直径16，深60	
T0509D21	探方北隔梁中部	6层下	平面呈椭圆形，斜壁斜坡底	长径90，短径56，深40~50	灰褐土，夹有较多红烧土和少许木炭	直径12，深36	
T0509D22	探方西南角	8层下	平面呈圆形，直壁平底	直径28，深32	黄褐土，内含有少量的红烧土及炭粒	直径10，深32	
T0509D23	探方西南角	8层下	平面呈不规则圆形，直壁平底	直径40~60，深52	黄褐花土，内含少量红烧土颗粒和黄白土块	直径16，深52	

续表

编号	位置	开口层位	柱坑形状	尺寸（厘米）	柱坑填土	木柱尺寸（厘米）	备注
T0509D24	探方西侧，部分延伸到T0409东隔梁	8层下	平面呈圆角长方形，斜壁平底	长80～90、宽48～50、深58	灰褐土，土质紧密，内含较多木炭和少量红烧土	直径20、深58	
T0510D1	探方西侧	7层下				直径18、深8	无柱坑
T0510D2	探方西北部近北隔梁	7层下				直径10、深10	无柱坑
T0510D3	探方东隔梁	7层下				直径21、深12	无柱坑
T0510D4	探方东南角	7层下	平面呈椭圆形，斜壁平底	长径78、短径40、深38	灰褐土，含少量炭粒	直径16、深46	
T0510D5	探方中部隔梁西	7层下	平面呈椭圆形，斜壁圜底	长径24、短径27、深38	灰褐土	直径13、深38	
T0510D6	探方东北角	7层下	平面呈椭圆形，直壁平底	长径35、短径24、深60	灰褐土	直径8、深54	
T0510D7	探方北隔梁中部	7层下	平面呈椭圆形，直壁平底	长径126、短径86、深135	灰褐土，内含烧土块和炭粒	直径20、深135	
T0510D8	探方东南角	7层下	平面呈圆形，直壁平底	直径35、深110	灰褐土	直径9、深110	无柱坑
T0510D9	探方东北部	8层下	平面呈圆形，直壁平底	直径38、深30	灰褐土	直径16、深30	无柱坑
T0510D10	探方东北角	8层下	平面呈圆形，直壁平底	直径30、深17	灰褐土	直径16、深14	无柱坑
T0510D11	探方东北角	8层下	平面呈椭圆形，斜壁圜底	长径100、短径85、深50	灰褐土	直径18、深46	
T0510D12	探方中部	8层下	平面呈椭圆形，直壁平底	长径165、短径140、深56	灰褐土，含烧土颗粒及炭粒	直径9、深56	
T0510D13	探方东侧，部分延伸到东隔梁	11层下	平面呈椭圆形，直壁平底	长径115、短径100、深85	灰褐土，含烧土颗粒及炭粒	直径9、深85	

续表

编号	位置	开口层位	柱坑形状	尺寸（厘米）	柱坑填土	木柱尺寸（厘米）	备注
T0511D1	探方东北角	8层下	平面呈长方形，斜壁圜底	长40，宽35，深45	深灰色土，内含少量的木炭粒、红烧土粒	长径15，短径13，深45	
T0511D2	探方北部	8层下	平面呈不规则圆形，直壁平底	长径45~72，短径40~65，深50	灰褐土，内含少量的木炭粒、红烧土粒	长径14，短径10，深50	
T0511D3	探方西南角	8层下	平面呈圆形，直壁平底	长45，宽40~45，深48	灰褐土，伴有白点，内含少量木炭粒	长径12，短径9，深48	
T0511D4	探方西南角	8层下				长径12，短径9，深40	无柱坑
T0511D5	探方南部	8层下	平面呈不规则长方形，直壁圜底	长40~58，宽38~42，深50	灰褐土，内含少量的木炭粒	长径20，短径18，深50	
T0511D6	探方中部	8层下	平面呈不规则长方形，直壁圜底	长40~48，宽26~38，深60	灰褐土，土质略紧	长径18，短径16，深60	
T0511D7	探方西南角，部分延伸到T0510北隔梁	10层下	平面呈不规则长方形，直壁平底，一壁呈台阶状	长180，宽40~84，深82	深灰土，内含少量的木炭粒和红烧土粒，几片陶片	直径12，深86	
T0511D8	探方南侧，部分延伸到T0510北隔梁	16层下	平面近长方形，直壁平底	长64~103，宽50，深82	黄灰土，内含红烧土粒	长径15，短径10，深82	

续表

编号	位置	开口层位	柱坑形状	尺寸（厘米）	柱坑填土	木柱尺寸（厘米）	备注
T0511D9	探方西侧中部，部分延伸到东隔梁	16层下	平面近长方形，直壁平底	长165，宽64~72，深92	黄灰土，内含红烧土粒及木炭粒	长径22，短径20，深9	一坑两柱，另一木柱洞长径10，短径9，深96
T0512D1	探方东侧中部，T0412东隔梁	8层下	平面呈不规则椭圆形，斜壁圜底	长径118，短径100，深100	白色土夹杂灰褐土块，土质较硬	直径10，深45	
T0512D2	探方中部偏东	8层下	平面呈椭圆形，斜壁斜底	长径60，短径42，深40	白色土夹杂灰褐土块，土质较硬	直径15，深40	
T0512D3	探方中部偏东	8层下	平面呈不规则长方形，斜壁圜底	长62，宽42，深40	白色土夹杂灰褐土块，土质较硬	直径10，深18	
T0512D4	探方北侧，部分在北隔梁	10层下	平面不规则椭圆形，斜壁平底	长102，宽70，深90	白色土夹杂灰褐土块，土质较硬	直径15，深50	
T0512D5	探方东侧偏北	12层下	平面不规则椭圆形，斜壁圜底	长径68，短径53，深60	灰土，夹有红烧土块、白土块及木炭粒	直径12，深32	
T0512D6	探方东侧偏北	12层下	平面呈不规则长方形，斜壁圜底	长108，宽54，深78	灰褐土，夹有红烧土块、白土块及木炭粒	直径10，深32	
T0512D7	探方中部偏南	16层下	平面不规则圆形，斜壁平底，一壁呈台阶状	直径120，深90	灰黄土，土质较硬	直径20，深50	

续表

编号	位 置	开口层位	柱坑形状	尺寸（厘米）	柱坑填土	木柱尺寸（厘米）	备注
T0512D8	探方东隔梁偏北	16层下	平面椭圆形，斜壁平底	长径110、短径84、深60	灰黄土，土质较硬	直径20、深48	
T0512D9	探方东侧，部分延伸到东隔梁	16层下	平面圆角长方形，斜壁圜底	长80、宽50、深50	灰黄土，土质较硬	直径15、深38	
T0512D10	探方东北角，部分延伸到东隔梁	16层下	平面不规则椭圆形，斜壁斜坡状底	长径93、短径70、深60	灰黄土，土质较硬	直径20、深40	
T0612D1	探方西北角	10层下	平面呈不规则长方形，斜壁平底	长104、宽75、深30	灰褐土，土质较软	直径14、深28	
T0612D2	探方西北部	10层下	平面呈椭圆形，斜壁圜底	长径54、短径44、深30	灰褐土，土质较软，夹有红烧土粒	直径14、深30	
T0612D3	探方南部	10层下	平面呈椭圆形，斜壁平底	长径50、短径40、深35	灰褐土，夹有红烧土粒	直径15、深30	
T0612D4	探方东北角	14层下	平面呈椭圆形，斜壁平底	长径92、短径65、深35	灰褐土，夹有白土块	直径20、深30	
T0612D5	探方中部偏西	15层下	平面呈长方形，斜壁平底	长128、宽75、深60	灰褐土，土质较硬	直径20、深55	
T0612D6	探方西南角	15层下	平面呈不规则椭圆形，斜壁平底	长径125、短径78、深70	灰褐土，土质较硬	直径20、深55	
T0612D7	探方东隔梁北部	15层下	平面呈椭圆形，斜壁平底	长径100、短径60、深60	灰褐土，土质坚硬	直径10、深30	
T0611D1	探方东南角	8层下	平面呈椭圆形，斜壁平底	长径50、短径40、深35	灰褐土，夹有少量的木炭粒	直径15、深50	
T0611D2	探方南侧	8层下	平面不规则椭圆形，斜壁平底	长径52、短径42、深35	灰褐土，夹有少量的红烧土粒和炭粒	直径15、深56	
T0611D3	探方中部偏北	14层下	平面呈圆形，斜壁圜底	直径40、深40	灰褐土，夹有白土块	直径10、深35	

续表

编号	位置	开口层位	柱坑形状	尺寸（厘米）	柱坑填土	木柱尺寸（厘米）	备注
T0611D4	探方北隔梁西侧	18层下	平面近方形，直壁平底	边长80，深70	灰黄土，土质较硬	直径30，深60	
T0611D5	探方南侧中部	18层	平面近方形，斜壁圜底	边长56，深70	灰黄土，土质较硬	直径20，深50	
T0610D1	探方西北部	4层下				长25、宽20、深20	无柱坑
T0610D2	探方西部	4层下				直径22~25，深18	无柱坑
T0610D3	探方东南角	5层下				直径20，深9	无柱坑
T0610D4	探方西南部	7层下	平面呈椭圆形，斜壁圜底	长径98，短径74，深35	黄褐花土，夹有烧土颗粒	直径20，深36	
T0610D5	探方西部，部分延伸至T0510东隔梁	7层下	平面呈不规则长方形，直壁平底	最长134，最宽70，深40	青灰花土，夹有土颗粒和少量木炭颗粒	直径14，深60	
T0610D6	探方北部偏西	7层下	平面呈椭圆形，斜壁圜底	长径84，短径60，深30	青灰土，含有土颗粒	直径10，深60	
T0610D7	探方东北角，部分延伸至东隔梁	7层下	平面呈长方形，斜壁平底	长径80，短径48，深42	黄花土，土质较硬，含有少量灰粒	直径12，深78	
T0610D8	探方东隔梁	7层下	平面呈椭圆形，斜壁平底	长90，宽58，深30	青灰色花土，含有烧土块和炭粒	直径14，深30	
T0610D9	探方中部偏东	7层下				直径13，深9	无柱坑
T0610D10	探方南侧中部	9层下	平面呈不规则长方形，斜壁平底	长径50，短径40，深40	灰褐土，土质较硬，包含烧土粒	直径14，深58	
T0610D11	探方南部	9层下	平面呈不规则圆形，斜壁平底	直径30，深30	浅灰色，土质较硬，包含木炭粒	直径10，深12	

第三章 遗 迹

续表

编号	位 置	开口层位	柱坑形状	尺寸（厘米）	柱坑填土	木柱尺寸（厘米）	备注
T0610D12	探方东部	9层下	平面呈圆形，斜壁圜底	直径40，深29	浅灰色，土质较硬，包含木炭粒	直径12，深38	
T0610D13	探方中部偏南	10层下	平面呈椭圆，有斜坡状台阶平底	长径148，短径76，深90	青灰色土，夹有黄绿色土块及木炭粒，土质疏松	直径15，深90	
T0610D14	探方西南角，部分延伸到T0510北隔梁	11层下	平面不规则椭圆形，直壁，锅状底	长径85，短径60，深60	灰绿色花土，含有少量炭粒	直径15，深53	
T0609D1	探方西北角	6层下				直径20，深18	无柱坑
T0609D2	探方西部，部分延伸至T0509东隔梁	11层下	平面呈椭圆形，斜直壁平底	长径150，短径94，深80	浅灰土夹黄土块	直径15，深80	
T0609D3	探方西北	12层下	平面呈圆角长方形，直壁斜坡状底	长62，宽48，深86	浅灰土夹黄土块	直径15，深86	
T0609D4	探方西部偏南	12层下	平面呈椭圆形，直壁平底	长径50，短径45，深70	浅灰土夹黄绿土块	直径15，深70	
T0609D5	探方南部	12层下	平面呈椭圆形，直壁平底	长径45，短径40，深70	浅灰土夹黄绿土块	直径15，深70	
T0609D6	探方南部，部分延伸至T0509东隔梁	12层下	平面呈椭圆形，直壁平底	长径62，短径55，深70	浅灰土夹黄绿土块，土质较硬	直径10，深70	
T0609D7	探方西侧，部分在北隔梁	12层下	平面呈椭圆形，直壁平底	长径55，短径50，深80	浅灰土夹黄绿土块，土质较硬	直径14，深80	
T0608D1	探方西北角	5层下	平面不规则椭圆形，斜壁平底	长径80，短径50，深60	褐土夹黄绿土块	直径10，深60	
T0608D2	探方北侧，部分在北隔梁	5层下	平面呈椭圆形，斜壁平底	长径80，短径56，深50	褐土	直径18，深50	

续表

编号	位 置	开口层位	柱坑形状	尺寸（厘米）	柱坑填土	木柱尺寸（厘米）	备注
T0608D3	探方西北角	5层下	平面近圆形，斜壁平底	直径50、深40	褐土夹黄色土块	直径10、深40	
T0608D4	探方中部偏东南	5层下	平面呈长方形，直壁平底	长100、宽60、深60	褐土	直径20、深60	
T0608D5	探方东北角，部分延伸到东隔梁	6层下	平面近椭圆形，斜壁平底	长径100、短径45、深70	灰褐土	直径10、深70	
T0608D6	探方东侧，部分延伸到东隔梁	6层下	平面近椭圆形，斜壁平底	长径95、短径45、深65	灰褐土夹有黄色土块和红烧土颗粒	直径10、深65	
T0608D7	探方东南角	6层下	平面近椭圆形，斜壁圜底	长径60、短径50、深80	灰褐土夹有黄色土块和红烧土颗粒	直径10、深80	
T0608D8	探方南侧，部分延伸到T0607北隔梁	8层下	平面近圆形，斜壁圜底	直径60、深50	灰褐土，夹有红烧土颗粒	直径15、深46	
T0608D9	探方南侧居中	10层下	平面近圆形，斜壁圜底	直径55、深60	灰褐土，夹有红烧土颗粒	直径15、深58	
T0608D10	探方南侧	10层下	平面近圆形，斜壁圜底	直径90、深70	灰褐土，夹有红烧土颗粒	直径15、深70	
T0608D11	探方西侧	10层下	平面呈椭圆形，斜壁圜底	长径90、短径80、深80	灰褐土，夹有红烧土颗粒	直径20、深78	
T0608D12	探方东南角，部分延伸到T0607北隔梁	11层下	平面近圆形，斜壁圜底	直径70、深70	灰黄土，夹有红烧土颗粒	直径17、深70	
T0608D13	探方南侧	11层下	平面近圆形，斜壁圜底	直径75、深95	灰黄土	直径15、深88	
T0608D14	探方西侧	11层下	平面近椭圆形，斜壁圜底	长径50、短径37、深50	灰黄土，夹有红烧土颗粒	直径15、深50	
T0608D15	探方东侧	14层下	平面近椭圆形，直壁平底	长径88、短径80、深45	黄花土	直径30、深45	
T0608D16	探方中部	14层下	平面近长方形，斜壁平底	长85、宽53、深40	黄花土	直径20、深40	

续表

编号	位置	开口层位	柱坑形状	尺寸（厘米）	柱坑填土	木柱尺寸（厘米）	备注
T0607D1	探方东北角	3层下	平面近圆形，斜壁平底	直径80、深66	灰褐土，含有烧土和炭粒	直径10、深64	
T0607D2	探方东部偏北	3层下	平面近椭圆形，斜壁台阶状底	长径74、短径62、深86~96	灰褐土，含有烧土和炭粒	直径22、深96	
T0607D3	探方关键柱	3层下	平面近长方形，斜壁平底	长85、宽72、深72	灰褐土，包含较多的烧土和炭粒	直径20、深72	
T0607D4	探方西南角	3层下	平面呈圆形，斜壁平底	直径40、深32	灰褐土，含有烧土和炭粒	直径9、深32	
T0607D5	探方中部偏西	3层下	平面近长方形，斜壁平底	长60、宽50、深60	灰褐土，含有较多红烧土粒和炭粒	直径14、深60	
T0607D6	探方北部，部分延伸至T0606北隔梁	3层下	平面近椭圆形，直壁平底	长径54、短径44、深36	灰褐土，含有较多红烧土粒和炭粒	直径14、深36	
T0607D7	探方南侧	3层下	平面近长方形，直壁平底	长78、宽35、深20	灰褐土，内含较多烧土和炭粒	直径8、深14	
T0607D8	探方北隔梁东部	3层下	平面近椭圆形，斜壁平底	长径85、短径60、深74	灰褐土，内含较多烧土和炭粒	直径20、深74	
T0607D9	探方东隔梁	3层下	平面不规则形，斜壁台阶底	长径120、短径60、深74	灰褐土，内含烧土和炭粒	直径10、深74	
T0607D10	探方南部，部分延伸至T0606北隔梁	8层下	平面近圆形，斜壁圜底	直径100、深52	黄褐土，包含少量炭粒	直径10、深52	

续表

编号	位置	开口层位	柱坑形状	尺寸（厘米）	柱坑填土	木柱尺寸（厘米）	备注
T0607D11	探方西侧中间	8层下	平面不规则形，直壁平底	长74~80，宽55~70，深40	白花土，土质疏松	直径11，深38	一坑两柱，另一木柱洞直径9，深38
T0607D12	探方北隔梁中部	11层下	平面略呈圆形，直壁平底	直径50，深30	暗褐色土，土质较硬	直径12，深30	
T0607D13	探方西南部	8层下	平面近长方形，直壁平底	长94，宽40，深46	花白土，内含少量灰白土块	直径15，深44	
T0607D14	探方西侧，部分延伸至T0507东隔梁	10层下	平面近圆形，斜壁圜底	直径65，深46	黑褐土，土质较松，内含较多炭粒	直径14，深34	
T0607D15	探方西北部	10层下	平面呈圆形，斜壁圜底	直径58，深68	黑褐土，土质较松，内含较多炭粒	直径16，深66	
T0607D16	探方东北部	11层下	平面近圆形，斜壁圜底	长径70，短径60，深70	暗褐土，土质较硬，夹杂较多黏土	直径20，深66	
T0607D17	探方南侧，部分延伸至T0606北隔梁	11层下	平面近圆形，斜壁圜底	直径28，深50	暗褐土，土质较硬，夹杂较多黏土	直径10，深44	
T0607D18	探方南侧，部分延伸至T0607北隔梁	11层下	平面近圆形，斜壁圜底	直径66，深62	暗褐土，土质较硬，夹杂较多黏土	直径14，深60	
T0607D19	探方东侧，部分延伸到东隔梁	11层下	平面略呈长方形，直壁平底	长125，宽55，深54	暗褐土，土质较硬，夹杂较多黏土	直径14，深54	
T0607D20	探方西南角	11层下	平面呈椭圆形，斜壁平底	长径75，短径64，深74	暗褐土，土质较硬，夹杂较多黏土	直径20，深74	

续表

编号	位置	开口层位	柱坑形状	尺寸（厘米）	柱坑填土	木柱尺寸（厘米）	备注
T0606D1	探方西北扩方	2层下	平面呈椭圆形，直壁平底	长径76、短径52、深47	红褐土，包含有较多红烧土粒	直径16、深46	
T0606D2	探方北隔梁中部	2层下	平面近圆形，直壁平底	直径60、深60	红褐土，包含有较多红烧土粒	直径22、深42	
T0606D3	探方东北角，部分延伸到东隔梁	7层下	平面呈椭圆形，斜壁平底	长径100、短径81、深48	灰褐土，土质疏松，包含较多炭粒	直径12、深48	
T0606D4	探方中部	7层下	平面呈椭圆形，直壁平底	长径130、短径85、深48	灰褐土，土质疏松，包含较多炭粒	直径12、深48	
T0606D5	探方南侧	11层下	平面近圆形，斜壁圜底	直径52、深60	棕褐土	直径12、深58	
T0705D1	探方北侧，部分在北隔梁	8层下	平面呈圆形，斜壁圜底	直径70、深94	灰褐土，夹杂黄土块及少量螺壳、木炭	直径10、深94	
T0705D2	探方东侧，部分延伸到东隔梁	8层下	平面呈圆形，直壁平底	直径100、深60	灰褐色，含有大量螺壳及木炭	直径18、深60	
T0706D1	探方南部偏西	6层下	平面呈圆形，直壁平底	直径105、深46	灰褐土，包含较多螺壳	直径22、深46	
T0706D2	探方东南角	10层下	平面呈不规则椭圆形，直壁平底	长径75、短径50、深30	黄土，较硬	直径9、深30	
T0706D3	探方中部偏西	10层下	平面呈圆形，斜壁平底	直径90、深40	黄褐土偏棕色，土质较硬	直径24、深40	
T0706D4	探方西北部	10层下	平面呈圆形，斜壁平底	直径55、深40	棕黄土，土质较硬	直径18、深40	

续表

编号	位置	开口层位	柱坑形状	尺寸（厘米）	柱坑填土	木柱尺寸（厘米）	备注
T0706D5	探方西北角	10层下	平面呈圆形，斜壁平底	直径74，深52	棕黄土，土质较硬	直径20，深50	
T0707D1	探方西北角	5层下	平面呈椭圆形，斜壁平底	长径58，短径40，深70	灰褐土偏白，含有少量红烧土粒	直径16，深70	
T0707D2	探方西南角	5层下	平面呈不规则椭圆形，斜壁平底	长径74，短径44，深98	灰褐土偏白，含有少量红烧土粒	直径20，深98	
T0707D3	探方西南部	5层下	平面呈圆形，斜壁圜底	直径26，深10	灰褐土，夹有少量白土，土质疏松	直径8，深6	
T0707D4	探方东侧居中	5层下	平面呈圆形，直壁平底	直径30，深18	灰褐土，夹有少量白土，土质疏松	直径18，深16	
T0707D5	探方东北侧，部分在北隔梁	6层下	平面呈圆形，直壁平底	直径80，深45	灰褐土，土质疏松，包含较多炭粒	直径18，深45	
T0707D6	探方东侧，部分延伸到东隔梁	6层下	平面呈圆形，斜壁，斜坡状底	直径80，深50	红褐土，包含较多红烧土粒	直径12，深50	
T0707D7	探方中部	10层下	平面呈椭圆形，斜壁平底	长径118，短径65，深40	黄褐土，土质较硬	直径24，深38	
T0707D8	探方北隔梁西部	10层下	平面近长方形，直壁平底	长96，宽50，深26	黄褐土，土质较硬	直径12，深18	
T0707D9	探方东侧，部分在北隔梁	10层下	平面呈椭圆形，斜壁平底	长径60，短径40，深20	黄褐土，土质较硬	直径14，深12	
T0707D10	探方中部偏西	10层下	平面呈圆形，斜壁圜底	直径66，深70	黄褐土，土质较硬	直径10，深58	
T0708D1	探方西北部	5层下				直径15，深35	无柱坑
T0708D2	探方北部中间	5层下	平面呈圆形，斜壁圜底	直径75，深52	灰褐土	直径18，深45	
T0708D3	探方中部偏东	5层下	平面呈圆形，斜壁圜底	直径55，深48	灰褐土	直径16，深55	
T0708D4	探方东北角	6层下	平面呈圆形，斜壁圜底	直径50，深50	灰褐土，夹有红烧土颗粒	直径15，深50	

第三章 遗 迹

续表

编号	位 置	开口层位	柱坑形状	尺寸（厘米）	柱坑填土	木柱 尺寸（厘米）	备注
T0708D5	探方东侧，部分延伸到东隔梁	6层下	平面呈椭圆形，斜壁平底	长径115、短径56、深78	青灰土	直径20、深100	
T0708D6	探方西北角，部分延伸到北隔梁	6层下	平面略呈圆形，斜壁圜底	直径60、深52	灰褐土，夹有红烧土颗粒	直径10、深50	
T0708D7	探方西北角	8层下	平面呈圆形，斜壁圜底	直径30、深32	灰褐土	直径15、深32	
T0708D8	探方西北部	8层下	平面呈圆形，斜壁圜底	直径25、深34	灰褐土	直径15、深34	
T0708D9	探方中部偏西北	8层下	平面呈圆形，斜壁圜底	直径25、深20	灰褐土	直径10、深20	
T0708D10	探方中部	8层下,	平面呈圆形，斜壁圜底	直径40、深24	灰褐土	直径15、深24	
T0708D11	探方中部偏东南	8层下	平面呈圆形，斜壁圜底	直径40、深32	灰褐土	直径8、深32	
T0708D12	探方中部东南	8层下	平面呈圆形，斜壁圜底	直径42、深36	灰褐土	直径13、深36	
T0708D13	探方西南角	8层下				直径20、深50	无柱坑
T0708D14	探方西北部	14层下	平面呈圆形，斜壁圜底	直径50、深52	黄色花土	直径20、深50	
T0708D15	探方中部偏北	14层下	平面呈圆形，斜壁圜底	直径32、深56	黄色花土	直径14、深56	
T0708D16	探方中部	14层下	平面呈圆形，斜壁圜底	直径56、深52	黄灰色花土	直径17、深49	
T0708D17	探方中部	14层下	平面呈圆形，斜壁圜底	直径38、深57	黄灰色花土	直径11、深57	
T0708D18	探方中部偏东南	14层下	平面呈圆形，斜壁圜底	直径47、深48	黄灰色花土	直径20、深56	
T0709D1	探方东南部	7层下				直径20、深14	无柱坑
T0709D2	探方东南部	7层下				直径25、深40	无柱坑
T0709D3	探方东南部	7层下				直径25、深18	无柱坑
T0709D4	探方东南部	9层下				直径32、深30	无柱坑
T0709D5	探方西南部		平面呈不规则椭圆形，直壁平底	长径66、短径50、深50	黑灰土，夹有黄土块和炭颗粒	直径15、深38	

续表

编号	位置	开口层位	柱坑形状	尺寸（厘米）	柱坑填土	木柱尺寸（厘米）	备注
T0709D6	探方西部中间	9层下	平面呈不规则圆形，直壁平底	直径50，深40	黑灰土，含有木炭、烧土颗粒及黄土块	直径15，深36	
T0709D7	探方北部	9层下	平面呈不规则长方形，底部呈斜坡状	长110，宽50~60，深60	黑灰土，包含炭粒、黄土块	直径15，深58	
T0709D8	探方西北部，部分延伸至北隔梁	9层下	平面呈不规则长方形，直壁平底	长80~90，宽50~60，深60	黑灰土，含有炭和烧土颗粒，夹有黄土块	直径15，深78	
T0709D9	探方东北部	9层下	平面呈不规则椭圆形，直壁锅底	长径50，短径46，深40	黑灰土，含有炭粒和烧土颗粒夹杂黄土块	直径10，深80	一坑两柱，另一木柱洞直径8，深13
T0709D10	探方西南部	14层下	平面呈椭圆，直壁，底呈阶梯状	长径82，短径64，深70	红褐花土，土质较硬	直径15，深70	
T0709D11	探方中部	9层下	平面呈不规则椭圆形，直壁圜底	长径66，短径50~60，深50	灰黑土，含有炭粒、烧土颗粒，土质疏松	长径24，短径21，深34	
T0709D12	探方南部偏东	9层下	平面呈不规则长方形，直壁平底	长54，宽52，深60	灰黑土，含有炭粒，土质疏松	直径20，深90	

第三章 遗 迹

续表

编号	位 置	开口层位	柱坑形状	尺寸（厘米）	柱坑填土	木柱尺寸（厘米）	备注
T0709D13	探方东南部	11层下	平面呈不规则长方形，斜壁平底	长114、宽80、深40	灰褐土，含有炭粒、黄土颗粒，土质疏松	直径15、深60	
T0709D14	探方东南部	11层下	平面呈不规则长方形，直壁平底	长90、宽50、深30	灰褐土，含有绿色土颗粒，土质疏松	直径15、深84	
T0709D15	探方南部	11层下	平面呈不规则长方形，直壁平底	长90、宽60、深60	灰褐土，夹有黄土和黄土块，土质较硬	直径15、深60	一坑两柱，另一木柱洞平面圆形，直壁圜底
T0709D16	探方西南部	14层下	平面呈不规则椭圆形，斜壁平底	长径54、短径48、深70	红褐花土，土质较硬	直径26、深70	
T0709D17	探方西部，部分延伸至T0609东隔梁	11层下	平面呈不规则圆形，直壁平底	直径80、深80	青灰色，含有烧土块，土质较松	直径15、深80	
T0709D18	探方北部	13层下	平面呈不规则长方形，斜壁平底	长142、宽70、深70	黑灰色，含有白土块、炭粒，土质较松	直径15、深70	
T0709D19	探方北部	14层下	平面呈不规则圆形，斜壁平底	直径40~45、深70	红褐花土，土质较硬	直径15、深70	
T0710D1	探方西部中间	7层下				直径25、深20	无柱坑
T0710D2	探方西南部	7层下				长径36、短径28、深16	无柱坑

续表

编号	位置	开口层位	柱坑形状	尺寸（厘米）	柱坑填土	木柱尺寸（厘米）	备注
T0710D3	探方中部	9层下	平面呈圆形，斜壁锅底	直径40，深27	浅灰土，内含绿色颗粒土，土质较硬	直径15，深22	
T0710D4	探方西部偏中	9层下	平面呈椭圆形，斜壁平底	长径50，短径38，深38	浅灰土，内含绿色颗粒土，土质较硬	直径14，深38	
T0710D5	探方西部偏南	9层下	平面呈椭圆形，斜壁圜底	长径60，短径54，深22	浅灰土，内含绿色颗粒土，土质较硬	直径12，深22	
T0710D6	探方东南部	9层下	平面呈不规则椭圆形，斜壁锅底	长径90，短径57，深50	浅灰土，内含绿色颗粒土，木炭粒，土质较硬	直径10，深40	
T0710D7	探方中部偏西	9层下	平面呈不规则椭圆形，斜壁锅底	长径38，短径62，深20~30	浅灰土，内含绿色颗粒土，木炭粒，土质较硬	直径10，深66	
T0710D8	探方西北角	9层下	平面呈椭圆形，斜壁锅底	长径90，短径58，深30	浅灰土，内含绿色颗粒土，木炭粒，土质较硬	直径14，深44	
T0710D9	探方北部偏中	9层下				直径20，深42	无柱坑
T0710D10	探方中部偏南	9层下	平面呈椭圆形，斜壁锅底	长径48，短径40，深45	浅灰土，内含绿色颗粒土及木炭粒，烧土粒，土质较硬	直径10，深29	

续表

编号	位置	开口层位	柱坑形状	尺寸（厘米）	柱坑填土	木柱尺寸（厘米）	备注
T0710D11	探方北部中间	12层下	平面呈不规则圆形，壁略斜，底部高低不平	直径82~100，深44~58	青灰土，夹有黄土块，少量炭粒，土质较硬	直径14，深56	一坑两柱，另一木柱洞直径14，深42
T0710D12	探方西部	13层下	平面呈不规则长方形，斜壁平底	长70，宽60~68，深70	青灰土，夹有黄土块，少量炭粒，土质较硬	直径14，深68	
T0710D13	探方东北角	12层下	平面呈不规则圆形，斜壁平底	直径约60，深50	青灰土，夹有黄土块，少量炭粒，土质较硬	直径15，深48	
T0710D14	探方中部	13层下	平面呈圆角长方形，直壁斜坡状	长82，宽70，深20~40	黑土，夹有木炭粒，土质疏松	直径15，深40	
T0710D15	探方西北部，部分延伸至北隔梁	13层下	平面呈不规则长方形，直壁平底	长80，宽72，深98	黑土，夹有黄土块，土质疏松	直径14，深96	
T0711D1	探方东侧偏南	3层下	平面呈长方形，直壁平底	长85，宽58，深80	灰褐土	直径15，深80	
T0711D2	探方西南部	7层下	平面呈不规则长方形，直壁平底	长85，宽58，深80	褐土，夹有大量的红烧土粒和少量的木炭粒	直径15，深80	
T0711D3	探方东北角，部分延伸到东隔梁	10层下	平面呈不规则长方形，直壁平底	长108，宽65，深80	褐土，夹有大量的红烧土粒和少量的木炭粒，土质较硬	直径16，深80	

续表

编号	位置	开口层位	柱坑形状	尺寸（厘米）	柱坑填土	木柱尺寸（厘米）	备注
T0712D1	探方西南部，部分延伸到T0711北隔梁	11层下	平面呈圆形，斜壁锅底	直径84，深82	灰褐土，土质较硬，包含少量烧土粒及炭粒	直径20，深66	
T0712D2	探方中部偏南	11层下	平面呈不规则圆形，斜壁平底	直径80~82，深50	灰褐土，夹有少量的红烧土粒和炭粒及水锈斑点	直径16，深50	一坑两柱，另一木柱洞直径16，深50
T0712D3	探方东南角	12层下	平面呈圆形，直壁平底	直径45，深62	黄花土，土质较硬	直径20，深60	
T0712D4	探方中部偏东	11层下	平面呈不规则圆形，斜壁平底	直径88，深70	灰褐土，包含少许烧土粒，木炭粒，土质较硬	直径16，深70	一坑两柱，另一木柱洞直径16，深70
T0812D1	探方北部	6层下	平面呈圆形，直壁平底	直径60，深86	灰褐土，土质较硬，含有较多木炭粒和少许烧土粒	直径20，深86	

第三章 遗 迹

续表

编号	位置	开口层位	柱坑形状	尺寸（厘米）	柱坑填土	木柱尺寸（厘米）	备注
T0810D1	探方西侧中部	10层下	平面呈圆形、斜壁圜底	直径56、深56	黄褐花土，土质较硬	直径20、深56	
T0810D2	探方东南部	10层下	平面呈不规则椭圆形，斜壁平底	长径72、短径56、深46	黄褐花土，土质较硬	直径16、深44	
T0810D3	探方中部	10层下	平面呈椭圆形、斜壁圜底	长径70、短径52、深44	黄褐花土，土质较硬	直径18、深44	
T0810D4	探方中部偏东	10层下	平面呈圆形、斜壁平底	直径60、深50	黄褐花土，土质较硬	直径16、深50	
T0810D5	探方东北角	10层下	平面呈椭圆形、斜壁圜底	长径46、短径40、深40	黄褐花土，土质较硬	直径14、深40	
T0809D1	探方北隔梁中部	11层下	平面呈椭圆形、斜壁圜底	长径60、短径54、深50	红褐土，夹杂黄土块	直径12、深50	
T0809D2	探方北隔梁偏东	11层下	平面呈不规则椭圆形，斜壁圜底	长径86、短径68、深58	红褐土，土质较硬，夹杂黄土块	直径14、深56	
T0809D3	探方西北部	11层下	平面呈不规则椭圆形，斜壁平底	长径78、短径40、深40	红褐土，土质较硬，夹杂黄土块	直径12、深40	一坑两柱，另一木柱洞直径12，深40

续表

编号	位置	开口层位	柱坑形状	尺寸（厘米）	柱坑填土	木柱尺寸（厘米）	备注
T0809D4	探方东南角	11层下	平面呈不规则椭圆形，斜壁平底	长径80、短径58、深50	红褐土，土质较硬，夹杂黄土块	直径14，深46	
T0809D5	探方东隔梁中部	11层下	平面呈不规则椭圆形，斜壁平底	长径71、短径64、深42	红褐土，土质较硬，夹杂黄土块	直径20，深40	
T0809D6	探方东隔梁中部	11层下	平面呈不规则椭圆形，斜壁平底	长径42、短径38、深38	红褐土，土质较硬，夹杂黄土块	直径16，深38	
T0808D1	探方西南部	11层下	平面呈圆角长方形，斜壁平底	长80、宽58、深50	灰黄土，土质较硬	长径14、短径10，深50	
T0808D2	探方北隔梁中部	14层下	平面呈不规则椭圆形，斜壁圜底	长径80、短径58、深60	黄花土，土质较硬	直径14，深60	
T0808D3	探方东南部	11层下	平面呈不规则形，斜壁平底	最宽处142，深64	灰黄土	直径10，深64	一坑两柱，另一木柱洞直径9，深64
T0808D4	探方南部偏西	14层下	平面呈不规则椭圆形，斜壁平底	长径84、短径50、深68	黄花土，土质较硬	直径16，深68	
T0808D5	探方中部偏西	14层下	平面呈圆形，直壁平底	直径50，深46	黄花土，土质较硬	直径10，深46	
T0808D6	探方南侧，部分延伸至T0807北隔梁	11层下	平面呈不规则圆形，阶梯状底	直径86~110、深80	黄花土，土质较硬	直径14，深80	

续表

编号	位置	开口层位	柱坑形状	尺寸（厘米）	柱坑填土	木柱尺寸（厘米）	备注
T0808D7	探方中部	14层下	平面呈椭圆形、直壁平底	长径120、短径84、深75	黄花土，土质较硬	直径42、深75	一坑两柱，另一木柱洞直径14、深75
T0808D8	探方东南侧，部分延伸到东隔梁	14层下	平面呈椭圆形、斜壁锅底	长径82、短径70、深25	黄花土，土质较硬	长径16、短径12、深25	
T0808D9	探方东南角，部分延伸到T0807北隔梁及关键柱	14层下	平面呈不规则椭圆形、直壁平底	长径120、短径78、深70	黄花土，土质较硬	直径18、深70	一坑两柱，另一木柱洞直径28、深70
T0808D10	探方东北角	14层下	平面呈圆形、斜壁平底	直径60、深85	黄花土，土质较硬	直径12、深85	
T0808D11	探方西北部	14层下	平面呈不规则圆形、直壁平底	直径70、深32	黄花土，土质较硬	直径20、深32	
T0807D1	探方西南部	3层下	平面呈圆形、斜壁锅底	直径30、深20	花土，较软	长径16、短径10、深20	
T0807D2	探方西侧中部	3层下				直径30、深50	无柱坑
T0807D3	探方西北部	3层下				直径30、深59	无柱坑
T0807D4	探方东南角	3层下				直径40、深60	无柱坑

续表

编号	位置	开口层位	柱坑形状	尺寸（厘米）	柱坑填土	木柱尺寸（厘米）	备注
T0807D5	探方东北角，部分延伸到北隔梁	11层下	平面呈圆形，斜壁平底	直径80，深70	棕褐土，较软	直径30，深70	
T0807D6	探方中部偏西	5层下	平面呈不规则椭圆形，斜壁圜底	长径40，短径30，深30	青色花土，较软	直径9，深30	
T0807D7	探方东南角	5层下	平面呈圆角长方形，直壁斜底	长59，宽38，深45	青灰色花土，土质较硬，夹有红烧土及少量的白色胶泥	直径14，深45	
T0807D8	探方东隔梁中部	5层下				直径20，深30	无柱坑
T0807D9	探方北侧中部	5层下	平面呈圆形，斜壁锅底	直径35，深24	青灰色花土，土质较硬，夹有红烧土	直径15，深24	
T0807D10	探方东北角	5层下	平面呈不规则圆形，斜壁锅底	直径102，深102	青灰色花土，土质较硬，夹白色胶泥及木炭粒	直径11，深102	一坑两柱，另一木柱洞直径10，深92
T0807D11	探方西北部，部分延伸至北隔梁	11层下	平面呈不规则长方形，直壁平底	长122，宽68，深50~60	黄花土	直径30，深60	
T0807D12	探方东北角	11层下	平面呈圆形，斜壁平底	直径84，深85	黄花土，土质较硬	直径34，深85	

第三章 遗 迹

续表

编号	位置	开口层位	柱坑形状	尺寸（厘米）	柱坑填土	木柱尺寸（厘米）	备注
T0807D13	探方东南部	5层下	平面呈圆形，斜壁圜底	直径80、深78	青灰花土，土质较硬，内夹有少量的红烧土块及白色胶泥	直径14、深72	
T0807D14	探方中部偏东	11层下	平面呈圆形，直壁平底	直径64、深40	黄花土，土质较硬	直径10、深40	
T0807D15	探方东侧中部	5层下	平面呈圆形，斜壁锅底	直径80、深64	青灰花土，土质较硬，内夹有少量的红烧土块及白色胶泥	直径30、深60	
T0807D16	探方西侧中部	5层下	平面呈不规则椭圆形，锅底	长径90、短径70、深60	青灰花土，土质较硬，内夹有少量的红烧土块及白色胶泥	直径16、深60	
T0807D17	探方西南部	9层下	平面呈圆形，直壁平底	直径45、深35	黄花土，土质较硬	直径10、深35	
T0807D18	探方中部	9层下	平面呈圆形，直壁平底	直径57、深25	黄花土，土质较硬，底部有一层红烧土	直径10、深25	
T0807D19	探方东南部	9层下	平面呈圆形，直壁平底	直径50、深25	黄花土，土质较硬	直径9、深25	
T0807D20	探方东南部	9层下	平面呈不规则长方形，直壁平底	长93、宽32~64、深45	黄花土，土质较硬	直径14、深45	
T0807D21	探方西北部，部分延伸至T0707东隔梁	9层下	平面呈圆形，直壁平底	直径60、深84	黄花土，土质较硬	长径25、短径18、深84	

续表

编号	位置	开口层位	柱坑形状	尺寸（厘米）	柱坑填土	木柱尺寸（厘米）	备注
T0807D22	探方西南部	11层下	平面呈长圆形，直壁平底	直径74，深38	黄花土，土质较硬	直径10，深38	
T0806D1	探方中部偏南	2层下				直径40，深20	无柱坑
T0806D2	探方中部	3层下	平面呈长方形，直壁平底	长50，宽42，深32	灰黑土，夹大量的红烧土	直径10，深32	
T0806D3	探方中部偏西	3层下				直径10，深15	无柱坑
T0806D4	探方中部西侧中部	3层下				直径10，深35	无柱坑
T0806D5	探方西侧中部	3层下				直径6，深14	无柱坑
T0806D6	探方西侧中部	3层下				直径8，深12	无柱坑
T0806D7	探方南侧，部分延伸至T0805北隔梁	14层下	平面呈不规则长方形，直壁平底	长95，宽75，深50	黄花土，土质较硬	直径15，深50	
T0806D8	探方东北部	3层下				直径10，深30	无柱坑
T0806D9	探方北隔梁偏西	3层下				直径10，深30	无柱坑
T0806D10	探方东南部	3层下	平面呈不规则椭圆形，直壁平底	长径66，短径60，深30	红烧土块，夹有少量的黑土	直径12，深30	一坑两柱，另一木柱洞直径7，深32
T0806D11	探方西南部	13层下	平面呈不规则长方形，斜壁圜底	长115，宽60~70，深70	黄花土，土质较硬	直径14，深70	
T0806D12	探方东隔梁	3层下	平面呈椭圆形，斜壁平底	长径70，短径45，深36	大量的红烧土块，夹黑土	直径10，深36	

续表

编号	位置	开口层位	柱坑形状	尺寸（厘米）	柱坑填土	木柱尺寸（厘米）	备注
T0806D13	探方西北部	13层下	平面呈椭圆形，直壁平底	长径84、短径68、深50	黄花土，土质较硬	直径10、深50	
T0806D14	探方西南部	5层下	平面呈圆形，直壁平底	直径50、深42	白色花土，土质较软	直径10、深42	
T0806D15	探方东北部	6层下	平面呈圆形，斜壁平底	直径69、深60	白黄色花土，土质较软	直径10、深60	
T0806D16	探方中部偏东	9层下	平面呈不规则长方形，直壁平底	长86、宽65、深50	白黄花土，土质较软	直径12、深50	一坑两柱，另一木柱洞直径10、深50
T0806D17	探方西北角，部分延伸到北隔梁	11层下	平面呈圆形，直壁圜底	直径50、深50	黄花土，土质较硬	直径10、深50	
T0806D18	探方西北部	9层下	平面呈长方形，直壁平底	长140、宽54、深35	青灰色花土，土质较软，夹少量的红烧土及木炭	直径10、深35	
T0806D19	探方中部偏北	9层下	平面呈不规则长方形，平底	长109、宽46~72、深52	青灰色花土，土质较软，夹少量的红烧土及木炭	直径10、深52	
T0805D1	探方北部中间，部分延伸至北隔梁	3层下	平面近长方形，斜壁圜底	长100、宽55、深105	红烧土，土质较硬	直径15、深105	

续表

编号	位置	开口层位	柱坑形状	尺寸（厘米）	柱坑填土	木柱尺寸（厘米）	备注
T0805D2	探方西北角	16层下	平面呈不规则椭圆形，斜壁平底	长径94、短径82、深70	黄花土，土质较硬	直径10、深70	
T0805D3	探方西南部	16层下	平面呈圆形，直壁平底	直径55、深65	黄花土，土质较硬	长径18、短径10、深65	
T0805D4	探方中部	16层下	平面近圆形，直壁平底	直径54、深40	黄花土，土质较硬	直径13、深40	
T0906D1	探方北部，部分延伸至北隔梁	15层下	平面呈不规则椭圆形，直壁平底	长径108、短径60、深35～42	黄花土	直径10、深40	
T0907D1	探方西北角，部分延伸到北隔梁	3层下	平面呈不规则形，斜壁平底	长175、宽75～125、深110	黄花土	直径17、深100	一坑两柱，另一木柱洞直径12，深105
T0907D2	探方西南角	16层下	平面呈不规则椭圆形，直壁平底	长径100、短径48、深46	黄花土，土质较硬	直径10、深46	
T0907D3	探方中部偏西	13层下	平面呈不规则长方形，斜壁平底	长110、宽86、深64	黄花土	直径19、深63	
T0907D4	探方中部	16层下	平面呈圆形，直壁平底	直径115、深45	黄花土	直径20、深45	
T0908D1	探方中部偏南	5层下	平面呈不规则长方形，斜壁平底	长225、宽82、深53	灰黑土，土质较软，包含大量炭粒及红烧土颗粒	直径14、深50	

续表

编号	位 置	开口层位	柱坑形状	尺寸（厘米）	柱坑填土	木柱尺寸（厘米）	备注
T0908D2	探方东南部，部分延伸至东隔梁	5层下	平面呈不规则长方形，斜壁平底	长175、宽71、深76~90	灰黑土，土质较软，包含大量炭粒及红烧土颗粒	直径12、深88	一坑两柱，另一木柱洞直径13、深76
T0908D3	探方中部	5层下	平面呈不规则椭圆形，斜壁平底，一壁呈阶梯状	长径175、短径77、深66~80	灰黑土，土质较软，包含大量炭粒及红烧土颗粒	直径15、深115	
T0908D4	探方东北角	5层下	平面近长方形，直壁平底	长120、宽55、深71	灰黑土，土质较软，包含大量炭粒及红烧土颗粒	直径11、深68	
T0908D5	探方北隔梁	5层下	平面呈椭圆形，直壁平底	长径82、短径55、深60	灰黑土，土质较软，包含大量炭粒及红烧土颗粒	直径14、深60	一坑两柱，另一木柱洞直径11、深60

续表

编号	位置	开口层位	柱坑形状	尺寸（厘米）	柱坑填土	木柱尺寸（厘米）	备注
T0908D6	探方西北部	11层下	平面呈圆形，直壁平底	直径48，深40	黄花土，土质较硬	长径14，短径10，深40	
T0908D7	探方西侧中部	11层下	平面呈圆形，直壁平底	直径56，深55	黄花土，土质较硬	长径20，短径14，深55	
T0908D8	探方西南部	11层下	平面呈圆形，斜壁平底	直径45，深25	黄花土，土质较硬	长径18，短径10，深25	
T0908D1	探方西南部	6层下	平面呈圆形，斜壁圜底	直径52，深52	灰黑土，夹有少量红烧土及炭粒	直径16，深52	
T0909D2	探方西南部	6层下	平面略呈方形	长180，宽60，深24～40	灰褐土，夹有少量红烧土及炭粒	直径15，深30	一坑两柱，另一木柱洞直径20、深40
T0909D3	探方北隔梁东部	17层下	平面呈不规则长方形，斜壁平底	长径125，短径80，深40	灰黄土夹白泥块花土	直径18，深40	
T0909D4	探方东南角	6层下	平面呈不规则长方形，斜壁阶梯状平底	长178，宽136，深95	灰褐土，夹有少量红烧土粒及炭粒	直径24，深95	一坑两柱，另一木柱洞直径16、深30

第三章 遗 迹

续表

编号	位置	开口层位	柱坑形状	尺寸（厘米）	柱坑填土	木柱尺寸（厘米）	备注
T0909D5	探方北隔梁中部	11层下	平面呈椭圆形，直壁平底	长径85、短径56、深60	灰黄土夹白泥块花土，土质疏松	直径16、深60	
T0909D6	探方西南部	6层下	平面呈长方形，斜壁阔底	长66、宽44、深50	灰褐土，夹有少量红烧土粒及炭粒	直径18、深50	
T0909D7	探方东隔梁中部	11层下	平面呈圆形，直壁平底	直径46、深50	灰黄土，夹白泥块土	长径20、短径12、深46	
T0909D8	探方中部偏南	10层下	平面呈椭圆形，直壁底不平	长径125、短径74、深50	黄花土	直径14、深44	
T0909D9	探方中部	10层下	平面呈不规则圆形，斜壁台阶斜底	直径60、深62	黄花土	直径16、深62	
T0909D10	探方西部	10层下	平面呈长方形，直壁台阶平底	长86、宽42、深72	黄花土	直径16、深30	
T0909D11	探方西部偏南	10层下	平面不规则形，直壁斜底	长175、宽60、深52	黄花土	直径15、深30	
T0909D12	探方东北部	10层下	平面呈圆形，直壁平底	直径60、短径58	黄花土	直径15、深58	
T0909D13	探方西北部	10层下	平面呈不规则椭圆形，直壁平底	长径120、短径64、深60	黄花土，土质较软	直径16、深60	
T0909D14	探方西侧中部	11层下	平面呈圆形，直壁平底	直径92、深60	灰黄土，夹有白泥块花土	直径16、深60	
T0909D15	探方南部偏东	11层下	平面呈圆形，直壁平底	直径80、深72	灰黄土，夹有白泥块花土	直径16、深72	
T0909D16	探方东隔梁偏北	11层下	平面呈圆形，斜壁阔底	直径40、深44	灰黄土，夹有白泥块花土	直径16、深44	
T0909D17	探方东隔梁	11层下	平面呈不规则圆形，直壁平底	直径84、深60	灰黄土，夹有白泥块花土	长径20、短径16、深70	
T0910D1	探方东南部	7层下	平面呈不规则椭圆形，直壁台阶状平底	长径120、宽75、深60~82	褐土，夹有白泥块花土	直径15、深50	

续表

编号	位　　置	开口层位	柱坑形状	尺寸（厘米）	柱坑填土	木柱尺寸（厘米）	备注
T0910D2	探方东北角	9层下	平面呈椭圆形，直壁平底	长径50、短径40、深54	灰黄土，夹有白泥块花土	直径12，深54	
T0910D3	探方东北角	9层下	平面呈椭圆形，直壁平底	长径64、短径50、深60	灰黄土，夹有白泥块花土	直径20，深60	
T0910D4	探方西侧中部，部分延伸T0810东隔梁	9层下	平面呈圆形，直壁平底	直径60、深62	灰黄土，夹有白泥块花土	直径16，深62	
T0911D1	探方东南角	6层下	平面呈圆形，斜壁圜底	直径45、深50	灰黄土，夹少量的白土块	直径20，深40	
T0911D2	探方南部偏东	6层下	平面呈不规则长方形，斜壁锅底	长52、宽35、深60	灰黄土，夹少量的白土块	直径15，深46	
T0911D3	探方东隔梁中部	6层下	平面呈圆形，斜壁圜底	直径36、深40	灰黄土，夹少量的白土块	直径15，深30	
T0911D4	探方东侧，部分延伸到东隔梁	6层下	平面呈椭圆形，斜壁圜底	长径52、短径40、深40	灰黄土，夹少量的白土块	直径20，深35	
T0911D5	探方中部偏南	6层下	平面呈不规则长方形，斜壁锅底	长110、宽45、深50	灰黄土，夹少量的白土块	直径20，深45	
T0911D6	探方中部偏东	6层下	平面呈椭圆形，斜壁圜底	长径46、短径40、深55	灰黄土，夹少量的白土块	直径15，深35	
T0911D7	探方西北角	6层下	平面呈圆形，斜壁圜底	直径60、深76	灰黄土，夹少量的白土块	直径20，深60	
T0911D8	探方西北角，部分延伸到T0811东隔梁	6层下	平面呈圆形，斜壁平底	直径70、深60	灰黄土，夹少量的白土块	直径20，深50	

续表

编号	位置	开口层位	柱坑形状	尺寸（厘米）	柱坑填土	木柱尺寸（厘米）	备注
T0912D1	探方西南部	4层下				直径22、深52	无柱坑
T0912D2	探方西南部	4层下				直径16、深38	无柱坑
T1012D1	探方东侧偏南	4层下				直径22、深56	无柱坑
T1012D2	探方中部偏东	4层下				直径20、深50	无柱坑
T1012D3	探方中部偏南	4层下				直径28、深86	无柱坑
T1012D4	探方中部	4层下				直径14、深38	无柱坑
T1012D5	探方中部	4层下				直径20、深57	无柱坑
T1012D6	探方西北角	4层下				直径18、深60	无柱坑
T1012D7	探方西北角	4层下				直径24、深84	无柱坑
T1012D8	探方中部	4层下	平面呈不规则长方形，直壁圜底	长80、宽50、深75	灰黑土，土质较软，包含大量炭粒及红烧土颗粒	直径10、深72	
T1012D9	探方东隔梁南部	4层下	平面近长方形，直壁平底	长84、宽45、深60	灰黑土，土质较软，包含大量炭粒及红烧土颗粒	直径12、深60	
T1012D10	探方东北部	5层下	平面呈不规则椭圆形，斜壁圜底	长径62、短径48、深66	灰黑土，土质较硬，包含大量炭粒及红烧土颗粒	直径10、深62	
T1012D11	探方中部	5层下	平面呈不规则椭圆形，斜壁平底	长径70、短径52、深74	灰黑土，土质较硬，包含大量炭粒及红烧土颗粒	直径17、深70	

续表

编号	位置	开口层位	柱坑形状	尺寸（厘米）	柱坑填土	木柱尺寸（厘米）	备注
T1012D12	探方中部偏北	6层下	平面呈不规则圆形，斜壁，底部不平	最大径200、深80~100	灰褐土，土质较硬，夹有黄、白花土，并含有大量木炭颗粒及细碎红烧土颗粒	直径20、深95	
T1012D13	探方东北角，部分延伸到北隔梁	6层下	平面呈不规则圆形，斜壁平底	直径104、深78	灰褐土，土质较硬，夹有黄、白花土，并含有大量木炭颗粒及细碎红烧土颗粒	直径12、深78	
T1011D1	探方东南角，部分延伸到东隔梁	5层下	平面呈圆形，直壁，底部呈台阶状	直径56、深10~25	黑褐土，夹有黄颗粒，土质疏松	直径10、深22	
T1011D2	探方东侧，部分延伸到东隔梁	5层下	平面呈圆形，直壁，底部不平	直径60、深16~20	黑褐土，夹有黄颗粒，土质疏松	直径15、深18	
T1011D3	探方东北角	5层下	平面呈不规则椭圆形，斜壁圜底	长径62、短径50、深27	灰褐土，土质较硬，夹有黄、白花土，并含有大量木炭颗粒及细碎红烧土颗粒	直径14、深24	
T1011D4	探方中部偏北	5层下	平面呈不规则长方形，斜壁圜底	长80、宽70、深52	灰褐土，土质较硬，夹有黄、白花土，并含有大量木炭颗粒及细碎红烧土颗粒	直径14、深30	

续表

编号	位 置	开口层位	柱坑形状	尺寸（厘米）	柱坑填土	木柱尺寸（厘米）	备注
T1011D5	探方东隔梁东部	5层下	平面呈不规则长方形，斜壁，底部不平	长90、宽58、深34～64	灰褐土，土质较硬，夹有黄、白花土，并含有大量木炭颗粒及细碎红烧土颗粒	直径10，深64	一坑两柱，另一木柱洞直径15，深32
T1011D6	探方东南部	6层下	平面呈不规则椭圆形，斜壁，圜底	长径60、短径46、深58	灰黄土，土质松软	直径20，深40	
T1011D7	探方关键柱	5层下	平面呈不规则椭圆形，斜壁，平底	长径80、短径70、深58	灰褐土，土质较硬，夹有黄、白花土，并含有大量木炭颗粒及细碎红烧土颗粒	直径10，深34	
T1011D8	探方北隔梁西部	5层下	平面呈不规则长方形，一壁较直，一壁成斜坡，平底	长90、宽70、深30	灰褐土，土质松软	直径10，深25	
T1010D1	探方东南部	2层下				直径30，深36	无柱坑
T1010D2	探方东侧中部	2层下				直径32，深20	无柱坑
T1010D3	探方东南部	4层下	平面呈不规则长方形，直壁，平底	长径70、短径50、深37	灰白土，土质松软	直径14，深20	
T1010D4	探方中部偏东南	4层下	平面呈不规则长方形，斜壁，平底	长46、宽24、深42	灰黑土，夹有红烧土粒及炭粒	直径10，深42	

续表

编号	位置	开口层位	柱坑形状	尺寸（厘米）	柱坑填土	木柱尺寸（厘米）	备注
T1010D5	探方南部	4层下	平面呈不规则圆形，斜壁平底	直径50，深50	灰黑土，夹有红烧土粒及炭粒，土质疏松	直径12，深48	
T1010D6	探方西南部	8层下	平面呈圆形，直壁平底	直径60，深50	灰黄色夹白泥块花土	直径16，深50	
T1010D7	探方北部偏东	8层下	平面呈圆形，直壁平底	直径55，深60	灰黄色夹白泥块花土	直径16，深58	
T1010D8	探方东隔梁北部	8层下	平面呈圆形，直壁平底	直径60，深50	灰黄色夹白泥块花土	直径14，深50	
T1010D9	探方东隔梁中部	8层下	平面呈圆形，直壁平底	直径60，深60	灰黄色夹白泥块花土，土质松软	直径20，深60	
T1008D1	探方西北角	2层下	平面呈不规则圆形，斜壁圜底	直径83，深46	灰黑土含有大量炭粒及细碎红烧土颗粒	直径14，深45	
T1008D2	探方西北部	11层下	平面呈不规则椭圆形，直壁平底	长径60，短径50，深50	黄花土	直径10，深50	
T1008D3	探方西北部	11层下	平面呈圆形，直壁平底	直径64，深60	黄花土	长径18，短径10，深60	
T1008D4	探方东南部	11层下	平面呈椭圆形，直壁平底	长径72，短径60，深50	黄花土	长径20，短径10，深50	
T1009D1	探方西南角	5层下	平面呈不规则椭圆形，斜壁，底部不平	长径105，短径72，深50~66	灰褐土夹有红烧土粒及炭粒	直径16，深10	

续表

编号	位置	开口层位	柱坑形状	尺寸（厘米）	柱坑填土	木柱尺寸（厘米）	备注
T1009D2	探方西南部	5层下	平面呈不规则椭圆形，斜壁，底部不平	长径134、宽72、深56	灰黑土，夹有红烧土粒及炭粒	直径15、深56	
T1009D3	探方扩方北隔梁	12层下	平面呈圆形，斜壁平底	直径68、深60	灰黄土，夹有白泥块花土	直径18、深60	
T1009D4	探方扩方北隔梁	12层下	平面呈椭圆形，直壁平底	长径40、短径30、深50	灰黄土，夹白泥块花土	直径15、深50	
T1009D5	探方东北角	5层下	平面呈不规则椭圆形，斜壁圜底	长径80、短径58、深86	灰黑土，夹有大量红烧土粒及炭粒	直径15、深86	一坑两柱，另一木柱洞直径10、深78
T1009D6	探方北隔梁东部	12层下	平面呈不规则椭圆形，直壁平底	长径65、短径52、深50	灰黄土，夹有白泥块花土	直径18、深50	
T1009D7	探方北隔梁北部	5层下	平面呈圆形，斜壁平底	直径74、深82	灰褐土，夹有少量红烧土粒及炭粒	直径23、深44	
T1009D8	探方东北角，部分延伸至东北隔梁	5层下	平面呈椭圆形，直壁平底	长径50、短径45、深65	灰褐土，夹有大量红烧土粒及炭粒，土质松软	直径12、深54	
T1009D9	探方东北角，部分延伸至东北隔梁	5层下	平面呈不规则椭圆形，斜壁平底	长径84、短径76、深48	灰黑土，夹有大量红烧土粒及炭粒，土质松软	直径12、深48	

续表

编号	位置	开口层位	柱坑形状	尺寸（厘米）	柱坑填土	木柱尺寸（厘米）	备注
T1009D10	探方中部偏北	5层下	平面呈不规则长方形，斜壁斜底	长130、宽55、深60	灰黑土，夹有少量红烧土及炭粒，土质松软	直径18、深22	一坑两柱，另一木柱洞直径30、深37
T1009D11	探方西北部	12层下	平面呈椭圆形，斜壁圜底	长径86、短径70、深86	黄色夹有白泥块，土质较软	直径15、深64	
T1009D12	探方西南部，部分延伸到T0909东隔梁	5层下	平面呈不规则圆形，直壁圜底	直径84、深70	灰黑土夹有大量红烧土粒及炭粒	直径13、深75	
T1009D13	探方东南部	5层下	平面呈不规则椭圆形，直壁圜底	长径98、短径40~60、深80	碎红烧土块	直径14、深80	一坑两柱，另一木柱洞直径12、深80
T1009D14	探方西部	12层下	平面呈不规则椭圆形，斜壁平底	长径100、短径68、深42	灰黄色夹有白泥块花土	直径15、深42	
T1009D15	探方扩方北隔梁	7层下	平面呈圆形，直壁圜底	长径70、短径56、深35	灰黑色夹有大量红烧土粒及炭粒	直径12、深35	

续表

编号	位置	开口层位	柱坑形状	尺寸（厘米）	柱坑填土	木柱尺寸（厘米）	备注
T1009D16	探方东部偏南	7层下	平面呈圆形，直壁圜底	直径30，深33	黑灰土，夹有少量红烧土粒及炭粒	直径12，深33	
T1009D17	探方西部，T0909东隔梁中部	7层下	平面呈椭圆形，直壁平底	长径85、短径70、深35	黑灰土，夹有少量红烧土粒及炭粒，土质松软	直径16，深35	
T1009D18	探方北隔梁偏东	7层下	平面呈椭圆形，直壁平底	长径54、短径40、深42	灰黑色土，夹有大量红烧土粒及炭粒，土质松软	直径13，深42	
T1009D19	探方北隔梁中部	8层下	平面呈不规则长方形，直壁平底	长135、短径80、深85	青灰色夹有白泥块花土	直径15，深85	
T1009D20	探方东隔梁中部	12层下	平面呈不规则椭圆形，斜壁平底	长径80、短径58、深35	灰黄色夹有白泥块花土，土质松软	直径20，深35	
T1009D21	探方东隔梁中部	12层下	平面呈不规则圆形，斜壁平底	直径160，深36	灰黄色夹白泥块白花土，土质较软	直径16，深68	
T1009D22	探方东南部	12层下	平面呈不规则圆形，斜壁平底	长径90、短径68、深56	灰黄色夹有白泥块花土，土质松软	直径22，深56	
T1009D23	探方扩方中部偏东	12层下	平面呈圆形，直壁圜底	直径54，深32	灰黄土夹有白泥块花土，土质松软	直径15，深38	
T1009D24	探方扩方南部	12层下	平面呈圆形，斜壁平底	直径55，深26	灰黄土夹有白泥块花土，土质松软	长径20、短径16、深30	
T1009D25	探方东北部	12层下	平面呈不规则圆形，斜壁平底	直径80，深26	黄色夹有白泥块花土，土质较软	直径16，深16	

续表

编号	位置	开口层位	柱坑形状	尺寸（厘米）	柱坑填土	木柱尺寸（厘米）	备注
T1110D1	探方西北部	4层下	平面呈不规则圆形，斜壁平底	直径35，深35	浅灰色，夹有黄土块，土质较硬，含有少量木炭粒	直径16，深35	
T1110D2	探方西北部，部分延伸至北隔梁	4层下	平面呈椭圆形，斜壁平底	长径68，短径54，深80	黄土块，土质较硬，有少量的红烧土粒和黑炭粒	直径10，深80	
T1110D3	探方西南角	4层下	平面呈不规则椭圆形，斜壁锅底	长径114，短径94，深64	灰黑土，有少量的螺壳，红烧土粒和较多的炭粒，另有极少的陶片	直径10，深64	
T1110D4	探方东隔梁北部	4层下	平面呈椭圆形，斜壁斜底	长径68，短径40，深50~65	浅灰色，伴有黄土点，土质较硬，内含少许的木炭粒及红烧土粒，另出少量陶片	长径14，短径12，深60	一坑两柱，另一木柱洞长径16，短径14，深65
T1110D5	探方东隔梁偏南	8层下	平面呈椭圆形，斜壁圜底	长径40，短径36，深36	浅灰色，土质疏松，内含少量炭粒及红烧土粒	直径7，深34	

续表

编号	位置	开口层位	柱坑形状	尺寸（厘米）	柱坑填土	木柱尺寸（厘米）	备注
T1111D1	探方东南部偏东	4层下	平面呈不规则椭圆形，斜壁平底	长径86、短径52、深60	灰褐土，包含少量木炭粒及红烧土	直径14、深58	
T1111D2	探方中部偏南	4层下	平面近长方形，斜壁圜底	长80、宽50、深54	灰褐土，包含少量木炭粒及红烧土	直径12、深54	
T1111D3	探方中部偏北	4层下	平面呈不规则长方形，斜壁圜底	长70、宽37~44、深52	灰褐土，包含少量木炭粒及红烧土	直径13、深52	
T1111D4	探方北侧中部	4层下	平面呈不规则椭圆形，斜壁圜底	长径42、短径38、深48	灰褐土，包含少量红烧土粒	直径12、深48	
T1111D5	探方东北部	4层下	平面呈椭圆形，直壁圜底	长径70、短径50、深56	灰褐土，包含少量红烧土粒	直径10、深54	
T1111D6	探方东南部	8层下	平面呈不规则方形，斜壁平底	边长102、深58	深灰色，包含少量红烧土块及石粒	直径12、深56	一坑两柱，另一木柱洞直径12、深56
T1112D1	探方东南部	4层下	平面呈不规则长方形，直壁平底	长84、宽80、深80	灰黄土，土质疏松，包含少量的红烧土块及石块	直径20、深78	
T1112D2	探方西南角	4层下	平面呈不规则椭圆形，斜壁平底	长径80、短径60、深45	灰黄土，土质较软，有极少的红烧土粒、炭粒	直径12、深42	

续表

编号	位置	开口层位	柱坑形状	尺寸（厘米）	柱坑填土	木柱尺寸（厘米）	备注
T1112D3	探方西南部	4层下	平面呈不规则长方形，斜壁圜底	长56、宽40~50、深46	灰黄土，土质疏松	直径10、深46	
T1112D4	探方中部	4层下				直径20、深44	无柱坑
T1112D5	探方中部	4层下				直径20、深45	无柱坑
T1112D6	探方南部	4层下	平面近长方形，直壁平底	长72、宽42、深66	灰黄土，土质较松	直径18、深60	
T1112D7	探方西南角	4层下				长径18、短径14、深58	无柱坑
T1112D8	探方西北部，部分延伸至北隔梁	4层下	平面呈圆形，斜壁圜底	直径70、深58	灰黄土发暗	直径10、深56	
T1112D9	探方关键柱	8层下	平面略呈长方形，斜壁平底	长80、宽40、深64	深灰土，土质疏松，内含大量木炭及完烧土粒	直径10、深64	
T1112D10	探方中部偏南	8层下	平面近长方形，直壁平底	长40、宽26~32、深60	深灰色，包含少量红烧土粒及炭粒	直径10、深52	
T1112D11	探方中部	8层下	平面呈不规则长方形，斜壁平底	长径58、短径40、深42	深灰色土，土质疏松，夹有少量螺壳	直径10、深42	
T1112D12	探方中部偏东	8层下	平面呈不规则长方形，斜壁圜底	长80、宽40、深48	深灰色土，土质疏松，夹有少量螺壳	直径12、深46	
T1112D13	探方北隔梁西部	8层下	平面呈不规则椭圆形，直壁平底	长径94、短径44、深70	深灰色，夹有少量螺壳及木炭粒	直径20、深72	
T1212D1	探方西南部，部分延伸至T1211北隔梁	4层下	平面呈不规则椭圆形，斜壁平底	长径138、短径104、深70	灰褐花土，包含少量的红烧土粒及炭粒	直径14、深70	

续表

编号	位置	开口层位	柱坑形状	尺寸（厘米）	柱坑填土	木柱尺寸（厘米）	备注
T1211D1	探方南部	4层下				长径 20、短径 17、深 54	无柱坑
T1211D2	探方西部中部	4层下	平面呈椭圆形，斜壁圜底	长径 70、短径 46、深 56	深灰黑土，含有较多的木炭粒及红烧土粒	直径 19、深 56	
T1211D3	探方西北部	4层下				直径 14、深 54	无柱坑
T1211D4	探方中部偏西南	8层下	平面呈不规则椭圆形，斜壁平底	长径 130、短径 112、深 92	深灰土，含有少量红烧土粒及炭粒	直径 10、深 90	
T0410D1	探方西北部	5层下	平面呈椭圆形，直壁圜底	长径 55、短径 45、深 20	黑褐土	长径 32、短径 27、深 13	
T0410D2	探方东隔梁中部	5层下	平面呈圆形，直壁圜底	直径 25、深 20	黑褐土	直径 19、深 16	
T0410D3	探方东南角	6层下	平面呈圆形，斜壁圜底	直径 30、深 22	灰褐土，夹有红烧土粒	直径 10、深 22	
T0410D4	探方西侧中部	6层下	平面呈圆形，直壁圜底	直径 26、深 18	灰褐土，夹有红烧土粒	直径 10、深 18	
T0410D5	探方中部偏北	6层下	平面呈不规则椭圆形，斜壁平底	长径 150、短径 120、深 50	黄土，夹有大量的红烧土块	直径 16、深 72	
T0410D6	探方东隔梁南部	7层下	平面略呈椭圆形，斜壁圜底	长径 55、短径 32、深 95	灰褐土，夹有少量红烧土粒及炭粒	直径 10、深 91	

2. T0415D7（图四四，1）

位于T0415中部，开口于4层下。柱坑平面呈圆形，直径90厘米，斜壁平底，深100厘米。坑内填土为黄花土。木柱洞平面呈圆形，直径15、深100厘米，竖直，填土为细腻松软的灰褐土。

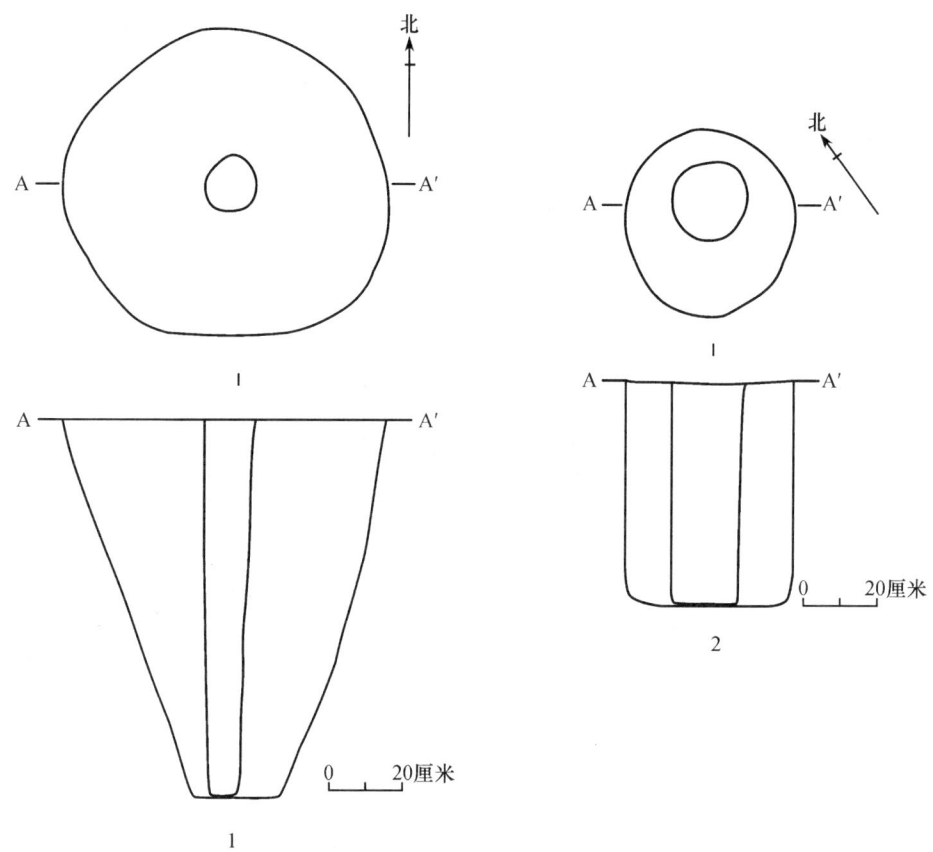

图四四 T0409D3、T0415D7平、剖面图
1. T0415D7　2. T0409D3

3. T0608D10（图四五，1）

位于T0608南部，开口于10层下。柱坑平面近圆形，直径90厘米，斜壁圜底，深70厘米。坑内填土为夹有红烧土颗粒的灰褐土。木柱洞平面呈圆形，直径15、深70厘米，竖直，填土为细腻松软的灰褐土。

4. T0714D9（图四五，2）

位于 T0714 北部，开口于 9 层下。柱坑平面呈椭圆形，长径 100、短径 86 厘米，斜壁圜底，深 60 厘米。坑内填土为黄褐土，夹有少量红烧土颗粒。木柱洞平面为圆形，直径 20、深 70 厘米，倾斜，填土为细腻松软的灰褐土。

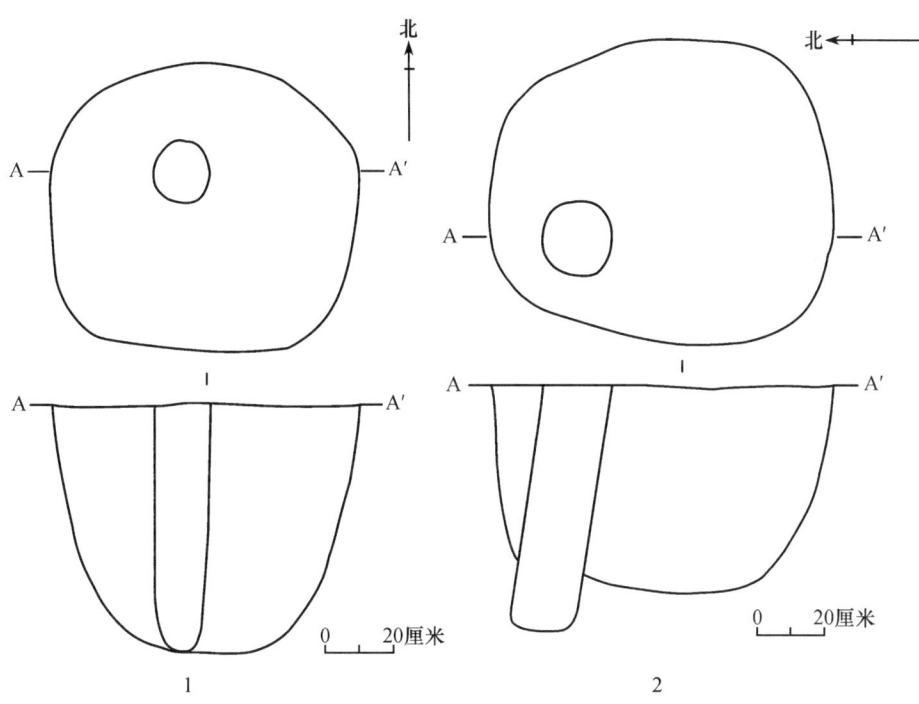

图四五　T0608D10、T0714D9 平、剖面图
1. T0608D10　2. T0714D9

5. T0515D1（图四六，1）

位于 T0515 东南角，开口于 7 层下。柱坑平面呈圆形，直径 100 厘米，斜壁平底，深 120 厘米。坑内填土为黄褐土。木柱洞平面呈圆形，直径 30、深 120 厘米，竖直，木柱朽痕高于柱坑 20 厘米，填土为松软细腻的灰褐土。

6. T0915D2（图四六，2）

位于 T0915 西北部，开口于 4 层下。柱坑平面为圆形，直径 70 厘米，斜壁平底，深 55 厘米。坑内填土为褐色黏土，夹有红烧土颗粒和炭粒。木柱洞直径 16 厘米，竖直，深于柱坑 6 厘米，木柱朽痕高于柱坑 25 厘米，填土为松软细腻的灰褐土。

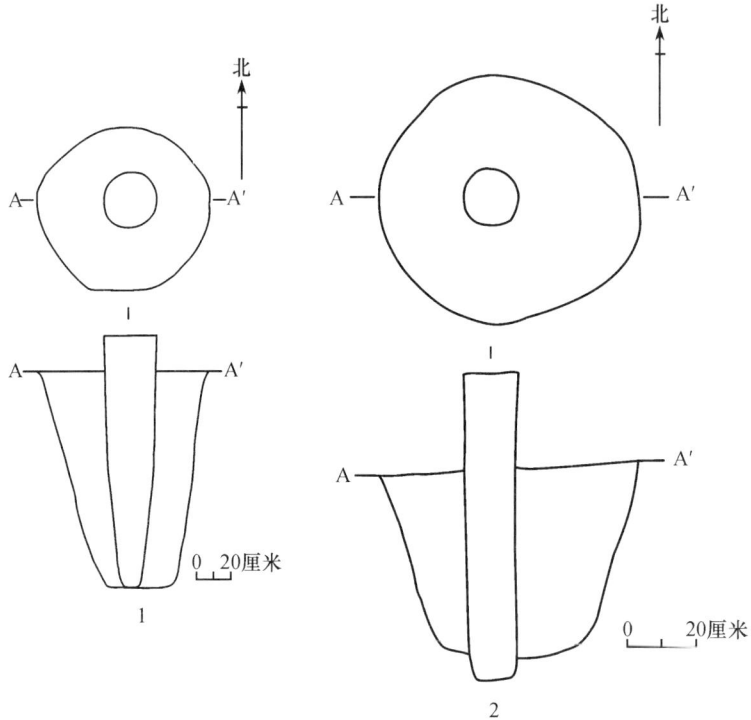

图四六　T0515D1、T0915D2 平、剖面图
1. T0515D1　2. T0915D2

7. T0415D15（图四七，1）

位于 T0415 西部，开口于 14 层下。柱坑平面呈椭圆形，长径 100、短径 70 厘米，斜壁平底，深 60 厘米。坑内填土为黄花土。木柱洞平面呈圆形，直径 15、深 60 厘米，竖直，柱洞内填土为松软细腻的灰褐土。

8. T0910D1（图四七，2）

位于 T0910 东南部，开口于 7 层下。柱坑平面呈椭圆形，长径 120、短径 75 厘米，直壁，台阶状平底，深 60~82 厘米。坑内填土呈褐色，夹有黄白色土块，土质较软。木柱洞平面呈圆形，直径 15、深 50 厘米，不及柱坑底部，略斜，柱洞填土为松软细腻的灰褐土。

9. T0610D6（图四七，3）

位于 T0610 北部，开口于 7 层下。柱坑平面呈椭圆形，长径 84、短径 60 厘米，斜壁平底，深 30 厘米。坑内填土为青灰色，含有红烧土颗粒，土质略硬。木柱洞平面呈圆形，直径 16、深 46 厘米，深于柱坑，木柱洞倾斜，其内填土为松软细腻的灰褐土。

10. T0514D20（图四七，4）

位于 T0514 东南部，开口于 13 层下。柱坑平面呈圆角长方形，长 62、宽 44 厘米，直壁平底，深 90 厘米，坑内填土为黄花土。木柱洞平面呈圆形，直径 15、深 85 厘米，竖直，填土为松软细腻的灰黄土。

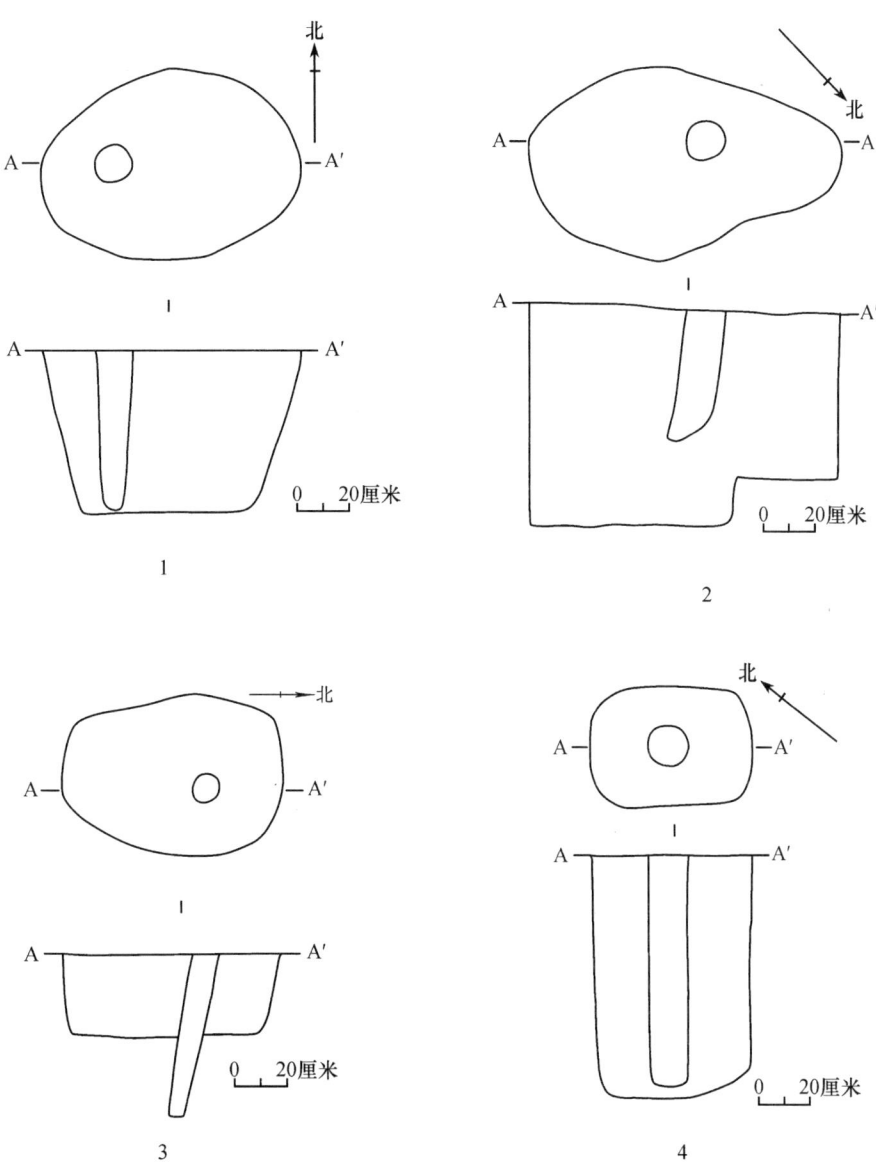

图四七　T0415D15、T0910D1、T0610D6、T0514D20 平、剖面图
1. T0415D15　2. T0910D1　3. T0610D6　4. T0514D20

11. T0806D7（图四八，1；彩版一〇，2）

位于 T0806 南部，开口于 14 层下。柱坑平面略呈长方形，长 95、宽 75 厘米，直壁平底，深 50 厘米。坑内为黄花土，较硬。木柱洞平面为圆形，直径 16 厘米，深与柱坑底相平，木柱朽痕高于柱坑口 100 厘米，木柱洞内填土为松软细腻的灰褐土。

12. T0611D2（图四八，2）

位于 T0611 南部，开口于 8 层下。柱坑平面不规则，南北长 50、深 30 厘米。坑内填土灰褐色，较松软，含有少量炭粒。木柱洞直径 15、深于柱坑底部 20 厘米，其内填土为松软细腻的灰褐土。

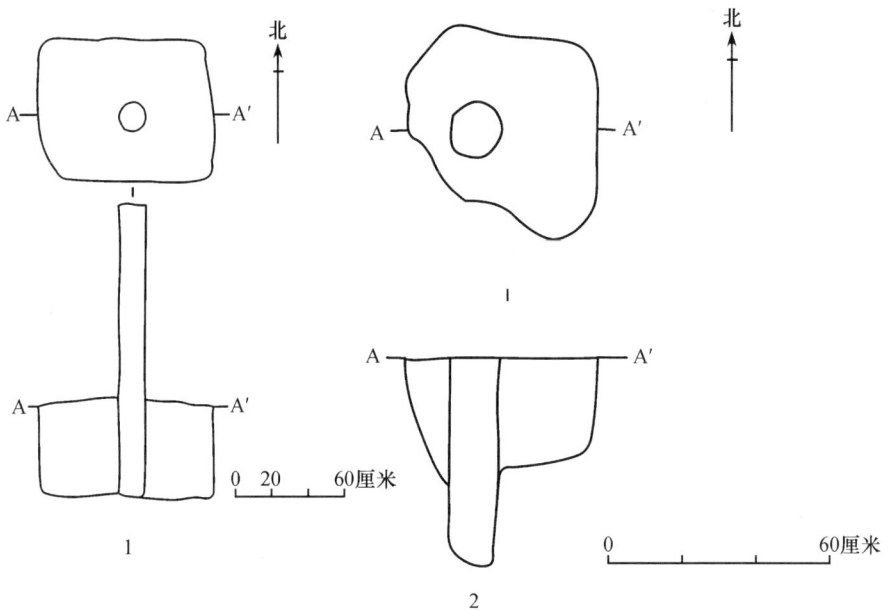

图四八　T0806D7、T0611D2 平、剖面图
1. T0806D7　2. T0611D2

B. 一坑两柱

数量较少。

1. T0614D6（图四九，1）

位于 T0614 北隔梁内，开口于 9 层下。柱坑平面呈圆形，直径 80 厘米，斜壁平底，深 70 厘米。坑内填土为灰褐土。坑内有两个木柱洞，均圆形，竖直，木柱洞 1 直径 20、深 70 厘米；木柱洞 2 直径 13、深 70 厘米。其内填土均为松软细腻的灰黄土。

2. T0514D7（图四九, 2）

位于 T0514 东隔梁内，开口于 8 层下。柱坑平面呈椭圆形，长径 100、短径 64 厘米，斜壁平底，深 65 厘米。坑内填土为灰褐土。坑内有两个木柱洞，均圆形，竖直，木柱 1 直径 20、深 65 厘米，木柱 2 直径 15、深 65 厘米。其内填土为松软细腻的灰黄土。

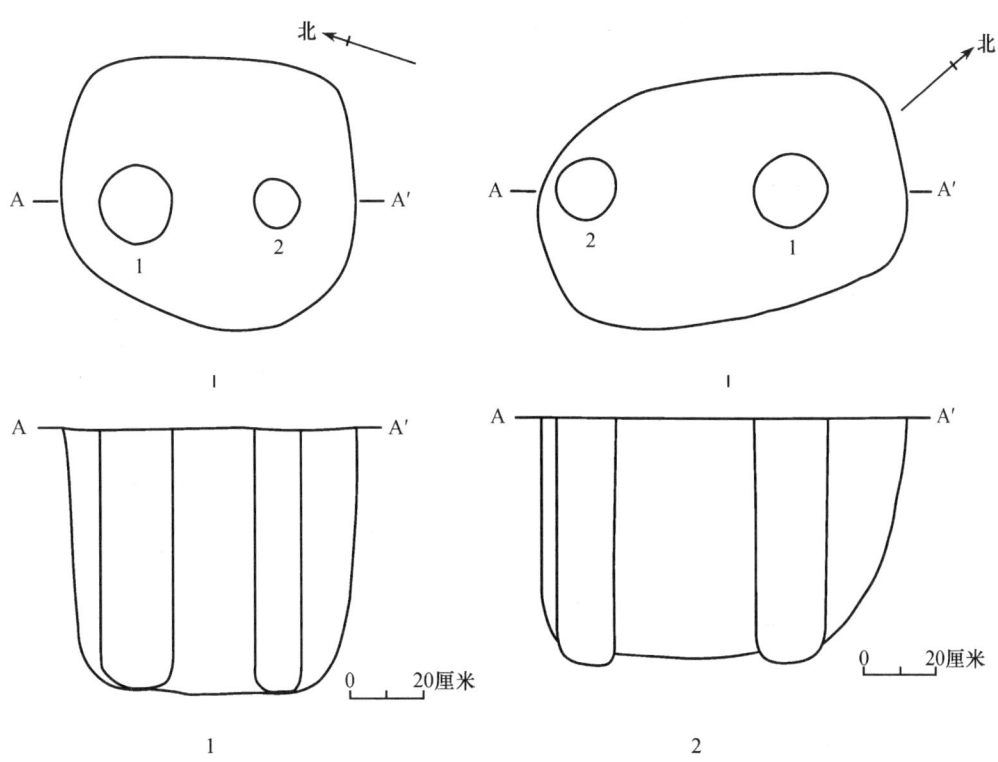

图四九　T0614D6、T0514D7 平、剖面图
1. T0614D6　2. T0514D7

3. T0808D9（图五〇, 1）

位于 T0808 东南角，开口于 14 层下。柱坑平面呈不规则椭圆形，长径 120、短径 78 厘米，一壁为直壁，另一壁呈台阶状，平底，深 70 厘米。坑内填土为黄花土，土质较硬。坑内有两个木柱洞，均圆形，竖直，木柱 1 直径 18、深 70 厘米；木柱 2 直径 28、深 70 厘米，木柱朽痕高于柱坑 38 厘米。木柱洞内填土为松软细腻的褐色土。

4. T0914D3（图五〇，2）

位于T0914中部，开口于5层下。柱坑平面呈不规则椭圆形，长160、宽94厘米，斜壁，底部不平，东浅西深，深50～76厘米。坑内填土为灰黄色黏土，较硬，含少量红烧土颗粒，出土少量陶片和动物骨骼。坑内有两个柱洞，均圆形，东木柱洞直径16、深36厘米，木柱朽痕高于柱坑38厘米，倾斜。西木柱洞直径13、深65厘米，木柱朽痕高于柱坑38厘米。木柱洞内填土均为松软细腻的灰褐色土。

C. 一坑三柱

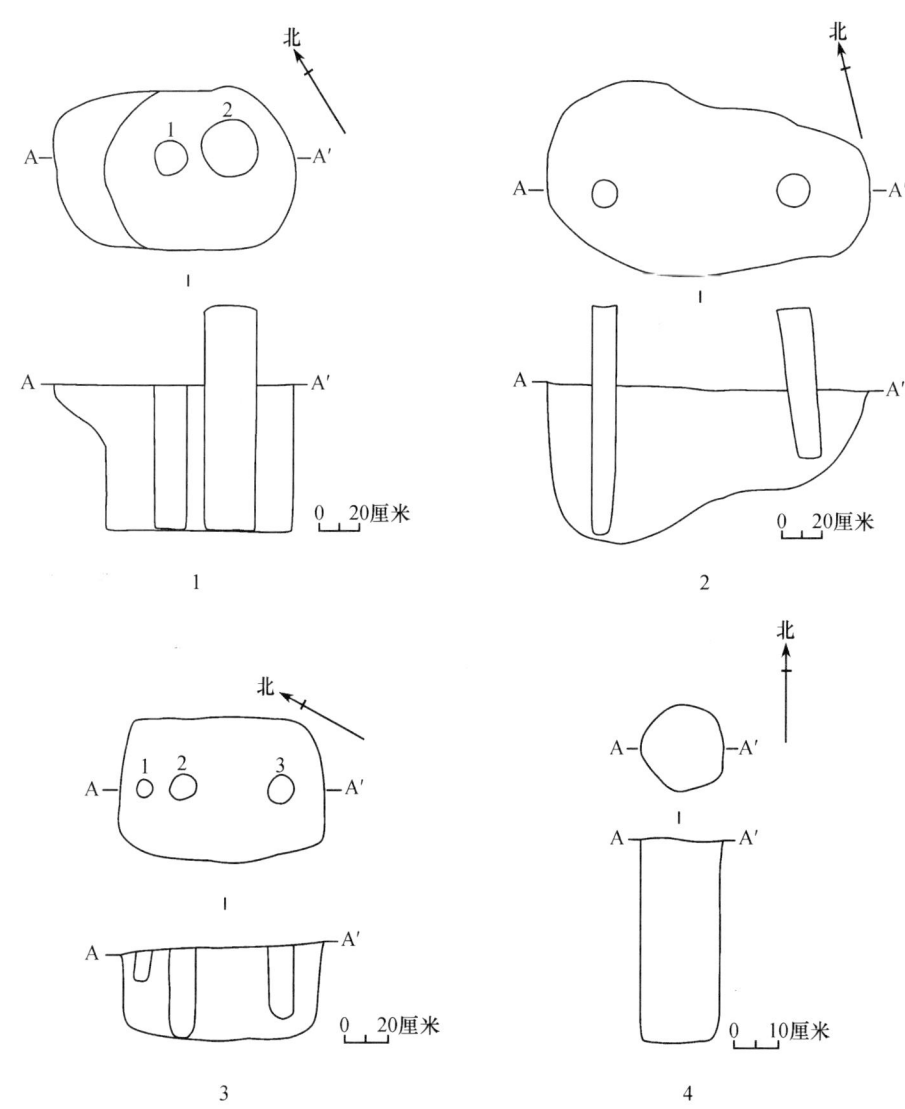

图五〇　T0808D9、T0914D3、T0509D12、T1012D4 平、剖面图
1. T0808D9　2. T0914D3　3. T0509D12　4. T1012D4

仅发现1个。T0509D12（图五〇，3），位于T0509东北部，开口于8层下。柱坑平面呈长方形，长92、宽52厘米，直壁平底，深40厘米。坑内填土为灰褐色花土，夹有少量红烧土颗粒及炭粒。坑内有3个木柱洞，均圆形。木柱1直径8、深14厘米，倾斜；木柱2直径12、深40厘米，竖直；木柱3直径12、深32厘米，竖直。木柱洞内填土均为松软细腻的灰褐色土。

（二）无柱坑柱洞

1. T1012D4（图五〇，4）

位于T1012中部，开口于4层下。平面近圆形，直径20厘米，直壁平底，深44厘米，柱洞内填土松软细腻的青灰色土。

2. T0708D1（图五一，1）

位于T0708西北部，开口于5层下。平面为圆形，直径14厘米，直壁圜底，深38厘米，填土为松软细腻的灰褐土。

3. T0710D1（图五一，2）

位于T0710西部，开口于7层下。平面为圆形，直径25厘米，直壁平底，深20厘米。填土为松软细腻的褐色土。

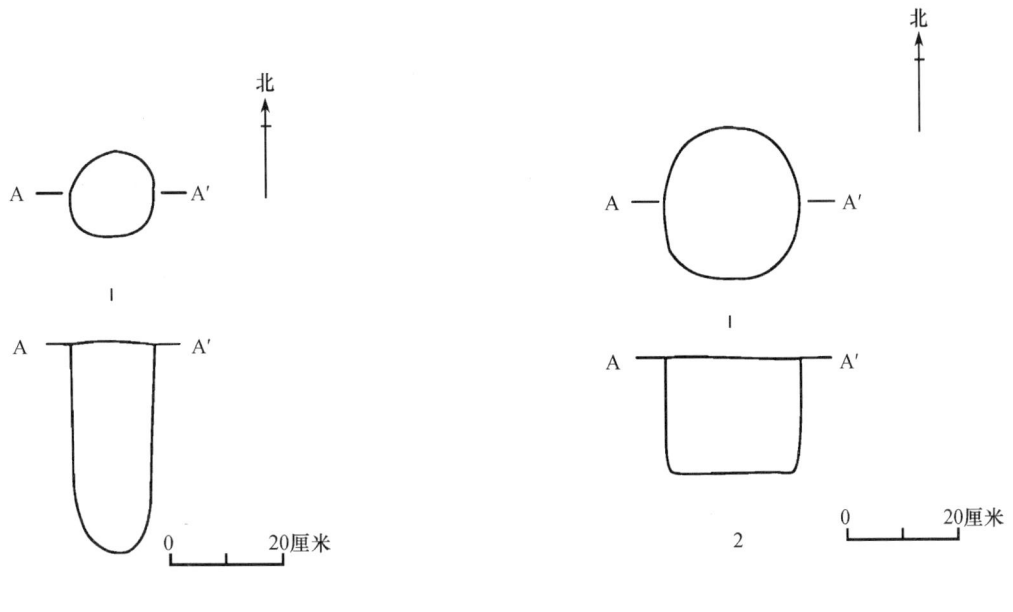

图五一　T0708D1、T071D1 平、剖面图
1. T0708D1　2. T0710D1

三、红 烧 土

在地层堆积中，我们已经提到遗址中自上而下共有 4 层红烧土堆积，并初步对其堆积特点作了说明。在安徽江淮地区的同时期遗址中，红烧土堆积现象比较普遍，六安堰墩遗址中就曾经发现过具有墙体性质的一片红烧土，木骨泥墙痕迹清晰。因此，在发掘过程中，我们特别注意红烧土遗存，期望把它与房址直接联系起来。

1. 红烧土堆积的分布范围与堆积状况

第一层红烧土分布范围较小，仅在台地中央及其以西的局部地区。向东不超过 08 列探方，向南不超过纵坐标为 10 的一排探方，向北不超过纵坐标为 14 的一排探方。此层红烧土堆积较薄，厚度一般不超过 15 厘米，基本呈小块状或颗粒状分布。以 T0612 探方内保存最好（彩版九，1），该探方第 7 层为第一层红烧土堆积，分布于整个探方，由西向东倾斜渐深。全部由小块红烧土堆积而成，厚 10～15 厘米。红烧土块大小相对均匀，构成相对平整的面，应为有意铺垫而成。平面上没有发现其他遗迹分布。

第二、三、四层红烧土分布于整个台地的四周，台地中央则没有红烧土堆积。北部地区相对稀疏，东部、西部、南部较密集，从地层对应表中也可以大致了解其分布情况。这三层红烧土堆积都是边缘地区较厚较密，向遗址中央趋薄趋疏，或断续延伸，至遗址中部消失。边缘最厚的地方近 100 厘米，以 T0507 第 4 层红烧土为例（彩版九，2），该层红烧土为整个台地的第二层红烧土，探方中部最厚，达 85 厘米，其堆积以小块红烧土为主，其间夹有少量的大块。大块红烧土一面光滑平整，似墙面。在 T1016 西南角的第 4 层红烧土（为台地的第三层红烧土）中，清理出一片有平整光面的红烧土（彩版九，3），整个堆积状况颇似倒塌的墙体。在较厚的红烧土堆积之下，往往有灰烬面。T0410 第 6 层红烧土为台地的第二层红烧土，该处红烧土结构紧密，为一整体，平面形状不规则，面积约 5 平方米，其下的灰烬厚达 2 厘米（彩版九，4）。

从红烧土本身来看，夹有植物根茎，明显为草拌泥。在一些稍大的红烧土块中，还发现有木骨痕迹（彩版九，6）。

2. 红烧土的性质和红烧土堆积的功用

由于红烧土本身为草拌泥，并有木骨痕迹，而且还有平整的光面，局部范围还发现了颇似倒塌墙体的状况，作为墙体的可能性较大。在 T0512 第 11 层红烧土下发现了一片炭木板灰烬遗迹，充分说明了红烧土原来作为墙体的可能性极大。

这片木板灰烬遗迹位于 T0512 内，叠压于该探方第 11 层红烧土层之下（彩版九，5）。为一层灰烬，平面呈条带状，残长约 250、宽约 70 厘米（图五二，1），较薄。此范围内灰烬痕迹可以分为 13 个界限明显的小单元，各单元呈长条状，酷似烧成灰烬的木板痕迹。单块木板痕迹宽 12~16 厘米，呈西南—东北走向。

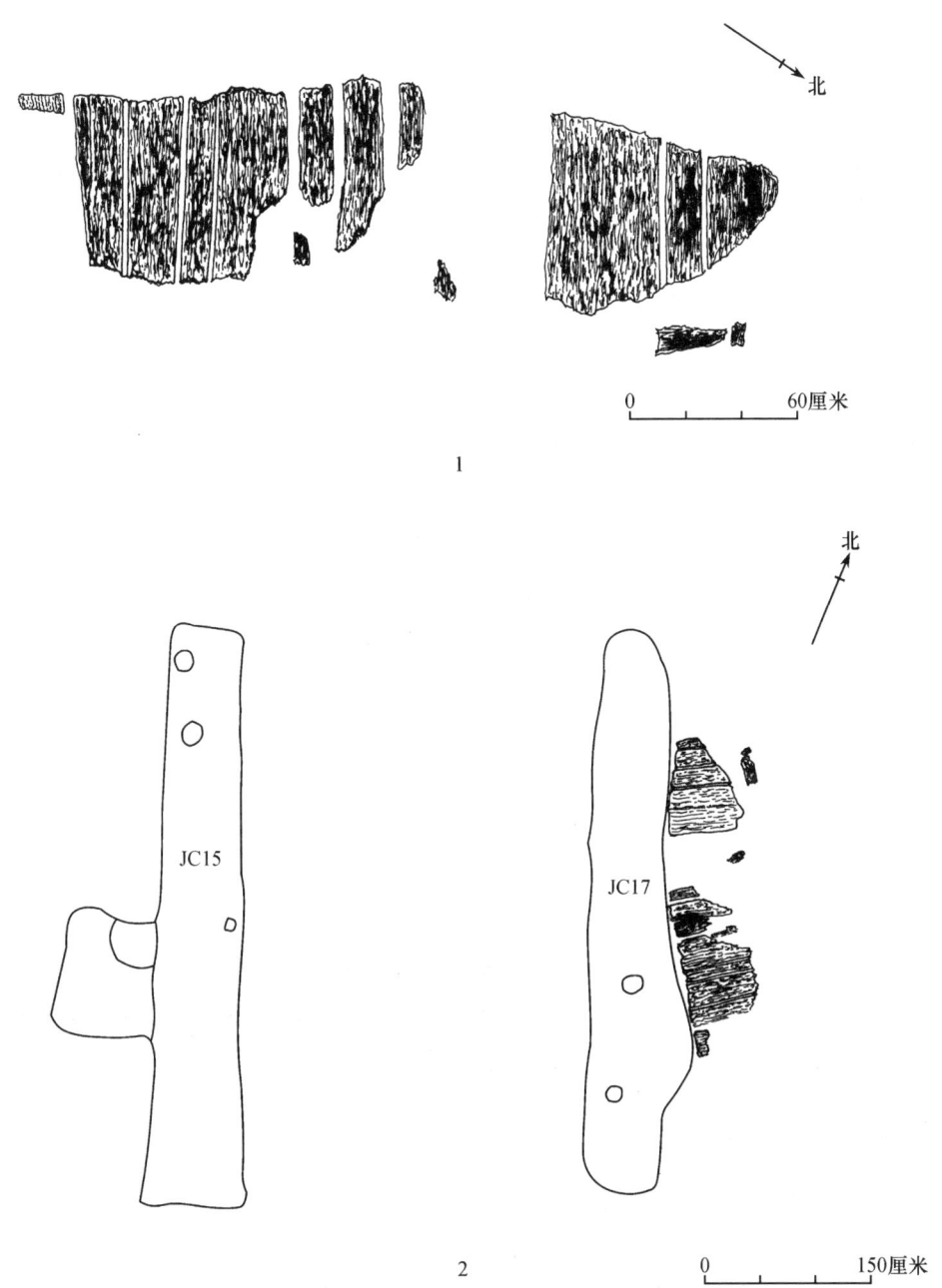

图五二　F7 与木板灰烬平面示意图
1. T0512⑪层下木板灰烬平面图　2. F7 与木板灰烬位置示意图

我们可以将此遗迹结合本探方内开口于 10 层下的基槽 17 与基槽 15 组成的 F7 进行综合考察（图五二，2）。基槽 15 开口于 10 层下，而第 11 层为红烧土堆积，红烧土堆积下又存在炭木板灰烬，仅从地层、遗迹的叠压打破原则看，似乎基槽 15 的开口层面与木板灰烬不在同一界面上，不能作为同一时间的遗迹。但如前面地层堆积中说明的那样，我们是把红烧土堆积作为地层堆积来记录的，它本身的厚薄与疏密并不一致，在划分地层时，虽然有的地方稀疏，我们也同样将其作为红烧土层划分。如果红烧土堆积是建筑的倒塌堆积，则基槽 15 的开口层面与木板灰烬所在的界面是相同的，都位于 10 层之下与 12 层之上。这样，基槽 15、该区域的第 11 层红烧土堆积、木板灰烬三者之间的关系就可以视为基槽 15 之上的墙体（红烧土墙）向东北方向倒塌之后，压在了木板之上，而倒塌过程中发生了火烧情况，因而木板呈灰烬状，红烧土应为基槽 15 之上墙体的倒塌堆积，只不过此后经过了平整铺垫重新利用而已。因而可以推测，红烧土堆积最厚、最密的地方，有可能是房子墙体倒塌的地方。

因此红烧土堆积的性质应当与台地边缘地区的垫土堆积一样，是聚落居民利用红烧土进行铺垫的堆积，是对废弃红烧土墙体的重新利用，以方便活动，具有防黏、防滑作用。

从 08 列探方的西壁剖面看，从早到晚红烧土堆积的最厚部分从台地边缘向中央位移，直至最晚的一层红烧土局限于较小的范围，致使整个遗址的分布范围越来越小，呈向中央退缩之势，或许这也是遗址最后废弃的原因之一。

四、灶

共发现 7 个，均不在确认的房址内。

1. Z1（图五三，1）

位于 T0915 东隔梁内，开口于 5 层下，东、北面已残，西南部保存较好。平面呈椭圆形，残长 114、宽 86 厘米。灶壁用土垒成梗状，宽约 12 厘米，经火后呈深黄色。灶内填土中有较多的木炭灰及破碎的蚌壳，或为临时之用。

2. Z2（图五三，2）

位于 T0413 中部，开口于 7 层下，保存较差，仅剩底部。平面为圆形，直径约 83 厘米。灶壁用土垒成，宽 10~20 厘米，经火后呈黄色，锅底状，残深 10 厘米。灶南端 2 块较硬的土块，可能用作支撑。灶内有较多的木炭粒及草木灰。可能是临时用灶。

第三章 遗 迹

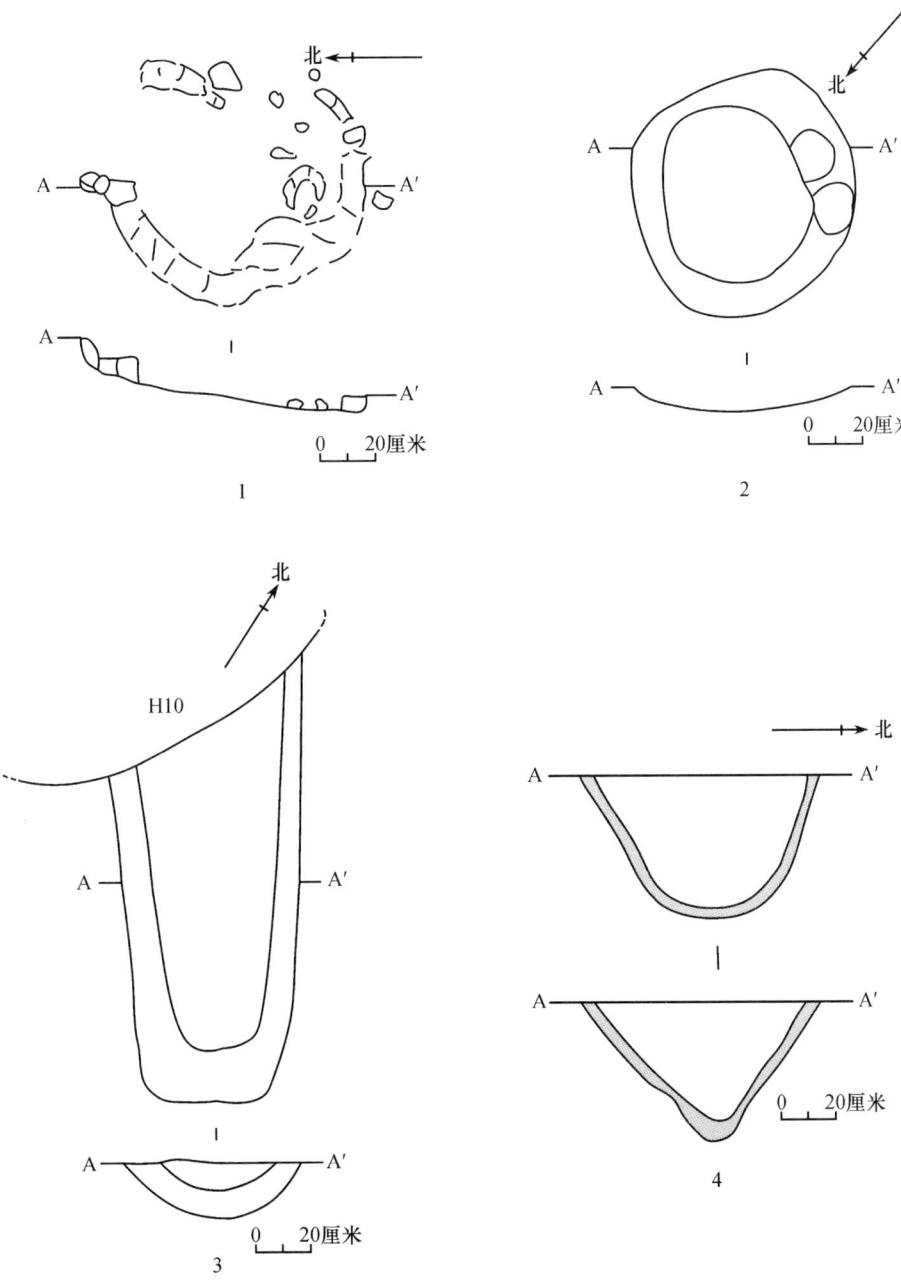

图五三　Z1、Z2、Z3、Z4 平、剖面图
1. Z1　2. Z2　3. Z3　4. Z4

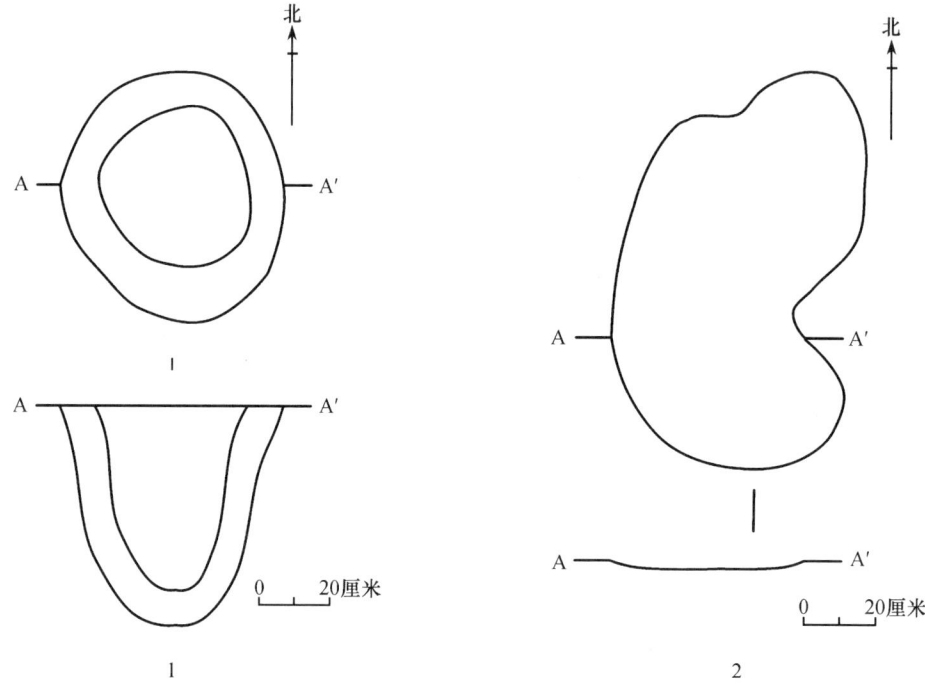
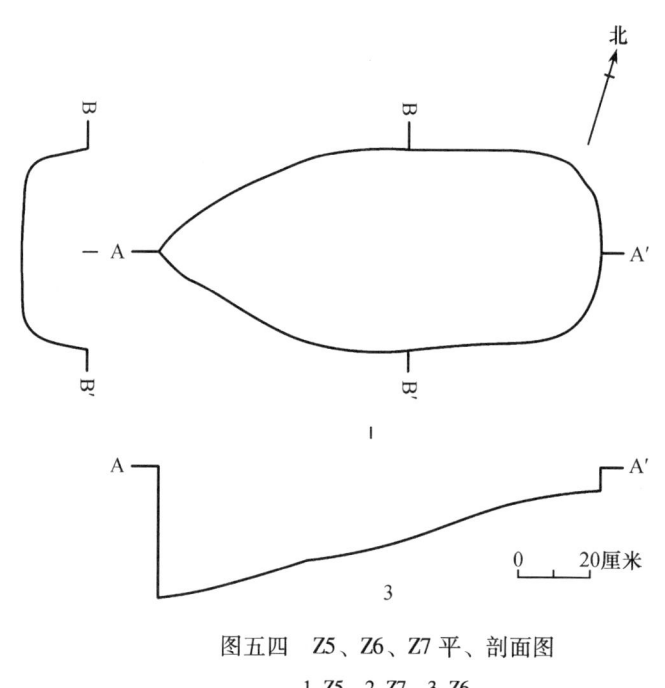

图五四 Z5、Z6、Z7 平、剖面图
1. Z5 2. Z7 3. Z6

3. Z3（图五三，3）

位于 T0513 东北角，开口于 9 层下，北部被 H10 打破。平面略呈长方形，残长 154、宽约 60、残深 10 厘米。灶壁用土垒成梗状，宽 6~20 厘米，经火后呈黄色。圜底。灶内填土松软，含有大量的草木灰和少量炭粒。

4. Z4（图五三，4）

位于 T0314 西北部，开口于 1 层下，部分在探方外未发掘。圆坑状，平面呈椭圆形，发掘部分长 90、宽 50 厘米。灶壁用草拌泥涂抹，厚约 5 厘米。灶内填土灰褐色，土质疏松，含有大量的草木灰。

5. Z5（图五四，1）

位于 T0814 东隔梁内，开口于 5 层下。圆坑状，平面为圆形，直径约 65、深 50 厘米。灶壁用草拌泥涂抹而成，厚 10 厘米。灶内填土灰褐色，土质松软，并有大量草木灰。

6. Z6（图五四，3）

位于 T0607 中部，开口于 2 层下。呈簸箕形，长 122、宽约 55 厘米。直壁，灶底由西向东渐深，最深 35 厘米。灶壁经烟火后呈黑色，灶底有厚约 1 厘米的草木灰。

7. Z7（图五四，2）

位于 T0606 及扩方中，开口于 1 层下，已残，仅剩底部。平面不规则，残长约 103、宽约 62、深仅 2 厘米。灶壁经火后较硬，底部有较厚的草木灰。

第三节　墓　　葬

遗址中共发现各类墓葬 56 座，绝大多数头向朝东或东南。多数为未成年人墓，少数为成人墓；多数墓葬无随葬品，仅 8 座墓葬有随葬品。另在地层中发现 2 具人骨架，未做墓葬处理编号（见人骨性别年龄鉴定表）。以下分未成年人墓和成人墓两大类逐一介绍。为便于检索，报告中还附了所有墓葬的统计表（表七）。

表七 墓葬统计表

墓号	头向	开口层位	形制	尺寸（长×宽-深，厘米）	葬式	随葬品	年龄	性别	期别
M1	88°	T0717①层下	长方形土坑竖穴	110×32-54	仰身直肢	无	3岁左右	不详	二期
M2	98°	T0717②层下	长方形土坑竖穴	180×50-80	仰身直肢	无	约45岁	男	二期
M3	78°	T0517①层下	长方形土坑竖穴	77×30-30	仰身直肢	无	1~1.5岁	不详	二期
M4	90°	T0517①层下	长方形土坑竖穴	110×30-25	仰身直肢	无	3岁左右	不详	二期
M5	130°	T1114④层下	长方形土坑竖穴	90×30-15	仰身直肢	无	3岁左右	不详	三期
M6	140°	T0804①层下	长方形土坑竖穴	75×40-45	仰身直肢	无	当为婴儿	不详	一期
M7	130°	T0816①层下	长方形土坑竖穴	130×40-25	仰身直肢	无	35~40岁	女	二期
M8	140°	T0516①层下	长方形土坑竖穴	75×20-30-35	仰身直肢	无	0~6月	不详	二期
M9	85°	T0516①层下	长方形土坑竖穴	105×35-45	仰身直肢	无	3岁左右	不详	四期
M10	118°	T0416①层下	长方形土坑竖穴	165×40-30	仰身直肢	无	16岁左右	男	四期
M11	60°	T0907①层下	长方形土坑竖穴	120×(30~40)-10	仰身直肢	无	7岁左右	不详	二期
M12	110°	T0316④层下	长方形土坑竖穴	85×30-20	仰身直肢	无	1.5岁左右	不详	二期
M13	80°	T0806③层下	长方形土坑竖穴	140×40-40	仰身直肢	无	8~10岁	不详	二期
M14	117°	T0316⑤层下	长方形土坑竖穴	95×30-20	仰身直肢	无	3岁左右	不详	二期
M15	95°	T1211④层下	长方形土坑竖穴	86×30-20	仰身直肢	无	2岁左右	不详	二期
M16	143°	T0417②层下	长方形土坑竖穴	225×(64~68)-145	仰身直肢	陶鬲1、陶簋1、陶豆1	17~18岁	女	一期
M17	35°	T0805①层下	长方形土坑竖穴	100×30-15	仰身直肢	无	3岁左右	不详	二期
M18	146°	T1111④层下	长方形土坑竖穴	100×50-15	不详	无	成年	女	二期
M19	75°	T0805⑨层下	长方形土坑竖穴	130×40-35	仰身直肢	无	8~9岁	不详	二期
M20	123°	T0314⑨层下	长方形土坑竖穴	105×(25~30)-30	仰身直肢	无	3~5岁	不详	二期
M21	90°	T0907⑬层下	长方形土坑竖穴	80×30-10	仰身直肢	无	0~6月，为婴儿	不详	二期
M22	70°	T0805⑩层下	长方形土坑竖穴	90×30-15	仰身直肢	无	3岁左右	不详	二期
M23	130°	T1111④层下	长方形土坑竖穴	60×34-15	仰身直肢	无	8~9岁	不详	二期
M24	112°	T0517⑦层下	长方形土坑竖穴	230×80-80	仰身直肢	无	40~45岁	男	二期
M25	110°	T0907⑬层下	长方形土坑竖穴	110×36-25	仰身直肢	无	2岁左右	不详	二期
M26	95°	T0906⑦层下	长方形土坑竖穴	170×45-50	仰身直肢	无	3~5岁	不详	二期
M27	93°	T0310⑤层下	长方形土坑竖穴	110×42-45	仰身直肢	无	幼儿	不详	二期
M28	132°	T0714①层下	长方形土坑竖穴	270×70-70	仰身直肢	陶鬲1、陶豆1、陶盘1、陶罐1	成年	不详	二期

续表

墓号	头向	开口层位	形制	尺寸（长×宽-深，厘米）	葬式	随葬品	年龄	性别	期别
M29	85°	T0907⑦层下	长方形土坑竖穴	120×35-15	仰身直肢	无	3~5岁	不详	二期
M30	130°	T0714⑪层下	长方形土坑竖穴	240×70-100	仰身直肢	无	25~30岁	不详	二期
M31	95°	T0515⑪层下	长方形土坑竖穴	152×40-50	仰身直肢	无	14~15岁	不详	二期
M32	143°	T1015⑩层下	长方形土坑竖穴	190×50-65	仰身直肢	陶鬲1、陶豆1	成年	男	二期
M33	130°	T0807⑪层下	长方形土坑竖穴	90×35-60	仰身直肢	无	婴幼儿	不详	一期
M34	135°	T0807⑪层下	长方形土坑竖穴	100×40-60	仰身直肢	无	0.5~1岁	不详	一期
M35	130°	T0915⑩层下	长方形土坑竖穴	118×30-15	仰身直肢	无	6岁左右	不详	二期
M36	97°	T0410⑥层下	长方形土坑竖穴	206×76-55	仰身直肢	陶罐1、陶盨1	35~39岁	男	二期
M37	135°	T1113⑪层下	长方形土坑竖穴	105×(25~35)-15	仰身直肢	无	6~7岁	不详	二期
M38	281°	T0411④层下	长方形土坑竖穴	180×45-15	俯身直肢	无	23~25岁	男	二期
M39	127°	T0310⑤层下	长方形土坑竖穴	104×30-15	侧身曲肢	无	3~5岁	不详	二期
M40	105°	T0409⑪层下	长方形土坑竖穴	75×25-10	俯身直肢	无	幼儿	不详	一期
M41	227°	T1113⑥层下	长方形土坑竖穴	138×50-20	不详	无	14岁左右	不详	二期
M42	135°	T0414⑨层下	长方形土坑竖穴	132×32-15	仰身直肢	陶盨1、陶罐1	8~9岁	不详	二期
M43	105°	T1015⑩层下	长方形土坑竖穴	260×80-70	仰身直肢	无	成年	男	二期
M44	114°	T0411④层下	长方形土坑竖穴	180×52-40	仰身直肢	无	成年	不详	一期
M45	130°	T0907⑤层下	长方形土坑竖穴	100×40-70	仰身直肢	无	幼儿	不详	一期
M46	120°	T0806⑬层下	长方形土坑竖穴	180×45-40	仰身直肢	无	30岁左右	女	二期
M47	120°	T1114⑧层下	长方形土坑竖穴	132×38-15	仰身直肢	陶罐1、陶盨1	6岁左右	不详	二期
M48	178°	T0916⑩层下	长方形土坑竖穴	210×40-30	仰身直肢	无	40~44岁	男	二期
M49	107°	T1211④层下	长方形土坑竖穴	240×60~110-86	侧身直肢	陶鬲、陶盆	成年	女	二期
M50	154°	T0907③层下	长方形土坑竖穴	75×40-45	仰身直肢	无	婴儿	不详	一期
M51	125°	T0906⑤层下	长方形土坑竖穴	165×44-100	仰身直肢	陶鬲、陶豆1、陶盨1	8~9岁	不详	二期
M52	107°	T1009⑫层下	长方形土坑竖穴	265×60-120	仰身直肢	无	35~40岁	男	二期
M53	148°	T0714⑪层下	长方形土坑竖穴	195×55-110	俯身直肢	陶鬲1	40~45岁	男	二期
M54	135°	T0716③层下	长方形土坑竖穴	120×40-30	仰身直肢	无	3~5岁	不详	一期
M55	145°	T0916⑪C层下	长方形土坑竖穴	83×35-30	仰身直肢	无	0.5~1岁	不详	一期
M56	121°	T0606⑧层下	长方形土坑竖穴	180×50-15	仰身直肢	无	6岁左右	不详	二期
M56	121°	T1112⑧层下	长方形土坑竖穴	180×50-15	仰身直肢	无	6岁左右	不详	二期

一、未成年人墓

共发现39座。

1. M1（图五五；图版一，1）

发现于T0717西部，开口于1层下。由于所打破的2层堆积年代已属于遗址较早阶段，其内填土与遗址内堆积一致，仍将其归入本遗址的遗存。长方形土坑竖穴墓，长110、宽32厘米，直壁，深54厘米。填土为灰褐色花土，夹有少量红烧土颗粒。墓底发现一具人骨架，仰身直肢，没有发现葬具。无随葬品，头向88°。人骨经鉴定为幼儿，年龄约3岁，性别不详。

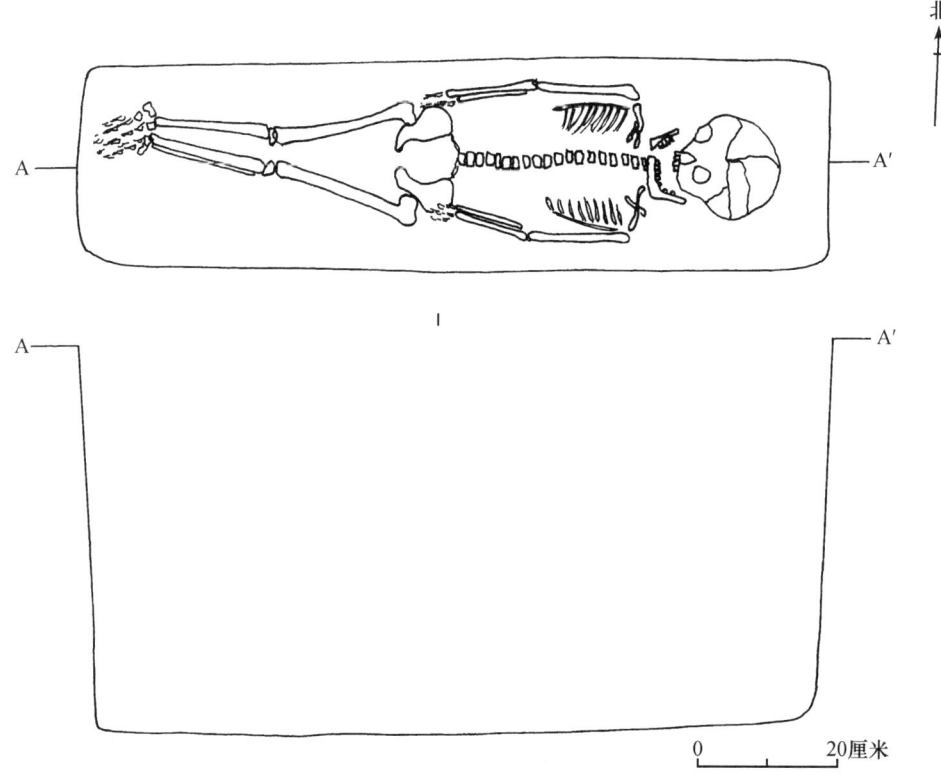

图五五　M1平、剖面图

2. M3（图五六）

位于 T0517 东南部，部分进入 T0516 北隔梁，开口于 1 层下。其所打破的 2 层已属遗址较早的堆积，其内填土与遗址内堆积一致，仍将其归入本遗址的遗存中。长方形土坑竖穴墓，长 77、宽 30 厘米，直壁，深 30 厘米。填土为灰褐色花土，有少量红烧土颗粒。墓底发现一具人骨架，保存稍差，仰身直肢，没有发现葬具。无随葬品，头向 78°。人骨经鉴定为幼儿，年龄 1～1.5 岁，性别不详。

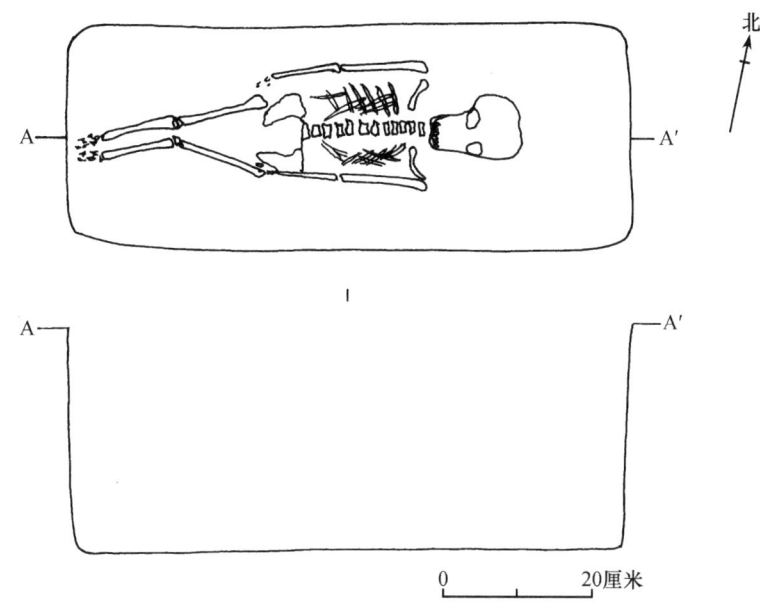

图五六　M3 平、剖面图

3. M4（图五七）

位于 T0517 南部，开口于 1 层下，墓口距地表深仅 15 厘米。形制与填土与其他墓葬相类，归入本遗址的遗存中。长方形土坑竖穴墓，长 110、宽 30、残深 25 厘米。填土为灰褐色花土，有少量红烧土颗粒。墓底发现一具人骨架，保存较好，头骨已碎，仰身直肢，没有发现葬具。无随葬品，头向 90°。人骨经鉴定为幼儿，年龄约 3 岁，性别不详。

4. M5（图五八；图版二，1）

位于 T1114 南部，开口于 4 层下，发现时已至人骨架。长方形土坑竖穴墓，长 90、宽 30、残深 15 厘米。填土为灰褐色花土，土质较硬，并夹有较多的红烧土颗粒。墓底发现一具人骨架，保存较好，仰身直肢，没有发现葬具。无随葬品，头向 130°。人骨经鉴定为幼儿，年龄约 3 岁，性别不详。

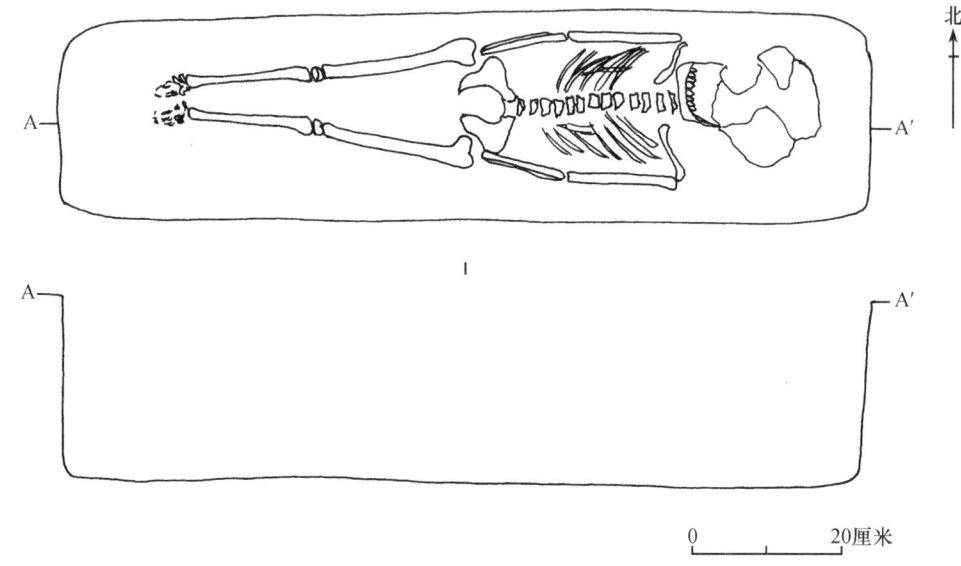

图五七　M4 平、剖面图

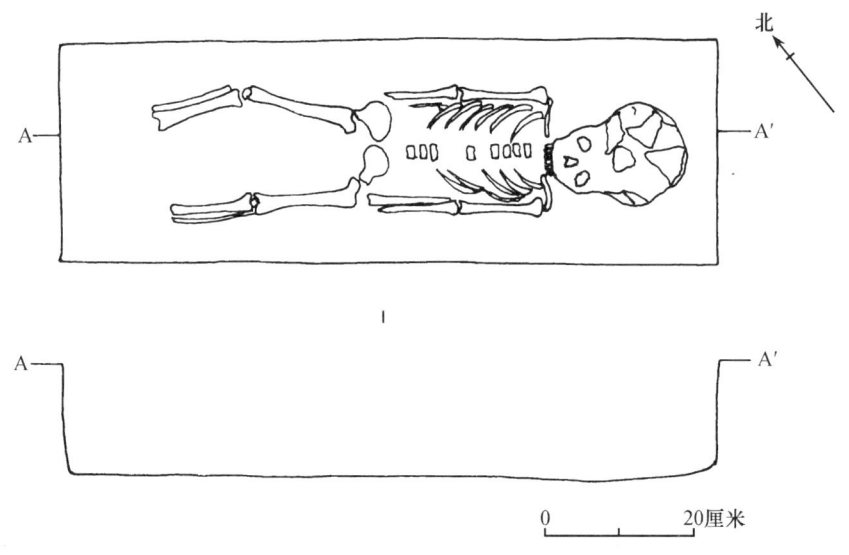

图五八　M5 平、剖面图

5. M6（图五九）

位于 T0804 北部，开口于 11 层下。长方形土坑竖穴墓，长 75、宽 40 厘米，直壁，深 45 厘米。填土为黄色花土，土质较硬。墓底发现一具人骨架，保存较差，仰身直肢，没有发现葬具。无随葬品，头向 140°。人骨经鉴定为婴儿，性别不详。

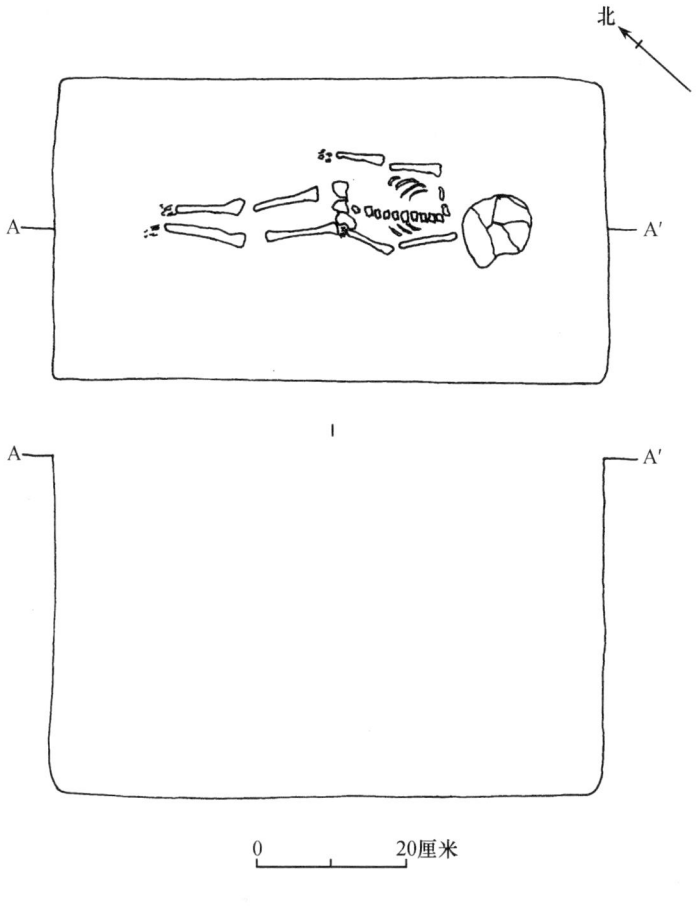

图五九 M6 平、剖面图

6. M8（图六〇；图版一，2）

位于 T0516 西北部，部分在 T0416 东隔梁内，开口于 5 层下。长方形土坑竖穴墓，东南端稍宽，西北端略窄，长 75、宽 20~30 厘米，斜直壁，深 35 厘米。填土灰褐色，夹有少量红烧土颗粒。墓底发现一具人骨架，头骨已碎，保存较好，仰身直肢，没有发现葬具。无随葬品，头向 140°。人骨经鉴定为婴儿，0~6 月，性别不详。

7. M9（图六一；图版三，1）

位于 T0516 北部，大部分在北隔梁内，开口于 1 层下。长方形土坑竖穴墓，长 105、宽 35 厘米，直壁，深 45 厘米。填土灰褐色，夹有少量红烧土颗粒。墓底发现一具人骨架，保存较好，仰身直肢，没有发现葬具。无随葬品，头向 85°。人骨经鉴定年龄约 3 岁，性别不详。

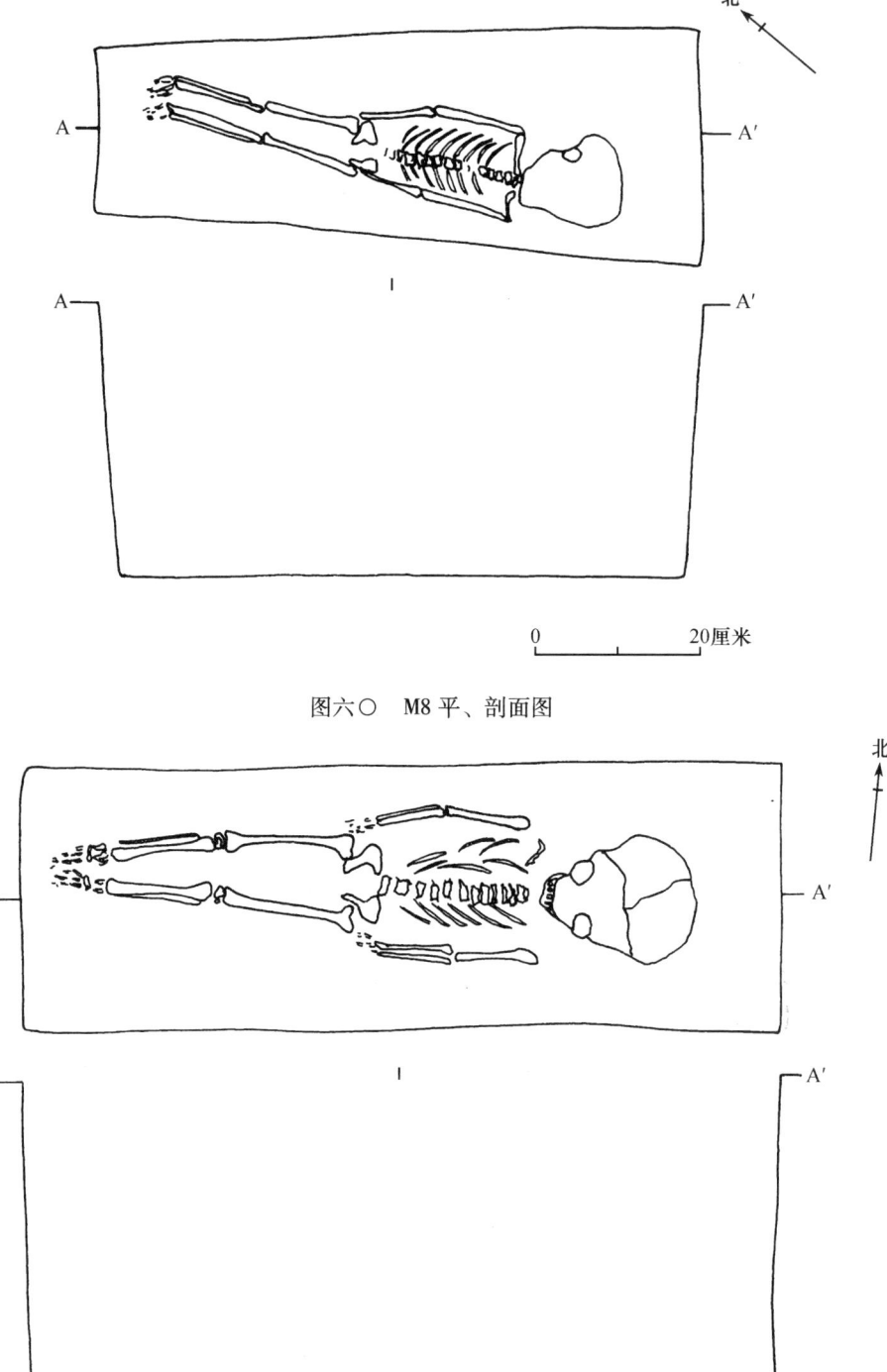

图六〇　M8 平、剖面图

图六一　M9 平、剖面图

8. M10（图六二；图版一，3）

位于 T0416 西北部，开口于 1 层下，墓口距地表深 25 厘米。长方形土坑竖穴墓，长 165、宽 40 厘米，直壁，深 30 厘米。填土灰褐色，夹有少量红烧土颗粒。墓底发现一具人骨架，保存较好，仰身直肢，没有发现葬具。无随葬品，头向 118°。人骨经鉴定年龄约 16 岁，可能为男性。

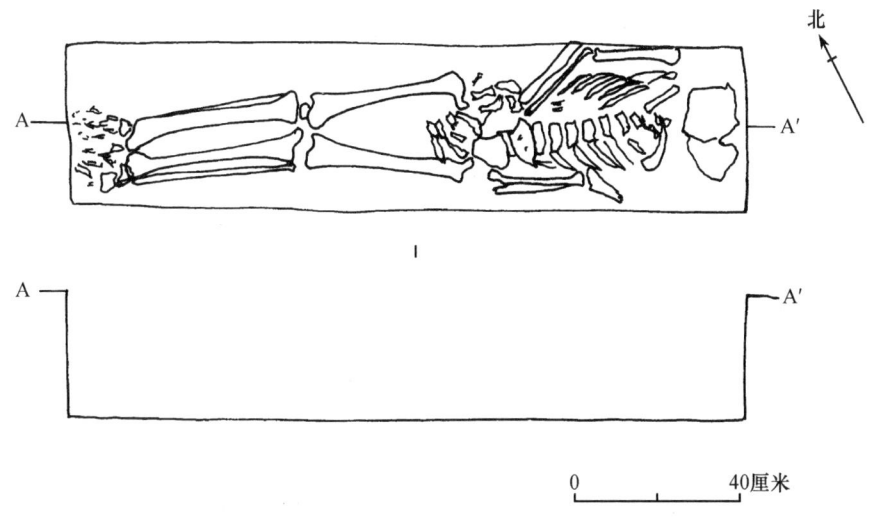

图六二　M10 平、剖面图

9. M11（图六三）

位于 T0907 东隔梁内，开口于 1 层下，从墓葬形制及填土确认为遗址同时期遗迹，墓口距地表深 20 厘米。长方形土坑竖穴墓，长 120、宽 30～40 厘米，直壁，头部稍浅，深 10 厘米，足部深 20 厘米。填土灰褐色，夹有红烧土颗粒。墓底发现一具人骨架，保存较好，头骨已碎，仰身直肢，没有发现葬具。无随葬品，头向 60°。人骨经鉴定年龄约 7 岁，性别不详。

10. M12（图六四；图版二，2）

位于 T0316 西部，开口于 4 层下。长方形土坑竖穴墓，长 85、宽 30 厘米，直壁，深 20 厘米。填土灰褐色，墓底发现一具人骨架，保存较好，头骨已碎，仰身直肢，下肢骨交叉，没有发现葬具。无随葬品，头向 110°。人骨经鉴定年龄约 1.5 岁，性别不详。

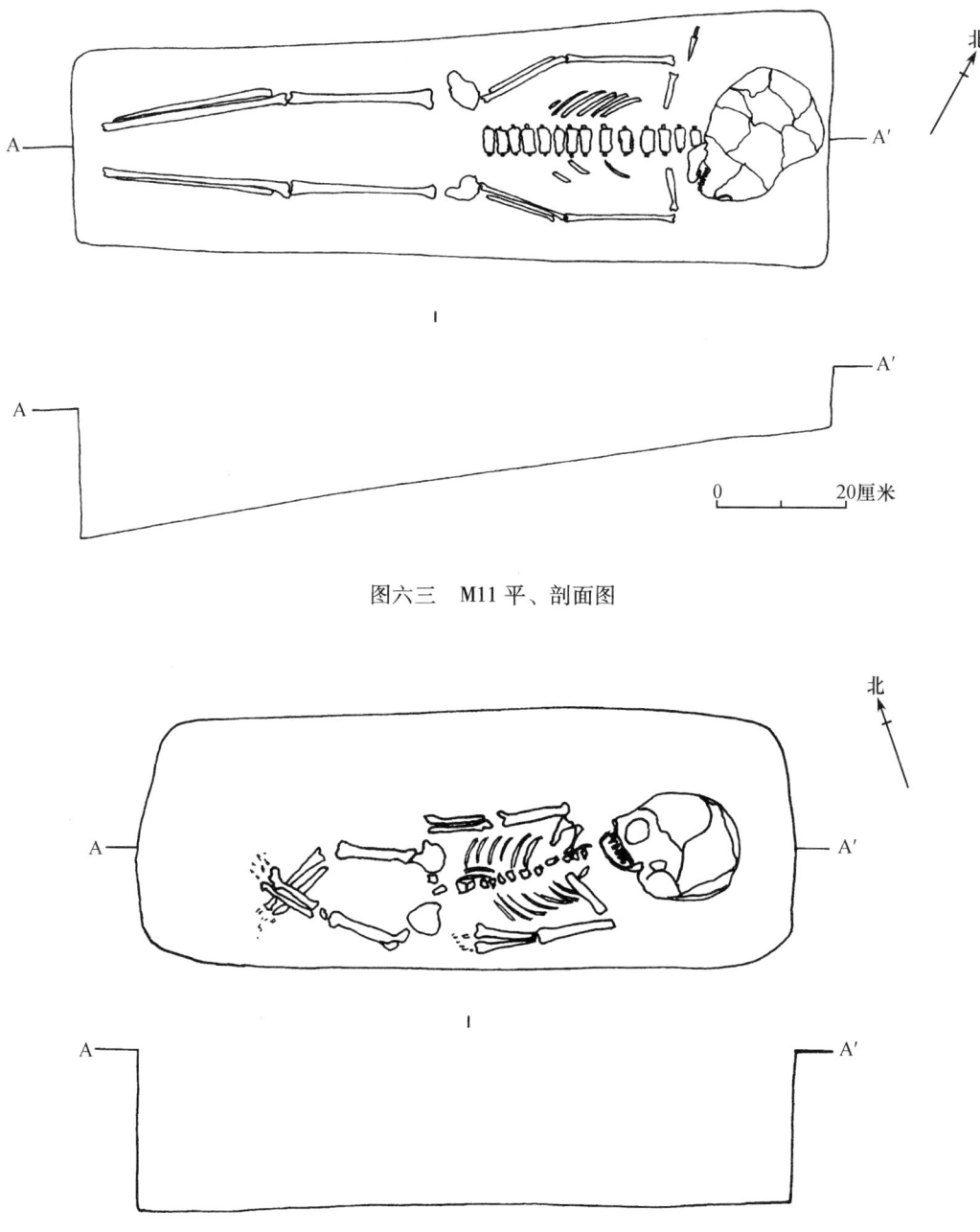

图六三　M11 平、剖面图

图六四　M12 平、剖面图

11. M13（图六五；图版二，3）

位于 T0806 东南角，开口于 3 层下。长方形土坑竖穴墓，长 140、宽 40 厘米，直壁，深 40 厘米。填土灰黑色，夹有大量的红烧土颗粒。墓底发现一具人骨架，保存较好，仰身直肢，没有发现葬具。无随葬品，头向 80°。人骨经鉴定年龄 8~10 岁，性别不详。

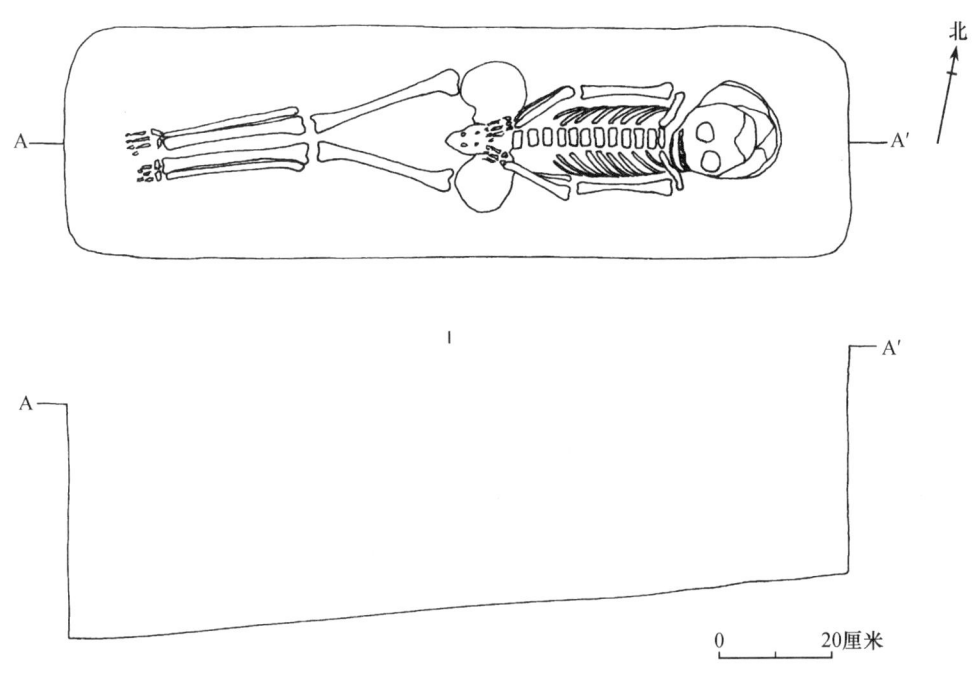

图六五　M13 平、剖面图

12. M14（图六六）

位于 T0316 东北角，开口于 5 层下。长方形土坑竖穴墓，长 95、宽 30 厘米，直壁，深 20 厘米。填土灰褐色，墓底发现一具人骨架，保存较好，仰身直肢，右下肢骨略曲，没有发现葬具。无随葬品，头向 117°。人骨经鉴定年龄约 3 岁，性别不详。

13. M15（图六七）

位于 T1211 西北角，开口于 4 层下，被本探方 K1 打破。长方形土坑竖穴墓，长 86、宽 30、残深 20 厘米。填土灰褐色，夹有黄土点。墓底发现一具人骨架，除被打破处外，其余保存较好，仰身直肢，没有发现葬具。无随葬品，头向 95°。人骨经鉴定年龄约 2 岁，性别不详。

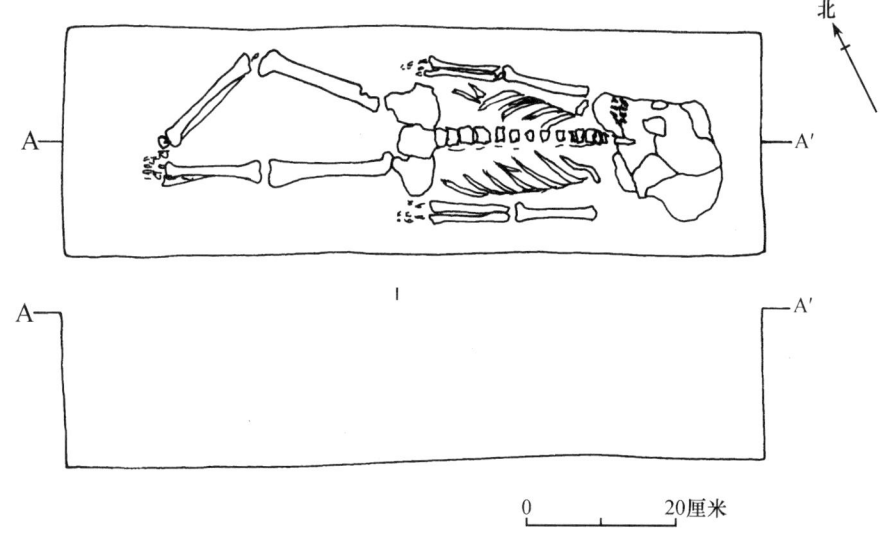

图六六　M14 平、剖面图

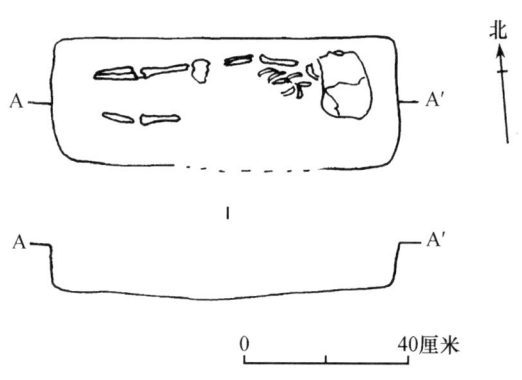

图六七　M15 平、剖面图

14. M17（图六八；图版二，4）

位于 T0805 西部，开口于 8 层下。长方形土坑竖穴墓，长 100、宽 30、残深 15 厘米。填土黑灰色，夹有黄土点及螺蚌壳。墓底发现一具人骨架，保存较好，头骨已碎，仰身直肢，没有发现葬具。无随葬品，头向 35°。人骨经鉴定年龄约 3 岁，性别不详。

15. M19（图六九）

位于 T0805 东部，开口于 9 层下。长方形土坑竖穴墓，长 130、宽 40 厘米，直壁，深 35 厘米。填土为黄色花土，夹有螺蚌壳。墓底发现一具人骨架，保存较好，头骨已碎，仰身直肢，没有发现葬具。无随葬品，头向 75°。人骨经鉴定年龄 3~5 岁，性别不详。

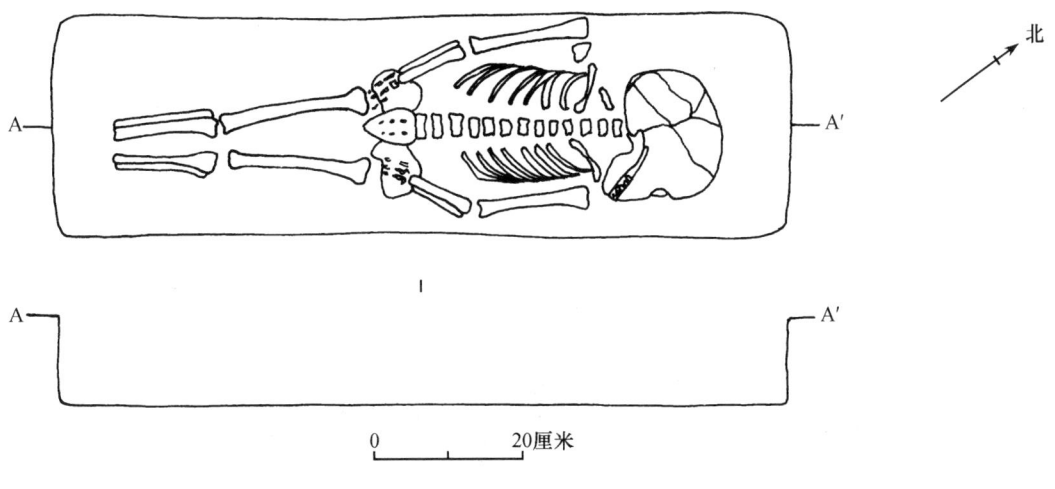

图六八　M17 平、剖面图

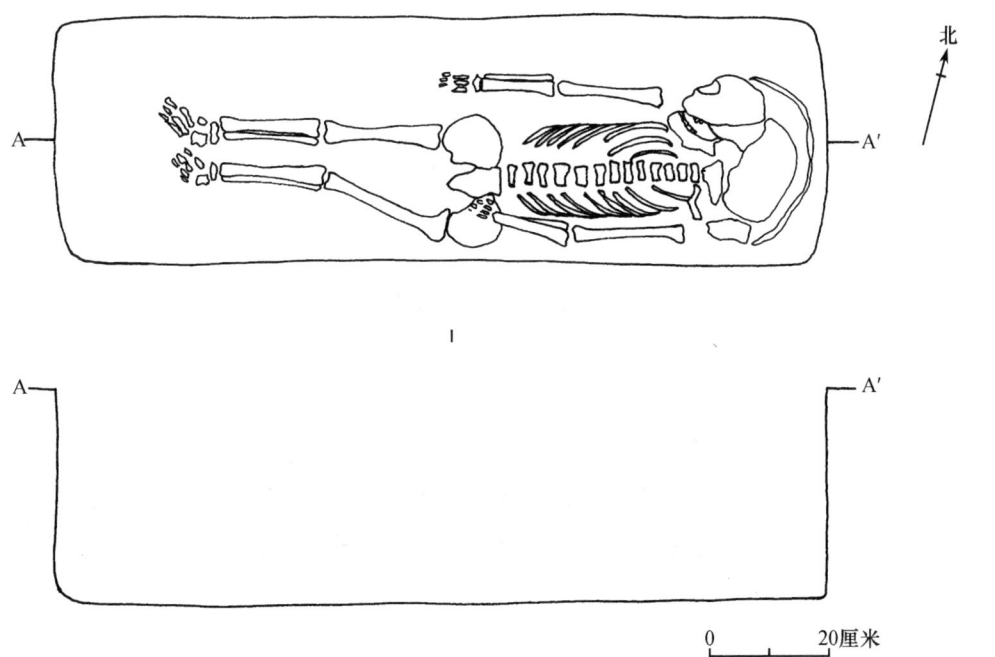

图六九　M19 平、剖面图

16. M20（图七〇）

位于 T0314 东南部，开口于 9 层下。长方形土坑竖穴墓，长 105、宽 25～30 厘米，斜直壁，深 30 厘米。填土为褐色花土，夹有螺蚌壳。墓底发现一具人骨架，保存较好，仰身直肢，面向西南，没有发现葬具。无随葬品，头向 123°。人骨经鉴定年龄 3～5 岁，性别不详。

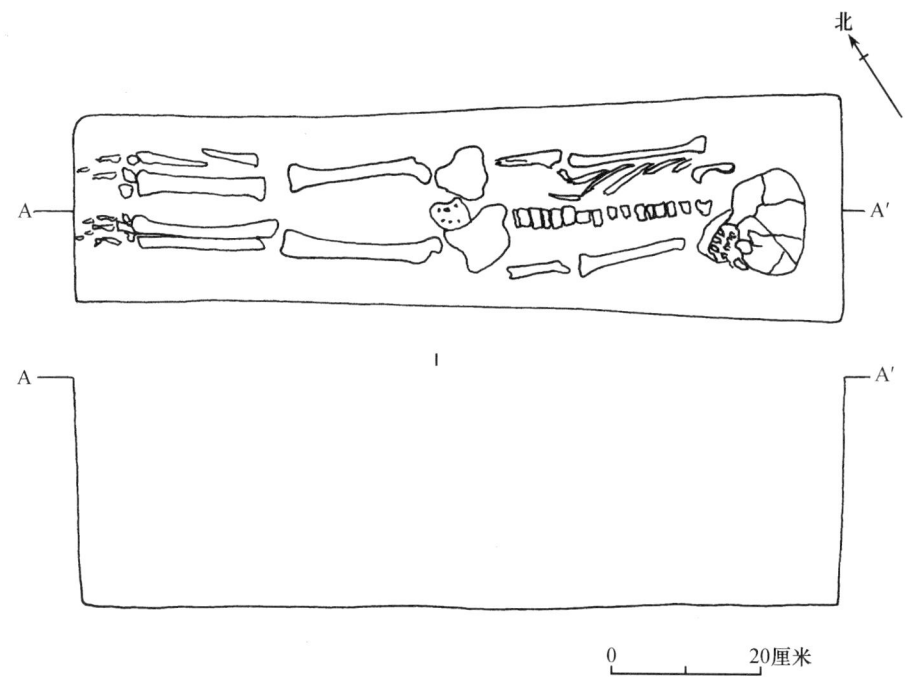

图七〇　M20 平、剖面图

17. M21（图七一）

位于 T0907 东南部，开口于 13 层下。长方形土坑竖穴墓，长 80、宽 30 厘米，直壁，残深 10 厘米。填土灰黑色，夹有较多的螺蚌壳。墓底发现一具人骨架，保存较差，仰身直肢，上肢骨置于腹部，没有发现葬具。无随葬品，头向 90°。人骨经鉴定为婴儿，年龄 0～6 个月，性别不详。

18. M22（图七二）

位于 T0805 北部，开口于 10 层下。长方形土坑竖穴墓，长 90、宽 30 厘米，直壁，深 15 厘米。填土灰黑色，夹有大量的螺壳。墓底发现一具人骨架，保存较好，仰身直肢，双手置于腹部，没有发现葬具。无随葬品，头向 70°。人骨经鉴定年龄约 3 岁，性别不详。

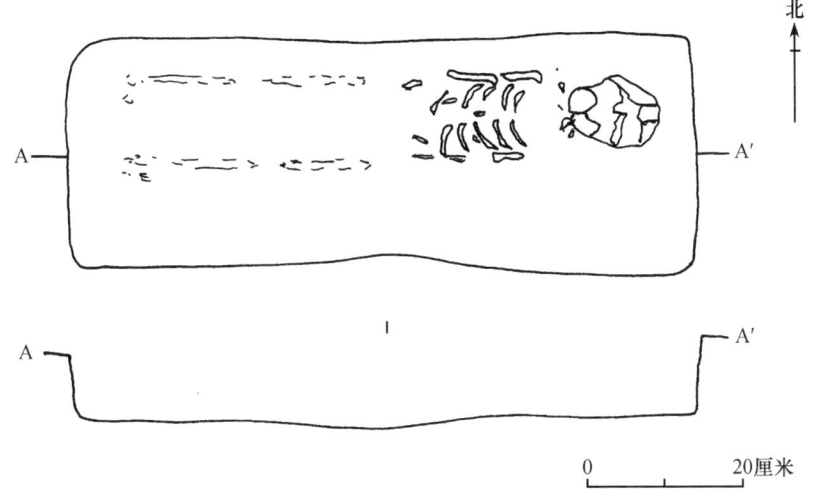

图七一　M21 平、剖面图

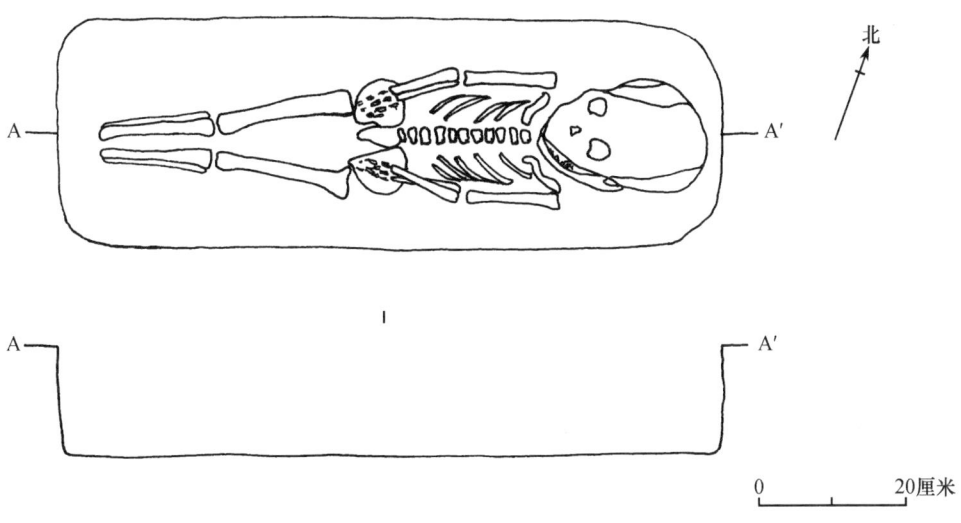

图七二　M22 平、剖面图

19. M23（图七三；图版二，5）

位于 T1111 东北部，开口于 4 层下，被本探方 D5 打破。长方形土坑竖穴墓，残长 60、宽 34 厘米，直壁，残深 15 厘米。填土深灰色，泛绿。墓底仅发现一个完整的头骨，保存较好，其余部分不存。没有发现葬具，无随葬品，头向 130°。人骨经鉴定年龄 8~9 岁，性别不详。

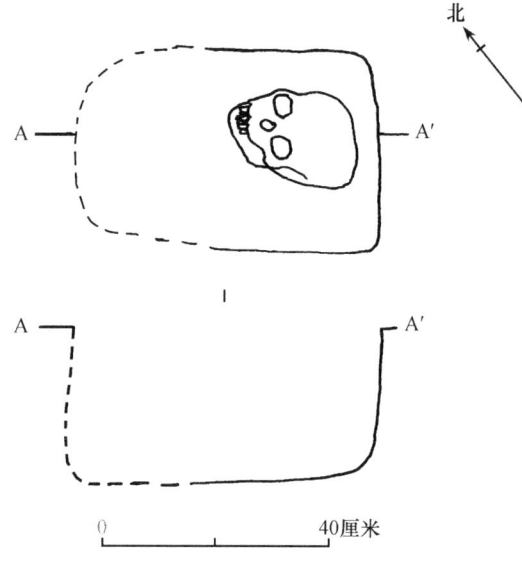

图七三 M23 平、剖面图

20. M25（图七四）

位于 T0907 中部，开口于 13 层下。长方形土坑竖穴墓，长 110、宽 36 厘米，斜直壁，深 25 厘米。填土灰黑色，夹有大量的螺壳。墓底发现一具人骨架，保存较好，头骨已碎，仰身直肢，没有发现葬具。无随葬品，头向 110°。人骨经鉴定年龄约 2 岁，性别不详。

21. M26（图七五）

位于 T0906 西部，开口于 7 层下。长方形土坑竖穴墓，长 170、宽 45 厘米，斜直壁，深 50 厘米。填土灰褐色，夹有螺壳和红烧土颗粒。墓底发现一具人骨架，保存较好，仰身直肢，双手置于腹部，没有发现葬具。无随葬品，头向 95°。人骨经鉴定年龄 3~5 岁，性别不详。

22. M27（图七六；图版二，6）

位于 T0310 中部，开口于 5 层下。长方形土坑竖穴墓，两端圆弧，长 110、宽 42 厘米，斜直壁，深 45 厘米。填土为灰褐色花土，墓底发现一具人骨架，保存较好，仰身直肢，没有发现葬具。无随葬品，头向 93°。人骨经鉴定为幼儿，性别不详。

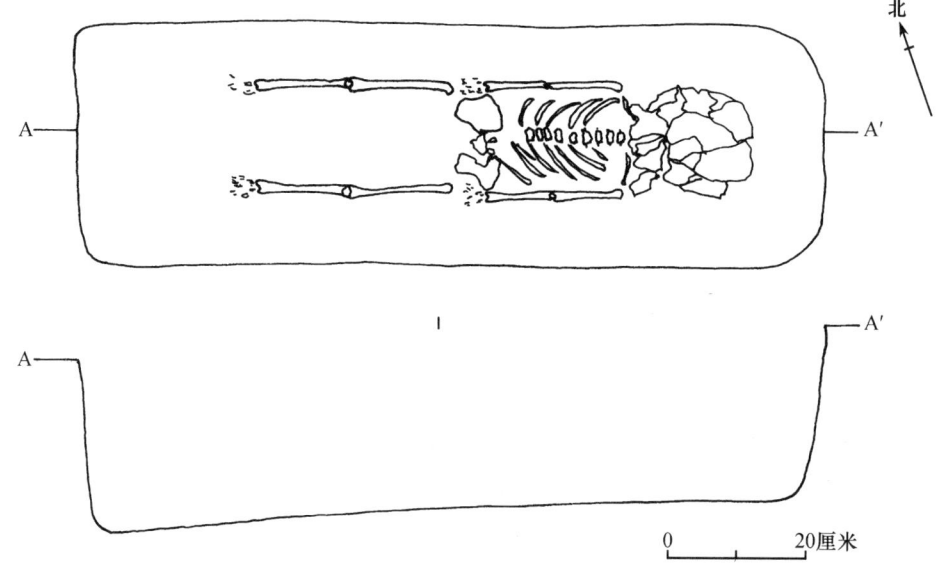

图七四 M25 平、剖面图

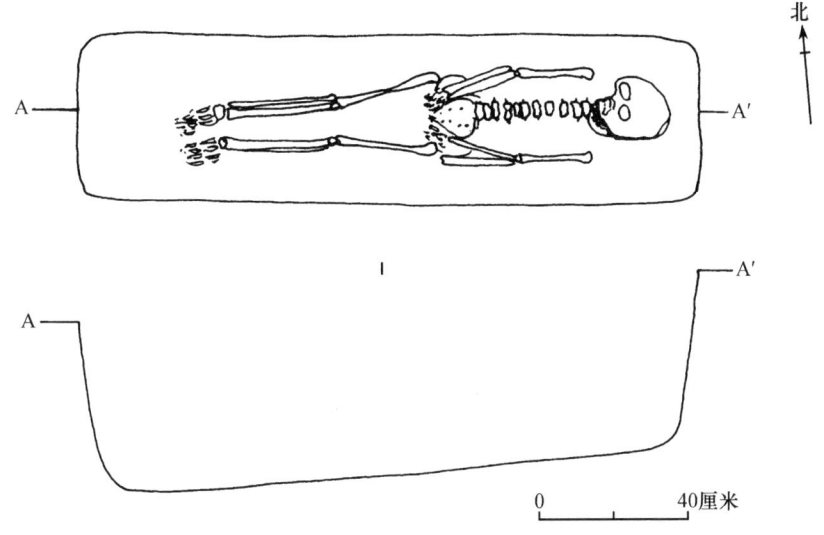

图七五 M26 平、剖面图

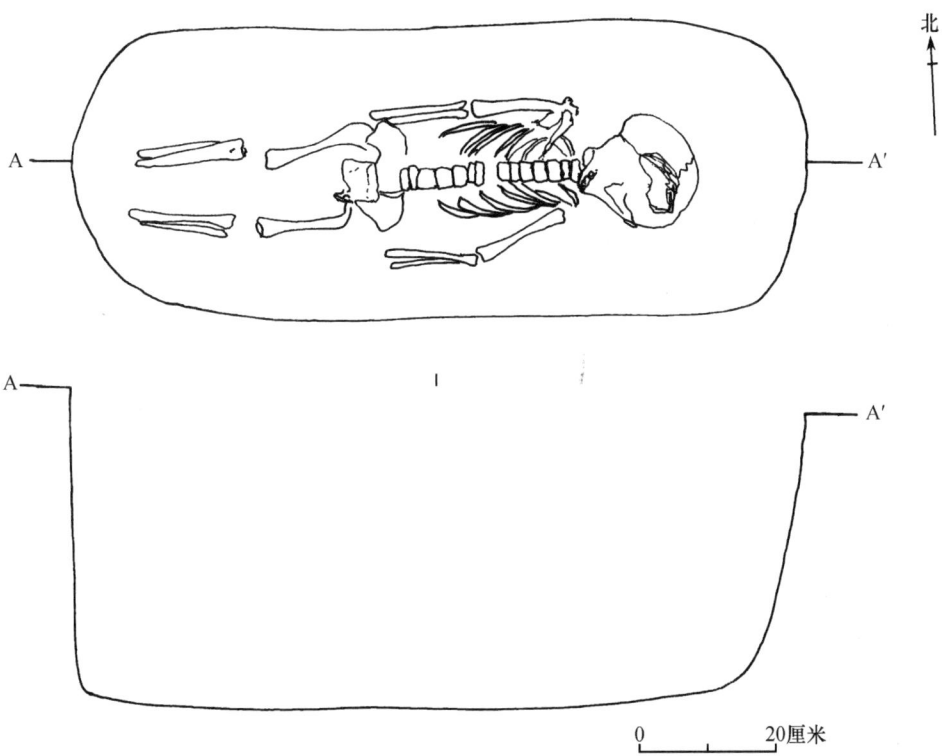

图七六 M27 平、剖面图

23. M29（图七七）

位于T0907向东扩方中，开口于7层下。长方形土坑竖穴墓，长120、宽35厘米，斜直壁，深15厘米。填土灰褐色，夹有大量的螺壳和红烧土颗粒。墓底发现一具人骨架，保存较好，头骨已碎，仰身直肢，右手置于腹部，没有发现葬具。无随葬品，头向85°。人骨经鉴定年龄3～5岁，性别不详。

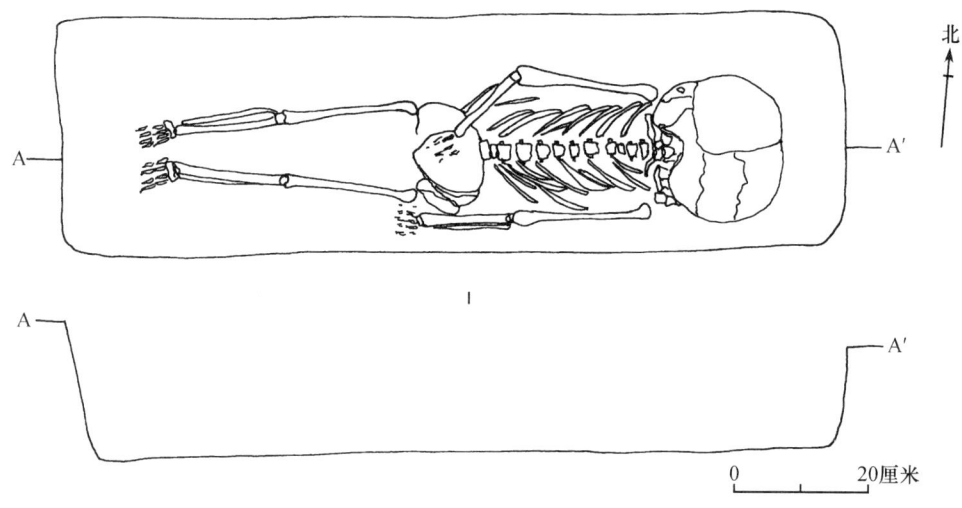

图七七　M29 平、剖面图

24. M31（图七八）

位于T0515中部，开口于11层下。长方形土坑竖穴墓，长152、宽40厘米，深50厘米。填土为灰褐色花土，墓底发现一具人骨架，保存一般，仰身直肢。在人骨架底部，发现有明显的席苇痕迹，当为简单葬具。无随葬品，头向95°。人骨经鉴定年龄14～15岁，性别不详。

25. M33（图七九）

位于T0807西北部，开口于11层下。长方形土坑竖穴墓，长90、宽35厘米，直壁，深60厘米。填土为黄色花土，土质疏松。墓底发现一具人骨架，为婴幼儿，保存较差，未采集，仰身直肢，没有发现葬具。无随葬品，头向130°。

26. M34（图八〇）

位于T0807东南部，开口于11层下。长方形土坑竖穴墓，长100、宽40厘米，深60厘米。填土为黄色花土，土质疏松。墓底发现一具人骨架，保存一般，仰身直肢，没有发现葬具。无随葬品，头向135°。人骨经鉴定年龄0.5～1岁，性别不详。

第三章 遗　迹　　189

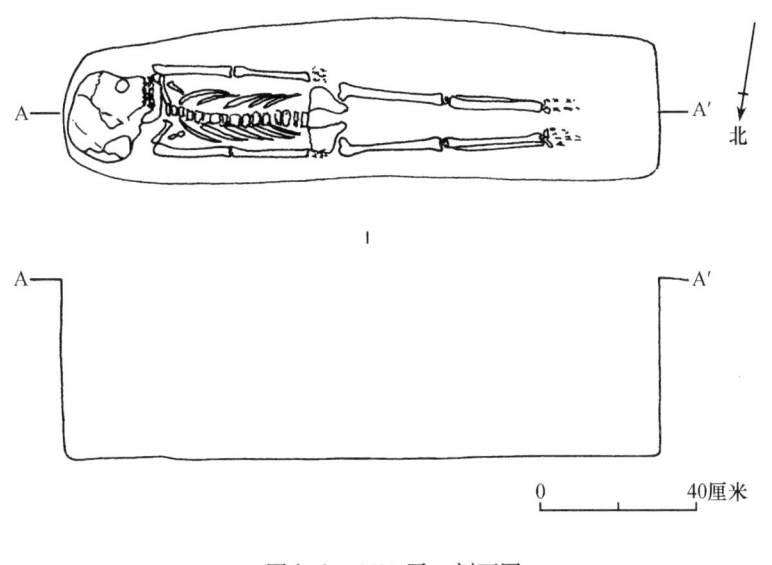

图七八　M31 平、剖面图

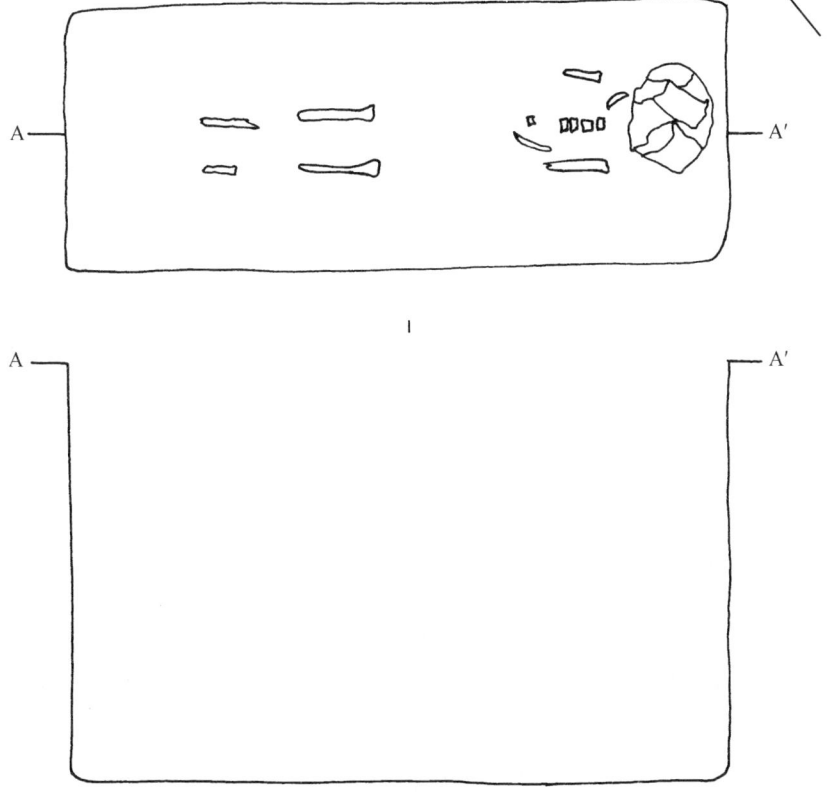

图七九　M33 平、剖面图

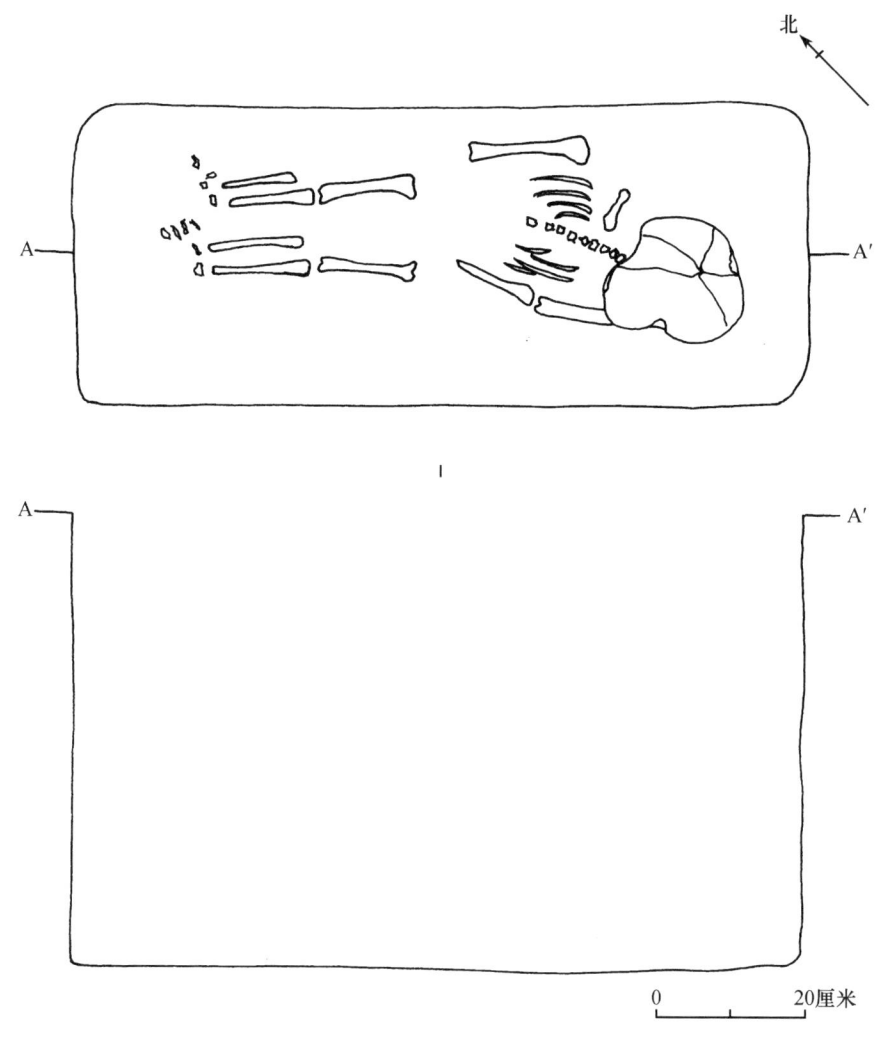

图八〇　M34 平、剖面图

27. M35（图八一；图版一，4）

位于 T0915 南部，部分在 T0914 北隔梁内，开口于 10 层下，被本探方 D15 打破。长方形土坑竖穴墓，长 118、宽约 30 厘米，斜直壁，深 15 厘米。填土灰褐色，夹有炭屑和红烧土颗粒。墓底发现一具人骨架，保存较好，仰身直肢，面向西南。没有发现葬具，无随葬品，头向 130°。人骨经鉴定年龄约 6 岁，性别不详。

第三章 遗　迹　　　　　　　　　　　　　　　　　　　　191

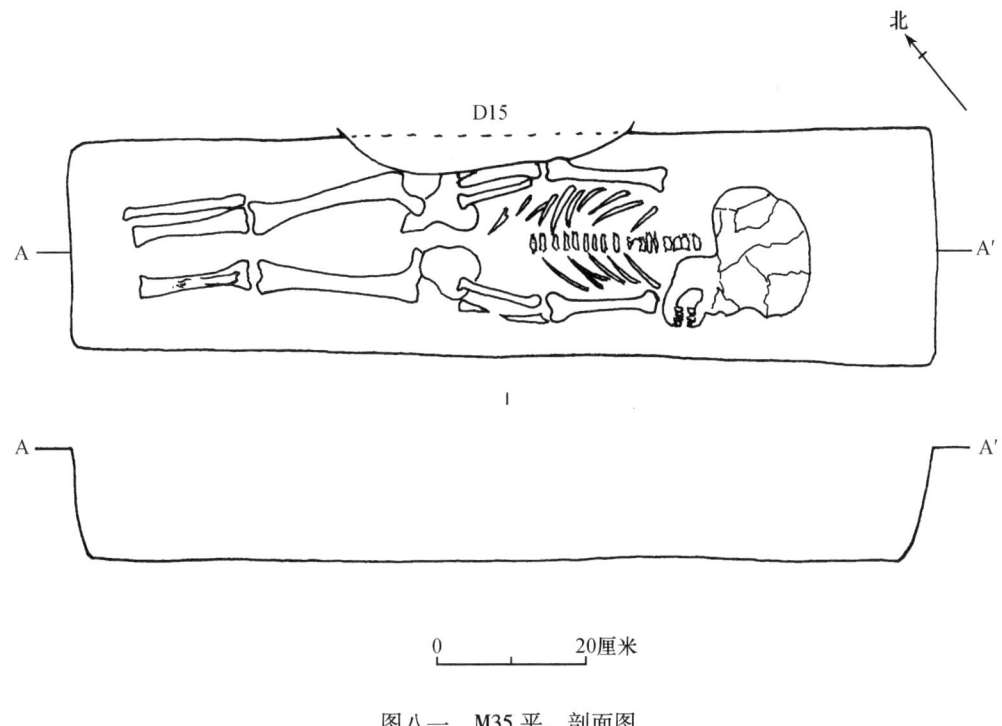

图八一　M35 平、剖面图

28. M37（图八二）

位于 T1113 西北部，开口于 6 层下。长方形土坑竖穴墓，长 105、宽 25～35 厘米，深约 15 厘米，头端稍深，下肢骨端较浅。填土灰褐色，土质疏松，夹有少量的红烧土颗粒和螺壳。墓底发现一具人骨架，保存较好，仰身直肢，没有发现葬具。无随葬品，头向 135°。人骨经鉴定年龄 6～7 岁，性别不详。

29. M39（图八三）

位于 T0409 西部，开口于 6 层下。长方形土坑竖穴墓，长 104、宽约 30 厘米，深约 15 厘米。填土灰褐色，夹有黄白土。墓底发现一具人骨架，保存较差，侧身屈肢，没有发现葬具。无随葬品，头向 127°。人骨经鉴定年龄 3～5 岁，性别不详。

30. M40（图八四）

位于 T1113 西北部，开口于 6 层下。长方形土坑竖穴墓，长 75、宽 25、残深 10 厘米。填土灰褐色，夹有少量螺壳和红烧土颗粒。墓底发现一具人骨架，保存较差，俯身直肢，没有发现葬具。无随葬品，头向 105°。人骨经鉴定为幼儿，性别不详。

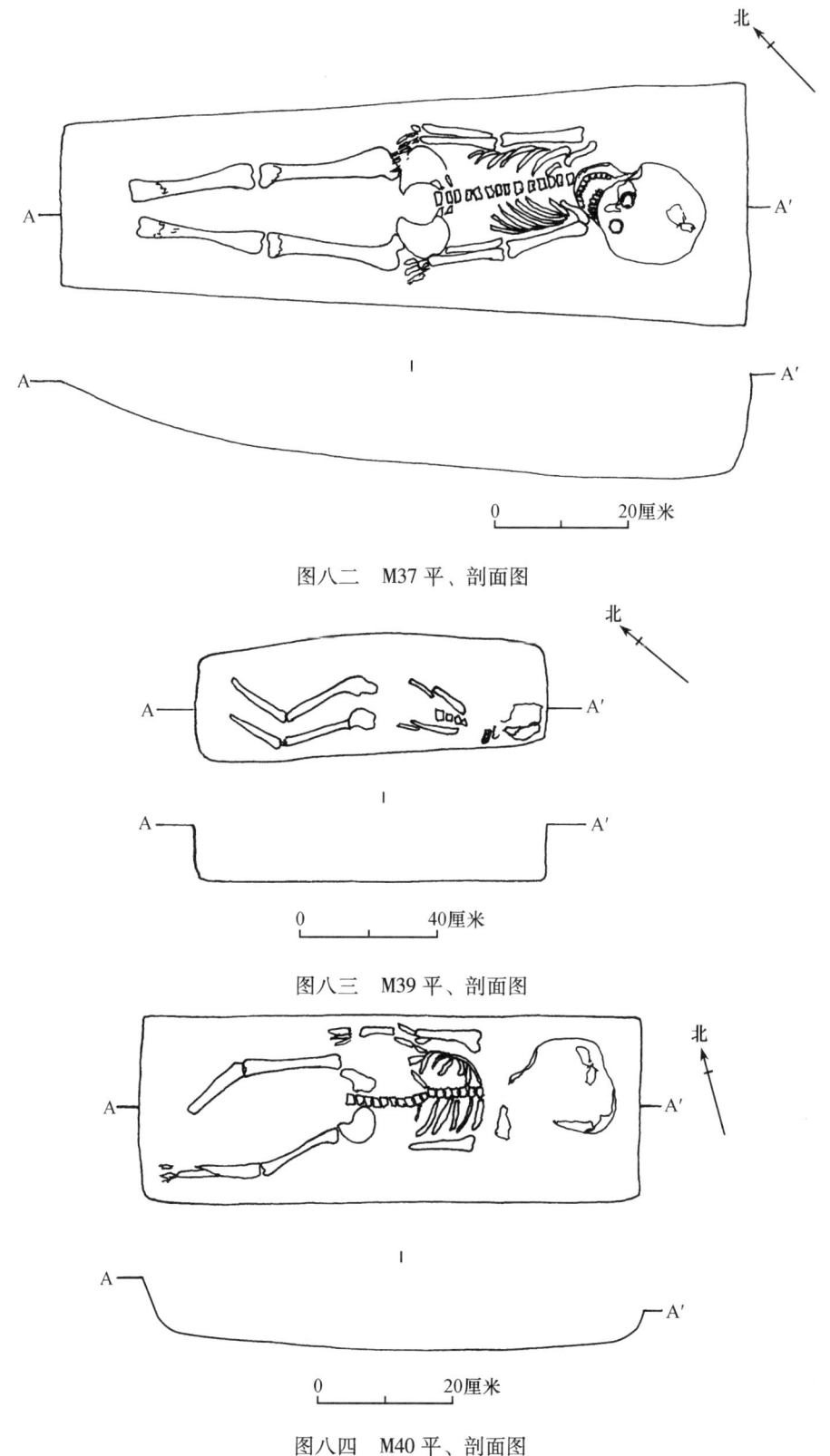

图八二 M37 平、剖面图

图八三 M39 平、剖面图

图八四 M40 平、剖面图

31. M41（图八五）

位于 T0414 西北部，开口于 9 层下。长方形土坑竖穴墓，长 138、宽 50、深 20 厘米。填土为灰褐色花土。墓底发现一具人骨架，保存较差，葬式不详。没有发现葬具，头向 227°。人骨经鉴定年龄约 14 岁，性别不详。

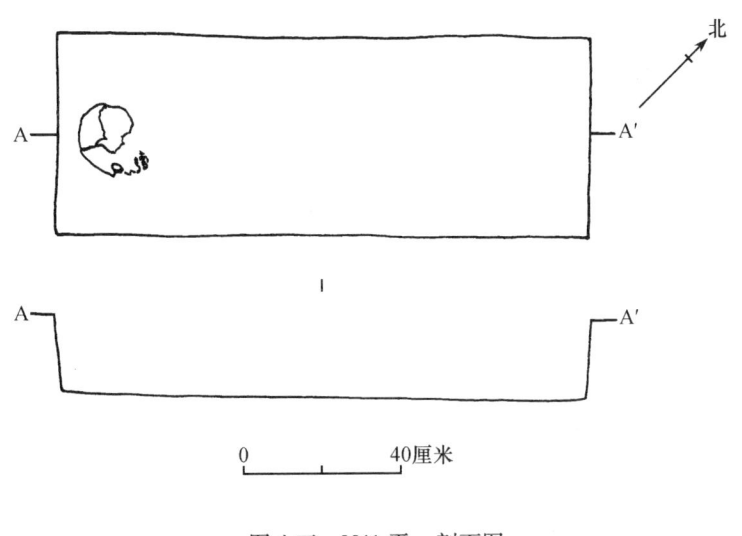

图八五　M41 平、剖面图

32. M42（图八六；图版三，3）

位于 T1015 北部，大部分在隔梁中，开口于 10 层下。长方形土坑竖穴墓，长 132、宽 32 厘米，深 15 厘米。填土灰褐色，夹有红烧土颗粒。墓底发现一具人骨架，保存一般，仰身直肢，没有发现葬具。无随葬品，头向 135°。人骨经鉴定年龄 8～9 岁，性别不详。

33. M45（图八七）

位于 T0806 北隔梁内，开口于 13 层下。长方形土坑竖穴墓，长 100、宽 40 厘米，直壁，深 70 厘米。填土为黄色花土。墓底发现一具人骨架，保存较差，仰身直肢，没有发现葬具。无随葬品，头向 130°。人骨经鉴定为幼儿，性别不详。

34. M47（图八八）

位于 T0916 中部，开口于 10 层下。长方形土坑竖穴墓，长 132、宽 38、残深 15 厘米，头端略窄。填土为褐色黏土，含有螺壳和红烧土颗粒。墓底发现一具人骨架，保存较好，仰身直肢，没有发现葬具。无随葬品，头向 120°。人骨经鉴定年龄约 6 岁，性别不详。

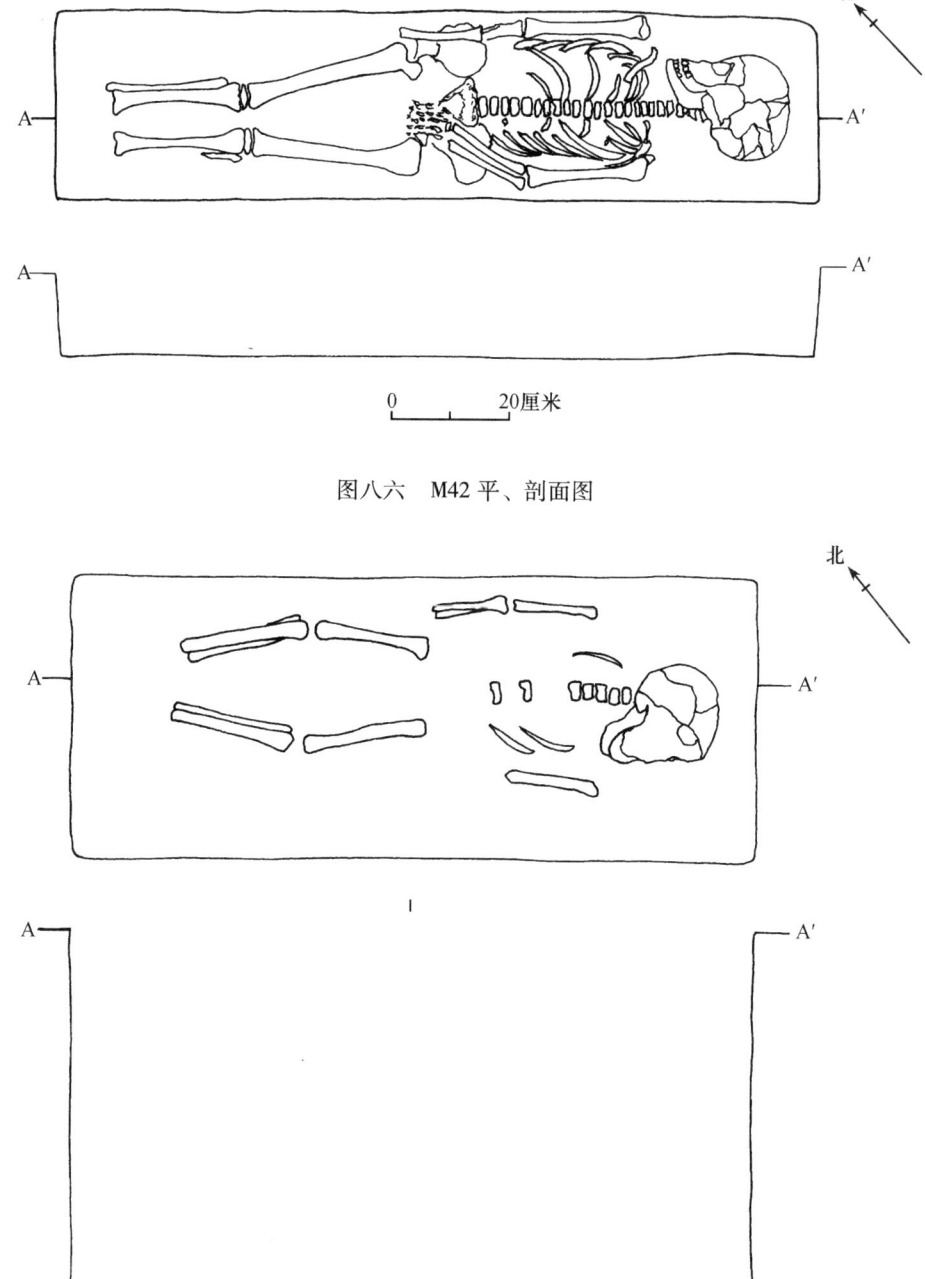

图八六 M42 平、剖面图

图八七 M45 平、剖面图

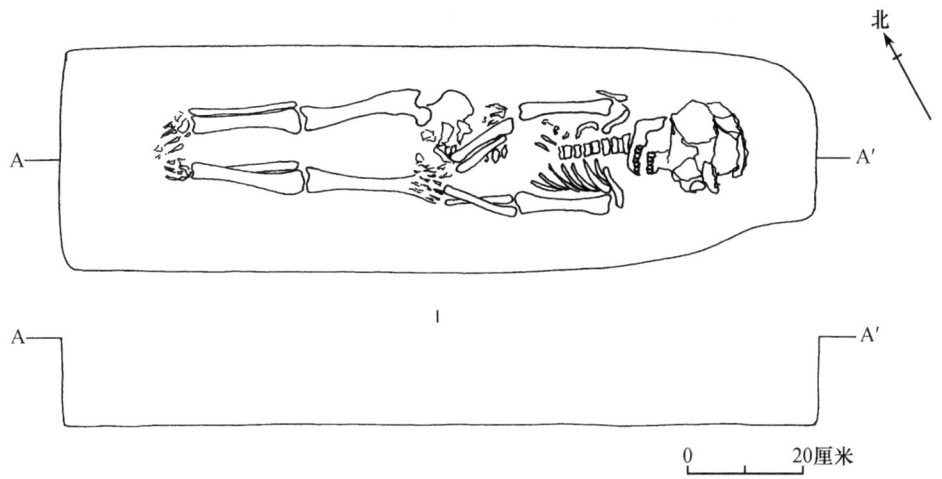

图八八　M47 平、剖面图

35. M50（图八九）

位于 T0906 中部，开口于 15 层下。长方形土坑竖穴墓，长 75、宽 40 厘米，直壁，

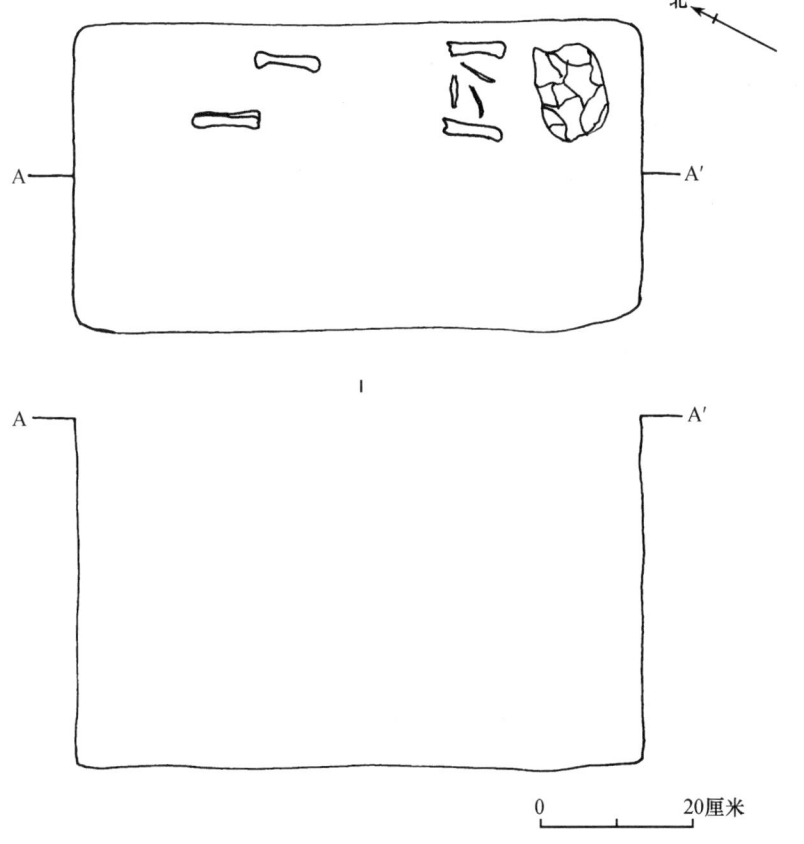

图八九　M50 平、剖面图

深45厘米。填土为黄色花土,土质较硬。墓底发现一具人骨架,保存较差,仰身直肢,没有发现葬具。无随葬品,头向154°。人骨经鉴定为婴儿,性别不详。

36. M51（图九〇,彩版一三,3）

位于T1009向东扩方内,开口于12层下。长方形土坑竖穴墓,长165、宽44厘米,斜直壁,深100厘米。填土为黄白色花土,土质较硬。墓底发现一具人骨架,保存较差,仰身直肢。在脚端墓口以下30厘米的填土内,发现随葬陶鬲、陶盆各一件,没有发现葬具。头向125°。人骨经鉴定年龄8~9岁,性别不详。

37. M54（图九一）

位于T0916东北部,开口于11C层下。长方形土坑竖穴墓,长120、宽40厘米,直壁,深60厘米。填土为浅灰黄色花土,含炭灰。墓底发现一具人骨架,保存一般,仰身直肢,没有发现葬具。无随葬品,头向135°。人骨经鉴定年龄3~5岁,性别不详。

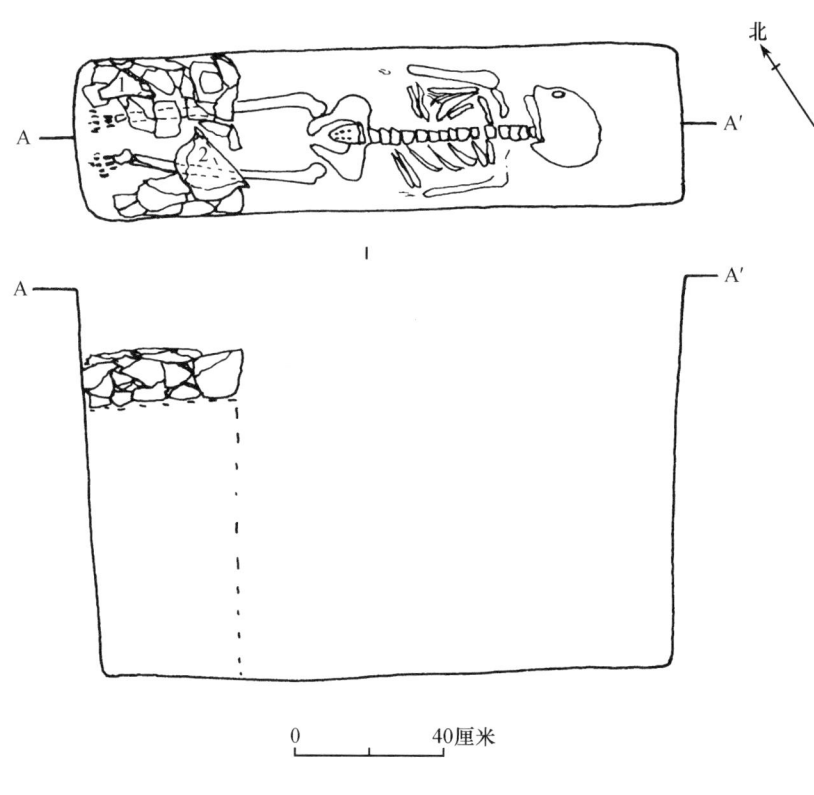

图九〇　M51平、剖面图

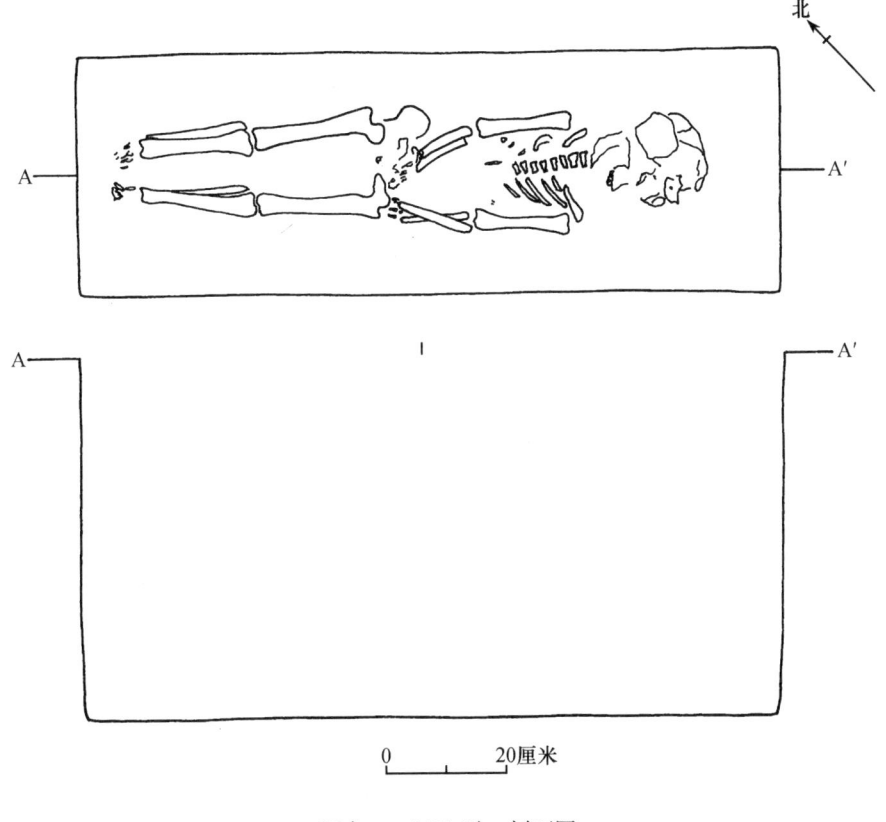

图九一　M54 平、剖面图

38. M55（图九二；图版三，6）

位于 T0606 西部，开口于 11 层下。长方形土坑竖穴墓，长 83、宽 35 厘米，斜直壁，深 30 厘米。填土为黄色花土，土质略硬。墓底发现一具人骨架，保存较差，仰身直肢，没有发现葬具。无随葬品，头向 145°。人骨经鉴定年龄 0.5～1 岁，性别不详。

39. M56（图九三）

位于 T1112 东北部，开口于 8 层下。长方形土坑竖穴墓，长 180、宽 50 厘米，直壁，深 15 厘米。填土灰褐色，含有少量螺壳。墓底发现一具人骨架，保存一般，仰身直肢，没有发现葬具。无随葬品，头向 121°。人骨经鉴定年龄约 6 岁，性别不详。

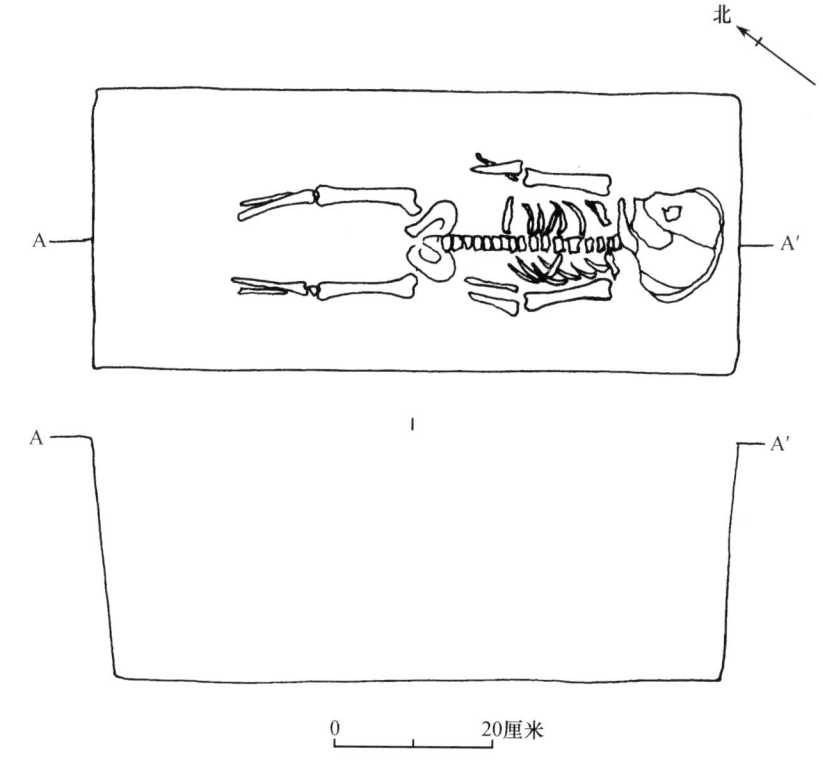

图九二　M55 平、剖面图

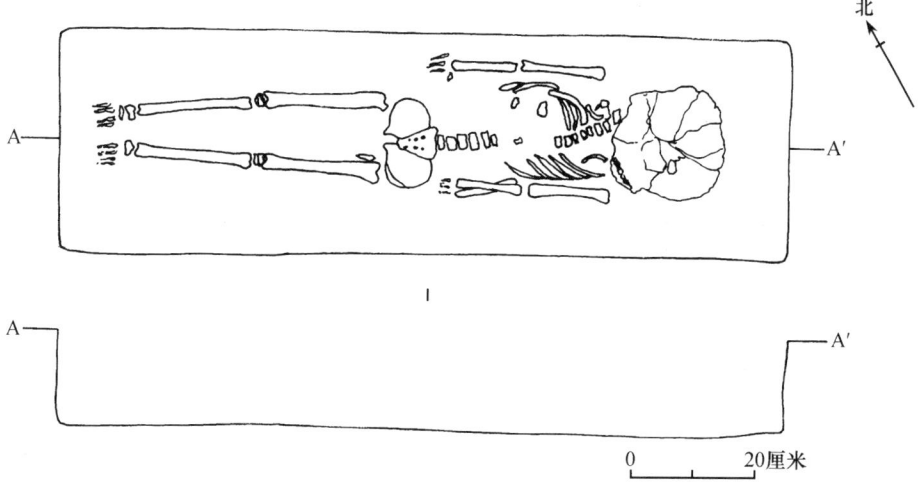

图九三　M56 平、剖面图

二、成 人 墓

共发现 17 座。

1. M2（图九四）

位于 T0717 西南部，开口于 2 层下。长方形土坑竖穴墓，长 180、宽 50 厘米，直壁平底，深 80 厘米。填土为褐色花土，含有少量红烧土颗粒，稍松软。墓底发现一具人骨架，保存较好，仰身直肢，双手交于腹部，没有发现葬具。无随葬品，头向 98°。人骨经鉴定年龄约 45 岁，男性。

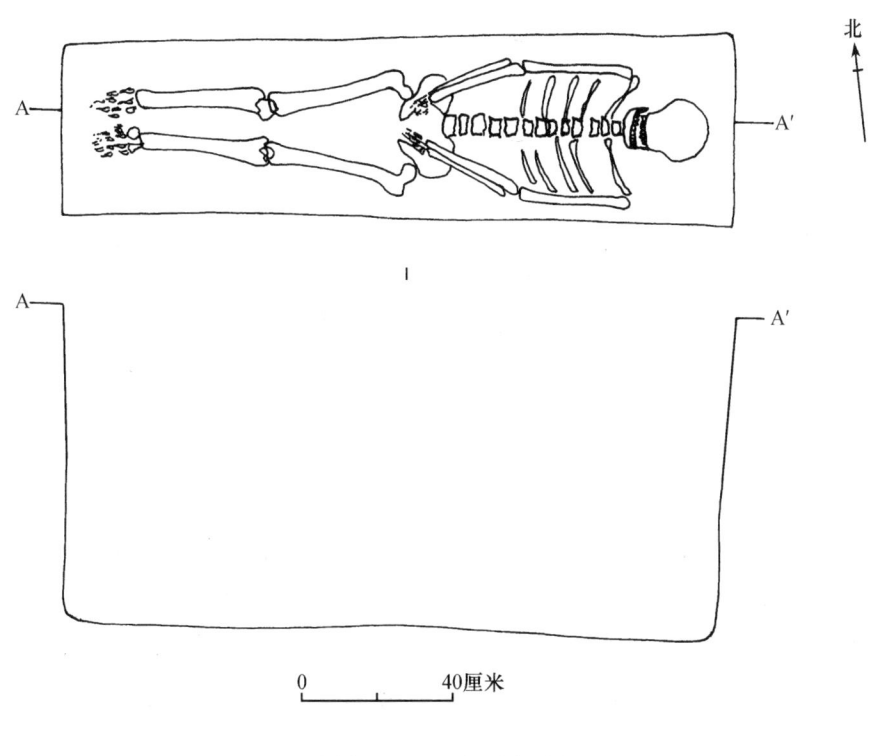

图九四 M2 平、剖面图

2. M7（图九五；彩版一四，2）

位于 T0816 西部，开口于 4 层下，被该探方柱坑 D6 打破。长方形土坑竖穴墓，长约 130、宽 40、深 25 厘米。填土为青灰色土，含有少量红烧土颗粒。墓底发现一具人骨架，除被打破处外，其余保存较好，而在 D6 同一深度的填土中，却有叠放整齐的下肢骨，应为墓主下肢骨。仰身直肢，没有发现葬具。无随葬品，头向 130°。人骨经鉴定年龄 35~40 岁，女性。

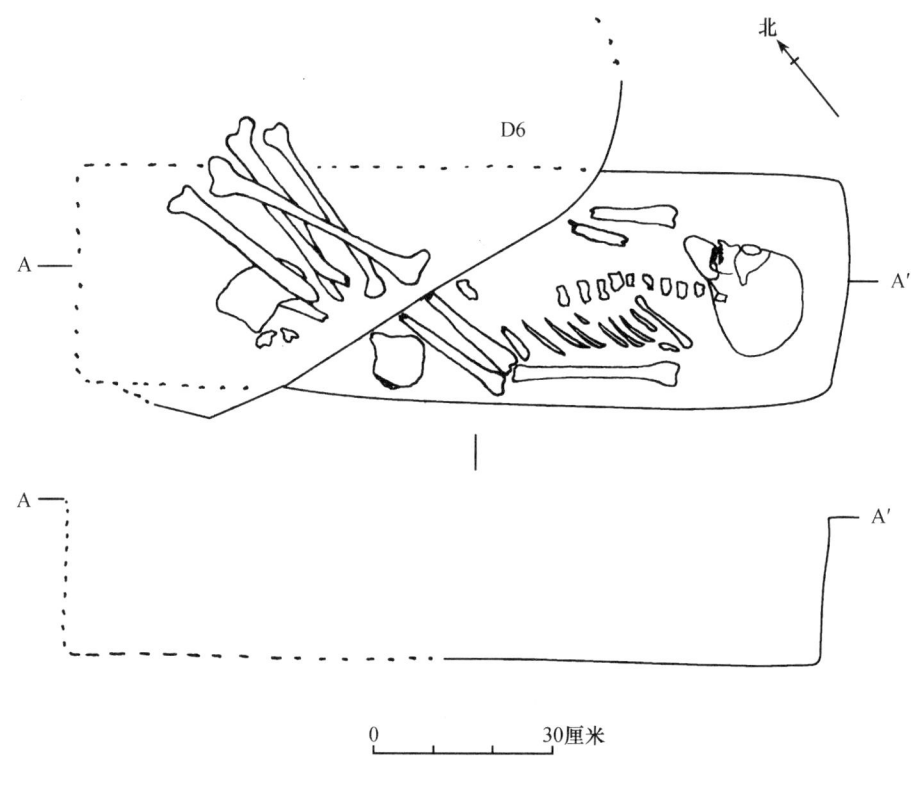

图九五　M7 平、剖面图

3. M16（图九六；彩版一二，1）

位于 T0417 西北部，开口于 8 层下。长方形土坑竖穴墓，长 225、宽 64~68 厘米，直壁，深 145 厘米。填土为黄色花土，墓底发现一具人骨架，保存较好，仰身直肢，双手置于腹部，没有发现葬具，头向 143°。在西北脚端，距墓口深 30 厘米的填土中，发现陶器一组，组合为鬲、簋、豆各 1 件。人骨经鉴定年龄 17~18 岁，女性。

4. M18（图九七；图版二，5）

位于 T1111 东北部，开口于 4 层下。平面为圆角长方形，西北端因发掘不慎做过。残长 100、宽约 50、残深 15 厘米。填土深灰色，泛绿。墓底发现一具人骨架，头骨、下肢骨不存，其余保存较好，仰身直肢，没有发现葬具。无随葬品，头端当在东南部，方向 146°。人骨经鉴定为女性，成年。

第三章 遗 迹

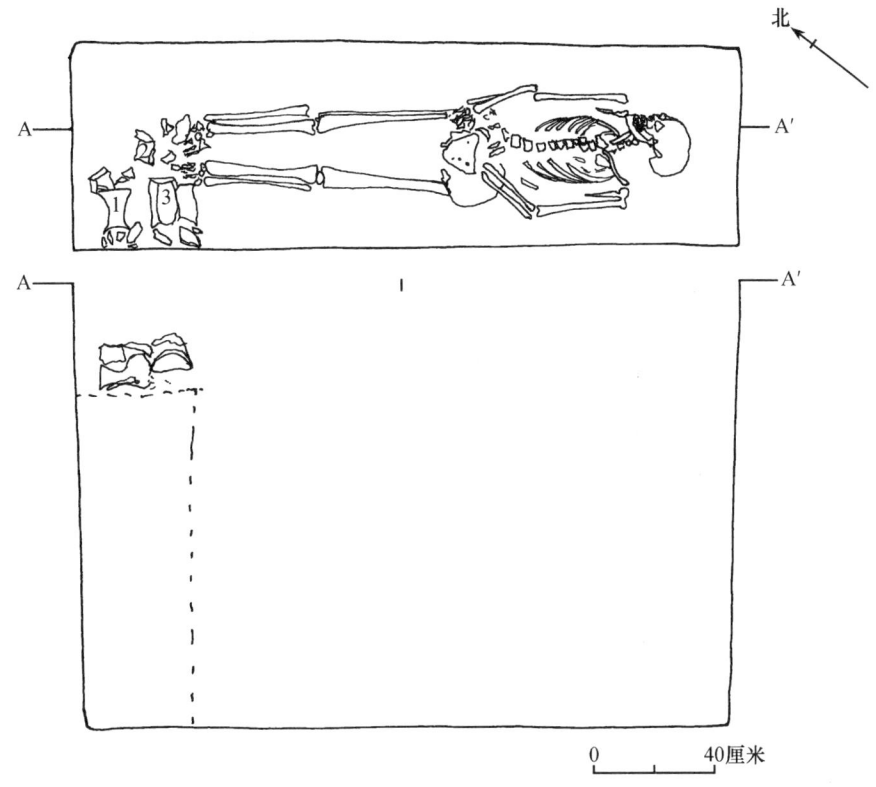

图九六 M16 平、剖面图
1. 陶豆 2. 陶鬲 3. 陶簋

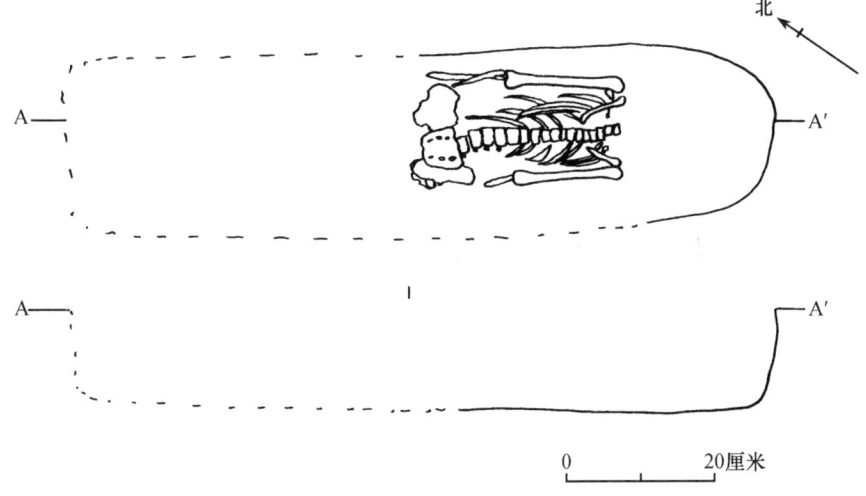

图九七 M18 平、剖面图

5. M24（图九八；彩版一三，1）

位于 T0517 西部，部分在 T0417 东隔梁内，开口于 7 层下。长方形土坑竖穴墓，长 230、宽 80 厘米，斜直壁，深 80 厘米。填土为灰褐色花土，墓底发现一具人骨架，保存较好，仰身直肢，左手置于腹部。在近墓底西端，发现有朽木痕迹，东端则有明显的朽灰土，应有木棺。无随葬品，头向 112°。人骨经鉴定年龄 40~45 岁，男性。

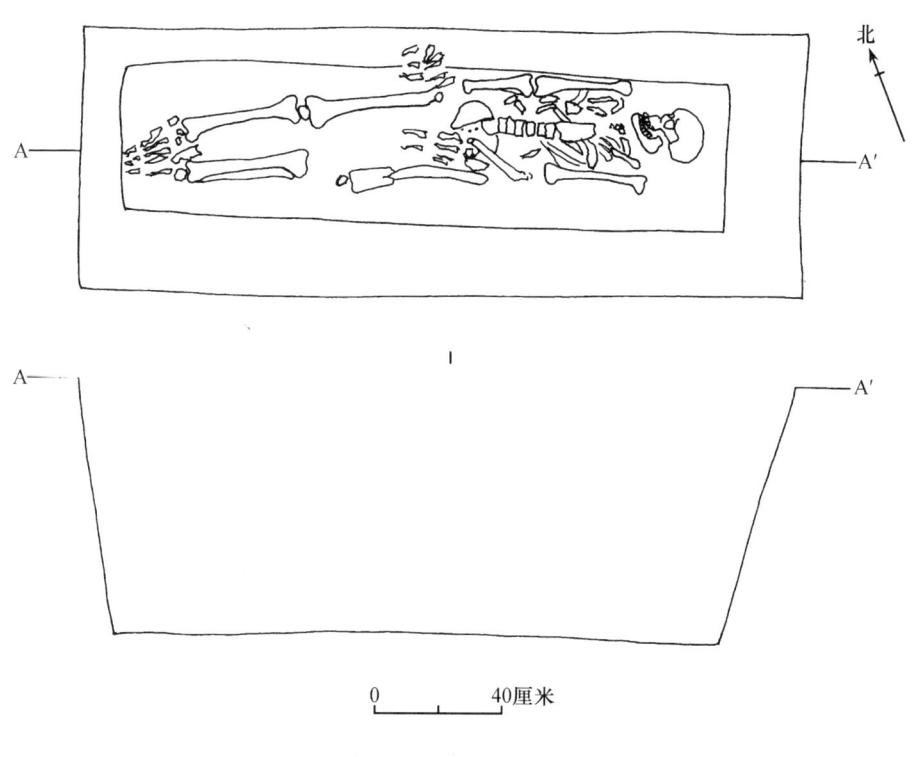

图九八　M24 平、剖面图

6. M28（图九九；彩版一一，1、2）

位于 T0714 西部，部分在 T0614 东隔梁内，开口于 11 层下。长方形土坑竖穴墓，长 270、宽 70 厘米，直壁平底，深 70 厘米。填土为黄褐色花土，含有少量红烧土颗粒，略松软。墓底发现一具人骨架，保存较差，仰身直肢。墓底有黑灰痕迹，可能有木棺类葬具。足端墓口填土中随葬一组陶器，鬲、簋、豆、罐各 1 件。头向 132°。人骨经鉴定为成年，性别不详。

7. M30（图一〇〇；彩版一一，1）

位于 T0714 东南部，开口于 11 层下。长方形土坑竖穴墓，长 240、宽 70 厘米，斜直壁，深 100 厘米。填土为黄褐色花土，墓底发现一具人骨架，保存较差，仰身直肢，没有发现葬具。无随葬品，头向 130°。从墓坑大小看应为成年墓，年龄、性别不详。

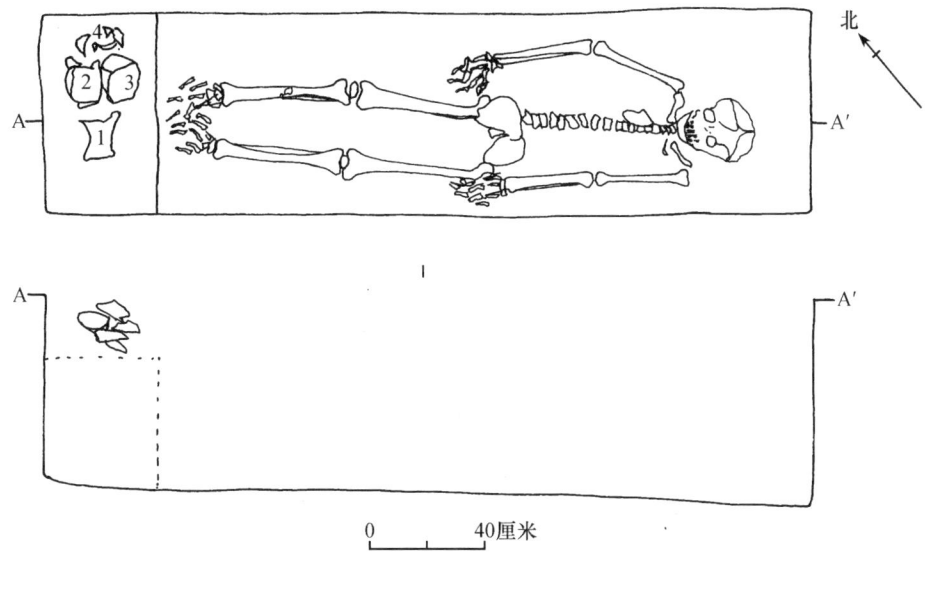

图九九 M28 平、剖面图
1. 陶豆 2. 陶鬲 3. 陶簋 4. 陶罐

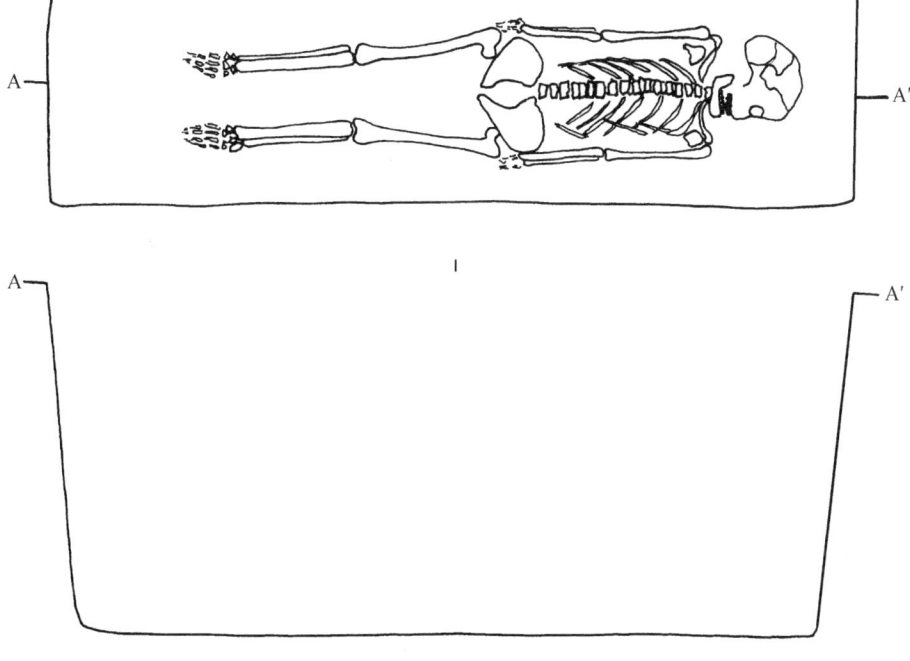

图一〇〇 M30 平、剖面图

8. M32（图一〇一）

位于 T1015 西北部，开口于 10 层下。长方形土坑竖穴墓，长 190、宽 50 厘米，直壁，深 65 厘米。填土为灰褐色花土，夹有少量红烧土颗粒。墓底发现一具人骨架，保存较好，但头骨缺失，仰身直肢。骨架下有席痕，头向 143°。在西北脚端，距墓口深 30 厘米的填土中，发现陶器一组，组合为鬲、豆、罐各 1 件。人骨经鉴定为成年，男性。

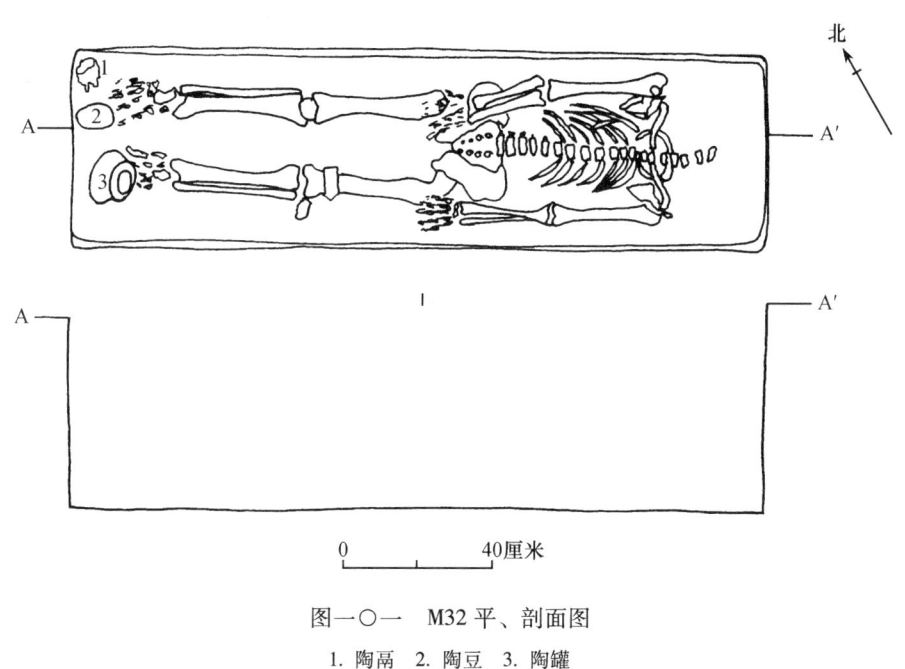

图一〇一　M32 平、剖面图
1. 陶鬲　2. 陶豆　3. 陶罐

9. M36（图一〇二；彩版一二，3）

位于 T0410 西部，开口于 6 层下。长方形土坑竖穴墓，长 206、宽 76 厘米，斜直壁，深 55 厘米。填土为灰褐色花土，填土中发现铜镞 1 件。墓底发现一具人骨架，保存较好，但头骨缺失，髋骨下有一残铜镞，锈蚀严重，仰身直肢，右手置于腹部。头向 97°。在脚端距墓口深 30 厘米的填土中，随葬陶器一组，组合为簋、罐各 1 件。人骨经鉴定年龄为 35～39 岁，男性。

10. M38（图一〇三；图版三，2）

位于 T0310 东南部，开口于 5 层下。长方形土坑竖穴墓，头端圆弧，长 180、宽 45、残深 15 厘米。填土为灰褐色花土。墓底发现一具人骨架，保存较好，俯身直肢，右臂曲于腹部。没有发现葬具，头向 281°。人骨经鉴定年龄 23～25 岁，男性。

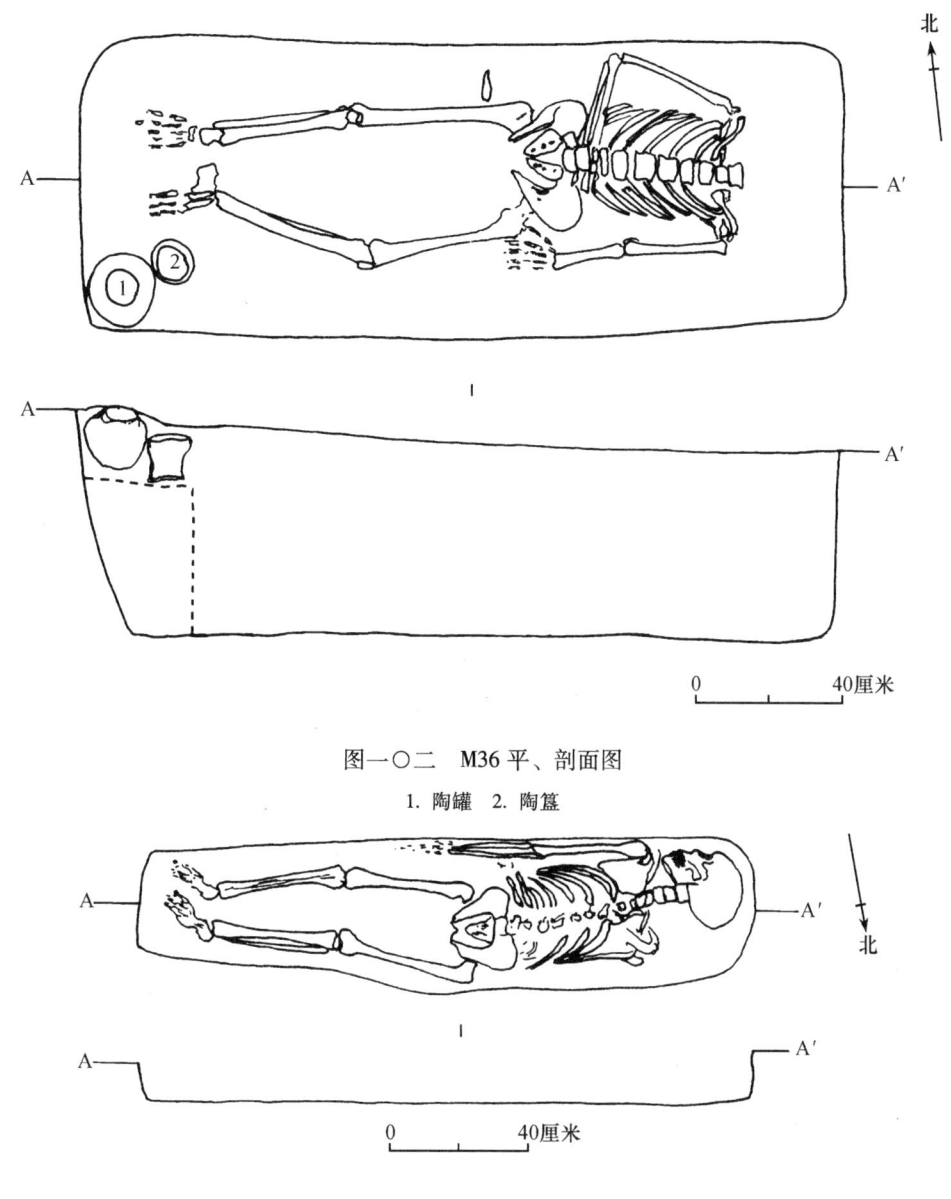

图一〇二　M36 平、剖面图
1. 陶罐　2. 陶簋

图一〇三　M38 平、剖面图

11. M43（图一〇四；彩版一一，4）

位于 T0411 西北部，开口于 4 层下。长方形土坑竖穴墓，长 260、宽 80 厘米，直壁，深 70 厘米。填土为灰褐色花土，其中出土铜镞 2 件。墓底发现一具人骨架，呈朽灰状，仰身直肢。没有发现葬具，头向 105°。在西北脚端，距墓口深 40 厘米的填土中，随葬陶器一组，组合为簋、罐各 1 件，另有一件铜镞。应为成人墓，性别不详。

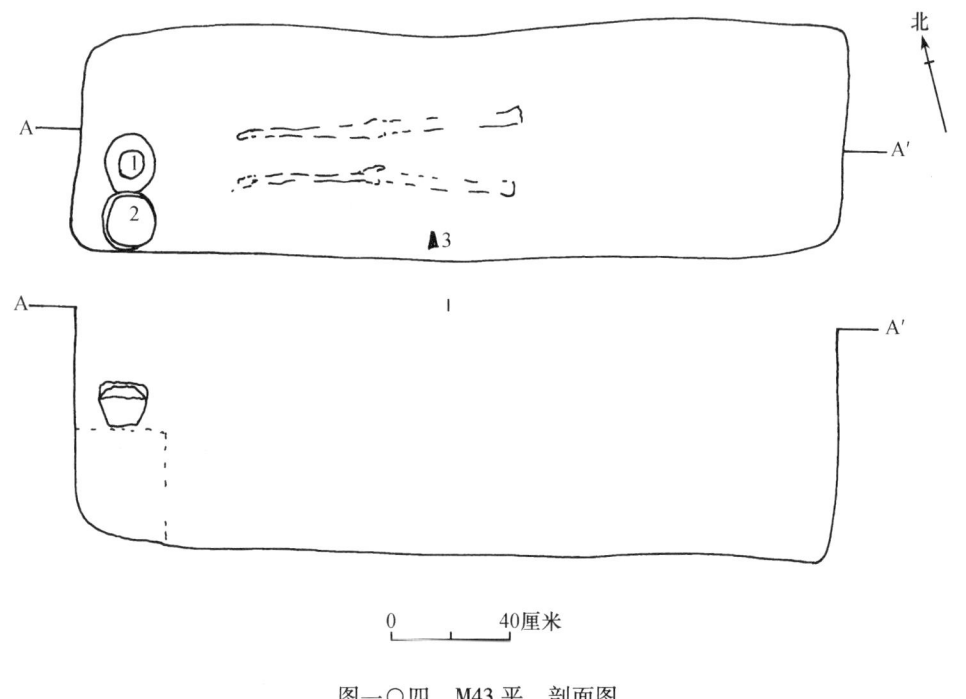

图一〇四　M43 平、剖面图
1. 陶簋　2. 陶罐　3. 铜镞

12. M44（图一〇五；彩版一三，2）

位于 T0907 西部，开口于 15 层下。长方形土坑竖穴墓，长 180、宽 52 厘米，斜直壁，深 40 厘米。填土为黄褐色花土。墓底发现一具人骨架，保存较好，但头骨缺失，仰身直肢。没有发现葬具，头向 114°。人骨经鉴定为成年男性。

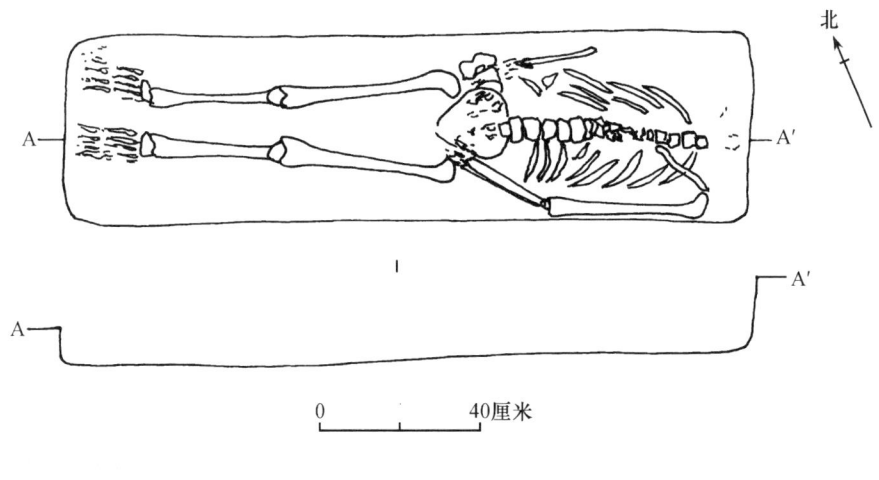

图一〇五　M44 平、剖面图

13. M46（图一〇六；图版三，4）

位于 T1114 中部，开口于 8 层下。长方形土坑竖穴墓，长 180、宽 45、深 40 厘米。填土为灰褐色花土，夹有黄土块。墓底发现一具人骨架，保存较好，仰身直肢。没有发现葬具，头向 120°，无随葬品。人骨经鉴定年龄约 30 岁，女性。

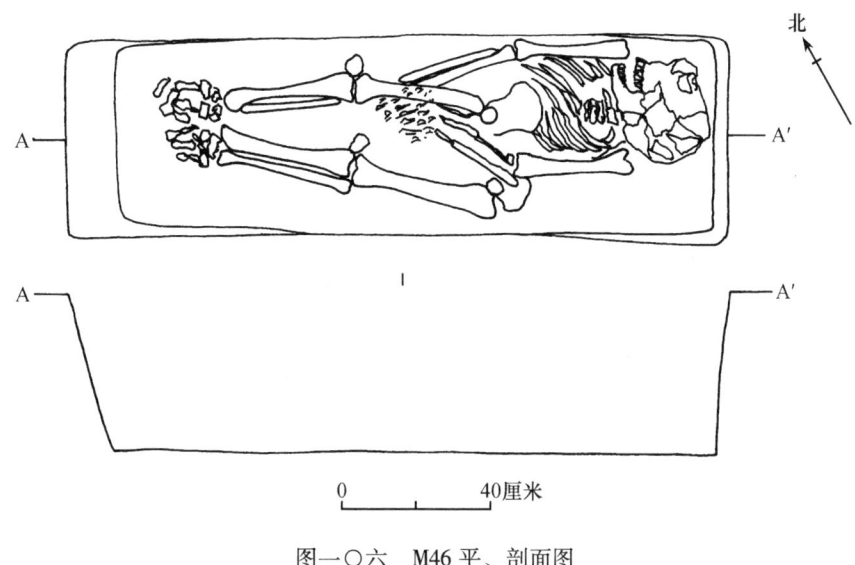

图一〇六　M46 平、剖面图

14. M48（图一〇七；彩版一二，2）

位于 T1211 西部，开口于 4 层下。长方形土坑竖穴墓，长 210、宽约 40、深 30 厘米。填土为灰褐色，泛绿，含有少量螺壳。墓底发现一具人骨架，保存较好，但头骨缺失，仰身直肢。没有发现葬具，头向 178°。在南部脚端随葬陶器一组，簋、罐各 1 件。人骨经鉴定年龄 40~44 岁，男性。

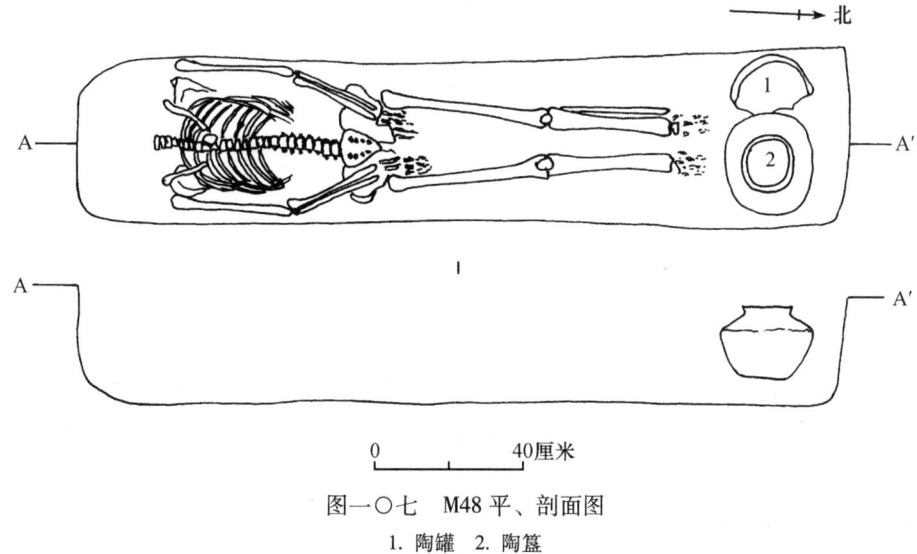

图一〇七　M48 平、剖面图
1. 陶罐　2. 陶簋

15. M49（图一〇八；彩版一四，1）

位于 T0907 东北部，开口于 13 层下。长方形土坑竖穴墓，墓口东宽西窄，长 240、宽 60~110 厘米，直壁，深 86 厘米。填土为黄色花土。墓底发现一具人骨架，保存较好，侧身直肢。墓底发现有厚约 4 厘米的朽木板痕迹，长 190、宽 40 厘米，应为木棺痕迹。无随葬品，头向 107°。人骨经鉴定为成年女性。

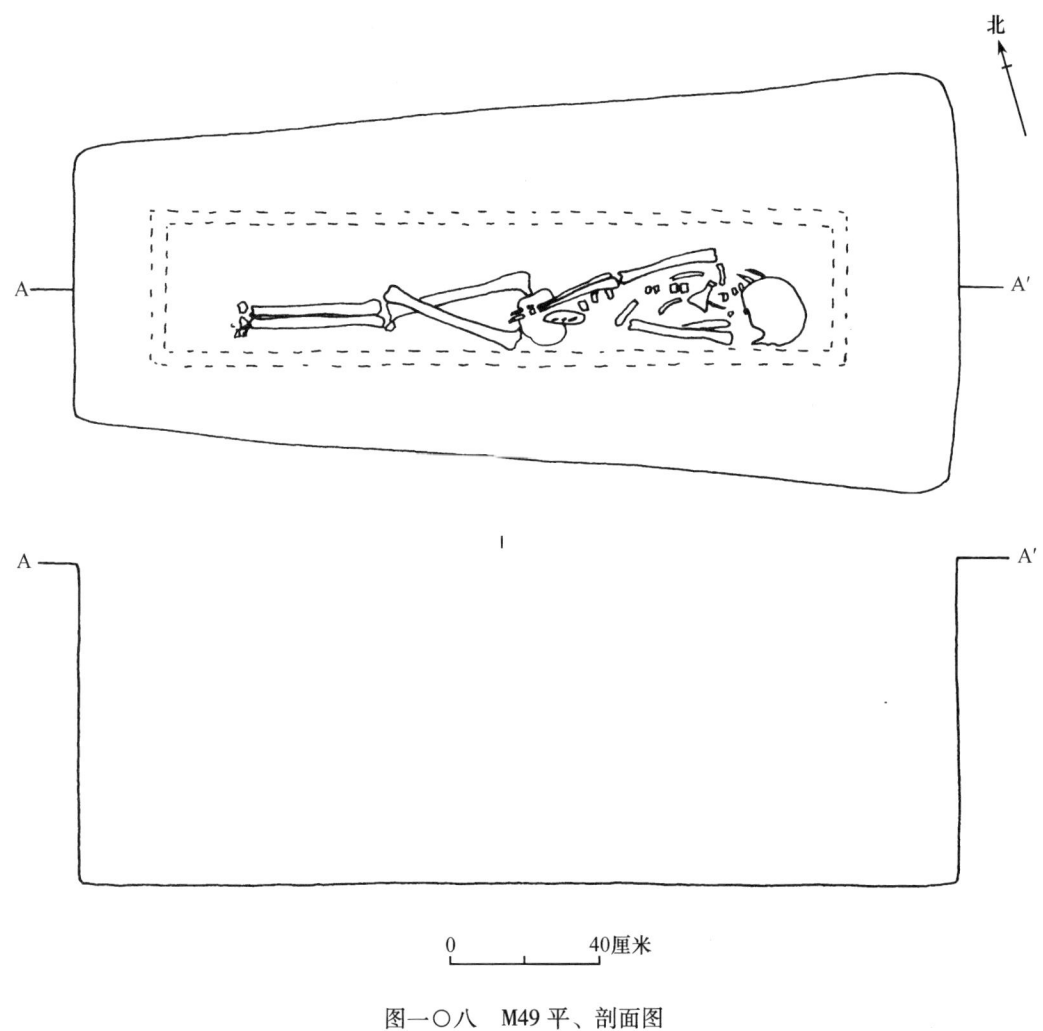

图一〇八　M49 平、剖面图

16. M52（图一〇九；彩版一一，1、3）

位于 T0714 西北部，部分在 T0614 东隔梁内，开口于 11 层下。长方形土坑竖穴墓，长 265、宽 60 厘米，斜直壁，平底，深 120 厘米。填土为黄褐色花土，含有少量红烧土颗粒，略松软。墓底发现一具人骨架，保存较好，仰身直肢，双手置于腹部。足端墓口填土中随葬一组陶器，簋、豆各 1 件，另有碎陶片，应为鬲残片。头向 107°。人骨经鉴定年龄 35~40 岁，男性。

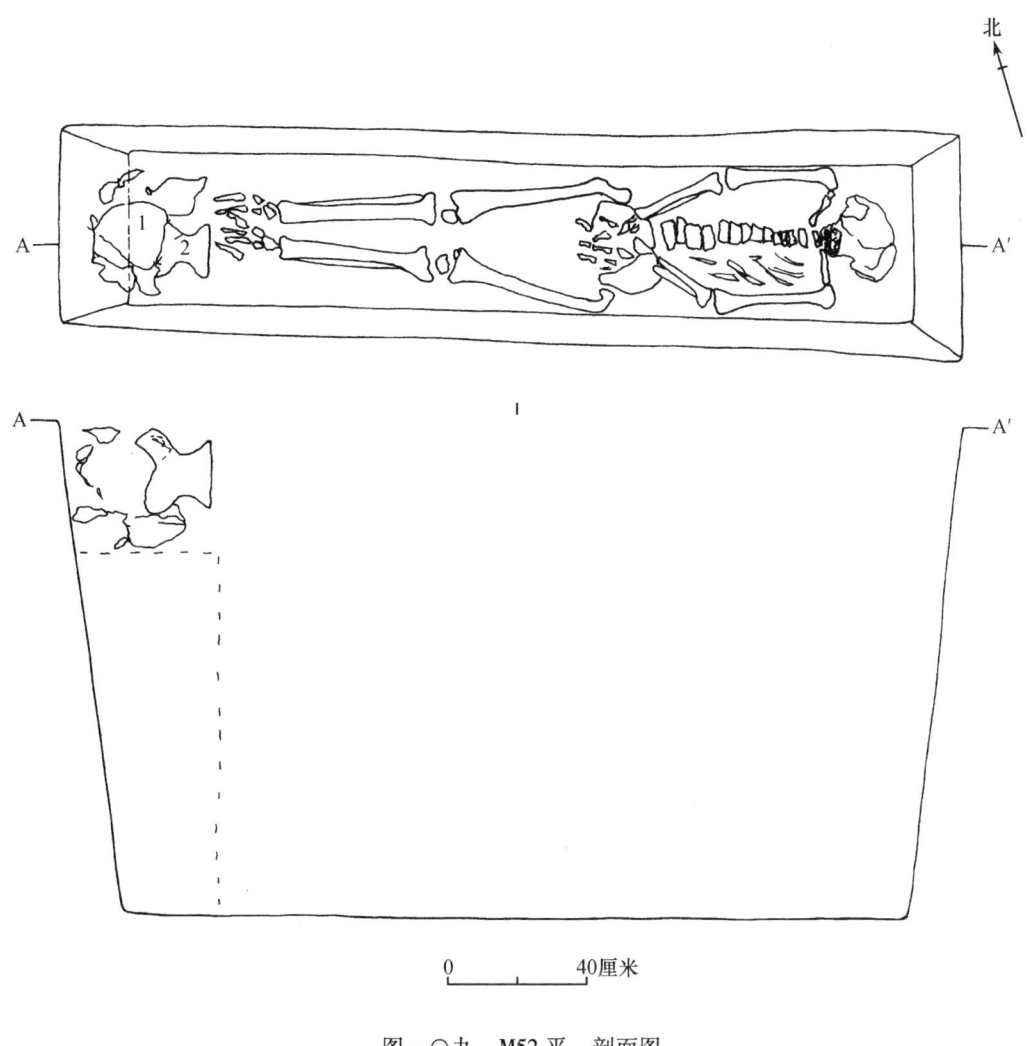

图一〇九　M52 平、剖面图
1. 陶簋　2. 陶豆

17. M53（图一一〇；图版三，5）

位于 T0716 西北部，开口于 13 层下。长方形土坑竖穴墓，长 195、宽 55 厘米，斜直壁，平底，深 110 厘米。填土为黄花土。墓底发现一具人骨架，保存较好，俯身直肢。无随葬品，头向 148°。人骨经鉴定年龄 40~45 岁，男性。

第四节　其他遗迹

主要有灰坑、坑、灰沟、石块堆积四类。

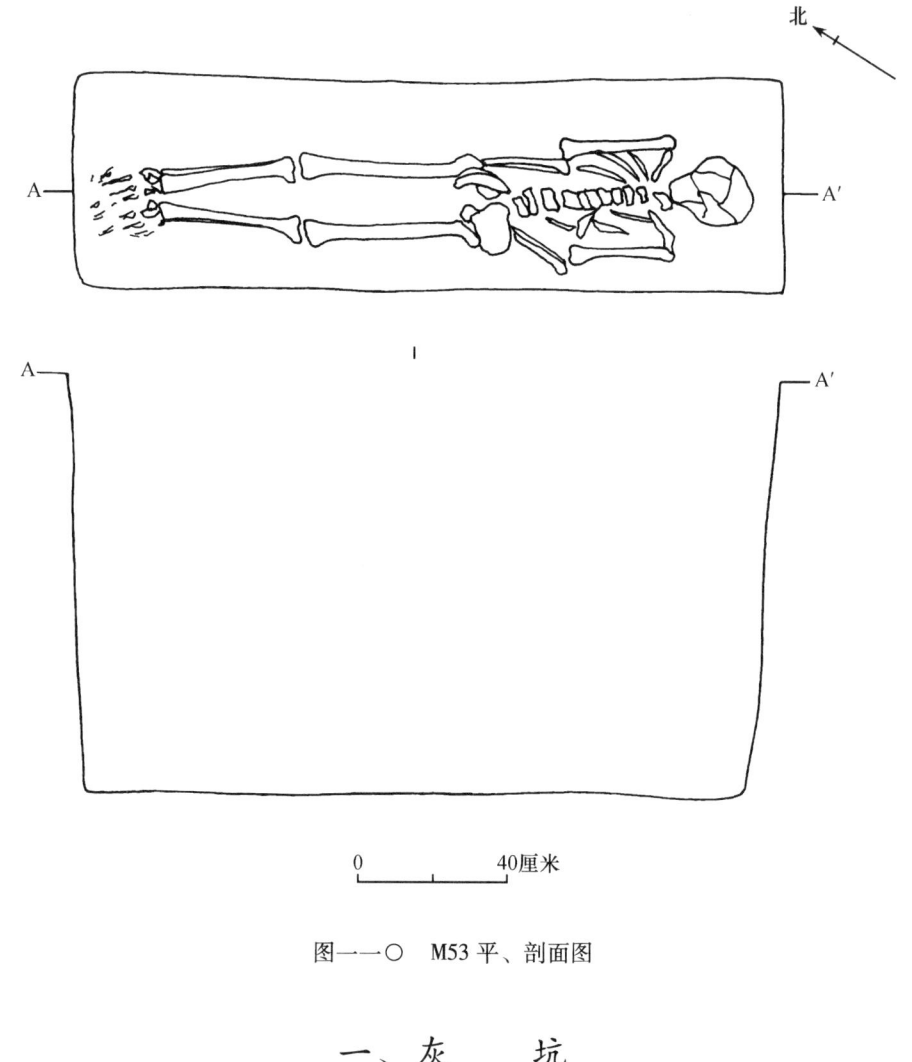

图一一〇　M53 平、剖面图

一、灰　坑

与通常遗址发掘一样，堰台遗址在发掘之初也发现了坑类遗迹，按惯例编为灰坑号。但随后发现，这类遗迹与一般意义上的灰坑不同，没有什么遗物，反而与大量的柱坑类似，只是没有发现木柱洞。于是不再按灰坑编号，而是作为坑（K）由各探方单独编号。对于明显不是柱坑的坑类遗迹，仍然按惯例编为灰坑号。因而灰坑数量较少，总数仅 24 个。其中包括前期编的几个可能为柱坑的遗迹，在以下的介绍中一一注明。

1. H1（图一一一，1）

位于 T0913 东南角，开口于 2 层下。平面略呈椭圆形，长径 116、短径 90 厘米。斜壁，圜底，深 44 厘米。坑内填土黄褐色，内夹大量的红烧土块，无出土遗物。此坑应为柱坑。

第三章 遗 迹 211

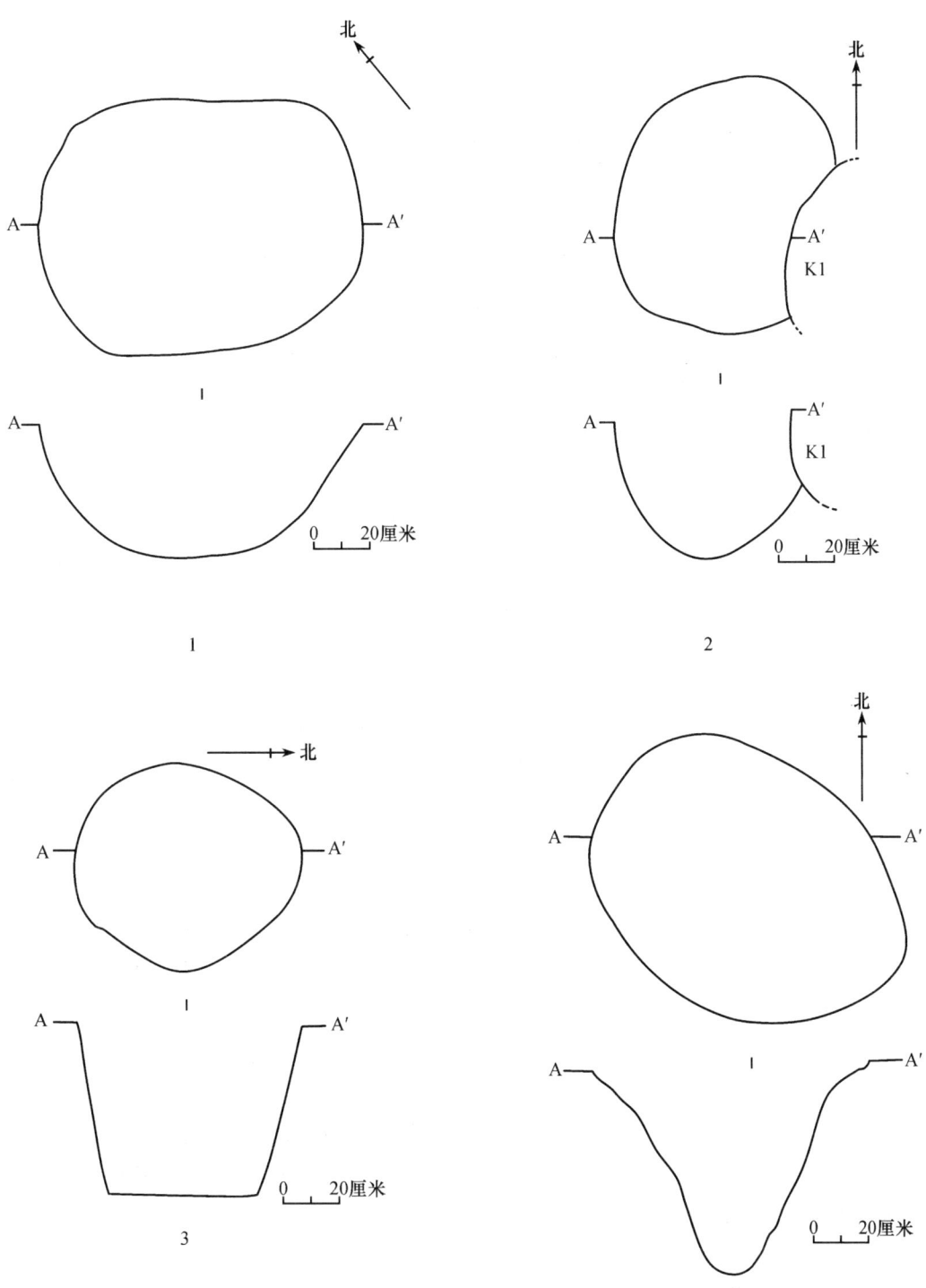

图一一一 H1、H2、H3、H4 平、剖面图
1. H1 2. H2 3. H3 4. H4

2. H2（图一一一，2）

位于 T0913 东北部，开口于 2 层下，被 1 层下开口的 K1 打破。平面呈圆形，直径约 85 厘米。斜壁，圜底，深 52 厘米。坑内填土呈黄褐色，土质较硬，含大量红烧土，无出土遗物。应为柱坑。

3. H3（图一一一，3）

位于 T1010 南部，开口于 4 层下。平面略呈圆形，坑口直径 70～80 厘米。斜直壁，平底，深 60 厘米。坑内填土为灰褐色，土质松软，含少量炭粒及红烧土块，出土少量陶片。应为柱坑。

4. H4（图一一一，4）

位于 T0915 西南部，开口于 3 层下。平面呈椭圆形，坑口长径 120、短径 90 厘米。坑壁向下斜收，坑底较小，深 75 厘米。坑内填土为深褐色黏土，土质疏松，含有木炭灰、红烧土颗粒，出土少量陶片。应为柱坑。

5. H5（图一一二，1）

位于 T1014 西南部，开口于 3 层下。平面形状不规则，长径 215、短径 175 厘米。坑壁略斜，深 68 厘米，坑底不平。坑内填土为灰褐色，土质疏松，含大量木炭粒、红烧土块及少量螺壳，出土少量陶片。

6. H6（图一一二，2）

位于 T1111 西部，开口于 4 层下。平面呈圆角长方形，长径 118、短径 90 厘米，斜壁，略平底，深 60 厘米。坑内填土呈灰绿色，夹杂黄色土块，土质较硬，含少量木炭粒和红烧土颗粒，出土少量夹砂陶片。

7. H7（图一一三，1）

位于 T0616 西南部，开口于 2 层下。平面呈圆形，直径 80～105 厘米。斜直壁，平底，深 95 厘米。坑内填土呈灰褐色，土质较硬，内夹有少量红烧土颗粒及草木灰，出土少量陶片。应为柱坑。

8. H8（图一一三，2）

位于 T1113 东北部，开口于 1 层下。平面略呈圆形，直径约 120 厘米。斜壁，圜底，深 85 厘米。坑内填土呈灰褐色，夹有少量红烧土颗粒及草木灰，出土少量陶片。应为柱坑。

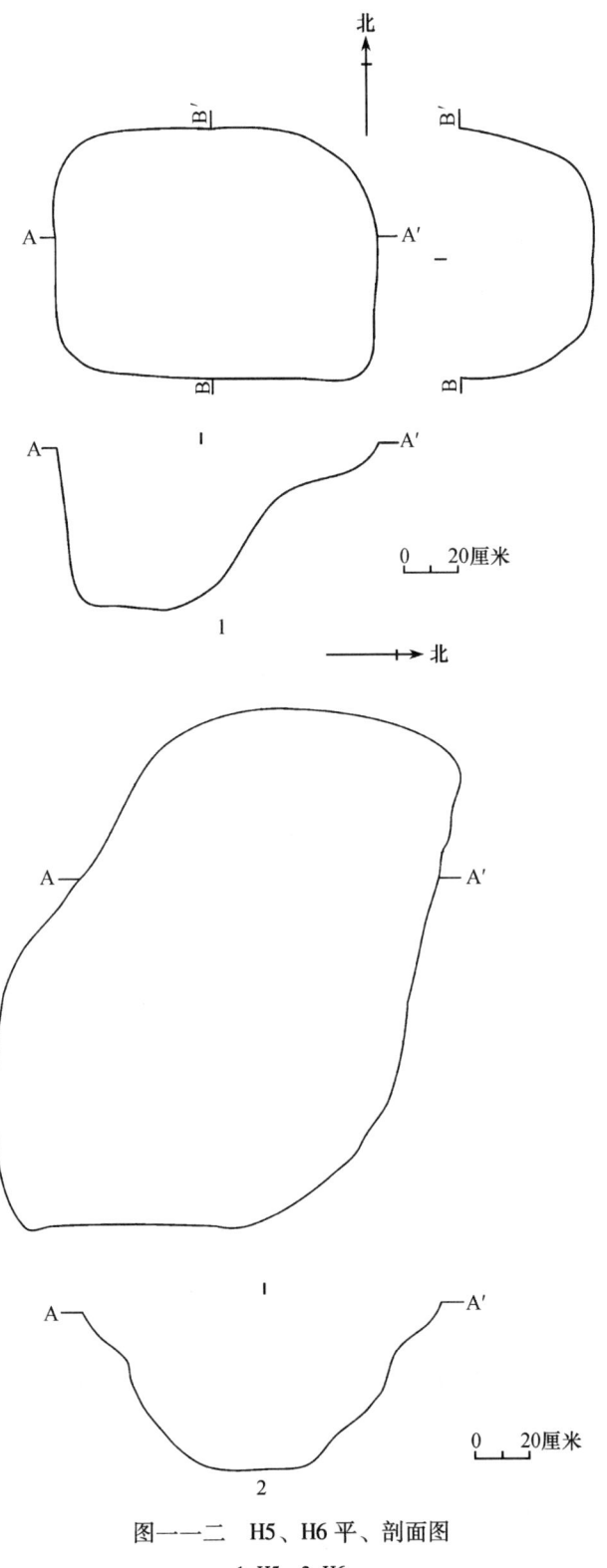

图一一二 H5、H6 平、剖面图

1. H5　2. H6

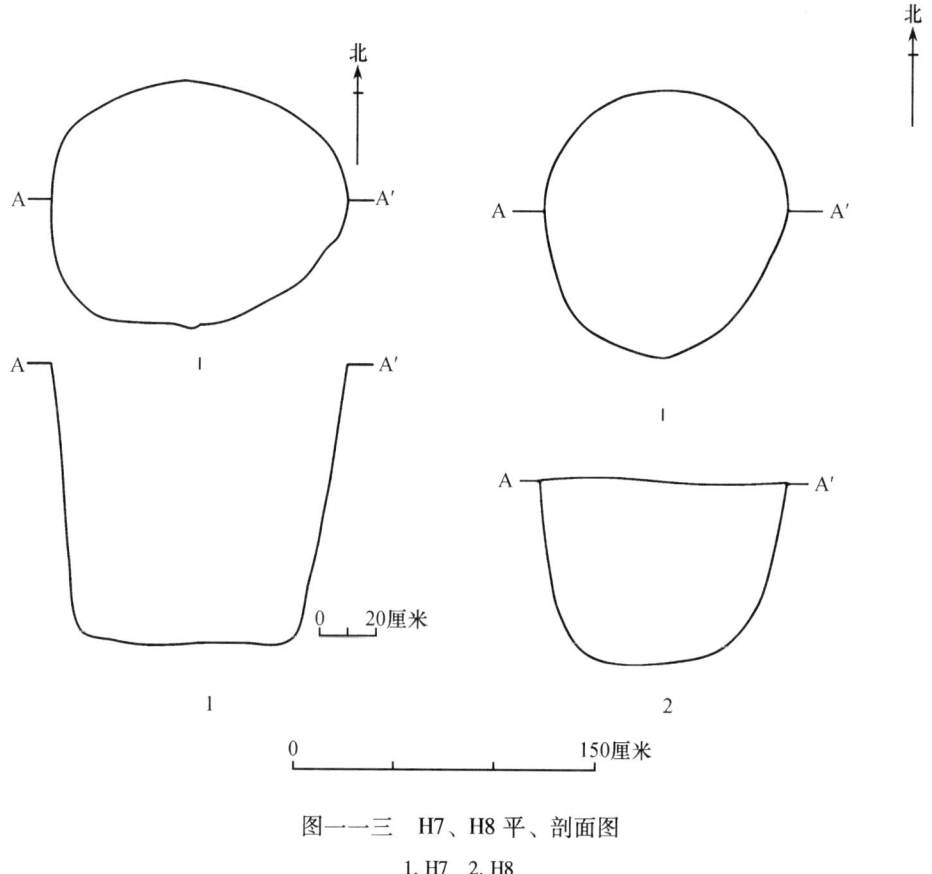

图一一三 H7、H8 平、剖面图
1. H7 2. H8

9. H9（图一一四，1）

位于 T1015 中部，开口于 8 层下。平面形状不规则，东西长 175、南北宽 88 厘米。斜壁，坑东部底较浅，深 20 厘米，呈台阶状，西部深 70 厘米。坑内填土为深灰褐色，土质疏松，含少量炭粒和红烧土颗粒，并有少量螺壳，出土少量陶片。应为柱坑。

10. H10（图一一四，2）

位于 T0514 南部，局部在 T0513 北隔梁中，开口于 6 层下。平面略呈椭圆形，坑口长径 225、短径 186 厘米。斜直壁，平底，深 125 厘米。坑内堆积可分两层，第一层厚 40 厘米，土质疏松，填土呈灰褐色，土质较硬，内夹有少量红烧土颗粒及草木灰，出土少量陶片；第二层厚 85 厘米，灰褐色，土质疏松，黏性较大，含有木炭、红烧土颗粒，出土少量陶片。

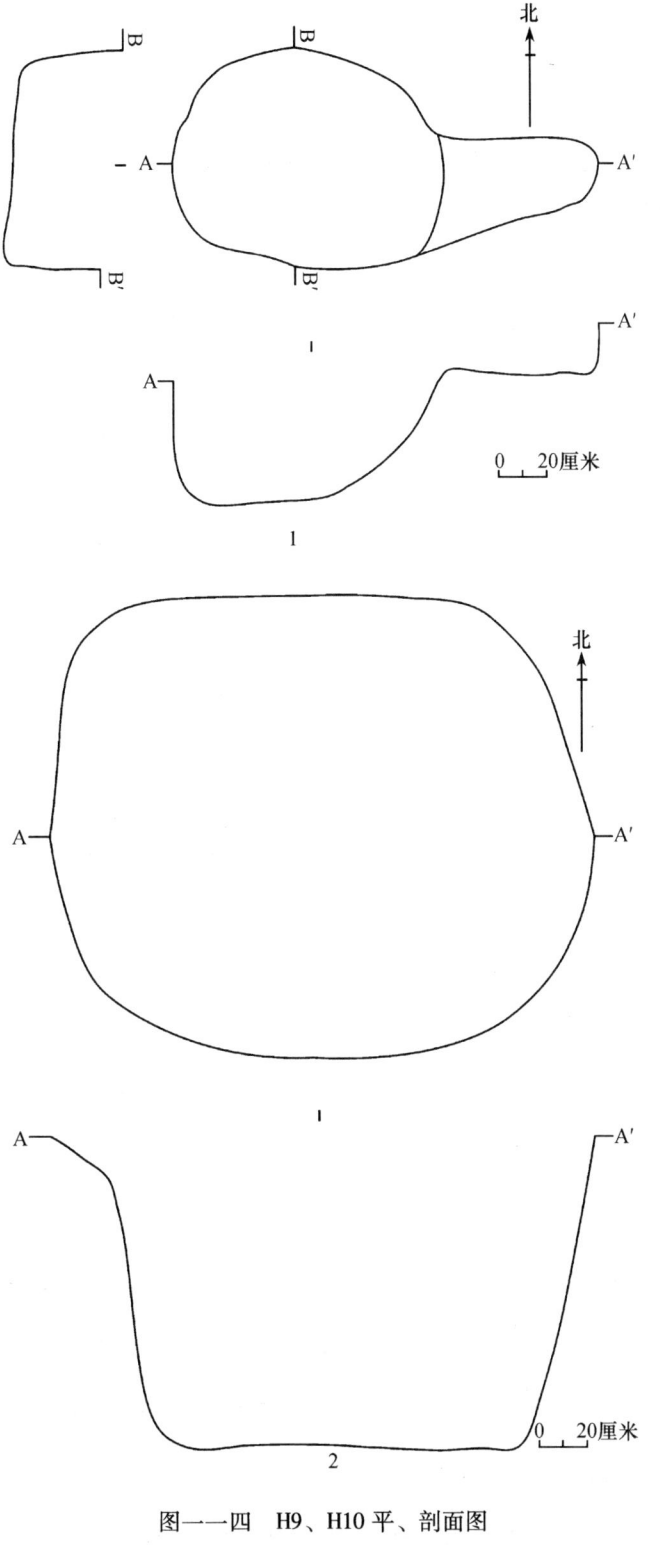

图一一四 H9、H10 平、剖面图
1. H9 2. H10

11. H11（图一一五，2）

位于 T0513 西部，开口于 9 层下。平面形状不规则，坑口长约 130、宽约 110 厘米，斜直壁，平底，深 70 厘米。坑内填土呈黑色，土质松软，含少量炭粒及红烧土颗粒，无出土遗物。疑为柱坑。

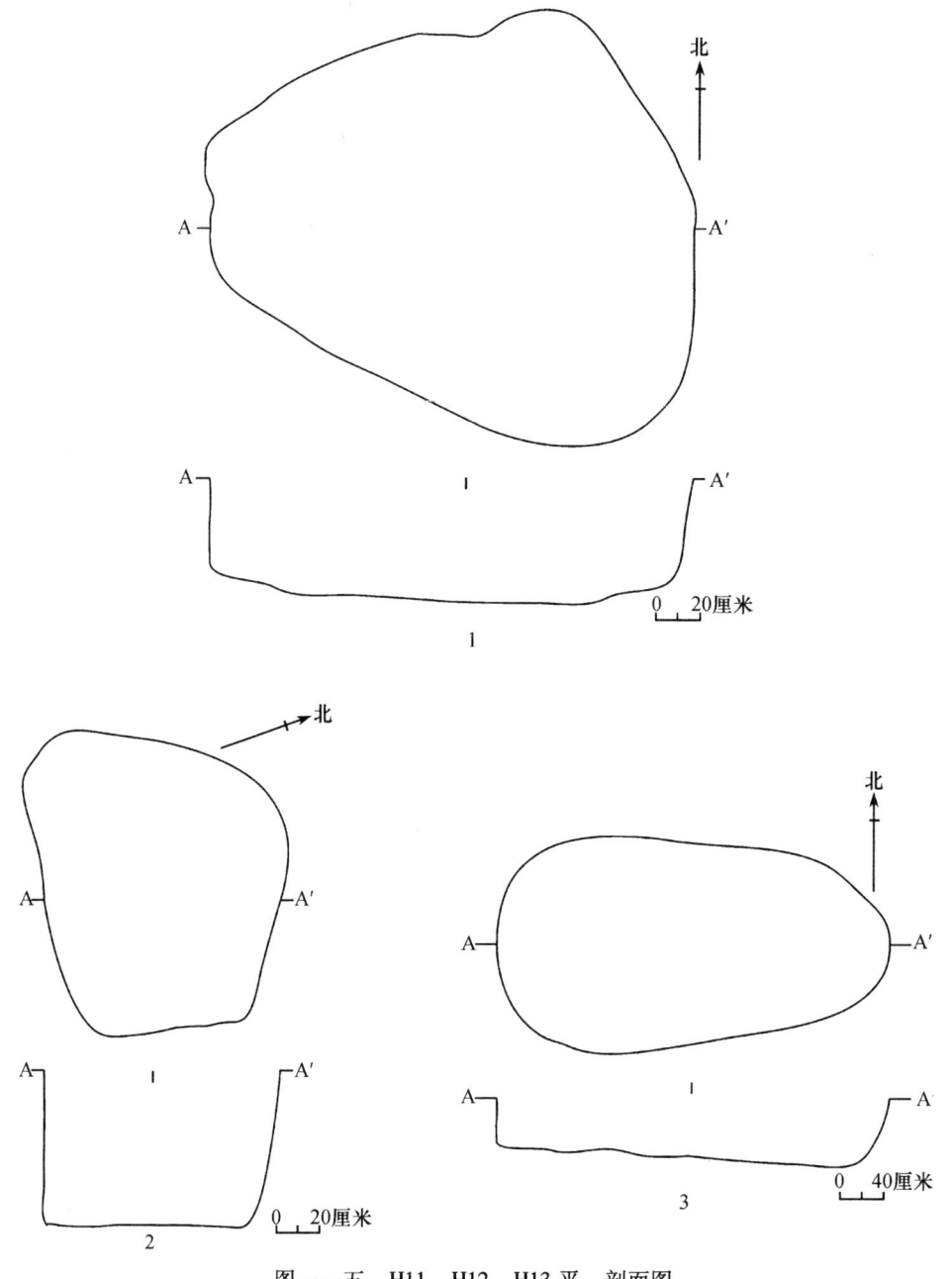

图一一五　H11、H12、H13 平、剖面图
1. H12　2. H11　3. H13

12. H12（图一一五，1）

位于 T0516 东北部，开口于 11 层下。平面形状不规则，直径 170~220 厘米。斜直壁，底略平，深 55 厘米。坑内填土为黄褐色，土质疏松，含少量草木灰，出土少量陶片，另出石锛、石凿各 1 件。

13. H13（图一一五，3）

位于 T0913 东南大部，局部在 T0912 北隔梁内，开口于 6 层下，被同层下开口的 K3 所打破。平面呈椭圆形，长径 445、短径约 230 厘米，南壁为直壁，北壁为斜壁，底略平，深 50~75 厘米。坑内填土呈黑色，土质较硬，含较多的木炭灰及少量红烧土块，出土少量陶片及兽骨、石块等。

14. H14（图一一六）

位于 T0517 西北部及 T0417 东隔梁内，开口于 11 层下。距地表深 125 厘米，被 M24 打破。平面呈不规则椭圆形，长径约 360、短径约 220 厘米。斜直壁，平底，深 45 厘米。坑内填土为灰褐色，土质疏松，含大量的螺壳和少量木灰，出土少量陶片。

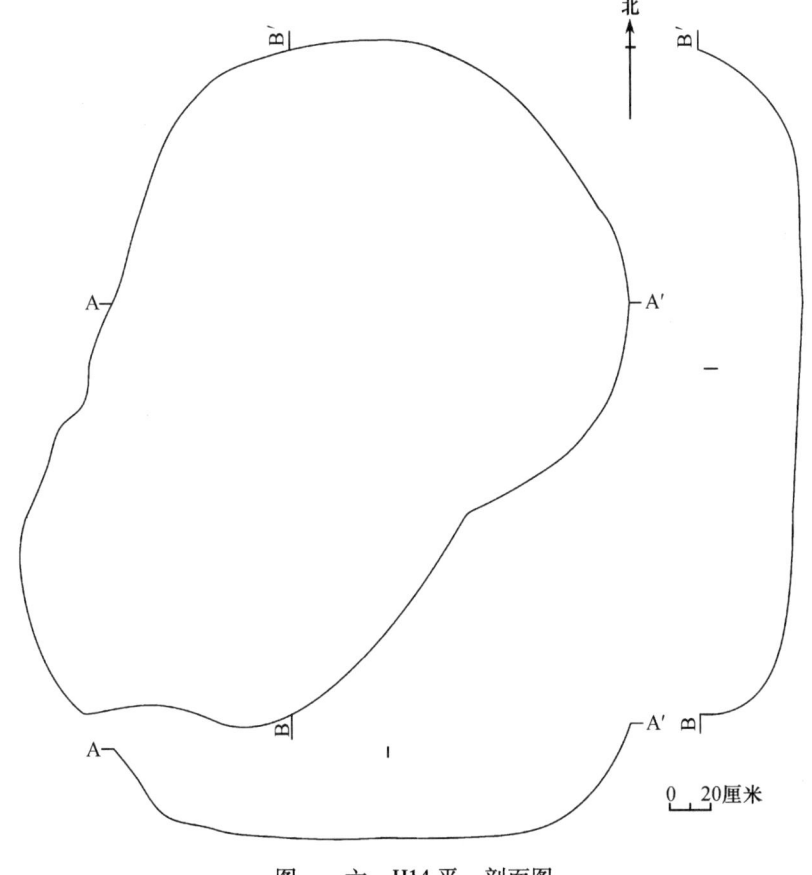

图一一六　H14 平、剖面图

15. H15（图一一七，1）

位于T0613南部，开口于12层下，被K2打破。袋状，平面呈圆形，口部直径70厘米，底部直径94厘米，斜壁，平底，深142厘米。坑内填土呈灰褐色，土质松软且带黏性，含少量炭粒及红烧土块，无出土遗物。

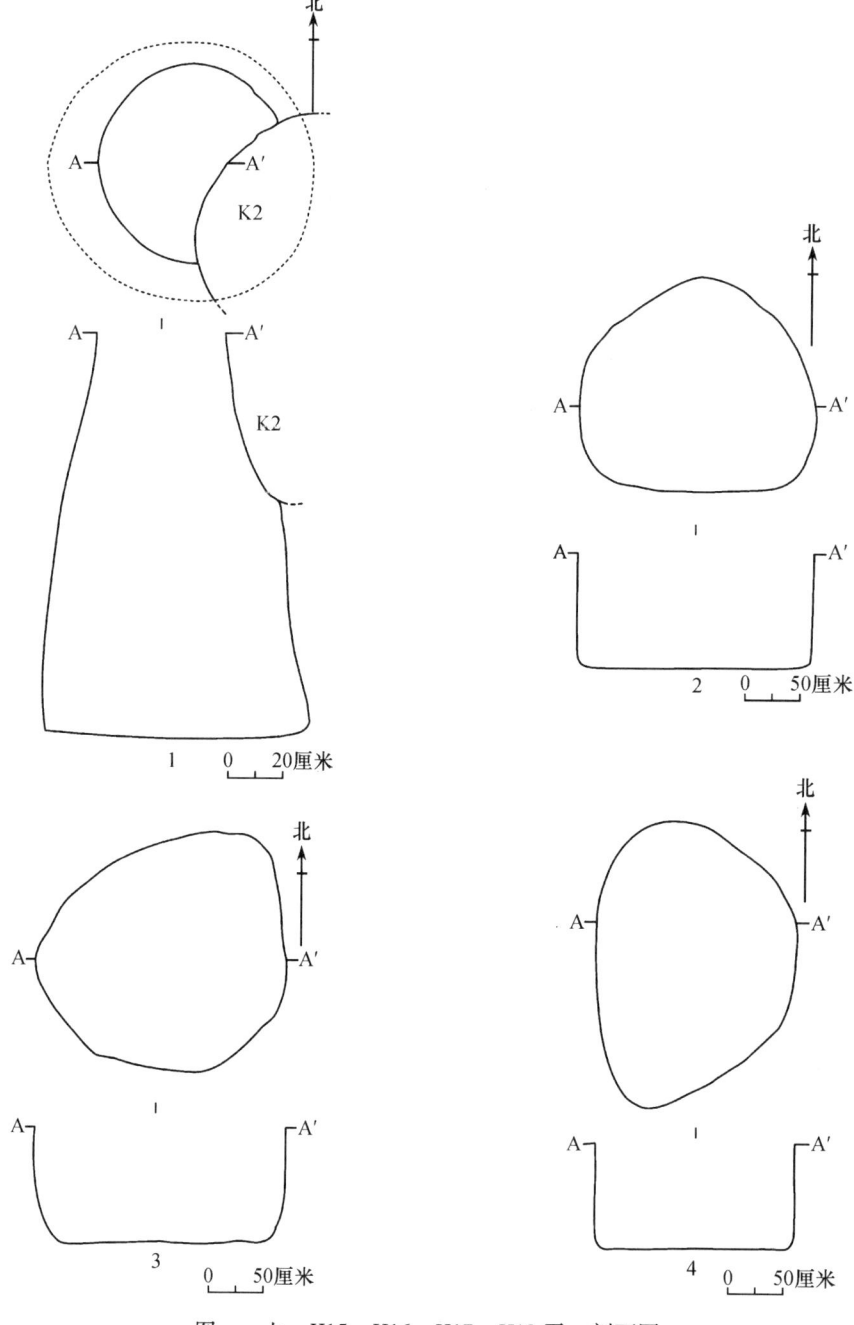

图一一七　H15、H16、H17、H18平、剖面图
1. H15　2. H16　3. H17　4. H18

16. H16（图一一七，2）

位于 T0812 东隔梁内，局部进入 T0912。开口于 5 层下。平面呈不规则圆形，直径约 200 厘米。直壁，平底，深 93 厘米。坑内填土为青灰色，土质较硬，含少量炭粒及红烧土块，出土较多陶片。

17. H17（图一一七，3）

位于 T0812 东南部，开口于 5 层下。平面呈不规则圆形，直径约 220 厘米。直壁，平底，深 100 厘米。坑内填土为青灰色，土质较硬，含少量炭粒及红烧土块，出土较多陶片。

18. H18（图一一七，4）

位于 T0812 西南部，开口于 6 层下。平面呈不规则圆形，长约 240、宽约 170 厘米，直壁，平底，深 95 厘米。坑内填土为灰黑色，土质较硬，含较多炭粒及红烧土块，出土较多陶片。

19. H19（图一一八，1）

位于 T0812 中部，开口于 5 层下。平面呈不规则圆形，长约 260、宽约 210 厘米，直壁，平底，深 105 厘米。坑内填土为青灰色，土质较硬，含少量炭粒及红烧土块，出土较多陶片。

20. H20（图一一八，2）

位于 T0617 东南部。开口于 12 层下，其东半部被 D15 打破。平面呈长方形，坑口残长 60、宽 40 厘米。直壁，平底，深 26 厘米。坑内填土为黄白色花土，无出土遗物。疑为柱坑。

21. H21（图一一九，1）

位于 T0705 南部及其扩方内，开口于 10 层下。平面呈圆角长方形，长 360、宽 145 厘米，直壁，平底，深 40 厘米。坑内填土呈黄褐色，土质疏松，含少量炭粒及红烧土块，西南部近坑底处夹杂有大量的螺壳，出土少量陶片，并出有鹿角及动物骨骼。

22. H22（图一一九，2）

位于 T0511 西南部，开口于 19 层下。平面呈长方形，长 408、宽 110 厘米，斜直壁，近平底，深 36~42 厘米。坑内填土呈深灰色，夹杂绿色斑点土，土质疏松，含少量炭粒，出土少量陶片，完整的有 2 件陶豆。

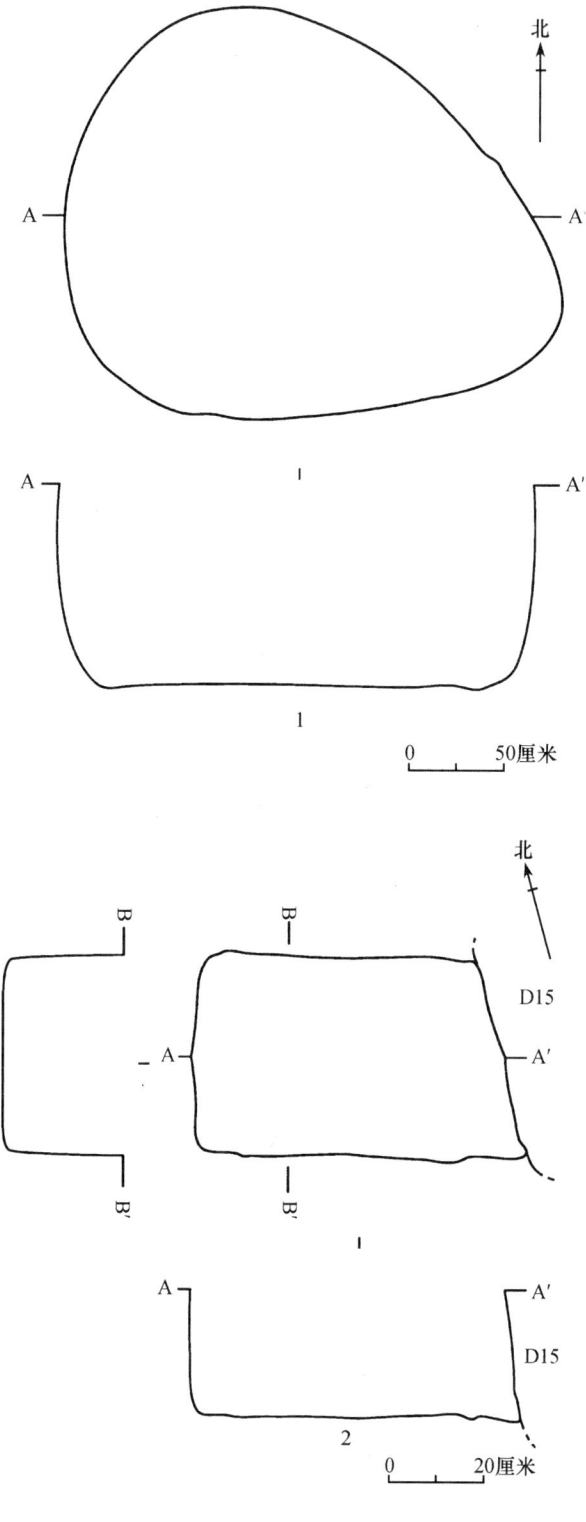

图一一八 H19、H20 平、剖面图

1. H19 2. H20

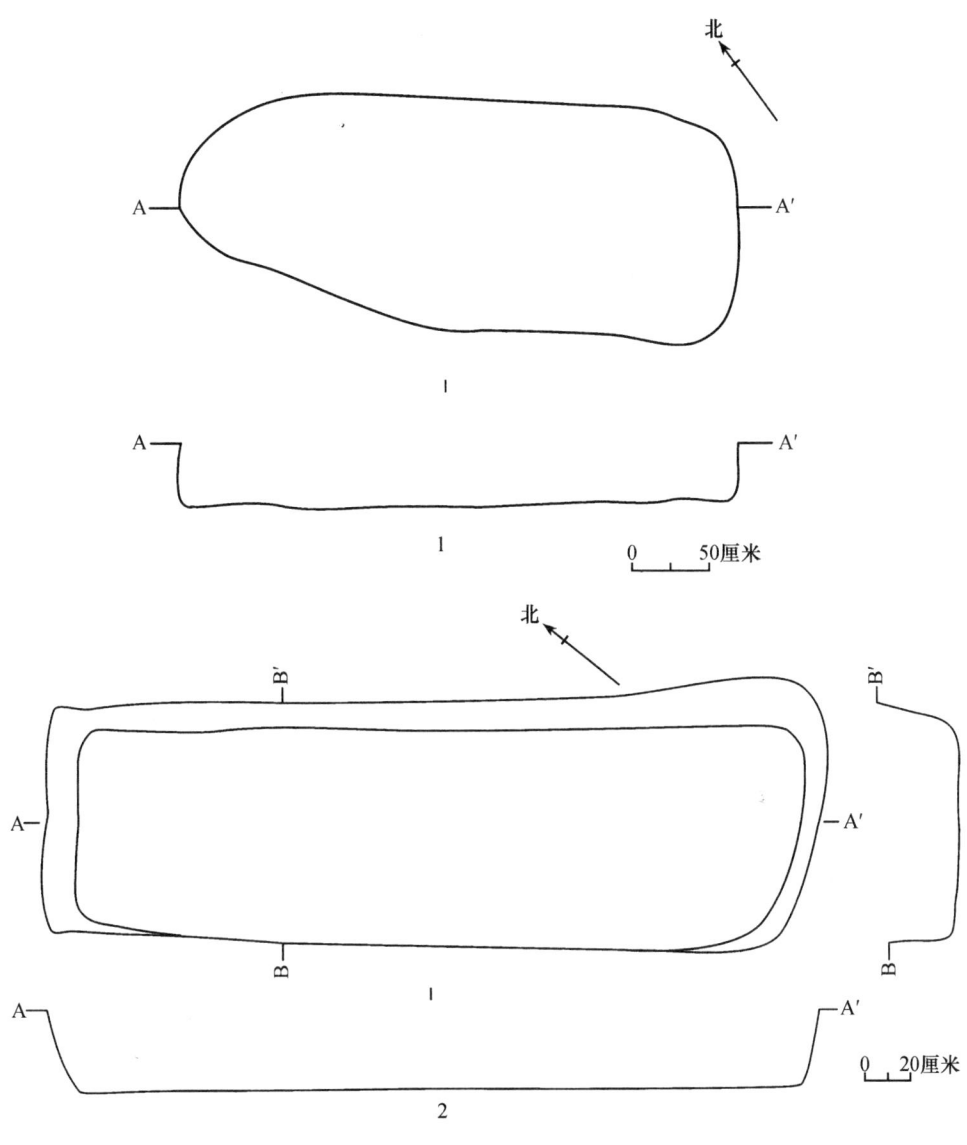

图一一九 H21、H22 平、剖面图
1. H21 2. H22

23. H23（图一二〇，1）

位于 T0411 东北部，开口于 12 层下。平面呈圆形，直径约 150 厘米。斜直壁，略平底，深 105 厘米。坑内填土呈深灰色，土质疏松，含少量炭粒，出土少量陶片。

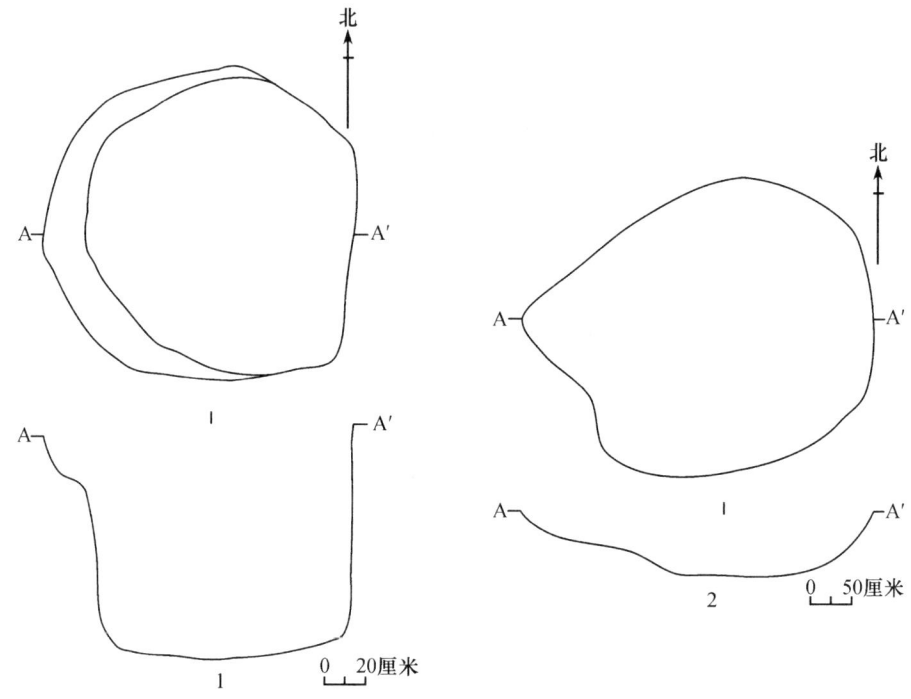

图一二〇　H23、H24 平、剖面图
1. H23　2. H24

24. H24（图一二〇，2）

位于 T0611 西南部，开口于 17 层下。平面略呈圆形，直径 350～400 厘米。斜壁，平底，深约 70 厘米。坑内堆积有大量黑色草木灰，土质疏松，含少量红烧土块，出土少量陶片。

二、坑

如前所述，遗址中发现大量的坑，坑内既没有发现木柱，也没有较多的遗物出土（有的仅出几块陶片），均由各探方单独进行编号，统一以 K 表示，推测这些坑绝大部分是柱坑。由于数量较多，总数达 263 个，这里仅举例说明。其余在报告中附有统计表（表八），标明了各坑的位置、平面形状、开口层位、填土、相关尺寸等内容，以供研究参考。

表八 堰合遗址坑统计表

编号	位置	开口层位	形状	尺寸（厘米）	填土	备注
T0408K1	探方北部	4层下	平面呈圆形，斜壁圜底	直径15，深16	有红烧土，黄褐色	
T0408K2	探方北部	4层下	平面呈圆形，斜壁圜底	直径14，深18	有红烧土，黄褐色	
T0408K3	探方东北角	4层下	平面呈圆形，斜壁圜底	直径36，深20	有红烧土，黄褐色	
T0408K4	探方东隔梁	4层下	平面呈圆形，斜壁圜底	直径36，深30	有红烧土，黄褐色	
T0408K5	探方北隔梁	4层下	平面呈圆形，斜壁圜底	直径20，深18	有红烧土，黄褐色	
T0408K6	探方东隔梁	4层下	平面呈圆形，斜壁圜底	直径50，深30	有红烧土，黄褐色	
T0408K7	探方东隔梁	4层下	平面呈椭圆形，斜壁平底	长径108，短径86，深60	有红烧土，黄褐色	
T0408K8	探方中部偏东	6层下	平面呈圆形，斜壁圜底	直径55，深60	黄褐土	
T0408K9	探方北侧	6层下	平面呈椭圆形，斜壁圜底	长径75，短径62，深65	黄褐土	
T0408K10	探方东南角	6层下	平面呈椭圆形，斜壁圜底	长径75，短径60，深55	黄褐土	
T0408K11	探方东隔梁，部分延伸至关键柱	6层下	平面呈圆形，斜壁圜底	直径35，深50	黄褐土	
T0408K12	探方东隔梁北部	6层下	平面呈圆形，直壁平底	直径55，深70	黄褐土	
T0408K13	探方北侧，部分在北隔梁	6层下	平面呈圆形，斜壁平底	直径40，深50	黄褐土	
T0508K1	探方西南侧	2层下	平面呈椭圆形，斜壁平底	长径115，短径68，深38	夹有红烧土颗粒的黄褐土	
T0508K2	探方北侧	2层下	平面呈椭圆形，斜壁平底	残长径100，短径60，深42	夹有红烧土颗粒的黄褐土	
T0508K3	探方东侧	2层下	平面呈圆形，斜壁圜底	直径120，深100	夹有红烧土颗粒的黄褐土	
T0508K4	探方东北侧	13层下	平面呈椭圆形，斜壁平底	长径130，短径85，深75	黄色花土	
T0508K5	探方南侧	7层下	平面呈圆形，斜壁圜底	直径35，深50	灰褐土	
T0508K6	探方南侧	7层下	平面呈圆形，斜壁圜底	直径115，深60	灰褐土	
T0508K7	探方西侧	8层下	平面呈长方形，直壁平底	长85，宽50，深60	灰褐土	
T0508K8	探方西北侧	8层下	平面呈长方形，斜壁平底	长80~85，宽50~55，深70	灰褐土，夹有红烧土颗粒	
T0508K9	探方东北侧	8层下	平面呈不规则圆形，斜壁圜底	直径100，深85	灰褐土，夹有红烧土颗粒	
T0508K10	探方东北侧	8层下	平面呈圆形，斜直壁平底	直径50，深40	灰褐土	

续表

编号	位置	开口层位	形状	尺寸（厘米）	填土	备注
T0508K11	探方东北侧	8层下	平面呈圆形，直壁平底	直径60，深117	灰褐土，夹有红烧土颗粒	
T0508K12	探方西南侧	13层下	平面呈椭圆形，直壁平底	长径145、短径100，深65	黄色花土	
T0508K13	探方西北侧	13层下	平面呈椭圆形，直壁平底	长径150、短径105，深70	黄色花土	
T0409K1	探方扩方北部	6层下	平面呈圆形，直壁平底	直径40，深24	褐土，夹有红烧土	该探方西部有扩方
T0409K2	探方扩方东北角	6层下	平面呈圆形，直壁平底	直径30，深15	褐土，夹有红烧土	
T0409K3	探方扩方东隔梁	6层下	平面呈圆形，直壁平底	直径35，深17	褐土，夹有红烧土	
T0409K4	探方扩方东隔梁	6层下	平面呈圆形，斜壁平底	直径70，深54	灰褐花土，夹有少量的红烧土和木炭颗粒	
T0409K5	探方扩方北侧，部分延伸至北隔梁	7层下	平面呈长方形，直壁平底	长60、宽50，深100	灰褐花土，夹有少量的红烧土和木炭颗粒	
T0409K6	探方东北角	7层下	平面呈长方形，直壁平底	长58、宽30，深55	黄褐土	
T0409K7	探方东隔梁，部分进入关键柱	7层下	平面呈圆形，直壁平底	直径100，深50	黄褐土	
T0409K8	探方南侧，部分延伸至T0408北隔梁	8层下	平面呈椭圆形，直壁圜底	长径100、短径64，深60	灰黑土，夹有较多的木炭和少量的红烧土颗粒	
T0409K9	探方东北角	9层下	平面成不规则圆形，斜直壁圜底	长径74~100，深100	黄土中夹有白土块	
T0412K1	探方西北角	7层下	平面呈圆形，斜壁圜底	直径110，深44	灰褐土，伴有黄土块	
T0412K2	探方中部偏南，部分延伸至东隔梁	9层下	平面不规则形，斜壁圜底	长136、宽40~94，深70	灰褐土中带有黄土块	
T0412K3	探方东南部	9层下	平面不规则形，斜壁平底	长130、宽105，深50	灰褐土夹有黄土块	
T0412K4	探方西北角	9层下	平面呈不规则椭圆形，斜壁圜底	长径93、短径70，深50	灰褐土，伴有黄土点	
T0412K5	探方中部	10层下	平面呈椭圆形，斜壁圜底	长径60、短径55，深41	灰褐土，伴有黄土块	
T0411K1	探方南部，部分延伸到T0410北隔梁	4层下	平面近圆形，斜壁圜底	长径76、短径70，深79	灰褐土，夹有木炭粒	

续表

编号	位置	开口层位	形　　状	尺寸（厘米）	填　　土	备　注
T0411K2	探方西北角，部分延伸到北隔梁	9层下	平面呈椭圆形，斜壁平底	长径240，短径160，深60	灰绿土，内含少量木炭粒及红烧土	
T0411K3	探方西南角	10层下	平面呈长方形，直壁平底	长100，宽30，深30	灰黑土，内含少量的木炭粒	
T0411K4	探方西南侧	10层下	平面略呈长方形，直壁平底	长86，宽60，深50	黑灰土，内含少量的木炭粒及少许夹砂陶片	
T0310K1	探方东北部	6层下	平面呈圆形，斜壁平底	直径17，深7	灰褐土	T0310是扩方部分
T0310K2	探方北部偏东	6层下	平面呈圆形，斜壁平底	直径25，深14	灰褐土	
T0310K3	探方中部	6层下	平面呈圆形，直壁平底	直径17，深8	深褐土	
T0509K1	探方北部	6层下	平面呈不规则长方形，直壁平底	长83~85，宽52~56，深68	灰褐土，内夹有少量红烧土粒及木炭颗粒	
T0509K2	探方东南部，部分延伸至东隔梁	7层下	平面呈圆形，斜壁平底	直径55，深60	黄褐土，内含少量红烧土和炭粒	
T0509K3	探方北隔梁西侧	8层下	平面呈不规则圆形，斜壁平底	直径96~100，深60	灰褐土，内含少量红烧土和炭粒	
T0510K1	探方西南角	6层下	平面呈不规则形，斜壁平底	长164，宽150，深20~25	灰褐土，夹有少量的红烧土颗粒	
T0511K1	探方东南角，部分延伸至东隔梁和T0510北隔梁	3a层下	平面呈长方形，斜壁平底	长150，宽75，深80	红褐黏土	
T0511K2	探方东侧，部分延伸至北隔梁	16层下	平面略呈椭圆形，斜壁平底	长90，宽50，深30	灰褐土，土质疏松	
T0511K3	探方中部	16层下	平面呈椭圆形，直壁圆底	长径96，短径86，深102	灰褐土，土质较硬，夹有少炭粒	
T0512K1	探方北侧，部分在北隔梁	8层下	平面呈不规则形，斜壁平底	长120，宽67，深135	灰褐土，夹有白土块及少量木炭粒	
T0512K2	探方西部	8层下	平面呈不规则形，斜壁圆底	直径75，深145	灰褐土，夹有白土块及少量木炭粒	
T0512K3	探方东隔梁南部	12层下	平面呈长条形，斜壁圆底	长115，宽22~26	灰褐土，土质较硬，夹有白土块，红烧土和木炭	

续表

编号	位置	开口层位	形状	尺寸（厘米）	填土	备注
T0612K1	探方南侧，部分延伸至T0611北隔梁	6层下	平面近椭圆形，斜壁圜底	长径60、短径50、深63	坚硬白色土，夹红褐土块	
T0612K2	探方西北角，部分延伸至北、东隔梁	14层下	平面呈不规则椭圆形，斜壁平底	长径170、短径155、深50	灰白土，夹白土块及红烧土粒、炭粒	
T0611K1	探方北隔梁偏西	1层下	平面呈不规则椭圆形，斜壁平底	长径155、短径110、深90	黄褐土，夹有红烧土粒	
T0611K2	探方东侧，部分延伸至东隔梁	13层下	平面呈长方形，斜壁平底	长166、宽100、深75	红褐土	
T0611K3	探方南侧，部分延伸至T0610北隔梁	14层下	平面呈椭圆形，直壁平底	长径70、短径50、深50	灰褐土，夹有少量木炭、白土块	
T0610K1	探方东北部	7层下	平面呈不规则椭圆形，斜壁圜底	长径88、短径43、深40	红褐花土，夹有烧土颗粒和少量炭粒、绿色颗粒	
T0610K2	探方东北角，部分进入北隔梁	7层下	平面略呈圆形，斜壁圜底	直径55、深90	黄褐花土，包含有炭粒、土质较硬	
T0610K3	探方东南部	9层下	平面呈圆角长方形，斜直壁尖底	长60、宽48、深40	浅灰褐土，土质较硬，包含少量颗粒	
T0610K4	探方北部偏东，部分延伸至北隔梁	9层下	平面呈不规则长方形，直壁、斜坡状底	长径136、短径70、深20~30	黑灰土，夹有木炭粒及烧土粒	
T0610K5	探方中部	10层下	平面呈椭圆形，直壁平底	长径70、短径65、深90	黄褐花土，包含有绿色颗粒，土质较硬	
T0610K6	探方西南角	10层下	平面呈长方形，直壁平底	长110、宽86、深70	灰褐土，夹有烧土块、炭粒，土质较硬	
T0610K7	探方西北部，部分延伸至北隔梁	10层下	平面近圆角长方形，斜壁平底	长80、宽65、深94	黄褐花土，包含绿色颗粒土，土质较硬	
T0609K1	探方北部居中	11层下	平面呈不规则长方形，斜壁圜底	长70、宽60、深50	黑灰土，夹大量烧土块，土质较硬	

续表

编号	位置	开口层位	形状	尺寸（厘米）	填土	备注
T0609K2	探方东部	11层下	平面呈不规则长方形，斜壁圜底	长80、宽60、深50	黑灰土，夹大量烧土块，土质较硬	
T0608K1	探方东南角，部分延伸至东隔梁	11层下	平面呈圆形，斜壁圜底	直径35、深58	灰褐土，夹有红烧土颗粒及草木灰	
T0608K2	探方东北角，部分延伸至东北隔梁	8层下	平面呈不规则圆形，斜壁圜底	直径80、深30	灰褐土，夹有红烧土颗粒	
T0607K1	探方北隔梁偏西	11层下	平面近方形，直壁平底	边长64、深20	暗褐土，夹杂黏土	
T0606K1	探方南部偏东	1层下	平面近圆形，斜壁尖底	直径60、深60	黄褐土，土质较硬，包含较多红烧土颗粒	
T0606K2	探方南侧，部分延伸至东隔梁	2层下	平面近圆形，斜壁圜底	直径110、深90	黄褐土，土质较硬，包含较多红烧土颗粒	
T0606K3	探方东北角	2层下	平面近圆形，直壁平底	直径40、深38	灰褐土，土质较软，内含红烧土和炭粒	
T0606K4	探方中部	5层下	平面呈长方形，斜壁平底	长200、宽120、深48	褐土，土质坚硬	
T0705K1	探方西北角	11层下	平面呈椭圆形，直壁平底	长径68、短径50、深66	红褐土，土质较硬，夹杂黄白土块	
T0705K2	探方南部	11层下	平面呈椭圆形，直壁平底	长径60、短径50、深80	红褐土，土质较硬，夹杂黄白土块	
T0705K3	探方南部	11层下	平面近圆形，直壁平底	直径50、深80	黄褐土，夹杂黄白土块，土质较硬	
T0706K1	探方西北角，部分延伸至东隔梁	5层下	平面近圆形，斜壁平底	直径55、深50	灰褐土，土质较硬，包含较多的红烧土块颗粒	
T0706K2	探方东南角，部分延伸至T0706北隔梁	10层下	平面呈圆形，斜壁平底	直径70、深52	黄褐土偏白	
T0706K3	探方南部，部分延伸至T0706北隔梁	6层下	平面呈不规则椭圆形，斜壁平底	长径165、短径150、深66	花土，内含红烧土及少量炭粒	
T0707K2	探方南部，部分延伸至T0707北隔梁	6层下	平面近圆形，斜壁平底	直径80、深70	花红土，包含较多红烧土	
T0707K3	探方东侧，部分延伸至东隔梁	5层下	平面呈圆形，斜壁平底	直径58、深58	灰褐土，内含较多烧土及少量炭粒	

续表

编号	位置	开口层位	形状	尺寸（厘米）	填土	备注
T0707K4	探方北隔梁	10层下	平面呈长方形，直壁平底	长36、宽30、深30	黄土，土质较硬	
T0707K5	探方南侧偏东，部分在T0706北隔梁	10层下	平面呈圆形，直壁平底	直径60、深40	黄土，土质较硬	
T0709K1	探方西南角，部分延伸至T0609北隔梁	9层下	平面呈不规则长方形，斜壁平底	长80~120、宽70~76、深30~40	黄褐花土，内含红烧土和炭粒及少量绿色颗粒土	
T0709K2	探方西北角	9层下	平面呈不规则椭圆形，斜壁平底	长径100、短径50~68、深25	黄褐花土，包含绿色斑点	
T0710K1	探方西北部	13层下	平面呈不规则圆形，直壁平底	直径60、深50	青灰土，包含有黄土块，土质较硬	
T0711K1	探方东南角	7层下	平面呈不规则长方形，斜壁平底	长125、宽68、深90	灰褐花土，夹有少量的红烧土颗粒，少许的黄白色土块	
T0711K2	探方西南角	10层下	平面呈不规则长方形，直壁平底	长80、宽45、深70	浅灰黑土，土质较硬，夹有少量的红烧土粒、炭粒和水锈斑点	
T0712K1	探方西部中央	12层下	平面呈椭圆形，斜壁平底	长70、宽35、深60	黄褐土，土质较硬，夹杂较多黄白土块，少许木炭粒	
T0812K1	探方西北端，部分延伸至T0710北隔梁	6层下	平面近椭圆形，斜壁钩底	长径74、短径60、深50	灰黑土，含有较多的炭粒和少许烧土粒	
T0810K1	探方西南角，部分延伸至T0710北隔梁	9层下	平面近圆形，斜壁钩底	直径65、深50	黄褐花土，夹杂有黄土块及红褐色土块，土质较硬	
T0810K2	探方东部	10层下	平面近圆形，斜壁平底	长径70、短径60、深20	黄褐土，土质较硬，夹杂有黄土块	
T0810K3	探方中部，偏东	10层下	平面近圆形，斜壁平底	直径56、深20	黄褐土，土质较硬	
T0810K4	探方东南角	10层下	平面呈不规则椭圆形，直壁平底	长径46、短径38、深40	黄褐土，土质较硬	
T0809K1	探方北隔梁中部	11层下	平面呈椭圆形，斜壁平底	长径50、短径40、深30	红褐花土，夹杂黄土块	
T0809K2	探方西南部	11层下	平面呈椭圆形，斜壁平底	长径70、短径48、深36	红褐花土，土质较硬，夹杂黄土块	
T0809K3	探方东隔梁中部	11层下	平面呈不规则椭圆形，斜壁平底	长径112、短径86、深60	红褐花土，土质较硬，夹杂黄土块	

续表

编号	位置	开口层位	形状	尺寸（厘米）	填土	备注
T0809K4	探方东隔梁北部	11层下	平面呈不规则长方形，斜壁平底	长48、宽42、深28	红褐土，土质较硬，夹杂黄白土块	
T0809K5	探方关键柱	11层下	平面呈圆形，斜壁平底	直径46、深20	红褐土，土质较硬，夹杂黄白土块	
T0809K6	探方西侧中部，部分延伸至T0709东隔梁	11层下	平面呈圆形，斜壁锅底	直径43、深24	红褐花土，土质较硬，夹杂黄土块	
T0808K1	探方西北角，部分延伸至东北隔梁	9层下	平面呈圆形，斜壁锅底	直径110、深70	灰黑土，土质松软，夹有大量红烧土块及木炭	
T0808K2	探方西南角，部分延伸至T0708东隔梁	11层下	平面呈不规则椭圆形，斜壁圜底	长径85、短径50、深36	灰黄土，土质松软	
T0808K3	探方西侧中部，部分延伸至T0708东隔梁	12层下	平面呈不规则椭圆形，斜壁圜底	长径72、短径52、深50	黄花土，土质较硬	
T0808K4	探方西侧中部	12层下	平面呈不规则椭圆形，斜壁圜底	长径80、短径50、深60	黄花土，土质较硬	
T0808K5	探方东北角	11层下	平面呈圆形，斜壁圜底	直径88、深80	灰黑土，夹有红烧土块	
T0806K1	探方东侧，部分延伸至T0805北隔梁	3层下	平面呈不规则长方形，斜壁圜底	长100、宽84、深130	红色土，土质较硬，夹有红烧土块	
T0806K2	探方西南角，部分延伸至T0805北隔梁	3层下	平面呈圆形，斜壁圜底	直径66、深96~106	灰黑土，夹有大量的红烧土块	
T0806K3	探方南侧，部分延伸至T0806北隔梁	5层下	平面呈椭圆形，斜壁圜底，有一层台阶	长径100、短94、深64	灰黑土，土质较软，夹大量的烧土块及少量螺壳	
T0806K4	探方西南角，部分延伸至T0807北隔梁	7层下	平面呈圆形，斜壁，底部不平	直径85、深102	花土，内含红烧土及少量螺壳	
T0806K5	探方西侧，部分延伸至T0706北隔梁	7层下	平面呈椭圆形，斜壁圜底	长径50、短径40、深50	灰黑土，土质松软，夹有大量红烧土块	
T0806K6	探方东侧，部分延伸至东隔梁	9层下	平面呈不规则长方形，斜壁圜底	长125、宽65、深115	黄花土，夹大量的螺壳	

续表

编号	位置	开口层位	形状	尺寸（厘米）	填土	备注
T0806K7	探方西侧，部分延伸至T0706北隔梁	11层下	平面近圆形，斜壁圜底	直径43，深40	黄花土，土质较硬	
T0906K1	探方中部偏南	15层下	平面呈长方形，直壁平底	长90，宽40，深55	黄花土，土质较硬	
T0908K1	探方东北角	5层下	平面呈长方形，直壁平底	长60，宽26，深49	黄褐土，土质较硬	
T0909K1	探方西北隔梁	11层下	平面呈不规则椭圆形，直壁平底	长径135，短径40，深30	灰黄土，夹白泥块花土	
T0909K2	探方北隔梁	11层下	平面呈不规则椭圆形，直壁平底	长径220，短径112，深30	黄花土，土质较硬	
T1012K1	探方北部偏东，部分延伸至北隔梁	3层下	平面呈不规则圆形，斜壁平底	直径105，深98	灰黑土，土质松软，包含大量细碎红烧土颗粒及大量木炭颗粒烧土颗粒	
T1012K2	探方西北角，开口5层下，	5层下	平面呈不规则长方形，斜壁平底	长50，宽40，深62	灰黑土，包含大量木炭颗粒及红烧土	
T1012K3	探方西北角，部分延伸至北隔梁	6层下	平面呈不规则长方形，斜壁平底	长170，宽135，深76	灰褐土，夹有黄、白色花土，并包含大量木炭颗粒及细碎的红烧土颗粒	
T1012K4	探方西北部，部分延伸至T0912北隔梁	8层下	平面呈不规则椭圆形，斜壁圜底，底不平	长径100，短径68，深70~90	灰黑土，夹有黄、白色花土，并包含大量木炭颗粒及细碎的红烧土颗粒	
T1010K1	探方中部偏南	4层下	平面呈不规则椭圆形，斜壁平底	长径84，短径55，深70	灰黑土，夹杂有红烧土粒及炭粒	
T1010K2	探方东侧，部分延伸至东隔梁	8层下	平面呈圆形，直壁平底	直径56，深24	灰黄色，夹白泥块状花土	
T1010K3	探方西南部	8层下	平面呈椭圆形，直壁平底	长径56，短径50，深62	灰黄土，夹白泥块状花土，土质松软	
T1008K1	探方东南部	7层下	平面略呈圆形，直壁平底	直径60，深86	灰褐色花土，土质较硬	
T1008K2	探方西北角	2层下	平面呈不规则圆形，斜壁平底	直径146，深40	红褐色花土，含有大量炭粒及细土颗粒，土质较硬	
T1008K3	探方西南部	6层下	平面呈不规则椭圆形，直壁平底	长径80，短径55，深62	灰黑土，土质较软	

续表

编号	位置	开口层位	形状	尺寸（厘米）	填土	备注
T1009K1	探方东北角	5层下	平面呈不规则方形，斜壁斜底	边长76，深50	灰褐土，夹有少量红烧土粒及炭粒，土质较软	
T1009K2	探方东隔梁南端	6层下	平面呈不规则椭圆形，斜壁圜底	长径50，短径35，深32	碎红烧土块	
T1009K3	探方东部，部分延伸至东隔梁	7层下	平面呈圆形，斜壁圜底	直径38，深82	黑灰土，夹有少量红烧土粒及炭粒	
T1009K4	探方东隔梁中部	7层下	平面呈圆形，直壁平底	直径40，深32	黑灰土，夹有少量红烧土粒及炭粒	
T1009K5	探方东侧中部	7层下	平面呈圆形，斜壁圜底	直径30，深20	黑灰土，夹有少量红烧土粒及炭粒	
T1009K6	探方扩方北部	12层下	平面呈不规则椭圆形，直壁平底	长径90，短径60，深55	灰黄土，夹有白泥块花土，土质较软	
T1110K1	探方北隔梁，延伸至东北隔梁	6层下	平面呈不规则椭圆形，斜壁圜底	长径64，短径42，深92	灰黑色，土质疏松，内含少量的木炭粒、红烧土、泥质灰陶	
T1110K2	探方北部，关键柱及扩方西北角	6层下	平面呈不规则椭圆形，斜壁圜底	长径94，短径60	灰褐土，有少量的螺壳及红烧土粒	
T1110K3	探方西南部，部分延伸至T1010北隔梁	8层下	平面呈不规则椭圆形，斜壁圜底	长径106，短径64，深45	灰黑土，土质疏松，内含螺壳及少量红烧土粒	
T1110K4	探方西北部	11层下	平面呈不规则长方形，一壁较直，一壁呈台阶状	长70，宽45，深20~82	青灰色，土质疏松，内含极少量木炭粒、红烧土粒	
T1110K5	探方中部偏北	11层下	平面近长方形，斜壁平底	长90，宽50，深48	灰褐土，内含少量红烧土粒及红烧土块	
T1110K6	探方西南部	11层下	平面呈不规则长方形，斜壁圜底	长98，宽56，深46	灰褐土，土质疏松，含有少量炭粒	
T1111K1	探方东南部	4层下	平面呈不规则椭圆形，斜壁圜底	长径90，短径50，深60	灰绿色，土质疏松，螺壳	
T1111K2	探方东北角，部分延伸至东隔梁	6层下	平面呈不规则长方形，斜壁平底	长118，宽46，深60	深灰色泛绿，土质疏松，内含少量木炭粒、螺壳	

续表

编号	位置	开口层位	形状	尺寸（厘米）	填土	备注
T1111K3	探方西北角，部分延伸至北隔梁	8层下	平面呈不规则长方形，斜壁平底	长138、宽86、深40	深灰色，包含少量木炭粒及红烧土粒	
T1112K1	探方北隔梁北部，部分延伸至关键柱	4层下	平面近圆角长方形，斜壁平底	长90、宽60、深68	灰黄土，土质疏松，夹有少量螺壳、红烧土粒、木炭粒	
T1112K2	探方东南部，部分延伸至北隔梁	4层下	平面呈不规则圆形，斜壁圆底	直径100、深54	灰黄土，土质疏松，夹有少量螺壳、红烧土粒、木炭粒	
T1112K3	探方南侧，部分延伸至T1111北隔梁	4层下	平面呈圆形，斜壁圆底	直径80、深52	灰黄土，土质疏松，夹有少量螺壳、红烧土粒、木炭粒、陶片	
T1112K4	探方北侧偏东，部分延伸至东隔梁	5层下	平面略呈椭圆形，斜壁平底	长径46、短径36、深46	灰黄土发暗，内含较多的红烧土粒、螺壳及数片陶片	
T1112K5	探方北侧偏西，部分延伸至东隔梁	6层下	平面呈椭圆形，斜壁平底	长径80、短径50、深30	灰黄土，内含较多红烧土、少量的螺壳及几片陶片	
T1212K1	探方西南部，部分延伸至东隔梁	4层下	平面呈不规则长方形，斜壁，有一壁呈阶状	长径136、短径92、深20~106	灰褐土，含有少量红烧土颗粒、少量炭粒及陶片	
T1212K2	探方西南角，部分延伸及T1112东隔梁关键柱	4层下	平面呈椭圆形，斜壁圆底	长径102、短径80、深46	灰褐土，包含少量螺壳、红烧土及陶片	
T1211K1	探方北侧北部	4层下	平面呈不规则长方形，斜壁圆底	长42、宽30、深26	灰黑土，土质松散，含有少量螺壳、红烧土及木炭	
T1211K2	探方北侧，部分在北隔梁	4层下	平面呈圆形，直壁平底	直径100、深80~90	灰黑土，含有少量螺壳、炭粒、陶片极少、烧土	
T1211K3	探方西南角	6层下	平面呈不规则椭圆形，斜壁平底	长径96、短径62、深70	灰褐土，有少量红烧土粒、木炭粒及螺壳	

续表

编号	位置	开口层位	形状	尺寸（厘米）	填土	备注
T1211K4	探方西侧，部分延伸至东隔梁	8层下	平面呈不规则椭圆形，斜壁平底	长径150、短径90、深86	暗灰土，包含有螺壳、炭粒及几片陶片	
T1211K5	探方东南角	8层下	平面呈不规则长方形，斜壁斜底	长96、宽60、深26~66	黑灰土，包含少量的螺壳	
T0410K1	探方中部	5层下	平面呈圆形，直壁平底	直径20、深16	黄土，含有大量烧土块	
T0410K2	探方西北角	5层下	平面呈圆形，直壁平底	直径21、深14	黄土，含有大量烧土块	
T0410K3	探方东北角	6层下	平面呈不规则长方形，斜壁平底	长150、宽65~105、深20	红烧土块	
T0410K4	探方西北部，部分延伸至北隔梁	6层下	平面呈不规则椭圆形，斜壁平底	长径140、短径70、深132	灰褐土，含有烧土颗粒及炭粒	
T0410K5	探方南侧偏西，部分延伸至T0409北隔梁	6层下	平面呈圆形，直壁平底	直径72、深75	灰褐土，含有大量烧土颗粒及炭粒	
T0410K6	探方东隔梁东部	6层下	平面呈长方形，直壁，底部不平	长90、宽66、深22~35	灰土，含有大量的红烧土颗粒	
T0410K7	探方南侧偏西，部分延伸至T0409北隔梁	7层下	平面呈圆形，直壁平底	直径60、深90	灰土，含有大量的红烧土颗粒	
T0410K8	探方南中部，部分延伸至T0409北隔梁	7层下	平面略呈圆形，斜壁圜底	直径65、深55	灰土，含有大量的红烧土颗粒	
T1K1	探沟北部	11层下	平面略呈圆形，斜壁圜底	直径75、深80	灰褐土，土质疏松	
T1K2	探沟北部	11层下	平面呈长方形，直壁平底	长220、宽45、深40	灰褐土，土质疏松	
T1K3	探沟北部	11层下	平面略呈圆形，直壁平底	直径45、深40	灰褐土，土质疏松	
T1K4	探沟北部	11层下	平面呈圆形，斜壁圜底	直径30、深35	灰褐土，土质疏松	
T1K5	探沟北部	11层下	平面呈圆形，斜壁圜底	直径45、深38	灰褐土，土质疏松	
T1K6	探沟北部	11层下	平面呈圆形，斜壁圜底	直径45、深42	灰褐土，土质疏松	
T0317K1	探方北部	2层下	平面呈椭圆形，斜壁平底	长径约70、短半径约20、深60	灰褐土	
T0317K2	探方北部	6层下	平面呈圆形，斜壁平底	直径约100、深50	灰褐土	

续表

编号	位置	开口层位	形状	尺寸（厘米）	填土	备注
T0417K1	探方南部，部分在T0416北隔梁	1层下	平面呈椭圆形，斜壁圜底	直径110，深95	灰褐土	
T0417K2	探方南部，部分在T0416北隔梁	1层下	平面呈椭圆形，斜壁圜底	长径110，短径100，深80	灰褐土	
T0417K3	探方北部	10层下	平面呈圆形，斜壁平底	直径85，深60	黄花土	
T0417K4	探方东北部	10层下	平面呈圆角长方形，斜壁平底	长110，宽70，深50	黄花土	
T0316K1	探方西北角，部分伸出探方外	9层下	平面呈方形，直壁平底	长约70，宽约40，深48	黄褐土	
T0316K2	探方东北角，部分在T0315北隔梁	1层下	平面呈椭圆形，斜壁圜底	长径105，短径95，深75	灰褐土	
T0316K3	探方西南角，部分伸出探方外	1层下	平面呈椭圆形，斜壁圜底	长半径约100，短径98，深115	灰褐土	
T0316K4	探方西南角，部分伸出探方外	4层下	平面呈圆形，斜壁圜底	直径55，深70	灰褐土	
T0316K5	探方东南角，部分在东隔梁内	1层下	平面呈椭圆形，斜壁平底	直径80，深65	灰褐土	
T0316K6	探方南部，部分伸出探方外	1层下	平面呈椭圆形，斜壁平底	直径50，深40	灰褐土	
T0314K1	探方东北角，部分在东隔梁内	7层下	平面呈椭圆形，斜壁圜底	直径60，深55	黄褐土	
T0314K2	探方东北角，部分在东隔梁内	1层下	平面呈不规则圆形，斜壁平底	直径约90，深80	灰褐土	
T0416K1	探方北部，部分伸出探方外	1层下	平面呈椭圆形，斜壁圜底	长径75，短径50，深55	灰褐土	
T0416K2	探方西北部，部分伸出探方外	1层下	平面呈椭圆形，斜壁圜底	直径105，深95	灰褐土	
T0416K3	探方南部，部分在东隔梁内	2层下	平面呈椭圆形，斜壁圜底	长径100，短径54，深80	灰褐土	
T0416K4	探方南部，部分伸出探方外	7层下	平面呈椭圆形，斜壁圜底	长径90，短径60，深90	灰褐土	灰褐土，夹烧土颗粒
T0416K5	探方北部，部分在东隔梁内	6层下	平面呈椭圆形，斜壁圜底	直径140，短径60，深100	灰褐色花土	
T0415K1	探方东部，部分在东隔梁内	3层下	平面呈椭圆形，斜壁圜底	长径80，短径70，深36	灰褐色花土	
T0414K1	探方北部	5层下	平面呈长方形，斜壁平底	长径185，短径167，深50	灰褐色花土，含红烧土颗粒	
T0414K2	探方南部，部分伸出探方外	5层下	平面呈椭圆形，斜壁圜底	长110，宽70，深60	灰褐土	
T0414K3	探方北部	7层下	平面呈圆形，斜壁圜底	长径100，短径86，深155	灰褐土	
T0414K4	探方北部，部分在北隔梁内		平面呈圆形，斜壁圜底	直径55，深62	灰褐土	

续表

编号	位置	开口层位	形状	尺寸（厘米）	填土	备注
T0413K1	探方东南角，部分伸出探方外	4层下	平面呈长方形，直壁平底	长140、宽78、深60	红褐土，土质较硬	
T0413K2	探方中部	4层下	平面呈长方形，直壁平底	长122、宽80、深92	黑褐土，土质松软，包含木炭粒和红烧土	
T0413K3	探方西部	8层下	平面呈圆角长方形，直壁平底	长94、宽80、深112	黑褐土，土质松软，包含木炭粒和红烧土	
T0413K4	探方西南部	5层下	平面呈椭圆形，斜壁平底	长径144、短径88、深80	灰褐土，土质松软，包含木炭粒和红烧土	
T0413K5	探方西南部，部分伸出探方外	10层下	平面呈椭圆形，斜壁平底	长径110、短径66、深60	灰褐土，土质松软，包含木炭粒和红烧土	
T0413K6	探方东北部	12层下	平面呈椭圆形，直壁平底	长径80、短径70、深68	灰褐土，含有少量红烧土和黄白土块	
T0517K1	探方西南角，部分伸出探方外	1层下	平面呈圆形，斜壁圜底	长径75、短径52、深85	灰褐土	
T0517K2	探方西南部，部分伸出探方外	4层下	平面呈圆形，斜壁圜底	长径70、短径39、深65	灰褐土	
T0517K3	探方西部	7层下	平面呈椭圆形，斜壁平底	长径82、短径50、深70	灰褐土	
T0516K1	探方西南角，部分伸出探方外	1层下	平面呈椭圆形，斜壁平底	长径122、短径108、深60	灰褐土	
T0516K2	探方西南角，部分伸出探方外	7层下	平面呈椭圆形，斜壁平底	长径45、短径28、深35	黄褐土	
T0516K3	探方西南角，部分伸出探方外	8层下	平面呈椭圆形，斜壁平底	长径95、短径80、深90	黄褐土	
T0516K4	探方西北角，部分伸出探方外	11层下	平面呈椭圆形，斜壁圜底	长径55、短径42、深100	黄褐土	
T0516K5	探方北隔梁内	11层下	平面呈圆形，斜壁平底	直径65、深90	黄褐土	
T0514K1	探方西南部，部分伸出探方外	12层下	平面呈椭圆形，斜壁平底	长径275、短径190、深80	灰褐土	
T0514K2	探方西南角，部分伸出探方外	7层下	平面呈圆形，斜壁圜底	直径100、深90	黄褐土	
T0514K3	探方西南角，部分伸出探方外	8层下	平面呈圆角长方形，斜壁平底	长78、宽46、深74	灰黄褐色花土	
T0514K4	探方北部，部分在东北隔梁内	9层下	平面呈椭圆形，斜壁平底	长径75、短径55、深30	灰黄土	

续表

编号	位置	开口层位	形状	尺寸（厘米）	填土	备注
T0514K5	探方西南部，部分伸出探方外	10层下	平面呈圆形，斜壁平底	直径115，深65	灰褐土	
T0513K1	探方东北部，部分在北隔梁内	10层下	平面呈不规则形，斜壁平底	长102，宽96，深150	灰黑土，土质松软，包含少量红烧土块、木炭、灰白土	
T0615K1	探方西北部，部分伸出探方外	1层下	平面呈不规则形，直壁平底	长约100，宽约90，深70	灰褐土	
T0615K2	探方西南部，部分在北隔梁内	5层下	平面呈椭圆形，斜壁平底	长径175，短径142，深50	灰褐土	
T0615K3	探方东部，部分在东隔梁内	8层下	平面呈圆形，斜壁圜底	直径100，深115	灰褐土	
T0615K4	探方东北部，部分在东隔梁内	7层下	平面呈椭圆形，直壁平底	长径135，短径54，深120	灰褐土	
T0613K1	探方东南部，部分在东隔梁内	9层下	平面呈椭圆形，斜壁平底	长径72，短径70，深70	灰褐土，土质松软，包含烧土粒及木炭	
T0613K2	探方南部，部分伸出探方外	12层下	平面呈圆形，斜壁平底	直径80，深60	灰褐土，夹大量红烧土及少量木炭	
T0613K3	探方东北部，部分伸出探方外	15层下	平面呈椭圆形，直壁平底	长径100，短径92，深100	浅褐色黏土，土质松软	
T0719K1	探方北部	2层下	平面呈圆形，斜壁平底	直径30，深34	黄白色花土	
T0719K2	探方东北部	2层下	平面呈圆形，斜壁平底	直径50，深42	黄白色花土	
T0719K3	探方东部	2层下	平面呈圆形，斜壁平底	直径45，深38	黄白色花土	
T0719K4	探方东部	3层下	平面呈椭圆形，斜壁平底	直径32，深30	灰褐土	
T0716K1	探方东南部	6层下	平面呈椭圆形，斜壁平底	长径80，短径60，深45	灰褐土	
T0716K2	探方西北部，部分伸出探方外	8层下	平面呈椭圆形，斜壁平底	长径60，短径32，深60	灰褐土	
T0716K3	探方东北部，部分伸出探方外	10层下	平面呈椭圆形，斜壁平底	长径84，短径62，深65	灰褐土	
T0716K4	探方东部，部分伸出探方外	13层下	平面呈椭圆形，斜壁平底	长径60，短径42，深70	灰土夹螺壳	
T0716K5	探方西北部	4层下	平面呈不规则椭圆形，斜壁平底	长径175，短径132，深40	灰褐土	
T0715K1	探方东北部，部分伸出探方外	5层下	平面呈椭圆形，斜壁平底	长径110，短径94，深127	灰褐土	
T0715K2	探方东南角，部分伸出探方外	5层下	平面呈椭圆形，斜壁平底	长径74，短径60，深40	灰褐土	
T0715K3	探方东南角，部分伸出探方外	6层下	平面呈椭圆形，斜壁平底	长径45，短径41，深70	黄褐土	

续表

编号	位置	开口层位	形状	尺寸（厘米）	填土	备注
T0715K4	探方东南角，部分伸出探方外	8层下	平面呈椭圆形，斜壁圜底	长径85，短径76，深70	黄褐土	
T0714K1	探方西部，部分伸出探方外	8层下	平面呈椭圆形，斜壁圜底	长径约132，短径86，深55	灰褐土	口小底大呈袋状
T0714K2	探方北部，部分在北隔梁内	8层下	平面呈椭圆形，斜壁圜底	长径160，短径128，深70	黄褐土	
T0714K3	探方西北部，部分伸出探方外	9层下	平面呈不规则形，斜壁平底	长约43，宽38，深30	黄褐土	
T0714K4	探方西南部，部分伸出探方外	9层下	平面呈椭圆形，斜壁圜底	长径134，短径95，深90	黄褐土	
T0817K1	探方东部，部分在东隔梁内	7层下	平面呈椭圆形，斜壁圜底	长径90，短径85，深68	灰褐土，夹红烧土颗粒	
T0815K1	探方西部，部分伸出探方外	8层下	平面呈圆形，斜壁圜底	直径60，深65	灰褐土	
T0815K2	探方南部，部分伸出探方外	9层下	平面呈圆形，斜壁圜底	直径45，深50	黄灰土	
T0815K3	探方东南部，部分在东隔梁内	9层下	平面呈椭圆形，斜壁圜底	直径75，深75	黄灰土	
T0815K4	探方西部，部分伸出探方外	7层下	平面呈椭圆形，斜壁平底	长径70，短径50，深80	黄灰土	
T0815K5	探方西南部，部分伸出探方外	10层下	平面呈圆形，斜壁平底	直径50，深70	黄灰土	
T0814K1	探方北部，部分伸出探方外	5层下	平面呈椭圆形，直壁平底	长径95，短径90，深85	灰褐土	
T0814K2	探方南部，部分伸出探方外	9层下	平面呈椭圆形，直壁平底	长径70，短径46，深75	灰褐土	
T0814K3	探方东北部，部分伸出探方外	10层下	平面呈椭圆形，斜壁圜底	长径75，短径45，深65	灰褐土	
T0814K4	探方北部，部分在东隔梁内	11层下	平面呈椭圆形，斜壁圜底	长径135，短径97，深98	灰褐土	
T0813K1	探方北部	7层下	平面呈圆形，直壁平底	直径100，深60	黑灰土，夹红烧土	
T0813K2	探方西南部，部分伸出探方外	7层下	平面呈椭圆形，斜壁平底	长径90，短径82，深60	黄花土	
T0915K1	探方西北部，部分伸出探方外	6层下	平面呈椭圆形，斜壁平底	长径112，短径88，深78	灰褐土，夹红烧土、木炭灰、螺壳、石块等，土质疏松	
T0915K2	探方西北部，部分伸出探方外	6层下	平面呈椭圆形，斜壁平底	长径110，短径84，深90	灰褐土，夹红烧土、木炭灰、螺壳、石块等，土质疏松	

续表

编号	位置	开口层位	形状	尺寸（厘米）	填土	备注
T0915K3	探方西南部，部分伸出探方外	10层下	平面呈圆角长方形，斜壁圆底	长105、宽70、深90	浅褐土	
T0913K1	探方东北部，部分在东隔梁内	1层下	平面呈椭圆形，斜壁圆底	长径106、短径80、深72	松软的灰黑土，土质紧密，夹大量红烧土、木炭	
T0913K2	探方东北部，部分在东隔梁内	3层下	平面呈椭圆形，斜壁圆底	长径154、短径80、深56	松软灰色土	
T0913K3	探方东北部，部分在东隔梁内	6层下	平面呈圆形，斜壁圆底	直径138、深56	松软灰黑色土	
T0913K4	探方西北部，部分伸出北隔梁内	6层下	平面近圆形，斜壁圆底	直径134、深70	青灰色花土	
T1113K1	探方西南部，部分伸出探方外	2层下	平面呈椭圆形，斜壁平底	长径150、短径130、深75	青灰色花土，含较多木炭粒、烧土粒，土质疏松	
T1414K1	探方东南部	5层下	平面呈圆形，斜壁圆底	直径25、深28	灰白土	
T1414K2	探方东部	5层下	平面呈圆形，斜壁圆底	直径24、深25	灰白土	
T1414K3	探方北部	5层下	平面呈圆形，斜壁圆底	直径20、深20	灰白土	

1. T0413K5（图一二一,1）

位于 T0413 东南部,开口于 10 层下。平面略呈椭圆形,长径 110、短径 66 厘米,斜壁平底,深 60 厘米。填土灰褐色,内含有红烧土粒及炭粒。

2. T0412K1（图一二一,2）

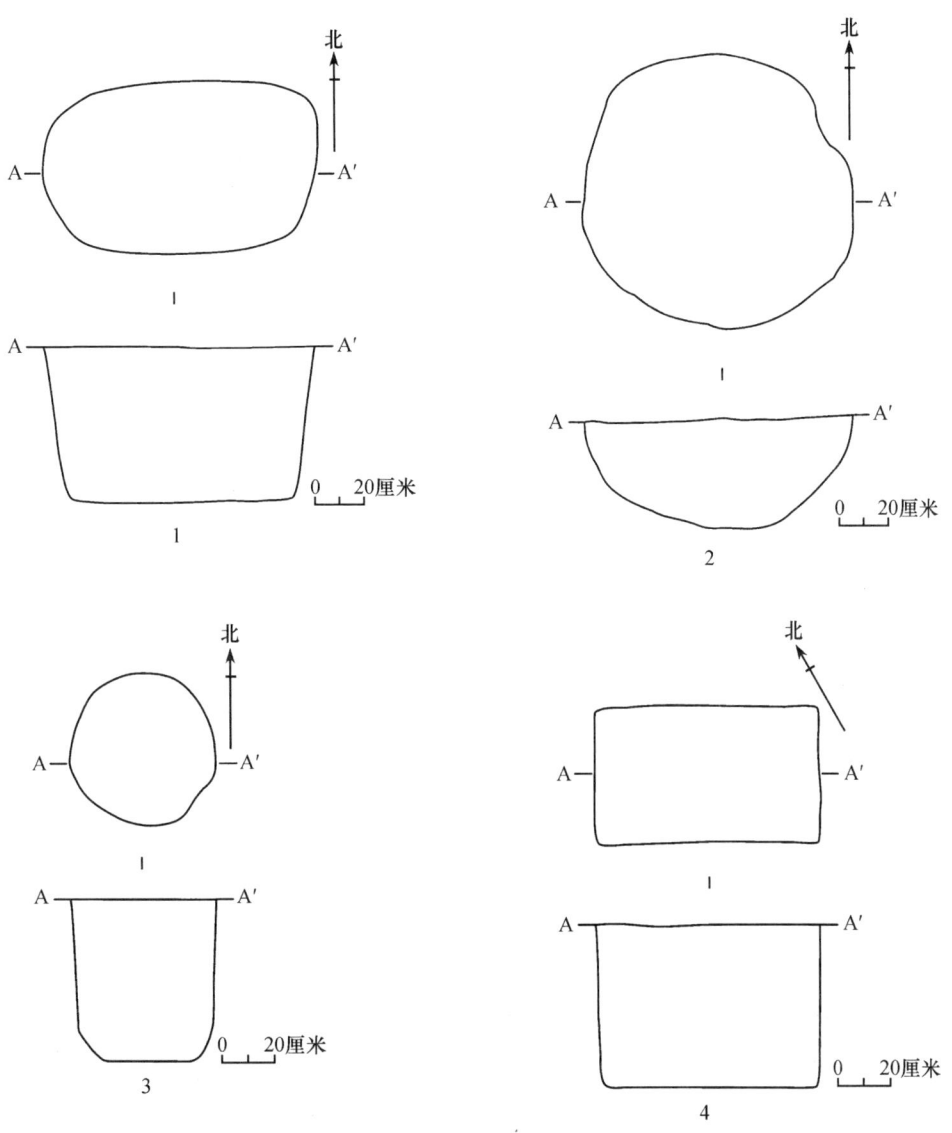

图一二一 T0413K5、T0412K1、T0509K2、T0508K7 平、剖面图
1. T0413K5　2. T0412K1　3. T0509K2　4. T0508K7

位于 T0412 西北角，开口于 7 层下。平面呈圆形，直径 110 厘米，斜壁圜底，深 44 厘米。填土为黑灰色，伴有黄土块，含有少量的红烧土颗粒和炭粒。

3. T0509K2（图一二一，3）

位于 T0509 东南部，开口于 7 层下。平面呈圆形，直径 55 厘米，直壁，平底，深 60 厘米。填土呈黄褐色，含有少量的红烧土颗粒及炭粒。

4. T0508K7（图一二一，4）

位于 T0508 西部，开口于 8 层下。平面呈长方形，长 85、宽 50 厘米，直壁平底，深 60 厘米。填土为灰褐土。

5. T0413K3（图一二二，1）

位于 T0413 西部，开口于 8 层下。平面呈圆角方形，长 84、宽 74 厘米，直壁平底，深 112 厘米。填土黑褐色，土质松软，含有少量炭粒及红烧土块。

6. T0410K6（图一二二，2）

位于 T0410 东隔梁内，开口于 6 层下。平面呈长方形，长 90、宽 66 厘米，直壁，底部不平，东高西低，深 22~35 厘米。填土为灰色土，含有大量的红烧土颗粒。

7. T0412K2（图一二二，3）

位于 T0412 东南部，开口于 9 层下。打破 11 层，K2 打破 K3，平面呈不规则形，长 136、宽 40~90 厘米，斜壁圜底，深 70 厘米。填土黑褐色，夹有黄土块。

8. T0711K2（图一二二，4）

位于 T0711 西南角，开口于 10 层下。平面为圆角长方形，长 80、宽 45 厘米，直壁平底，深 70 厘米。填土浅灰色，土质较硬，夹有少量的红烧土颗粒和炭粒。

9. T0806K3（图一二三）

位于 T0806 南部，开口于 5 层下。平面呈圆形，直径约 100 厘米，斜壁，有一台阶，圜底，深 64 厘米。坑内填土为灰黑土，较软，夹有大量的红烧土颗粒及少量螺壳。

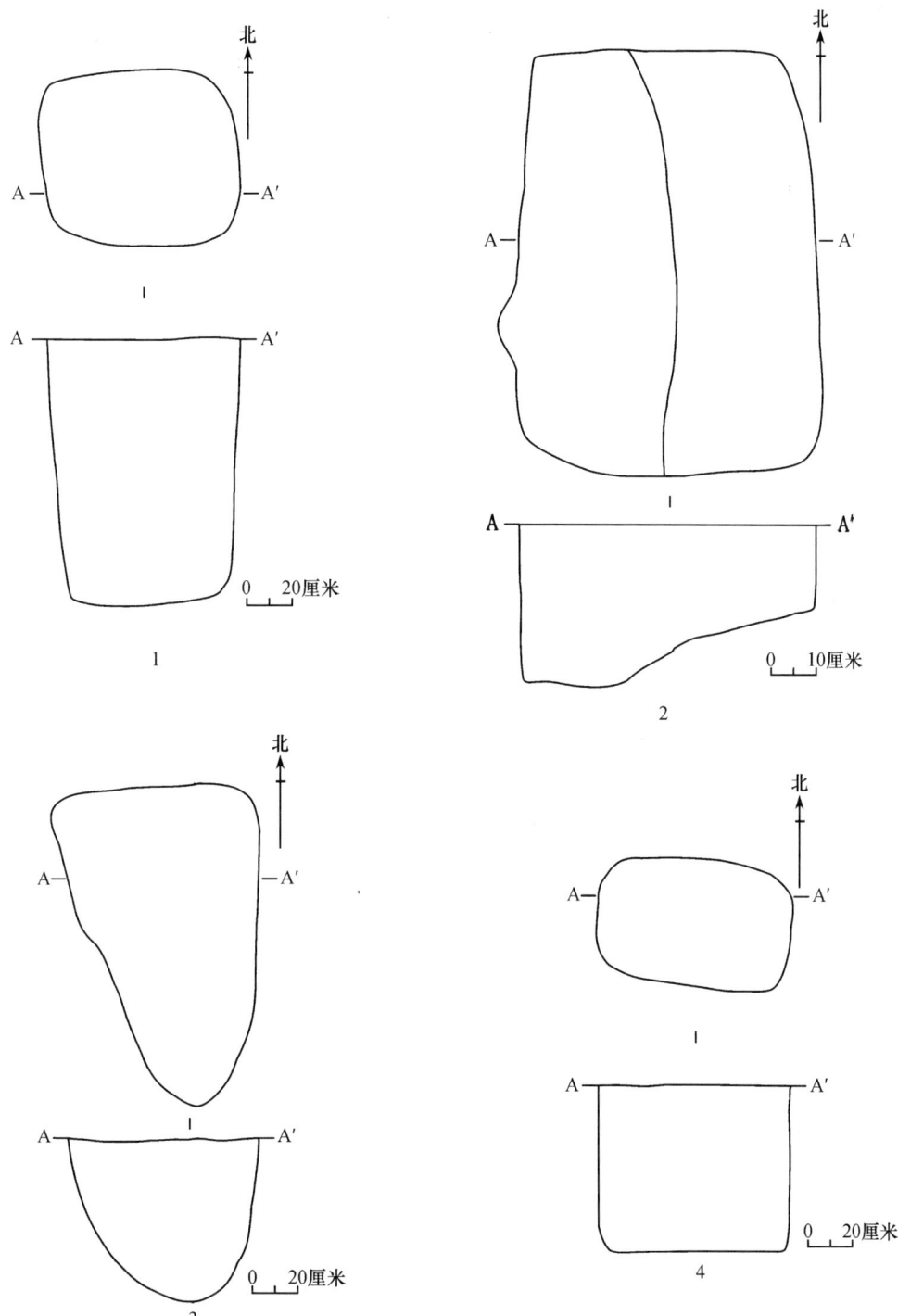

图一二二　T0413K3、T0410K6、T0412K2、T0711K2 平、剖面图
1. T0413K3　2. T0410K6　3. T0412K2　4. T0711K2

三、灰　沟

在台地最南端发现2条沟（编号为G1、G2），从其在台地中所处的位置并结合聚落的特点及布局来看，推测为聚落的排水沟（彩版一〇，1）。

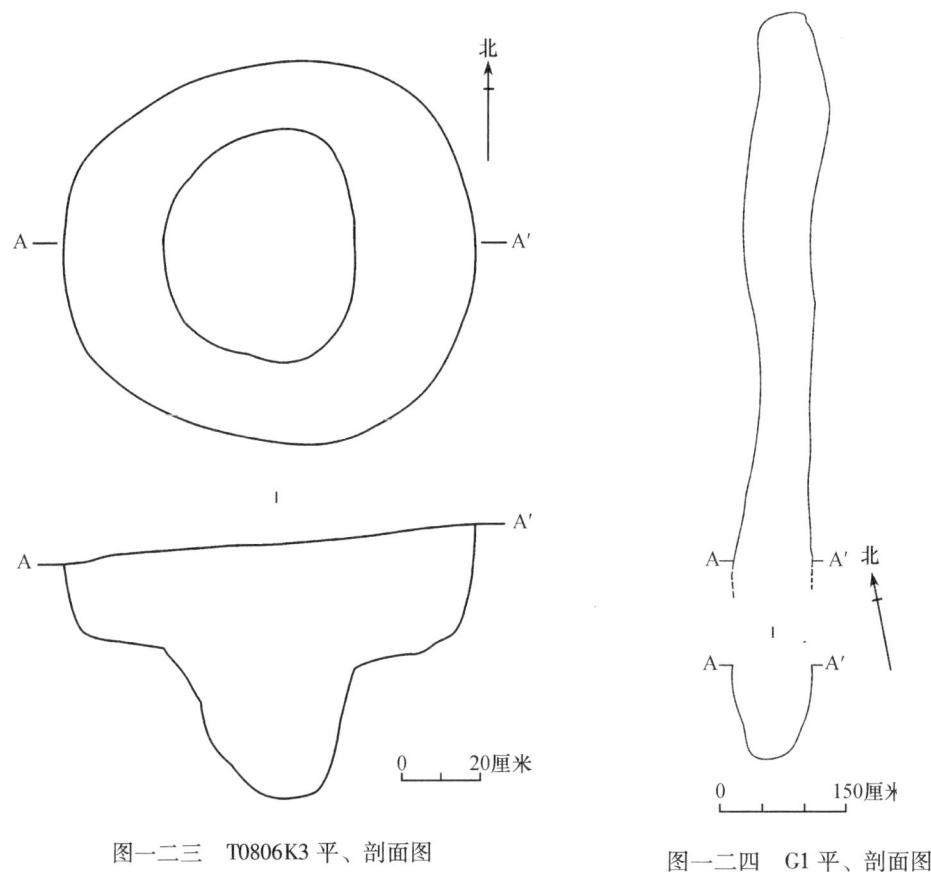

图一二三　T0806K3 平、剖面图

图一二四　G1 平、剖面图

1. G1（图一二四）

G1位于T0705东部，部分进入T0706内，开口于T0705第3层下，打破G2，距地表深30厘米，打破该探方7层红烧土及G5。呈长条形，长650、宽55~85、深110厘米。斜壁，底部不甚平整，宽35厘米。呈斜坡状，北高南低，高差约为10厘米，向南直至台地陡坎。沟内填土为灰褐色，土质致密，含有少量红烧土块及炭粒，并夹杂有黄色硬土块，沟内出有较多陶片及少量兽骨，出土可复原陶鬲1件。

2. G2（图一二五）

G2位于T0705及T0706东部，开口于T0705第6层下，被G1打破且打破该探方

第三章 遗 迹

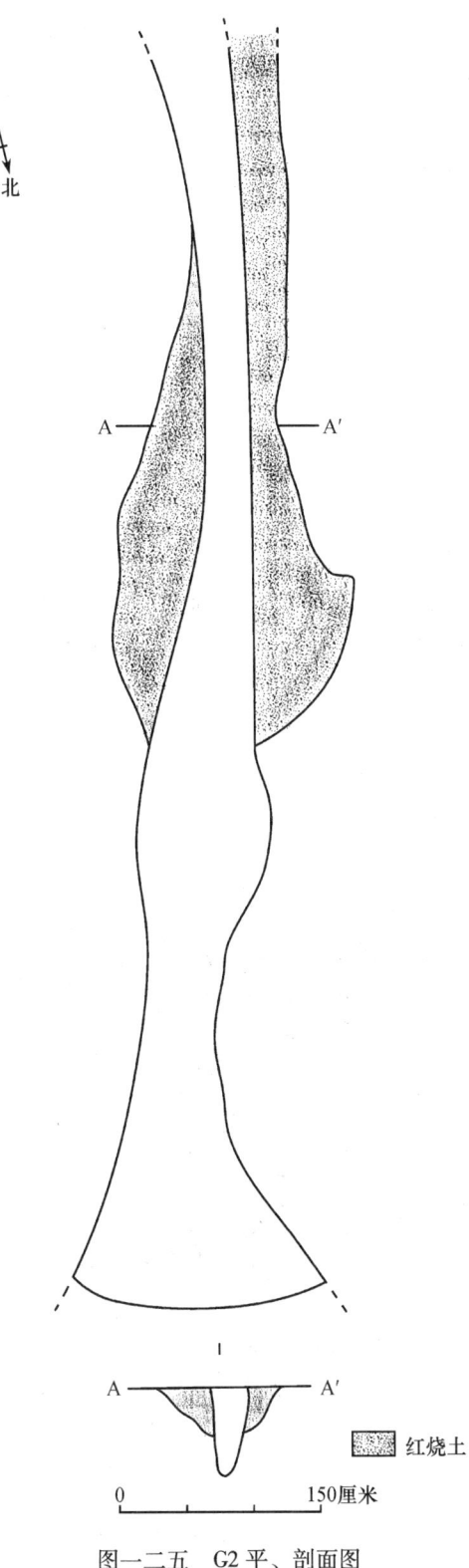

图一二五 G2 平、剖面图

10层,距地表深145厘米。呈长条形,南北走向,平面宽窄不一,南部较窄,北部较宽。平面长900、宽30~190厘米,斜壁,底部较窄,近平,南北几无高差,深70~75厘米,向南直至台地陡坎。局部沟壁用红烧土加固。沟内填土为黄褐色,土质紧密,近似淤土,夹杂少量红烧土块、炭粒及螺壳,最北端填土渐与遗址内地层土一致。沟内出土大量陶片及少量兽骨,并在沟内偏北端发现1件可复原陶鬲,另出土石器1件。

四、石块堆积

共发现2处,均在台地西部边缘。

1. 石块堆积1(图一二六)

位于T0409西北部及其向西扩方中,在12层中发现(应在13层面上)。平面形状不规整,南北长约300、东西长约270厘米,面积约7平方米。由形状不规整、大小不均匀的石块无规律堆积而成,仅一层,石块长度少有超过40厘米者。北部堆积稍密,向南渐疏。性质不明。

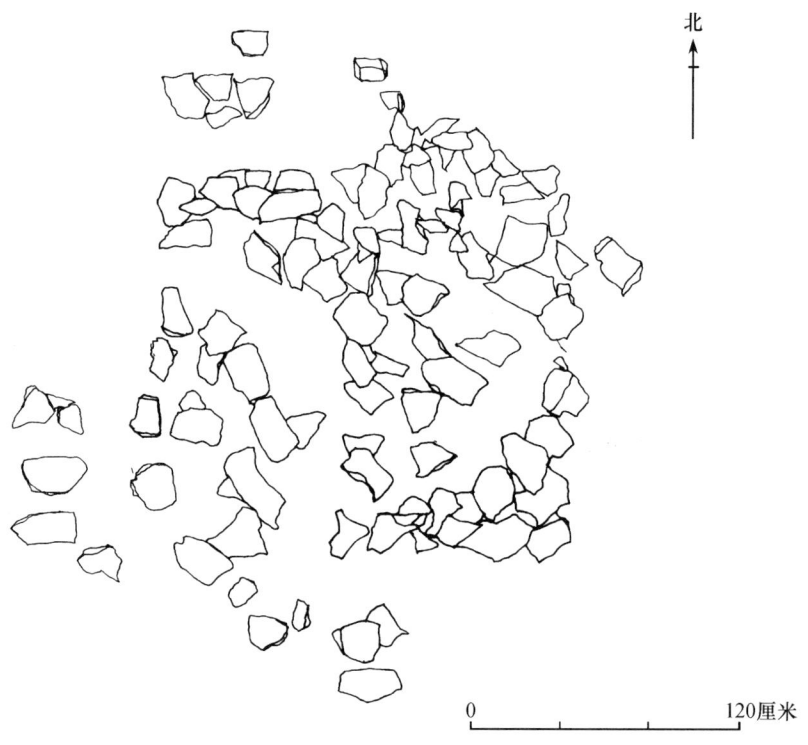

图一二六 石块堆积1平面图

2. 石块堆积2（图一二七）

位于T0310西部，在9层中发现（应在10层面上），距其西南方向石块堆积400厘米。石块大小与石块堆积1类似，但堆放紧密，面积约1平方米。性质不明。

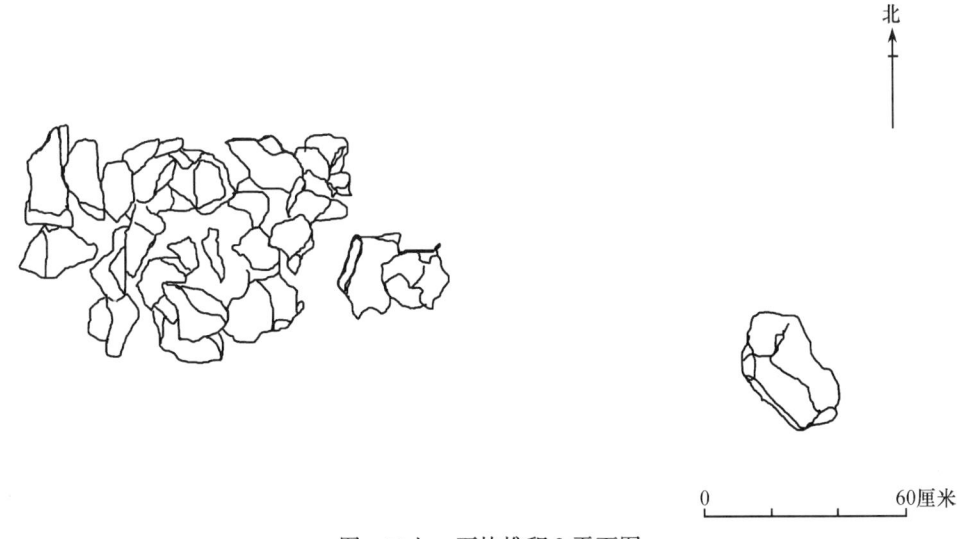

图一二七　石块堆积2平面图

第五节　小　　结

一、遗迹的分布特点

（1）台地外围存在与遗址同时期的壕沟，环绕台地一周，使台地成为一个独立的空间。

（2）从堰台遗址遗迹总平面图可以最直观地看出绝大多数遗迹环绕台地四周分布，向台地中央渐稀疏，这在08列探方西壁台地南北大剖面图上也有充分的反映。

（3）房址均分布在台地周围，并全部为西北—东南或东北—西南走向，一侧墙体面向中央。在台地东北部边缘的几条基槽，其对应组成房基的基槽可能还在现存台地之外，应该是遭到了晚期破坏，该处地层堆积在较晚的2层以下直接叠压了遗址早期地层。

（4）墓葬均分布于台地最外围，集中于台地西北部、北部及东南部，并几乎都位于房址外围。

（5）台地中央除了极少数的几个坑外，几乎没有任何遗迹。

（6）遗迹中数量最多的是柱洞及可能为柱洞的柱坑，其分布最密集的区域是遗址北部地区，而该区域内房址极少，说明遗址北部地区与其他区域存在功能上的差异。

（7）遗址南部有两条南北向的沟，从遗址堆积特点判断，应为聚落内的排水沟。

二、关于环壕

从内外两条环壕的宽度和深度看，它们的防御作用是有限的。如果考虑到台地内外的地势高差，并结合该地土壤特有的黏性特点，则在一定程度上还是具有防御功能的。但它更多的只是将聚落与外界分离构成独立空间的一种界限，从遗址地貌示意图上我们看到在遗址东部存在的现代居民点，其外围就是水沟环绕，水沟的作用仅仅是将居民点与外界隔开，而不是防御他人的侵犯，当然还具有防止外界动物侵入或内部家养动物窜出这种功能。事实上，现在安徽江淮之间的许多村落，其外围往往还是有水沟环绕，一般称作某某圩，我们或许可以从中得到一定的启发。

同时，如果联系到遗址堆积过程中不断用土铺垫的事实，则环壕还有可能是聚落居民长期就近取土后的一种必然结果。

三、关于居址中的建筑形态

1. 房址

遗址中的房基均为由两条基槽构成的空间组成，平面为长方形。从 F7 可以推测，基槽之上应是红烧土木骨泥墙，因而房子是由至少两面红烧土墙构成的长方形地面建筑，红烧土墙也是房顶的主要承重墙，其两端应有相对简易的封闭墙体或作为封闭的其他相关设施。由于墙体倒塌之后被重新平整利用，给复原推测带来了极大的难度。

房子在使用过程中因气候、土壤黏性等自然因素的影响，迫使在使用和生活过程中需要铺垫干土以方便活动，形成了这类台形遗址独特的地层堆积特点。因此，发现的房基只是其建造的时间，它的延续使用时间可能较长，不能简单地以通常地层的形成时间来决定它们的存在时间。从 T0806D7 的剖面照片（彩版一〇，2）上我们可以看到该柱洞在建造之后沿用了较长时间，堆积了较厚的几层垫土。

2. 与柱洞相关的建筑

房址以外大量的柱洞现在看来没有规律，甚至给我们的判断带来了干扰，但它们是一种真实的存在。现在不能推测它们的功能，是因为我们还不能清楚地了解聚落的细节，比如，房子以外是否存在类似窝棚之类的临时用房，或用作聚落居民的厨房

（遗址中的灶均不在发现的房址内），或用作圈养动物之所，而期间甚至还有不断的维修，这些还需要更细致的发掘来观察。

四、关于遗址中的墓葬

56座墓葬均为土坑竖穴，绝大部分头向在东北或东南，多数无随葬品，有随葬品的均位于脚端，并有将随葬品置于靠近墓口填土中的习俗，发现有葬具的仅有少数几例。

所发现的56座墓葬绝大部分为婴幼儿，在较少的成人墓葬中还有几例缺失头颅的墓主，仅有极少数的几座成人墓有随葬品或葬具，这使我们对这些墓葬是否为正常的埋葬产生了怀疑。在基于对整个台地全面积发掘的基础上，以遗址沿用的时间来考虑，与遗址可能存在的实际人口作比较，则可以初步认为这些墓葬绝大部分应为非正常死亡埋葬，正常死亡的墓葬可能另有墓地，除非所有其他墓葬全部位于被破坏的台地边缘区域。

第四章 遗 物

堰台遗址出土遗物丰富，依质地将各类器划分为陶器、铜器、玉石器及骨角蚌器四大类，现分述如下。

第一节 陶 器

堰台遗址出土陶器数量较多，生活容器主要以鬲、豆、盆、罐、簋、器盖、钵为主，另有少量甗、盉、壶、瓮等；生产工具有纺轮、网坠；制陶工具多见陶拍、陶垫；并有陶范等冶铸工具。

陶容器以夹砂陶居多，泥质陶亦占相当部分，并发现数量较少的原始瓷及印纹硬陶。陶色主要以灰黑陶为主，其次为红褐陶、灰陶，另有黑皮陶、红陶、黄褐陶数量较少。纹饰以绳纹为主，其次为素面，另有弦纹、附加堆纹、凸棱纹、印纹等。

陶纺轮多为夹砂陶，素面较多，另有部分器表可见绳纹装饰；网坠发现数量较少，为素面夹砂陶。陶拍多见夹砂陶，器表多见席纹、叶脉纹等纹痕；陶垫多泥质陶，器表磨光。陶范多为泥质陶，内含细砂，且见高温烧烤痕迹。

以下将各类陶器分类介绍如下。

一、生 活 容 器

1. 陶质陶色

通过对探方T0911各层出土陶片的统计来看，生活容器以夹砂陶为最多，泥质陶相对较少，另见有极少数的印纹硬陶片。其中夹砂黑陶占33%，夹砂红褐陶占27%，夹砂灰陶占20.7%；泥质陶中，泥质黑陶占8.2%，泥质灰陶占6.6%，泥质红褐陶占4.6%（表九）。

表九 T0911 陶质陶色统计　　　　　　　　　　（单位：件）

地层＼陶片	夹砂红褐	夹砂黑陶	夹砂灰陶	泥质红陶	泥质黑陶	泥质灰陶
第2层	192	204	127	55	35	25
第3层	700	1053	418	93	274	173
第4层	1360	1572	1117	215	371	261
第5层	472	514	427	109	144	194
第6层	50	60	47	3	16	22
合　计	2774	3403	2136	475	840	675
百分比（%）	27.0	33.0	20.7	4.6	8.2	6.6

陶容器中，夹砂黑陶多见于鬲、罐等器；夹砂红褐陶多为鬲、盆、罐、器盖、钵等，其中高细柄豆可见夹细砂黄褐陶（统计时将其一并归入红褐陶），夹砂灰陶多见于鬲、甗、盆、盉等器；泥质陶多见豆、簋、器盖、罐、盆、钵、鬲等，其中陶豆多为泥质灰陶，器表经磨光，另有一类陶豆柄部施有一周凸棱；陶簋多为泥质灰、黑陶，并有一定数量的泥质红褐陶，此类器多见腹部施有纹痕较深凹弦纹；盆可见一定数量的泥质灰陶或黑陶；陶鬲晚期形态可见泥质黑陶器，一般器形较小，且肩部饰有竖向扉棱装饰。

2. 纹饰

通过对探方T0911各层陶片的纹饰统计来看，陶器纹饰以绳纹居多（图一二八，1、2、4），占64.0%，素面、弦纹、附加堆纹、间断绳纹占一定数量，分别占13.1%、3.8%、9.3%、8.7%。指窝纹、戳印纹、叶脉纹（图一二八，3）、几何折线纹（簋）（图一二八，5；图版四六，1）、云雷纹（陶簋）（图一二八，6；图版四六，2）及印纹等所见数量极少（表一〇）。

表一〇 T0911 纹饰统计　　　　　　　　　　（单位：件）

地层＼陶片	绳纹	素面	弦纹	附加堆纹	间断绳纹	指窝纹（戳印）	印纹硬陶
第2层	404	101	14	93	21	3	2
第3层	1490	364	162	349	277	30	1
第4层	3333	553	165	409	387	47	—
第5层	1220	283	44	94	188	31	—
第6层	120	42	2	4	21	5	—
合　计	6567	1343	387	949	894	116	3
百分比（%）	64.0	13.1	3.8	9.3	8.7	1.1	0.03

注："—"表示未发现该类陶片。

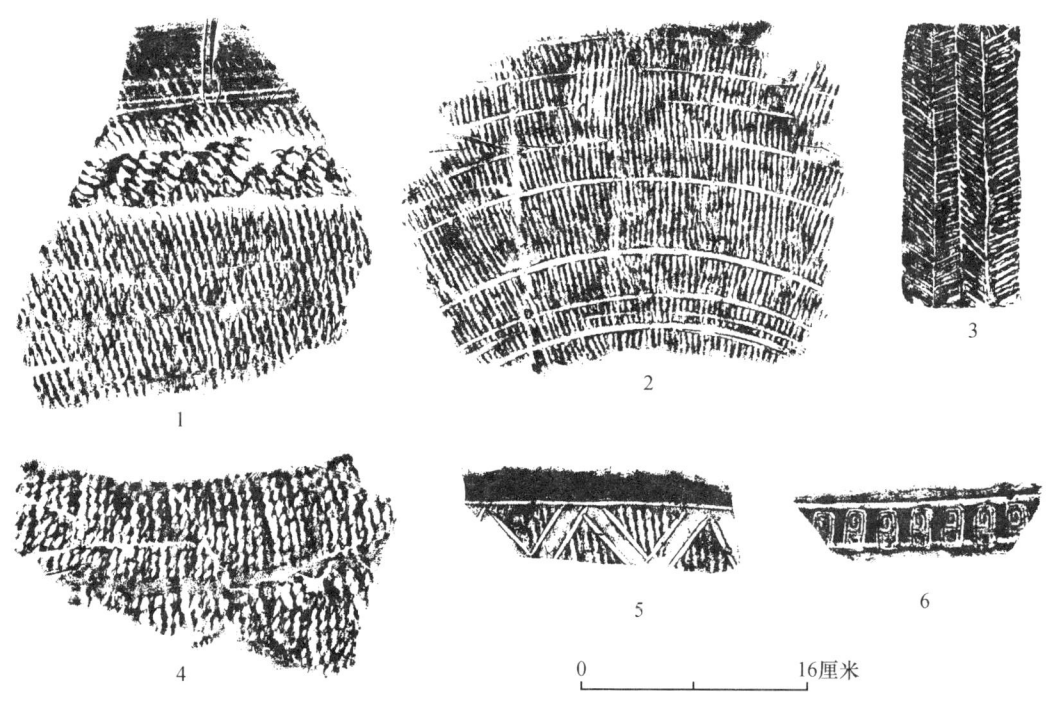

图一二八 陶器纹饰拓片
1. T0716⑨:1 2. T0912③:4 3. T0617⑧:1 4. T0607⑨:1 5. T0316⑥:2 6. T0316⑥:3

绳纹主要见于陶鬲、罐、盆、钵、簋、盉、甗、器盖等器物。其中陶鬲所施绳纹可分粗绳纹和细绳纹两类，粗绳纹施纹较稀疏，细绳纹多显稠密。陶鬲肩部绳纹多抹平，部分器物可见抹痕，器腹多有几道凹弦纹，纹痕较浅。陶簋施绳纹较少，主要见于折腹簋。

素面器以簋、豆、罐、钵、器盖居多，另有盆等有少量素面器；弦纹数量亦较多，可分为深浅两种，深弦纹见于簋、豆等器物，浅弦纹多见于器盖、陶鬲肩部及腹部。陶簋上腹部多见数道深弦纹，纹痕一般较窄，敛口簋器腹多见弦纹较宽。附加堆纹数量略少，一般见于大型器物，以鬲、盆、罐、瓮居多，该类堆纹将泥条贴敷于器表外并在其上压印斜向短线纹，此纹饰多饰于器物肩部，应具有加固器形的作用；鼓腹罐和盆施有间断绳纹；甗腰多见附加一周堆纹，其上可见戳印或按窝痕；印纹硬陶纹饰主要有：方格填线纹、席纹、方格纹、叶脉纹等（图一二九；图版四六，3）。

第四章 遗 物　　　251

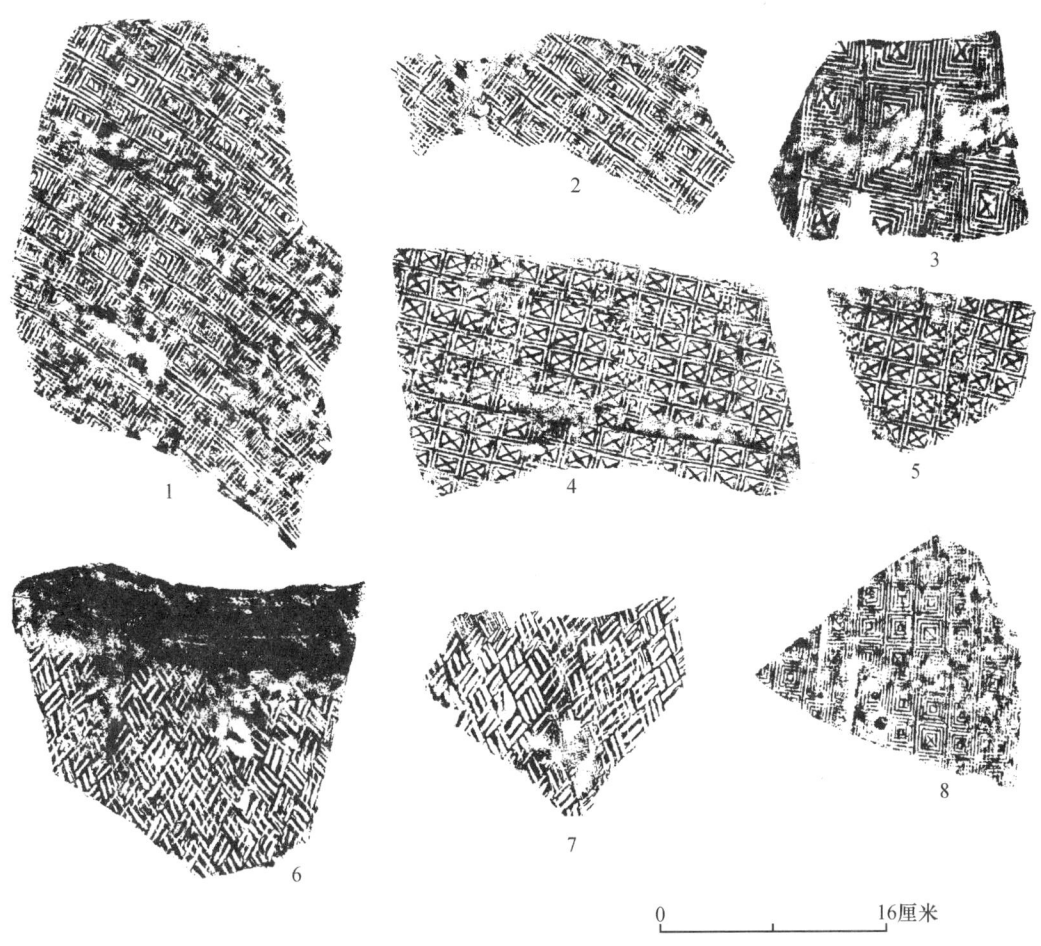

图一二九　印纹硬陶纹饰拓片
1. T0913③:10　2. T0912④:11　3. T0812③:5　4. T0912③:6　5. T0916⑦:1　6. T0812②:1　7. T0714②:2
8. T0913③:9

3. 制法

陶器制作方法主要为轮制，一般器体较为规整，口沿及肩部隐约可见轮痕。另有器类某些部件经单独捏制而成后进行拼合，如盉的把柄、双耳罐、带耳鬲的耳部及器盖钩状纽等均捏制成形后与器身相接。陶器中，有器形较小的鬲、钵、罐等由手直接捏制而成，痕迹明显。

晚期陶鬲高柱状足足根部多为包足，包痕可见，用以加高足部，某些陶鬲足根呈扁方形，应经过修削处理。另见大型鬲口沿至肩部饰宽条附加堆纹，并有圆柱状堆纹呈纵横方向贴敷，用以加固口沿与器腹的结合，同时也利于整个器体的搬移。同时一些罐、盆、瓮等大型器物上腹多见数道堆纹贴敷，以加固器身成形和器体各部位的结合。

遗址中陶鬲的瘪裆现象最具特色，由早至晚均可见到，各类鬲的裆部内瘪程度有所不同。此类瘪裆的制法与联裆鬲的制法略有相似，正视看裆部多呈圆弧，但在裆底部向上至上腹处内凹，从内腔观察，两侧内瘪相接处起弧状凸棱。某些器外观上看似与分裆鬲近似，但从内腔看，这种现象乃裆部内瘪所致，并非分裆。此类瘪裆鬲在关中地区、江淮地区、鄂东地区西周遗存中较为常见，应是该地区具有时代特征的一种制法。

4. 器类与组合

通过对探方T0913内各层出土陶片的统计来看，遗址中生活用器所占的比例以陶鬲数量为最，为54.2%，其次为罐类，占17.1%，其他器如豆、簋、盆、盂、甗、器盖、钵等占有一定数量，所占比例均未超过10%，另见较少的壶、瓮、盘、印纹硬陶器（表一一）。

表一一　T0913 器类统计

陶片\地层	鬲	罐	豆	甗	器盖	簋	钵	盆
第2层	207	58	30	6	13	10	28	16
第3层	382	186	78	11	49	31	30	38
第4层	530	91	85	24	—	45	40	38
第5层	126	38	16	—	8	13	5	18
第6层	110	54	28	4	12	10	7	24
合　计	1355	427	237	45	82	109	110	134
百分比（%）	54.2	17.1	9.5	1.8	3.3	4.4	4.4	5.4

注："—"表示未发现该类陶片。

鬲　89件。据体积形态分为甲、乙两大类。

甲类鬲　17件。器形较大，肩部均施一周宽条状附加堆纹，器壁较厚。据口、腹形态差异分为三型。

A型　9件。侈口，弧腹，弧裆略瘪。据沿、腹及裆部特征分为三式。

Ⅰ式：3件。卷沿，器腹较深，裆部较高，内瘪较深。标本T1011⑤:1，夹砂红褐陶，斜方唇。器表饰竖向绳纹，领部绳纹抹平，器腹中部贴敷条状堆纹一周，堆纹上按压斜向凹窝，凹窝内饰斜向绳纹。口径29.4、高27.4厘米（图一三〇，1；彩版一五，5）。标本T0810⑧:8，夹砂黑陶，侈口，圆唇，折沿，腹以下残。器表饰绳纹，上腹饰一周附加堆纹。口径31.2、残高14厘米（图一三〇，2）。标本T0810⑧:7，夹砂红陶，方圆唇，折沿，腹以下残。器表饰斜向绳纹，上腹贴敷一周堆纹。口径22.8、残高12厘米（图一三〇，3）。

第四章 遗 物

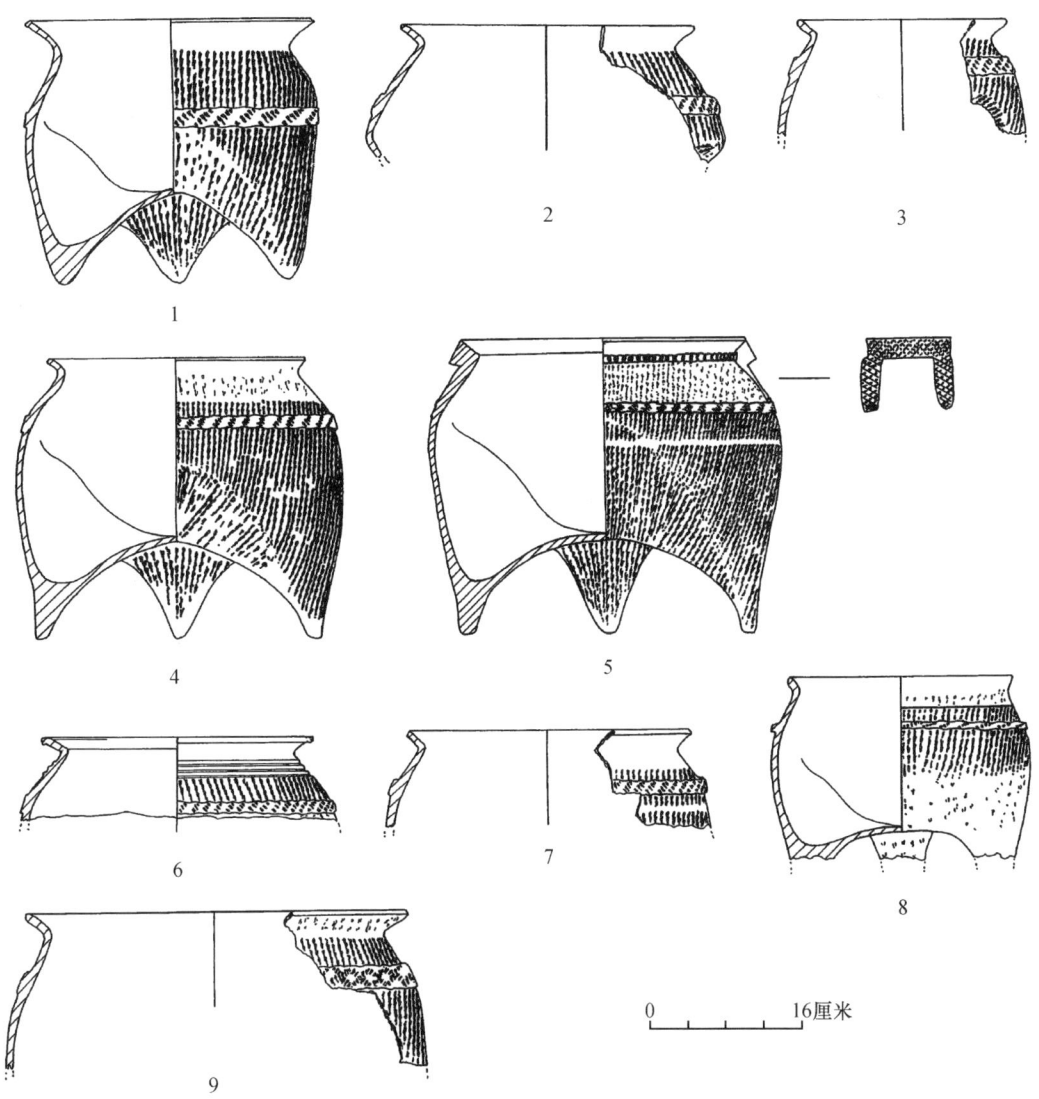

图一三〇 甲类 A 型陶鬲
1~3. AⅠ式（T1011⑤:1、T0810⑧:8、T0810⑧:7） 4~7. AⅡ式（T0814⑥:1、T0712⑤:1、T0712⑤:11、T0910③:6）
8、9. AⅢ式（T0810③:1、T0711②a:1）

Ⅱ式：4件。折沿，器腹趋宽，略浅，裆较矮，内瘪范围加大。标本 T0814⑥:1，夹砂灰陶，足部红褐色。尖圆唇。器表饰竖向绳纹，上腹贴敷条状堆纹一周，按压成斜向凹窝，凹窝内饰斜向绳纹。口径27.4、高29.4厘米（图一三〇，4；图版四，1）。标本 T0712⑤:1，夹砂灰陶，足部红褐色。方唇，束颈，柱状实足根。器表饰竖向绳纹，沿下饰一周戳印堆纹，腹部贴敷条状堆纹一周，按压成斜向凹窝，凹窝内饰斜向绳纹，口沿至上腹贴敷泥条与肩部堆纹相接，呈近方形，堆纹表面压印斜线纹，上腹至颈绳纹抹平，器腹饰一周浅凹弦纹。口径30.4、高31.2厘米（图一三〇，5；彩版一五，1）。标本T0712⑤:11，夹砂红褐陶，方唇，腹以下残。器表饰绳纹，沿下饰三周凹弦纹，上腹饰附加堆纹一周。口径28.8、残高8厘米（图一三〇，6）。标本T0910③:6，夹砂灰陶，方唇，腹以下残。器表饰绳纹，上腹贴敷一周堆纹，口沿下绳纹抹平，堆纹下饰一周浅凹弦纹。口径30、残高10厘米（图一三〇，7）。

Ⅲ式：2件。折沿较窄，浅腹，裆近平。标本T0810③:1，夹砂红褐陶，圆唇，足根残。器表饰竖向绳纹，上腹部贴敷条状堆纹一周，按压成斜向凹窝，窝内饰斜向绳纹。口径24、残高19.2厘米（图一三〇，8；图版一〇，1）。标本T0711②a:1，夹砂红陶，方唇，腹以下残。器表饰绳纹，口沿下绳纹抹平，上腹饰一周附加堆纹。口径40、残高16厘米（图一三〇，9）。

B型　7件。折沿，鼓肩，斜弧腹，弧裆微瘪。据口、腹及裆部变化可分为三式。

Ⅰ式：5件。折沿较高，裆略高，器腹较深。标本T1010③:4，夹砂红褐陶，侈口，方唇，腹以下残。器表饰绳纹，口沿下绳纹抹平，腹部贴敷一周堆纹，堆纹上附加相绕捏合泥条。口径28、残高8.4厘米（图一三一，2）。标本T0808⑨:1，夹砂灰陶，侈口，圆方唇，腹以下残。器表饰绳纹，沿下绳纹抹平，上腹饰附加堆纹一周。口径22.4、残高12厘米（图一三一，3）。标本T0807⑨:1，夹砂黑陶，侈口，方唇，束颈。器表饰竖向绳纹，颈部绳纹抹平，上腹贴敷条状堆纹一周，按压成斜向凹窝，窝内饰斜向绳纹。口径25.6、高21.2厘米（图一三一，4；图版四，2）。标本T0617②:2，夹砂黑陶，侈口，圆唇，束颈，锥状实足根。器表饰竖向绳纹，颈部绳纹抹平，上腹部贴敷条状堆纹一周，按压成斜向凹窝，窝内饰斜向绳纹。口径26.8、高28厘米（图一三一，6；图版四，3）。标本T0812⑥:1，夹砂灰陶，足部红褐色。侈口，方唇，束颈，柱状实足根。器表饰斜向绳纹，颈部绳纹抹平，上腹部贴敷条状堆纹一周，并按压成斜向凹窝，窝内饰斜向绳纹。口径27.2、高28.8厘米（图一三一，7；图版四，4）。

Ⅱ式：1件。窄折沿，裆部略矮。标本T0811⑤:23，夹砂红褐陶，器体较大。侈口，方唇，束颈。器表饰竖向绳纹，肩部以上绳纹抹平，可见数道弦纹痕，腹部贴敷条状堆纹两周，按压成斜向凹窝，其内饰斜向绳纹，沿下及上腹贴敷相对称堆纹两组，每组由沿下横向一道与上腹竖向两道堆纹组成，其与肩部堆纹相交。口径38、高36.4厘米（图一三一，1；彩版一五，6）。

Ⅲ式：1件，折沿较低。标本T0809②:1，口沿残片，夹砂灰陶，沿略宽，圆唇，鼓肩，腹以下残。器表饰绳纹，肩部饰一周堆纹。口径36、残高8厘米（图一三一，8）。

C型　1件。侈口，折沿，弧腹，瘪裆较深，袋足。标本T1011④:1，夹砂黑陶，侈口，圆唇，束颈，锥状实足根。器表饰竖向绳纹，口沿下绳纹抹平，上腹部贴敷条状堆纹一周，按压成斜向凹窝，窝内饰斜向绳纹。口径27、高23.2厘米（图一三一，5；彩版一五，4）。

第四章 遗物　255

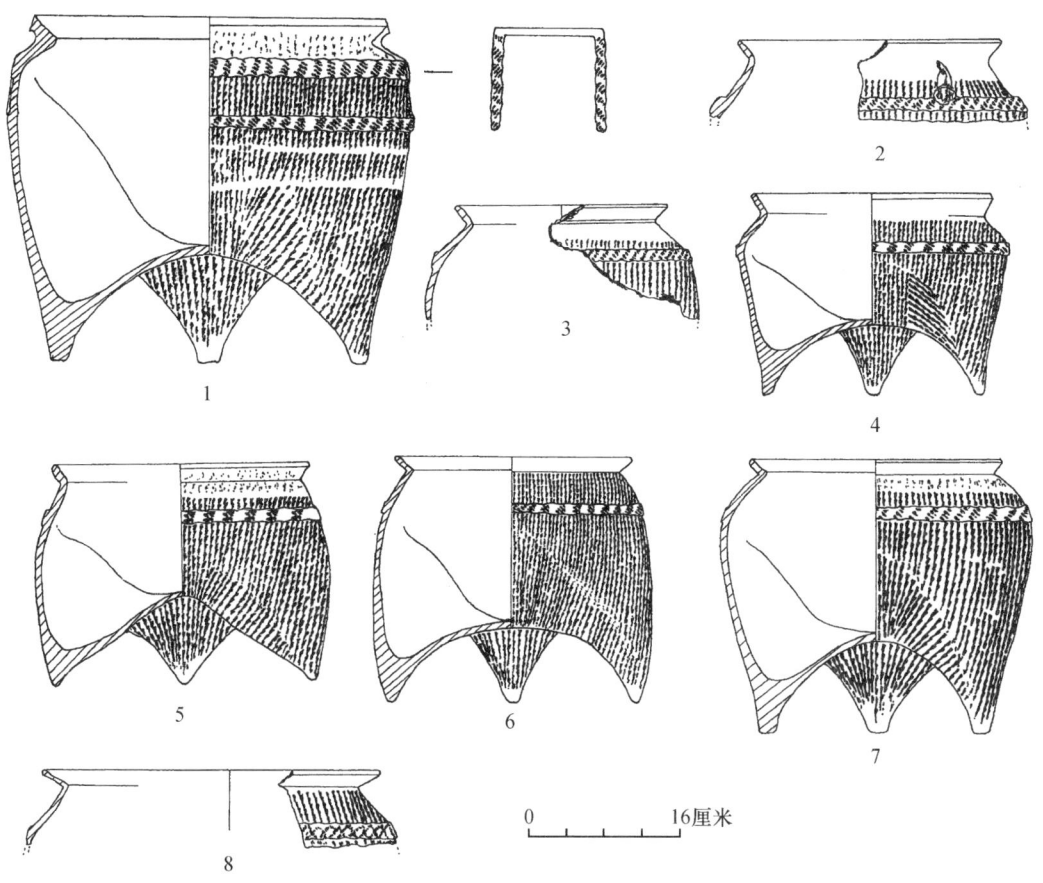

图一三一　甲类 B 型陶鬲

1. BⅡ式（T0811⑤:23）　2~4、6、7. BⅠ式（T1010③:4、T0808⑨:1、T0807⑨:1、T0617②:2、T0812⑥:1）
5. C 型（T1011④:1）　8. BⅢ式（T0809②:1）

乙类鬲　69 件。器形略小。依据口沿、腹部及足部特征的差异，将其分为以下五型。

A 型　5 件。侈口，深弧腹，瘪裆较深，锥状实足根。据口部特征分为二亚型。

Aa 型　4 件。侈口较宽。据口、腹及裆部变化划分为二式。

Ⅰ式：1 件。微卷沿，深腹，裆部较高。标本 T0607⑨:1，夹砂黑褐陶，侈口，圆唇，微卷沿，束颈，上腹微鼓，下腹弧收，锥状三足外撇，尖状实足根。器表饰竖向绳纹，颈部绳纹抹平，器腹中部为一道浅凹弦纹。口径 15.6、高 16 厘米（图一三二，1；彩版一六，2）。

Ⅱ式：3 件。折沿较高，腹较浅，裆部略矮。标本 T0809⑦b:4，夹砂灰陶，侈口，圆唇，折沿，束颈，矮尖状实足根。器表饰竖向绳纹，颈部绳纹抹平，上腹部饰凹弦纹一周。口径 15.2、高 14.6 厘米（图一三二，2；图版四，5）。标本 T0617②:1，夹砂黑陶，侈口，圆唇，折沿，束颈，弧裆微瘪。器表饰竖向绳纹，肩部绳纹抹平。口径13.2、高12厘米（图一三二，3；彩版一六，3）。标本M32:1，夹砂灰褐陶，侈口，方唇，微卷沿，弧腹，器腹略深，弧裆微瘪，锥状实足根。器表饰竖向绳纹，口沿下绳纹抹平，上腹饰一周浅凹弦纹。口径13、高11.8厘米（图一三二，4；图版四，6）。

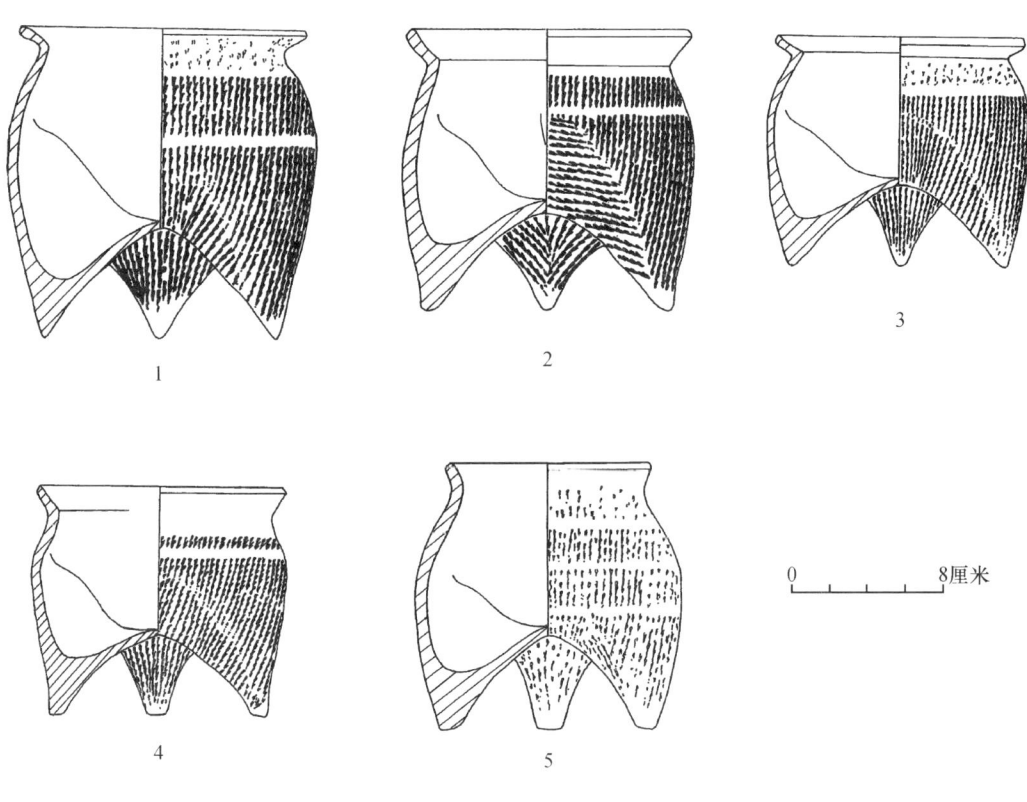

图一三二　乙类 A 型陶鬲
1. AaⅠ式（T0607⑨:1）　2~4. AaⅡ式（T0809⑦b:4、T0617②:1、M32:1）　5. Ab 型（M28:2）

Ab型　1件。小口，微卷沿。标本M28:2，夹砂红褐陶，小口，圆唇，口沿微卷，束颈，弧腹，弧裆微瘪，柱状实足根。颈部以下饰竖向绳纹，腹部饰三道浅凹弦纹。口径10.2、高13.8厘米（图一三二，5；图版五，1）。

B型　21件。微鼓腹，腹部略浅。弧裆微瘪。据足部特征分为二亚型。

Ba型　13件。锥状实足根。据口、腹及裆部特征，分为四式。

Ⅰ式：2件。高折沿，深腹，高弧裆内瘪较深。标本T0912⑥:5，夹砂黑陶，足部红褐色，侈口，方唇，束颈，锥状实足根。器表饰竖向绳纹，腹部饰一道浅凹弦纹。口径17.4、高14.4厘米（图一三三，1；图版五，2）。标本M51:1，夹砂黑褐陶，口沿残。裆部内瘪较深。器表饰绳纹，上腹部饰两周浅凹弦纹。残高14.6厘米（图一三三，2）。

第四章 遗 物　　257

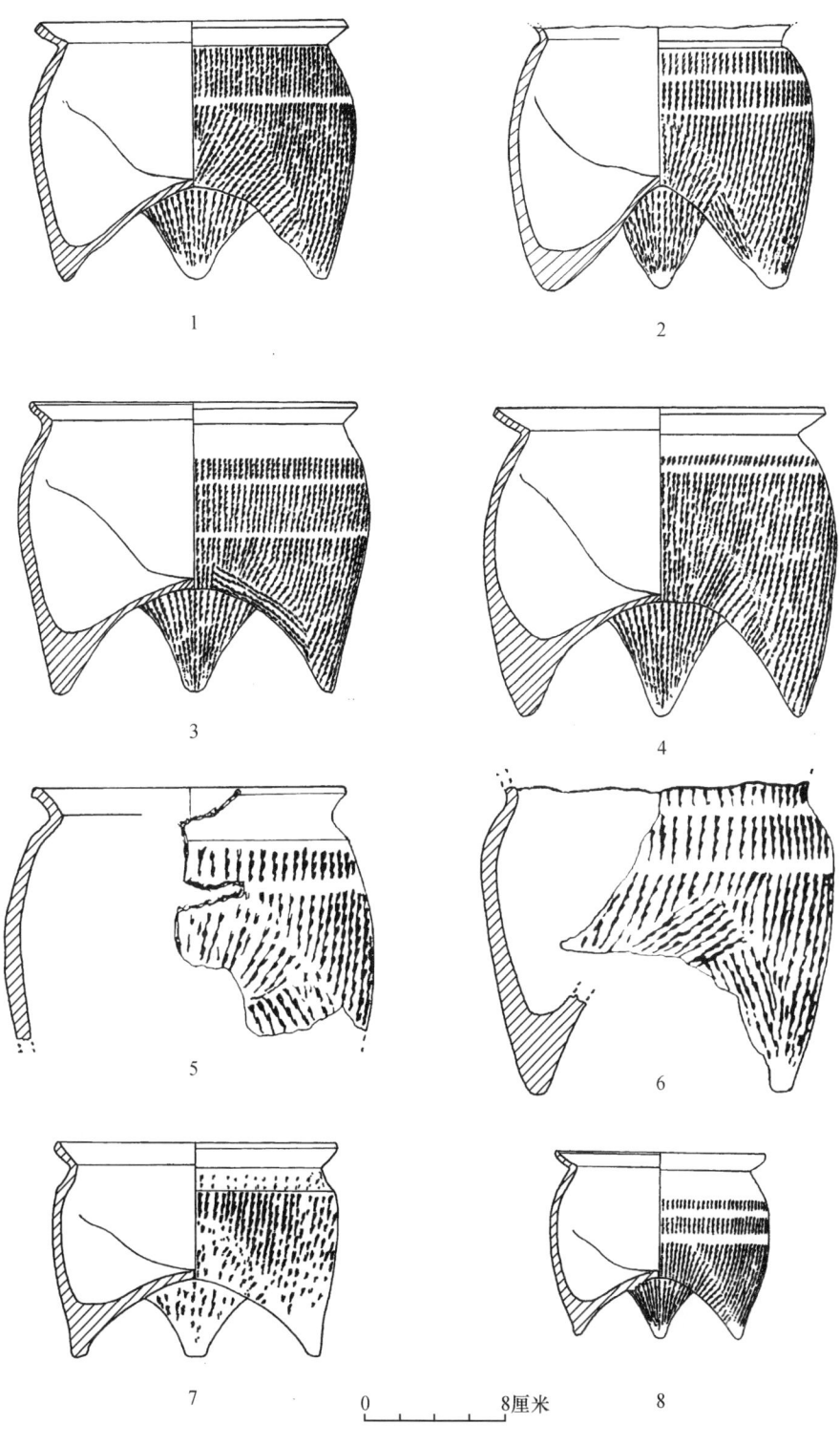

图一三三　乙类 B 型陶鬲

1、2. BaⅠ式（T0912⑥:5、M51:1）　　3～8. BaⅡ式（G2:2、T1010⑤:2、T0513⑯:1、T0705⑥:1、T0909⑤:1、T1010⑤:3）

Ⅱ式：7件。折沿略高，器腹趋浅，弧裆微瘪，裆部趋矮。标本G2:2，夹砂灰陶，侈口，方圆唇。器表饰竖向绳纹，颈部绳纹抹平，器腹中部饰两周浅凹弦纹。口径18.8、高16.2厘米（图一三三，3；图版五，3）。标本T1010⑤:2，夹砂红褐陶，侈口，方唇，束颈。器腹饰竖向绳纹，颈部绳纹抹平，上腹饰一周浅凹弦纹。口径19.2、高17.2厘米（图一三三，4；图版五，4）。标本T0513⑯:1，夹砂黑陶，侈口，方唇，足残。器表饰竖向绳纹，沿下绳纹抹平一周，腹部饰一周浅凹弦纹。口径18.4、残高14厘米（图一三三，5）。标本T0705⑥:1，夹砂灰褐陶，口沿残。器表饰绳纹，腹部饰两道浅凹弦纹。残高17.6厘米（图一三三，6）。标本T0909⑤:1，夹砂红褐陶，侈口，方唇，束颈。器表饰绳纹，颈部绳纹抹平。口径16、高12厘米（图一三三，7；图版一〇，2）。标本T1010⑤:3，夹砂灰陶，侈口，圆唇，束颈。器表饰竖向绳纹，颈部绳纹抹平，腹中部饰两道浅凹弦纹。口径12、高10.4厘米（图一三三，8；图版五，5）。标本T1010⑤:1，夹砂红褐陶，侈口，方唇。器表饰竖向绳纹，口沿下绳纹抹平。口径16.2、高13.2厘米（图一三四，1；彩版一六，4）。

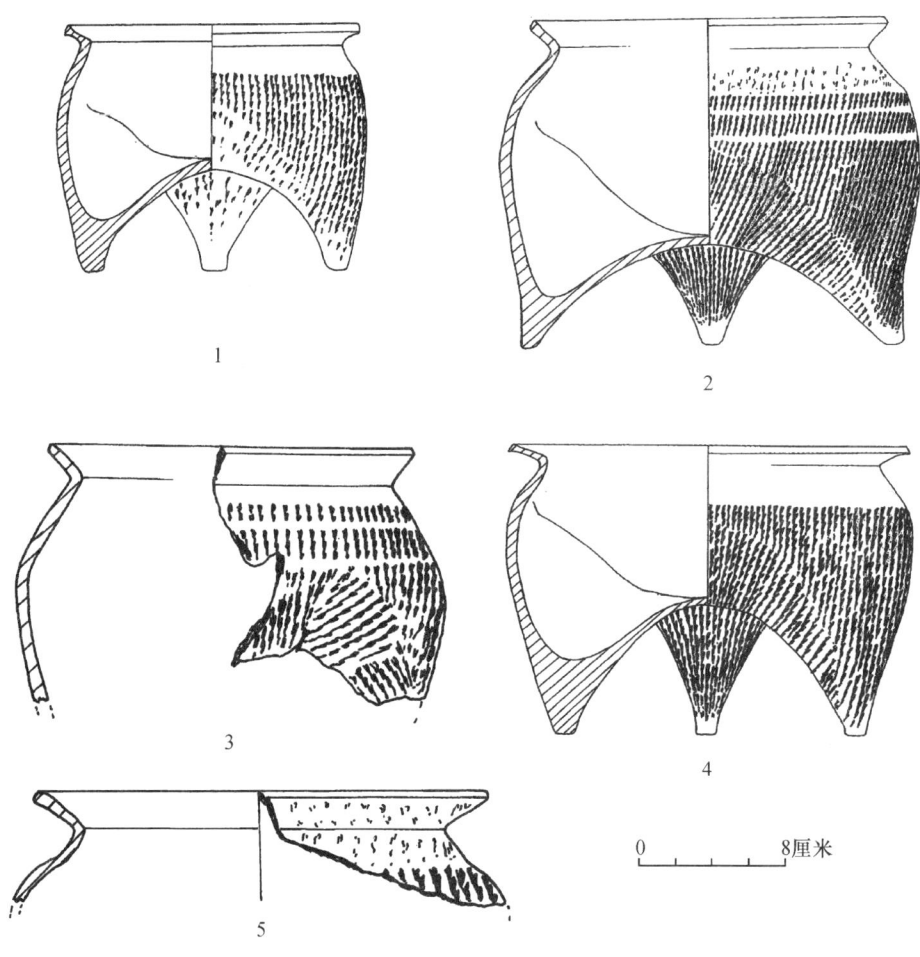

图一三四　乙类B型陶鬲

1. BaⅡ式（T1010⑤:1）　2. BaⅢ式（T0813④:1）　3~5. BaⅣ式（T0808⑤:1、T0909③:2、T1205③:3）

Ⅲ式：1件。折沿略低，器腹较浅，矮裆微瘪。标本T0813④:1，夹砂灰陶，侈口，方唇，束颈。器表饰斜向绳纹，肩以上绳纹抹平，器腹饰两道浅凹弦纹。口径20、高17.6厘米（图一三四，2；图版五，6）。

Ⅳ式：3件。低折沿，浅腹，矮弧裆微瘪。标本T0808⑤:1，夹砂灰褐陶，方唇，下腹残。器表饰绳纹，上腹饰两道浅凹弦纹。口径20、残高14厘米（图一三四，3）。标本T0909③:2，夹砂黑陶，方唇，折沿近平，束颈，近柱状足，截面呈扁圆形。器表饰竖向绳纹，颈部绳纹抹平。口径23、高15.6厘米（图一三四，4；图版六，1）。标本T1205③:3，夹砂黑陶，口沿残片。折沿略低，方唇。器表饰绳纹。口径25.2、残高6厘米（图一三四，5）。

Bb型　8件。高柱状实足根。据口沿及腹部变化分三式。

Ⅰ式：5件。折沿，深腹，高弧裆微瘪，柱状实足根略矮。标本T0911③:3，夹砂红褐陶，侈口，方唇，束颈。器表饰斜向绳纹，上腹部绳纹抹平，器腹饰三道浅凹弦纹。口径19.8、高18.6厘米（图一三五，1；彩版一六，1）。标本T0812④:5，夹砂黑陶，侈口，方唇，束颈。器表饰竖向绳纹，颈部绳纹抹平，器腹饰两道浅凹弦纹。口径20.4、高18.6厘米（图一三五，2；图版六，2）。标本T1012④:1，夹砂灰陶，足部红褐色，侈口，圆唇，束颈。器腹饰竖向绳纹，肩部以上绳纹抹平，并饰数道凹弦纹。口径14.8、高12.8厘米（图一三五，3；图版六，3）。标本G2:1，夹砂灰陶，足部红褐色，侈口，圆唇，束颈。器表饰竖向绳纹，沿下素面抹光，器腹可见两道凹弦纹。口径17.6、高16.2厘米（图一三五，4；图版六，4）。标本T0812④:10，夹砂黑陶，足部为红褐色，侈口，方唇，束颈，高柱状实足根略细，截面呈扁圆形。器表饰竖向绳纹，肩部以上绳纹抹平，器腹饰两道浅凹弦纹。口径18.4、残高14厘米（图一三五，5；图版六，5）。

Ⅱ式：2件。折沿微卷，器腹趋浅，实足根加高。标本T0611④:1，夹砂红褐陶，侈口，方唇。器表饰竖向绳纹，纹痕不甚清晰。口径15.2、高14.4厘米（图一三五，6；图版六，6）。标本T0812③:1，夹砂红褐陶，侈口，圆唇，实足根残。器表饰斜向绳纹。口径12.6、残高12.8厘米（图一三五，7；图版七，1）。

Ⅲ式：1件。口沿微卷，束颈明显。标本T0809⑤:3，夹砂灰陶，侈口，方唇，腹以下残。器表饰绳纹，沿下绳纹抹平。口径12、残高6厘米（图一三五，8）。

C型　6件。鼓腹，弧裆内瘪，袋足。据口沿及腹部形态变化分为三式。

Ⅰ式：1件。折沿较高，深腹，腹及裆均高。标本T0617⑤:1，夹砂黑陶，侈口，方唇，束颈，足尖残。器表饰竖向绳纹，颈部绳纹抹平，上腹饰两周凹弦纹。口径20.2、残高16厘米（图一三六，1；图版七，2）。

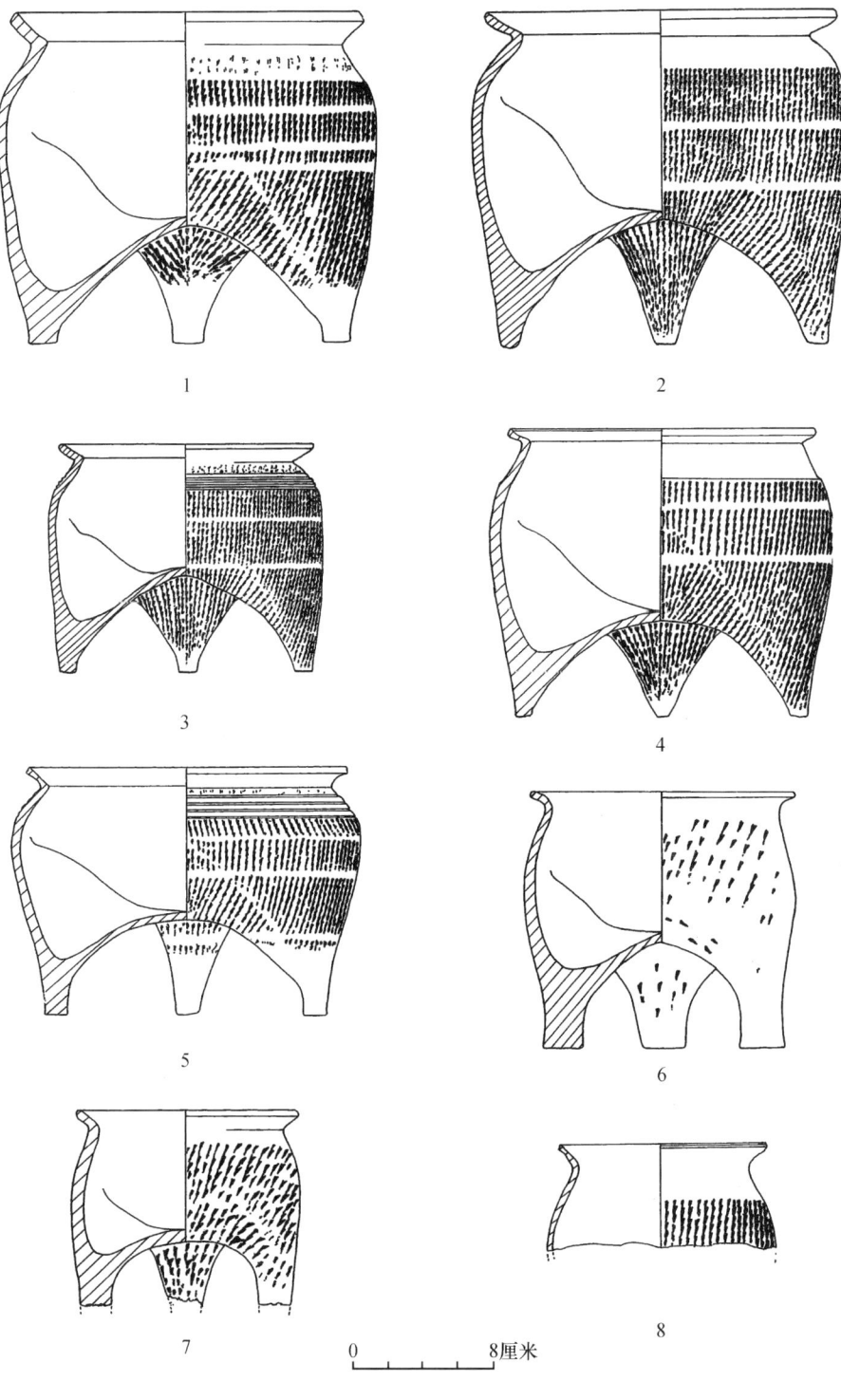

图一三五 乙类 Bb 型陶鬲

1~5. BbⅠ式（T0911③:3、T0812④:5、T1012④:1、G2:1、T0812④:10） 6、7. BbⅡ式（T0611④:1、T0812③:1）
8. BbⅢ式（T0809⑤:3）

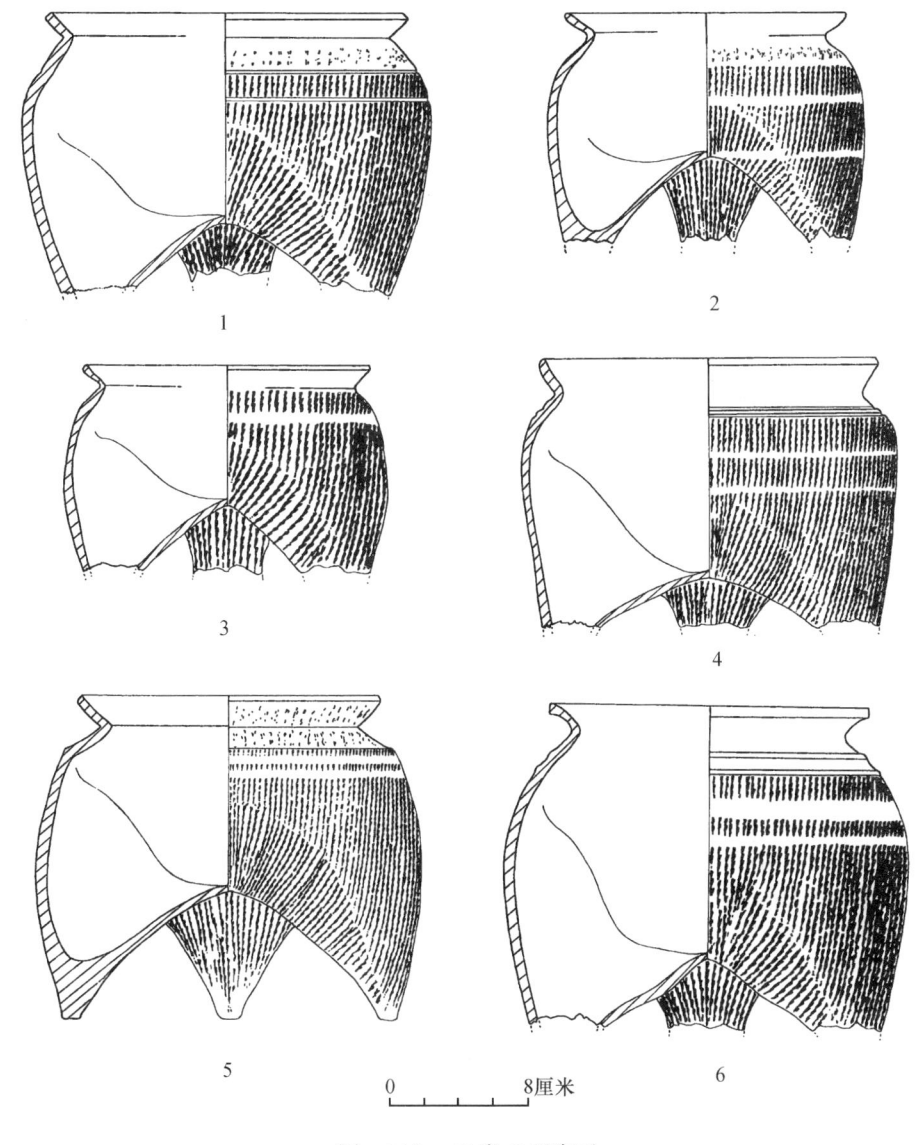

图一三六 乙类 C 型陶鬲

1. CⅠ式（T0617⑤:1） 2~5. CⅡ式（T0911⑤:1、T1013⑦:2、T0910⑥:4、T1114⑤:2） 6. CⅢ式（T0909④:4）

Ⅱ式：4件。折沿趋低，器腹较浅，矮弧裆微瘪。标本 T0911⑤:1，夹砂灰陶，侈口，圆唇，束颈，深袋足，足尖残。器表饰竖向绳纹，颈部绳纹抹平，器腹中部饰两周浅凹弦纹。口径16.4、残高13厘米（图一三六，2；图版七，3）。标本 T1013⑦:2，夹砂红褐陶，侈口，方唇，深袋足，足尖残。器表饰竖向绳纹，上腹饰一道浅凹弦纹。口径16.6、残高11.8厘米（图一三六，3；图版七，4）。标本 T0910⑥:4，夹砂灰陶，侈口，方唇，深袋足，足尖残。器表饰竖向绳纹，口沿下绳纹抹平，并饰两周凹弦纹，器腹可见两周浅凹弦纹。口径19.4、残高15.4厘米（图一三六，4；图版七，5）。标本 T1114⑤:2，夹砂黑陶，侈口，方唇，束颈，袋足略深，柱状实足根。器表饰竖向绳纹，颈部绳纹抹平，上腹部饰两周浅凹弦纹。口径17.2、高18.4厘米（图一三六，5；彩版一五，3）。

Ⅲ式：1件。低折沿，束颈明显。器腹略浅，裆部较矮。标本 T0909④:4，夹砂灰陶，侈口，方唇，深袋足，足尖残。器表饰竖向绳纹，颈部绳纹抹平，饰两道凹弦纹，器腹中部可见两道浅凹弦纹。口径18.8、残高18.4厘米（图一三六，6；彩版一五，2）。

D型 5件。微鼓腹，深瘪裆，袋足。分二式。

Ⅰ式：2件。折沿较高，瘪裆较深，深腹。标本 T0315⑫:1，夹砂灰陶，侈口，方唇，束颈，器腹略深，深袋足，矮锥状实足根。器表饰竖向绳纹，颈部绳纹抹平，上腹饰三道浅凹弦纹。口径15.4、高15.2厘米（图一三七，1；彩版一六，6）。标本 M16:2，夹砂灰褐陶，侈口，斜方唇，束颈，三袋足较深，锥状实足根。器表饰竖向绳纹，颈部绳纹抹平，腹部饰一周浅凹弦纹。口径14.8、高13厘米（图一三七，2；图版七，6）。

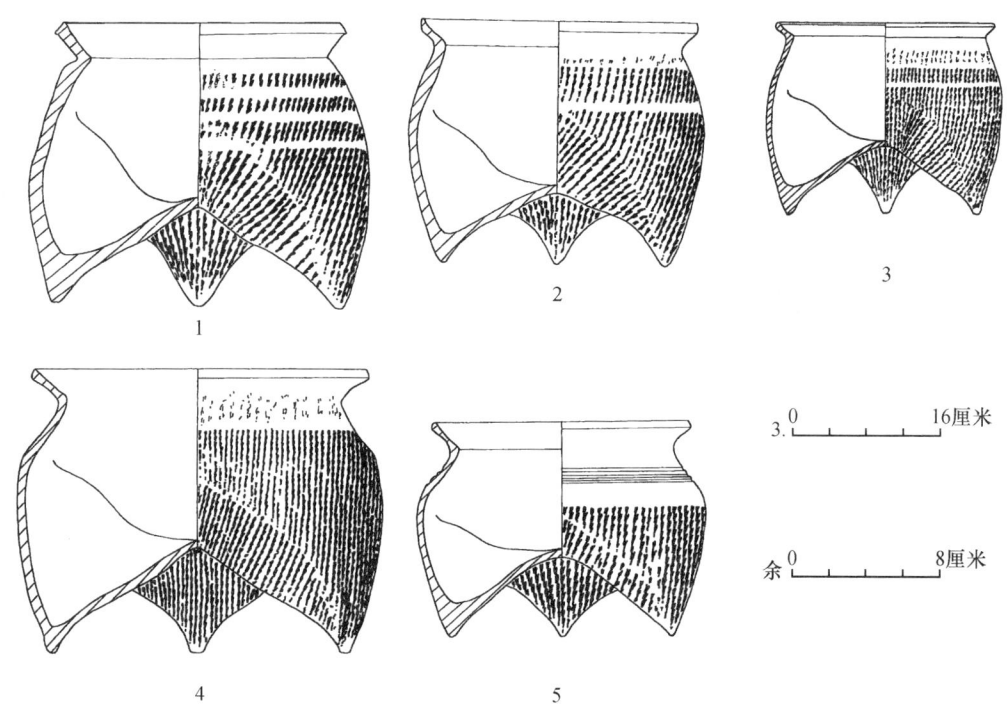

图一三七 乙类D型陶鬲
1、2. DⅠ式（T0315⑫:1、M16:2） 3~5. DⅡ式（T0911④:1、T0616⑧:1、T0909⑤:9）

Ⅱ式：3件。折沿趋矮，瘪裆略深，器腹趋浅。标本T0911④:1，夹砂灰陶，侈口，尖圆唇，袋足略深，锥状实足根。器表饰竖向细绳纹，上腹部绳纹抹平，器腹饰两道浅凹弦纹。口径23.6、高20.4厘米（图一三七，3；图版八，1）。标本T0616⑧:1，夹砂黑陶，足部红褐色。侈口，厚方唇，束颈，袋足略浅，下接矮柱状实足根。器表饰竖向绳纹，上腹绳纹抹光。口径18.6、高15.2厘米（图一三七，4；彩版一六，5）。标本T0909⑤:9，夹细砂红褐陶，侈口，方唇，束颈，袋足略浅，矮锥状实足根。器腹饰斜向绳纹，肩部绳纹抹平，颈部饰三道凹弦纹。口径13.9、高11.6厘米（图一三七，5；图版八，2）。

E型 19件。折肩，斜弧腹，弧裆内瘪，柱状足根。据肩部及扉棱装饰等特征分为三亚型。

Ea型 8件。高折沿，颈部斜直，折肩明显。据器腹及裆部特征分为三式。

Ⅰ式：5件。深腹，高弧裆内瘪略深。标本T0714⑫:2，夹砂灰陶，足部红褐色。侈口，方唇，束颈，瘪裆较深，深袋足，矮柱状实足根。器表饰竖向绳纹，肩部以上绳纹抹平，器腹饰四道浅凹弦纹。口径18、高17.6厘米（图一三八，1；彩版一七，6）。标本T0809⑧:4，夹砂黑陶，足部为红褐色，侈口，圆方唇，束颈，矮柱状实足根。器表饰斜向绳纹，肩部以上绳纹抹平，肩部饰三道凹弦纹，腹部饰两周浅凹弦纹。口径14、高12厘米（图一三八，2；图版八，3）。标本T0909⑦:2，夹细砂灰陶，侈口，方唇，矮柱状实足根。器表饰竖向细绳纹，肩部以上绳纹抹平。口径11、高9.6厘米（图一三八，3；图版八，4）。标本T0812④:9，泥质红陶，口沿残，微折肩，足残。器表饰绳纹，口沿下绳纹抹平。残高14.8厘米（图一三八，4）。标本T0806③:1，夹细砂黑陶，足部红褐色，侈口，方唇，束颈，矮柱状实足根。腹部以上素面抹光，下腹部饰竖向绳纹，并见两道凹弦纹。口径13.2、高11厘米（图一三八，5；图版八，5）。

Ⅱ式：2件。器腹趋浅，裆部略矮，实足根加高。标本T0712⑤:9，夹砂灰褐陶，侈口，圆唇，束颈。肩部以上素面磨光，上腹饰三周浅凹弦纹，下腹部饰竖向细绳纹。口径12.2、高11厘米（图一三八，6；图版一〇，3）。标本T0710⑦:1，夹砂红褐陶，侈口，方唇，束颈，高柱状实足根。肩部以上素面抹光，肩以下饰竖向绳纹，腹部饰两道浅凹弦纹。口径14.8、高13.1厘米（图一三八，7；彩版一七，5）。

Ⅲ式：1件。浅腹，足根加高。标本T0909③:3，夹砂灰陶，侈口，方唇，折沿略矮，束颈，高柱状实足根。器腹饰竖向绳纹，肩部绳纹抹平，器腹中部饰一道横向浅凹弦纹。口径13、高10.4厘米（图一三八，8；图版一〇，4）。

Eb型 4件。颈部内弧，折肩微鼓。据器腹及裆部特征分为二式。

Ⅰ式：3件。器腹较深，裆部较高。标本T0712⑤:2，夹砂灰陶，侈口，方唇，折沿趋平，束颈，柱状实足根。器表饰竖向绳纹，肩部以上绳纹抹平，肩下见一周斜向绳纹，器腹饰两周浅凹弦纹。口径24、高22厘米（图一三八，9；彩版一七，1）。

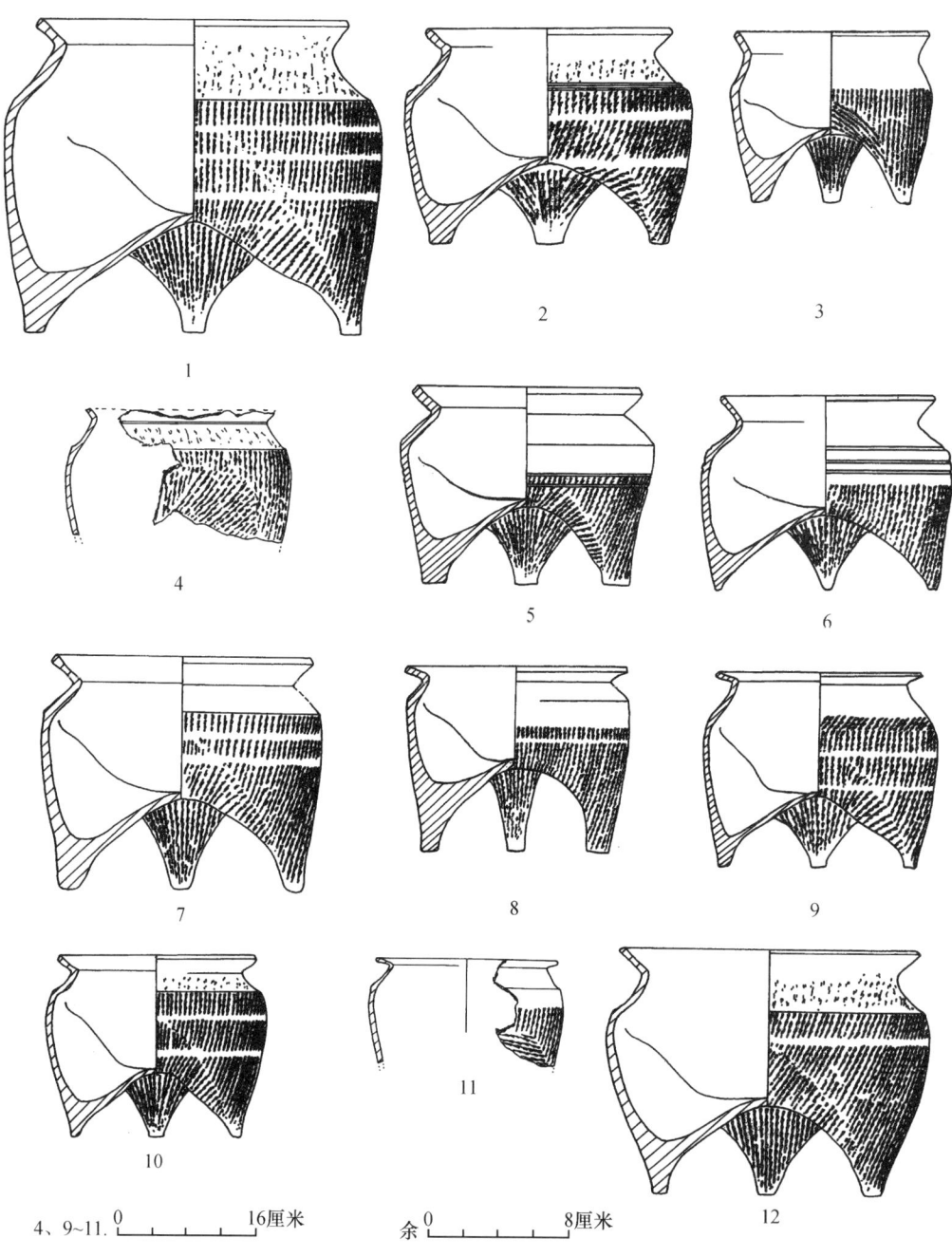

图一三八 乙类 E 型陶鬲

1~5. EaⅠ式（T0714⑫:2、T0809⑧:4、T0909⑦:2、T0812④:9、T0806③:1） 6、7. EaⅡ式（T0712⑤:9、T0710⑦:1） 8. EaⅢ式（T0909③:3） 9~11. EbⅠ式（T0712⑤:2、T0811⑤:3、T0810⑥:2） 12. EbⅡ式（T0810⑤:5）

标本T0811⑤:3，夹砂灰陶，侈口，方唇，宽折沿，束颈，高柱状实足根。器表饰竖向粗绳纹，颈部绳纹抹平，器腹可见两周浅凹弦纹。口径23.6、高20.4厘米（图一三八，10；图版八，6）。标本T0810⑥:2，泥质黑陶，折沿近平，圆唇，束颈，折肩，弧腹，瘪裆。器腹饰绳纹，肩部以上素面抹光。口径20.8、残高12厘米（图一三八，11）。

Ⅱ式：1件。颈部内收加强。裆部略矮。标本T0810⑤:5，夹砂黑陶，足部为红褐色，侈口，斜方唇，折沿，束颈，浅弧腹，弧裆微瘪。高柱状实足根。器表饰斜向绳纹，肩部以上绳纹抹平，器身可见两周横向浅凹弦纹。口径17.6、高13.8厘米（图一三八，12；彩版一七，2）。

Ec型 7件。肩部饰扉棱。标本T0911③:4，夹细砂黑陶，侈口，圆唇，折沿，折肩，弧腹，弧裆。柱状实足根。上腹抹光，肩部饰数道凹弦纹，器腹见有一道凹弦纹。足部饰斜向绳纹。口径12、高10.4厘米（图一三九，1；彩版一七，4）。标本T0810⑤:3，夹细砂灰陶，侈口，圆唇，折沿，束颈，折肩，微弧腹，弧裆微瘪，高柱状实足根。肩部以上素面抹光，肩部饰三道凹弦纹，肩部以下饰竖向细绳纹，并见三道凹弦纹，肩部贴敷三条对称竖向扉棱与三足相对。口径15.8、高14.1厘米（图一三九，2；彩版一七，3）。标本T0810④:10，鬲足，矮柱状实足根，足部饰绳纹，近腹部贴附竖向扉棱。残高6.4厘米（图一三九，3）。标本T0911④:8，夹细砂黑陶，侈口，方唇，折沿，微折肩，斜弧腹，腹以下残。器表饰弦断绳纹，肩部贴敷竖向扉棱，肩部以上绳纹抹光，并饰五道凹弦纹。口径17.6、残高8厘米（图一三九，4）。标本T0711⑤:2，夹细砂黑陶，侈口，折沿，圆唇，高领，折肩，斜弧腹，腹以下残。器表饰弦断绳纹，肩部以上绳纹抹光，肩部饰竖向扉棱。口径21.6、残高10厘米（图一三九，5）。标本T0705⑥:2，夹砂黑陶，折沿内收。肩部以上素面抹光，并见两道凹弦纹，腹部饰绳纹，并以数条弦纹间断，腹部饰竖向扉棱。口径19.2、残高9.8厘米（图一三九，6）。标本T0809⑨:4，夹砂黑陶，侈口，折沿，方唇，折肩，斜弧腹，腹以下残。器表饰绳纹，肩部以上绳纹抹平，腹部见有小扉棱装饰。口径19.4、残高8厘米（图一三九，7）。

F型 9件。其他类鬲。标本G1:1，夹砂红褐陶，侈口，方唇，折沿，束颈，折肩，斜直腹，瘪裆，裆部较高，深袋足，锥状实足根。器表饰斜向绳纹，肩部以上素面抹光，器腹饰两道浅凹弦纹。口径17.6、高17.4厘米（图一四〇，1；图版九，3）。标本T1011③:2，夹砂红褐陶，侈口，方唇，折沿，束颈，高领，鼓肩，弧腹，弧裆微瘪，高锥状实足根。器表饰竖向细绳纹，颈部绳纹抹平，器腹饰两道凹弦纹。口径15、高15厘米（图一四〇，2；图版九，4）。标本T0813④:3，夹砂灰陶，足部红褐色，小口，方唇，窄折沿，束颈，鼓肩，器腹弧收，弧裆微瘪，高柱状实足根。器表饰竖向绳纹，颈部绳纹抹平，上腹饰一道浅凹弦纹。口径14、高14.8厘米（图一四〇，3；图版九，5）。标本T0812⑤:6，夹砂灰陶，侈口，圆唇，宽折沿，束颈，弧腹，器腹较深，瘪弧裆，柱状实

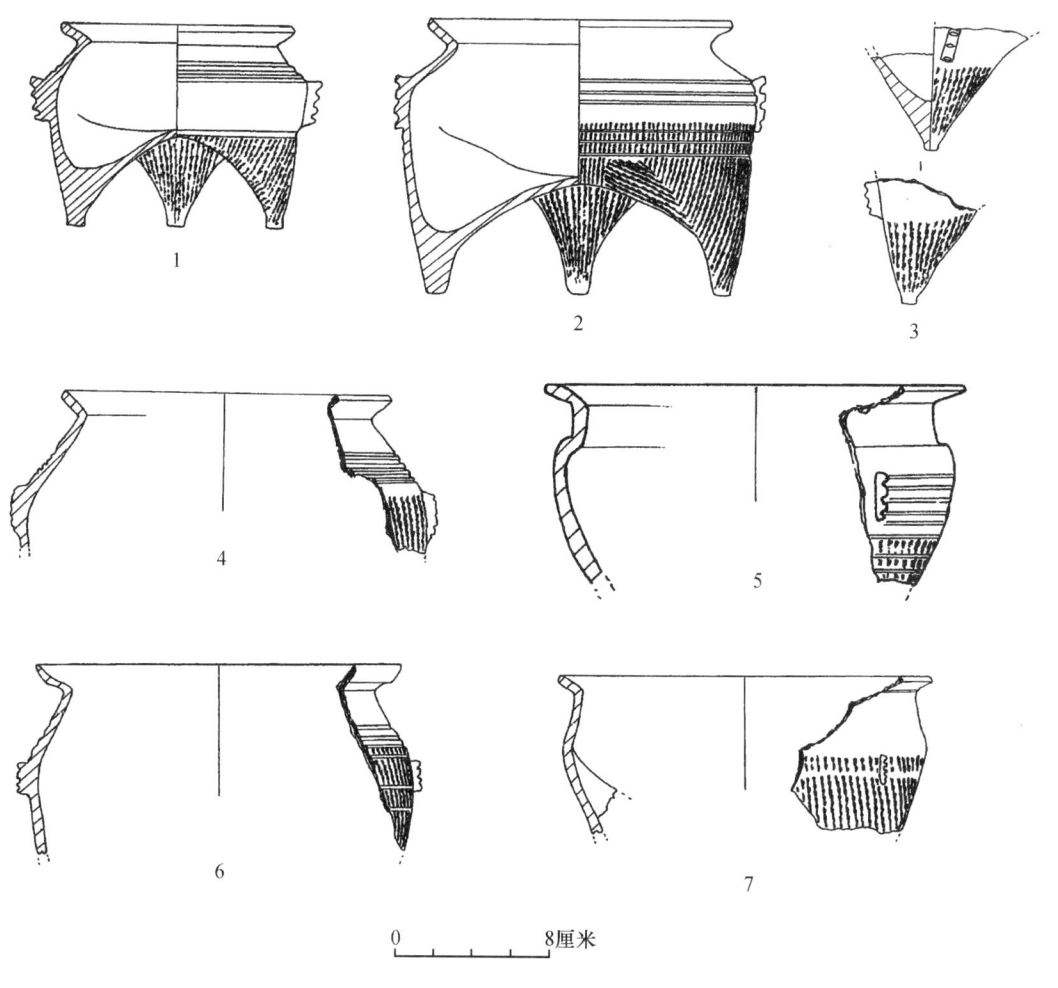

图一三九 乙类 Ec 型陶鬲

1. T0911③:4 2. T0810⑤:3 3. T0810④:10 4. T0911④:8 5. T0711⑤:2 6. T0705⑥:2 7. T0809⑨:4

足根。器表饰竖向绳纹，颈部绳纹抹平。口径19.2、高16.2厘米（图一四〇，4；图版九，6）。标本T0909⑦:3，夹砂灰陶，侈口，圆唇，折沿，浅鼓腹，弧裆微瘪，矮柱状实足根。下腹饰斜向细绳纹，上腹部绳纹抹平，器身饰一道浅凹弦纹。口径12、高9.4厘米（图一四〇，5；图版九，1）。标本T0606⑪:1，夹砂灰褐陶，小折口，鼓腹，弧裆微瘪，三锥状足。上腹饰一周联珠纹。口径11.2、高9.3厘米（图一四〇，6；图版九，2）。标本T0909⑤:6，夹砂红褐陶，器形较小，捏制而成，微卷沿，直腹，弧裆微瘪，柱状足。上腹素面，下腹饰竖向绳纹。口径11.8、高8.8厘米（图一四〇，7；图版一〇，5）。标本T0910⑧:1，泥质灰陶，器形较小，残半，侈口，微卷沿，弧腹，三矮柱足。素面。口径5.7、高5.8厘米（图一四〇，8）。标本T1⑨:1，器形较小，捏制而成，口沿残，直腹，三锥状足。素面。残高5厘米（图一四〇，9；图版一〇，6）。

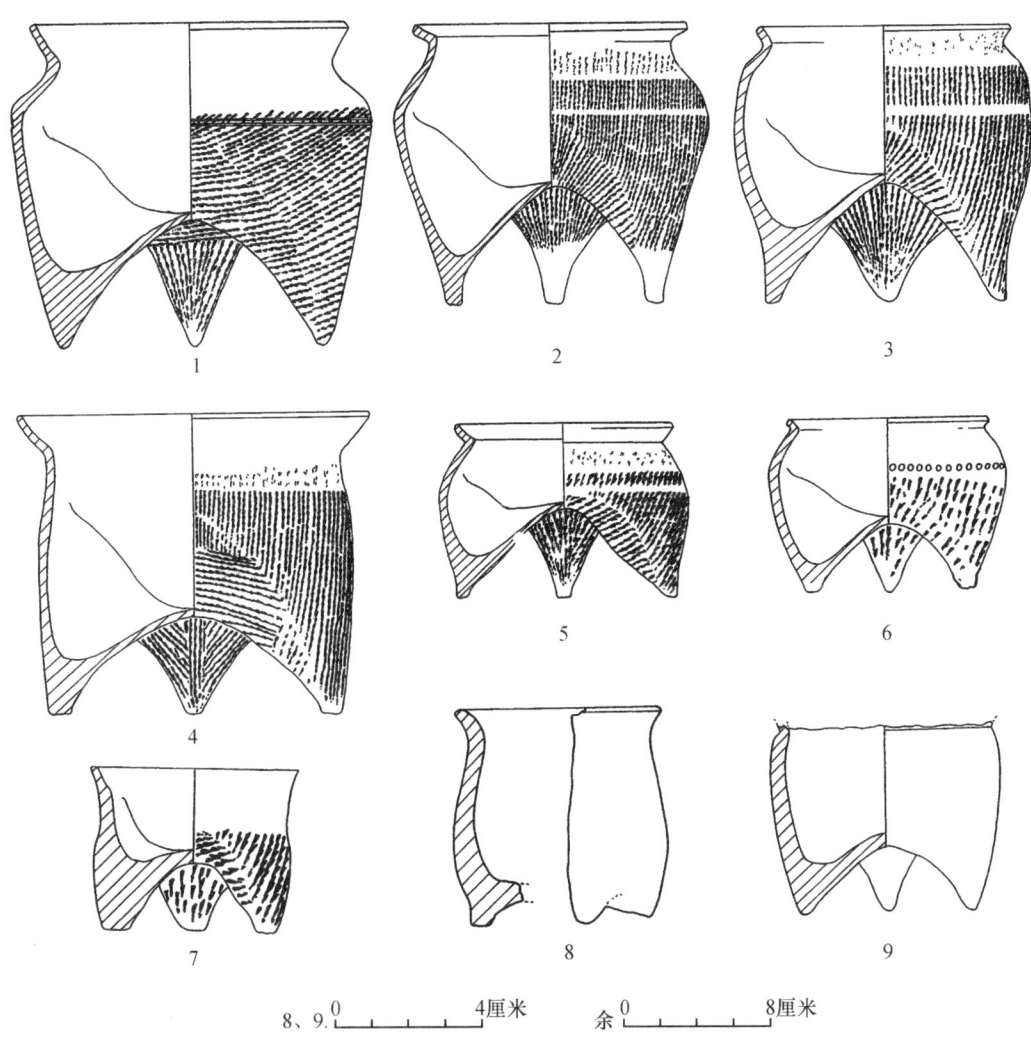

图一四〇 乙类 F 型陶鬲

1. G1:1 2. T1011③:2 3. T0813④:3 4. T0812⑤:6 5. T0909⑦:3 6. T0606⑪:1 7. T0909⑤:6 8. T0910⑧:1 9. T1⑨:1

鬲口沿 6 件。据口沿形态分为二型。

A 型 3 件。器形较大，沿部贴敷多道附加堆纹。标本 T0812⑤:7，夹砂黑陶，侈口，方唇，折沿，斜弧腹，腹以下残。器表饰绳纹，肩部饰一周堆纹，沿下及上腹贴敷纵横泥条与肩部堆纹相接呈近方形，堆纹表面压印斜线纹，腹部饰一周浅凹弦纹。残高 17.6 厘米（图一四一，1）。标本 T0909④:5，器表饰绳纹，肩部饰一周堆纹，沿下及上腹贴敷纵横泥条与肩部堆纹相接呈近方形，堆纹表面压印斜线纹。残高 10 厘米（图一四一，2）。标本 T0812④:11，夹砂黑陶，侈口，方唇，折沿，斜弧腹，腹以下残。器表饰绳纹，肩部饰一周堆纹，沿下及上腹贴敷纵横圆形泥条，与肩部堆纹相接呈近方形，部分有残断。残高 9 厘米（图一四一，3）。

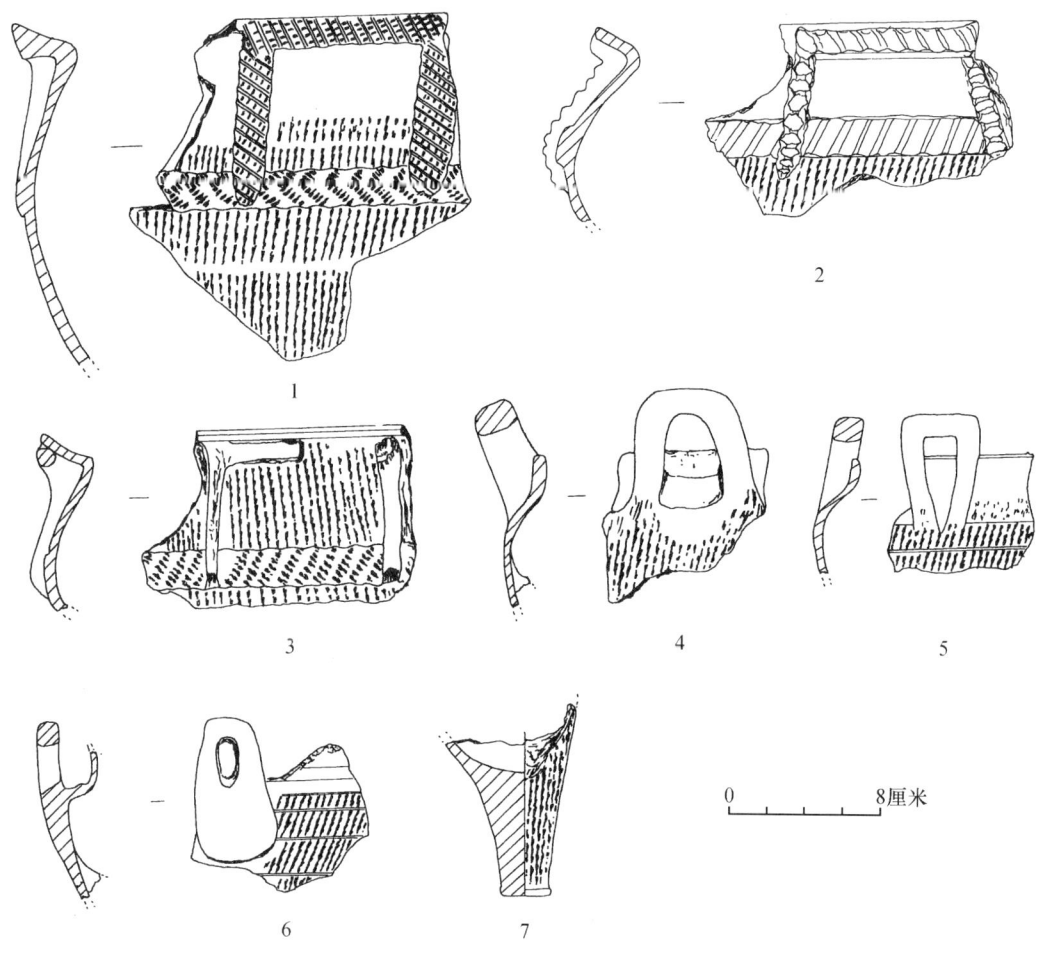

图一四一 陶鬲口沿及鬲足

1~3. A型鬲口沿（T0812⑤:7、T0909④:5、T0812④:11） 4~6. B型鬲口沿（T1112②:1、T1010③:6、T0912④:10） 7. 鬲足（T0912④:9）

B型 3件。带耳鬲。标本T1112②:1，泥质红褐陶，侈口，圆唇，折沿，弧腹，下部残，口沿下贴敷一环状耳。器表饰绳纹。残高11厘米（图一四一，4；图版四六，6）。标本T1010③:6，夹砂红褐陶，侈口，微卷沿，圆唇，微鼓腹，下部残，腹部贴敷成倒梯形环耳。器表饰绳纹，并有浅凹弦纹间断。残高8厘米（图一四一，5；图版四六，4）。标本T0912④:10，泥质灰陶，口沿略残，鼓腹，瘪裆残，腹部泥条贴敷方形耳。器表饰绳纹，并以浅凹弦纹间断。残高9.2厘米（图一四一，6；图版四六，5）。

鬲足 1件。标本T0912④:9，鬲足，夹砂红陶，柱状实足根。残高10厘米（图一四一，7）。

罐 53件。据器形可分为五型。

A型 18件。大型圆鼓腹罐，多为夹砂陶，小口外斜。据肩部形态分为二亚型。

Aa型 8件，斜弧肩。据口沿及腹部变化可分为二式。

Ⅰ式：6件。折沿较高，深腹。标本T0714⑩:4，夹细砂红褐陶，侈口，方唇，束颈，下腹残。器表饰绳纹，并饰四道凹弦纹，沿下及腹部绳纹抹平。口径17.4、残高20.8厘米（图一四二，1；图版二二，1）。标本T0711⑨:1，夹砂黑陶，侈口，方唇，折沿微卷，下部残。器表饰绳纹，肩部饰四周弦纹，器腹及近沿处绳纹抹平。口径17、残高16厘米（图一四二，2；图版二二，2）。标本T0911④:3，夹砂黑陶，侈口，斜方唇，束颈，下腹残。器表饰绳纹，上腹以四周凹弦纹间断，颈部绳纹抹平，下腹可见三道宽弦纹。口径16、残高23厘米（图一四二，3；图版二二，3）。标本T0908⑦:1，夹砂灰陶，侈口，方唇，下腹残。器表饰绳纹，并以浅凹弦纹间断，口沿下及腹部绳纹抹平。口径17.6、残高14厘米（图一四二，4）。标本T0711⑥:5，夹砂红褐陶，侈口，圆唇，束颈，鼓腹，下腹残。器表饰绳纹，并以数道浅凹弦纹间断，口沿下绳纹抹平。口径16、残高18.8厘米（图一四二，5）。标本T0809⑨:3，泥质灰褐陶，侈口，微卷沿，方唇，束颈，腹残。器表饰绳纹，以数道浅凹弦纹间断，口沿下绳纹抹平。口径19.2、残高10.8厘米（图一四二，6）。

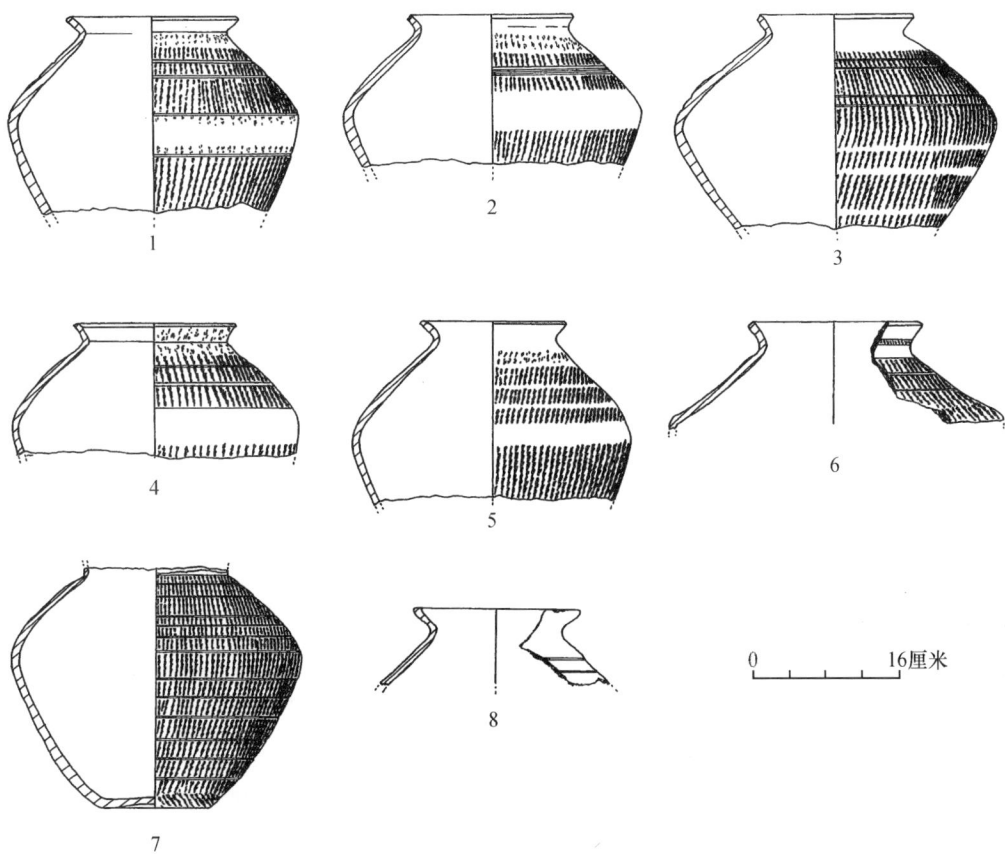

图一四二 Aa型陶罐

1~6. AaⅠ式（T0714⑩:4、T0711⑨:1、T0911④:3、T0908⑦:1、T0711⑥:5、T0809⑨:3）
7、8. AaⅡ式（T0912③:4、T1305④:2）

Ⅱ式：2件。口径渐小，束颈明显，腹部外鼓。标本T0912③:4，夹砂灰陶，口沿残，平底微凹。器表饰绳纹，并饰数道浅凹弦纹间断。底径12、残高25.6厘米（图一四二，7；图版二二，4）。标本T1305④:2，泥质红陶，侈口，折沿，方圆唇，束颈，腹部残。素面，肩部饰两周凹弦纹。口径16.8、残高8厘米（图一四二，8）。

Ab型 10件。小口斜直，鼓肩。据口沿及肩、腹部特征的变化，可分为三式。

Ⅰ式：1件。口沿斜直较高。标本T1112⑩:1，泥质灰陶，腹部残。器表饰绳纹，口沿下饰三道凹弦纹。口径14.4、残高8厘米（图一四三，1）。

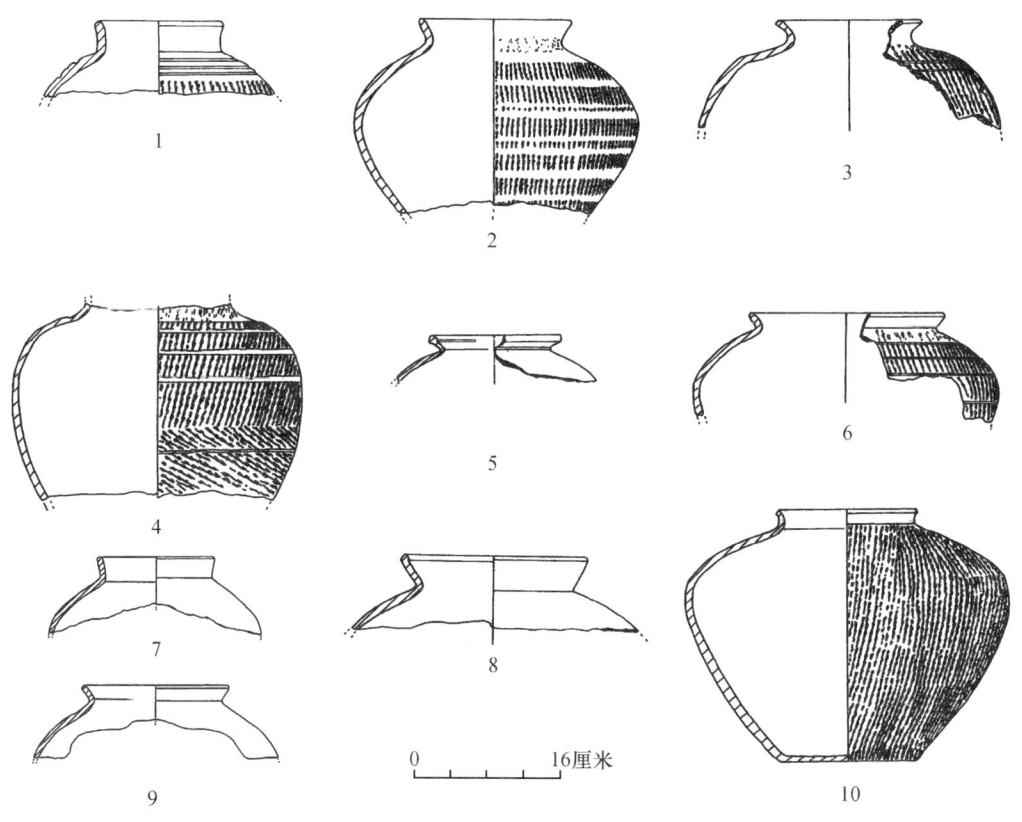

图一四三 Ab型陶罐
1. AbⅠ式（T1112⑩:1） 2～8. AbⅡ式（T0810⑦:6、T0812④:8、T0711⑥:4、T1012④:3、T0810⑧:9、T1011④:4、T0910⑥:5） 9、10. AbⅢ式（T0813③:6、T0810④:8）

Ⅱ式：7件。口沿外折，鼓肩明显。标本T0810⑦:6，夹砂红陶，圆唇，束颈，下腹残。器表饰绳纹，并以浅凹弦纹间断，口沿下绳纹抹平。口径16.8、残高20厘米（图一四三，2；图版二二，5）。标本T0812④:8，夹砂灰褐陶，方唇，束颈，下腹残。器表饰绳纹，口沿下绳纹抹平，肩部饰两道凹弦纹。口径16、残高12厘米（图一四三，3）。标本T0711⑥:4，夹砂红褐陶，口沿残，下腹亦残。器表饰绳纹，并以数道凹弦纹间断，口沿下绳纹抹平。残高 20.8 厘米（图一四三，4；图版二二，6）。标本 T1012④:3，泥质灰陶，方唇，束颈，下腹残。素面。口径 14.4、残高 5.2 厘米（图一四三，5）。标本 T0810⑧:9，夹砂灰褐陶，方唇，束颈，下腹残。器表饰绳纹，并以数道浅凹弦纹间断，口沿下绳纹抹平。口径 21.6、残高 11.6 厘米（图一四三，6）。标本 T1011④:4，泥质灰陶，方唇，腹残。素面。口径 13.2、残高 8.4 厘米（图一四三，7）。标本 T0910⑥:5，泥质灰陶，尖圆唇，束颈，腹部残。素面。口径 20.4、残高 8 厘米（图一四三，8）。

Ⅲ式：2 件。矮直口，器腹趋浅、较宽。标本 T0813③:6，泥质红陶，方唇，腹部残。素面。口径 16.4、残高 8 厘米（图一四三，9）。标本 T0810④:8，夹砂红陶，方唇，下腹斜弧，平底。器表饰绳纹。口径 13.6、底径 15.2、高 27.6 厘米（图一四三，10；彩版二二，1）。

B 型　10 件。器形略小，圆腹罐。依据口及腹部特征分为四式。

Ⅰ式：3 件。卷沿，束颈，器腹略深。标本 T0810⑩:3，高卷沿，矮领折肩，腹残。素面。口径 13.2、残高 8 厘米（图一四四，1）。标本 T0705⑨:1，泥质灰陶，口沿残，平底。素面抹光，器表可见横向刮抹痕。底径 8.2、残高 11 厘米（图一四四，2；图版二三，1）。标本 T1110⑩:3，泥质灰陶，侈口，下腹残。素面。口径 10.4、残高 9 厘米（图一四四，3）。

Ⅱ式：5 件。折沿，束颈，斜直肩，器腹略浅。标本 M43:4，泥质灰陶，侈口，圆唇，平底。下腹部饰绳纹，肩部及以上素面抹光。口径 12、底径 8.6、高 12.6 厘米（图一四四，4；图版二三，2）。标本 T1012⑥:4，夹砂灰陶，侈口，尖圆唇，下腹残。器表饰竖向绳纹。口径 14、残高 11 厘米（图一四四，5）。标本 M32:3，泥质磨光黑陶，侈口，方唇，平底微凹。素面，器表略见刮抹痕。口径 11.6、底径 7.4、高 11.4 厘米（图一四四，6；图版二三，3）。标本 T0711⑨:2，夹砂灰陶，侈口，方唇，下腹残。器表饰绳纹，上腹饰弦纹一周，颈部抹光。口径 15.2、残高 15.2 厘米（图一四四，7；图版二三，4）。标本 M48:2，泥质灰陶，器形较大，侈口，圆唇，平底微凹。素面抹光。口径 13.6、底径 11.6、高 16.8 厘米（图一四四，8；彩版二二，2）。

Ⅲ式：1 件。折沿，束颈，斜弧肩，器腹较浅。标本 T0511⑤:1，夹砂灰陶，侈口，圆唇，平底微凹。下腹饰绳纹，上腹绳纹抹平。口径 11.8、底径 7.6、高 12 厘米（图一四四，9；图版二三，5）。

Ⅳ式：1 件。斜直口，圆鼓肩，浅腹。标本 T0810③:2，圆唇，下腹残。素面抹光，上腹可见三组凹弦纹。口径 8.8、残高 8.4 厘米（图一四四，10）。

C 型　10 件。器形较小，折肩罐。依据腹及肩部形态分为二亚型。

Ca 型　6 件。器形矮宽，斜折肩，器腹较浅。据腹部形态分为二式。

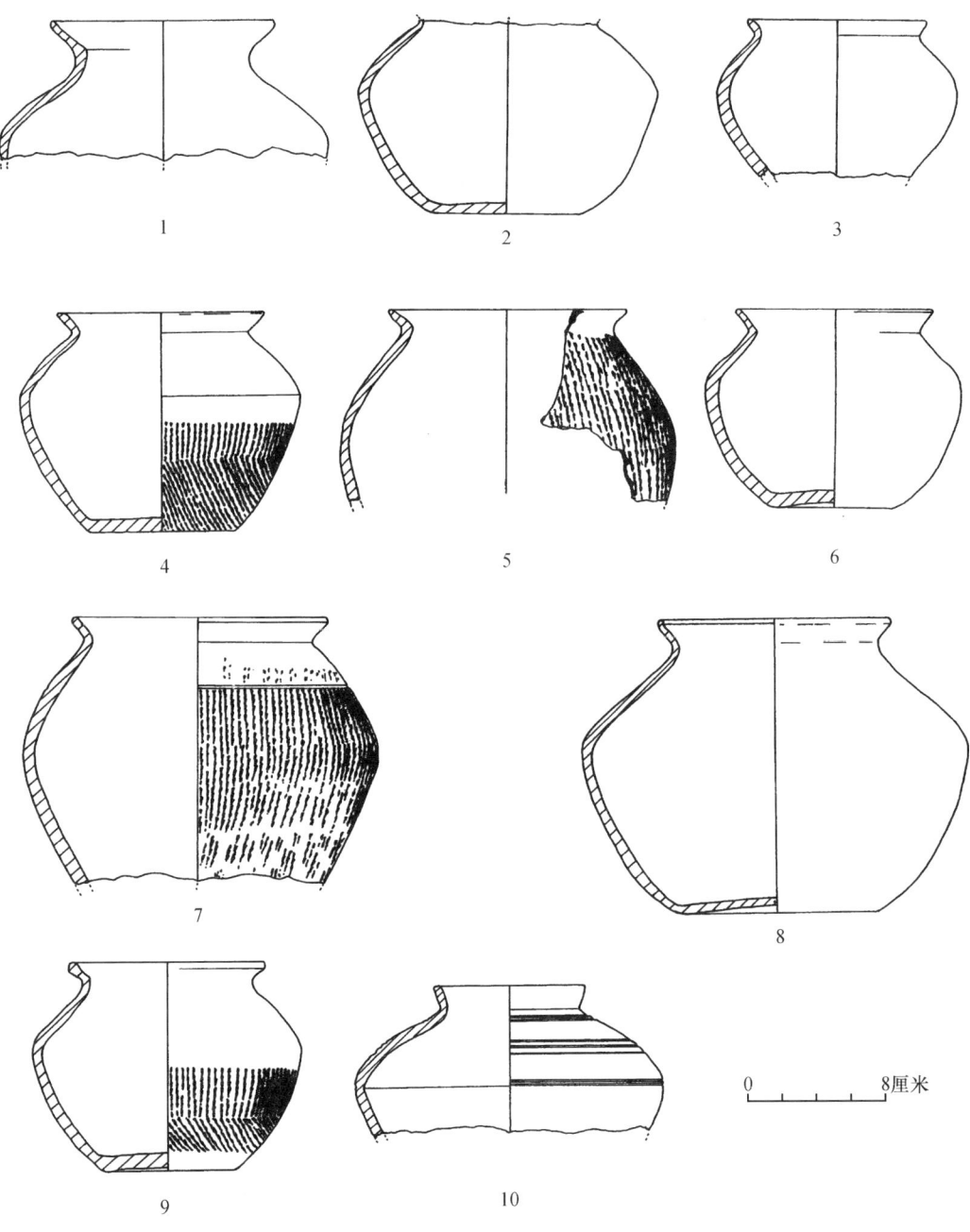

图一四四 B型陶罐

1~3. BⅠ式（T0810⑩:3、T0705⑨:1、T1110⑩:3） 4~8. BⅡ式（M43:4、T1012⑥:4、M32:3、T0711⑨:2、M48:2）
9. BⅢ式（T0511⑤:1） 10. BⅣ式（T0810③:2）

Ⅰ式：1件。器腹较深。标本 T0915⑪a:1，泥质灰陶，口沿残，斜弧腹，平底微凹。腹部饰竖向粗绳纹，肩部及口沿下绳纹抹光，沿下及下腹部饰三道凹弦纹。底径8.4、残高14.8厘米（图一四五，1；图版二三，6）。

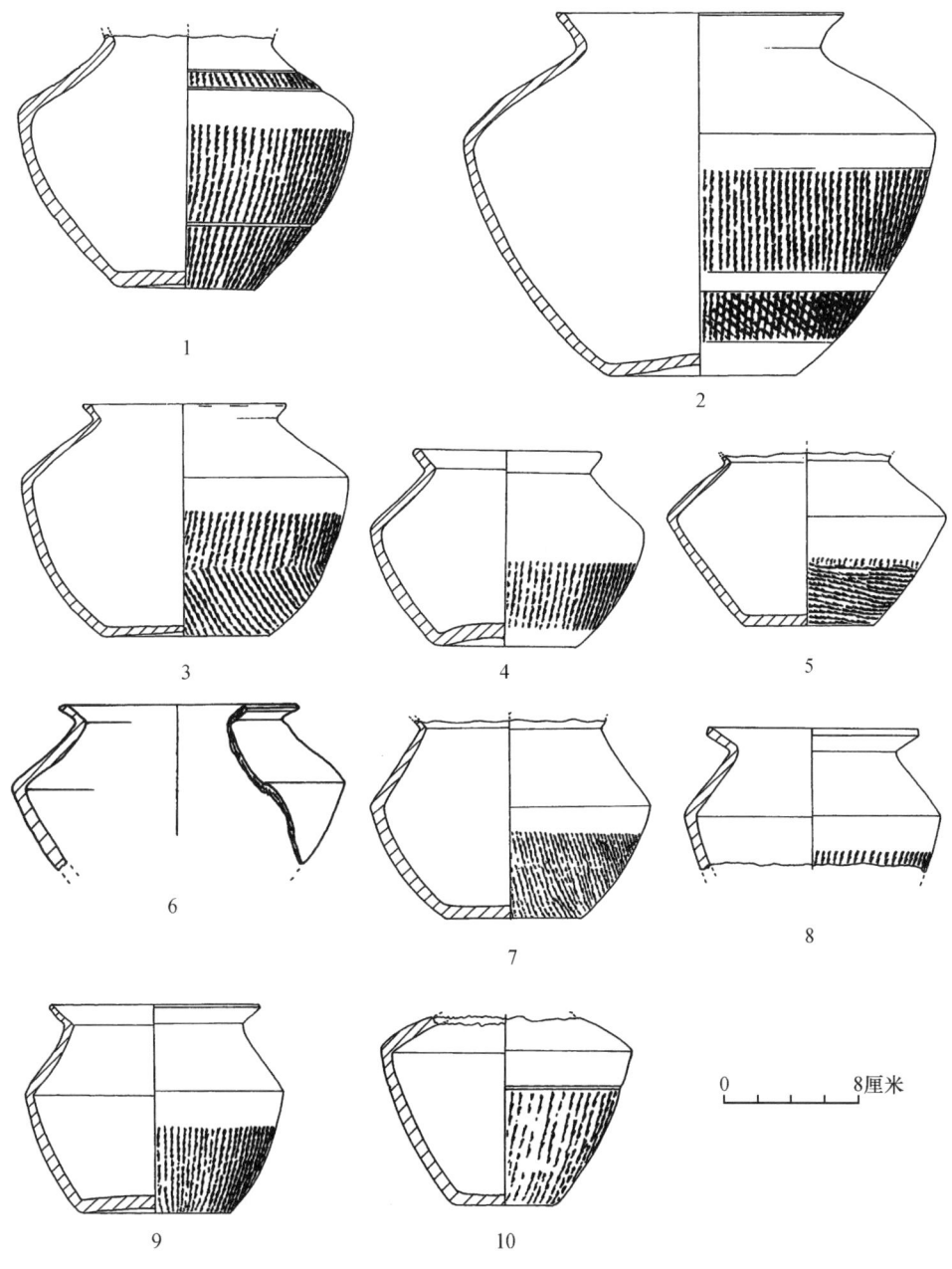

图一四五　C型陶罐
1. CaⅠ式（T0915⑪a:1）　2～6. CaⅡ式（M36:1、M28:4、T0805⑪:1、T0711⑥:3、T1011⑥:1）
7～10. Cb型（T0714⑩:3、T0809⑧:2、T0909④:2、T0910③:2）

Ⅱ式：5件。浅腹。M36：1，夹砂灰陶，侈口，方唇，折沿，束颈，斜弧腹，凹底。腹部饰竖向绳纹，近器底饰交叉绳纹，肩及腹中部素面抹光。口径17、底径11.2、高21厘米（图一四五，2；图版二四，1）。标本M28：4，泥质黑陶，侈口，圆唇，折沿，斜弧腹，平底微凹。下腹饰绳纹，肩部以上素面抹光。口径12、底径9.6、高13.4厘米（图一四五，3；彩版二二，3）。标本T0805⑪：1，泥质灰陶，侈口，方圆唇，折沿，束颈，斜弧腹，凹底。下腹饰竖向绳纹，上腹素面抹光，肩部可见刮削痕。口径11.2、底径8、高11.2厘米（图一四五，4；图版二四，2）。标本T0711⑥：3，夹砂灰陶，口沿残，斜直腹，平底。下腹部饰绳纹，肩部以上绳纹抹平。底径7.8、残高10厘米（图一四五，5；图版二四，3）。标本T1011⑥：1，泥质灰陶，侈口，折沿，尖圆唇，束颈，斜弧腹，下腹残。素面抹光。口径14、残高10厘米（图一四五，6）。

Cb型　4件。器形显瘦高，腹略深。标本T0714⑩：3，泥质灰陶，口沿残，斜弧腹，平底。下腹部饰斜向细绳纹，肩部以上素面抹光。底径7.6、残高11.4厘米（图一四五，7；图版二四，4）。标本T0809⑧：2，夹砂灰褐陶，侈口，折沿，方唇，下腹残。下腹饰绳纹。口径12.8、残高8厘米（图一四五，8）。标本T0909④：2，夹细砂红褐陶，侈口，方唇，折沿，束颈，斜弧腹，平底微凹。下腹部饰竖向绳纹，肩部以上素面抹光。口径12.4、底径8.8、高12厘米（图一四五，9；彩版二二，4）。标本T0910③：2，夹砂红陶，口沿残，斜直腹，平底。器腹饰绳纹，肩部以上素面，肩部下饰一周凹弦纹。底径6、残高10.8厘米（图一四五，10）。

D型　6件。双耳罐，器形略大，圆鼓腹。据双耳形态的差异，分为二亚型。

Da型　5件。环形耳。标本T0811③：1，泥质灰陶，侈口，方唇，折沿，束颈，溜肩，肩部贴敷对称双环耳，平底微凹。下腹饰绳纹，并以三道浅凹弦纹间断，上腹素面抹光。口径15.6、底径11.8、高21厘米（图一四六，1；彩版二二，5）。标本T0811③：2，夹砂黑陶，口残，鼓肩，肩部贴敷绞索状对称双环耳，平底。器表饰绳纹，耳下及腹部各饰一道浅凹弦纹。底径9.2、残高13.6厘米（图一四六，2；图版二四，5）。标本T0709⑫：3，泥质黑陶，残片，仅存绞索状环耳。素面。残高9厘米（图一四六，3）。标本T0712⑤：6，夹砂灰褐陶，侈口，折沿，方唇，鼓肩，肩部贴敷绞索状对称双环耳，腹残。器表饰绳纹，并以两周浅弦纹间断，口沿下绳纹抹平。口径11.6、残高8厘米（图一四六，4）。标本T0813③：5，夹砂黑陶，侈口，方唇，折沿，束颈，溜肩，肩部贴敷对称圆形泥条双环耳，平底。器表饰绳纹，并以数道浅凹弦纹间断。口径12.8、底径12.2、高21.4厘米（图一四六，5；图版二四，6）。

Db型　1件。贯耳。标本T0913③：5，夹砂红陶，侈口，折沿，方唇，束颈，下腹残，上腹贴敷对称两半圆形贯耳。器表饰绳纹，并以四道凹弦纹间断，口沿下绳纹抹平。口径14.4、残高8厘米（图一四六，6）。

第四章 遗 物　　275

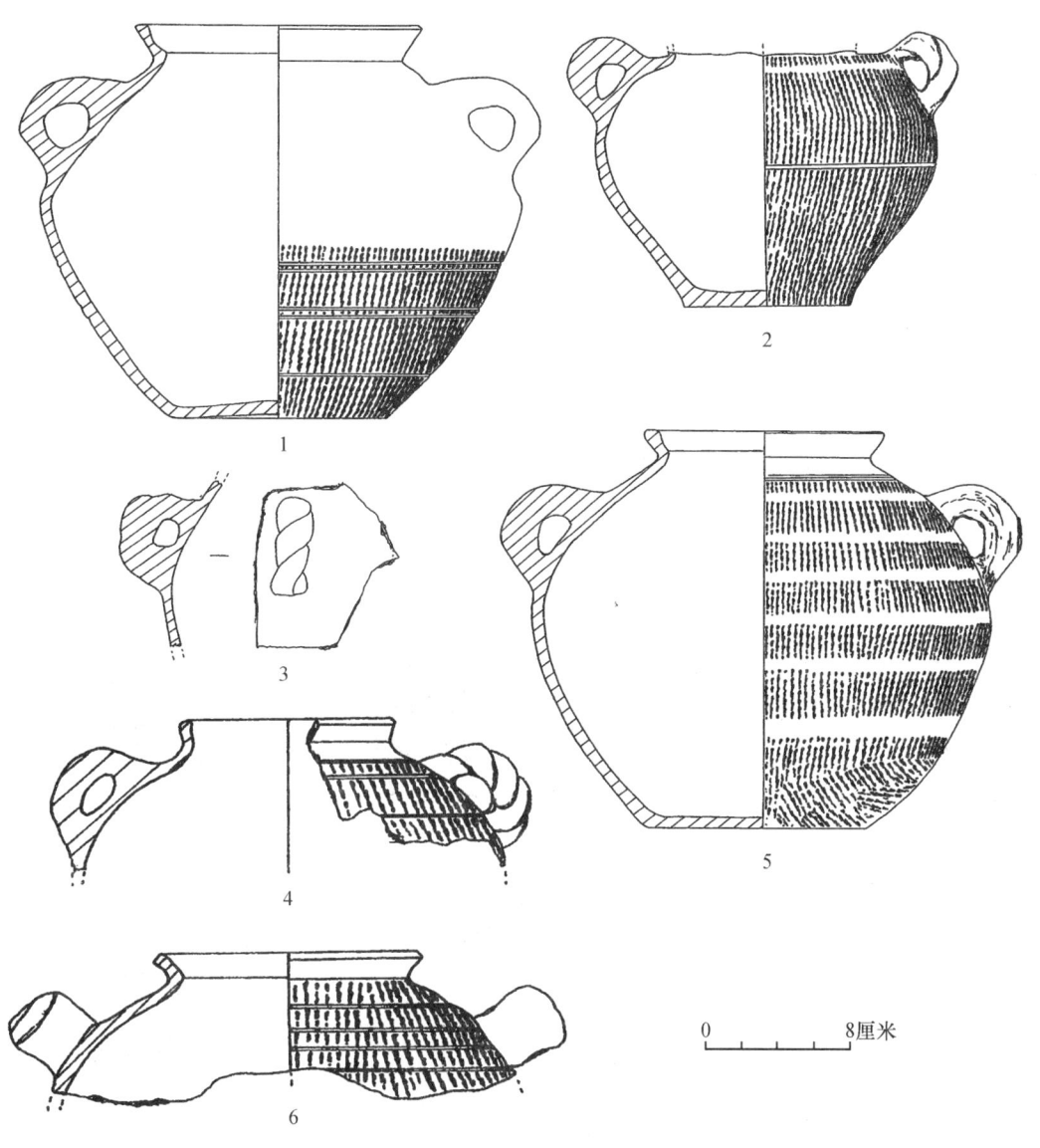

图一四六　D型陶罐

1～5. Da型（T0811③:1、T0811③:2、T0709⑫:3、T0712⑤:6、T0813③:5）　6. Db型（T0913③:5）

E型　9件。其他类罐。标本T0915⑩:4，泥质灰陶，侈口，方唇，折沿，束颈，鼓肩，底残。素面抹光。口径14.8、残高14.8厘米（图一四七，1）。标本T0713⑨:1，夹砂灰褐陶，直口，高领，微鼓腹，下腹残。器表饰绳纹并以弦纹间断。口径16.8、残高8.8厘米（图一四七，2）。标本T0714⑩:2，夹砂灰陶，直口，圆唇，直腹，下部残。器表饰竖向绳纹。口径22.8、残高14厘米（图一四七，3）。标本T0810④:3，夹砂灰陶，侈口，圆唇，束颈，弧折腹，平底。素面。口径8.4、底径7、高10厘米（图一四七，4）。标本T1214②:1，泥质黑陶，侈口，方唇，折沿，束颈，弧腹，平底微凹。素面。口径12、底径7.8、高13.6厘米（图一四七，5；彩版二二，6）。标本T0907⑦:1，夹砂灰黑陶，斜直口，折肩，下腹残。器表饰绳纹，肩部绳纹抹平，肩部以上饰一周凹弦纹。口径22.4、残高18.4厘米（图一四七，6）。标本T1012④:4，夹砂黑陶，侈口，折沿，厚方唇，斜弧腹，上腹部贴敷对称双折把。器表饰绳纹，并以凹弦纹间断，口沿下绳纹抹平。口径12.8、残高8厘米（图一四七，7）。标本T0912⑥:7，泥质红褐陶，捏制而成，器形较小，侈口，圆唇，斜弧腹，凹底。素面。口径5.4、底径3.2、高4.5厘米（图一四七，8）。标本T0810⑦:8，夹砂灰陶，上腹残，斜弧腹，平底微凹。器表饰绳纹，器腹饰两道凹弦纹。底径12、残高15.2厘米（图一四七，9）。

盆　46件。据器形大小，分为二类。

甲类　23件。器形较大，据口沿及腹部特征分为以下四型。

A型　9件。折沿，鼓腹较深，腹部饰一周附加堆纹。据腹部及口沿特征分为三式。

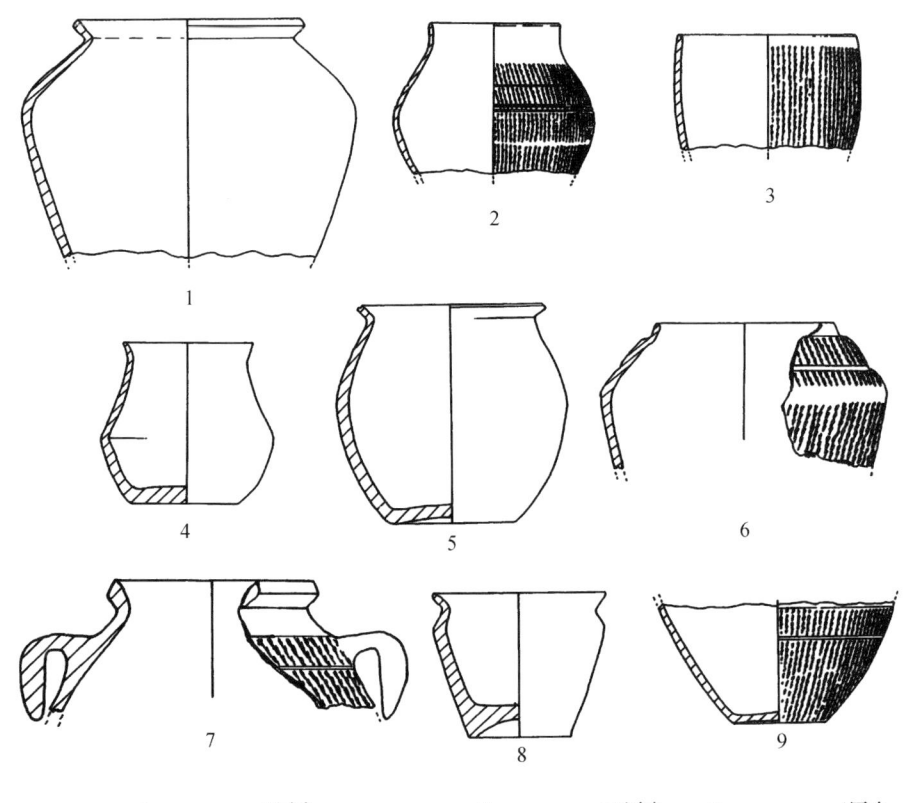

图一四七　E型陶罐

1. T0915⑩:4　2. T0713⑨:1　3. T0714⑩:2　4. T0810④:3　5. T1214②:1　6. T0907⑦:1　7. T1012④:4　8. T0912⑥:7
9. T0810⑦:8

Ⅰ式：4件。折沿略高，深腹。标本T0606③:1，夹砂灰陶，侈口，圆唇，束颈，平底。器表饰竖向绳纹，腹部饰两周浅凹弦纹，口沿下绳纹抹平。口径41.2、底径15.2、高24.8厘米（图一四八，1；彩版一八，2）。标本T0812④:13，夹砂红褐陶，侈口，圆唇，下腹残。器表饰绳纹，沿下绳纹抹平，腹部可见一周凹弦纹。口径41.6、残高14厘米（图一四八，2）。标本T0910④:7，夹砂灰陶，侈口，方唇，束颈，腹部残。器表饰绳纹，沿下绳纹抹平，肩部饰两道凹弦纹。口径30.4、残高9.2厘米（图一四八，3）。标本T1010③:5，夹砂灰陶，侈口，圆唇，下腹部残。器表饰绳纹，沿下绳纹抹平。口径31.2、残高16厘米（图一四八，4）。

Ⅱ式：2件。折沿略低，束颈明显，器腹略深。标本T0711⑤:6，夹砂红褐陶。侈口，圆唇，凹底。器表饰绳纹，下腹饰两周浅凹弦纹。口径35.5、底径16、高24.4厘米（图一四八，5；彩版一八，3）。标本T0711⑤:8，夹砂灰褐陶，侈口，方唇，下腹部残。上腹饰交错绳纹，沿下可见两道凹弦纹，下腹饰斜向绳纹。口径37.6、残高14厘米（图一四八，6）。

Ⅲ式：3件。口沿下折，束颈明显，器腹较浅。标本T1205③:4，口沿残片，夹砂灰褐陶，侈口，方唇。器表饰绳纹，沿下绳纹抹平，腹部堆纹下可见一周凹弦纹。残高7.9厘米（图一四八，7）。标本T0809⑤:10，夹砂灰陶，侈口，方唇，腹部残。器表饰绳纹，口沿下绳纹抹平。口径36.8、残高14厘米（图一四八，8）。标本T0613⑨:2，夹砂灰褐陶，侈口，方唇。器表饰绳纹，沿下绳纹抹平。口径39.2、残高10.8厘米（图一四八，9）

B型 2件。宽折沿，斜弧腹较浅。标本T0717⑩:2，泥质黑陶，侈口，方唇，凹底。器腹饰竖向绳纹，并以三道浅凹弦纹间断。口径39.6、底径12.8、高18厘米（图一四九，1；图版一一，1）。标本T0812④:7，夹砂红褐陶，侈口，圆唇，下腹残。器表饰绳纹，腹部饰一周附加堆纹，斜向按压加固，腹部偏下饰四周凹弦纹。口径47.2、残高17.8厘米。（图一四九，2）。

C型 6件。折沿，折肩，斜弧腹。据腹部形态分为二亚型。

Ca型 4件。宽折沿，腹较深。据口沿及腹部变化可分为三式。

Ⅰ式：1件。标本T1010⑦:1，泥质红褐陶，口沿残，平底。器表饰斜向绳纹，肩及下腹部绳纹抹平。底径13.2、残高20厘米（图一四九，3；图版一一，2）。

Ⅱ式：2件。折沿较窄，器腹较浅。标本T0714⑨:1，夹砂灰陶，侈口，方唇，下腹残。器表饰绳纹，并以两道弦纹间断，口沿下绳纹抹平。口径24.8、残高16.4厘米（图一四九，4）。标本T0710⑨:1，夹砂灰褐陶，侈口，下腹残。器表饰绳纹，沿下绳纹抹平。口径35.6、残高16.4厘米（图一四九，5）。

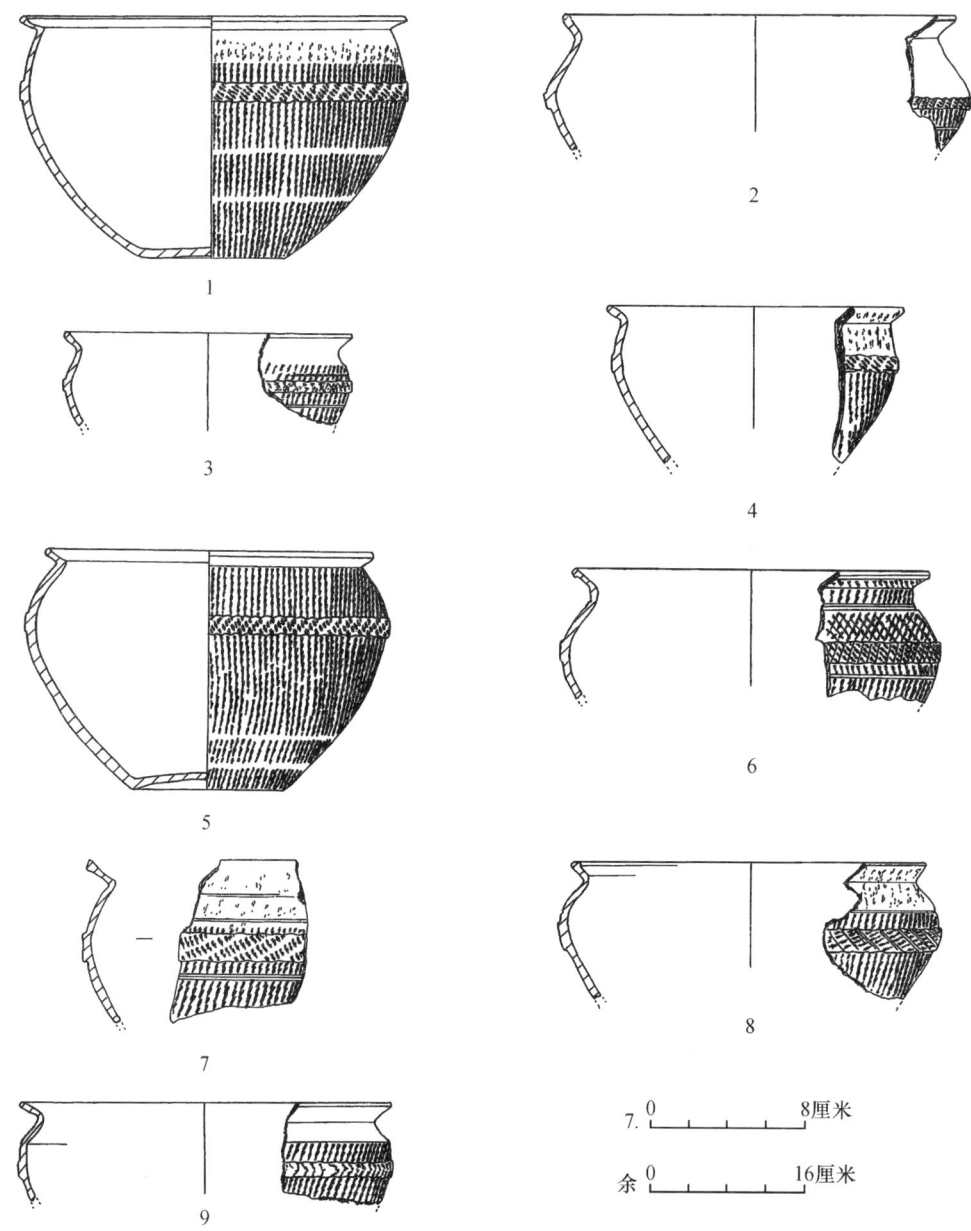

图一四八 甲类 A 型陶盆

1~4. A I 式（T0606③:1、T0812④:13、T0910④:7、T1010③:5）　5、6. A II 式（T0711⑤:6、T0711⑤:8）
7~9. A III 式（T1205③:4、T0809⑤:10、T0613⑨:2）

Ⅲ式：1件。窄折沿略低，器腹较浅。标本T0810⑤:6，夹砂红褐陶，侈口，微折肩，下腹残。器表饰绳纹，口沿下绳纹抹平，腹部饰两道凹弦纹。口径28.8、残高8厘米（图一四九，6）。

Cb 型 2件。窄折沿较高，折肩明显，斜腹较浅。标本 T1011③:8，夹砂灰陶，侈口，方唇，折沿微卷，束颈，下腹残。腹部贴敷两周附加堆纹，并斜向按压加固，肩部可见数道轮制凹弦纹。口径39.2、残高17.4厘米（图一四九，7；图版一一，3）。标本 T0913③:4，夹砂灰陶，侈口，方唇，束颈，凹底。器表饰绳纹，腹部贴敷两周附加堆纹，并斜向按压加固，肩部可见数道轮制凹弦纹。口径36、底径16.4、高23.1厘米（图一四九，8；图版一一，4）。

D 型 6件。弧腹盆。据沿部及腹部形态可划分为二亚型。

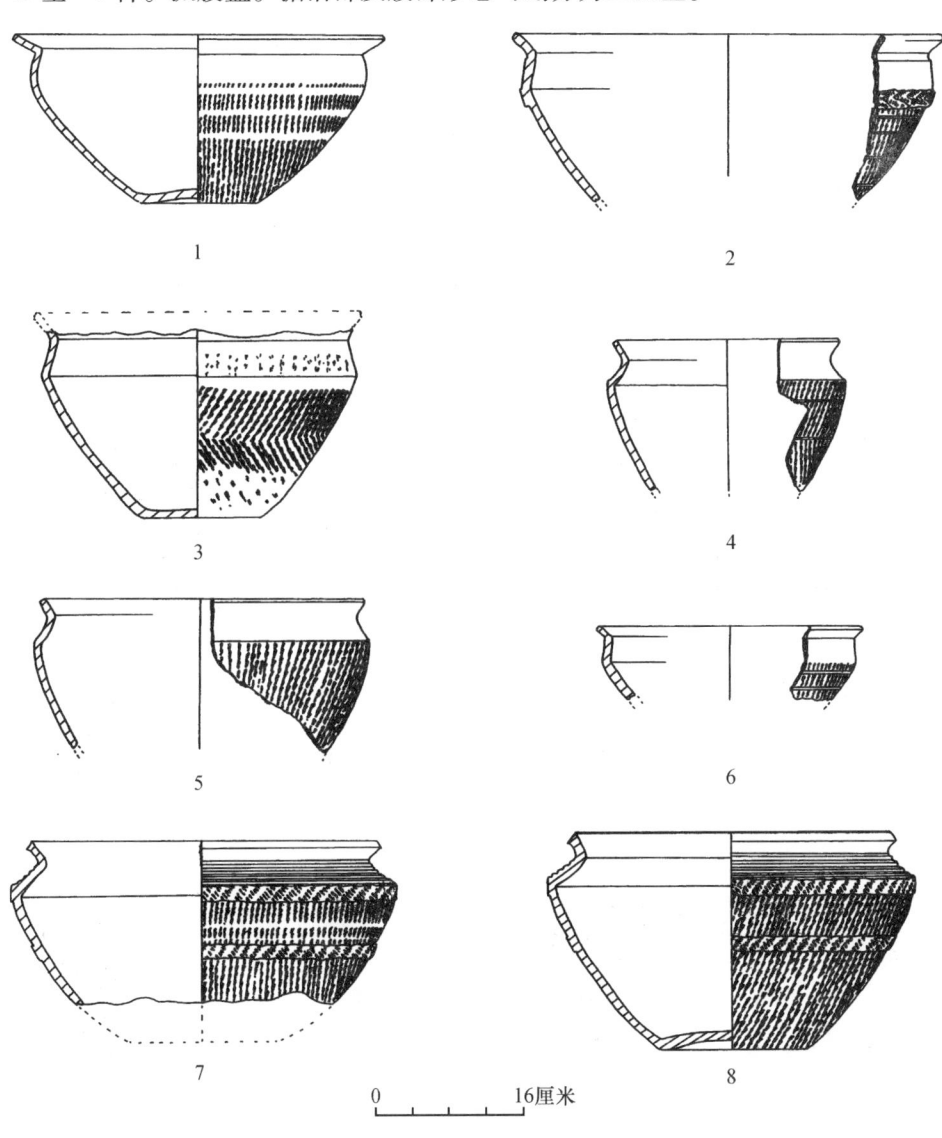

图一四九 甲类 B、C 型陶盆
1、2. B 型（T0717⑩:2、T0812④:7） 3. CaⅠ式（T1010⑦:1） 4、5. CaⅡ式（T0714⑨:1、T0710⑨:1）
6. CaⅢ式（T0810⑤:6） 7、8. Cb 型（T1011③:8、T0913③:4）

Da 型 2件。尖圆唇,近平沿,弧腹微鼓。依口沿变化可分为二式。

Ⅰ式:1件。沿略高。标本 T1011③:3,夹砂红褐陶,侈口,圆唇,平底。沿下饰竖向绳纹,腹部饰横向绳纹。口径 35.6、底径 11.6、高 22 厘米(图一五〇,1;彩版一八,1)。

Ⅱ式:1件。沿较低。标本 T0711③:2,夹砂红褐陶,侈口,圆唇,小平底。沿下饰竖向绳纹,腹部饰横向绳纹。口径 32.2、底径 9.6、高 20.4 厘米(图一五〇,2;图版一一,5)。

Db 型 4件。折沿略高,斜弧腹。据沿部变化可分为二式。

Ⅰ式:1件。折沿较高。标本 T1014⑬a:2,夹砂灰陶,侈口,方唇,下腹残。器表饰绳纹,口沿下绳纹抹平。口径 35.2、残高 12 厘米(图一五〇,3)。

Ⅱ式:3件。折沿略低。标本 T0809⑦b:1,夹砂灰陶,侈口,方唇,下腹残。器表饰绳纹,口沿下绳纹抹平并见一周凹弦纹。口径 31.6、残高 15.8 厘米(图一五〇,4)。标本 T0709⑫:1,夹砂灰褐陶,侈口,方唇,下腹残。器表饰绳纹,口沿下及腹部饰多道凹弦纹。口径 42.8、残高 16 厘米(图一五〇,5)。标本 T0710⑨:2,夹砂灰陶,侈口,圆唇,下腹部残。器表饰绳纹,沿下绳纹抹平,腹部饰一周附加堆纹,斜向按压加固,沿下及腹部可见两周凹弦纹。口径 39.2、残高 18 厘米(图一五〇,6)。

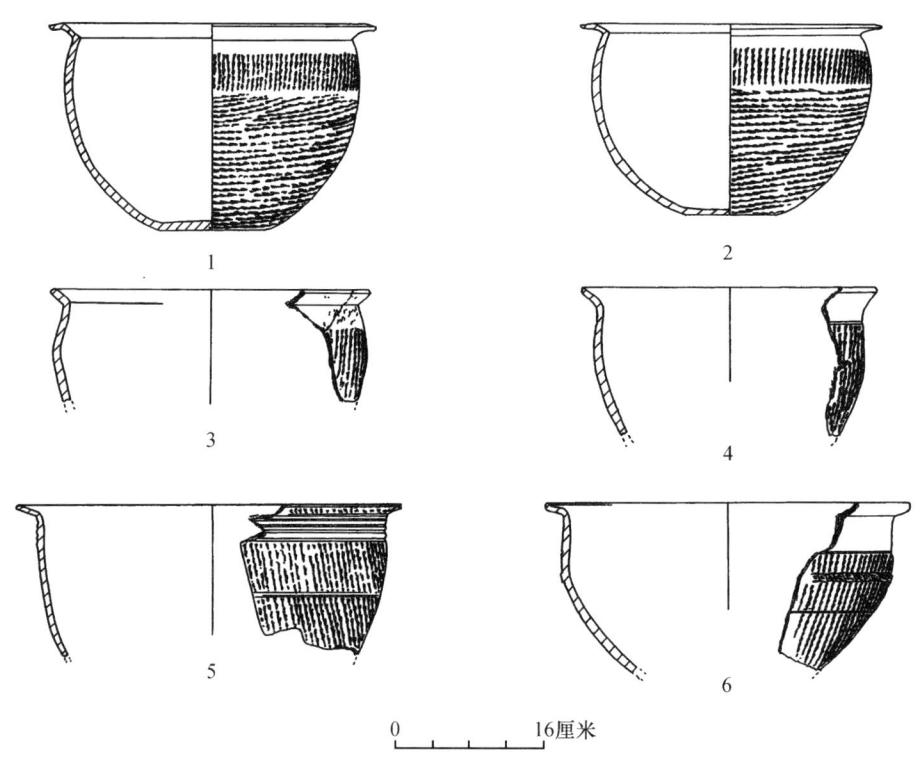

图一五〇 甲类 D 型陶盆

1. Da Ⅰ式(T1011③:3) 2. Da Ⅱ式(T0711③:2) 3. Db Ⅰ式(T1014⑬a:2)
4~6. Db Ⅱ式(T0809⑦b:1、T0709⑫:1、T0710⑨:2)

乙类　23 件。器形较小。据口沿及腹部形态分为五型。

A 型　6 件。折沿，鼓肩，斜弧腹。据口沿及器腹变化分为二式。

Ⅰ式：2 件。折沿较高，深腹。标本 T1011④:3，夹砂灰陶，侈口，方唇，束颈，斜弧腹较深，凹底。器表饰斜向粗绳纹，口沿下素面抹光，肩部饰一周凹弦纹，腹部可见两周浅凹弦纹。口径 25、底径 12.2、高 17.2 厘米（图一五一，1；图版一一，6）。标本 T0809⑨:2，夹砂灰陶，侈口，折沿，圆唇，微鼓肩，斜弧腹，下腹残。器表饰绳纹，口沿下素面抹光，肩部饰一周凹弦纹。口径 22.4、残高 8.8 厘米（图一五一，5）。

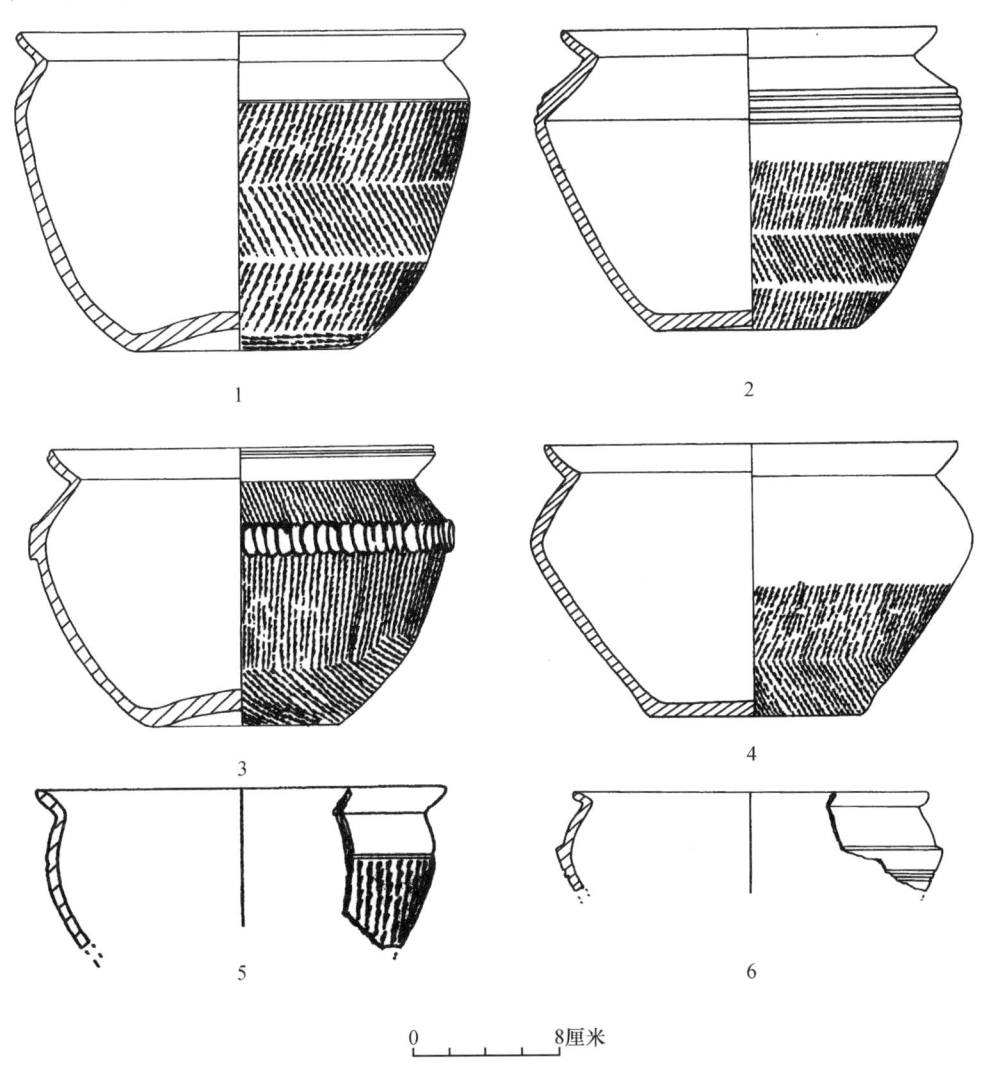

图一五一　乙类 A 型陶盆

1、5. AⅠ式（T1011④:3、T0809⑨:2）　2~4、6. AⅡ式（T0713⑦:1、T0811⑤:15、T0713⑦:8、T0811⑤:9）

Ⅱ式：4件。折沿略低，器腹较浅。标本 T0713⑦:1，泥质灰陶，侈口，圆唇，折沿，束颈，平底。上腹素面抹光，并饰三道凹弦纹，下腹及底部饰绳纹，可见两道浅凹弦纹。口径 20.8、底径 11、高 16.4 厘米（图一五一，2；图版一二，1）。标本 T0811⑤:15，夹砂黑陶，侈口，方唇，折沿，束颈，凹底。器表饰绳纹，上腹贴敷一周附加堆纹，并按压一周指窝纹。口径 20.8、底径 10.4、高 15 厘米（图一五一，3；图版一二，2）。标本 T0713⑦:8，泥质灰陶，侈口，圆唇，折沿，束颈，平底。下腹部饰绳纹，肩部素面抹光。口径 22.8、底径 11.8、高 14.6 厘米（图一五一，4；图版一二，3）。标本 T0811⑤:9，泥质红陶，窄折沿。素面抹光，肩部饰一周堆纹，腹部饰有凹弦纹。口径 20、残高 5.4 厘米（图一五一，6）。

B型 6件。折沿，折肩，斜弧腹。据口沿及器腹的变化分为三式。

Ⅰ式：1件。折沿较高，器腹较深。标本 T0909⑥:1，夹砂灰陶，侈口，方唇，束颈，平底。腹部饰竖向绳纹，以两周凹弦纹间断。口径 28、底径 12、高 13.9 厘米（图一五二，1；图版一二，4）。

Ⅱ式：3件。折沿略低，器腹趋浅。标本 T0713⑦:2，泥质黑陶，侈口，圆唇，束颈，弧折肩，平底微凹。腹部饰竖向绳纹，以两道浅凹弦纹间断，肩部素面抹光，并饰数道凹弦纹。口径 24.8、底径 10.8、高 13.6 厘米（图一五二，2；图版一二，5）。标本 T0909④:3，泥质黑陶，侈口，圆唇，束颈，平底微凹。腹部饰绳纹，肩部素面抹光。口径 25.8、底径 10.4、高 13.2 厘米（图一五二，3；彩版一八，4）。标本 T1012③:2，夹砂红褐陶，侈口，方唇，下腹残。器表饰绳纹，并以数道浅凹弦纹间断，口沿下绳纹抹平。口径 26.2、残高 10 厘米（图一五二，4）。

Ⅲ式：2件。低折沿，器腹较浅。标本 T0613⑨:1，夹砂灰陶，侈口，方唇，束颈，弧折肩，平底。器表饰竖向绳纹，并以两周弦纹间断。口径 29.6、底径 13.6、高 17.2 厘米（图一五二，5；图版一二，6）。标本 T0810⑤:7，泥质红褐陶，侈口，圆唇，束颈，下部残。下腹饰绳纹，肩部素面抹光。口径 26.4、残高 9.4 厘米（图一五二，6；彩版一八，5）。

C型 6件。弧腹盆。据腹部形态差异分为二亚型。

Ca型 4件。器腹外弧微鼓。据口沿及器腹的变化可分为三式。

Ⅰ式：1件。折沿较宽，上腹微鼓。标本 M51:2，夹砂黑陶，侈口，方唇，束颈，斜弧腹较深，底近平。器表饰竖向绳纹，腹部饰一道凹弦纹。口径 28.2、底径 10、高 12.6 厘米（图一五三，1；图版一三，1）。

Ⅱ式：2件。口沿略窄，腹部较深，腹径最宽处下移。标本 T1011③:9，夹砂红褐陶，侈口，圆唇，卷沿，平底。上腹饰绳纹，下腹绳纹纹痕不甚清晰，腹部饰两道凹弦纹。口径 25.2、底径 10.1、高 13 厘米（图一五三，2）。标本 T0316⑥:1，夹砂黑陶，侈口，圆唇，折沿，斜弧腹，平底。器腹饰绳纹，口沿下绳纹抹平。口径 28.8、底径 10.4、高 15.9 厘米（图一五三，3；图版一三，2）。

第四章 遗　物　　283

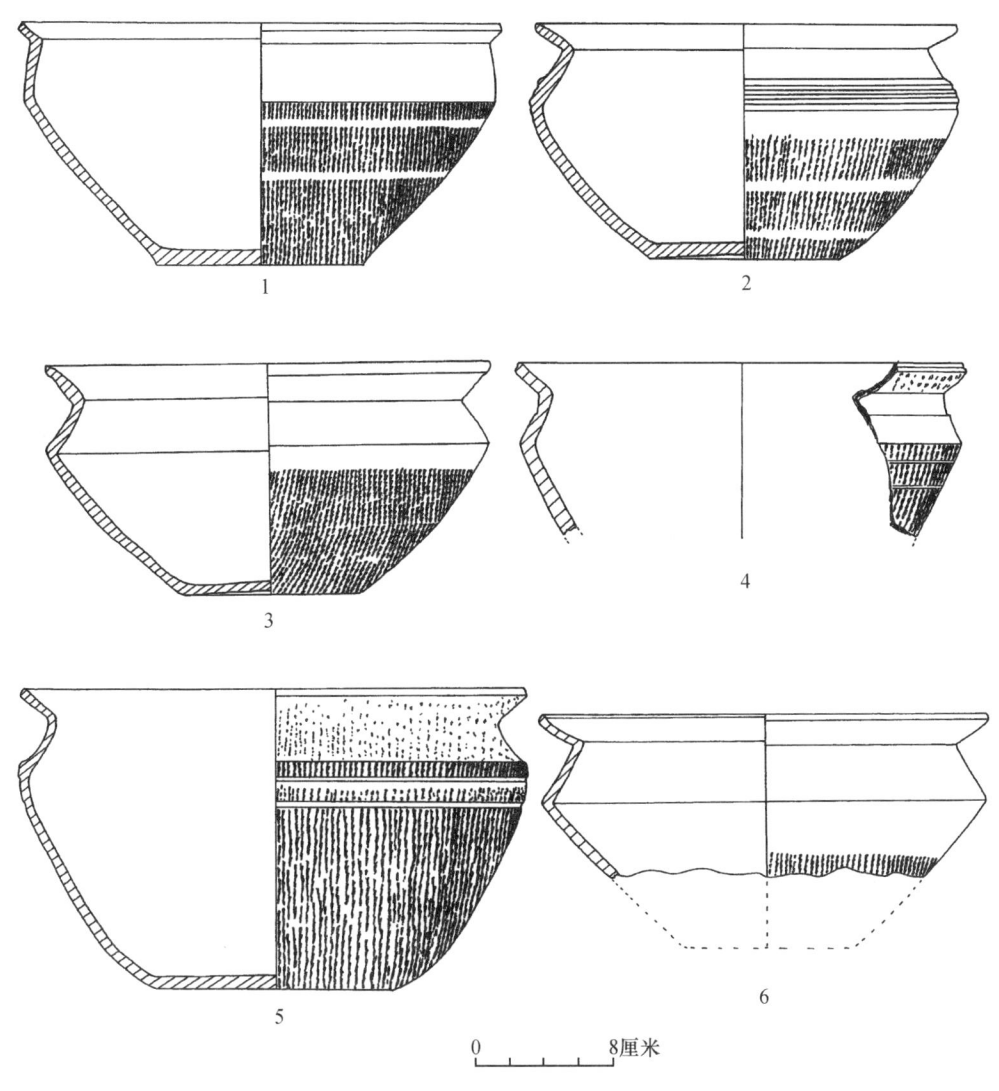

图一五二　乙类 B 型陶盆
1. B Ⅰ 式（T0909⑥:1）　2~4. B Ⅱ 式（T0713⑦:2、T0909④:3、T1012③:2）　5、6. B Ⅲ 式（T0613⑨:1、T0810⑤:7）

Ⅲ式：1件。窄折沿，器腹较浅。标本 T0913③:7，夹砂黑陶，侈口，方唇，束颈，平底。器表饰细绳纹，沿下及腹部饰多道凹弦纹。口径 24.8、底径 10.6、高 16.4 厘米（图一五三，4；图版一三，3）。

Cb 型　2件。器腹斜弧，小凹底。标本 T0717⑩:1，泥质黑陶，侈口，方唇，折沿，束颈，微鼓肩，腹较深。器表饰竖向绳纹，上腹绳纹抹平。口径 28、底径 9、高 15.2 厘米（图一五三，5；图版一三，4）。标本 T0814②:1，泥质黑陶，侈口，圆唇，窄折沿。器表饰斜向绳纹，下腹绳纹纹痕不清，口沿下饰一周浅凹弦纹。口径 22.8、底径 12.8、高 12.3 厘米（图一五三，6；图版一三，5）。

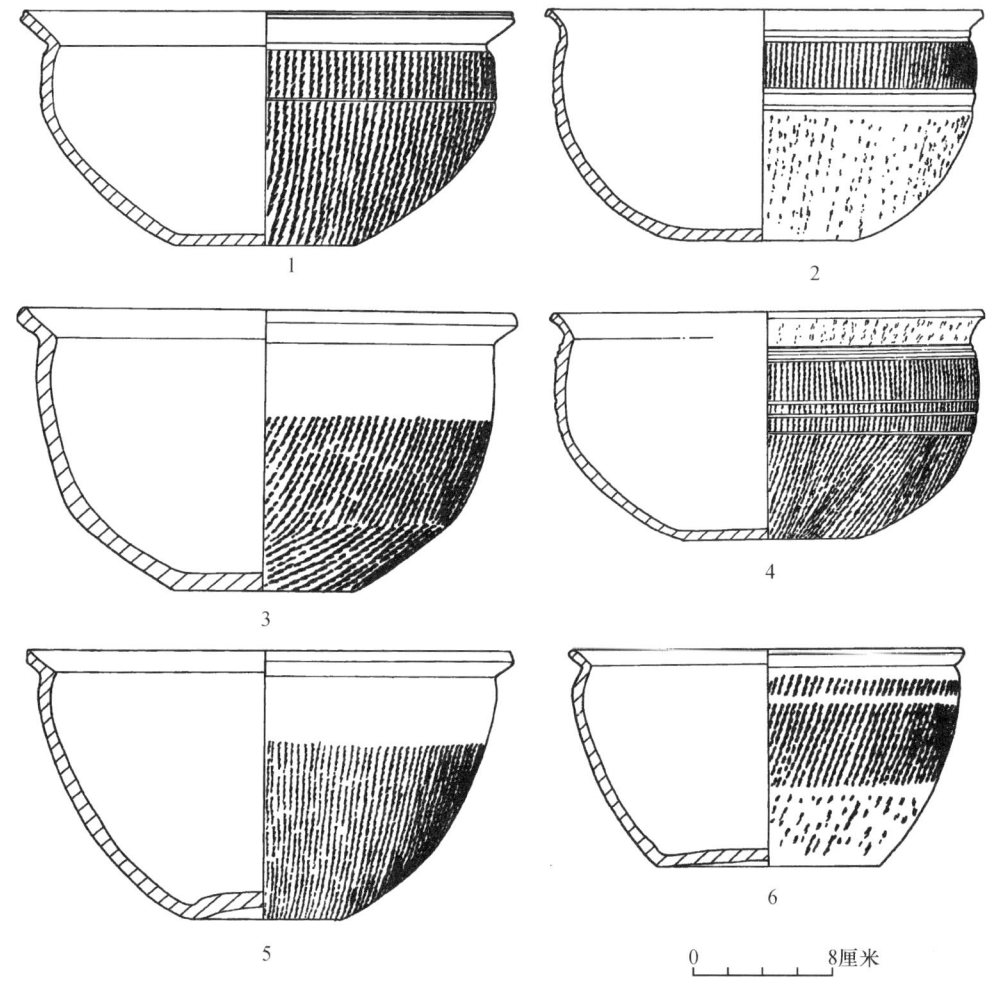

图一五三 乙类 C 型盆
1. CaⅠ式（M51:2） 2、3. CaⅡ式（T1011③:9、T0316⑥:1） 4. CaⅢ式（T0913③:7）
5、6. Cb 型（T0717⑩:1、T0814②:1）

D 型 3件。圆腹盆。据口沿及器腹形态分为三式。

Ⅰ式：1件。宽折沿，深腹。标本 T0416⑨:1，夹砂灰陶，侈口，圆唇，下腹残。器表饰绳纹，口沿下及腹部绳纹抹平。口径 22.4、残高 10 厘米（图一五四，1）。

Ⅱ式：1件。折沿趋窄，腹略深。标本 T0712⑤:3，夹砂灰褐陶，侈口，方唇，下腹残。器表饰绳纹，腹部饰一周浅凹弦纹。口径 19.6、残高 10 厘米（图一五四，2）。

Ⅲ式：1件。窄沿微卷，浅腹。标本 T0808⑥:1，夹砂红褐陶，侈口，矮领，下腹残。器表饰绳纹，领部绳纹抹平。口径 27.6、残高 13.2 厘米（图一五四，3）。

E 型 2件。斜腹盆。标本 T1110⑩:1，泥质灰陶，敞口，圆唇，斜直腹，平底。器腹饰竖向绳纹，口沿下抹平一周。口径 34.4、底径 13.6、高 14 厘米（图一五四，

4)。标本 T0912③:3，夹砂红褐陶，侈口，圆唇，卷沿，斜弧腹，小平底。器表饰斜向绳纹，沿下绳纹抹平。口径 22.2、底径 8.8、高 13.8 厘米（图一五四，5；彩版一八，6）。

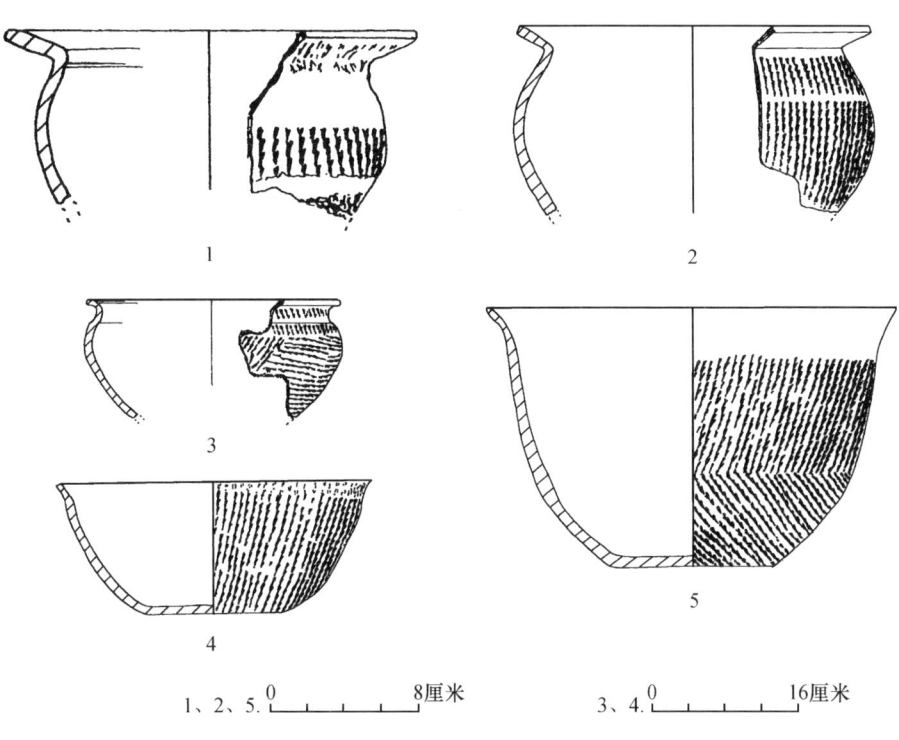

图一五四 乙类 D、E 型陶盆
1. DⅠ式（T0416⑨:1） 2. DⅡ式（T0712⑤:3） 3. DⅢ式（T0808⑥:1） 4、5. E 型（T1110⑩:1、T0912③:3）

陶盉 8 件。依据形态特征分为二型。

A 型 7 件。联体盉。上体为甑形，下体呈鬲形，设有一流一把。标本 T0909⑦:1，夹砂灰陶，上部钵形，敛口，方唇，斜弧腹，底部有两周箅孔。下部鬲形，微鼓腹，弧裆微瘪，柱状实足根，腹部设一流一把，流、把成直角，两者均残。上体素面，下体饰绳纹。束腰处按压一周指窝纹。口径 12.8、高 15.8 厘米（图一五五，1；彩版二五，1）。标本 T1110⑩:2，泥质灰陶，钵形，微敛口，斜弧腹，圆形箅孔，下体残。器表饰绳纹，纹痕较浅。口径 12、残高 6.8 厘米（图一五五，2）。标本 T0911⑤:5，圆形箅，夹砂灰黑陶，椭圆形箅孔。直径 9.4、残高 2 厘米（图一五五，4）。标本 T1012⑥:5，夹砂灰陶，上体呈钵形，微敛口，方唇，斜弧腹，底部有三排箅孔，束腰，下体残。器表饰绳纹。口径 14.4、残高 10.4 厘米（图一五五，5）。标本 T1011③:7，夹砂灰陶，上部残，束腰，下部鬲形，鼓腹，瘪弧裆，柱状实足根，腹部设一流一把，均残。器表饰绳纹。残高 12 厘米（图一五五，6）。标本 T1112⑩:2，夹砂灰陶，大部残，鬲形，袋足较深，锥状实足根，足部设一圆柱形把，把首残。器表饰绳纹。残高8厘米（图一五五，7）。标本T0912⑤:2，夹砂红褐陶，器腹安有一柱状残把，上腹残，弧裆微瘪，锥状足。器表饰斜向绳纹。残高10.4厘米（图一五五，8）。

B型　1件。单体盉。仅见下体鬲形。标本T1010③:1，夹砂灰陶，鬲形，敛口，圆唇，鼓腹，瘪弧裆，柱状实足根，腹部设一流一把，均残。器表饰绳纹。口径7.6、高12.8厘米（图一五五，3；彩版二五，2）。

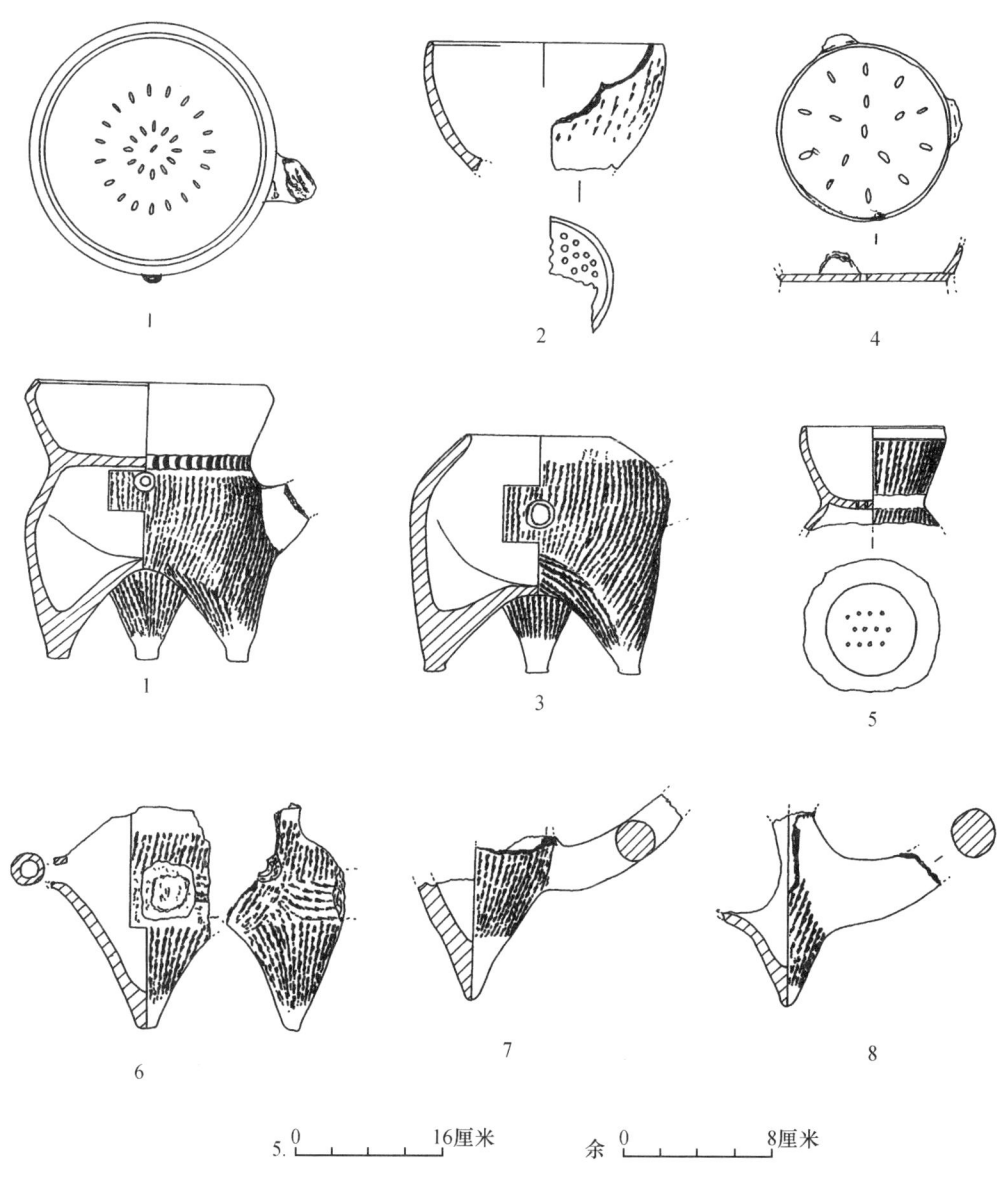

图一五五　陶盉
1、2、4~8. A型（T0909⑦:1、T1110⑩:2、T0911⑤:5、T1012⑥:5、T1011③:7、T1112⑩:2、T0912⑤:2）
3. B型（T1010③:1）

盉把 11件。据尾端形态差异分为二型。

A型 5件。尾端上翘。标本T0909⑦:5，夹砂灰褐陶，截面圆形。素面。残长8.4厘米（图一五六，1）。标本T0608⑨:2，夹砂红褐陶，截面圆形。素面。残长9.8厘米（图一五六，2）。标本T0710⑥:3，夹砂灰陶，截面圆形，尾端残。素面。残长10厘米（图一五六，3）。标本T1012⑥:3，夹砂灰黑陶，扁平状，截面椭圆形。素面。残长10.4厘米（图一五六，4；图版四五，5）。标本T0705⑨:2，夹砂黑陶，截面圆形。素面。残长9厘米（图一五六，5；图版四三，5）。

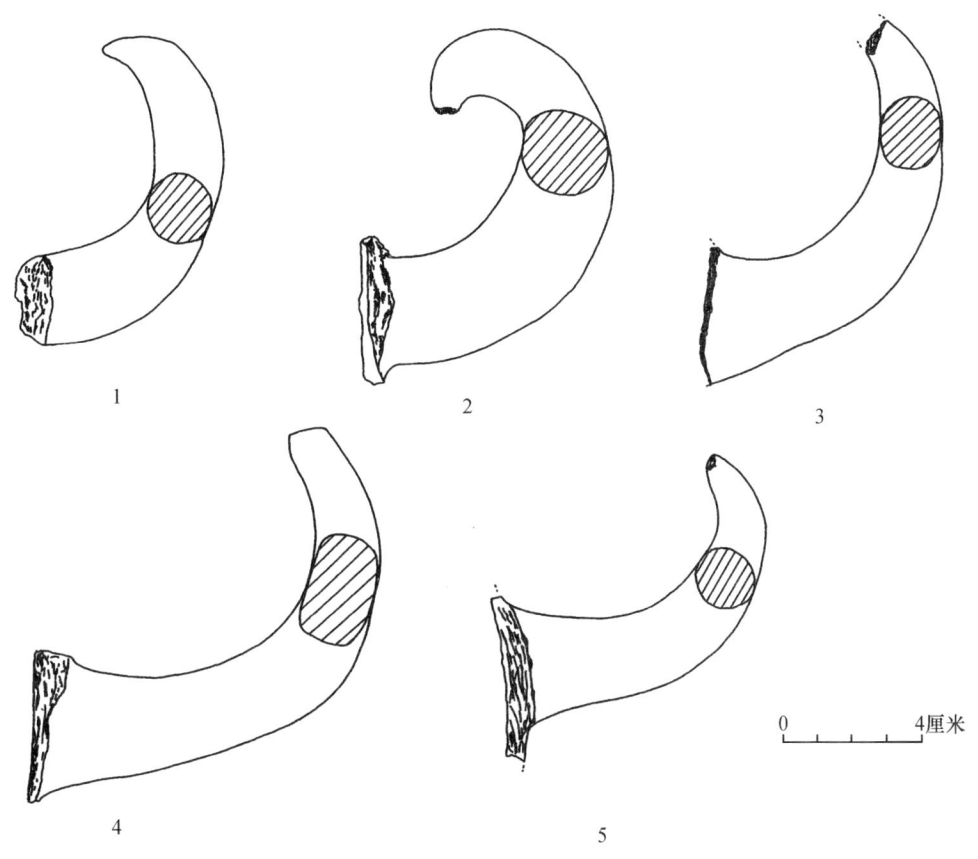

图一五六 A型盉把
1. T0909⑦:5 2. T0608⑨:2 3. T0710⑥:3 4. T1012⑥:3 5. T0705⑨:2

B型 6件。羊角形，尾端卷涡状。标本T1014⑨:1，夹砂黑陶，截面圆形。素面。残长8.4厘米（图一五七，1）。标本T0606⑥:1，泥质灰陶，截面椭圆形。素面。残长7.6厘米（图一五七，2）。标本T0705④:1，泥质灰陶，截面近圆形。素面。残长6厘米（图一五七，3）。标本T0910⑥:6，夹砂灰黑陶，截面圆形。素面。残长8.8厘米（图一五七，4；图版四三，6）。标本T1213⑦a:3，泥质灰陶，截面椭圆形。素面。残长11厘米（图一五七，5；图版四五，6）。标本T0706⑨:1，夹砂灰陶，截面椭圆形。

素面。残长9厘米（图一五七，6）。

管状流 1件。标本T0811⑤:19，泥质黑陶，器形较大，圆管状，斜平口。素面。内口径3.4、外口径4.8厘米、残长13.7厘米（图一五七，7）。

图一五七 B型盉把及管状流

1~6. B型盉把（T1014⑨:1、T0606⑥:1、T0705④:1、T0910⑥:6、T1213⑦a:3、T0706⑨:1） 7. 管状流（T0811⑤:19）

陶甗 8件。由上、下两部分组成，束腰，无腰隔。标本T0911③:5，夹砂黑陶，侈口，方唇，折沿，束颈，上腹外鼓，下腹斜弧，腰以下残。器表饰竖向绳纹，上腹贴敷一周附加堆纹，并斜向按压加固，腰部按压一周指窝纹。口径44、残高32厘米（图一五八，1；图版四三，1）。标本T0811③:3，夹砂灰陶，侈口，方唇，折沿，束颈，上腹微鼓，下腹斜直，腰以下残。器表饰绳纹，口沿下可见数道轮痕，腹部见有一道浅凹弦纹。口径30、残高24.8厘米（图一五八，2；图版四三，2）。标本T0612⑮:1，夹砂红褐陶，仅存上部盆形，侈口，折沿，方唇，弧腹。器表饰竖向绳纹，腰部按压一周指窝纹。口径25.6、残高18.4厘米（图一五八，3）。标本T0416④:1，夹砂黑陶，侈口，方唇，折沿微卷，束颈，上腹外鼓，下腹斜弧，腰以下残。器表饰绳纹，口沿下抹平，肩部贴敷一周附加堆纹，并交叉按压，束腰处按压一周指窝纹。口径36、残高25厘米（图一五八，4；彩版二六，5）。标本T0810⑤:8，夹砂灰褐陶，上部残，折腹，下部弧腹，足部残。器表饰绳纹，并以数道凹弦纹间断，束腰处有一周指窝纹。残高18.8厘米（图一五八，5）。标本T0809⑨:5，夹砂灰陶，上腹残，弧裆微瘪，三空足残。器表饰竖向绳纹，并以浅弦纹间断。腰部按压一周指窝纹。残高26厘米（图一五八，6；图版四三，3）。标本T0810⑤:9，夹砂黑陶，敛口，方唇，弧鼓腹，腰以下残。器表饰竖向绳纹，并以两道凹弦纹间断。口沿下绳纹抹平，腰部按压一周指窝纹。口径19.2、残高18厘米（图一五八，7；图版四三，4）。标本T0913③:6，夹砂灰黑陶，仅存甗腰。器表饰竖向绳纹，束腰处饰按窝纹。残高7.8厘米（图一五八，8）。

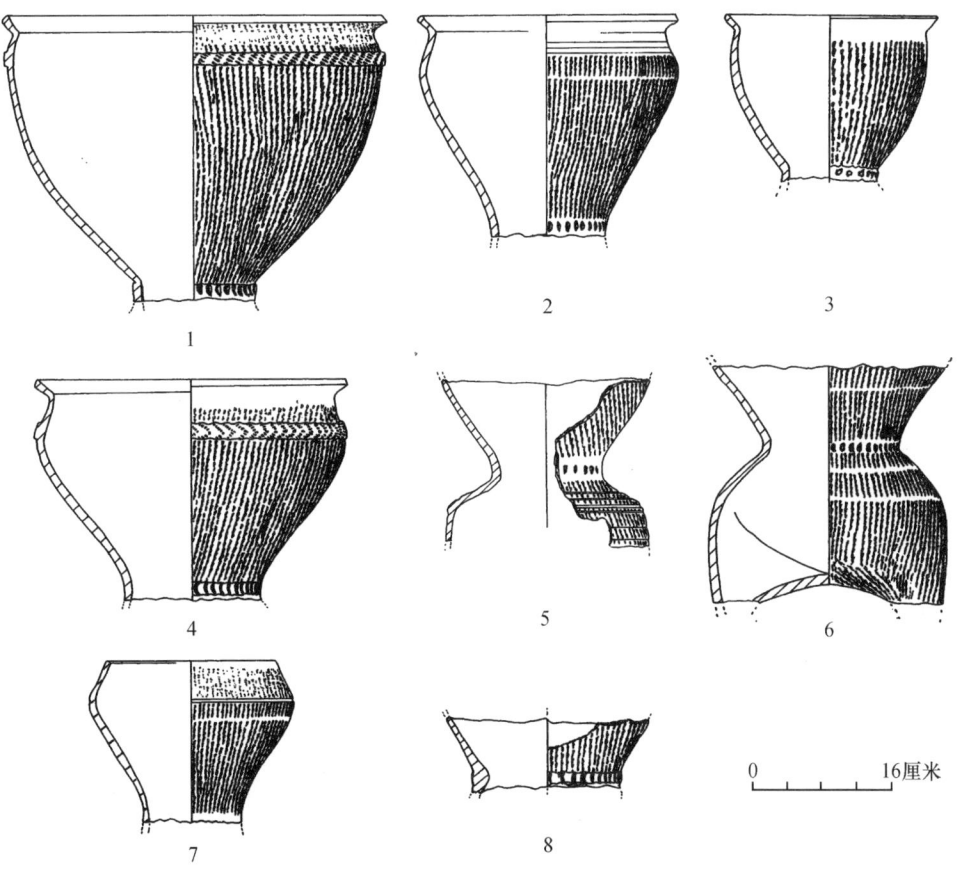

图一五八 陶甗

1. T0911③:5 2. T0811③:3 3. T0612⑮:1 4. T0416④:1 5. T0810⑤:8 6. T0809⑨:5 7. T0810⑤:9 8. T0913③:6

陶豆 33件。依据口部及腹部特征分为以下六型。

A型 4件。侈口、圆唇,宽折沿、弧腹、高圈足。依据腹深浅分为二式。

Ⅰ式:1件。斜弧腹,器腹较深,粗柄。标本T0413⑮:1,泥质灰陶,圆唇,粗高柄,喇叭形高圈足。素面抹光。口径19.8、高19.2厘米(图一五九,1;图版二五,1)。

Ⅱ式:3件。弧腹,器腹较浅,柄及圈足略高。标本M28:3,泥质灰陶,喇叭形圈足。素面抹光,器身饰七道凹弦纹。口径19.8、高18.2厘米(图一五九,2;彩版一九,1)。标本T0915⑩:3,泥质磨光黑陶,圈足残。素面,器身饰五道凹弦纹。口径20、残高16厘米(图一五九,3;图版二五,2)。标本T0710⑪:2,泥质磨光红褐陶,柄残。素面,口沿下饰两道凹弦纹。口径24、残高11.2厘米(图一五九,4)。

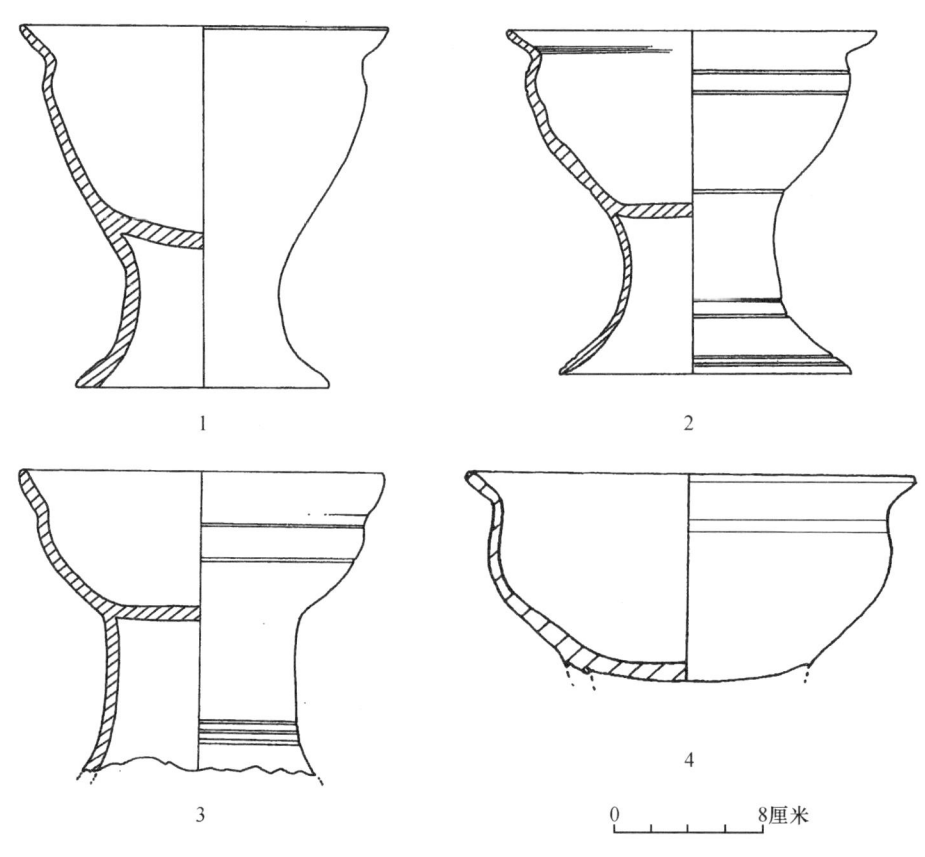

图一五九 A型陶豆
1. AⅠ式(T0413⑮:1) 2~4. AⅡ式(M28:3、T0915⑩:3、T0710⑪:2)

B型 5件。鼓腹,粗柄,高圈足。据腹部特征分为二亚型。

Ba型 3件。侈口,宽折沿,腹中部外鼓。可分二式。

Ⅰ式:1件。鼓腹较深,粗高柄。标本M16:3,泥质灰陶,方唇,圈足残。素面抹光,器身饰五组凹弦纹,每组由两道构成。口径27.4、残高20厘米(图一六〇,1;

第四章 遗 物　　291

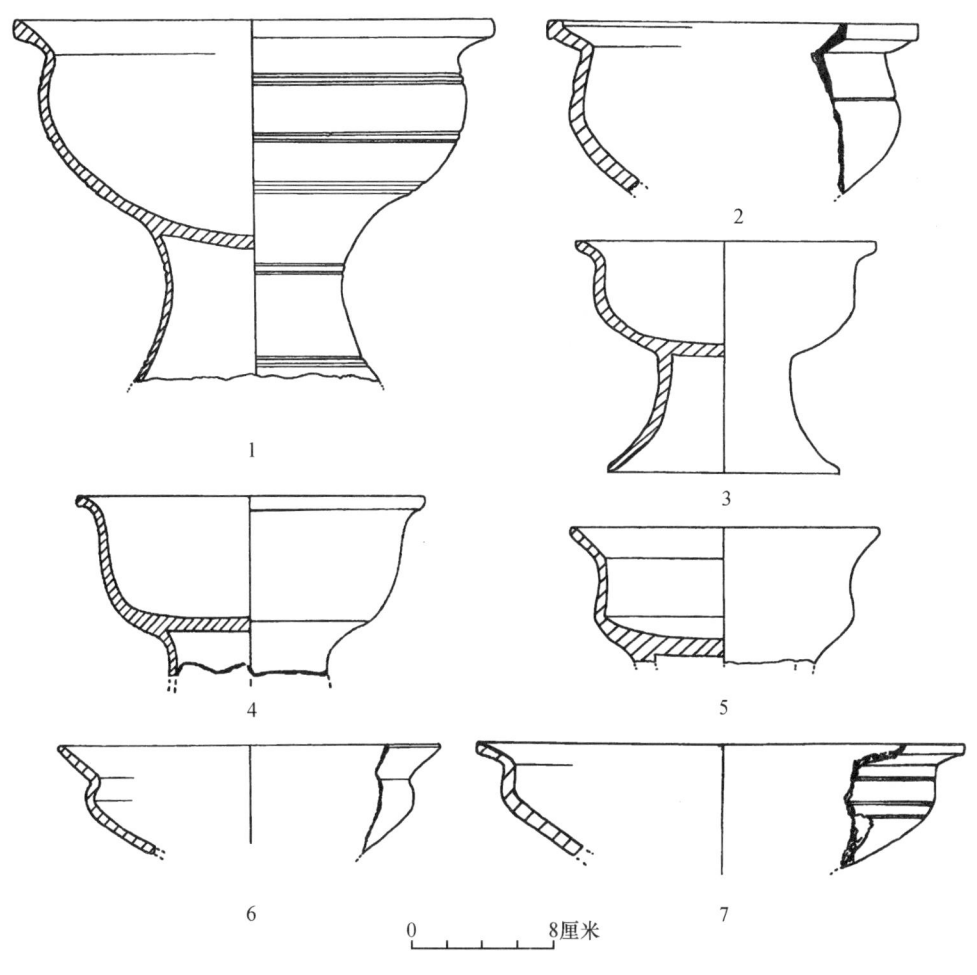

图一六〇　B型陶豆
1. BaⅠ式（M16:3）　2、3. BaⅡ式（T0413⑫:1、M36:2）　4、5. Bb型（T1213⑦a:2、T1012⑥:6）
6. BaⅢ式（T0411③:1）　7. BaⅣ式（T0813③:3）

图版二五，3）。

Ⅱ式：2件。器腹略浅，鼓腹微下垂，柄部略细。标本T0413⑫:1，泥质灰陶，方唇，底残。素面，腹部饰一周凹弦纹。口径21.2、残高9.6厘米（图一六〇，2）。标本M36:2，泥质磨光黑陶，圆唇，喇叭形圈足。素面。口径17.2、底径13.2、高12.9厘米（图一六〇，3；彩版一九，4）。

Ⅲ式：1件。折沿较宽，器腹略浅。标本T0411③:1，泥质黑陶，圆唇，底残。素面。口径21.6、残高6厘米（图一六〇，6）。

Ⅳ式：1件。折沿趋平，器腹较浅。标本T0813③:3，夹砂磨光黑陶，方唇，下腹残。素面，腹部饰三道凹弦纹。口径 28、残高 7.2 厘米（图一六〇，7）。

Bb 型：2 件。侈口，折沿微卷，鼓腹下垂，器腹略浅。标本 T1213⑦a:2，泥质磨光黑陶，方唇，圈足残。素面。口径 19.6、残高 10 厘米（图一六〇，4）。标本 T1012⑥:6，泥质灰陶，圆唇，柄残。素面抹光。口径 17.6、残高 7.4 厘米（图一六〇，5）。

C 型　14 件。折腹，粗高柄，喇叭状圈足。据腹部特征分为二亚型。

Ca 型　9 件。侈口，折沿，腹较深，腹部折棱明显，分三式。

Ⅰ式：7 件。宽折沿较高，深腹。标本 M52:1，泥质灰陶，方唇，柄及圈足残。素面抹光，腹部饰三周较宽凹弦纹。口径 25.2、残高 12.4 厘米（图一六一，1；彩版一九，5）。标本 T0806③:2，泥质灰陶，口沿略残，柄及圈足残。素面抹光。残高 10.8 厘米（图一六一，2）。标本 T0814⑦:1，泥质灰陶，方唇，柄部以下残。素面抹光。口径 21.6、残高 11 厘米（图一六一，3；图版二五，4）。标本 T0314⑩:2，泥质磨光黑陶，方唇，柄以下残。素面。口径 28、残高 11.2 厘米（图一六一，4）。标本 T1114⑤:1，泥质灰陶，方唇。下腹部饰竖向绳纹，并饰三周凹弦纹与绳纹相交。口径 19.6、高 20.4 厘米（图一六一，5；彩版一九，2）。标本 T1010④:2，泥质红陶，圆唇，柄残。素面抹光。口径 24.8、残高 8 厘米（图一六一，6）。标本 T0413⑩:1，口沿残片，泥质灰陶，圆唇。素面抹光，沿下饰五道凹弦纹。残高 10.6 厘米（图一六一，8）。

Ⅱ式：1 件。窄折沿较低，器腹较浅。标本 T0713⑦:5，泥质磨光黑陶，方唇，柄部及圈足残。素面。口径 24.4、残高 8 厘米（图一六一，7；图版二五，5）。

Ⅲ式：1 件。折沿微卷，器腹略浅，折腹不甚明显。标本 T0705②:1，泥质磨光黑陶，方唇，柄及圈足残。素面，肩部饰两周深凹弦纹。口径 18.4、残高 8.6 厘米（图一六一，9；图版二五，6）。

Cb 型　5 件。口沿内收外侈，浅腹，圈足较高。分为三式。

Ⅰ式：1 件。口沿内收微卷，口径大于腹径。标本 M48:1，泥质磨光黑陶，圆唇。素面，肩部、圈足各饰两道凹弦纹，柄部可见竖向刮削痕。口径 18.2、底径 14.6、高 13.8 厘米（图一六二，1；彩版一九，3）。

Ⅱ式：2 件。口沿内收微折，口径趋小，腹部较浅，折棱明显。标本 T0811⑤:21，泥质灰陶，圆唇，柄残。素面抹光，腹部饰两道凹弦纹。口径 24、残高 8.4 厘米（图一六二，2）。标本 T0811⑤:22，泥质红陶，圆唇，柄残。素面抹光，折腹处饰两周凹弦纹。口径 14.8、残高 5 厘米（图一六二，3）。

Ⅲ式：2 件。口沿内折呈近直口，口径小于腹径，腹部较浅，折棱明显。标本 T0810④:9，泥质磨光黑陶，方唇，柄残。素面。口径 24.8、残高 8 厘米（图一六二，4）。标本 T0813③:8，泥质磨光黑陶，沿及柄均残。素面。残高 7.6 厘米（图一六二，5）。

第四章 遗 物

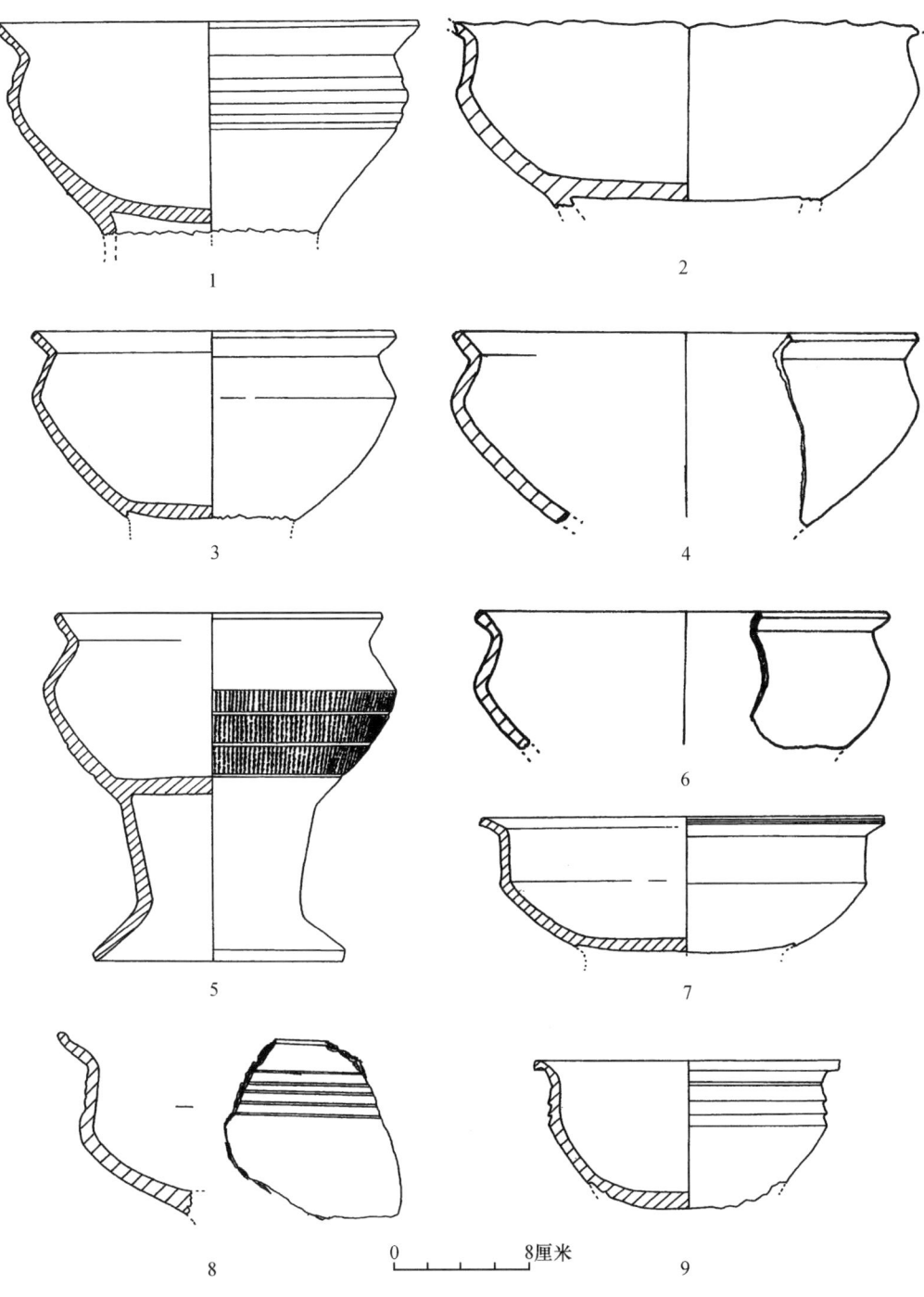

图一六一 C型陶簋
1~6、8. CaⅠ式（M52:1、T0806③:2、T0814⑦:1、T0314⑩:2、T1114⑤:1、T1010④:2、T0413⑩:1）
7. CaⅡ式（T0713⑦:5） 9. CaⅢ式（T0705②:1）

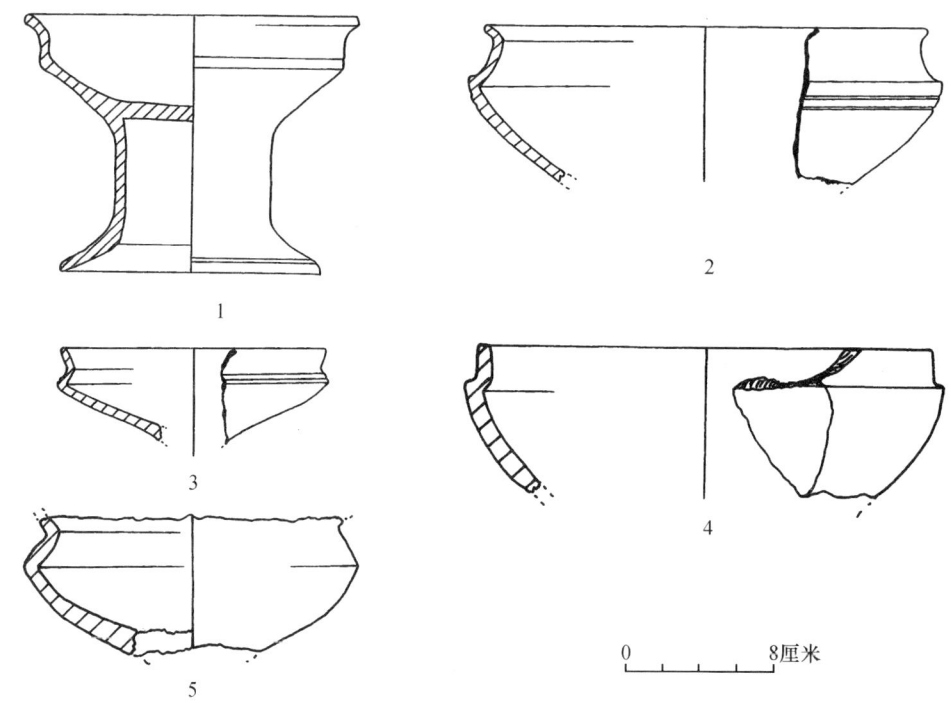

图一六二 C型陶簋
1. CbⅠ式（M48:1） 2、3. CbⅡ式（T0811⑤:21、T0811⑤:22） 4、5. CbⅢ式（T0810④:9、T0813③:8）

D型 2件。侈口，圆鼓腹，粗柄。

标本 T0413⑮:3，泥质灰陶，口沿残，柄残。素面抹光。残高 12 厘米（图一六三，1）。标本 T0606⑩:2，泥质磨光黑陶，口沿残，腹较深，柄残。素面，腹部饰两周凹弦纹。残高 14.4 厘米（图一六三，2）。

E型 7件。敛口，鼓腹，粗柄。据口部及腹部特征，分为二亚型。

Ea型 6件。口沿微内敛，方唇，器腹较浅。依据口沿及腹部特征，分为三式。

Ⅰ式：4件。器腹外鼓，略深。标本 M43:3，泥质红褐陶，柄以下残。素面抹光，腹部饰四周凹弦纹。口径 16.8、残高 11 厘米（图一六三，3；图版二六，1）。标本 T0717③:1，泥质黑陶，柄残。素面抹光，口沿下饰两周深凹弦纹。口径 19.4、残高 8.8 厘米（图一六三，4；彩版一九，6）。标本 T0517④:1，泥质灰陶，粗柄残。素面抹光，腹部饰四周深凹弦纹。口径 19、残高 9 厘米（图一六三，5；图版二六，2）。标本 T0608⑨:1，泥质红褐陶，方唇，圈足残。素面，腹部饰三道较深凹弦纹。口径 23.2、残高 12 厘米（图一六三，6）。

Ⅱ式：1件。口沿内敛，并外折出小口，鼓腹较浅。标本 T0910③:10，泥质黑陶，粗柄残。素面抹光，折腹处饰一道凹弦纹。口径 19.6、残高 8.4 厘米（图一六三，7；

图版二六,3)。

Ⅲ式:1件。口内敛,微鼓腹。标本T0908②:1,泥质红陶,下腹残。素面,口沿下饰四道凹弦纹。口径22.4、残高8厘米(图一六三,8)。

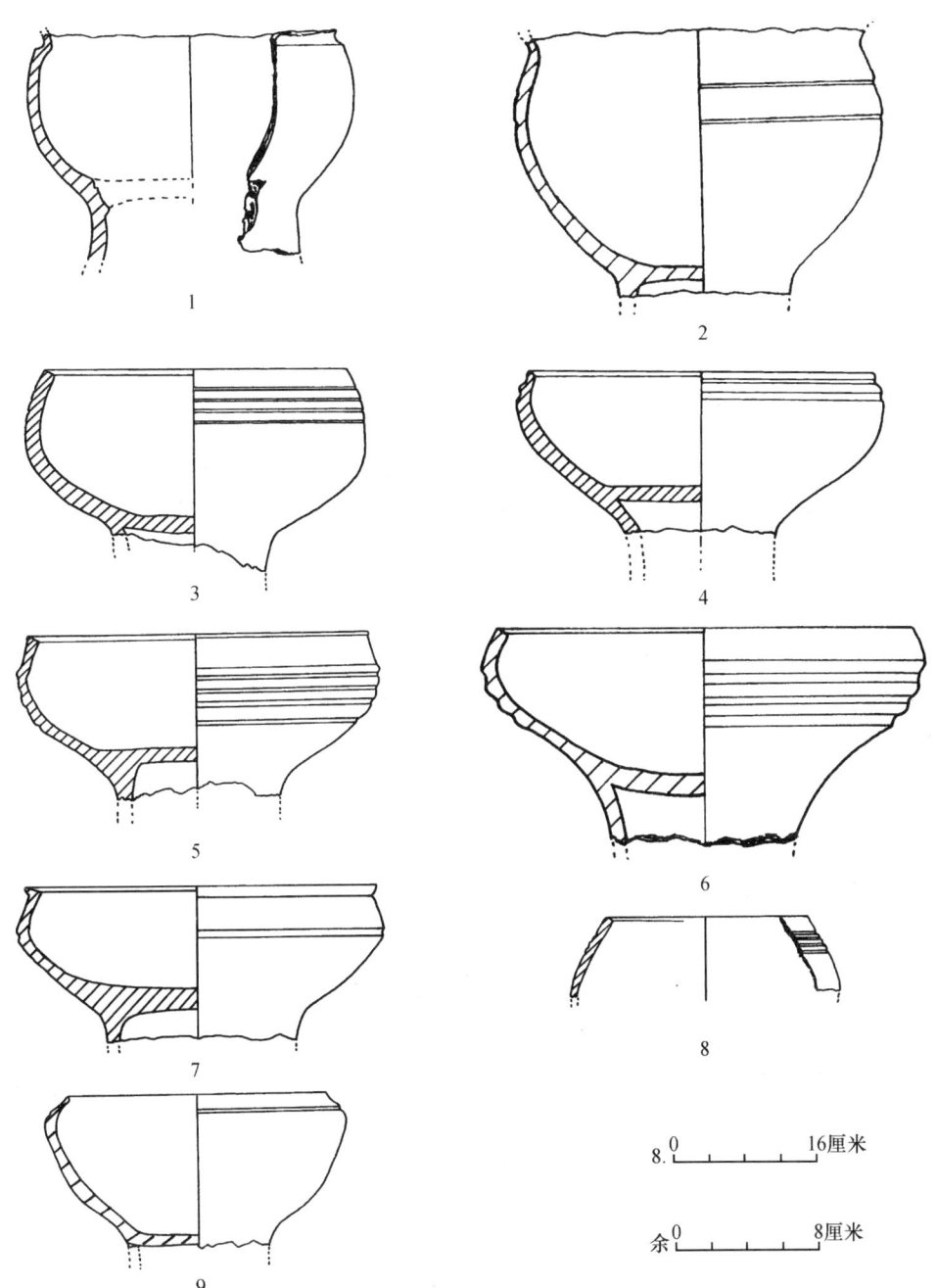

图一六三 D、E型陶簋

1、2. D型(T0413⑮:3、T0606⑩:2) 3~6. EaⅠ式(M43:3、T0717③:1、T0517④:1、T0608⑨:1)
7. EaⅡ式(T0910③:10) 8. EaⅢ式(T0908②:1) 9. Eb型(T0713⑦:6)

Eb 型　1 件。口沿内敛明显，微鼓腹。标本 T0713⑦:6，泥质磨光黑陶，圆唇，器腹较深，柄残。素面，腹部饰一周凹弦纹。口径 14.4、残高 8.4 厘米（图一六三，9；图版二六，4）。

F 型　1 件。敞口，折沿，斜直腹，粗高柄，喇叭形圈足。标本 T1115⑥a:2，泥质黑陶，素面抹光，柄部有刮削修整痕迹。口径 21.4、底径 16.4、高 14.4 厘米（图一六四，1；图版二六，5）。

簋圈足　5 件。据圈足粗细程度分二型。

A 型　2 件。圈足略粗矮。标本 T0706⑧:2，泥质灰陶。素面。底径 14.8、残高 5.6 厘米（图一六四，2）。标本 T1014⑬a:3，器体厚重，泥质灰陶，粗柄，喇叭形圈足。素面抹光。底径 18、残高 12 厘米（图一六四，5）。

B 型　3 件。圈足较高。标本 T0717⑨:1，泥质磨光黑陶，粗高柄，喇叭形高圈足。圈足及柄部可见数道凹弦纹。底径 18.8、残高 11.2 厘米（图一六四，3）。标本 T1211⑩:1，泥质灰陶，柄略细，喇叭形圈足。素面抹光，柄部可见两道凹弦纹，圈足近底处可见一周凹弦纹。底径 18.4、残高 9.6 厘米（图一六四，4）。标本 T1012⑥:1，泥质灰陶，上部残，器形较大，高柄，喇叭形高圈足。素面抹光，器表可见刮削修整痕。底径 20.8、残高 15.4 厘米（图一六四，6）。

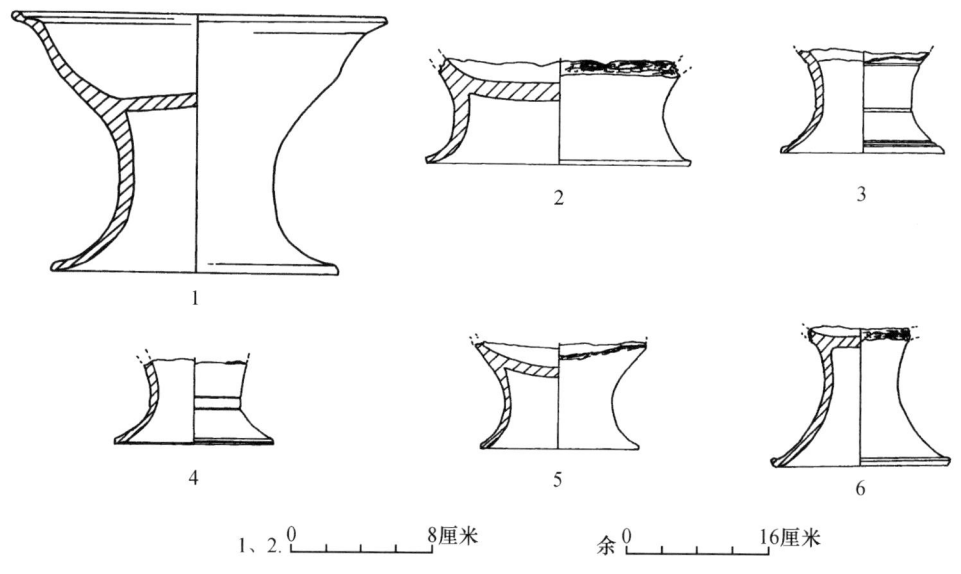

图一六四　F 型陶簋及圈足
1. F 型陶簋（T1115⑥a:2）　2、5. A 型簋圈足（T0706⑧:2、T1014⑬a:3）
3、4、6. B 型簋圈足（T0717⑨:1、T1211⑩:1、T1012⑥:1）

陶豆 84件。据盘、柄部特征,将其分为以下十型。

A型 12件。方唇微敛,弧盘,略显假腹,豆柄较粗,柄部饰一周凸棱,喇叭状圈足。据豆盘深浅可分二式。

Ⅰ式：6件。豆盘较深,柄略粗。标本T0413⑮:5,泥质灰陶,近平底,圈足残。素面抹光。口径14、残高11厘米(图一六五,1)。标本T0610⑫:1,泥质灰陶,近平底,粗柄残。素面抹光。口径15.6、残高8.4厘米(图一六五,2)。标本T0413⑮:4,泥质灰陶,近平底,粗柄残。素面抹光。口径14、残高5.4厘米(图一六五,3)。标本T1211⑩:2,泥质灰陶,近平底,粗柄残。素面抹光。口径13.2、残高7厘米(图一六五,4)。标本T1211⑩:3,泥质灰陶,近平底,粗柄残。素面抹光。口径15、残高5.6厘米(图一六五,5)。标本T0907⑮:2,泥质灰陶,近平底,圈足残。素面抹光。口径13.6、残高11厘米(图一六五,6)。

Ⅱ式：6件。豆盘略浅,圈足渐粗。标本T1012⑥:2,泥质灰陶,近平底,粗柄残。素面抹光。口径14、残高8.8厘米。(图一六五,7)。标本T1012⑥:7,泥质磨光黑陶,鼓微腹,柄残。素面。口径14.6、残高6.8厘米(图一六五,8)。标本M28:1,泥质灰陶,平底,高柄。素面。口径14.2、底径12.6、高13.6厘米(图一六五,9；彩版二〇,1)。标本T1013⑦:1,泥质灰陶,平底,粗高柄。素面。口径15.2、底径14、高13厘米(图一六五,10；图版一四,1)。标本M52:2,泥质灰陶,器壁较厚,平底,粗高柄。素面,圈足上刻划叶脉纹图案。口径12.4、底径13.2、高13.8厘米(图一六五,11；图版一四,2)。标本T0409⑨:1,泥质灰陶,平底,粗高柄,喇叭形圈足外撇。素面。口径15.2、底径14.4、高13.9厘米(图一六五,12；图版一四,3)。

B型 16件。敞口,弧腹,粗柄,高圈足。据豆盘形态可分为二亚型。

Ba型 4件。浅盘。据口沿及豆盘深浅分为二式。

Ⅰ式：3件。方唇微敛,豆盘较深。标本T0607⑧:2,泥质灰陶,平底,圈足残。素面抹光。口径13.3、残高10厘米(图一六六,1)。标本T1114⑩:2,泥质灰陶,平底,喇叭形圈足。素面抹光,柄部可见刮削修整痕迹。口径16.4、底径12.8、高12.2厘米(图一六六,2；图版一四,4)。标本H22:1,泥质灰陶,近平底,粗高柄,喇叭形圈足。素面抹光。口径16、底径12、高11.8厘米(图一六六,3；图版一四,5)。

Ⅱ式：1件。直口,折盘较浅。标本T0911④:6,泥质灰陶,近平底,喇叭形矮圈足。素面,豆盘内有数道浅轮痕。口径17.2、底径12.6、高11.6厘米(图一六六,4；图版一四,6)。

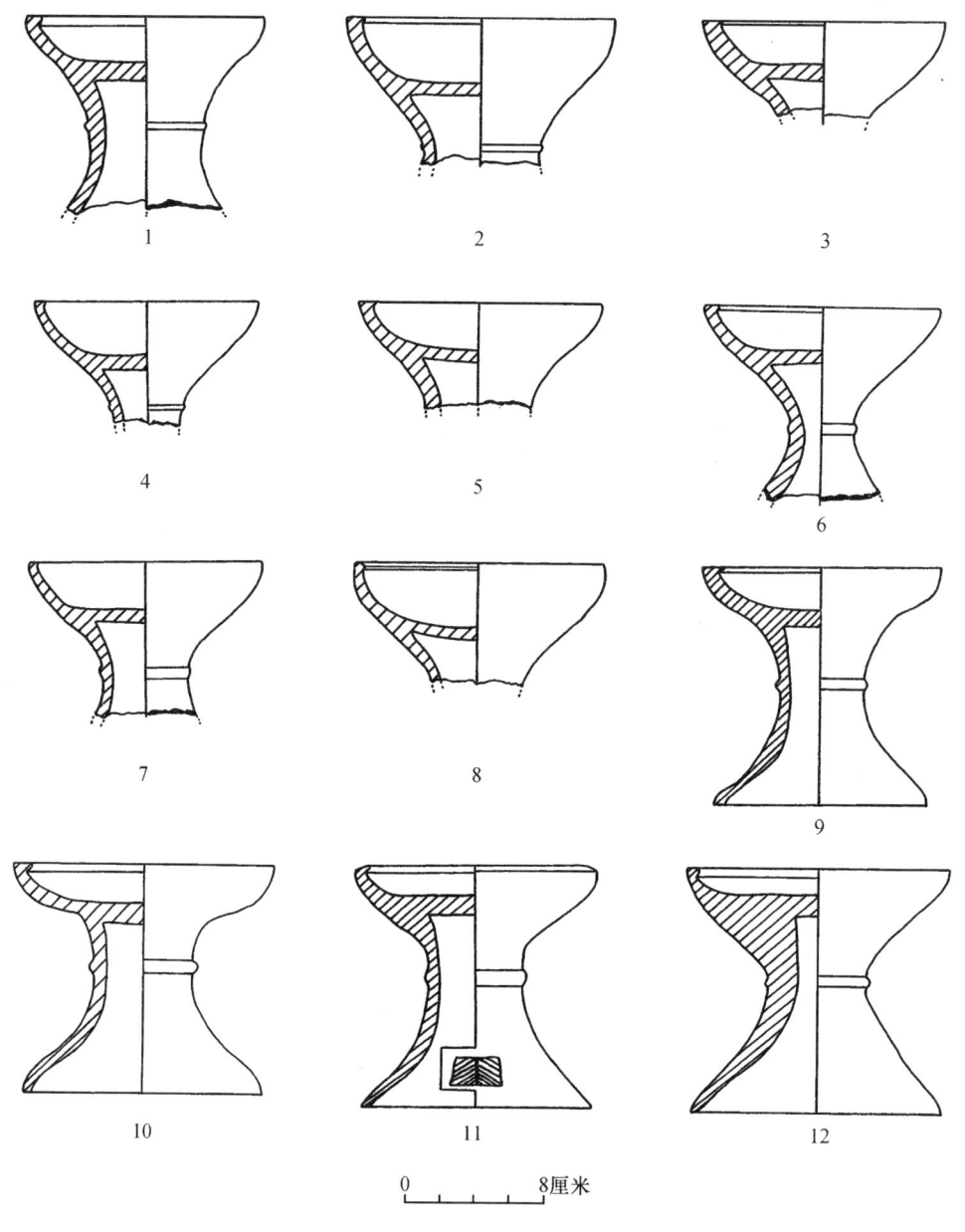

图一六五 A 型陶豆

1~6. AⅠ式（T0413⑮:5、T0610⑫:1、T0413⑮:4、T1211⑩:2、T1211⑩:3、T0907⑮:2）

7~12. AⅡ式（T1012⑥:2、T1012⑥:7、M28:1、T1013⑦:1、M52:2、T0409⑨:1）

Bb 型　12 件。深盘。据口沿及豆盘形态分为三式。

Ⅰ式：6 件。方唇微敛，豆盘较深。标本 T0606⑩:1，泥质灰陶，平底，粗柄残。素面抹光。口径 14、残高 10.2 厘米（图一六六，5）。标本 T0508⑫:2，泥质灰陶，微圜底，粗柄残。素面抹光。口径 12、残高 5 厘米（图一六六，6）。标本 T0508⑫:1，泥质灰陶，器壁较厚，圜底，喇叭形圈足。素面。口径14.2、底径12、高13厘米（图一六六，7；图版一五，1）。标本H22:2，泥质灰陶，平底，喇叭形圈足。素面抹光，豆盘内有数道轮痕。口径15.6、底径12.4、高12厘米（图一六六，8；图版一五，4）。标本M16:1，泥质灰陶，近平底，喇叭形圈足。素面抹光。口径16、底径14.8、高12.6厘米（图一六六，9；图版一五，3）。标本T0805⑭:2，泥质黑陶，近平底，喇叭形矮圈足。素面抹光。口径11.4、底径10.2、高9.2厘米（图一六七，1；图版一五，6）。

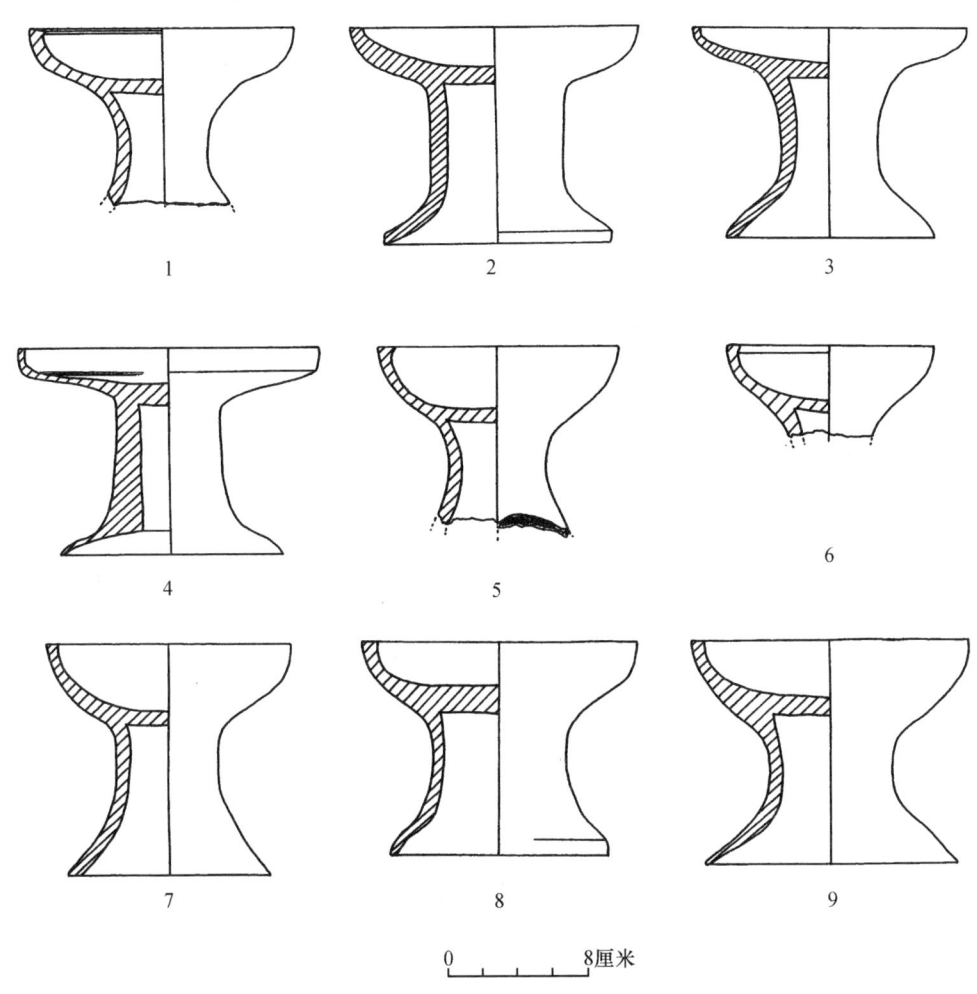

图一六六　B型陶豆

1~3. BaⅠ式（T0607⑧:2、T1114⑩:2、H22:1）　4. BaⅡ式（T0911④:6）
5~9. BbⅠ式（T0606⑩:1、T0508⑫:2、T0508⑫:1、H22:2、M16:1）

Ⅱ式：5件。豆盘加宽，变浅，圈足趋矮。标本T0708⑨:1，泥质黑陶，圜底，喇叭状矮圈足。素面抹光。口径14.8、底径11.6、高9.2厘米（图一六七，2；图版一五，5）。标本T1112⑧:1，泥质黑陶，盘底残，喇叭形矮圈足。素面抹光。口径15.6、底径11.8、高10.4厘米（图一六七，3；图版一五，2）。标本T0915⑨:1，泥质灰陶，近平底，粗柄残。素面抹光。口径13.6、残高6厘米（图一六七，4）。标本T0513⑮:2，泥质灰陶，平底，粗柄残。素面抹光。口径14.8、残高8厘米（图一六七，5）。标本T0708⑫:1，泥质灰陶，近平底，粗柄残。素面。口径12、残高12厘米（图一六七，6）。

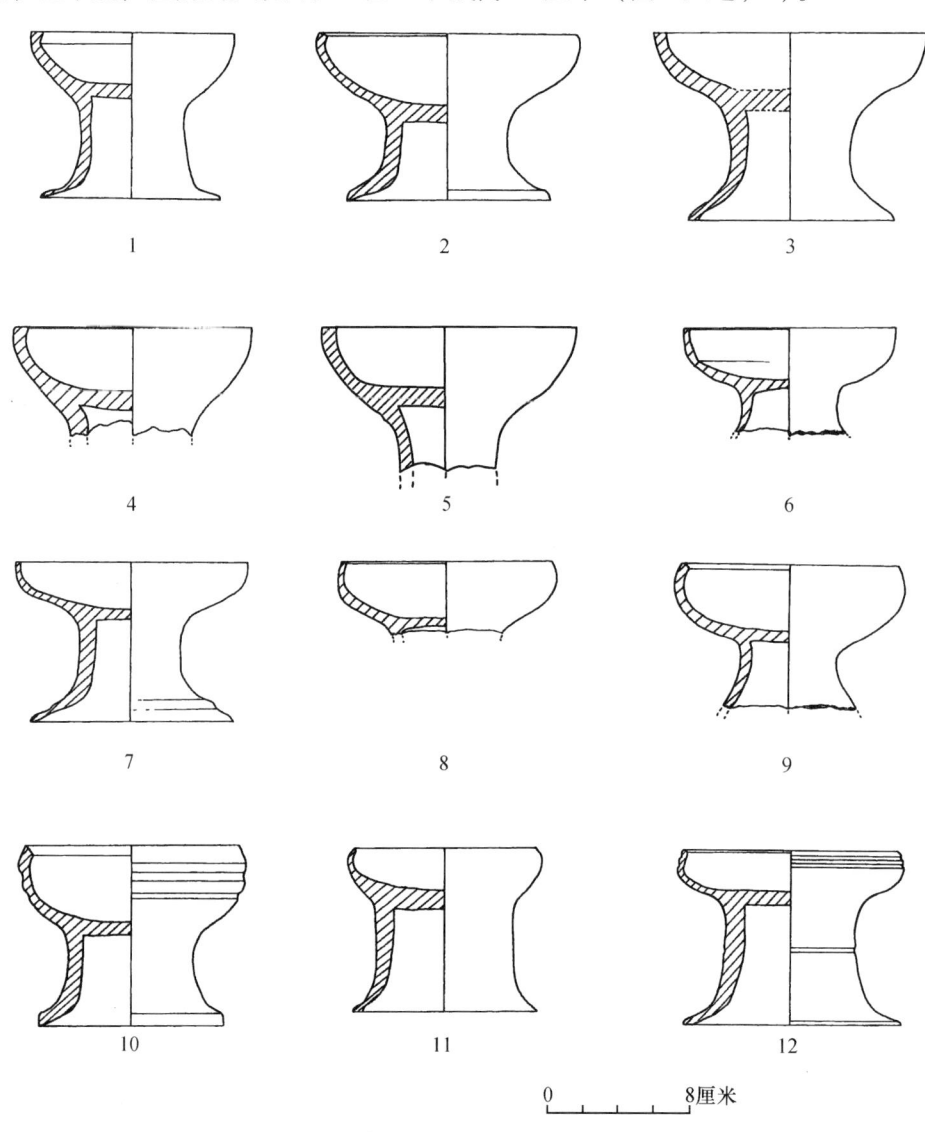

图一六七　B、C型陶豆
1. BbⅠ式（T0805⑭:2）　2~6. BbⅡ式（T0708⑨:1、T1112⑧:1、T0915⑨:1、T0513⑮:2、T0708⑫:1）
7. BbⅢ式（T0809⑦a:1）　8~12. C型（T0706⑨:2、T1011⑤:2、M32:2、T0911⑤:7、T0913⑥:3）

Ⅲ式：1件。浅盘较宽，圈足变矮。标本 T0809⑦a:1，泥质灰陶，圜底。素面抹光，器柄略见刮抹痕。口径 13.2、底径 11.6、高 8.8 厘米（图一六七，7；彩版二〇，2）。

C型　5件。敛口，鼓腹，粗柄，矮圈足。标本 T0706⑨:2，泥质灰陶，方唇，柄残。素面。口径 11.3、残高 4 厘米（图一六七，8）。标本 T1011⑤:2，泥质黑陶，方唇，深盘，平底，圈足残。素面抹光。口径 12.4、残高 8 厘米（图一六七，9）。标本 M32:2，泥质黑陶，方唇，深盘，圜底，矮柄，喇叭形圈足。素面抹光，豆盘腹部饰两周凹弦纹。口径 12.2、底径 10.8、高 10 厘米（图一六七，10；图版一六，1）。标本 T0911⑤:7，夹砂红褐陶，尖圆唇，浅盘，圜底，喇叭形圈足。素面。口径 10、底径 10、高 9 厘米（图一六七，11；彩版二〇，3）。标本 T0913⑥:3，泥质黑陶，圆唇，浅盘，平底，粗高柄，喇叭形圈足。素面抹光，口沿下饰两道凹弦纹，柄中部饰一道凹弦纹。口径 12.2、底径 12.2、高 9.6 厘米（图一六七，12；图版一六，2）。

D型　11件。敛口，折盘，斜弧腹。据豆盘及器柄形态的差异，分为三亚型。

Da型　3件。豆盘较深，粗柄。据豆盘及柄部变化分为三式。

Ⅰ式：1件。口沿内折程度较大，豆盘较深，喇叭形圈足略高。标本 T0607⑧:1，泥质灰陶，方唇，平底。素面抹光。口径 10、底径 10.4、高 9.7 厘米（图一六八，1；图版一六，3）。

Ⅱ式：1件。口沿内折程度趋小，豆盘略浅，柄趋细，矮圈足。标本 T0911⑤:4，泥质灰陶，方唇，平底。素面。口径 9.6、底径 9.2、高 9.6 厘米（图一六八，2；图版一六，4）。

Ⅲ式：1件。口沿微内折，豆盘较浅，豆柄略高，圈足较矮。标本 T0712⑤:5，泥质黑陶，方唇，浅盘，平底。素面抹光。口径 12、底径 11.4、高 9.9 厘米（图一六八，3；图版一六，5）。

Db型　6件。豆盘较浅，器柄略细。据豆盘及豆柄的变化分为三式。

Ⅰ式：1件。折盘明显，圈足略矮。标本 T0912⑥:1，泥质灰陶，方唇，圜底，喇叭状圈足。素面抹光，口沿下饰两道凹弦纹。口径 14.4、底径 12、高 9.4 厘米（图一六八，4；图版一六，6）。

Ⅱ式：4件。折盘略浅，柄趋细，圈足较高。标本 T0911④:5，泥质灰陶，口微敛，方唇，平底，喇叭形圈足。素面抹光。口径 12.4、底径 10.4、高 8.4 厘米（图一六八，5；图版一七，1）。标本 T0814⑦:3，泥质灰陶，圆唇，圜底，喇叭形高圈足。素面抹光，口沿下饰两道凹弦纹。口径 12.2、底径 9.6、高 9.4 厘米（图一六八，6；图版一七，2）。标本 T0913⑥:2，泥质黑陶，方唇，折盘较深，圜底，喇叭形圈足。素面抹光，豆柄中部饰两周凹弦纹。口径 12.8、底径 9.2、高 8.8 厘米（图一六八，7；图版一七，3）。标本 T0913④:3，泥质黑陶，方唇，圜底，细柄略高，喇叭形高圈足。素面抹光，口沿下饰三道凹弦纹。口径 12.2、底径 11.2、高 11.2 厘米（图一六八，8；图版一七，4）。

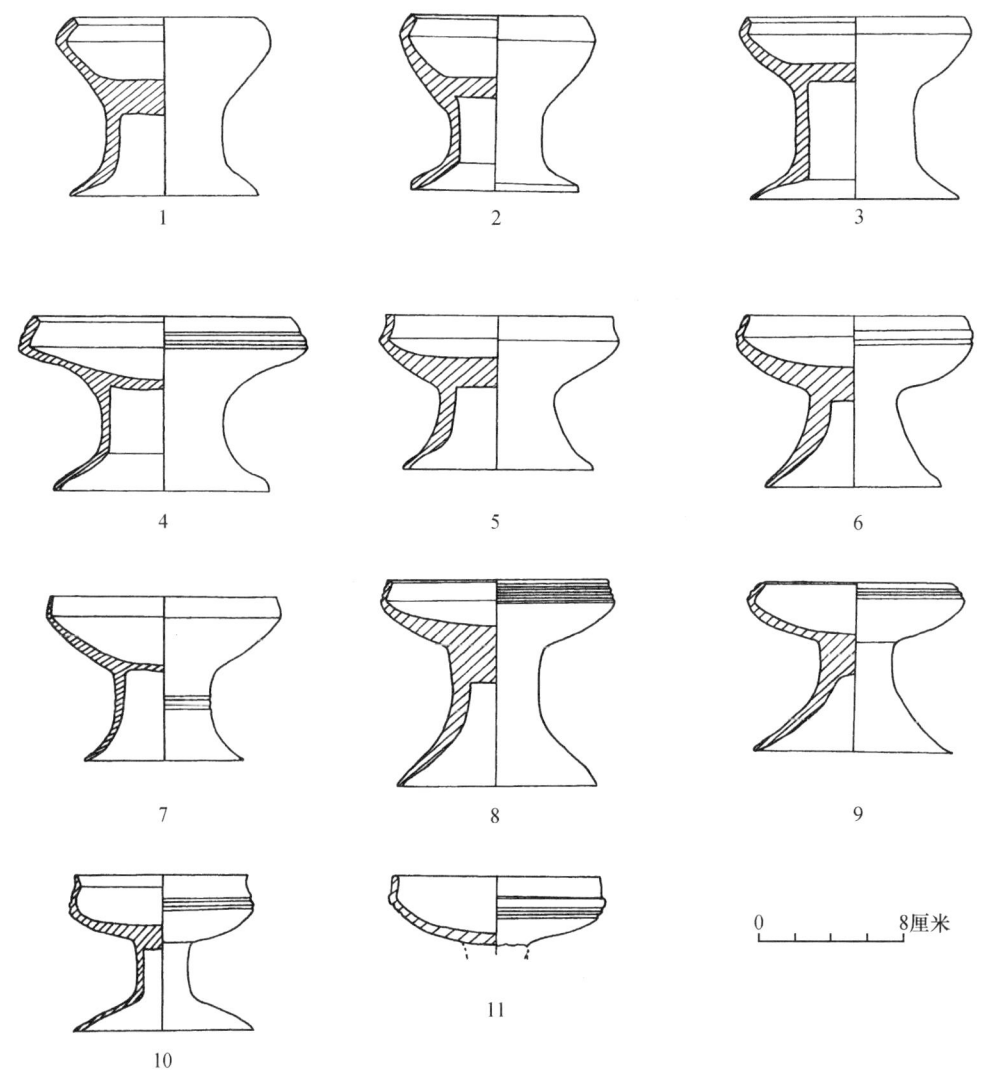

图一六八 D 型陶豆

1. DaⅠ式（T0607⑧:1) 2. DaⅡ式（T0911⑤:4) 3. DaⅢ式（T0712⑤:5) 4. DbⅠ式（T0912⑥:1) 5~8. DbⅡ式（T0911④:5、T0814⑦:3、T0913⑥:2、T0913④:3) 9. DbⅢ式（T0809④:2) 10、11. Dc 型（T0810⑤:1、T0810③:4)

Ⅲ式：1件。浅盘内折，细柄较高，圈足略高。标本 T0809④:2，泥质黑陶，方唇，近平底。素面抹光，口沿下饰两道凹弦纹。口径10.4、底径10、高9.2厘米（图一六八，9；图版一七，5)

Dc 型　2件。折盘较深，近直口，细高柄，喇叭状圈足略高。标本 T0810⑤:1，泥质灰陶，尖圆唇，近平底。素面抹光，豆盘外壁饰三道凹弦纹。口径9.8、底径10.2、高8.4厘米（图一六八，10；图版一七，6)。标本 T0810③:4，泥质黑陶，圜底，细柄残。素面抹光，腹部饰两道凹弦纹。口径11.4、残高3.8厘米（图一六八，11)。

E型　5件。敞口，斜腹，粗柄。据豆盘及圈足的变化可划分三式。

Ⅰ式：1件。豆盘较深，粗高柄，圈足略高。标本T1015⑫a:2，泥质黑陶，方唇，斜直腹，豆盘较深，平底，喇叭状高圈足。素面抹光，圈足内侧见有轮痕。口径12.4、底径11.2、高10.2厘米（图一六九，2；图版一八，1）。

Ⅱ式：2件。豆盘略浅，圈足较矮。标本T1013④:4，泥质灰陶，方唇，近平底，粗柄残。素面。口径13.6、残高4.2厘米（图一六九，1）。标本T0809⑧:1，泥质灰褐陶。方唇，圜底，圈足残。素面。口径21.6、残高8.8厘米（图一六九，4）。

Ⅲ式：2件。浅盘，矮柄，圈足外弧略高。标本T0713⑧:1，泥质红褐陶，圆唇，圜底，矮粗柄。素面抹光。口径16.6、底径12.8、高8.5厘米（图一六九，3；图版一八，2）。标本T0808⑦:2，泥质灰陶，尖圆唇，平底，粗柄残。素面抹光。口径18、残高4厘米（图一六九，5）。

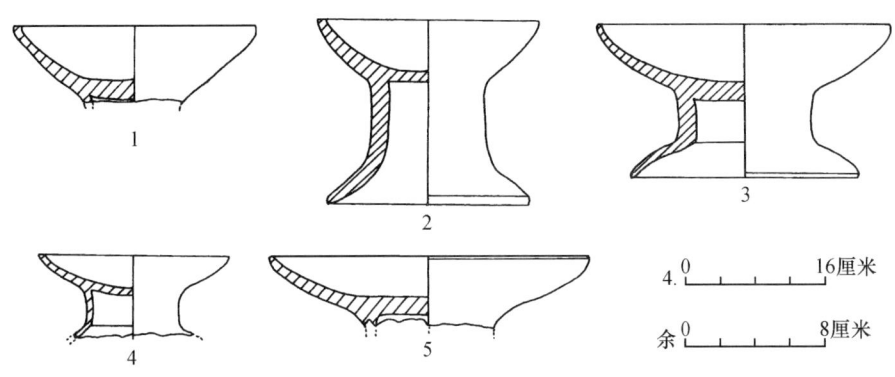

图一六九　E型陶豆

1、4. EⅡ式（T1013④:4、T0809⑧:1）　2. EⅠ式（T1015⑫a:2）　3、5. EⅢ式（T0713⑧:1、T0808⑦:2）

F型　6件，微敛口，弧腹，中柄。据豆盘及柄部形态变化可分为三式。

Ⅰ式：1件。口沿内敛，豆盘略深，矮圈足。标本T0809⑧:5，泥质灰陶，方唇，圜底，豆柄较高，喇叭形圈足。器表素面抹光。口径13.2、底径10、高8.4厘米（图一七〇，1；图版一八，3）。

Ⅱ式：3件。口沿内敛不甚明显，弧盘趋宽变浅，圈足较高。标本T1205④:2，泥质灰陶，方唇，近平底，豆柄略细。素面，豆盘腹部饰四道凹弦纹，豆柄饰对称"X"状镂空，并有刮削修整痕迹，圈足饰三道凹弦纹。口径13.6、底径12、高8.8厘米（图一七〇，2；彩版二〇，4）。标本T0712⑥:2，泥质黑陶，圆唇，圜底，豆柄略高，喇叭形高圈足。素面抹光。口径13.2、底径7.6、高7.8厘米（图一七〇，3；图版一八，4）。标本T0910③:9，泥质灰陶，圆唇，圜底，细高柄，喇叭形圈足。素面抹光。口径14.8、底径9.6、高9.4厘米（图一七〇，4；图版一八，5）。

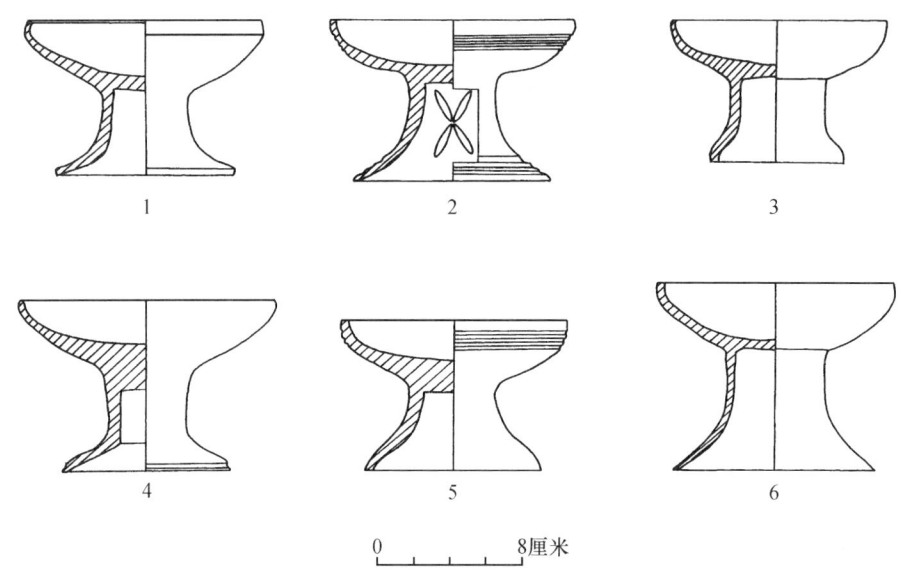

图一七〇　F型陶豆
1. FⅠ式（T0809⑧:5）　2~4. FⅡ式（T1205④:2、T0712⑥:2、T0910③:9）
5、6. FⅢ式（T0813③:10、T0810④:7）

Ⅲ式：2件。豆盘略浅，圈足趋高。标本T0813③:10，泥质灰陶，方唇，圜底，喇叭形圈足略高。素面抹光，豆盘腹部饰三道凹弦纹，豆柄可见刮削修整痕迹。口径12.4、底径9.6、高8.2厘米（图一七〇，5；图版一八，6）。标本T0810④:7，泥质黑陶，方唇，圜底，豆柄较高，喇叭形高圈足。素面抹光。口径13.2、底径10、高10.2厘米（图一七〇，6；图版一九，1）。

G型　16件。弧盘，细高柄，圈足略高。据口沿形态分为二亚型。

Ga型　11件。微敛口。据豆盘变化可分为三式。

Ⅰ式：2件。豆盘外弧，细柄略矮。标本T0814⑦:2，泥质灰陶，方唇，圜底，喇叭形圈足。素面抹光。口径14.8、底径11.9、高10.4厘米（图一七一，1；图版一九，2）。标本T0513⑮:3，泥质磨光黑陶，豆盘残。素面。底径11.2、残高9.8厘米（图一七一，2）。

Ⅱ式：2件。豆盘弧鼓，豆柄趋高。标本T0910③:1，泥质灰陶，尖圆唇，平底，喇叭形圈足。素面抹光，豆柄有刮削修整痕迹。口径16.2、底径12.8、高12厘米（图一七一，3；彩版二〇，6）。标本T0711⑤:10，泥质黑陶，微敛口，方唇，近圜底，残柄。素面，豆盘外壁饰五道凹弦纹。口径14.1、残高6.4厘米（图一七一，4）。

Ⅲ式：7件。豆盘斜弧，口沿内敛，器腹略深。标本T0713③:6，泥质灰陶，尖圆唇，柄残。素面。口径12.6、残高7厘米（图一七一，5）。标本T0810③:3，泥质红陶，微敛口，圆唇，近平底，细柄残。素面，腹部饰四道凹弦纹。口径16.4、残高6.5厘米（图一七一，6）。标本T0809④:3，泥质灰陶，微敛口，方唇，圜底，细高柄，喇叭形圈足。素面抹光，口沿下饰两道浅凹弦纹。口径16.4、底径11.6、高12.4厘米（图一七一，7；图版一九，3）。标本T0809④:9，豆盘残，细柄。素面，圈足近底处饰两道凹弦纹。底径13、残高9.4厘米（图一七一，8）。标本T0810④:4，泥质红褐陶，微敛口，方唇，圜底，细高柄，喇叭形高圈足。素面抹光，豆柄可见竖向刮削痕。口径17.2、底径12.2、高11.8厘米（图一七一，9；图版一九，4）。标本T1205③:2，泥质黑皮陶，口沿微折，细柄残。素面。口径17.2、残高3.6厘米（图一七一，10）。标本T0808⑤:2，泥质黑皮陶，口沿微折，粗柄残。素面。口径18、残高4.6厘米（图一七一，11）。

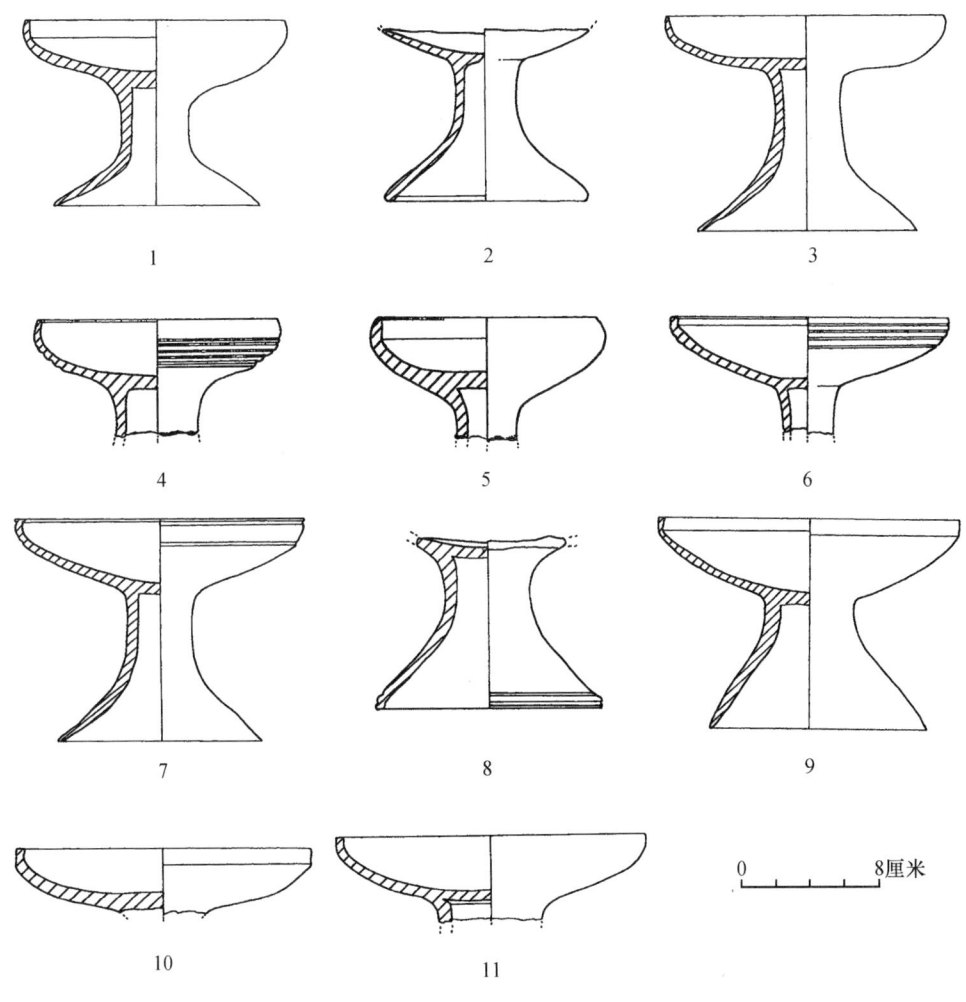

图一七一 G型陶豆

1、2. GaⅠ式（T0814⑦:2、T0513⑮:3） 3、4. GaⅡ式（T0910③:1、T0711⑤:10） 5~11. GaⅢ式（T0713③:6、T0810③:3、T0809④:3、T0809④:9、T0810④:4、T1205③:2、T0808⑤:2）

Gb型 5件。敞口，斜弧腹。据豆盘形态变化分为三式。

Ⅰ式：1件。豆盘较深。标本T0812④:1，泥质灰陶，圆唇，圜底，喇叭形高圈足。素面抹光，豆柄可见刮削修整痕迹。口径16.4、底径12.4、高12.2厘米（图一七二，1；图版一九，5）。

Ⅱ式：1件。圈足趋矮。标本T0711④:1，泥质灰陶，豆盘残。素面。豆柄中部为一椭圆形镂空。底径13.6、残高12厘米（图一七二，3）。

Ⅲ式：4件。豆盘趋浅，圈足较矮。标本T0809⑤:1，泥质灰陶，圆唇，圜底，喇叭形圈足。素面抹光，豆柄可见竖向刮削修整痕迹。口径17.5、底径16、高11.3厘米（图一七二，2；图版一九，6）。标本T0809⑤:2，泥质灰陶，方唇，近平底，喇叭形矮圈足。素面抹光，豆柄可见刮削修整痕迹。口径18.6、底径14.2、高10.4厘米（图一七二，4；图版二〇，1）。标本T0810④:5，泥质黑陶，圆唇，近平底，喇叭形圈足。素面抹光，口沿下饰三道凹弦纹，圈足外表饰三道凹弦纹，内侧可见密集轮痕。口径19.2、底径15.2、高11.8厘米（图一七二，5；图版二〇，2）。

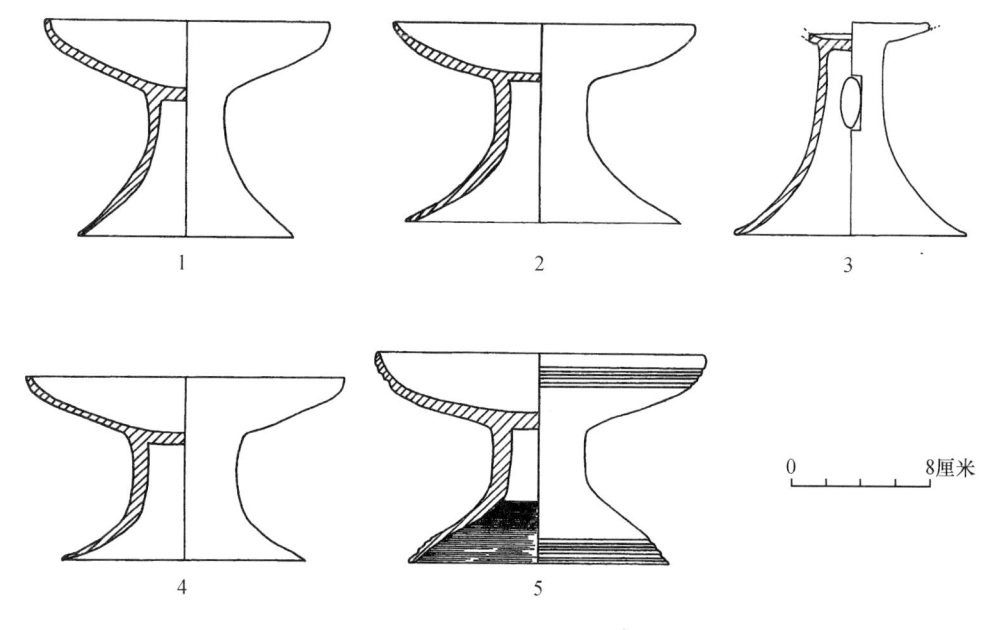

图一七二　G型陶豆

1.GbⅠ式（T0812④:1）　2、4、5.GbⅢ式（T0809⑤:1、T0809⑤:2、T0810④:5）　3.GbⅡ式（T0711④:1）

H型 6件。仿原始瓷豆。器形较小。侈口，宽折沿，矮圈足。据腹部特征可分为二亚型。

Ha型 5件。折腹。标本T0911③:6，泥质黑皮陶，圆方唇，宽沿内凹，近平底，细柄，圈足残。素面。口径11、残高5.6厘米（图一七三，1；图版二〇，3）。标本T0811⑤:2，泥质灰陶，圆唇，宽沿内凹，深盘，圜底，矮柄，喇叭形矮圈足。素面抹光。口径 12、高 5.9 厘米（图一七三，2；图版二〇，4）。标本 T0809⑤:6，泥质黑陶，圆唇，细柄，圈足残。素面。口径 11.2、残高 4.6 厘米（图一七三，3）。标本 T0809④:6，泥质灰陶，烧制温度较高，圆唇，柄残。素面。口径 12、残高 3 厘米（图一七三，4）。标本 T0813③:2，泥质黑陶，圆唇，深盘，圜底，矮柄，喇叭形圈足。素面抹光。口径 12、高 6.8 厘米（图一七三，5；彩版二〇，5）。

Hb 型　1 件。斜弧腹。标本 T0810⑦:2，泥质红陶，圆唇，宽折沿，近平底，细柄较高，喇叭形圈足。素面抹光。口径 13.6、底径 8、高 8 厘米（图一七三，6；图版二〇，5）。

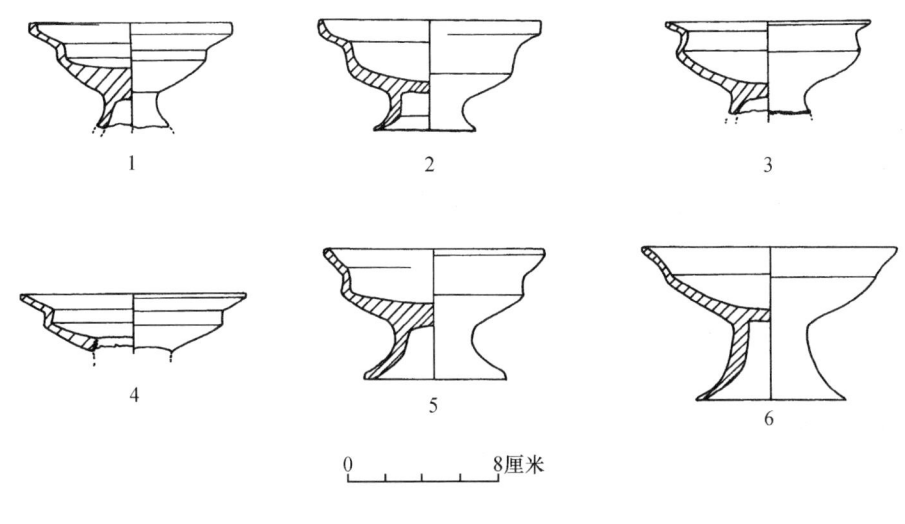

图一七三　H 型陶豆
1～5. Ha 型（T0911③:6、T0811⑤:2、T0809⑤:6、T0809④:6、T0813③:2）　6. Hb 型（T0810⑦:2）

I 型　7 件。弧腹，矮圈足。据口沿特征分为二亚型。

Ia 型　4 件。口微敛。据豆盘及圈足变化可分为三式。

Ⅰ 式：1 件。豆盘略深，圈足略高。标本 T0912④:4，泥质黑陶，方唇，圜底，喇叭形圈足。素面抹光。口径 12.8、底径 8、高 6.4 厘米（图一七四，1；图版二〇，6）。

Ⅱ 式：2 件。豆盘略深，圈足较矮。标本 T0910③:7，泥质灰陶，方唇，近平底，喇叭形矮圈足。素面抹光。口径 15.2、底径 8.4、高 5.8 厘米（图一七四，2；图版二一，1）。标本 T1012③:3，泥质灰陶，方唇，圜底，喇叭形矮圈足。素面抹光。口径 16、底径 9.2、高 7.8 厘米（图一七四，3；图版二一，2）。

Ⅲ 式：1 件。豆盘较浅，圈足较矮。标本 T0810⑤:10，泥质灰褐陶，斜弧腹，圈足残。口径 18.6、残高 6 厘米（图一七四，4）。

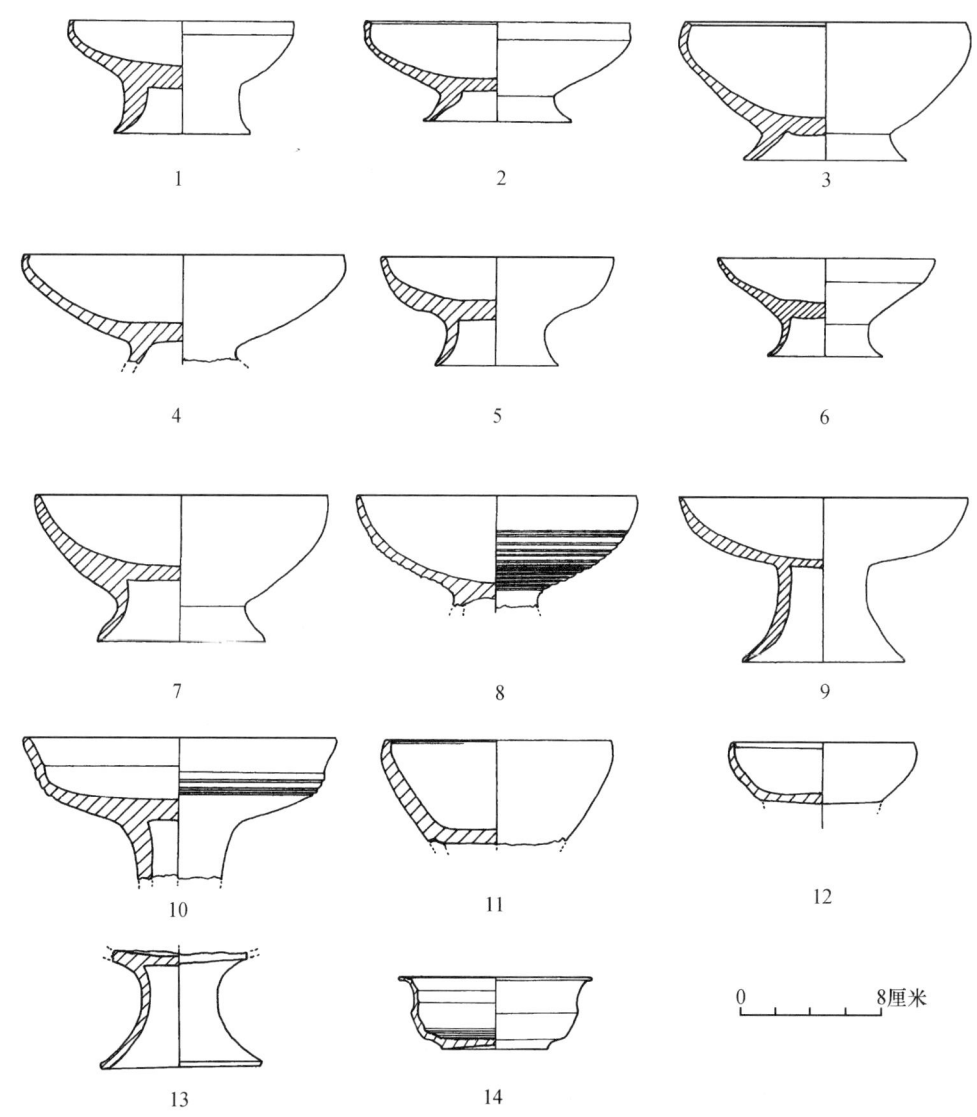

图一七四 I、J型陶豆及原始瓷豆

1. Ia I 式（T0912④:4） 2、3. Ia II 式（T0910③:7、T1012③:3） 4. Ia III 式（T0810⑤:10） 5～7. Ib 型（T1010③:2、T0910④:6、T0613⑨:3） 8～12. J 型（T0809⑤:4、T0809④:8、T0710⑦:2、T1011⑤:3、T0810④:11） 13、14. 原始瓷豆（T0813③:7、T0913②:3）

Ib 型：3件。敞口。标本 T1010③:2，夹砂红褐陶，圆唇，浅盘，圈底，喇叭形矮圈足。素面。口径 13.6、底径 7.2、高 6 厘米（图一七四，5；图版二一，3）。标本 T0910④:6，泥质灰陶，圆方唇，豆盘较深，近平底，喇叭形圈足。素面抹光。口径 12.8、底径 6.8、高 5.6 厘米（图一七四，6；图版二一，4）。标本 T0613⑨:3，泥质灰陶，圆唇，盘口较大，弧腹较深，圈底，矮粗柄，喇叭形圈足。素面抹光。口径

16.8、底径9.6、高8.2厘米（图一七四，7）。

J型 5件。其他类陶豆。标本T0809⑤：4，泥质黑陶，敞口，尖圆唇，深腹，圜底，细柄残。器腹饰密集凹弦纹。口径16、残高6.2厘米（图一七四，8）。标本T0809④：8，夹砂红褐陶，口微敞，尖唇，盘口较大，弧腹，圜底，粗高柄，喇叭形圈足。素面。口径16.4、底径9.2、高9.2厘米（图一七四，9；图版二一，5）。标本T0710⑦：2，泥质红陶，敞口，圆唇，微折腹，平底，细柄残。素面，腹部饰四道凹弦纹。口径18、残高8厘米（图一七四，10）。标本T1011⑤：3，泥质灰陶，方唇，深盘，平底，粗柄残。素面抹光。口径13、残高5.9厘米（图一七四，11）。标本T0810④：11，泥质灰陶，微敛口，斜弧腹，浅盘，平底，粗柄残。素面抹光。口径10.6、残高3.4厘米（图一七四，12）。

原始瓷豆 2件。标本T0813③：7，豆盘残，矮粗柄，喇叭状圈足。素面。底径9.4、残高6.4厘米（图一七四，13；图版二一，6）。标本T0913②：3，侈口，卷沿，微折腹，矮圈足。素面。口径11、底径6、高4厘米（图一七四，14；彩版二六，4）

陶钵 65件。依据口沿及器腹形态的差异可分为以下六型。

A型 6件。敛口，鼓腹。据口部形态分为二亚型。

Aa型 3件。尖圆唇微外卷。据口部及腹部形态分为二式。

Ⅰ式：1件。深腹，微敛口。标本T0713⑦：10，夹砂灰陶，平底。腹部饰竖向绳纹，口沿下饰两周凹弦纹。口径11、底径8.2、高10.2厘米（图一七五，1；图版二七，1）。

Ⅱ式：2件。浅腹，口沿内敛程度加强。标本T0713③：4，夹砂灰陶，凹底。器表饰竖向绳纹，沿下绳纹抹平，腹部可见四道凹弦纹。口径9.4、底径7.2、高8.8厘米（图

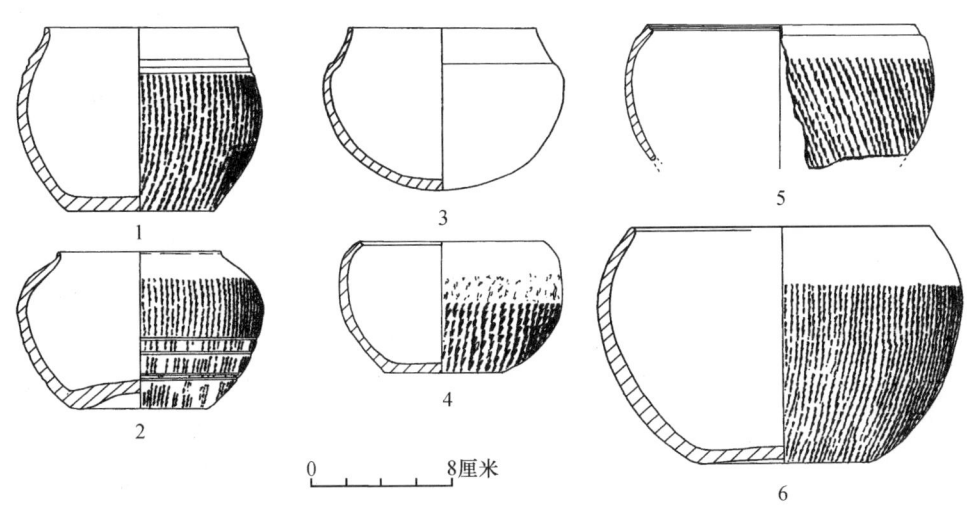

图一七五 A型陶钵

1. AaⅠ式（T0713⑦：10） 2、3. AaⅡ式（T0713③：4、T0808④：2） 4～6. Ab型（T0912⑤：1、T0909⑤：10、T0911④：2）

一七五，2；图版二七，2）。标本T0808④:2，泥质灰陶，圆唇，口内折，圆鼓腹，圜底。素面。口径10.8、高9厘米（图一七五，3；图版二七，3）。

Ab型　3件。斜方唇。标本T0912⑤:1，夹砂灰陶，平底。器表饰竖向绳纹，底部饰交错绳纹，口沿下绳纹抹平。口径10.6、底径6.8、高7.4厘米（图一七五，4；图版二七，5）。标本T0909⑤:10，夹砂红褐陶，下腹残。器表饰斜向绳纹。口径7.8、残高7.6厘米（图一七五，5）。标本T0911④:2，夹砂黑陶，平底微凹。器表饰竖向绳纹，口沿下绳纹抹平。口径17.4、底径10、高13.2厘米（图一七五，6；彩版二五，5）。

B型　20件。敛口，肩部外鼓，斜弧腹。据器腹深浅可分为二亚型。

Ba型　12件。深腹。据口、腹部特征分为四式。

Ⅰ式：2件。微敛口，深腹。标本T0607⑩:1，夹砂灰陶，圆唇，平底微凹。器表饰斜向绳纹，沿下绳纹抹平。口径14.2、底径6.4、高8.4厘米（图一七六，1；图版二七，6）。标本T1014⑬a:1，泥质灰陶，斜方唇，平底。素面。口径14.6、底径7.6、高8.8厘米（图一七六，2；图版二八，1）。

Ⅱ式：6件。敛口，器腹趋浅。标本T0810⑦:3，夹砂灰陶，圆唇，平底。器表饰竖向绳纹，腹部饰两周浅凹弦纹。口径15.2、底径9.2、高8.4厘米（图一七六，3；图版二八，2）。标本T0915⑩:2，泥质黑陶，方唇，平底微凹。素面。口径17.2、底径9、高9.6厘米（图一七六，4；图版二八，3）。标本T0812④:3，泥质红陶，方唇，平底。器腹饰竖向绳纹，口沿下绳纹抹平，上腹部饰三道凹弦纹。口径14.8、底径8、高7.6厘米（图一七六，5；图版二八，4）。标本T0417④:1，夹砂红褐陶，圆唇，平底微凹。器腹饰绳纹，口沿下绳纹抹平。口径15.5、底径8.2、高8.8厘米（图一七六，6；图版二八，5）。标本T0716⑧:1，夹砂红褐陶，方唇，底残。器表饰绳纹。口径13.2、残高9厘米（图一七六，7）。标本T0911⑤:3，夹砂红褐陶，方唇，平底。器表饰竖向绳纹，口沿下绳纹抹平。口径14.8、底径9、高8.2厘米（图一七六，8；图版二八，6）。

Ⅲ式：2件。敛口微内折，器腹略浅。标本T0811⑤:1，夹砂灰陶，方唇，平底微凹。器表饰绳纹，口沿下绳纹抹平，肩部饰一道凹弦纹。口径11.8、底径8.2、高8.2厘米（图一七六，9；彩版二五，6）。标本T0715③b:1，夹砂红褐陶，方唇，底残。器表饰绳纹，腹饰一道凹弦纹。口径15.6、残高7.6厘米（图一七六，10）。

Ⅳ式：2件。敛口微折，腹部较浅。标本T1205③:1，夹砂灰陶，方唇，平底微凹。器表饰竖向绳纹，口沿下绳纹抹平。口径13.6、底径8、高6.4厘米（图一七六，11；图版二九，1）。标本T1305④:1，泥质灰陶，斜方唇，平底微凹。素面抹光。口径12.4、底径6、高6.3厘米（图一七六，12；图版二九，2）。

第四章 遗 物　311

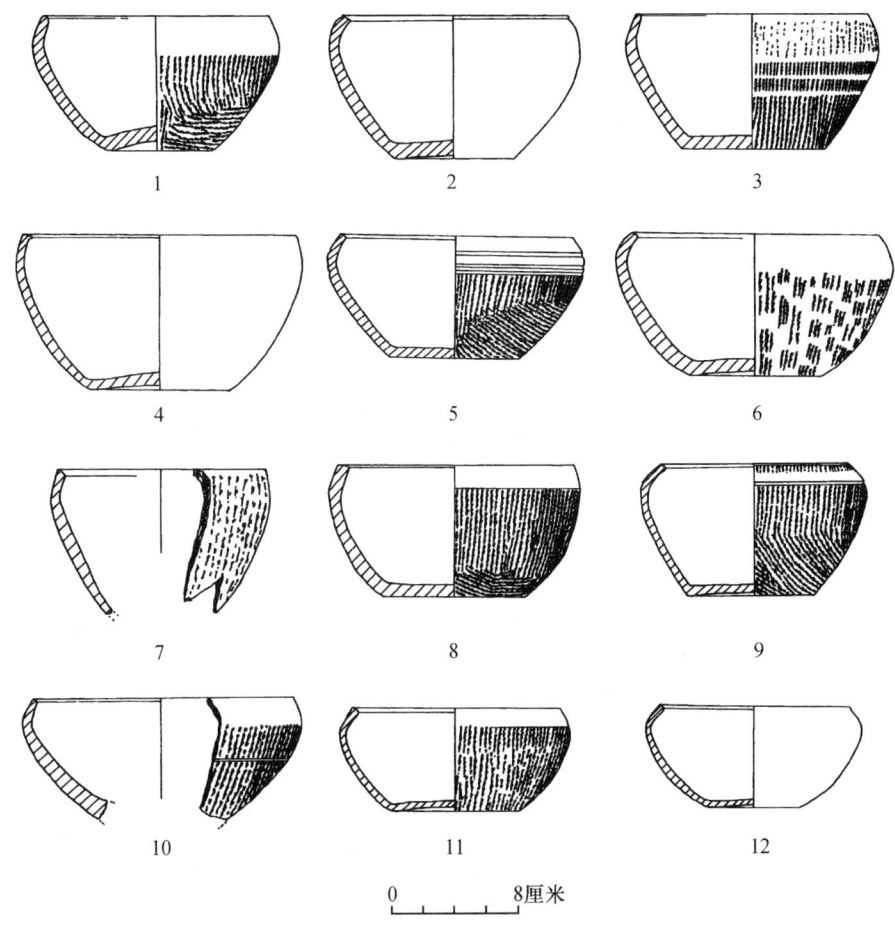

图一七六　B型陶钵

1、2. BaⅠ式（T0607⑩:1、T1014⑬a:1）　3~8. BaⅡ式（T0810⑦:3、T0915⑩:2、T0812④:3、T0417④:1、T0716⑧:1、T0911⑤:3）　9、10. BaⅢ式（T0811⑤:1、T0715③b:1）　11、12. BaⅣ式（T1205③:1、T1305④:1）

Bb型　8件。器腹较浅。依据口、腹部变化分为三式。

Ⅰ式：3件。微敛口，腹略浅。标本T0912⑥:8，泥质灰陶，器胎厚重，圆唇，平底。素面。口径15.6、底径8.4、高6.6厘米（图一七七，1；图版二九，3）。标本T0912⑥:4，夹砂黑陶，圆唇，平底内凹。器腹饰竖向绳纹，口沿下绳纹抹平。口径10.6、底径7.6、高6厘米（图一七七，2；图版二九，4）。标本T0912⑥:2，泥质灰陶，方唇，平底。素面。口径9.6、底径7、高4.6厘米（图一七七，3；图版二九，5）。

Ⅱ式：3件。腹趋浅。标本T0915⑩:1，泥质灰陶，斜方唇，平底微凹。素面，下腹及近底部饰竖向绳纹。口径13、底径9.4、高6厘米（图一七七，4；图版二九，6）。标本T0910⑥:3，夹砂灰陶，方唇，平底内凹。下腹饰竖向绳纹，口沿下绳纹抹平，上腹饰两道凹弦纹。口径8.4、底径6、高5.4厘米（图一七七，5；图版三〇，

1）。标本 T0711⑥:2，夹砂灰陶，方唇，平底微凹。器表饰竖向绳纹，口沿下绳纹抹平。口径 16.2、底径 9.6、高 7 厘米（图一七七，6；图版三〇，2）。

Ⅲ式：2 件。口内敛程度较大，浅腹。标本 T0711⑤:4，泥质红褐陶，圆唇，平底微凹。下腹至底饰绳纹，口沿下饰五周凹弦纹，下腹部饰两周凹弦纹。口径 11.2、底径 6.6、高 5.6 厘米（图一七七，7；图版三〇，3）。标本 T0910③:4，夹砂灰褐陶，圆唇，平底。器表饰竖向绳纹，沿下绳纹抹平。口径 13、底径 6.8、高 5.6 厘米（图一七七，8；图版三〇，4）。

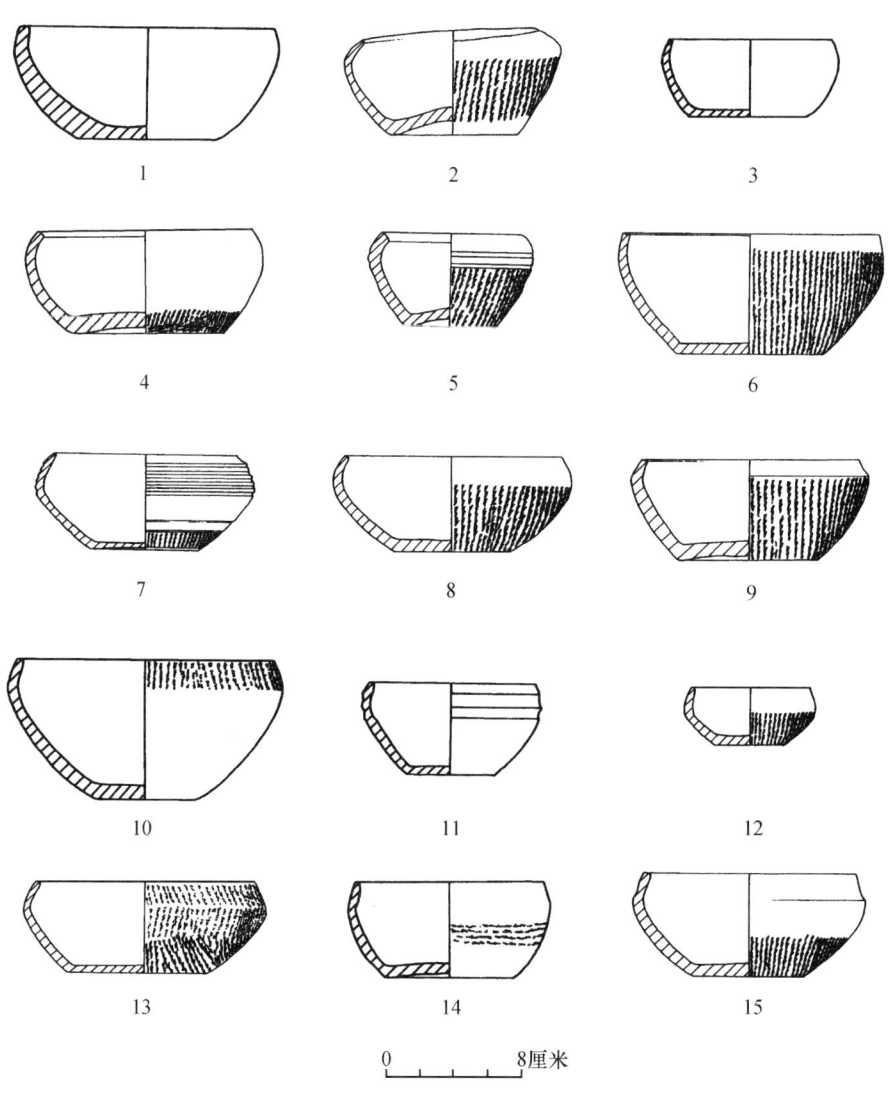

图一七七　B、C 型陶钵

1~3. BbⅠ式（T0912⑥:8、T0912⑥:4、T0912⑥:2）　4~6. BbⅡ式（T0915⑩:1、T0910⑥:3、T0711⑥:2）
7、8. BbⅢ式（T0711⑤:4、T0910③:4）　9~14. CⅠ式（T0910⑦:1、T0912④:7、T0913④:1、T0810⑦:5、
T1011③:5、T0914⑥:2）　15. CⅡ式（T0811⑤:4）

C型　11件。口沿内折，斜弧腹。依据口沿及腹部变化分为三式。

Ⅰ式：6件。口沿微内折，器腹略深。标本T0910⑦:1，夹砂黑陶，圆唇，平底微凹。器表饰竖向细绳纹，沿下绳纹抹平。口径13.2、底径8.4、高5.9厘米（图一七七，9；图版四五，1）。标本T0912④:7，泥质红褐陶，方唇，平底。口沿下至上腹部饰斜向绳纹，纹痕不甚清晰。口径15.6、底径6.0、高8.2厘米（图一七七，10；图版三〇，5）。标本T0913④:1，夹砂红褐陶，方唇，平底。素面，上腹部可见两周凹弦纹。口径9.2、底径5.2、高5.4厘米（图一七七，11；图版三〇，6）。标本T0810⑦:5，夹砂红陶，器形较小，捏制而成，微敛口，圆唇，浅腹，平底。下腹部饰绳纹。口径7.2、底径4.2、高3.4厘米（图一七七，12；图版三一，1）。标本T1011③:5，夹砂红褐陶，圆唇，平底。器表饰斜向绳纹，口沿下绳纹抹平，下腹近底饰交错绳纹。口径13.2、底径8.6、高5.4厘米（图一七七，13；图版三一，2）。标本T0914⑥:2，夹砂灰陶，圆唇，弧腹，平底内凹。素面，器腹饰一组斜向绳纹，纹痕较浅。口径11.2、底径8、高5.6厘米（图一七七，14；图版三一，3）。

Ⅱ式：4件。折沿趋强，器腹较浅。标本T0811⑤:4，夹砂红褐陶，方唇，平底。下腹饰竖向绳纹，口沿下绳纹抹平，器底可见交错刻划纹。口径12.8、底径6.8、高6厘米（图一七七，15；图版三一，4）。标本T1012③:1，夹砂灰陶，圆唇，平底。器表饰竖向绳纹，口沿下绳纹抹平，器底饰交错绳纹。口径12.6、高9.2厘米（图一七八，1；图版三一，5）。标本T0811⑤:18，泥质灰陶，方唇，平底微凹。素面。口径14.8、底径7.6、高4.8厘米（图一七八，2；图版三一，6）。标本T0913③:2，夹砂红褐陶，方唇，平底。器腹饰绳纹，沿下绳纹抹平。口径11.6、底径4.4、高5厘米（图一七八，3；图版三二，1）。

Ⅲ式：1件。直口内折，浅腹。标本T0810④:14，夹砂灰陶，圆唇，平底。器腹饰竖向绳纹，口沿下绳纹抹平。口径15.6、底径7.2、高6.6厘米（图一七八，4；图版三二，2）。

D型　11件。敛口，弧腹。据器腹深浅分为三亚型。

Da型　5件。深腹。据口部形态变化分为四式。

Ⅰ式：1件。微敛口，深腹。标本T0705⑧:1，夹砂红褐陶，圆唇，小平底。素面，器表可见捏制痕。口径9.6、底径4.8、高7.6厘米（图一七八，5；图版三二，3）。

Ⅱ式：2件。微敛口，腹略深。标本T0812④:2，泥质黑陶，方唇，平底微凹。器腹饰竖向绳纹，口沿下绳纹抹平。口径11.7、底径7.4、高8.2厘米（图一七八，6；图版三二，4）。标本T1011③:10，夹砂灰陶，圆唇，平底。器表饰竖向绳纹，口沿下绳纹抹平。口径9.8、底径6.0、高7.8厘米（图一七八，7；图版三二，5）。

Ⅲ式：1件。敛口，器腹趋浅。标本T1011④:6，泥质灰陶，方唇，平底微凹。下腹饰纹痕较浅绳纹，上腹部饰一周凹弦纹。口径8、底径6、高5.4厘米（图一七八，8；图版二七，4）。

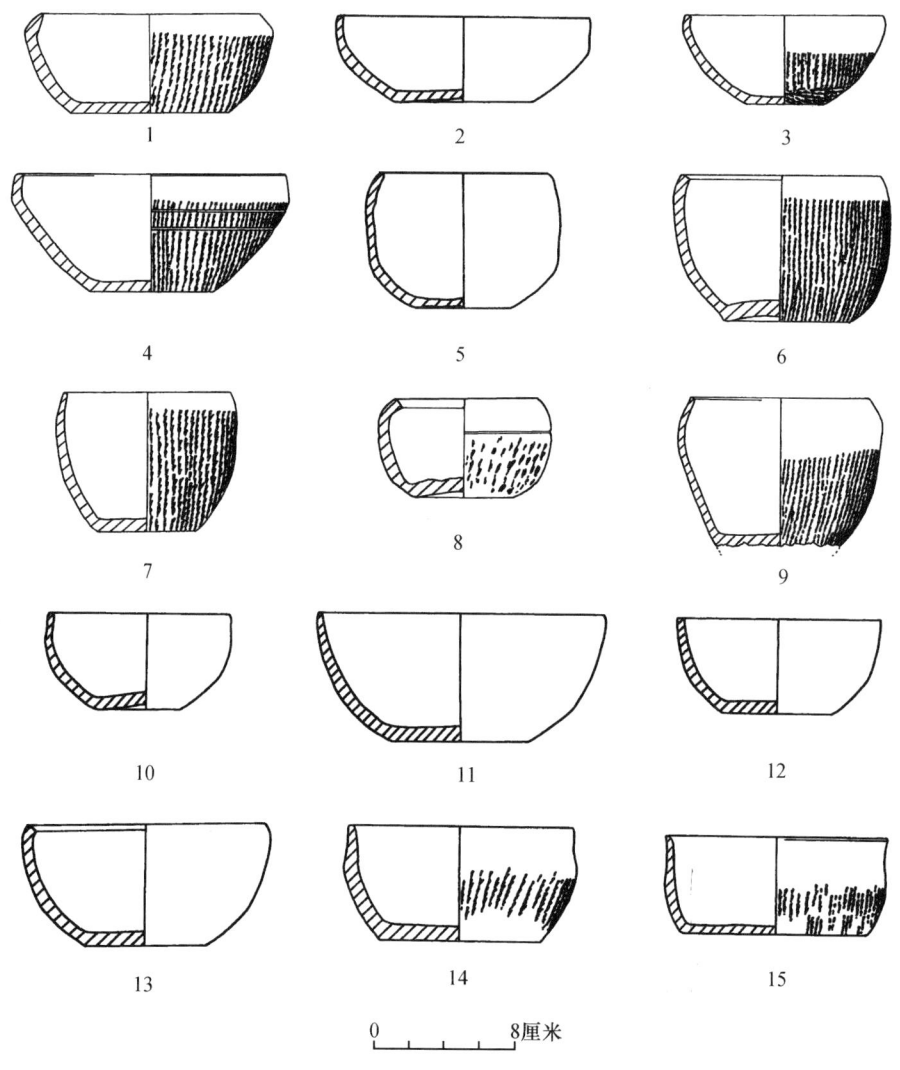

图一七八　C、D 型陶钵

1~3. CⅡ式（T1012③:1、T0811⑤:18、T0913③:2）　4. CⅢ式（T0810④:14）　5. DaⅠ式（T0705⑧:1）　6、7. DaⅡ式（T0812④:2、T1011③:10）　8. DaⅢ式（T1011④:6）　9. DaⅣ式（T0513⑧:1）　10. DbⅠ式（T0907⑮:1）　11~13. DbⅡ式（T0911⑤:2、T0909⑦:4、T0708⑪:1）　14. DcⅠ式（T0912④:6）　15. DcⅡ式（T0912②:1）

Ⅳ式：1件。敛口趋强。标本 T0513⑧:1，夹砂红褐陶，器形不甚规整，圆唇，曲腹略深，平底微残。下腹饰斜向绳纹。口径 10.4、高 8.4 厘米（图一七八，9；图版三二，6）。

Db 型　4件。器腹略浅，素面。据器腹形态分为二式。

Ⅰ式：1件。浅腹。标本 T0907⑮:1，泥质黑陶，圆方唇，平底微凹。素面。口径 10.6、底径 5、高 5.4 厘米（图一七八，10；图版三三，1）。

Ⅱ式：3件。腹略浅。标本T0911⑤:2，泥质红陶，直口，圆唇，斜弧腹，平底。素面。口径16.2、底径7.6、高7.2厘米（图一七八，11；图版三三，2）。标本T0909⑦:4，泥质灰褐陶，直口，方唇，平底。素面。口径11.6、底径6、高5.4厘米（图一七八，12；图版三三，3）。标本T0708⑪:1，泥质黑陶，微敛口，斜方唇，平底。素面。口径13.6、底径7.2、高6.8厘米（图一七八，13；图版三三，4）。

Dc型　2件。近直口，微弧腹。据腹部形态分二式。

Ⅰ式：1件。腹略浅。标本T0912④:6，夹砂灰陶，圆唇，平底。下腹饰竖向绳纹，纹痕不甚清晰。口径12.8、底径9.4、高6.4厘米（图一七八，14；图版三三，5）。

Ⅱ式：1件。浅腹。标本T0912②:1，夹砂红陶，圆唇，平底。下腹部隐约可见竖向绳纹。口径12.6、底径10.4、高5.4厘米（图一七八，15；图版三三，6）。

E型　8件。斜腹。据腹部形态分为三亚型。

Ea型　3件。敞口，深腹，素面。标本T0810⑧:2，夹砂红褐陶，圆唇，平底。口径12.4、底径4.8、高10厘米（图一七九，1；图版三四，1）。标本T1011④:2，夹砂灰陶，器形较小，圆唇，平底。口径7、底径4、高3.7厘米（图一七九，2；图版三四，2）。标本T0617⑥:1，泥质红褐陶，捏制而成，敞口，方唇，平底微凹。器表可见捏制痕。口径10.8、底径6.4、高4.7厘米（图一七九，3；图版三四，3）。

Eb型　3件。敞口，浅腹。标本T1011③:4，夹砂灰陶，方唇，平底。腹部饰斜向绳纹。口径16.8、底径7.6、高4厘米（图一七九，4；图版三四，4）。标本T0912④:1，夹砂

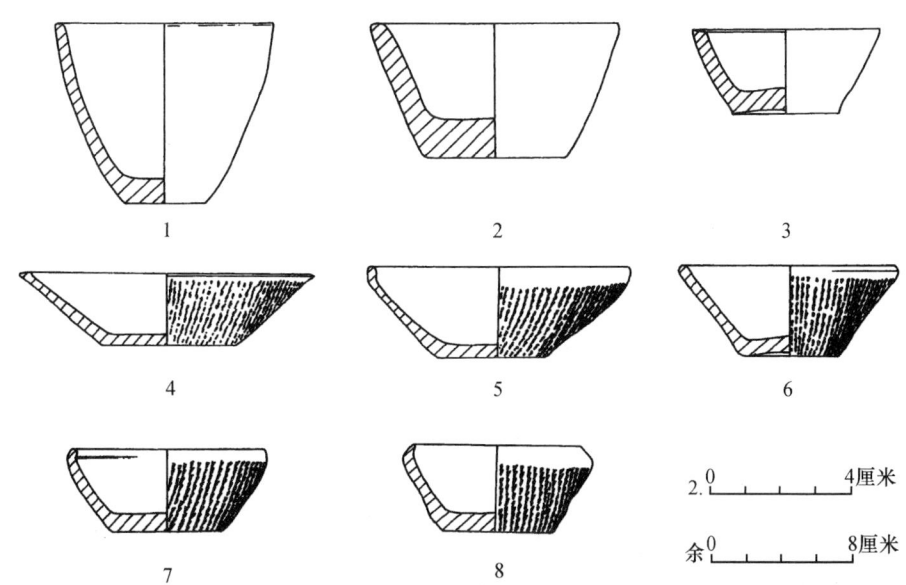

图一七九　E型陶钵

1～3. Ea型（T0810⑧:2、T1011④:2、T0617⑥:1）　4～6. Eb型（T1011③:4、T0912④:1、T1111②:1）
7、8. Ec型（T0810⑧:1、T0810⑧:5）

红陶，圆唇，平底。器表饰竖向绳纹，口沿下绳纹抹平。口径14.8、底径6.4、高5厘米（图一七九，5；图版三四，5）。标本T1111②:1，夹砂红陶，圆唇，小平底微凹。器表饰竖向绳纹。口径12.6、底径5.4、高5厘米（图一七九，6；图版三四，6）。

Ec型　2件。口微敛，浅腹。标本T0810⑧:1，夹砂红褐陶，捏制而成，尖圆唇，平底。器表饰竖向绳纹。口径11、底径6、高4.6厘米（图一七九，7；图版三五，1）。标本T0810⑧:5，夹砂红褐陶，器胎厚重，圆唇，平底。器表饰竖向绳纹，沿下绳纹抹平。口径9.4、底径6、高4.8厘米（图一七九，8；图版三五，2）。

F型　9件。其他类陶钵。标本T0317②:1，泥质红褐陶，捏制而成，器形较小，敛口稍残，深腹，小平底。素面。底径3、残高6.6厘米（图一八〇，1；图版三五，3）。标本T0810⑩:1，泥质灰陶，敛口，尖圆唇，斜腹，平底。素面。口径2.6、底径3.4、高4.8厘米（图一八〇，2）。标本T0413⑮:2，泥质红褐陶，捏制而成，器形较小，敛口，圆唇，弧腹，平底。素面。口径6、底径3、高5.2厘米（图一八〇，3；图版四五，4）。标本T0805⑫:1，泥质红褐陶，捏制而成，器形较小，敛口，圆唇，弧腹，厚平底。素面。口径5.8、底径4.8、高4.7厘米（图一八〇，4；图版三五，5）。标本T0810④:1，泥质灰褐陶，直口，圆唇，弧腹，平底。口沿下饰三道凹弦纹。口径9、底径9.8、高9厘米（图一八〇，5；图版三五，4）。标本T0712③:4，夹砂红褐陶，直口，圆唇，直腹，平底。素面。口径10.8、底径11.2、高4.8厘米（图一八〇，6；图版四五，2）。标本T1011③:1，夹砂红褐陶，器形较小，捏制而成，斜弧腹，小平底。下腹饰绳纹。口径7.8、底径3.2、高5.6厘米（图一八〇，7）。标本T1405④:1，泥质红褐陶，捏制而成，器形较小，敛口，圆唇，弧腹，圜底。素面。口径8.1、底径4.4、高6.6厘米（图一八〇，8；图版四五，3）。标本T1015⑧:1，泥质黑陶，敛口，尖弧唇，浅鼓腹，凹底。素面。口径10.6、底径7、高3.4厘米（图一八〇，9；图版三五，6）

器盖　50件。据有无子母口，分为甲、乙两大类。

甲类　42件。无子母口器盖，据捉手形态的差异，分为以下四小类。

甲a类　15件。覆盘形，盖顶部捉手为三纽，据三纽的形态及其间距可分为两亚型：

A型　6件。斜弧腹，三钩纽，三纽间距较小。据纽及器腹形态分为三式。

Ⅰ式：3件。纽部外伸较长，间距略宽，斜弧腹较深。标本T1012④:6，夹砂黑陶，盖口微内折。素面。口径22.8、通高9.2厘米（图一八一，1）。标本T1010③:3，泥质红褐陶，盖口内折。器表素面抹光，遍饰密集凹弦纹。口径21.2、通高6.6厘米（图一八一，2；图版三六，2）。标本T0617⑦:1，夹砂红陶，仅存盖顶。素面。残高3.6厘米（图一八一，3）。

第四章 遗 物 317

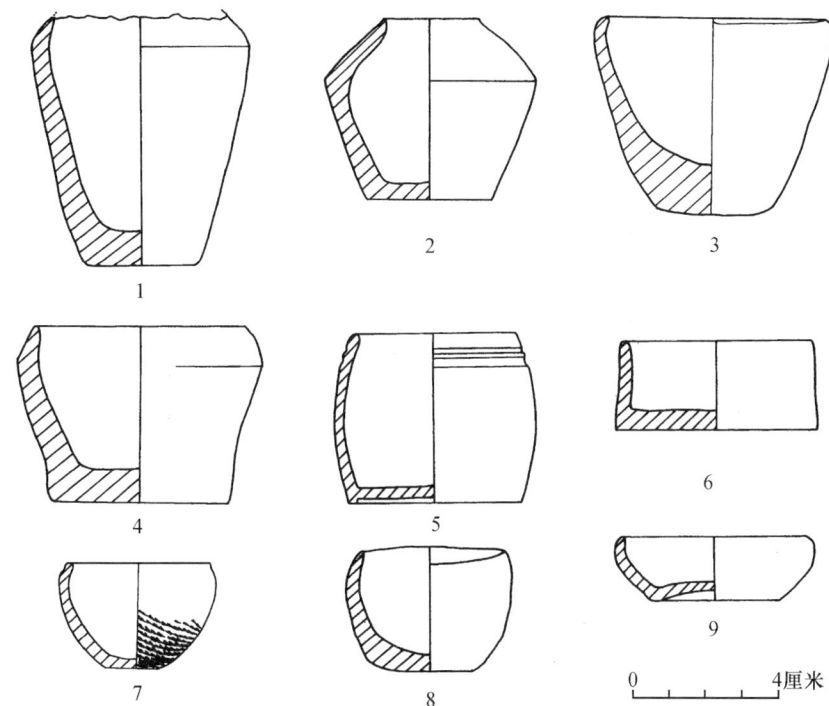

图一八〇 F型陶钵
1. T0317②:1 2. T0810⑩:1 3. T0413⑮:2 4. T0805⑫:1 5. T0810④:1 6. T0712③:4 7. T1011③:1
8. T1405④:1 9. T1015⑧:1

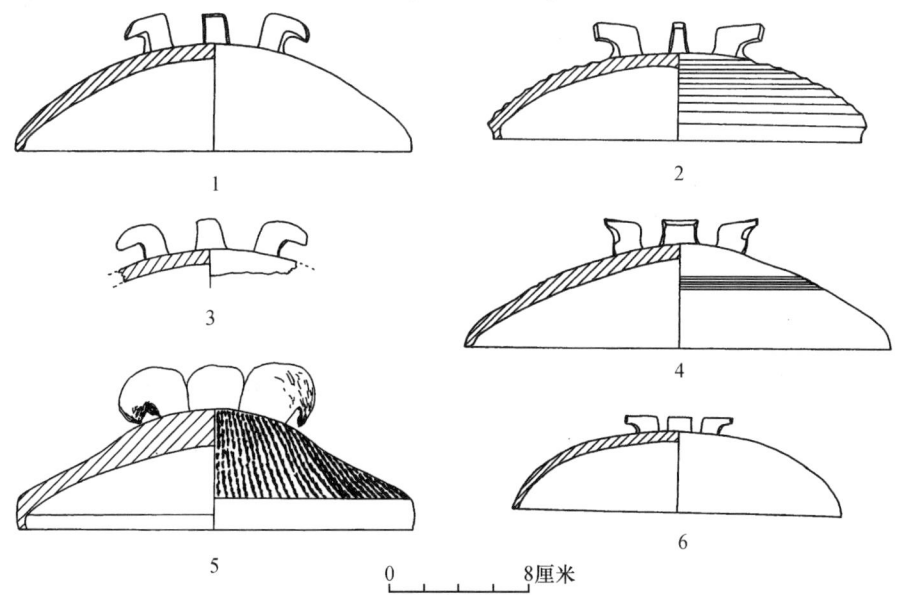

图一八一 甲a类A型陶器盖
1~3. AⅠ式（T1012④:6、T1010③:3、T0617⑦:1） 4. AⅡ式（T0713⑦:4） 5、6. AⅢ式（T0810⑤:2、
T0811②a:1）

Ⅱ式：1件。纽部趋矮，纽间距较小，斜弧腹略浅。标本 T0713⑦:4，泥质灰陶，盖口微敞。素面抹光，腹部饰三道凹弦纹。口径24.4、通高7.2厘米（图一八一，4；图版三六，3）。

Ⅲ式：2件。矮纽，纽间距趋近，弧腹较浅。标本 T0810⑤:2，夹砂灰陶，器胎厚重，口沿内折。器表饰绳纹。口径22.8、通高7.6厘米（图一八一，5；彩版二一，1；图版三六，1）。标本 T0811②a:1，泥质红褐陶。素面。口径19.2、通高5.4厘米（图一八一，6；图版三六，4）。

B型　8件。器腹圆弧，三折纽间距较大。据纽及器腹形态分为三式。

Ⅰ式：3件。高折纽，器腹较深。标本 T0810⑦:1，泥质灰陶。素面抹光，腹部饰三道凹弦纹。口径23.2、通高7.8厘米（图一八二，1；彩版二一，2）。标本 T0810⑦:7，泥质黑陶。素面。口径22.6、通高6.4厘米（图一八二，2；图版三六，5）。标本 T0809⑧:6，夹砂灰陶。素面。口径15.8、通高6.1厘米（图一八二，3；图版三六，6）。

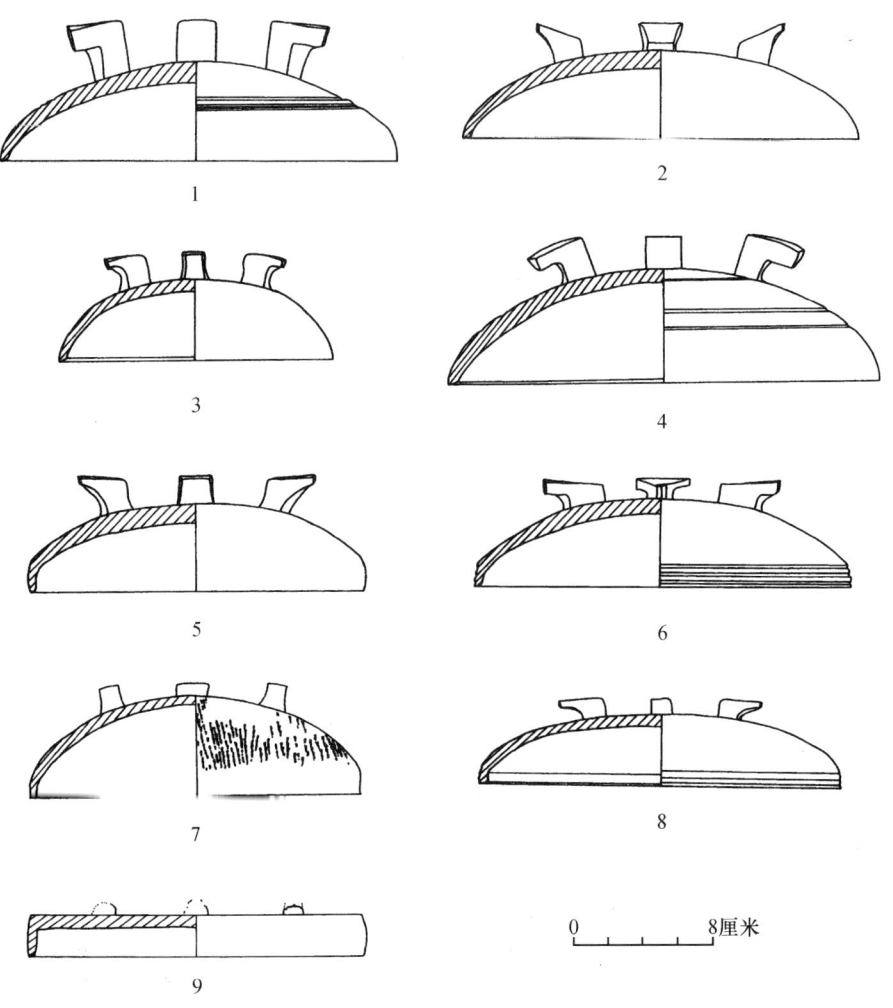

图一八二　甲a类B、C型陶器盖
1~3. BⅠ式（T0810⑦:1、T0810⑦:7、T0809⑧:6）　4、5. BⅡ式（T0707③:1、T0712⑥:1）
6~8. BⅢ式（T0713③:5、T0813②a:1、T0807②:1）　9. C型（T0711⑤:1）

Ⅱ式：2件。折纽趋矮，器腹略浅。标本T0707③:1，泥质红褐陶。素面抹光，腹部饰三道凹弦纹。口径24.8、通高6.6厘米（图一八二，4；图版三九，1）。标本T0712⑥:1，泥质红褐陶，微折口。素面抹光。口径19.6、通高6.6厘米（图一八二，5；图版三九，2）。

Ⅲ式：3件。折口，矮三纽，趋向退化，浅腹。标本T0713③:5，泥质磨光黑陶。素面，口沿处饰三道凹弦纹。口径21.8、通高6.1厘米（图一八二，6；图版三九，3）。标本T0813②a:1，夹砂灰陶。器表饰绳纹。口径19.4、通高6.4厘米（图一八二，7；图版三九，4）。标本T0807②:1，夹砂黑陶。素面抹光，口沿处饰三道凹弦纹。口径20.8、残高4.9厘米。（图一八二，8；图版三九，5）。

C型 1件。平顶，直腹，顶部三纽。标本T0711⑤:1，纽形捉手残。口径19.6、通高3厘米（图一八二，9；图版三九，6）。

甲b类 10件。覆钵形，圆饼状捉手，依据器形大小分为二型。

A型 4件。器形较大，器腹外鼓，据捉手及腹部形态分为三式。

Ⅰ式：1件。捉手较高，器腹外弧较深。标本T0912④:2，泥质灰陶。素面。口径25.6、通高11.8厘米（图一八三，1；图版三七，1）。

Ⅱ式：2件。捉手略矮，盖口微敛，器腹趋浅。标本T0810⑥:1，泥质黑陶。素面，腹部饰两周凹弦纹。口径20.2、通高10.9厘米（图一八三，2；图版三七，2）。标本T0711⑤:9，泥质黑陶。素面抹光，上腹部饰三道凹弦纹。口径22.6、通高8.8厘米（图一八三，3；图版三七，3）。

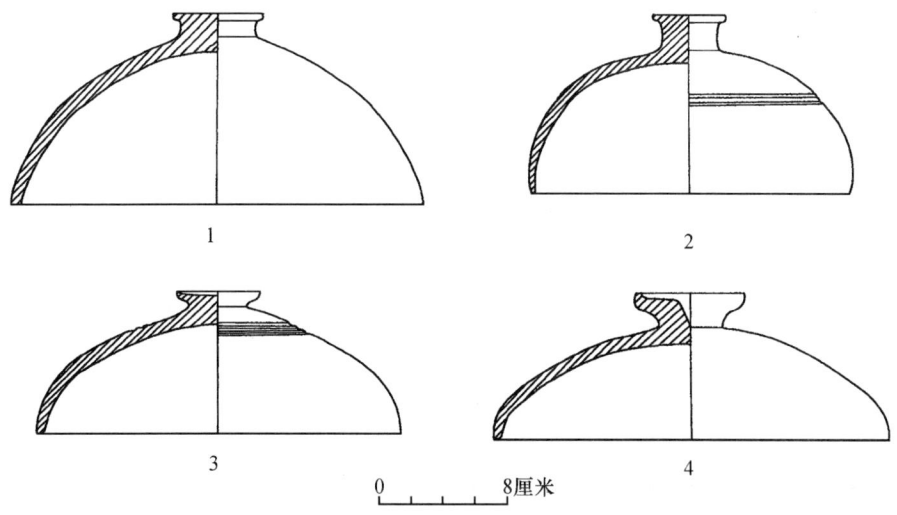

图一八三 甲b类A型陶器盖
1. AⅠ式（T0912④:2） 2、3. AⅡ式（T0810⑥:1、T0711⑤:9） 4. AⅢ式（T0909③:4）

Ⅲ式：1件。矮饼状捉手，口微折，浅弧腹。标本T0909③:4，泥质灰陶，圆饼状捉手中有一小孔。素面抹光。口径25、通高9厘米（图一八三，4；图版三七，4）。

B型　6件。器形较小，器腹外弧，捉手较矮。据器腹形态分为三式。

Ⅰ式：3件。器腹较深。标本T0910④:9，夹砂红褐陶，器胎较厚，捉手略残。器表绳纹抹平，并饰一周浅凹弦纹。口径14.2、通高5.0厘米（图一八四，1；图版三七，5）。标本T0812④:6，泥质灰陶，饼状捉手中有一小孔。器腹饰数道凹弦纹。口径13.6、通高4.8厘米（图一八四，2；图版三七，6）。标本T0809⑨:1，泥质灰陶，饼状捉手中有一小圆孔。素面。口径16.6、通高4.6厘米（图一八四，3；彩版二一，5）。

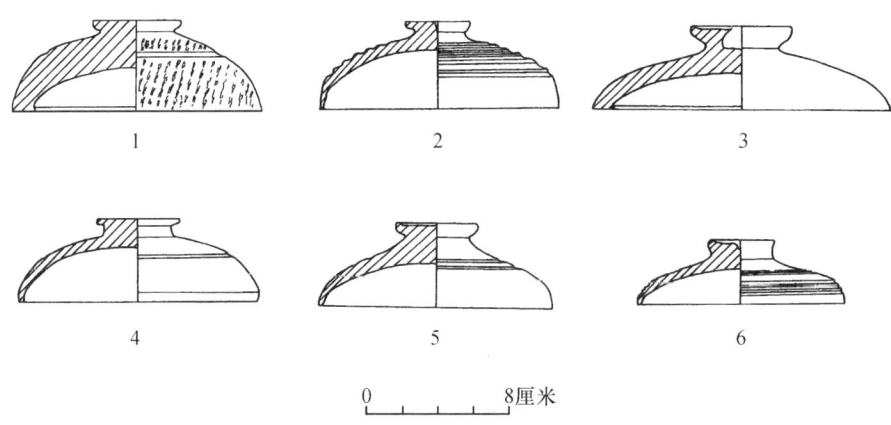

图一八四　甲b类B型陶器盖
1～3.BⅠ式（T0910④:9、T0812④:6、T0809⑨:1）　4、5.BⅡ式（T0813④:4、T0808⑦:1）　6.BⅢ式（T0809④:1）

Ⅱ式：2件。盖口微内敛，器腹较浅。标本T0813④:4，泥质灰陶。素面抹光，上饰一周凹弦纹。口径13.4、通高4.6厘米（图一八四，4；图版三八，1）。标本T0808⑦:1，泥质黑陶，覆钵形。素面，上饰两周凹弦纹。口径13、通高4.6厘米（图一八四，5；图版三八，2）。

Ⅲ式：1件。浅腹。标本T0809④:1，泥质黑陶，饼状捉手微内凹，中有一小孔。盖腹饰数道凹弦纹。口径11.8、通高3.6厘米（图一八四，6；图版三八，3）。

甲c类　11件。圈足状捉手，据腹部形态差异分为二型。

A型　8件。覆盘形，器腹斜弧。据圈足捉手的差异，分为二亚型。

Aa型　4件。圈足较深，外侈。据捉手高矮及器腹深浅的变化，可分三式。

Ⅰ式：1件。捉手较高，盖口微折，器腹略深。标本T0706⑧:1，夹砂红褐陶。器表绳纹抹平。口径18.8、通高7厘米（图一八五，1；图版三八，4）。

Ⅱ式：2件。捉手较矮，器腹趋浅。标本T1009④:1，夹砂黑陶，捉手略残。器表饰绳纹，并饰一道浅凹弦纹。口径18、残高8厘米（图一八五，2；图版三八，5）。标本T0811⑤:10，夹砂红褐陶。器表饰绳纹。口径18、通高5.2厘米（图一八五，3；彩版二一，4）。

第四章 遗 物　　321

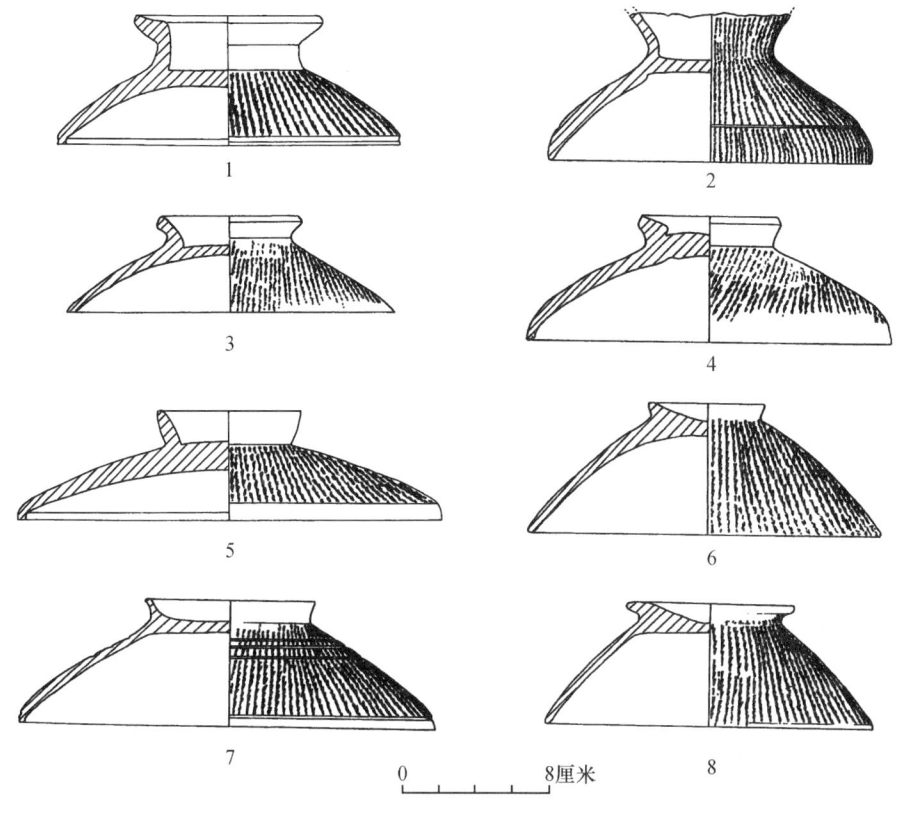

图一八五　甲 c 类 A 型陶器盖

1. AaⅠ式（T0706⑧:1）　2、3. AaⅡ式（T1009④:1、T0811⑤:10）　4. AaⅢ式（T0811②a:2）　5. AbⅠ式（T1011④:5）
6～8. AbⅡ式（T0713③:1、T0809④:5、T0712③:1）

Ⅲ式：1件。口沿微内折，矮捉手，浅腹。标本 T0811②a:2，泥质灰陶。器表饰绳纹，近口处绳纹抹平。口径 20.4、通高 6.8 厘米（图一八五，4；图版三八，6）。

Ab 型　4件。圈足状捉手外斜，略浅。据圈足高矮分为二式。

Ⅰ式：1件。口沿微内折，捉手较高，器腹较浅。标本 T1011④:5，泥质灰陶。器表饰绳纹。口径 23.2、通高 5.8 厘米（图一八五，5；图版四〇，1）。

Ⅱ式：3件。矮捉手，器腹略深。标本 T0713③:1，夹砂灰陶。器表饰绳纹，口径 19.6、通高 7 厘米（图一八五，6；图版四〇，2）。标本 T0809④:5，夹砂灰陶。器表饰绳纹，并饰四道凹弦纹间断。口径 22.8、通高 6.8 厘米（图一八五，7；图版四〇，3）。标本 T0712③:1，夹砂红褐陶。器表饰绳纹。口径 18、通高 6.6 厘米（图一八五，8；图版四〇，4）。

B 型　3件。覆钵形，口微内敛，器腹外鼓。据捉手高矮分三式。

Ⅰ式：1件。捉手略高，深腹。标本 T0317⑪:1，泥质灰陶，胎较薄。素面，上腹部饰一道凸棱，折棱明显。口径 16.2、通高 9.7 厘米（图一八六，1；图版四〇，5）。

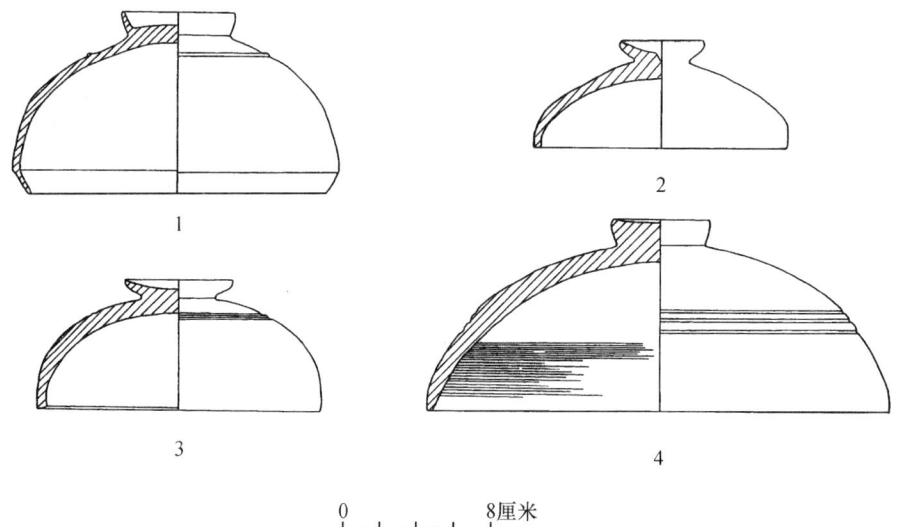

图一八六 甲c类、甲d类陶器盖
1. 甲c类B型Ⅰ式（T0317⑪:1） 2. 甲c类B型Ⅱ式（T0507③:1） 3. 甲c类B型Ⅲ式（T0810⑤:4）
4. 甲d类A型（T0913③:3）

Ⅱ式：1件。矮捉手，器腹较浅。标本T0507③:1，泥质灰陶，捉手中有一小圆孔。素面抹光。口径13.6、通高5.7厘米（图一八六，2；图版四〇，6）。

Ⅲ式：1件。矮捉手，腹略浅。标本T0810⑤:4，泥质黑陶。素面抹光，上饰两道凹弦纹。口径15.8、通高7厘米（图一八六，3；图版四一，1）。

甲d类 7件。矮柱状捉手，斜弧腹。据器形大小分为二型。

A型 1件。器形较大，覆钵形。标本T0913③:3，泥质黑陶，捉手微凹。素面抹光，腹部饰三道凹弦纹，内侧可见密集轮痕。口径25.2、通高10.4厘米（图一八六，4；图版四一，2）。

B型 6件。器形较小，覆盘形。据捉手及器腹的变化分为三式。

Ⅰ式：1件。捉手略高，腹较深。标本T0912④:5，夹砂红褐陶，捉手微凹。素面。口径13.3、通高5.8厘米（图一八七，1）。

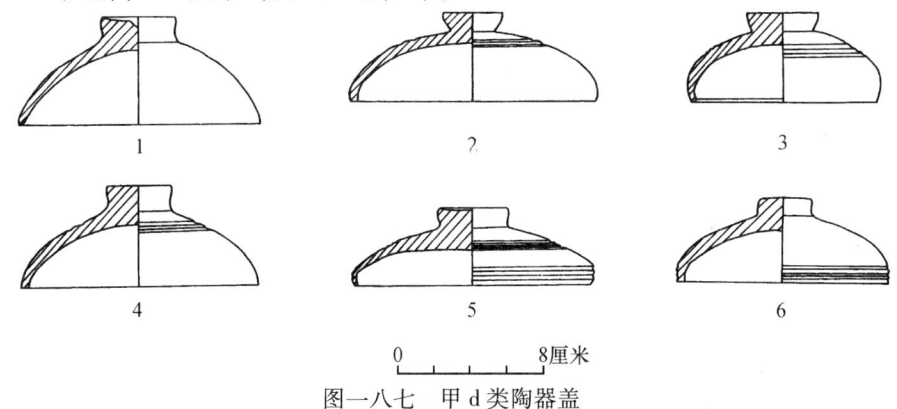

图一八七 甲d类陶器盖
1. BⅠ式（T0912④:5） 2~5. B型Ⅱ式（T0713⑦:8、T0811⑤:8、T0713⑦:3、T0811⑤:17） 6. BⅢ式（T0809⑤:8）

Ⅱ式：4件。口内折，矮捉手，腹略浅。标本 T0713⑦:8，泥质黑陶。素面抹光，器表饰两道凹弦纹。口径13.4、通高4.8厘米（图一八七，2；图版四一，3）。标本 T0811⑤:8，泥质磨光黑陶。素面，腹部饰四道凹弦纹。口径10.4、通高4.8厘米（图一八七，3；图版四一，4）。标本 T0811⑤:17，泥质黑陶。素面抹光，上饰两道凹弦纹。口径13.4、通高5.4厘米（图一八七，5；图版四一，5）。标本 T0713⑦:3，泥质黑陶。素面抹光，并饰数道凹弦纹。口径12.8、通高4.2厘米（图一八七，4；图版四一，6）。

Ⅲ式：1件。口内折，矮捉手，浅腹。标本 T0809⑤:8，泥质灰褐陶。近口处饰三道凹弦纹。口径11.6、残高4.6厘米（图一八七，6）。

乙类　8件。子母口器盖，据形态的差异，分为以下四小类。

乙a类　1件。平顶。盖顶三纽形捉手。标本 T0912③:2，泥质黑陶，圆盘形，盖顶设方形三折纽，折纽较矮，盖顶中部为一道凹槽，盖口内折成小直口。素面抹光。口径14.6、通高4.6厘米（图一八八，1；彩版二一，3）。

乙b类　5件。柱状捉手，盖腹斜弧，盖口竖直。标本 T0910③:5，泥质红陶，捉手中部有一小孔，口略残，盖腹斜弧。素面抹光，腹部饰两周凹弦纹。残高4.2厘米（图一八八，2；图版四二，1）。标本 T0712③:3，泥质灰陶，捉手较高。素面抹光。口径5、通高4厘米（图一八八，3；图版四二，2）。标本 T0710⑥:2，泥质灰陶，纽残。素面，腹部饰两道凹弦纹。口径7.4、残高3.2厘米（图一八八，5）。标本 T0710⑤:1，泥质灰陶。素面抹光，腹部饰两道凹弦纹。口径7.2、通高4厘米（图一八八，6；图版四二，3）。标本 T0910④:8，泥质红褐陶，纽残。素面抹光。口径8.6、残高3厘米（图一八八，7）。

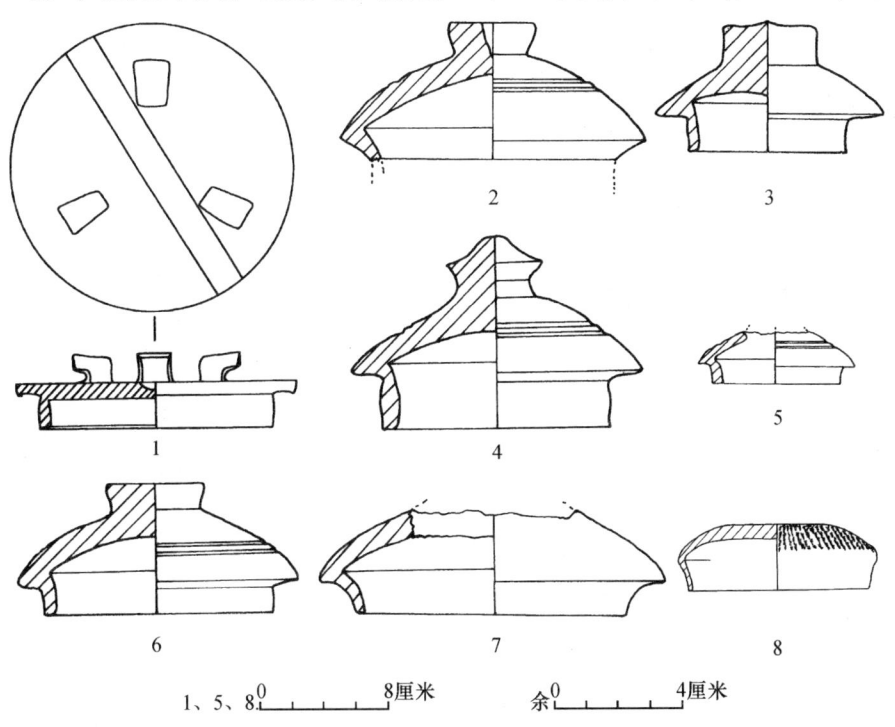

图一八八　乙类陶器盖
1. 乙a类（T0912③:2）　2、3、5～7. 乙b类（T0910③:5、T0712③:3、T0710⑥:2、T0710⑤:1、T0910④:8）
4. 乙c类（T0809⑤:5）　8. 乙d类（T0913③:1）

乙c类　1件。蘑菇状捉手。标本 T0809⑤:5，泥质红褐陶，盖口竖直，盖顶斜弧。素面抹光，并饰两道凹弦纹。口径7.2、通高5.8厘米（图一八八，4；彩版二一，6）。

乙d类　1件。盖顶无捉手。标本 T0913③:1，夹砂灰陶，覆钵形，平顶无捉手，盖口内敛，盖腹斜弧。上腹及顶部饰绳纹。口径11.4、通高4厘米（图一八八，8；图版四二，4）。

陶壶　5件。直口内收，高领，鼓腹。据有无器耳分为二型。

A型　4件。上腹附加双耳。标本 T0910④:5，夹砂红陶，小口内敛，圆唇，平底。并以泥条贴敷对称横环耳。腹部饰绳纹，并以四道浅凹弦纹间断，领部以上绳纹抹平。口径8.6、底径10.8、高17.8厘米（图一八九，1；彩版二五，3）。标本 T0807⑨:2，泥质黑陶，小口内敛，方唇，上腹部附加贴敷对称马鞍形中空竖耳，下腹至底残。器表饰密集凹弦纹。口径10.4、残高12厘米（图一八九，4；图版四二，5）。标本 T0714⑦:1，夹砂红褐陶，直口，方唇，下腹残，贯耳。器表饰绳纹，并见数道凹弦纹。残高10.2厘米（图一八九，2）。标本采:2，夹砂灰褐陶，直口，方唇，下腹残。素面，耳上部饰一周凹弦纹。口径12、残高9厘米（图一八九，5）。

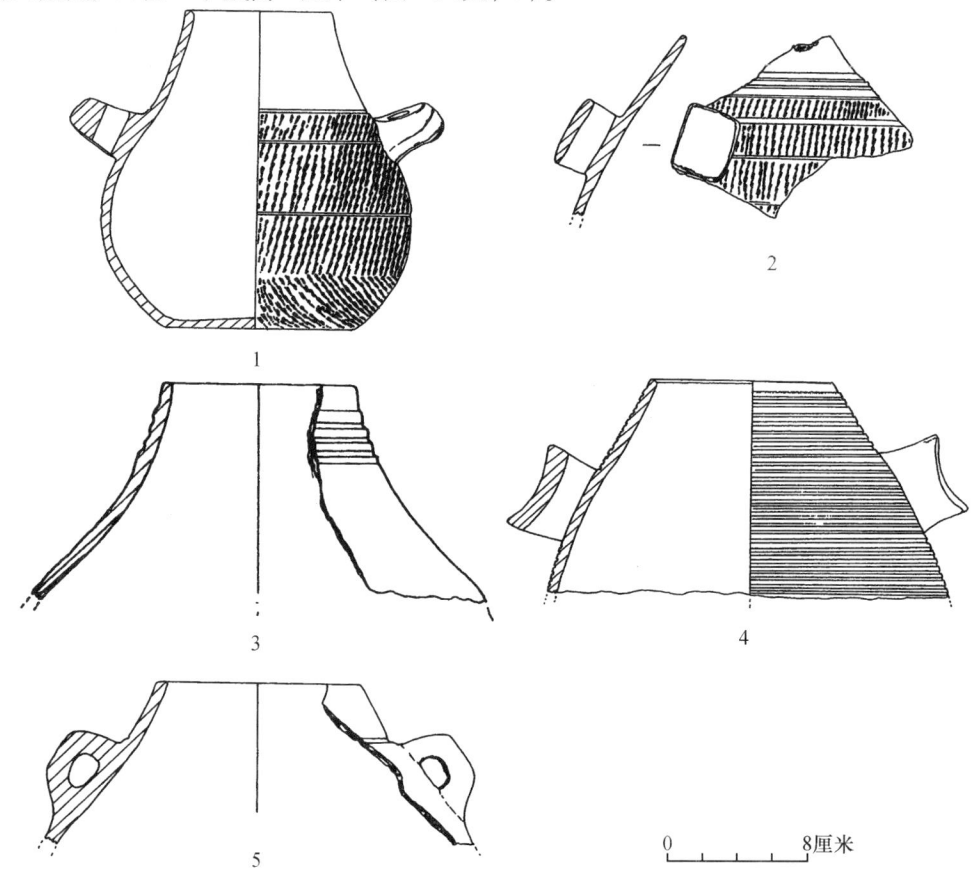

图一八九　陶壶

1、2、4、5. A型（T0910④:5、T0714⑦:1、T0807⑨:2、采:2）　3. B型（T0709⑫:2）

B型 1件。无耳。标本T0709⑫:2，泥质黑陶，斜弧领，腹残。素面，领部饰三道凹弦纹。口径11.2、残高12厘米（图一八九，3）。

瓮 10件。器形较大，厚胎。器表多饰宽条附加堆纹。据腹部形态分为二型。

A型 3件。斜弧腹。标本T0810②a:2，夹砂灰陶，侈口，圆唇，微卷沿，略垂腹，圜底。器表饰绳纹，贴敷四道宽条附加堆纹，斜向按压加固，口沿下绳纹抹平。口径26.8、高70厘米（图一九〇，1；彩版二六，1）。标本T0514⑩:1，夹砂灰陶，直口，方唇，斜弧腹。器表饰竖向绳纹，腹部饰两道附加堆纹，并斜向按压加固。口径20、残高18厘米（图一九一，3）。标本T0811⑤:12，口沿残片，夹砂红褐陶，直口，厚方唇，斜腹。器表饰竖向绳纹，近沿处饰一道宽堆纹，其上并见斜向按压纹。残高10厘米（图一九一，5）。

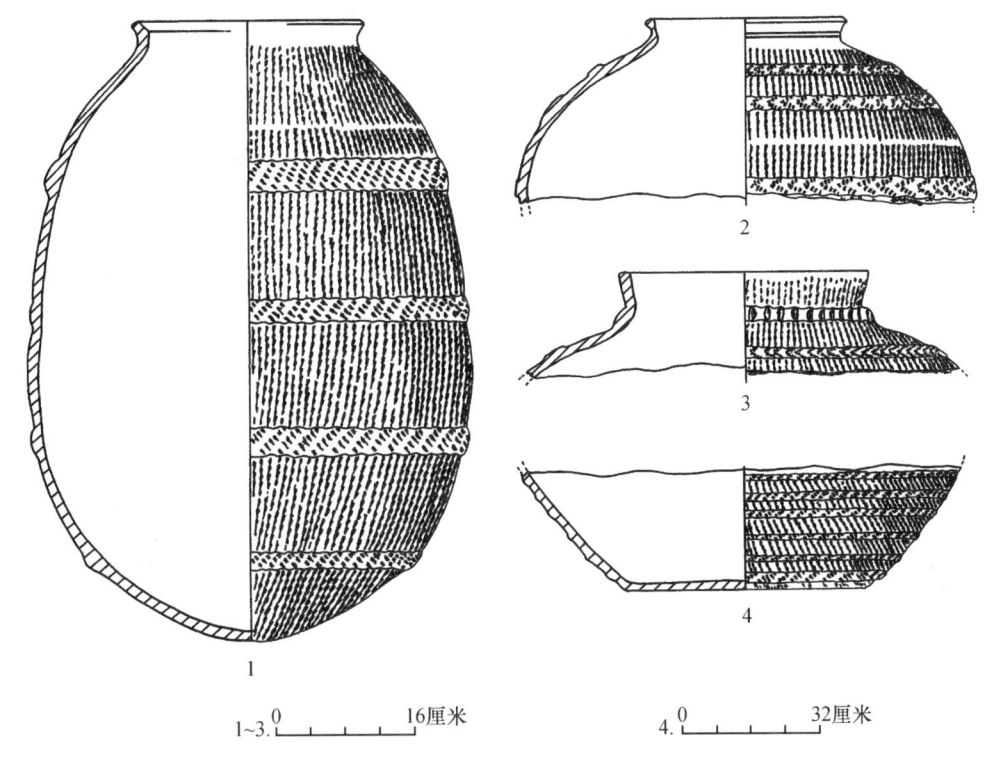

图一九〇 陶瓮
1. A型（T0810②a:2） 2~4. B型（T0813③:9、T0711⑤:7、T0809⑦b:3）

B型 7件。鼓腹。标本T0813③:9，夹砂红褐陶，侈口，折沿，方唇，束颈，下部残。器表饰绳纹，贴敷三周附加堆纹，并交叉按压加固，口沿下可见轮痕。口径23.6、残高20.8厘米（图一九〇，2；图版四四，1）。标本T0711⑤:7，夹砂红陶，胎质厚重，折沿，方唇，溜肩，腹部残。器表饰绳纹，颈部饰一周指窝纹，肩部饰一周堆纹。口径28.8、残高12厘米（图一九〇，3）。标本T0809⑦b:3，夹砂黑陶，上部残，斜弧腹，平底。器表饰绳纹，贴敷六道宽条附加堆纹，并斜向按压加固。底径56、残高27.2厘米（图一九〇，4；图版四四，4）。标本T0811⑤:13，夹砂黑陶，侈口，圆唇，折沿，束颈，弧折肩，下部残。器表饰绳纹，贴敷六道宽条附加堆纹，并交叉按压加固。口径32、残高44.8厘米（图一九一，1；图版四四，2）。标本T0810④:13，夹砂灰陶，侈口，折沿，方唇，束颈。器表饰绳纹。口径28、残高9.2厘米（图一九一，2；图版四四，5）。标本T0511⑥:1，夹砂灰陶，侈口，方唇，斜直领，束颈，鼓腹，下部略残。器表饰绳纹，贴敷七道宽条附加堆纹，斜向按压加固。口径28.8、残高57厘米（图一九一，4；图版四四，3）。标本T1205③:5，口沿残片，夹砂灰褐陶，厚胎，直口。沿下饰一道宽条附加堆纹。残高10.2厘米（图一九一，6）。

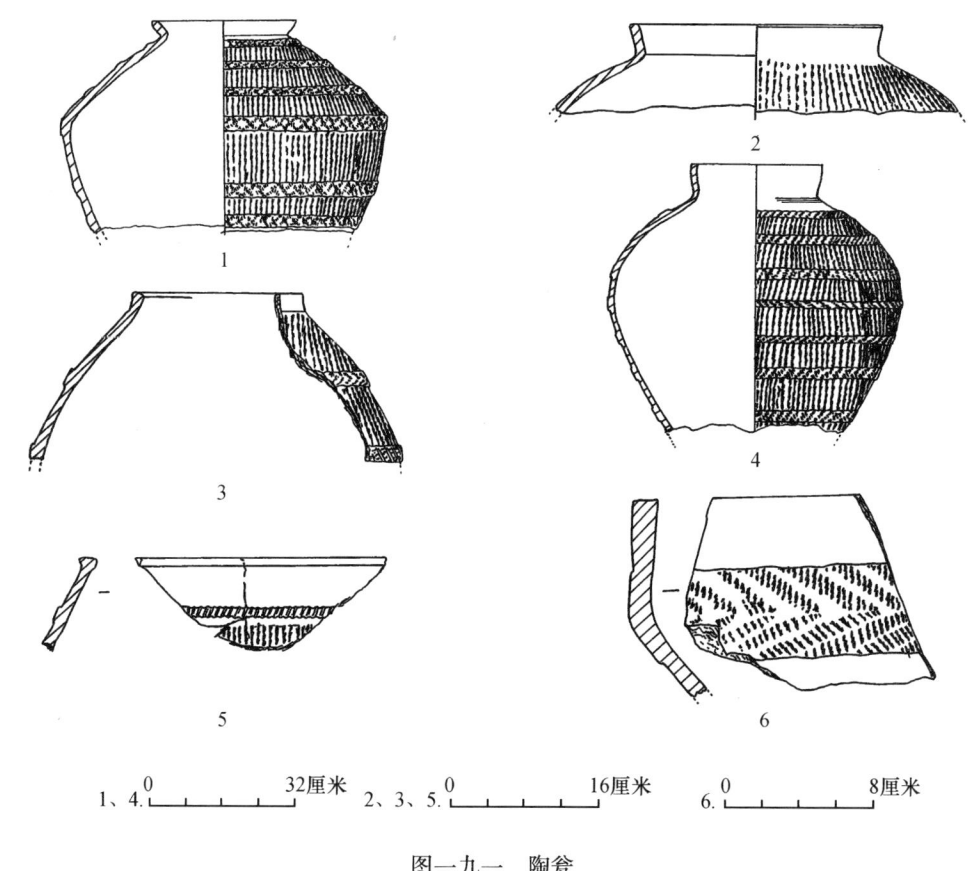

图一九一　陶瓮

1、2、4、6. B型（T0811⑤:13、T0810④:13、T0511⑥:1、T1205③:5）　3、5. A型（T0514⑩:1、T0811⑤:12）

三足盘　1件。标本T0711⑤:3，泥质黑陶，口微敛，圆方唇，下腹弧折，圜底，三蹄形足等距分布。素面抹光，上腹饰五道深凹弦纹。口径19.6、通高11厘米（图一九二，1；彩版二六，2）。

箕形镂空器　1件。标本T0810④:12，夹砂红褐陶，簸箕状，底部分布四行窄条状镂空，功能不明。长24、宽21.8、厚0.3厘米（图一九二，2；图版四二，6）。

第四章 遗　物　　327

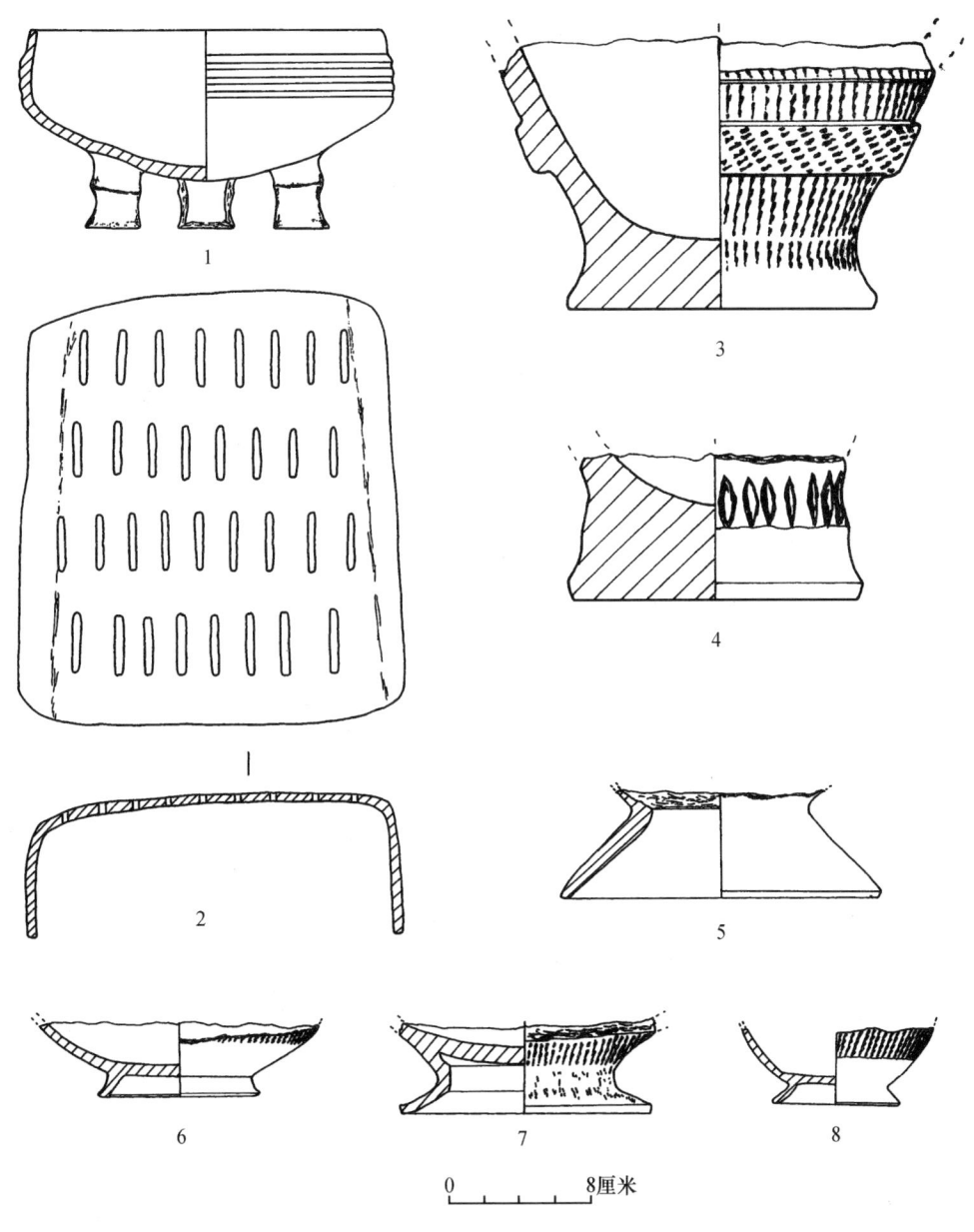

图一九二　其他类陶器
1. 三足盘（T0711⑤:3）　2. 箕形镂孔器（T0810④:12）　3、4. 缸底（T0812③:4、T0712⑤:12）
5~8. 圈足器（T0808④:1、T0713③:7、T0614⑨:2、T0607⑩:2）

缸底　2件。胎体厚重。标本T0812③:4，夹砂红褐陶，上部残，器形厚重，饼状底。器表饰绳纹，腹部贴敷宽条附加堆纹，并斜向按压加固。底径17.6、残高15.2厘米（图一九二，3；彩版二五，4）。标本T0712⑤:12，夹砂红陶，厚底。器表可见按窝纹。底径16.8、残高8厘米（图一九二，4）。

圈足器　4件。器形较大，仅残留圈足。标本T0808④:1，泥质红褐陶，仅存圈足，喇叭形。器表饰绳纹。底径18.4、残高6厘米（图一九二，5）。标本T0713③:7，器形较大，夹砂黑陶，仅存下腹及矮圈足。腹部饰绳纹。底径18.4、残高8厘米（图一九二，6；图版四四，6）。标本T0614⑨:2，泥质灰陶，上部残，矮圈足，圈足包底。器腹饰绳纹，底径13.6、残高5厘米（图一九二，7）。标本T0607⑩:2，泥质红褐陶，上部残，弧腹，圈足较矮。器腹饰绳纹，近圈足处绳纹抹平。底径14.8、残高8.8厘米（图一九二，8）。

二、陶 工 具

（一）生活用器

主要有纺轮和网坠，其中纺轮数量较多，网坠仅发现1件。

纺轮　42件。据器体形态分为二型。

A型　40件。圆饼状，上、下面平直，中部为一圆形穿孔，素面。依据侧缘形态分为二亚型。

Aa型　32件。外侧缘竖直。标本T0514⑬:1，泥质青灰陶，烧制火候较高，陶质较坚硬。直径5.7、孔径0.6、厚1.2厘米（图一九三，1）。标本T0911④:7，夹砂黑灰陶，残半，器表光滑。直径5、孔径0.8、厚1.1厘米（图一九三，2）。标本T0811⑤:11，泥质浅黄陶，烧制火候较高。直径5.1、孔径0.5、厚1厘米（图一九三，3）。标本T0809④:4，泥质黑褐陶，器表光滑。直径5.3、孔径0.9、厚2厘米（图一九三，4）。标本T0913⑥:1，泥质黄陶，烧制火候较高，陶质坚硬，器表光滑。直径4.8、孔径0.6、厚0.8厘米（图一九三，5）。标本T0909⑧:1，泥质黑陶，器表光滑。直径4.5、孔径0.6、厚1.1厘米（图一九三，6）。标本T0809⑤:7，泥质浅黄陶。直径5.9、孔径1、厚1.6厘米（图一九三，7）。标本T0714⑩:1，泥质黑陶，整横截面残断。直径5.4、孔径0.7、残厚0.7厘米（图一九三，8）。标本T0809⑦b:2，泥质黑陶，一面略残。直径5、孔径0.8、厚1.5厘米（图一九三，9）。标本T0812③:2，夹砂红陶。直径5.5、孔径0.6、厚1.1厘米（图一九二，10）。标本T0912③:1，泥质灰陶，器表光滑。直径5.6、孔径0.75、厚1.6厘米（图一九三，11；图版四七，1）。标本T0909⑤:7，泥质红褐陶，残半。直径5.6、孔径0.7、厚1.2厘米（图一九三，12）。标本T0712⑤:8，泥质红陶，器表光滑。直径9、孔径0.9、厚1.1厘米（图一九四，1；图版四七，2）。标本T0914⑦:1，泥质灰陶，器表光滑。直径4.5、孔径0.6、厚1厘米（图一九四，2）。标本T0614②:1，泥质红陶，器表磨光。直径4.6、孔径0.6、厚2.1厘米（图一九四，3）。标本T0711⑥a:1，夹砂红陶，边缘略残，双面对钻穿孔。直径5.4、孔径0.4、厚1.6厘米（图一九四，4）。标本T1112③:1，泥质黑陶，

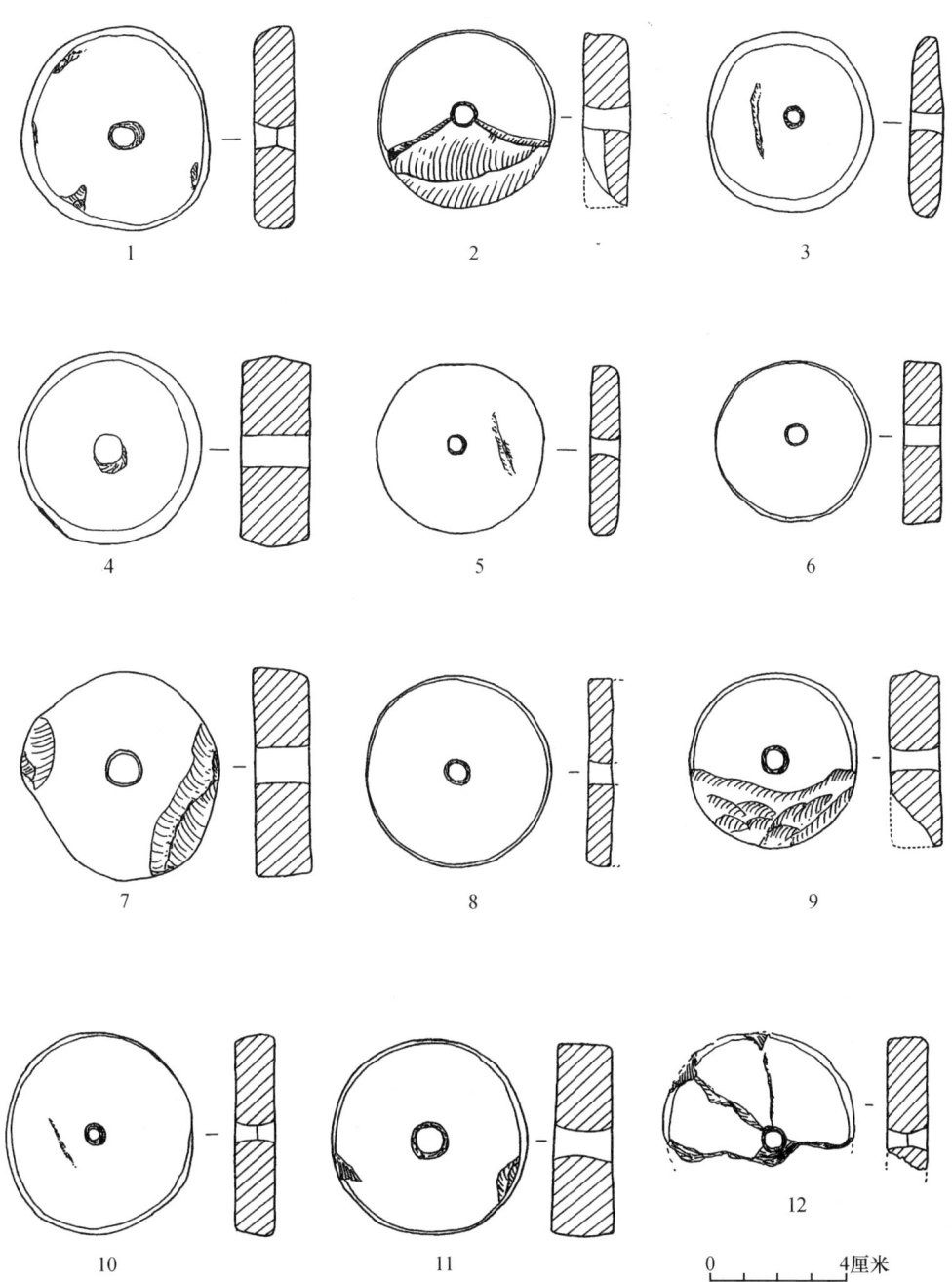

图一九三 Aa 型陶纺轮

1. T0514⑬:1 2. T0911④:7 3. T0811⑤:11 4. T0809④:4 5. T0913⑥:1 6. T0909⑧:1 7. T0809⑤:7
8. T0714⑩:1 9. T0809⑦b:2 10. T0812③:2 11. T0912③:1 12. T0909⑤:7

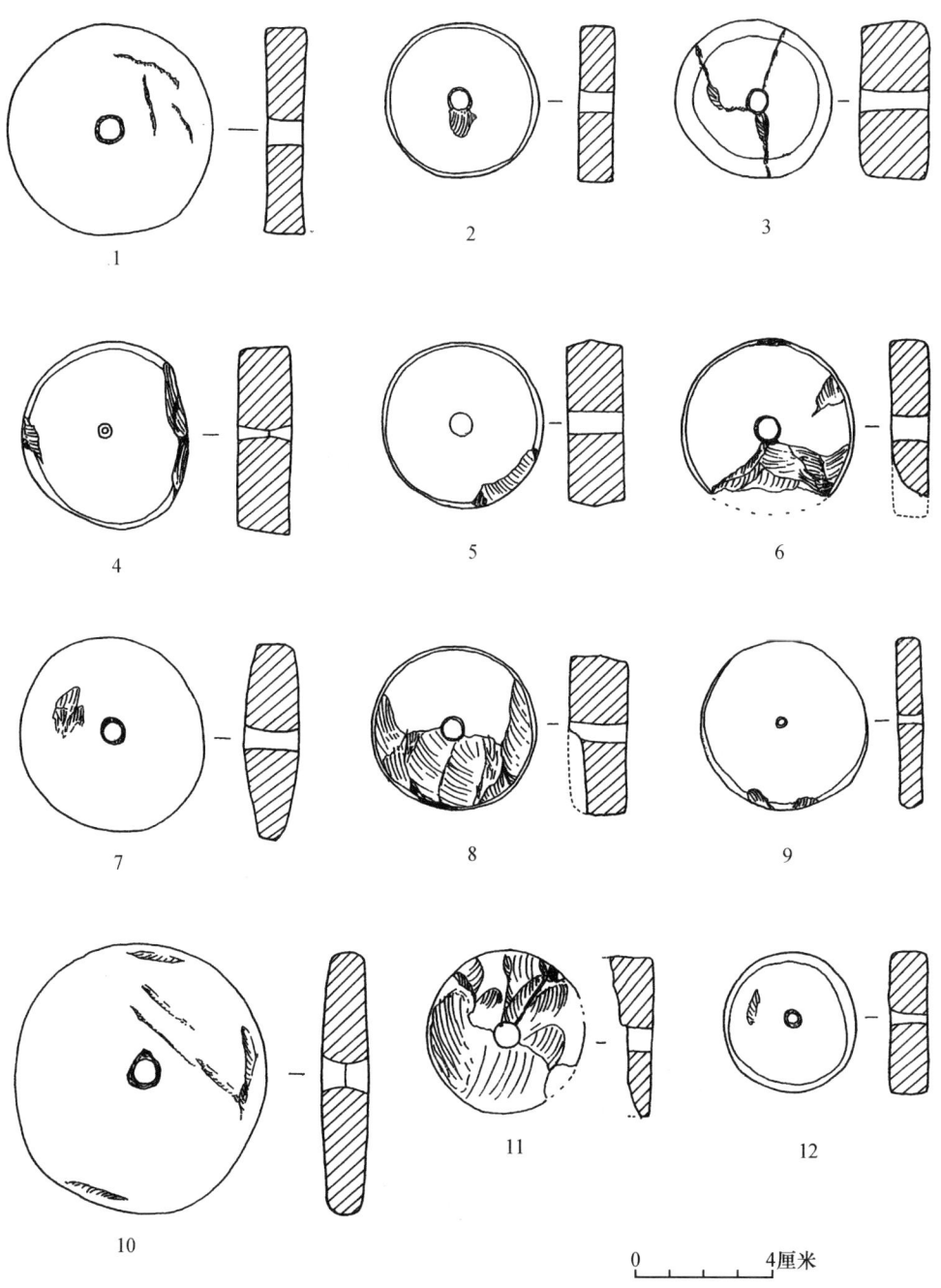

图一九四　Aa 型陶纺轮
1. T0712⑤:8　2. T0914⑦:1　3. T0614②:1　4. T0711⑥a:1　5. T1112③:1　6. T0812⑤:8　7. T1009⑨:1
8. T0811⑤:16　9. T0317⑨:1　10. T0314⑩:1　11. T0710⑧:1　12. T0508⑧:1

直径4.7、孔径0.6、厚1.6厘米（图一九四，5）。标本T0812⑤:8，泥质黑陶，略残。直径5.1、孔径0.7、厚1.1厘米（图一九四，6）。标本T1009⑨:1，泥质红褐陶，器表光滑。直径5.6、孔径5、厚1.6厘米（图一九四，7）。标本T0811⑤:16，泥质黑陶，器体较厚。直径4.8、孔径0.6、厚1.7厘米（图一九四，8）。标本T0317⑨:1，泥质浅黄陶。直径4.9、孔径0.3、厚0.7厘米（图一九四，9）。标本T0314⑩:1，泥质灰黄陶，烧制火候较高，陶质坚硬，双面对钻穿孔，器表光滑。直径7.5、孔径0.7、厚1.3厘米（图一九四，10）。标本T0710⑧:1，泥质黑陶，一面残断，器表光滑。直径4.6、孔径0.7、残厚0.7~1.2厘米（图一九四，11）。标本T0508⑧:1，夹砂红陶。直径4.1、孔径0.4、厚1.1厘米（图一九四，12）。标本采集:3，夹砂灰陶，双面对钻穿孔。直径4.6、孔径7、厚1.4厘米（图一九五，1）。标本T0810⑧:3，泥质灰黑陶，残半。直径约4.6、孔径0.7、厚1.4厘米（图一九五，2）。标本T0911④:10，泥质黑陶，残半。器表光滑。直径4.6、孔径0.6、厚1.3厘米（图一九五，3）。标本T0711③:1，泥质红陶，器形较小。中部为一圆形对钻未透小凹窝。直径3.3、孔径0.3、厚1.1厘米（图一九五，4）。标本T0909⑤:4，泥质黑褐陶，残半。器表光滑。直径4.8、孔径0.7、厚1.2厘米（图一九五，5）。标本T1111③:1，泥质黑陶，残半。器表光滑。直径4.6、孔径0.5、厚1.2厘米（图一九五，6）。标本T0514⑥:2，泥质黑陶，残半。素面抹光。直径约4.8、孔径0.7、厚1.4厘米（图一九五，7）。标本T0910④:4，泥质红褐陶，大半残。器表抹光。直径约4.6、孔径0.7、厚2厘米（图一九五，8）。

Ab型　8件。侧缘外凸起棱。标本T0907③:1，泥质灰陶，一面略残。直径5.5、孔径0.9、厚1.6厘米（图一九六，1）。标本T0810②a:1，夹砂灰陶。直径4.1、孔径0.45、厚1.2厘米（图一九六，2）。标本T0914③:2，泥质黑陶。直径3.7、孔径0.25、厚1.3厘米（图一九六，3）。标本T0815④:1，泥质黑陶，器表光滑。直径5.9、孔径1.0、厚2.1厘米（图一九六，4；图版四七，3）。标本T0614⑨:1，泥质灰褐陶，残半。器表光滑。直径5.2、孔径0.6、厚1.9厘米（图一九六，5）。标本T0712③:2，泥质灰褐陶，残半。直径5、孔径0.65、厚2.1厘米（图一九六，6）。标本T0913②:2，泥质红褐陶，器体较厚，残半。器表光滑。直径4.7、孔径0.8、厚2.2厘米（图一九六，7）。标本T0710⑥:1，泥质灰黑陶，残半。器表光滑。直径约5、厚1.4厘米（图一九六，8）。

B型　2件。算珠形，器形较小，中部为一圆形穿孔，器表素面光滑。标本T0808⑧:1，泥质灰陶，器体较厚，两面中部内凹，并对钻穿孔。直径3.9、孔径0.8、厚约1.8厘米（图一九六，9；图版四七，4）。标本T0804⑤:1，夹砂灰褐陶。直径3.2、孔径0.3、厚1.3厘米（图一九六，10）。

网坠　1件。标本T0808③:1，泥质红陶，扁圆柱形，一侧略残，两端及两侧均有凹槽。素面。长4厘米（图一九七，1）。

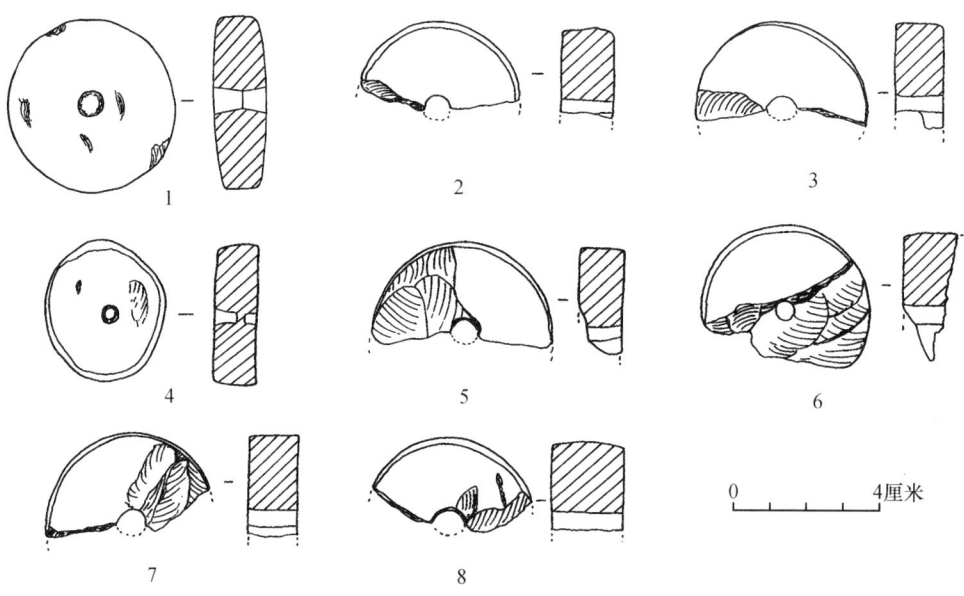

图一九五　Aa 型陶纺轮

1. 采集:3　2. T0810⑧:3　3. T0911④:10　4. T0711③:1　5. T0909⑤:4　6. T1111③:1　7. T0514⑥:2　8. T0910④:4

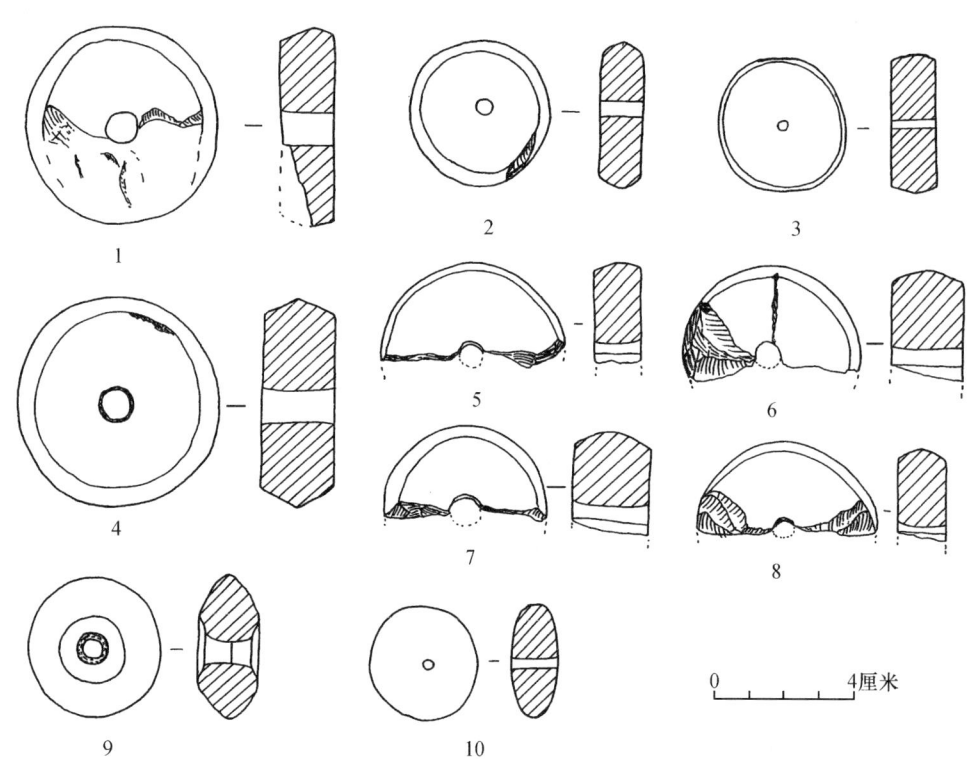

图一九六　Ab、B 型陶纺轮

1~8. Ab 型（T0907③:1、T0810②a:1、T0914③:2、T0815④:1、T0614⑨:1、T0712③:2、T0913②:2、T0710⑥:1）

9、10. B 型（T0808⑧:1、T0804⑤:1）

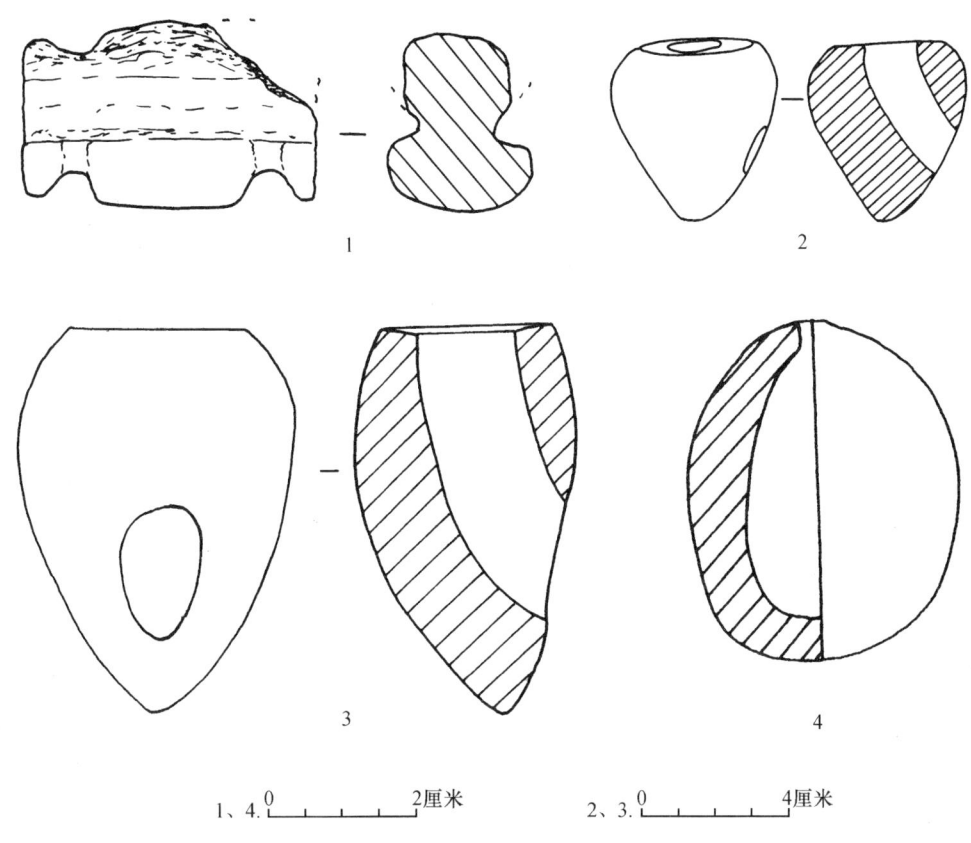

图一九七 网坠、陶垫、球形带孔器
1. 网坠（T0808③:1） 2、3. 陶垫（T0707⑩:1、T0815⑪:1） 4. 球形带孔器（T0707⑦:1）

球形带孔器 1件。标本T0707⑦:1，泥质褐陶，椭球状，略残。中空，上端中部为一圆形未透小孔。素面，不甚光滑。高4.5、孔径0.4、厚约0.8厘米（图一九七，4）。

（二）制陶工具

主要为陶垫与陶拍两种。

陶垫 2件。标本T0707⑩:1，泥质灰陶，烟斗形，一侧残，中有一孔从侧面穿通。素面。高4.7、口径3、孔径1.5厘米（图一九七，2）。标本T0815⑪:1，泥质灰黑陶，烟斗形，中有一孔从侧面穿通。素面。顶径5、顶孔径2.8、高10.2厘米（图一九七，3；图版五二，3）。

陶拍 26件。器体外弧，外表面饰有纹饰，部分器形可见残纽。依据平面形状，将其分为三型。

A型 8件。平面长方形。器表饰叶脉纹及划纹。据背面有无纽分为二亚型。

Aa 型　7件。背面无纽。标本 T1110②:1，夹砂红褐陶，饰叶脉纹。长9、宽5.8、厚0.7厘米（图一九八，1；图版五二，2）。标本 T0910④:1，夹砂红褐陶，一端残，饰叶脉纹。残长6.3、宽5.7、厚0.6厘米（图一九八，2）。标本 T0809⑥a:1，夹砂红褐陶，一端残，饰叶脉纹。残长5.4、宽6.3、厚0.7厘米（图一九八，4）。标本 T0912③:5，夹砂红褐陶，一段残，饰叶脉纹。残长5.8、宽5.5、厚0.7厘米（图一九八，5）。标本 T0908③:1，夹砂红褐陶，一端残，饰叶脉纹。残长4.8、宽5.2、厚0.7厘米（图一九八，6）。标本 T0417⑥:1，夹砂红褐陶，一端残，饰斜向划纹。残长6.4、宽4.5、厚1厘米（图一九八，7）。标本 T0810⑧:4，夹砂红褐陶，一端残，饰叶脉纹。残长5.5、宽6.2、厚0.55厘米（图一九八，8）。

Ab 型　1件。背面有纽。标本 T0617⑧:1，泥质灰陶，圆柱形残纽。残长9.7、宽4.1、厚1.2厘米（图一九八，3；图版五二，1）。

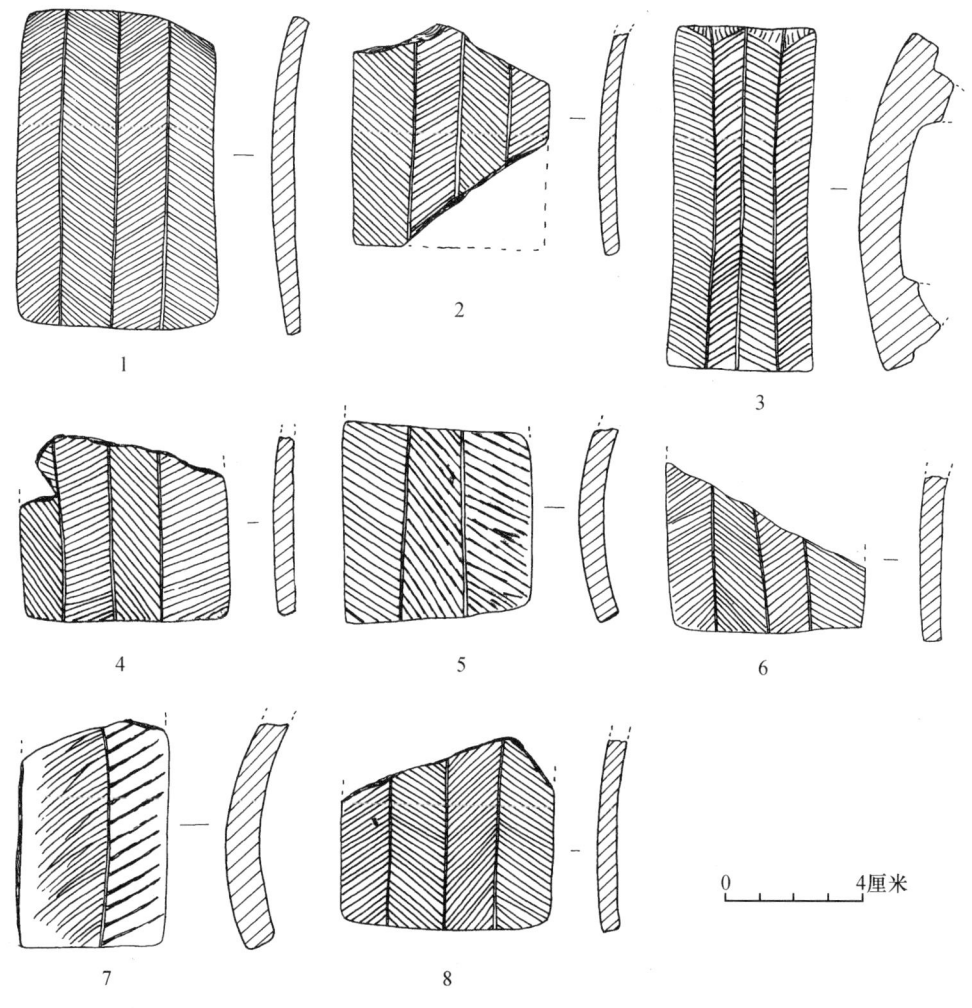

图一九八　A 型陶拍

1、2、4~8. Aa 型（T1110②:1、T0910④:1、T0809⑥a:1、T0912③:5、T0908③:1、T0417⑥:1、T0810⑧:4）
3. Ab 型（T0617⑧:1）

B型　17件。平面梯形。据背面有无纽分为二亚型。

Ba型　10件。背面无纽。标本T0910③:8，夹砂红褐陶，一端残。器表饰叶脉纹，背面绳纹抹平。残长6.3、宽3.2~5.5、厚1.1厘米（图一九九，1）。标本T0610⑥:1，夹砂黑陶，一端残。器表饰斜线纹。长5.6、宽4.5~5.6、厚1厘米（图一九九，2）。标本T0614⑩:1，夹砂红褐陶，一端残。器表饰席纹。残长4.3、宽3.7~5.6、厚0.9厘米（图一九九，3）。标本T0808④:3，夹砂红褐陶，一端残。饰叶脉纹。残长5、宽5.5、厚0.6厘米（图一九九，4）。标本T0910④:10，夹砂红褐陶，两端残。饰叶脉纹。长5.5、宽5.7、厚1.2厘米（图一九九，5）。标本T0512⑨:1，夹砂灰陶，一端残。器表饰斜线交叉纹。残长5.6、宽4.7~6、厚0.7厘米（图一九九，7）。标本T0713⑦:9，泥质灰陶，一端残。饰叶脉纹。残长4、宽5.5~6.6、厚0.8厘米（图一九九，8）。标本T0811⑤:20，夹砂红褐陶，一端残。饰叶脉纹。残长4.4、宽5.8~7.4、厚0.7厘米（图二〇〇，3）。标本T0614⑩:2，夹砂红褐陶，一端残。器表饰交叉斜线纹。长6、宽5.7~4.4、厚0.8厘米（图二〇〇，5）。标本T0809⑤:11，夹砂红褐陶，一端残。素面。残长5.5、宽6.5、厚0.8~1厘米（图二〇〇，6）。

Bb型　7件。背面有纽。标本T0812⑤:5，夹砂灰陶，一端残，平面呈梯形，拍面略弧，背面有残纽痕。饰叶脉纹。残长5.3、宽4~6.4、厚0.9厘米（图一九九，6）。标本T1110③:1，夹砂黑陶，一端残，背面有残纽痕。饰叶脉纹。残长4.2、宽4~5.4、厚0.7厘米（图一九九，9）。标本T0813④:2，夹砂红褐陶，一端残，背面可见残纽痕。饰叶脉纹。长4、宽7.2、厚0.8厘米（图一九九，10）。标本T0809⑤:12，夹砂红褐陶，一端残，背面有一残纽痕。饰叶脉纹。残长5.6、宽4.7~6、厚0.7厘米（图一九九，11）。标本T1012④:5，夹砂红褐陶，一端残，背面有一梯形纽。器表饰叶脉纹。残长5.5、宽5~5.8、厚0.9厘米（图二〇〇，1）。标本T1010④:3，夹砂黑陶，大部残，背面设一马鞍形纽。饰叶脉纹。残长5、宽4、厚1厘米（图二〇〇，2）。标本T0714⑨:2，夹砂红褐陶，一端残，背面有残纽痕。饰叶脉纹。残长5、宽5.2~7、厚0.9厘米（图二〇〇，4）。

C型　1件。平面舌形。标本T0812④:12，夹砂红褐陶，一端残。饰斜向划纹，内侧面饰绳纹。残长6、厚1厘米（图一九九，12）。

三、陶冶铸工具

陶范　12件。正面刻出范槽，可见火炙痕，背面分布均匀凹窝。分为斧形范和不可辨器形范二型。

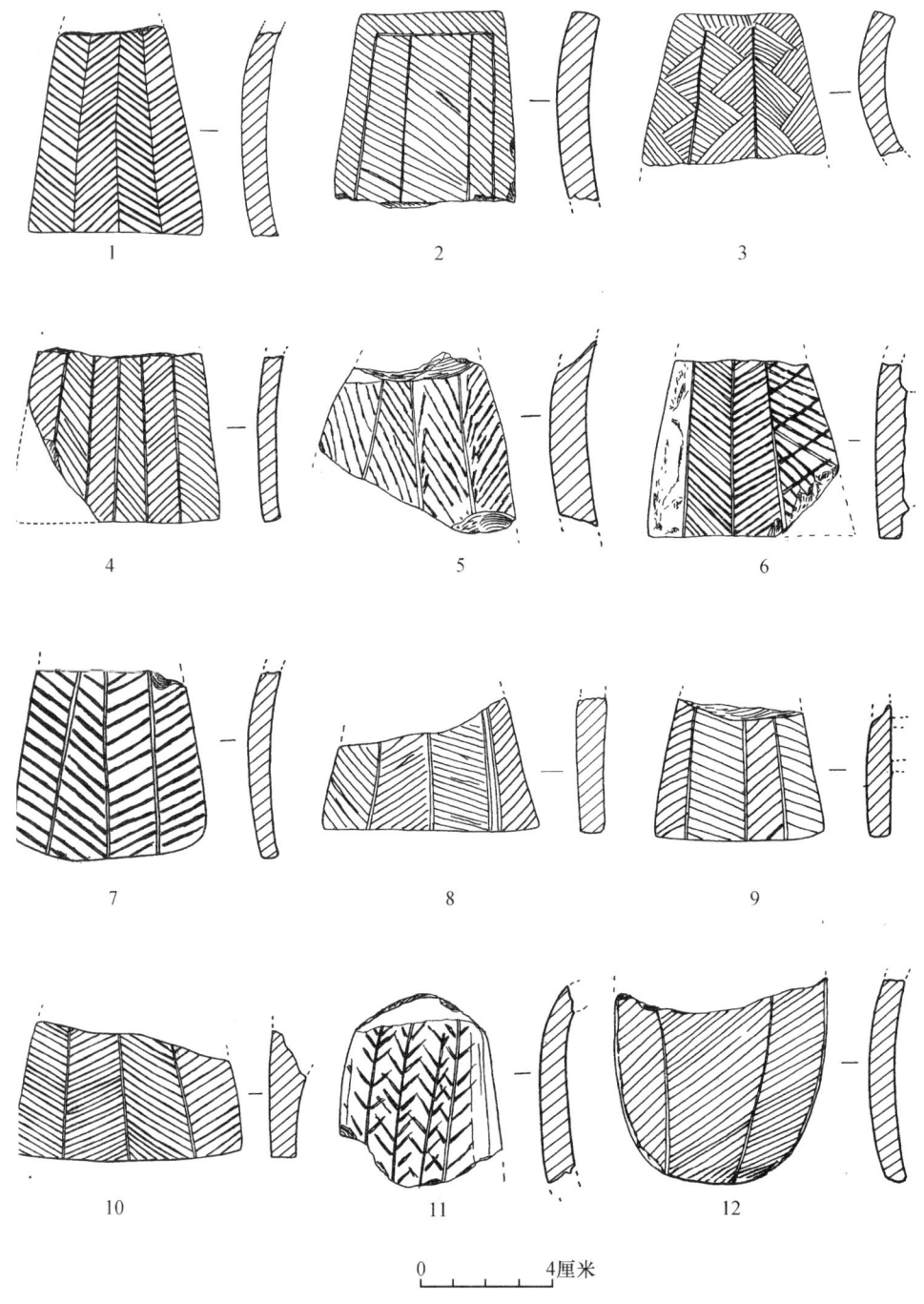

图一九九 B、C 型陶拍

1~5、7、8. Ba 型（T0910③:8、T0610⑥:1、T0614⑩:1、T0808④:3、T0910④:10、T0512⑨:1、T0713⑦:9） 6、9~11. Bb 型（T0812⑤:5、T1110③:1、T0813④:2、T0809⑤:12） 12. C 型（T0812④:12）

第四章 遗物　　337

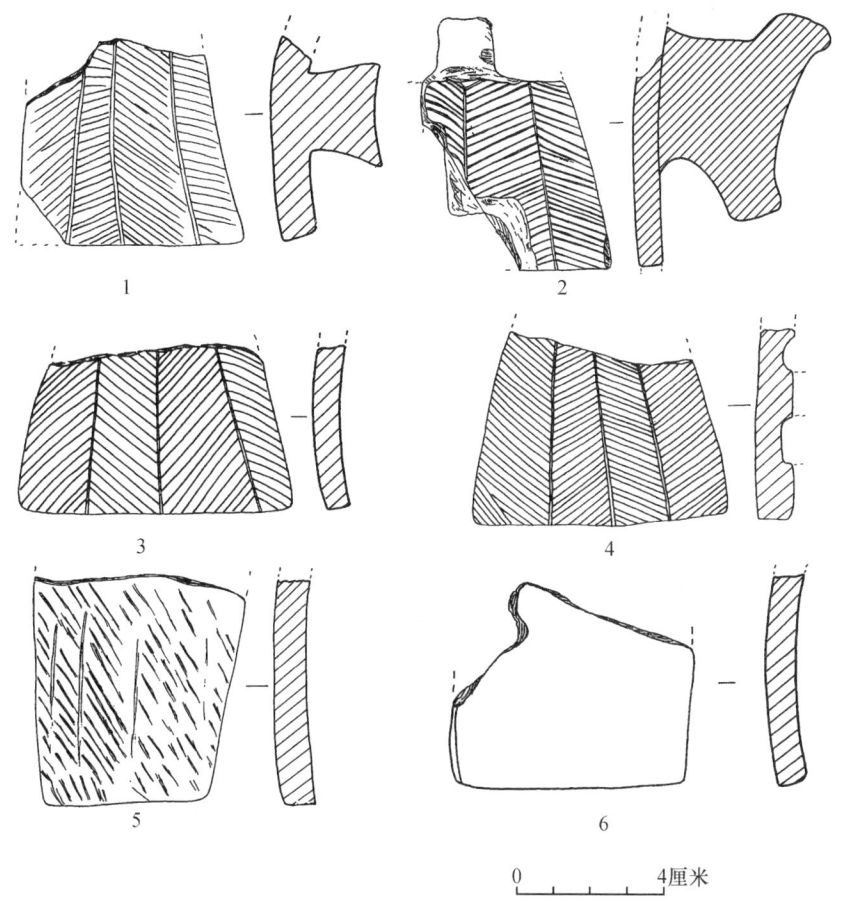

图二〇〇　B 型陶拍
1、2、4. Bb 型（T1012④:5、T1010④:3、T0714⑨:2）　3、5、6. Ba 型（T0811⑤:20、T0614⑩:2、T0809⑤:11）

A 型　3 件。斧形范。标本 T0909⑤:5，夹细砂红褐陶，含砂量较大，平面为长方形，一端残。残长 7、宽 8、厚 2.8 厘米（图二〇一，1）。标本 T0713③:3，夹细砂红褐陶，含砂量较大，一端残，平面呈长方形，三侧面平整。残长 12.8、宽 12、厚 2.6 厘米（图二〇一，5；彩版二三，3、4）。标本 T0811⑤:6，夹细砂红褐陶，含砂量较大，仅存一角，平面为长方形，侧面平整。残长 10、残宽 7.8、厚 3.4 厘米（图二〇二，1）。

B 型　9 件。不可辨器形范。标本 T0812⑤:4，夹细砂红褐陶，含砂量较大，仅存一角，内侧有两道凹槽，外侧面平整。残长 11、宽 9、厚 3.6 厘米（图二〇一，2）。标本 T0910⑥:1，夹细砂红褐陶，含砂量较大，一端残，平面呈长方形，内侧所铸器形似刀首，并饰勾连纹，侧面平整。残长 7.4、宽 6、厚 2.5 厘米（图二〇一，3；图版五二，4）。标本 T0812⑤:2，夹细砂红褐陶，含砂量较大，仅存一角，平面呈长方形，侧面平整，内表面有一道凹槽。残长 7.8、宽 5.8、厚 3 厘米（图二〇一，4）。标本

T0812⑤:9，夹细砂红褐陶，含砂量较大，两端残，平面呈长方形，侧面平整，内表面有凹槽，所铸器形疑为铜镞。残长 7、宽 7、厚 2.4 厘米（图二〇一，6）。标本 T0811⑤:7，夹细砂红褐陶，含砂量较大，仅存一角，平面呈长方形，侧面平整。残长 10.4、宽 7.4、厚 2 厘米（图二〇二，2）。标本 T0707⑤:1，夹细沙浅灰陶，两端残，一面平直为范槽。残长 3、宽 4.3、厚 1.2 厘米（图二〇二，3）。标本 T0606 扩③:2，夹细砂红褐陶，两端残，范槽为两道窄凹槽。残长 6、宽 12.6、厚 3.4 厘米（图二〇二，4）。标本 T0606 扩③:1，夹细砂红褐陶，含砂量较大，平面略呈长方形，一端残，内侧有两道凹槽。残长 6、宽 11.4、厚 2 厘米（图二〇二，5）。标本 T0911④:9，夹细砂灰陶，含砂量较大，仅存一角，内侧有一道凹槽，侧面平整，所铸器形疑为镞。残长 7.8、残宽 6、厚 4 厘米（图二〇二，6）。

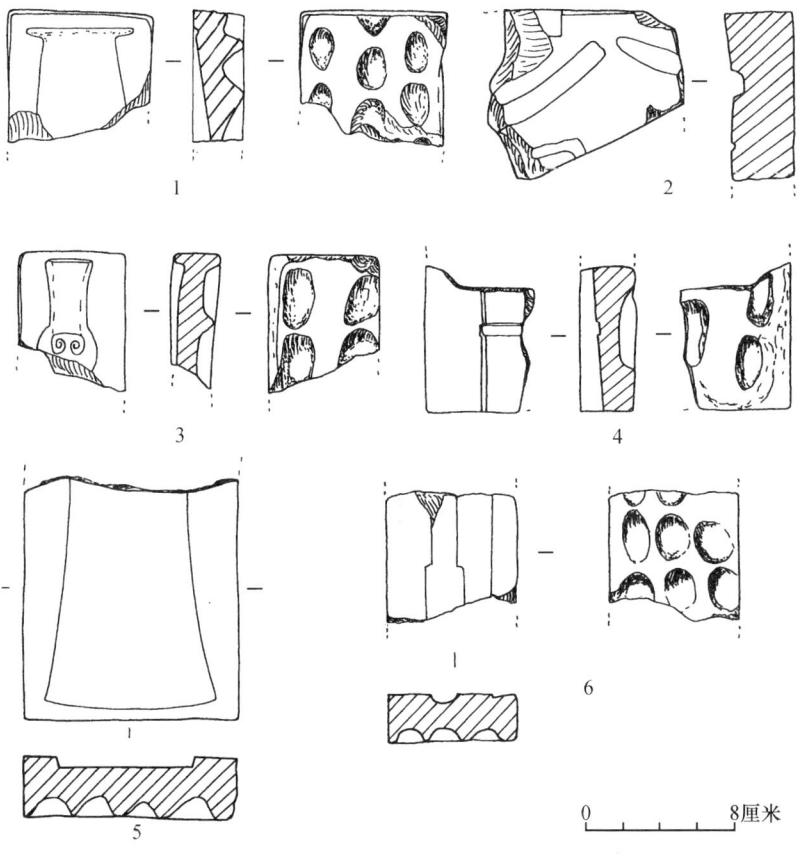

图二〇一　陶范
1、5. A 型（T0909⑤:5、T0713③:3）　2~4、6. B 型（T0812⑤:4、T0910⑥:1、T0812⑤:2、T0812⑤:9）

第四章 遗 物

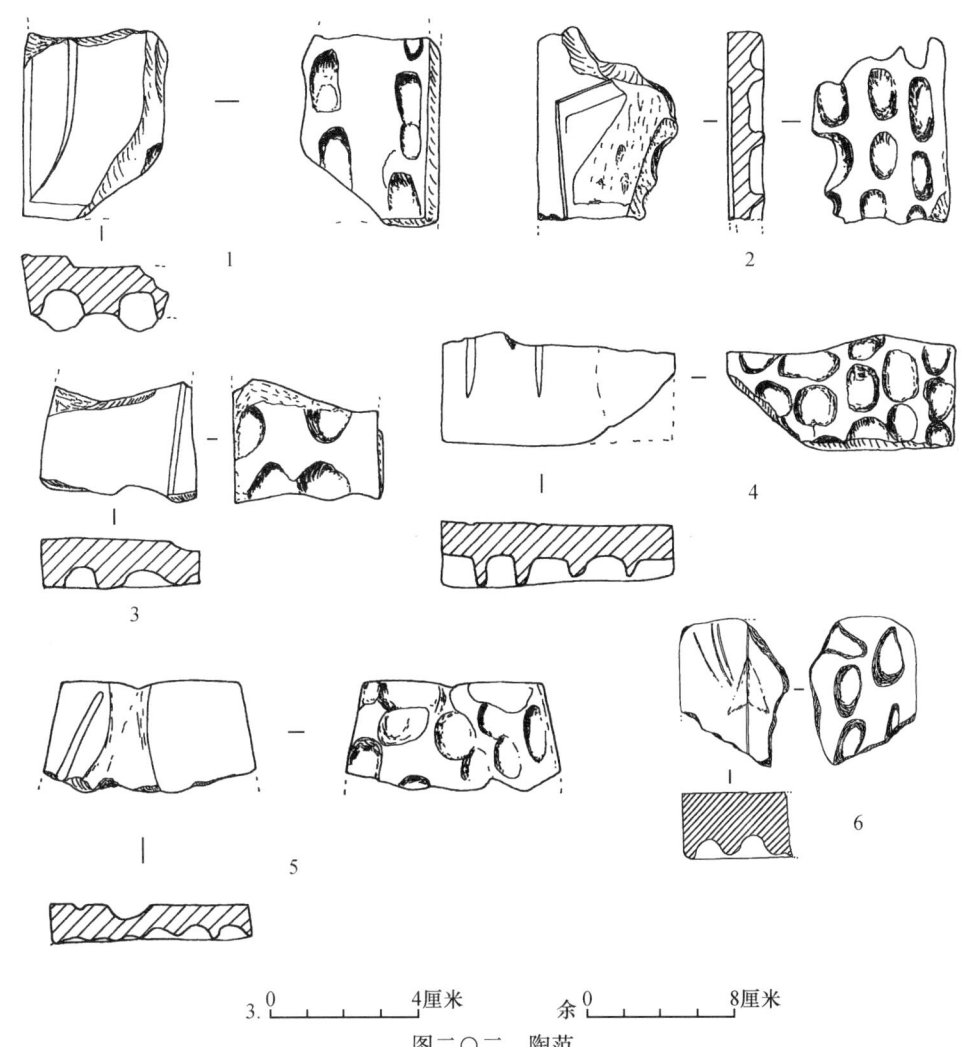

图二〇二 陶范
1. A 型（T0811⑤:6） 2~6. B 型（T0811⑤:7、T0707⑤:1、T0606扩③:2、T0606扩③:1、T0911④:9）

第二节 铜 器

堰台遗址发现铜器数量相对较少，依据铜器功能可分为兵器、容器、生产工具及其他类。其中兵器以铜镞为主；容器类仅发现铜器口沿及器足；生产工具主要有铜削、铜锛，另见双刺状器；其他类包括铜锥、铜鱼钩、铜管等。现分类介绍如下。

一、兵 器

铜镞 据有无翼，分为两类。
甲类 25 件。有翼镞。据翼、脊部形态分为二型。

A 型　16 件。两翼略窄，镞脊截面为椭圆或菱形，脊未透出本。据翼部形态的差异，分为二亚型。

Aa 型　15 件。双翼外斜，后锋尖锐。标本 T1214⑥a:1，锋尖锐利，三角形双翼，侧刃锋利，脊截面呈扁圆形，圆锥状铤。通长 4.7 厘米（图二〇三，1；彩版二四，3）。标本 T0916⑧:2，器身锈蚀严重，锋尖及外刃锐利，脊截面呈圆形，双翼及铤残。残长 3.2 厘米（图二〇三，2）。标本 T0916⑪b:5，锋尖及侧刃锐利，仅存一侧翼，微内弧，脊截面呈菱形，圆锥状铤。残长 3.9 厘米（图二〇三，3）。标本 M36:3，器身锈蚀严重，锋尖残，翼残，菱形脊，圆锥状铤。残长 5.2 厘米（图二〇三，4）。标本 T0916⑪b:7，锋尖较薄，侧刃锐利，双翼残，脊截面呈菱形，铤残。残长 4.1 厘米（图二〇三，5）。标本 T0514⑥:1，锋尖及侧刃锐利，双翼残，菱形脊，铤残，截面呈圆形。残长 3.7 厘米（图二〇三，6）。标本 M43:2，器形较小，锋尖及侧刃锐利，仅存一侧翼，菱形脊，铤略残，截面呈菱形。残长 3.7 厘米（图二〇三，7）。标本 T0509⑧:1，器表锈蚀严重，器形较小，锋尖及侧刃锐利，双翼稍残，脊截面呈菱形，铤残。残长 3.2 厘米（图二〇三，8）。标本 T0916⑪b:6，器身锈蚀严重，锋尖及侧刃锐利，脊截面呈菱形，双翼及铤残。残长 3.1 厘米（图二〇三，9）。标本 T0409⑨:2，器表锈蚀严重，锋尖锐利，菱形脊，双翼及铤残。残长 3.7 厘米（图二〇三，10）。标本 M43:1，器身锈蚀严重，双翼残，菱形脊，铤残，截面为菱形。残长 3.6 厘米（图二〇三，11）。标本 T1013④:2，器表锈蚀严重，锋尖锐利，仅存一侧翼，略外弧，菱形脊，铤残。残长 4.3 厘米（图二〇三，12）。标本 T0614②:2，锋尖及双翼残，菱形脊，铤残。残长 3.4 厘米。（图二〇四，1）。标本 T0816⑦:1，器表锈蚀严重，扁平状，平面三角形。残长 3.1 厘米（图二〇四，2）。标本 T1213⑦a:1，器身锈蚀严重，平面近三角形，铤残。残长 5.1 厘米（图二〇四，3）。

Ab 型　1 件。双翼微内弧，后锋斜弧出刃。标本 T0913④:2，锋尖部较厚，菱形脊，尖锥状铤。长 5.4 厘米（图二〇四，4；彩版二四，4）。

B 型　9 件。两翼较宽，镞脊截面为菱形，脊透出本。据翼部形态的差异，分为二亚型。

Ba 型　8 件。翼外伸，后锋尖锐。标本 T0314⑭:1，锋尖及侧刃锐利，三角形双翼，脊截面略呈菱形，铤略残，截面呈菱形。残长 5.1 厘米（图二〇四，6）。标本 T0907②:1，锋尖较薄，三角形双翼外弧，圆锥状铤，截面菱形。残长 5.6 厘米（图二〇四，7）。标本 T0412⑪:1，器表锈蚀严重。锋尖较钝，双翼残，圆锥状铤，略残。残长 4.8 厘米（图二〇四，8）。标本 T0510⑤:1，锋尖残，侧刃锋利，双翼残，铤残。残长 3 厘米（图二〇五，1）。标本 M43:5，器表锈蚀严重，锋及两翼均残，残铤，截面菱形。残长 2.4 厘米（图二〇五，2）。标本 T0713③:2，锋尖锐利，双翼残，铤残。残长 4.6 厘米（图二〇五，3）。标本 T0714⑫:1，器形较小，锋尖及侧刃锋利，双翼残，铤残。残长 2.4 厘米（图二〇五，4）。标本 T0614②:3，扁平状，平面三角形，尖锋及双翼残，铤残，截面呈菱形。残长 3.3 厘米（图二〇五，5）。

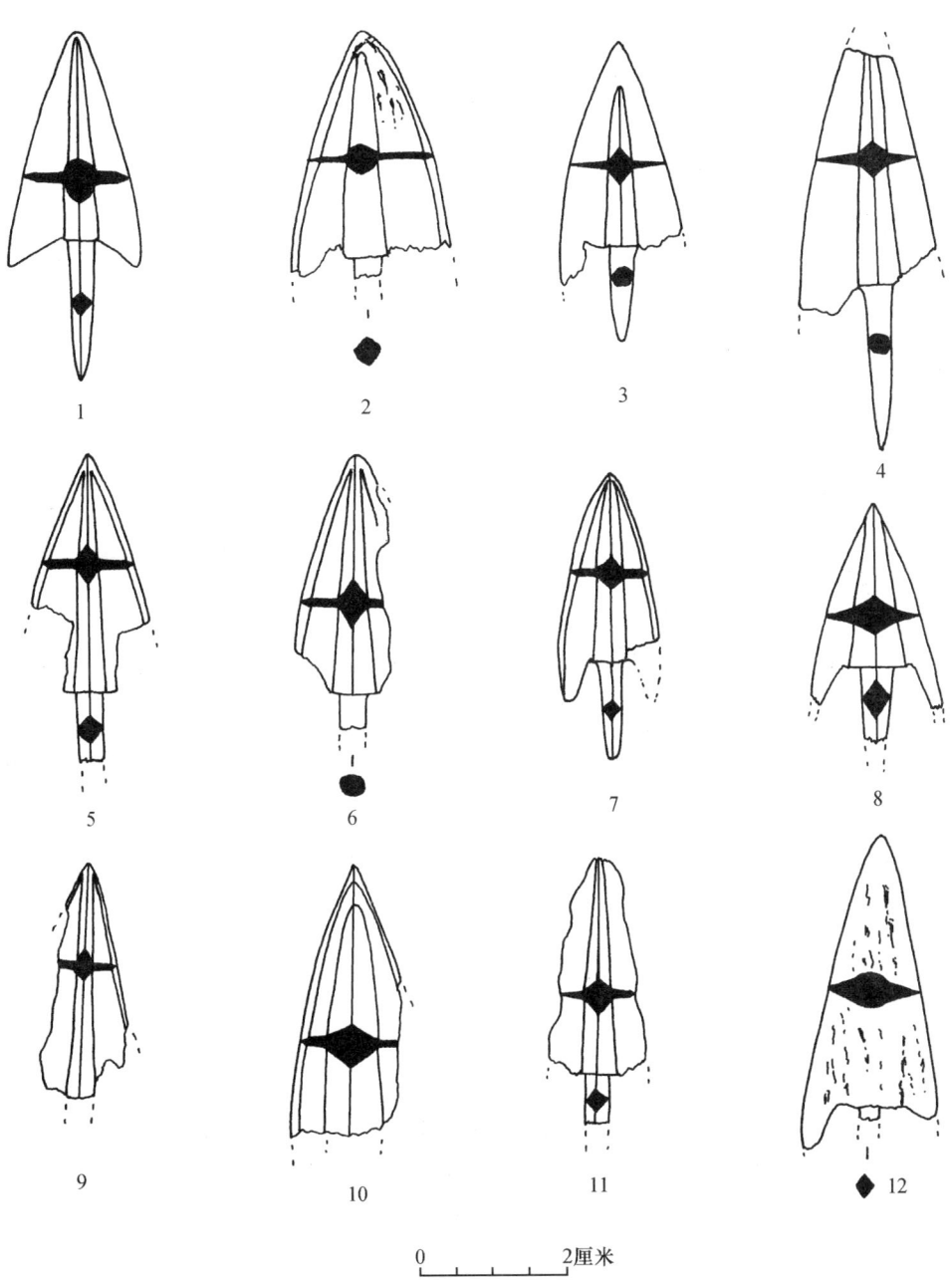

图二〇三 甲类 Aa 型铜镞

1. T1214⑥a:1 2. T0916⑧:2 3. T0916⑪b:5 4. M36:3 5. T0916⑪b:7 6. T0514⑥:1 7. M43:2
8. T0509⑧:1 9. T0916⑪b:6 10. T0409⑨:2 11. M43:1 12. T1013④:2

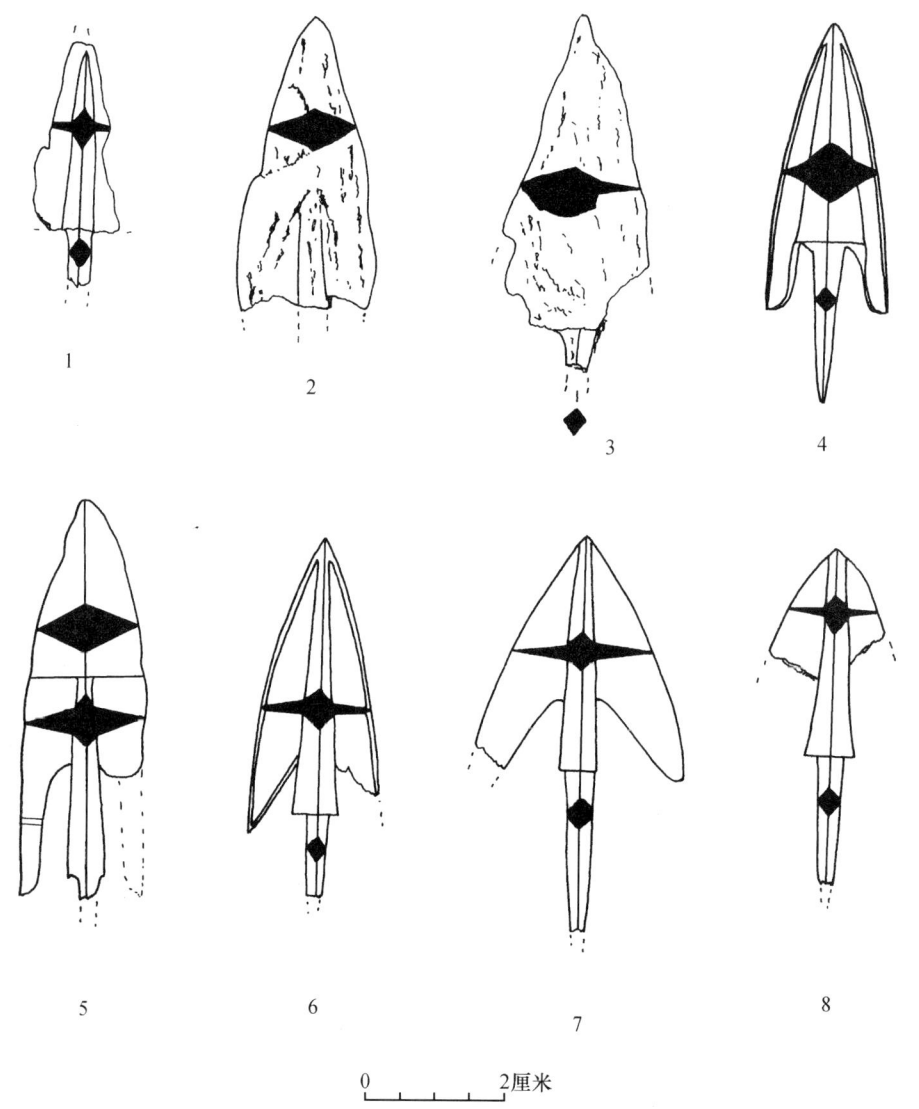

图二〇四 甲类 A、B 型铜镞
1~3. Aa 型（T0614②:2、T0816⑦:1、T1213⑦a:1） 4. Ab 型（T0913④:2）
5. Bb 型（T0809③:2） 6~8. Ba 型（T0314⑭:1、T0907②:1、T0412⑪:1）

Bb 型　1 件。翼竖直向下，后锋斜弧。标本 T0809③:2，锋尖部为三角形，仅存一侧翼，较薄，翼外刃锋利，铤残，截面圆形。残长 5.6 厘米（图二〇四, 5）。

乙类　2 件。无翼镞。器身较短，呈圆锥状。标本 T0409⑦:1，器身截面略呈三角形，铤残。残长 2.7 厘米（图二〇五, 6）。标本 T0610⑤:1，器形较小，截面呈菱形，锋尖及铤残。残长 1.8 厘米（图二〇五, 7）。

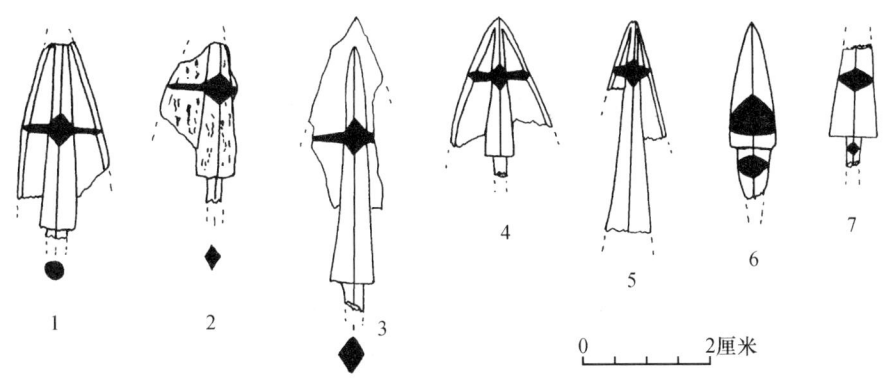

图二〇五 甲、乙类铜镞

1~5. 甲类 Ba 型（T0510⑤:1、M43:5、T0713③:2、T0714⑫:1、T0614②:3）　6、7. 乙类（T0409⑦:1、T0610⑤:1）

二、铜 容 器

铜容器口沿　1件，残。标本 T0608⑨:3，窄平沿，方唇，直腹。器腹饰一周折线纹，锈蚀严重。残长7.5厘米，厚约0.2厘米（图二〇六，1）。

器足　1件，残。标本 T1514③:1，扁平状，中空，一端较厚，器表微凹。另端残。残长4厘米。（图二〇六，2）。

三、生 产 工 具

铜刀　4件。据柄首特征，分为方形柄首和无柄首二型。

A型　件。方形柄首。标本 T1115⑥a:1，由柄及刀身组成，两者结合处成锐角，刀身平背，尖部外弧，略残，弧刃，柄首呈长方形，柄身中部有一道凹槽。残长18.6厘米（图二〇六，3；彩版二四，2）。标本 T0916⑪b:1，尖部残，刀身与柄之间为直角，平背。长方形首，其上有长方形穿。柄中央有一道凸棱。残长19、宽2.4厘米（图二〇六，4；彩版二四，6）。标本 T0813③:1，器表锈蚀严重，刀身与柄相接成钝角，直背，柄首为长方形。残长12.2厘米（图二〇六，6）。

B型　1件。柄部无首。标本 T0315⑦:1，由刀身及柄组成，两者结合处成钝角，刀身尖部残，平直背，直刃锋利，柄身呈长方形。残长15.7厘米（图二〇六，5）。

双刺形器　1件。标本 T1010④:1，两端为镞尖，大小略异，粗铤相连，铤截面呈扁圆形，两侧存留合范铸痕，锋尖锐利，两翼外侧无刃，尾翼及翼内侧锋利。长23.6、柄宽1、连铤柄厚约0.8厘米（图二〇六，7；彩版二四，1）。

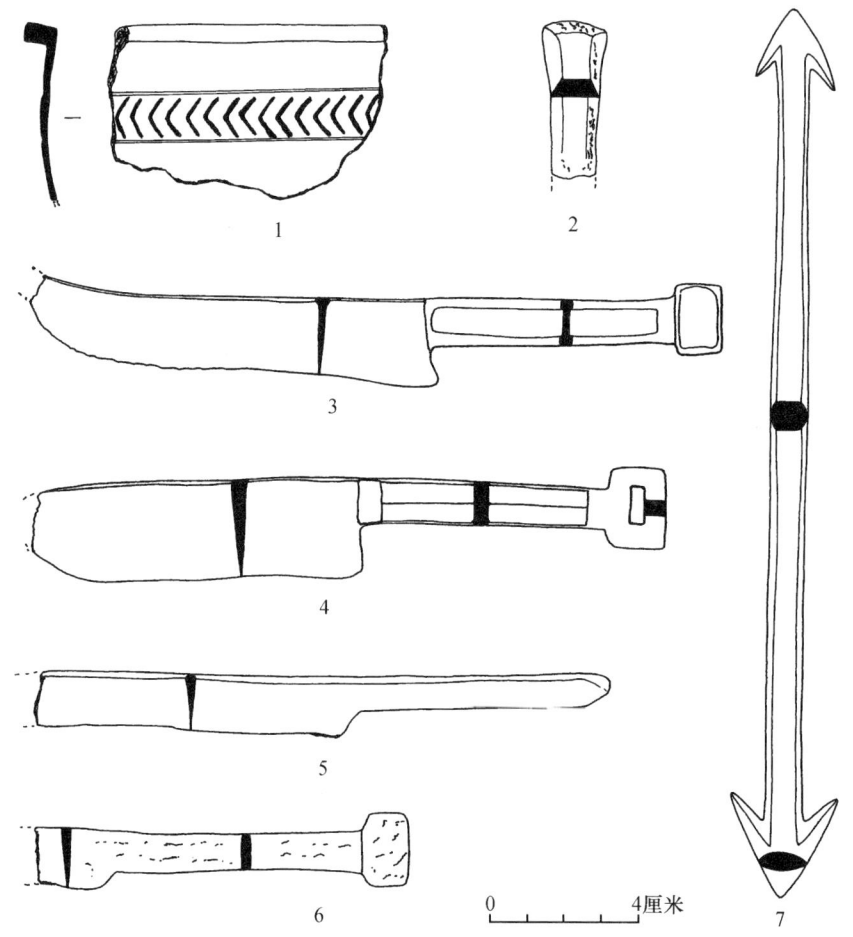

图二〇六 铜器

1. 容器口沿（T0608⑨:3） 2. 器足（T1514③:1） 3、4、6. A型刀（T1115⑥a:1、T0916⑪b:1、T0813③:1）
5. B型刀（T0315⑦:1） 7. 双刺形器（T1010④:1）

铜锛　1件。标本T0615⑦:1，长条形，弧刃略宽，方銎，銎口下加厚一周。长12厘米（图二〇七，1；彩版二四，5）。

铜锥　3件。标本T0705②:2，柱状，截面呈三角形。长9.1厘米（图二〇七，2）。标本T0712⑤:4，圆锥状，截面呈圆形，一端有尖，另端残。残长6.2厘米（图二〇七，3）。标本T0709⑨:1，圆柱状，尖端残，截面椭圆形。表面锈蚀严重。残长6、长径0.8、短径0.5厘米（图二〇七，4）。

铜鱼钩　1件。标本T0507③:2，钩状，截面圆形，尖端有倒刺，尾端有系线凹槽。残长2.8、直径0.2厘米（图二〇七，6）。

第四章 遗 物　345

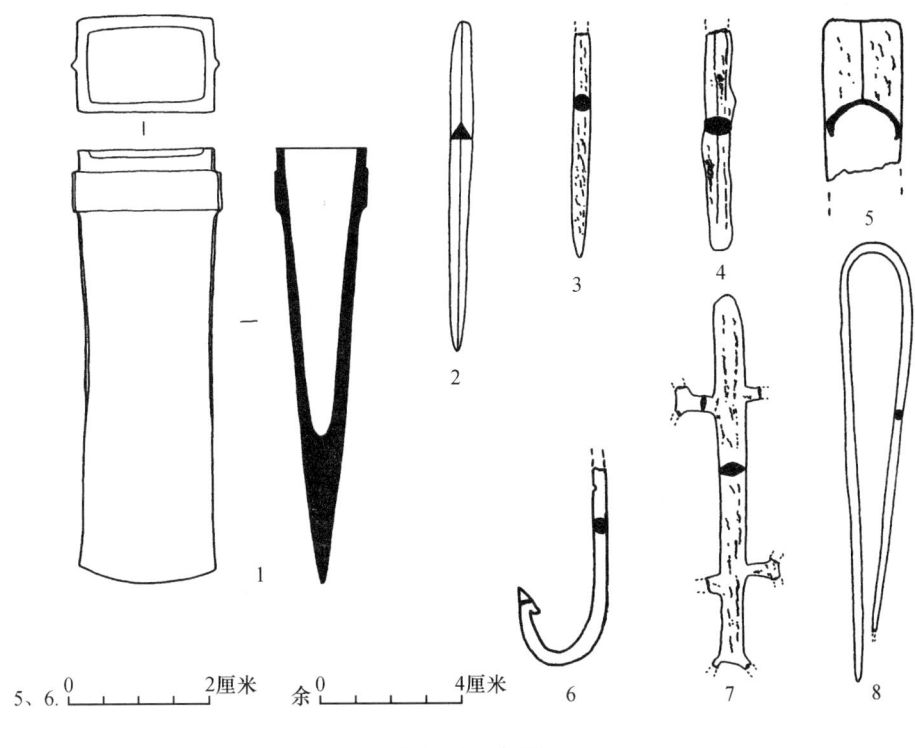

图二〇七　铜器
1. 锛（T0615⑦:1）　2~4. 锥（T0705②:2、T0712⑤:4、T0709⑨:1）　5. 管（T0810④:6）
6. 鱼钩（T0507③:2）　7. 异形器（T0409⑧:1）　8. 簪（T0814②:2）

四、其　他

铜管　1件。标本T0810④:6，管状，残半。残长2.2厘米（图二〇七，5）。

异形铜器　1件。标本T0409⑧:1，扁圆柱形，两侧及一端出分枝外展，均残。器表锈蚀严重，器形不可辨。残长10.3厘米（图二〇七，7）。

铜簪　1件。标本T0814②:2，圆柱状，较细，两端近对折，一端略长。长12.2、直径0.3厘米（图二〇七，8）。

第三节　玉 石 器

石器的质料主要为花岗岩、石英岩、砂岩、页岩等。大多磨制而成，普遍通体磨光，部分器体经打制修整，仅磨制刃部，按用器功能分为三类，即生产用具、兵器和其他类。生产用具类包括石凿、石锛、石刀、石镰、石铲、砺石等；兵器类包括石镞；其他类包括石范等。现分别介绍如下：

一、生产工具

石锛　14件。依据有无段分为二型。

A型　1件。有段石锛。标本T0616②：1，红褐色花岗岩制成，扁平状，平面呈长方形，平顶，上端有段，刃部残。通体磨光。残长9.2、宽3.4、厚1.8厘米（图二〇八，1）。

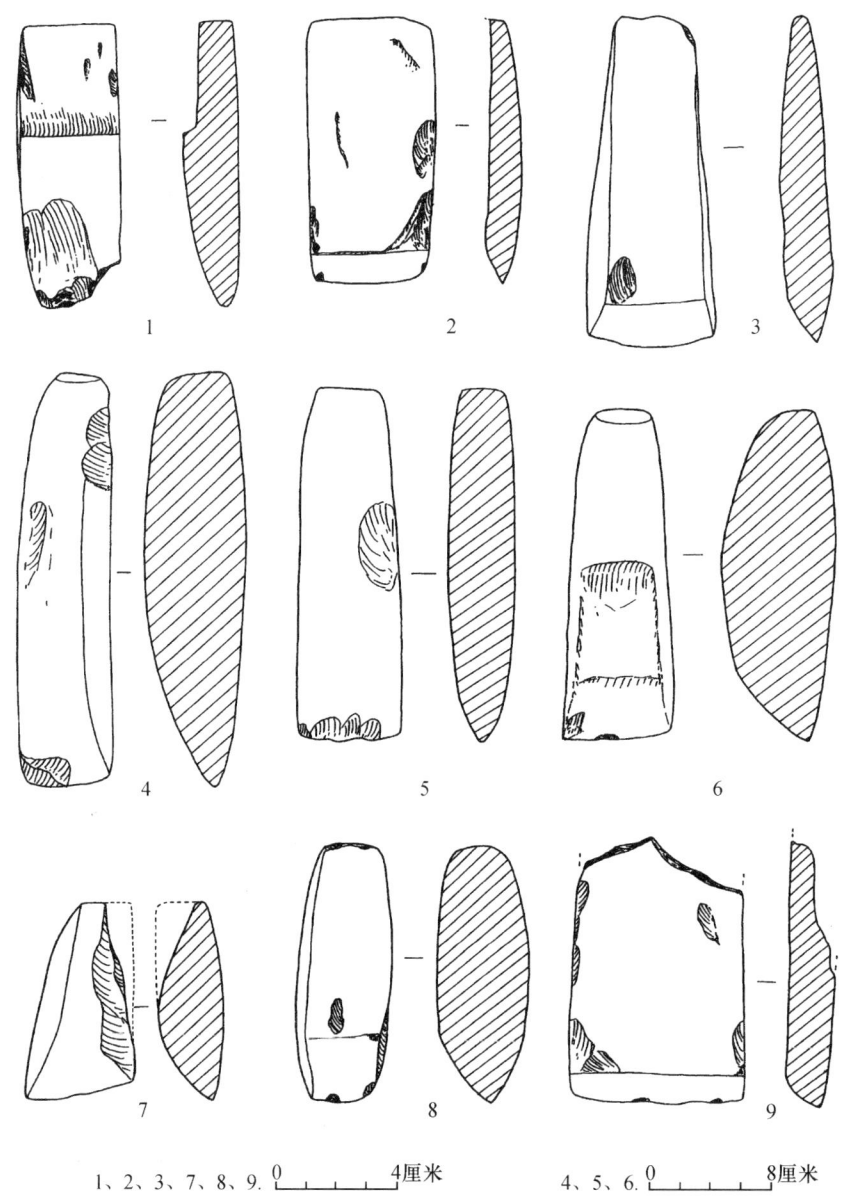

图二〇八　石锛、石斧
1. A型石锛（T0616②：1）　2、3、7~9. B型石锛（T0812⑤：1、T0809③：1、T0915⑥：1、H12：1、T0810⑩：2）
4~6. 石斧（T0913⑦：1、T0513⑮：1、T0710⑫：1）

B型 13件。无段石锛。标本T0812⑤:1，青灰色花岗岩制成，扁平状，平面呈长方形，顶磨平，单面直刃，通体磨光。长8.5、宽4.3、残厚1厘米（图二〇八，2）。标本T0809③:1，青灰色页岩制成，扁平状，平面呈长方形，单面略弧刃，通体琢制未磨，似为毛坯。残长10.6、厚约1.5厘米（图二〇八，3）。标本T0915⑥:1，灰色花岗岩制成，两侧均残，单面直刃，器表磨光。残长6.4、厚约2.2厘米（图二〇八，7）。标本H12:1，青灰色花岗岩制成，长条形，双面直刃，刃部可见疤痕。通体磨光。长8.4、宽约3.2、厚3厘米（图二〇八，8）。标本T0810⑩:2，青灰色花岗岩制成，扁平状，平面呈长方形，顶部残，单面直刃，通体磨光。长8.5、宽5.8、厚1.5厘米（图二〇八，9）。标本T0711⑪:1，黑色花岗岩制成，残半，扁平状，平面方形，平顶，双面直刃，刃残，中部有一单面钻孔，通体磨光。残长9.2、残宽4.6、厚1.8厘米（图二〇九，1）。标本T0910④:2，青灰色砂岩制成，平面呈长方形，双面直刃，仅一侧面磨平，其余面琢制。长9.5、宽4.2、厚2厘米（图二〇九，2）。标本T0814②:4，青灰石磨制而成，顶端残。器表磨制平整，刃部可见疤痕。残长8.8、残宽约2.5、厚3厘米（图二〇九，3）。标本T0916⑧:3，红褐色粉砂石制成，一端略残，扁平状，亚腰形，单面刃，刃部残，四面磨平。长12.2、宽约7.4、厚1.9厘米（图二〇九，4）。标本采集:1，青灰色花岗岩制成，平面呈长方形，单面刃，刃部使用致残，一面磨光，其他面琢制平整。长10.6、宽6.1、厚约1.8厘米（图二〇九，5）。标本T0813④:5，青灰色花岗岩制成，长方形，顶端平直，双面直刃，通体磨光。长4.1、宽2.8、厚1厘米（图二〇九，6）。标本T0804⑨:1，青灰色花岗岩制成，扁平状，平面呈长方形，单面直刃，通体磨光。长6.5、宽3.9、厚1.8厘米（图二一〇，3）。标本T0910④:3，青色花岗岩制成，扁平状，平面长方形，平顶，单面直刃，通体磨光。长5.9、宽约2.9、厚1.1厘米（图二一〇，7；图版四八，5）。

石斧 9件。标本T0913⑦:1，灰色花岗岩磨制而成，长条形，双面弧刃，刃部有使用疤痕，器表磨光。残长26.8、宽6.4、厚约6.8厘米（图二〇八，4；图版四八，1）。标本T0513⑮:1，青灰色花岗岩制成，平面长条形，截面近长方形，平顶，双面直刃，刃部可见使用疤痕。器表磨光。残长23、宽6.8、厚4.4厘米（图二〇八，5；图版四八，2）。标本T0710⑫:1，灰色麻石磨制而成，近长方体，四面磨平，刃部残。长20.6、宽7、厚7厘米（图二〇八，6）。标本T1014⑫:1，青灰色花岗岩磨制而成，平面略呈长方形，平顶，双面刃，刃部使用较钝，通体磨光。长12.3、宽约6.5、厚约3.5厘米（图二一〇，1；图版四八，4）。标本T0910③:3，青灰色麻石磨制而成，一侧残，平面长条形，表面磨平，弧刃，使用致钝。残长20、厚约6厘米（图二一〇，2）。标本T0816②:1，灰黑色花岗岩制成，扁平状，平面呈梯形，双面弧刃，通体磨制光滑。长7、厚约1.2厘米（图二一〇，4）。标本T0507⑨:1，青灰色花岗岩制成，平面近长方形，双面刃，通体磨光。长8、宽5.6、厚1.1厘米（图二一〇，5；彩版二

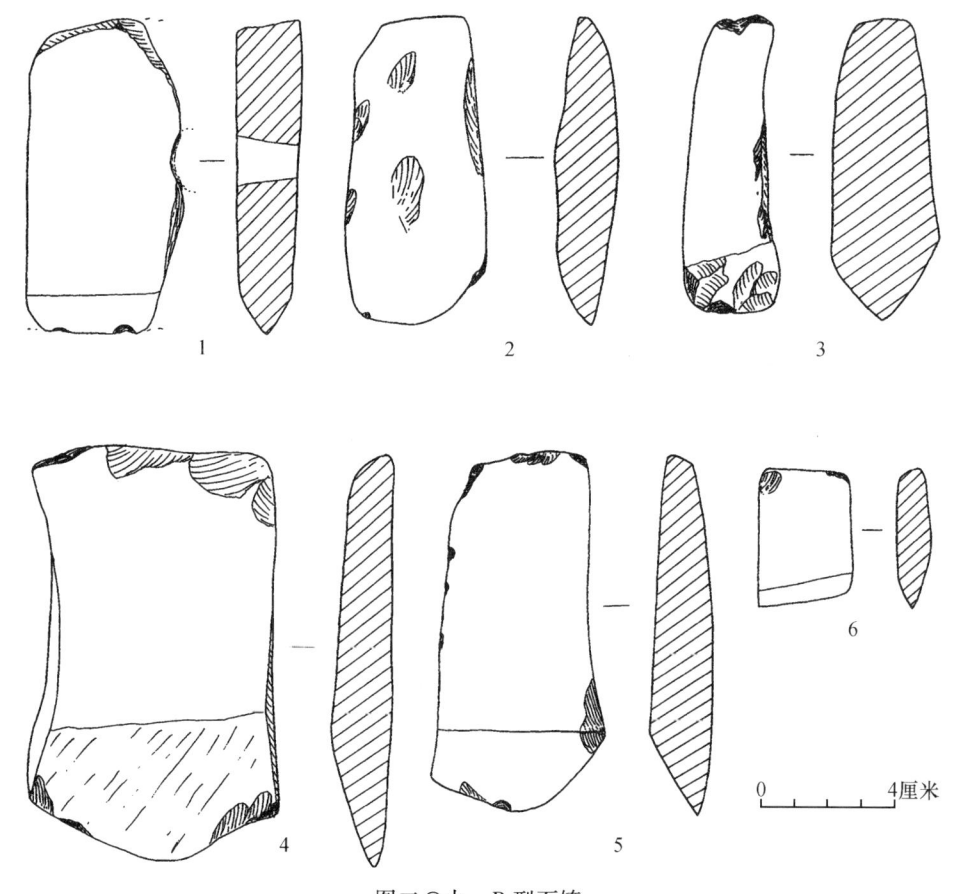

图二〇九 B型石锛
1. T0711⑪:1 2. T0910④:2 3. T0814②:4 4. T0916⑧:3 5. 采集:1 6. T0813④:5

三,6)。标本T0914③:1,红褐色砂岩制成,扁平状,平面呈长方形,平顶,双面刃,刃部使用圆钝,通体磨光。长约8厘米(图二一〇,6)。标本T0714⑧:1,灰黑色粉砂石制成,平面呈长方形,上半部残,仅存刃部,双面弧状刃,通体磨光。残长5.2、宽6.8、厚约2厘米(图二一〇,8)。

石刀 8件。据刀背可分为二型。

A型 3件。弧背刀。标本T0915⑦:1,灰色页岩制成,扁平状,弧背,双面直刃,刃部有使用疤痕,通体磨光。长13.6、宽4.7、厚0.9厘米(图二一一,1;图版四九,6)。标本T1212⑩:1,黑色砂岩制成,扁平状,平面近椭圆形,双面弧刃,通体磨平。长7.5、宽约4.7、厚0.8厘米(图二一一,2)。标本T1112⑤:1,灰色花岗岩制成,残半,半月形,弧背较厚,直刃,刃部有使用疤痕,通体磨光。残长7.5、宽6、厚0.6厘米(图二一一,3)。

B型 5件。直背刀。标本T0416③:1,青灰色花岗岩制成,一端残,扁平状,平面呈长方形,近直背,直刃,刃部可见使用疤痕,通体磨光。长7、宽4.9、厚1厘米

349

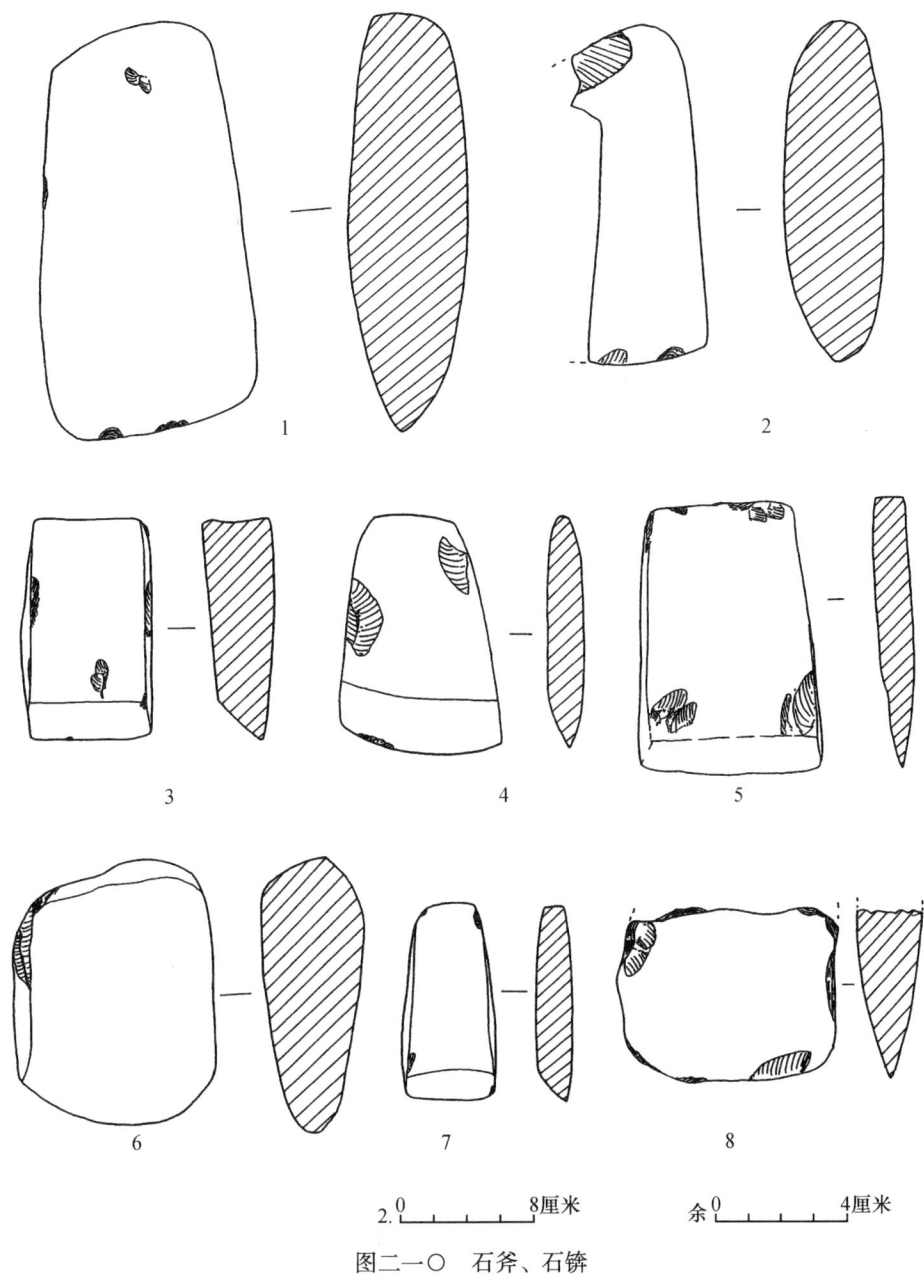

图二一〇　石斧、石锛

1、2、4~6、8. 石斧（T1014⑫:1、T0910③:3、T0816②:1、T0507⑨:1、T0914③:1、T0714⑧:1）　3、7. 石锛
（T0804⑨:1、T0910④:3）

（图二一一，4）。标本T0910⑥:2，红褐色砂岩制成，扁平状，两端残，平直背，双面直刃，通体磨光。残长5.2、宽5.4、厚0.6厘米（图二一一，5）。标本T0913②:1，红褐色砂岩制成，扁平状，平面呈长方形，一端残，单面直刃，宽面磨平，侧面未经磨制。残长6.6、宽7.2、厚约0.9厘米（图二一一，6）。标本T0717⑩:3，红褐色砂

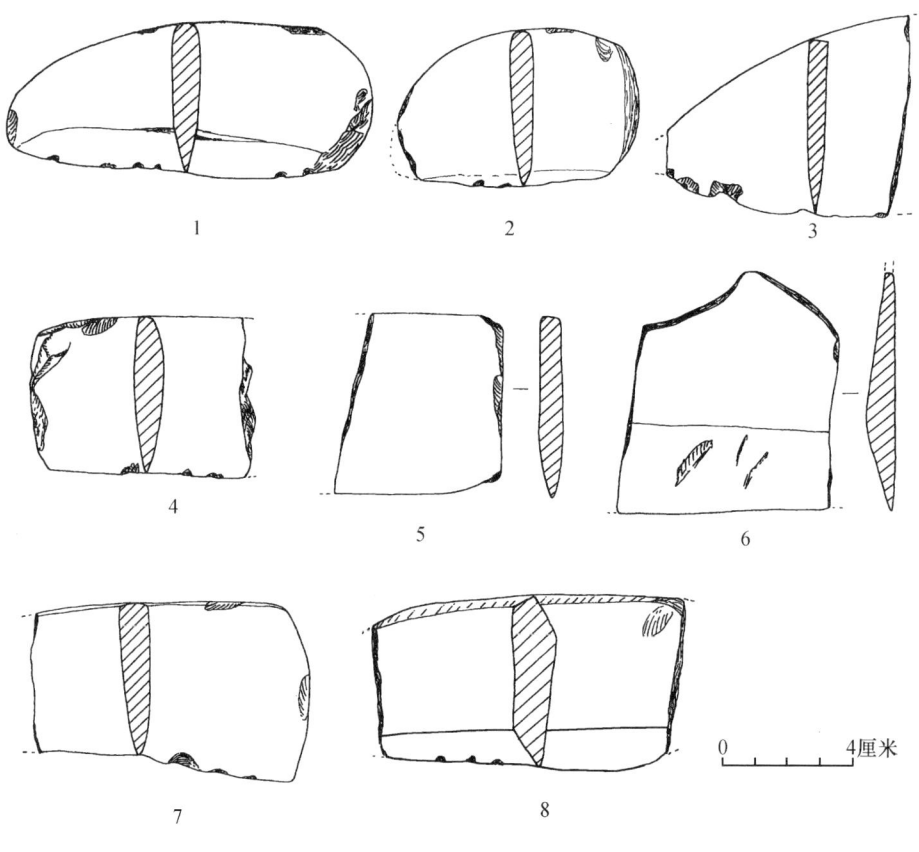

图二一一　石刀

1~3. A 型（T0915⑦:1、T1212⑩:1、T1112⑤:1）　4~8. B 型（T0416③:1、T0910⑥:2、T0913②:1、T0717⑩:3、T0814②:3）

岩制成，一端残，平面呈长方形，宽平背较厚，微凹弧刃，刃部可见使用疤痕，通体磨光。残长 8.6、宽 4.5、厚 1 厘米（图二一一，7）。标本 T0814②:3，浅黄色砂岩磨制而成，扁平状，一端残，另端斜直，弧背，单面斜直刃，器表平整，磨制较光滑。残长 9.5、宽 5.2、厚约 1.2 厘米（图二一一，8）。

石镰　20 件。依据背部特征分为弧背和直背两类。

甲类　19 件。弧背，弧刃，依据刃部有无锯齿，分为二型。

A 型　5 件。刃部有锯齿。标本 T1011②:1，青灰色花岗岩制成，两端均残，通体磨光。残长 6.2、厚约 1 厘米（图二一二，1；图版五〇，1）。标本 T0414⑤:1，灰色页岩制成，尾端残，头端窄长，通体磨光。长 7.3、宽 3.5、厚 0.5 厘米（图二一二，2）。标本 T0912⑤:3，青灰色页岩制成，尾端残，仅存头端，通体磨光。残长 7.8、宽 3.6、厚 0.7 厘米（图二一二，3）。标本 T1011③:6，青灰色花岗岩制成，头端窄长，尾端残，通体磨光。残长 6.1、厚 0.6 厘米（图二一二，4；图版五〇，2）。标本

第四章 遗 物

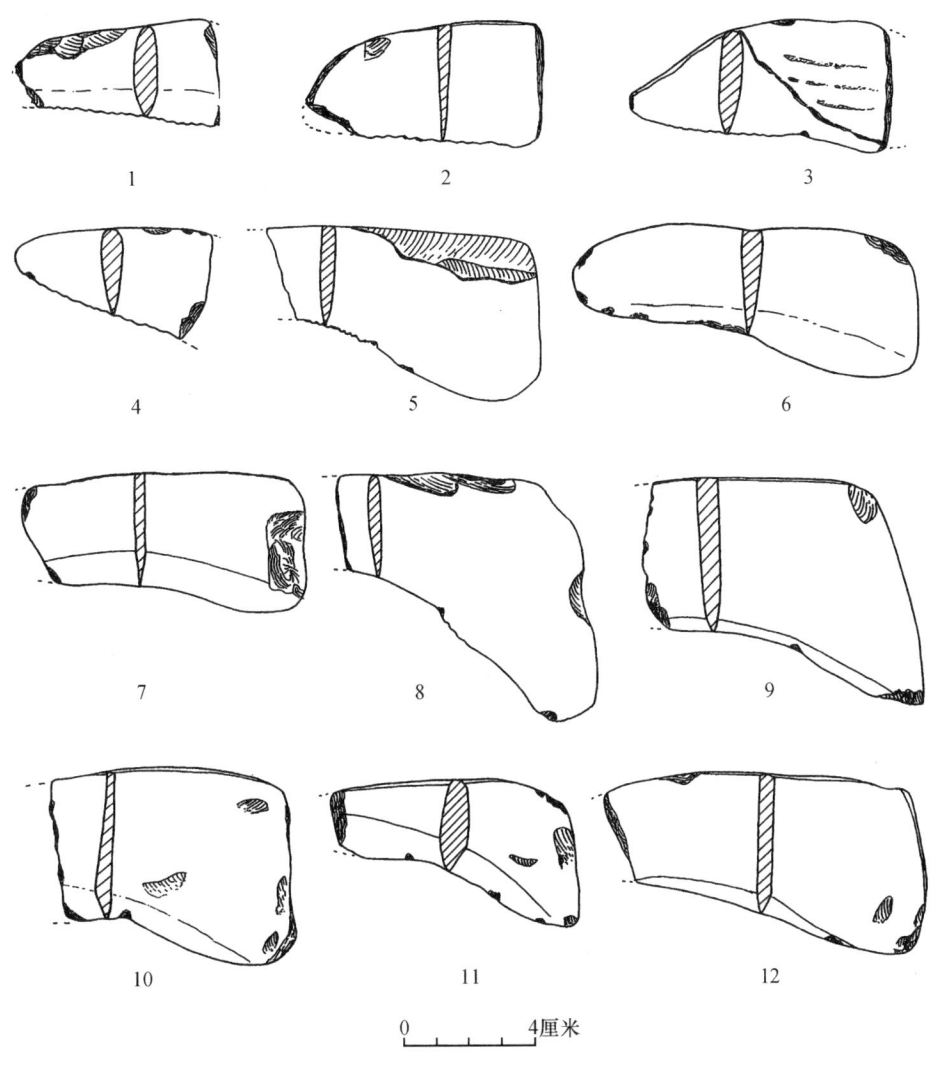

图二一二 甲类石镰
1~5. A 型（T1011②:1、T0414⑤:1、T0912⑤:3、T1011③:6、T0909④:1） 6~12. B 型（T0516⑦:1、T0809⑧:3、T1110②:2、T0916⑧:1、T0710⑪:1、T0810⑦:4、T1205④:1）

T0909④:1，青灰色花岗岩制成，头端残，尾端较宽。通体磨光。长8.3、宽2.8、厚0.4厘米（图二一二，5）。

B型 14件。刃部无锯齿。标本T0516⑦:1，青灰页岩制成，头端窄长，尾端较宽，略弧刃。通体磨光。长11、厚0.6厘米（图二一二，6）。标本T0809⑧:3，灰色页岩磨制而成，头端残，尾端略宽，微弧背，双面弧刃，刃部使用致钝，通体磨光。残长8.7、厚约0.3厘米（图二一二，7）。标本T1110②:2，青灰色花岗岩制成，头端残，尾端较宽，头端窄长，通体磨光。残长8、宽3、厚0.4厘米（图二一二，8）。标本

T0916⑧:1，青灰色花岗岩制成，头端残，尾端较宽，双面弧刃，通体磨光。残长8.7、厚0.7厘米（图二一二，9；图版五〇，4）。标本T0710⑪:1，青灰色花岗岩磨成，头端残，尾端较宽，双面凹弧刃，通体磨光，刃部可见使用疤痕。残长7.6、厚0.2～0.5厘米（图二一二，10）。标本T0810⑦:4，青色页岩磨制而成，尖端残，尾端斜直，凹弧刃，器表磨制平整光滑。长7.9、厚约0.9厘米（图二一二，11）。标本T1205④:1，青灰色页岩制成，头端残，尾端较宽，头端窄长，双面弧刃，通体磨光。残长10、厚约0.4厘米（图二一二，12；图版五〇，6）。标本T1009④:2，青灰色花岗岩制成，头尾均残，双面弧刃，通体磨光。残长8.9、厚0.9厘米（图二一三，1）。标本T0710⑤:2，青灰色花岗岩制成，尾端残，双面弧刃，刃部可见使用疤痕，通体磨光。残长7.1、厚0.6厘米（图二一三，2）。标本T0911⑤:6，青灰色花岗岩制成，头端残，尾端较宽，双面弧刃，通体磨光。残长8.8、宽1.2、厚约0.6厘米（图二一三，3；图版五〇，5）。标本T0812③:3，青灰色花岗岩制成，头、尾端均残，直刃，使用致钝，通体磨光。长7.4、厚约0.9厘米（图二一三，4）。标本T0709④:1，青灰色花岗岩制成，头端窄长，尾端残，双面弧刃，通体磨光。残长7.5、厚约0.7厘米（图二一三，5）。标本G2:3，灰色花岗岩制成，扁平状，弧刃，琢制平整。长8.7、厚1.0厘米（图二一三，6）。标本T0911③:1，青灰色花岗岩制成，头端窄长，尾端较宽，圆弧背，双面直刃，通体磨光，局部可见打击疤痕。长12.5、厚约1厘米（图二一三，7；图版五〇，3）。

乙类　1件。直背。标本T0916⑪b:3，红褐色砂岩制成，头端残，尾端较宽，双面弧刃，刃部可见使用疤痕，通体磨光。残长11.4、厚0.9厘米（图二一三，8）。

石凿　依据段部特征可分为有段和无段二型。

A型　1件。有段石凿标本T1114⑩:1，青灰色花岗岩制成，长条形，平顶，中部偏上有段，单面直刃，通体磨光。长13.5、宽3.8、厚约2.5厘米（图二一四，1；彩版二三，1、2）。

B型　48件。无段石凿标本T0712⑤:7，青灰花岗岩制成，顶部略残，刃部可见使用疤痕，通体磨光。长12.7、宽4.1、厚3.2厘米（图二一四，2）。标本T0507⑩:1，青灰色花岗岩制成，通体磨光，局部可见打击疤痕。残长12.3、厚2.4厘米（图二一四，3；图版四八，6）。标本T0912⑥:6，青灰色花岗岩制成，顶略残，通体磨光，局部可见疤痕。长11.6、宽3.5、厚2.6厘米（图二一四，4）。标本T1205④:3，青灰色花岗岩制成，刃部可见使用疤痕。通体磨平，局部可见疤痕。长10.8、宽2.2、厚2.6厘米（图二一四，5）。标本T0916⑪b:4，青色花岗岩制成，器表可见疤痕。残长13.8、宽2.5、厚约3.2厘米（图二一四，6）。标本T1414③:1，青灰花岗岩制成，平顶，单面斜直刃，刃部锋利，通体磨光，局部可见疤痕。长11.6 宽3.3、厚约2.8厘米（图二一五，1；图版四九，1）。标本T1305④:3，青灰色花岗岩制成，平顶，通体磨光。长11.7、宽2.1、厚1.8厘米（图二一五，2；图版四九，3）。标本T0416⑪:1，

第四章 遗 物

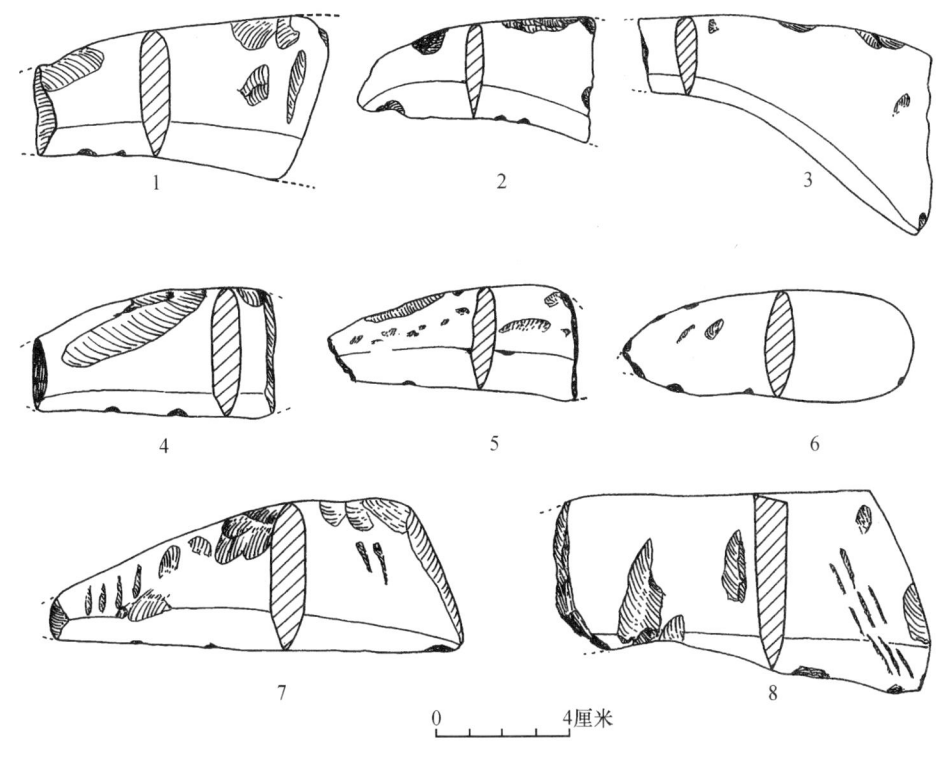

图二一三 石镰
1~7. 甲类B型（T1009④:2、T0710⑤:2、T0911⑤:6、T0812③:3、T0709④:1、G2:3、T0911③:1）
8. 乙类（T0916⑪b:3）

青灰色花岗岩制成，平顶，刃部使用致残，通体磨光。残长11.5、宽3.9、厚约2.5厘米（图二一五，3）。标本T1414③:2，青灰色花岗岩制成，平顶，刃部锋利，通体磨光，局部有疤痕。长19.2、宽5.4、厚约3.6厘米（图二一五，4；图版四九，2）。标本T0811⑤:14，青灰色花岗岩制成，窄长条形，平顶，通体磨光。残长10.9、宽2.0、厚3.3厘米（图二一五，5）。标本T0805⑭:1，青灰色花岗岩制成，平顶略残，刃部可见使用疤痕，通体磨光，局部有疤痕。残长10.4、宽3.5、厚约3.4厘米（图二一五，6）。标本H12:2，褐色花岗岩制成，顶平直，中部略有段，通体磨光。长7.3、宽3.3、厚1.8厘米（图二一五，7；图版四八，3）。标本T1015⑫a:1，灰褐色花岗岩制成，顶端残。刃部使用致钝，通体磨光。残长8.6、厚2.1厘米（图二一五，8）。标本T1015⑨:1，青灰色花岗岩制成，平顶，通体磨平。残长9.3、宽约3.4、厚2.2厘米（图二一五，9）。标本T0812④:4，灰褐色花岗岩制成，斜平顶，刃部可见使用疤痕，通体磨光。长10.2、宽4.5、厚2.2厘米（图二一六，1）。标本T0810⑨:1，青灰色花岗岩制成，平顶，通体磨光，局部可见疤痕。长11.3、宽约3.3、厚2.4厘米（图二一六，2）。标本T0711⑤:5，青灰花岗岩制成，顶部残，通体磨光。残长10.8、厚约3.5厘米（图

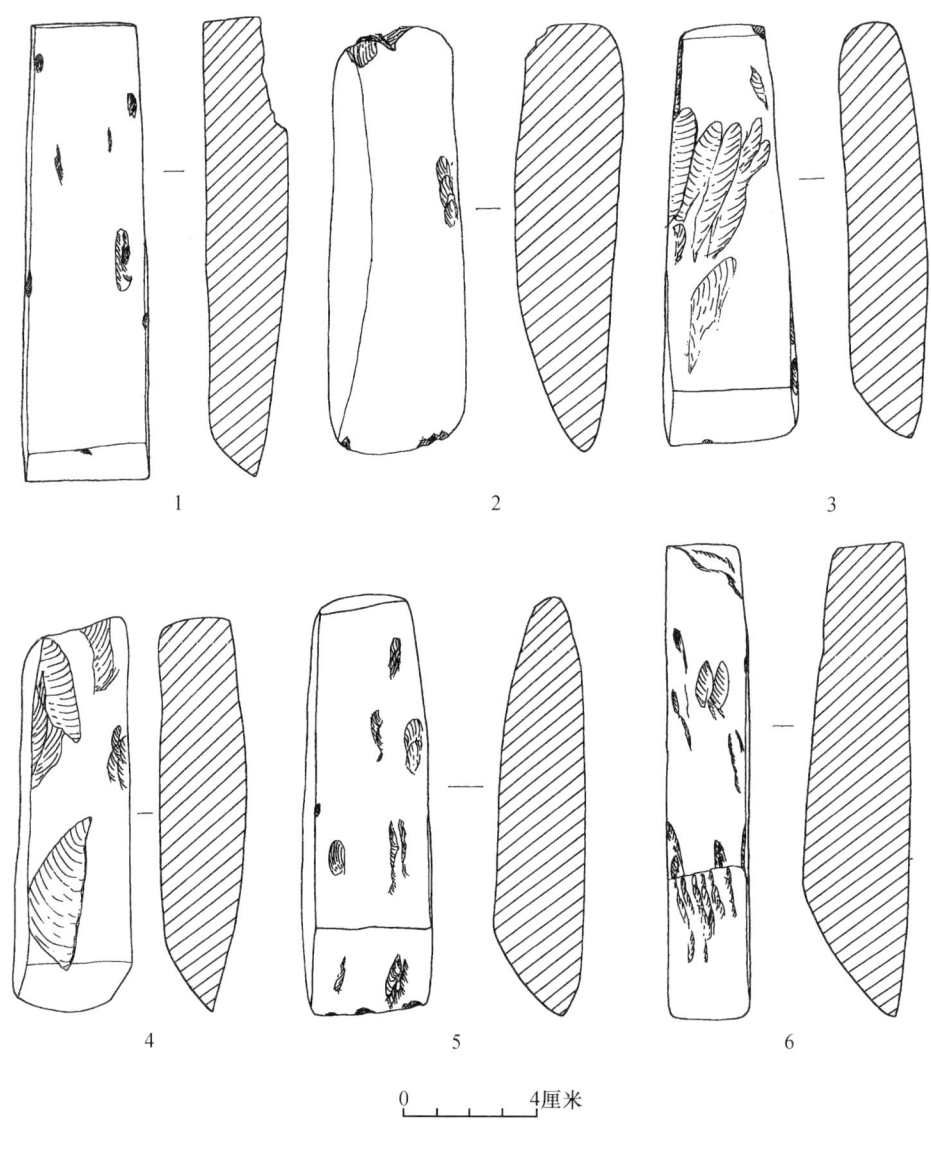

图二一四 石凿

1. A 型（T1114⑩:1） 2~6. B 型（T0712⑤:7、T0507⑩:1、T0912⑥:6、T1205④:3、T0916⑪b:4）

二一六，3）。标本 T0912④:8，青灰色花岗岩制成，上部残，可见使用疤痕，通体磨光。残长 10.9、宽约 4.8 厘米（图二一六，4）。标本 T0808⑥:2，青灰色花岗岩制成，顶端不甚平整，刃部使用致钝，通体磨光。长 9.7、宽 2.8、厚 3.5 厘米（图二一六，5）。标本 T1414③:3，青灰色花岗岩制成，刃较锋利，一面磨光，其余面琢制不平整，似为半成品。长 18.3、厚 4 厘米（图二一六，6）。标本 T0912⑥:3，青灰色砂岩制成，顶部略残，通体磨平。长 9.1、宽 3.4、厚 2.9 厘米（图二一六，7）。标本 T0909⑤:2，灰白色花岗岩制成，平顶，刃部可见使用疤痕，通体磨光。长 8.3、宽 3.2、厚 2 厘米

第四章 遗 物　　355

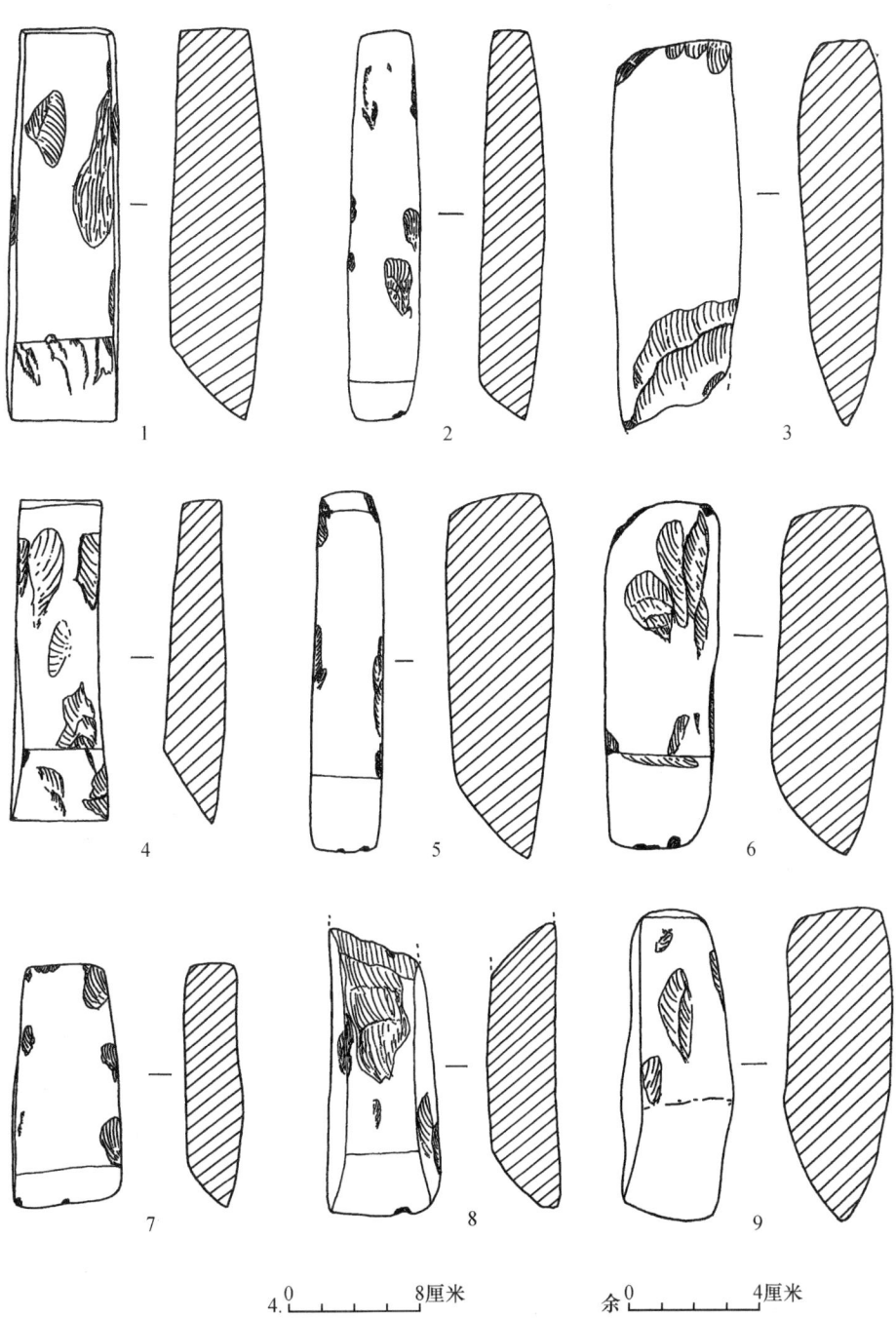

图二一五　B 型石凿
1. T1414③:1　2. T1305④:3　3. T0416⑪:1　4. T1414③:2　5. T0811⑤:14　6. T0805⑭:1
7. H12:2　8. T1015⑫a:1　9. T1015⑨:1

（图二一六，8）。标本T0712⑧:1，青灰色花岗岩制成，刃部使用致钝。通体磨光。残长9.5、厚2.4厘米（图二一六，9）。标本T1013D5:1，青灰色砂岩制成，平顶，通体磨光。长7.8、宽3、厚约3.6厘米（图二一七，1）。标本T0714②:1，红褐色砂岩制成，顶端残，通体琢制，似为石坯。残长7.3、宽约2.6厘米（图二一七，2）。标本T1013④:1，红褐色砂岩制成，平顶，刃部可见使用疤痕。通体磨光。长7.5、厚3.3厘米（图二一七，3）。标本T0914⑥:1，黑灰色花岗岩制成，顶端平直，刃部使用较钝，通体磨光。长7.8、宽2.5、厚3厘米（图二一七，4）。标本T0617④:1，红褐色砂岩制成，平顶，下部残，一面磨平，另三面琢平。残长7.2、宽2.5、厚2.3厘米（图二一七，5）。标本T0909⑤:8，青灰色花岗岩制成，扁平状，通体磨光。长9.6、宽4.5、厚3.5厘米（图二一七，6）。标本T0916⑪b:8，青灰色花岗岩制成，仅存刃部，刃部使用致钝，通体磨光。残长9、宽4.2厘米（图二一七，7）。标本T0911③:2，青灰色花岗岩制成，扁平状，平面呈，平顶，通体磨光。长7、宽4、厚2.1厘米（图二一七，8；图版四九，4）。标本T0610③:1，青灰石磨制而成，器形较小，平顶，器身中部微鼓，下端一侧出斜刃，器表较平整光滑。残长6.2、厚约2.1厘米（图二一七，9）。标本T0911⑤:8，红褐色花岗岩制成，上部残，刃部有使用疤痕，通体磨光。残长4.8、宽约3.9厘米（图二一八，1）。标本T1012④:2，青灰色花岗岩制成，上部残，仅存刃部，使用致钝。残长5.6、宽约3.7厘米（图二一八，2）。标本T1113⑤:1，红褐色花岗岩制成，上半部残，刃部可见使用疤痕。通体磨光。残长5.1、宽3、厚2.1厘米（图二一八，3）。标本T0811⑤:5，青灰色花岗岩制成，平顶，下端残。通体磨光。残长6.5、宽约2、厚约3厘米（图二一八，4）。标本T0912④:3，青灰色花岗岩制成，平顶，下部残。通体磨光。残长4.9、厚2.2厘米（图二一八，5）。

石铲 4件。标本T0810⑧:6，灰色花岗岩制成，仅存顶端，扁平状，中有一圆形单面钻穿孔，通体磨光。残长6.9、厚约1.4厘米（图二一八，6）。标本T0914③:3，青灰色花岗岩制成，扁平状，顶部残，平面呈长方形，双面弧刃使用致残，顶部有一单面钻圆孔。通体磨制光滑。残长11.9、宽约8.2、厚1厘米（图二一八，7）。标本T0810④:2，灰黄色花岗岩制成，器形较大，平面呈长方形，扁平状，单面刃，刃部使用致残。三面磨制，另一侧面未经磨制。残长35.2、宽10.2厘米（图二一八，8；图版四九，5）。标本T0808⑥:3，青灰色花岗岩制成，刃部残，仅存顶部，平面呈长方形。通体磨制光滑。残长8、厚1.5厘米（图二一八，9）。

砺石 6件。标本T0614⑦:1，红褐色粉砂石，平面略呈长方体，一侧宽面琢制平整，另侧宽面因使用多显平滑。长28、宽10、厚4~5.4厘米。（图二一九，1）。标本T0909⑤:3，青灰色花岗岩制成，扁平状，四面磨光，两端未磨。长12.4、宽4、厚1~2厘米（图二一九，2）。标本T1013④:3，灰色砂岩制成，长方体，一端残，截面略呈方形，两侧面磨光，

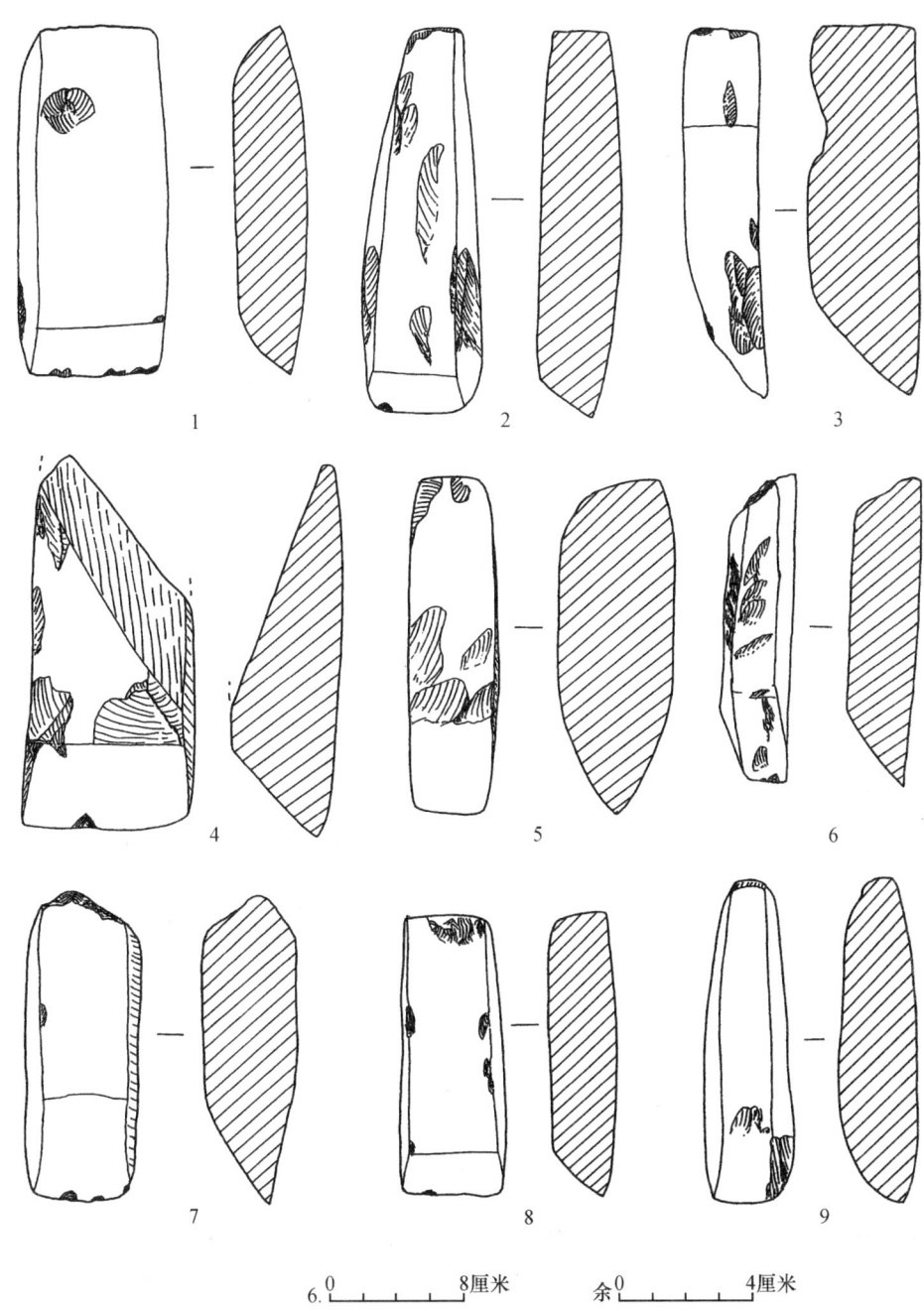

图二一六 B型石凿
1. T0812④:4 2. T0810⑨:1 3. T0711⑤:5 4. T0912④:8 5. T0808⑥:2 6. T1414③:3
7. T0912⑥:3 8. T0909⑤:2 9. T0712⑧:1

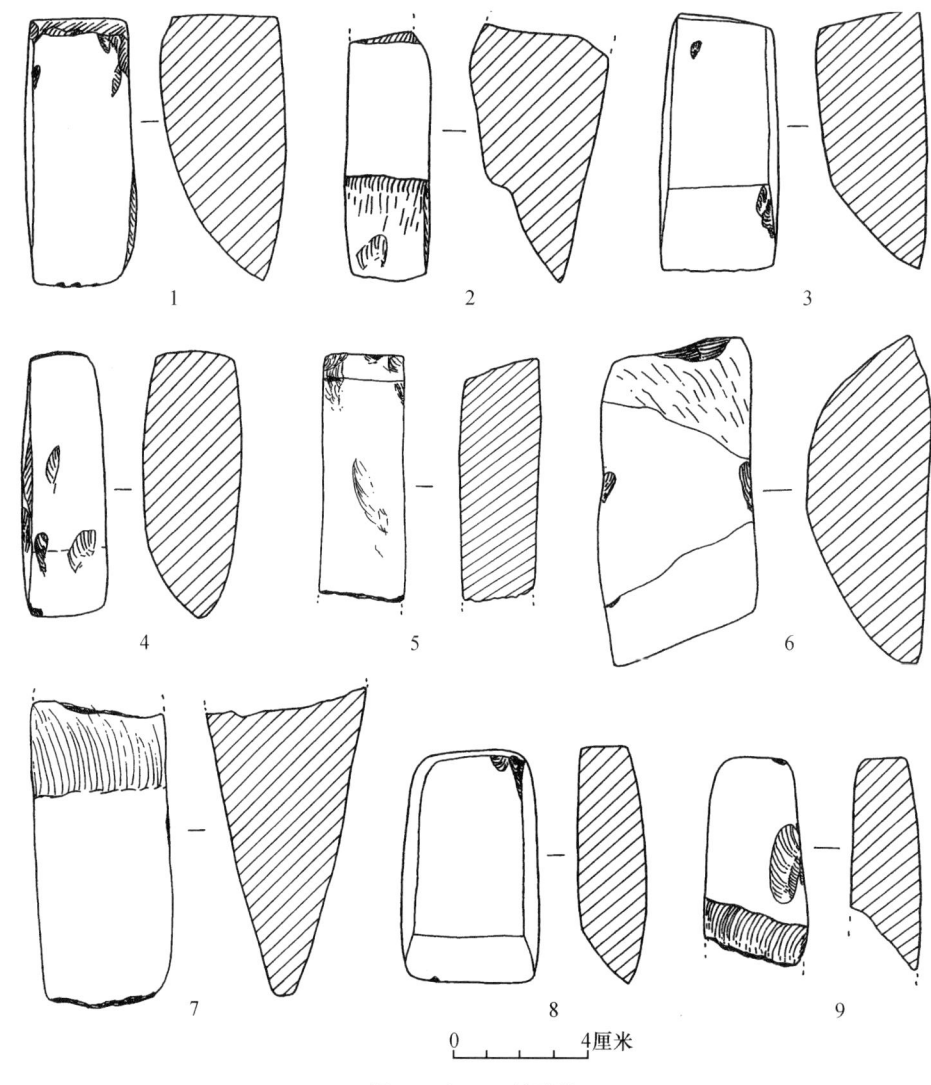

图二一七 B型石凿
1. T1013D5:1 2. T0714②:1 3. T1013④:1 4. T0914⑥:1 5. T0617④:1 6. T0909⑤:8
7. T0916⑪b:8 8. T0911③:2 9. T0610③:1

另两侧面琢平。残长 22.8，厚 7 厘米（图二一九，3）。标本 T0606②:1，红褐色粉砂石制成，方柱形，一端残，三侧面磨制使用平滑，另一面琢制平整。残长 25.2、宽 8、厚 9 厘米（图二一九，4）。标本 T0507⑤:1，红褐色粉砂石制成，形状不规则，一面磨制使用平滑。长 15.4、宽 11.4、厚约 6 厘米（图二一九，5）。标本 T0809②:2，红褐色粉砂石制成，平面呈长方形，两面磨制平滑。残长 6.8、宽 3.5、厚 1.4~2 厘米（图二一九，6）。

石纺轮　1件。标本 T1110⑧:1，褐色花岗岩，圆饼状。两面平直，中部为一圆形穿孔，外缘微弧，器表磨光。直径 5.1、孔径 0.8、厚 1 厘米（图二二〇，6；图版四

359

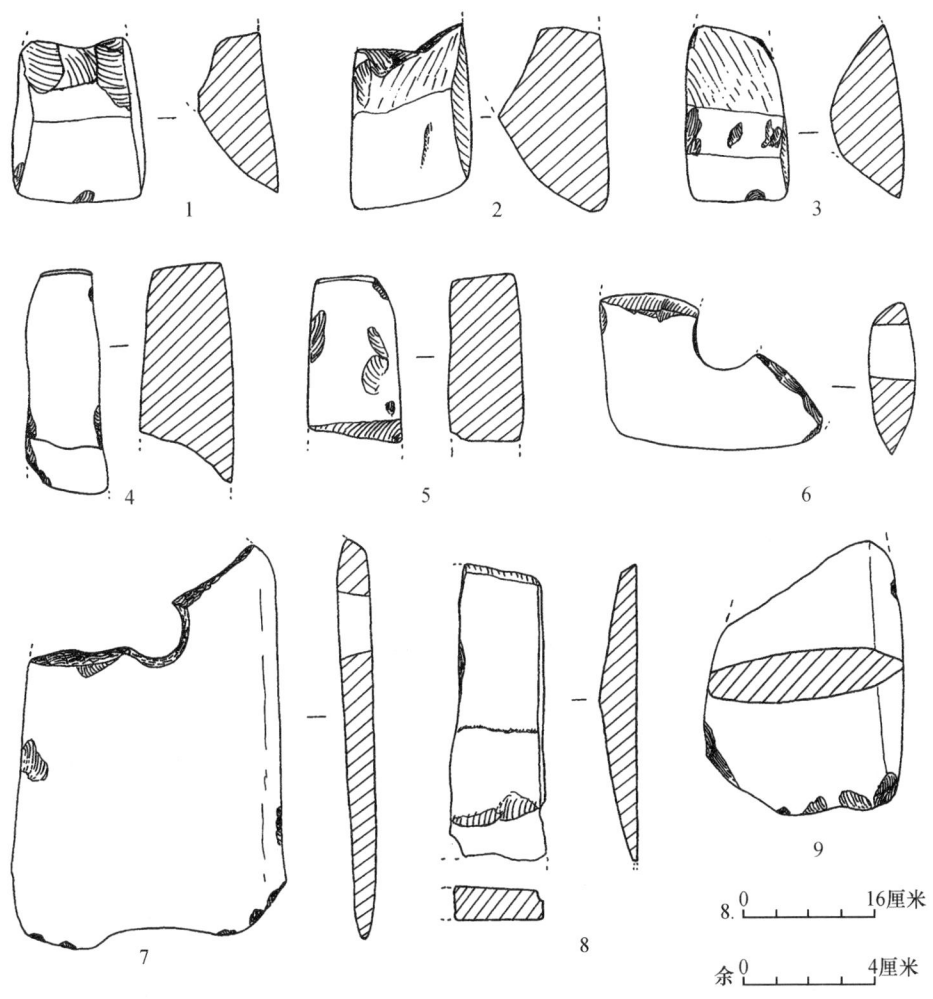

图二一八　石凿、石铲
1~5. B型石凿（T0911⑤:8、T1012④:2、T1113⑤:1、T0811⑤:5、T0912④:3）　6~9. 石铲
（T0810⑧:6、T0914③:3、T0810④:2、T0808⑥:3）

七，5）。

石范　3件。标本T0812⑤:3，红褐色粉砂石制成，仅存一角，呈半圆柱形，上端一周内凹，内表有一道凹槽，外表平整。残长6、宽5.4、厚4厘米（图二二一，1）。标本T0808④:4，灰色粉砂石制成，半圆柱形，一端残，内侧平整，并有一道横向凹槽，外表琢制平整，所铸器形不可辨。残长8.6、宽9.2、厚3.8厘米（图二二一，2；彩版二三，5）。标本T0809⑤:9，灰色粉砂石制成，平面呈长方形，横截面略呈梯形，各面均磨制平整，内侧刻划浅凹槽及箭头图案，所铸器形不可辨，背面刻划不规则图案，一侧刻有斜向凹槽。残长6、宽5、厚1~1.7厘米（图二二一，3）。

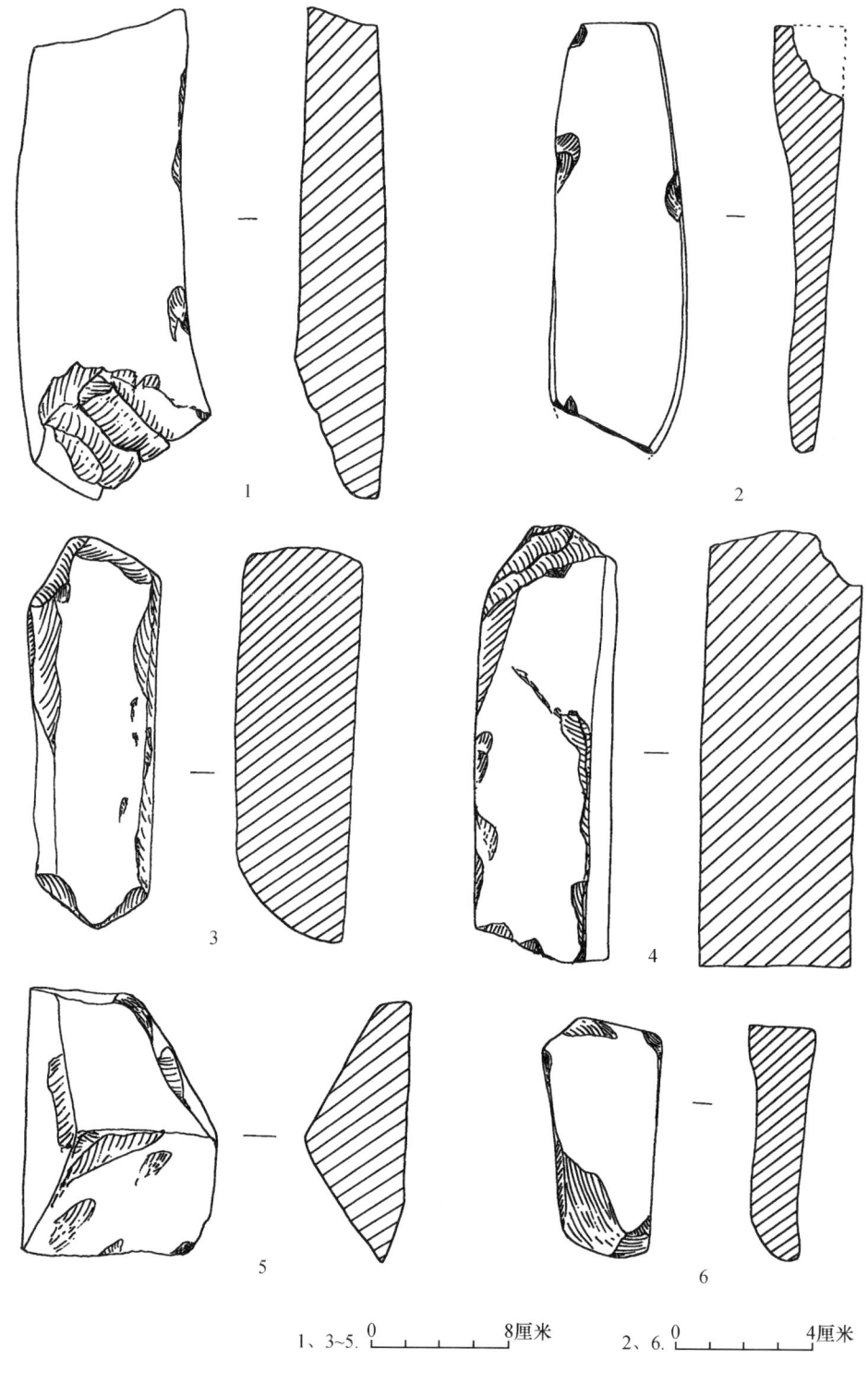

图二一九　砺石

1. T0614⑦:1　2. T0909⑤:3　3. T1013④:3　4. T0606②:1　5. T0507⑤:1　6. T0809②:2

箭杆整直器 1件。标本T0809④:7，灰黄色砂岩，形状不规则，各面均有凹槽，似磨制尖状器物而形成。残长5、宽3、厚2.2厘米（图二二二，2）。

石钻 1件。标本T0911④:4，青色花岗岩制成，圆柱状，一端残，钻头圆钝，通体磨光。长5.8、直径约1.6厘米（图二二二，3）。

二、兵　　器

石镞 1件。标本T0909③:1，青灰色花岗岩制成，扁平状，锋尖残，截面略呈菱形，两侧直刃较锋利，铤残，截面扁圆形，器表磨制平整、光滑。残长5.1、宽约2.2、厚约0.5厘米（图二二○，7）。

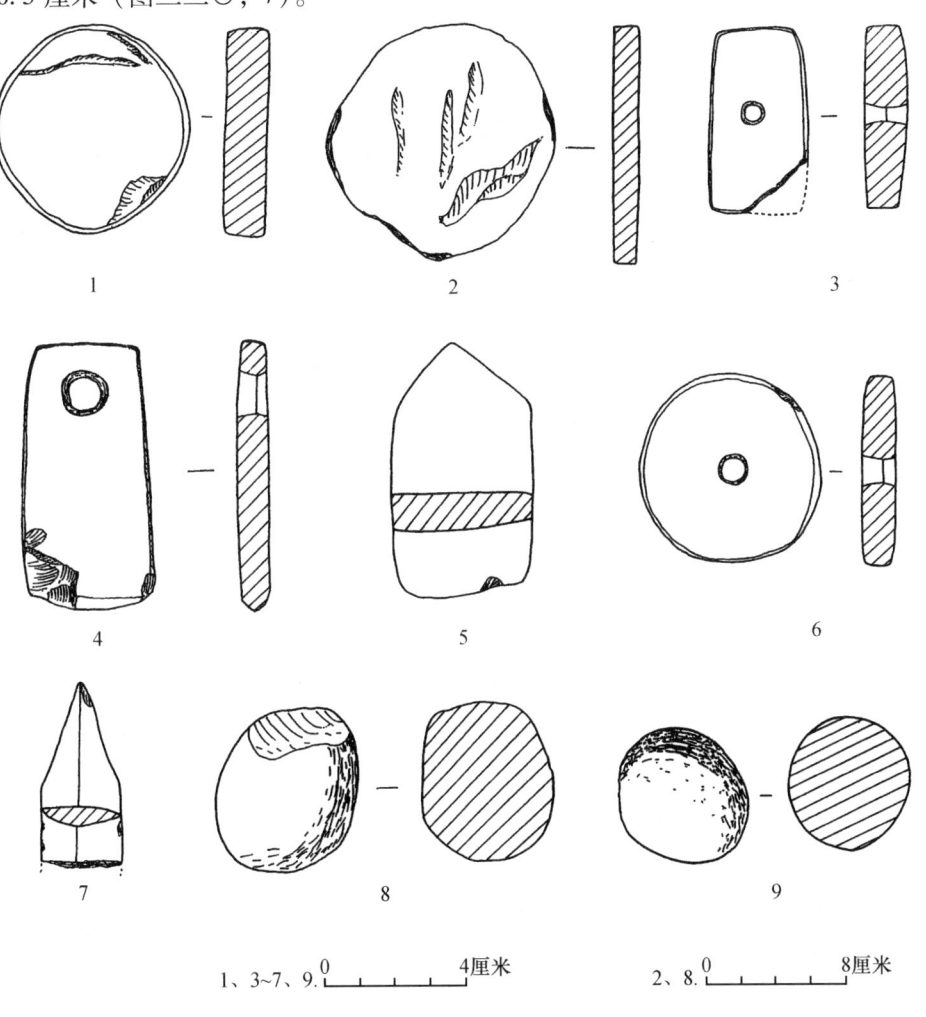

图二二○　石器

1、2. 石圆饼（T0712⑤:10、T0611⑰:1）　3、4. 穿孔石器（T0705③:1、T0806⑩:1）　5. 圭状石器（T0813③:4）
6. 石纺轮（T1110⑧:1）　7. 石镞（T0909③:1）　8、9. 石球（T0607③:1、T0815③a:1）

三、其 他 类

石圆饼 2件。标本T0712⑤:10,灰色花岗岩制成,圆饼状,上下面平直,外缘斜直,器表光滑。直径5.6、厚1.2厘米(图二二〇,1;图版四七,6)。标本T0611⑰:1,

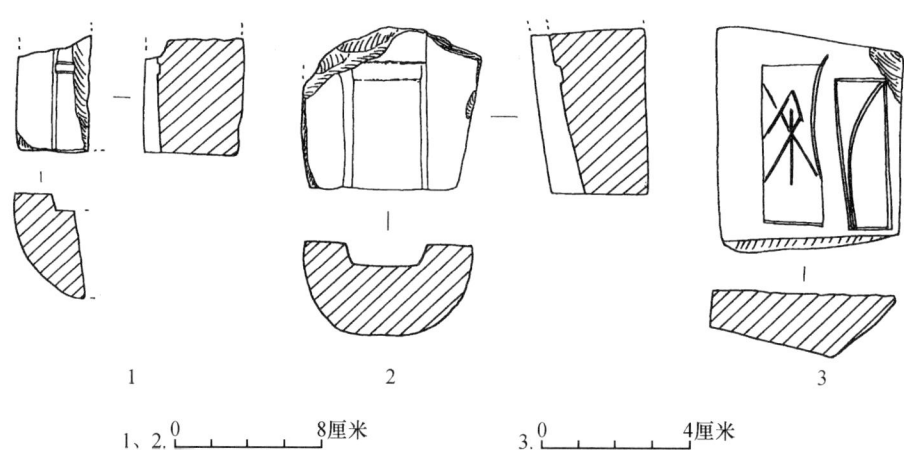

图二二一 石范
1. T0812⑤:3 2. T0808④:4 3. T0809⑤:9

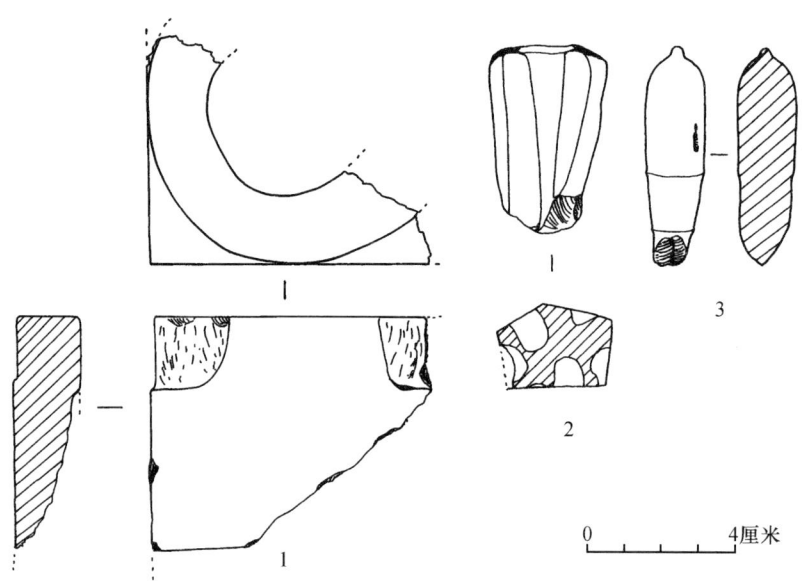

图二二二 其他玉、石器
1. 玉琮(T0913③:8) 2. 箭杆整直器(T0809④:7) 3. 石钻(T0911④:4)

青色花岗岩制成，圆饼形，两面磨制平整，四周琢制，未磨光。直径13、厚1.4厘米（图二二〇，2）。

穿孔石器　2件。标本T0705③:1，青灰色砂岩制成，长方体，略残，中部有一圆形小穿孔，无刃，通体磨平。长5.1、宽2.9、孔径0.6、厚1.3厘米（图二二〇，3）。标本T0806⑩:1，红褐色花岗岩制成，扁平状，平面长方形，一端有一双面钻圆孔，无刃，通体磨光。长7.5、宽3.6、厚0.9厘米（图二二〇，4）。

圭状石器　1件。标本T0813③:4，灰色砂岩制成，扁平状，平面呈圭形，通体磨光。长7.1、宽约4、厚1厘米（图二二〇，5）。

石球　2件。标本T0607③:1，白色石英岩制成，球形，琢制平整。直径约8.6厘米（图二二〇，8）。标本T0815③a:1，灰白色麻石制成，圆球形，通体磨光。直径约3.75厘米（图二二〇，9）。

玉琮　1件。标本T0913③:8，玉质，灰白色间杂棕黄色纹理，仅留一角。中空，一端呈外方内圆状。器表磨制光滑。残高6.8厘米，圆外径8.2厘米，内径6.4厘米，厚1.8厘米，方体残宽6.8厘米（图二二二，1；彩版二六，3）。

第四节　骨、角、蚌器

堰台遗址发现骨角蚌器数量较少，依据功能将各类器进行分类：骨器分为骨锥和骨镞；角器仅发现角锥一类器；蚌器仅有蚌刀一种。现介绍如下。

一、骨　　器

骨锥　3件。标本T0817⑤:1，骨质，扁平状，截面呈扁圆形，尖端锐利，通体磨光。长13.4、宽0.3厘米（图二二三，2；图版五一，1）。标本T1211⑥:1，圆柱状，截面呈椭圆形，顶端残，尖端锋利，通体磨光。长5.4、截面长径0.9、短径0.5厘米（图二二三，4；图版五一，2）。标本T1212⑩:2，扁锥体，尖端锋利，通体磨光。长7.4、宽0.9、厚0.4厘米（图二二三，6；图版五一，3）。

骨镞　1件。标本M11:1，四棱锥形，镞身较厚，截面近梯形，锋尖锐利，尖锥状铤。长5.7、宽5、厚0.6厘米（图二二三，3；图版五一，4）。

二、角　　器

角锥　2件。标本T0916⑪b:2，角质，圆弧锥状，顶端为纵横交错双孔，通体磨光。长 14.7、顶孔径 1.4、侧孔径约 0.6 厘米（图二二三，1；图版五一，5）。标本 T0717⑤:1，鹿角制成，圆锥状，尖端锋利，尾端残，尖部磨光。残长 10.4、直径 0.9 厘米（图二二三，5；图版五一，6）。

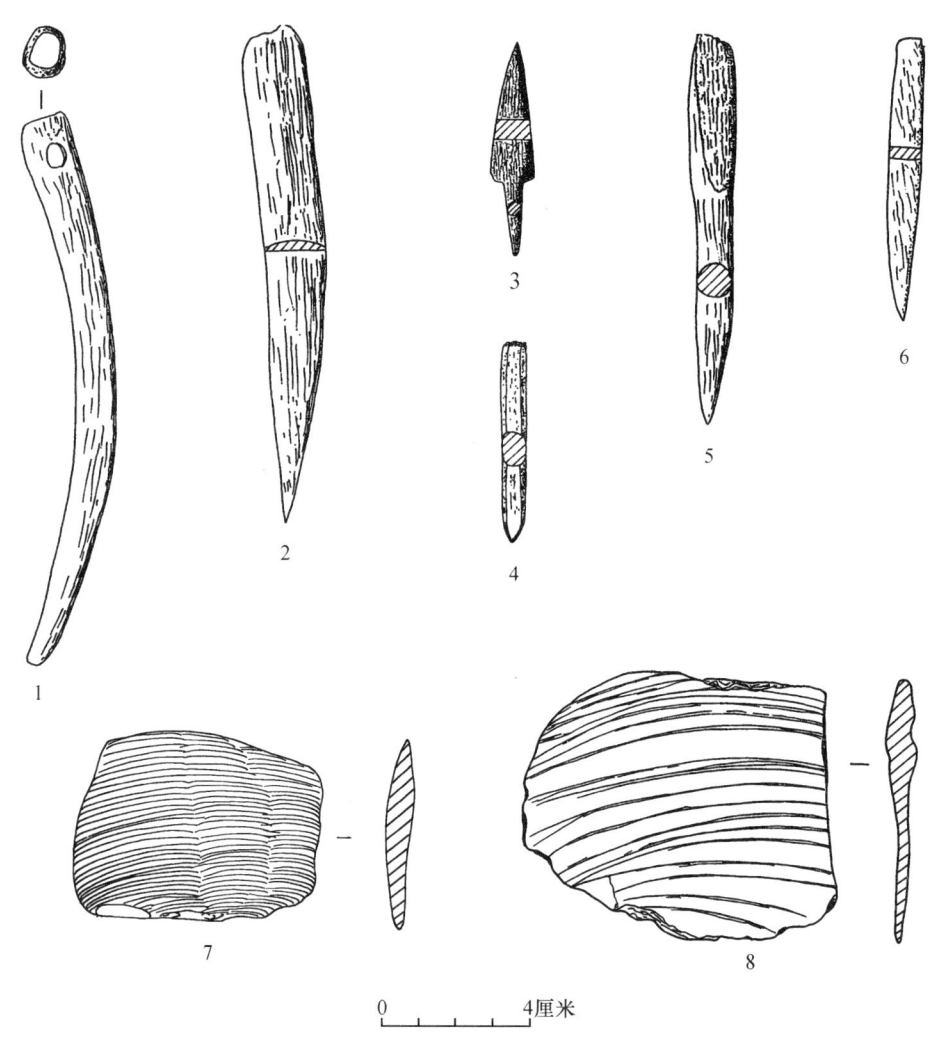

图二二三　骨、角、蚌器

1、5. 角锥（T0916⑪b:2、T0717⑤:1）　2、4、6. 骨锥（T0817⑤:1、T1211⑥:1、T1212⑩:2）　3. 骨镞（M11:1）
7、8. 蚌刀（T1110⑤:1、T0817⑥:1）

三、蚌　器

蚌刀　2件。标本T1110⑤:1，平面呈长方形，一端切割平直。长6.8、宽5、厚0.8厘米（图二二三，7；图版五二，5）。标本T0817⑥:1，两侧面切割平直，边缘有使用疤痕。长8.3、宽7.1、厚0.4～0.8厘米（图二二三，8；图版五二，6）。

第五章 分期与年代

第一节 地层分组

堰台遗址地层堆积较厚且层位关系较复杂，各探方部分地层堆积的对应关系为遗址的分期带来了可能。因具有分期意义的陶器多见于地层中，且出于遗迹的单位较少，因此，主要依据各探方的地层关系，并结合地层中器物演变特征分析，来对遗址进行阶段的划分。

其中 T0805～T0814 一列探方出土器物较多，层位关系明确，且其出土遗物间具有一定的形制演变规律。现将上述探方出有陶容器的单位按层位早晚列举如下：

（1）组：T0809⑨、T0810⑧、T0812⑤

（2）组：T0806③、T0809⑦b、T0810⑦、T0808⑨、T0812④、T0814⑦

（3）组：T0808⑦、T0810⑥、T0811⑤、T0812③、T0813④、T0814⑥

（4）组：T0807②、T0808⑤

（5）组：T0808④、T0809⑤、T0810⑤

（6）组：T0809④、T0810④

（7）组：T0810③、T0811③

（8）组：T0809②、T0810②a、T0811②a、T0813②a、T0814②

通过比较器物间的形制特征，可将部分小组进行合并。其中：（1）组 T0810⑧:8 罐与（2）组 T0810⑦:6 形制近似；（1）组 T0809⑨:1 器盖与（2）组 T0812④:6 形制近似，故（1）、（2）两组可并为一组；（4）组 T0808⑤:2 豆与（6）组 T0810④:4 形制近同，两组可合并为一组；（4）组 T0807②:1 器盖与（8）组 T0813②a:1 相近，可并为一组；（5）组 T0810⑤:1 豆与（7）组 T0810③:4 形制相同，可并为一组；（5）组 T0809⑤:1 豆与（6）组 T0810④:5 形制相同，可并为一组；（6）组 T0809④:3、T0810④:4 豆与（7）组 T0810③:3 形制相同。

由以上比较分析，并参照器物群的整体特征，（1）、（2）组之间器物形态联系紧密，可合并为一年代组；（4）～（8）组出土遗物形制特征关系密切，可合并为一年代组；（3）组出土器物与以上两个年代组之间有着明显的过渡特征，可单独划分为一年代组。

第五章 分期与年代

T0805⑫、T0805⑭、T0810⑩诸堆积单位被（1）组堆积单位所叠压，其年代应早于一组，且该组堆积单位均叠压于第四层红烧土之下。从器形来看，T0810⑩：1所出B型罐颈部较高，宽折沿，较同类器具有早期形态特征；T0805⑭：2弧盘粗柄豆，为深腹、粗柄、高圈足，为本遗址所见Bb型陶豆形态最早者。T0805⑫与T0607⑧层位对应，前者仅出土一件捏制陶钵，而后者所见Da型豆（T0607⑧：1）、Ba型豆（T0607⑧：2）器腹均深，粗柄，具有早期特征。由于该组在层位关系和器形特征方面均早于（1）组，因此可单独划分为一个年代组。

综上所述，依据层位关系及器物形态特征的综合比较，可将T0805~T0814中出土陶容器的诸堆积单位合并为以下四个年代组：

第1年代组：T0805⑫、⑭、T0810⑩；

第2年代组：T0806③、T0808⑨、T0809⑦b、⑨、T0810⑦、⑧、T0812④、⑤、T0814⑦；

第3年代组：T0808⑦、T0810⑥、T0811⑤、T0812③、T0813④、T0814⑥；

第4年代组：T0807②、T0808④、⑤、T0809②、④、⑤、T0810②a、③、④、⑤、T0811②a、③、T0813②a、T0814②。

另有T0805~T0814列探方中其他地层单位的时代归属可与以上四个年代组比较而得出。其中T0809⑧：6与T0810⑦：1均为甲a类BⅠ式器盖，前者可归为第2年代组；T0807⑨：1、T0812⑥：1与第2年代组T0808⑨：1鬲同属甲类BⅠ式，三者可属同组；T0809⑦a晚于第2年代组T0809⑦b，该单位出土陶豆，豆盘较深，柄部略粗，应早于第4组年代所见陶豆，可归入第3年代组；T0805⑪与T0708⑫层位相同，后者出土陶豆T0708⑫：1形制特征介于第1年代组T0805⑭：2与第3年代组T0809⑦a：1之间，因此，T0805⑪可归入第2年代组；T0813③：6陶罐与T0810④：8形制近似，T0813③：5双耳罐与T0811③：1形制相近，可将T0811③归入第4年代组。

通过遗址层位对应关系的比照，可将有出土器物的对应地层堆积单位归入上述四个年代组中。对于无法一一对应的堆积单位，依据相对层位早晚关系并参考出土器物的形态特征，将其归入相对应的年代组。进而将遗址划分为四个阶段，其他各堆积单位及出土器物的归入，可进一步验证T0805~T0814诸堆积单位中分组的合理性，并使器物的演变序列更为完善。现将所分各组单位列表如下（表一二）：

表一二　遗址诸单位分组、分期对应表

期	组	典型地层单位（T0805～T0817）	其他地层及遗迹单位
一期	1组	T0805⑫～⑯，T0806⑪～⑭，T0807⑪，T0808⑭，T0809⑪，T0810⑩，T0811⑩，T0812⑧，T0813⑨、⑩，T0814⑬、⑭，T0815⑫、⑬，T0816⑪～⑭，T0817⑦～⑩	T0315⑫，T0317⑪，T0416⑨，T0413⑮，T0508⑫，T0511⑲，T0606⑩、⑪，T0607⑧～⑩，T0610⑫，T0612⑮，T0705⑧、⑨，T0717⑨、⑩，T0907⑮，T0912⑥，T0915⑪a，T1010⑦，T1014⑬a，T1015⑫a，T1110⑩，T1112⑩，T1114⑩，T1115⑥a，T1211⑩，T1213⑦a、⑦b，T1215④，H21，H22，M16，M51
二期	2组	T0805③～⑪，T0806③～⑩，T0807⑤a～⑩，T0808⑨～⑬，T0809⑦b～⑩，T0810⑦～⑨，T0811⑥～⑨，T0812④～⑦，T0813⑤～⑧，T0814⑦～⑫，T0815④～⑪，T0816②～⑩，T0817②～⑥	T0314⑩，T0316⑥，T0409⑨，T0413⑩、⑫，T0416④，T0417④，T0507③，T0514⑩，T0513⑮、⑯，T0517④，T0606③、⑥、⑧，T0608⑨，T0614⑨，T0616⑧，T0617⑤～⑦，T0705④、⑥，T0706⑧、⑨，T0708⑨、⑪、⑫，T0709⑫，T0710⑨、⑪、⑫，T0711⑥、⑧、⑨，T0713⑨，T0714⑨、⑩、⑫，T0716⑧，T0717③，T0907⑦，T0908⑦，T0909⑤～⑦，T0910④、⑥、⑦，T0911③～⑤，T0912④、⑤，T0913④、⑥，T0914⑥，T0915⑨、⑩，T1010③～⑤，T1011③～⑥，T1012④、⑥，T1013④、⑦，T1014⑨，T1015⑧，T1112⑧，T1114⑤，T1211④，T1⑨:1，M28，M32，M36，M43，M48，M52，M56，G2
三期	3组	T0805②，T0806②b，T0807④，T0808⑦、⑧，T0809⑥b～⑦a，T0810⑥，T0811⑤，T0812⑤，T0813④，T0814⑥，T0815③b	T0411③，T0413⑤，T0511⑤、⑥，T0611④，T0617②，T0705③，T0710⑦，T0711③～⑤，T0712⑤、⑥，T0713⑦、⑧，T0714⑦，T0715③b，T0910③，T0912③，T0913③，T1009④，T1012③，T1014④，T1205④，T1305④，T1405④，T1506②
四期	4组	T0806②a，T0807②、③，T0808②～⑥，T0809②～⑥a，T0810②a～⑤，T0811②a～④，T0812②a、②b，T0813②a～③，T0814②～⑤，T0815②～③a	T0317②，T0513⑧，T0613⑨，T0705②，T0707③，T0710⑤、⑥，T0711②a，T0712③，T0713③，T0908②，T0909③、④，T0912②，T1111②，T1112②，T1205③，T1214②，G1

第二节　遗物分期

进行文化分期时，层位关系是分期的基础，而对典型器物类型学研究，可将陶器的演变趋势及阶段性特征进行更准确的概括。对出土陶器所进行的型式划分结果表明，合乎逻辑的器物演变特征充分印证了前文所述各年代组堆积单位中器物演变特征的连续性和阶段性（图二二四～二二九）。现将主要器类型式演变与年代组的对应关系列表如下（表一三）：

表一三　陶器型式划分与分组对应表

型式\组别	甲类鬲 A型	甲类鬲 B型	甲类鬲 C型	乙类鬲 Aa型	乙类鬲 AbZ型	乙类鬲 Ba型	乙类鬲 Bb型	乙类鬲 C型	乙类鬲 D型	乙类鬲 Ea型	乙类鬲 Eb型	乙类鬲 Ec型	罐 A型	罐 B型	罐 Ca型	罐 Cb型	罐 d型	罐 D型	豆 A型	豆 B型	豆 Ba型	豆 C型	豆 Da型	豆 Db型	豆 Dc型	豆 E型	豆 F型	豆 Ga型	豆 Gb型	豆 H型	豆 Ha型	豆 Hb型	豆 I型	豆 Ia型	豆 Ib型	簋 A型	簋 B型	簋 Ca型	簋 Cb型	簋 D型	簋 Ea型	簋 Eb型	簋 F型	甲类盆 A型	甲类盆 B型	甲类盆 Ca型	甲类盆 Cb型	甲类盆 D型	甲类盆 Db型	乙类盆 A型	乙类盆 B型	乙类盆 Ca型	乙类盆 Cb型	乙类盆 D型	乙类盆 E型	钵 A型	钵 Aa型	钵 B型	钵 Ba型	钵 C型	钵 D型	钵 Db型	钵 Dc型	钵 E型	钵 Ea型	钵 Eb型	钵 Ec型	器盖甲a类 A型	器盖甲a类 B型	器盖甲b类 A型	器盖甲b类 B型	器盖甲c类 A型	器盖甲c类 B型	器盖甲d类 A型	器盖甲d类 B型	乙a类	乙b类	乙c类	乙d类
1段		I	I		I	I	I						I	I	I				I	I	I	I	I													I	I		√		√	I			√	I	I			√	I	√		√	I	I			I													I				
2段	I	I	√	II	√	II	II	I	II	I	I	√	II	II	II	I	√		II	II	I	II	II	II	√	II	II	II	√	√	I	II	II	I	I	I	√	II	√	I	II	I	I	I	II	I	I	I	√	II	I	II	I	I	√	II	II	I	I	I	√	√	I	I	I	I	I	I	I	I	√			
3段	II	II		III	III	III	III	II	I	√	II		III	III	√	√	√		III		III		III	III	III	II	√				II	III	III	II	II	√	II		III	II	II	II	√	I	III	III	III	√	II		II	II	III		III	III	III	I				√	II	√		√
4段	III	III		IV	III		III	III	II	III			III	IV		√	√						III	√	III	III	√	√	III		III	III			III	√				III	III	√	III					II	IV	III	IV	II					III	III	III	III		III	III	III	II	III			√	√

注:"√"表示该段存在该型器。

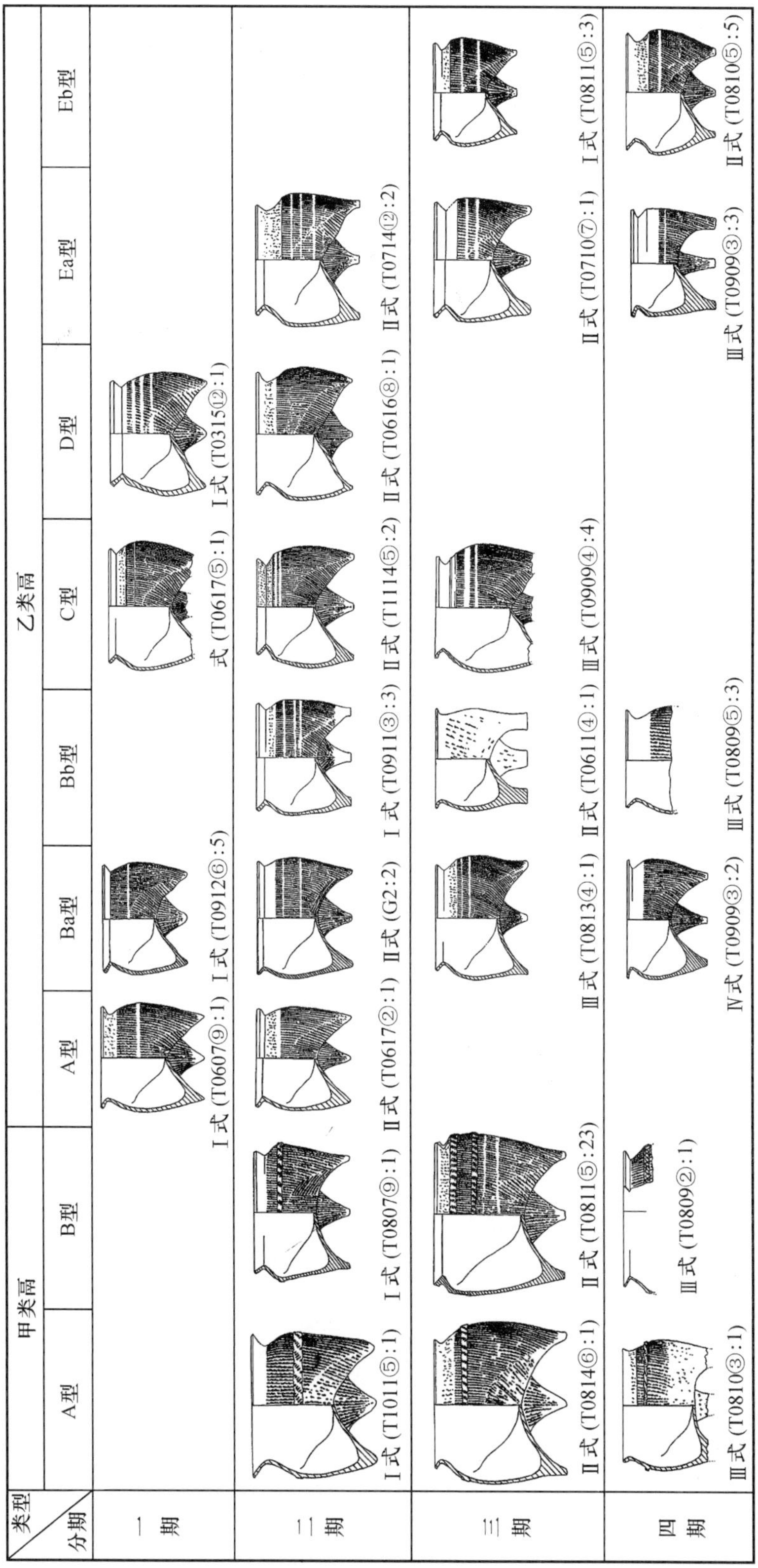
类型
分期
甲类鬲
A型
B型
乙类鬲
A型
Ba型
Bb型
C型
D型
Ea型
Eb型
一期
二期
三期
四期
Ⅰ式 (T0607⑨:1)
Ⅰ式 (T0912⑥:5)
Ⅰ式 (T0617⑤:1)
Ⅰ式 (T0315⑫:1)
Ⅰ式 (T1011⑤:1)
Ⅰ式 (T0807⑨:1)
Ⅱ式 (T0617②:1)
Ⅱ式 (G2:2)
Ⅰ式 (T0911③:3)
Ⅱ式 (T1114⑤:2)
Ⅱ式 (T0616⑧:1)
Ⅱ式 (T0714⑫:2)
Ⅱ式 (T0814⑥:1)
Ⅱ式 (T0811⑤:23)
Ⅲ式 (T0813④:1)
Ⅱ式 (T0611④:1)
Ⅲ式 (T0909④:4)
Ⅱ式 (T0710⑦:1)
Ⅰ式 (T0811⑤:3)
Ⅲ式 (T0810③:1)
Ⅲ式 (T0809②:1)
Ⅳ式 (T0909③:2)
Ⅲ式 (T0809⑤:3)
Ⅲ式 (T0909③:3)
Ⅱ式 (T0810⑤:5)

图二二四 陶鬲演变图

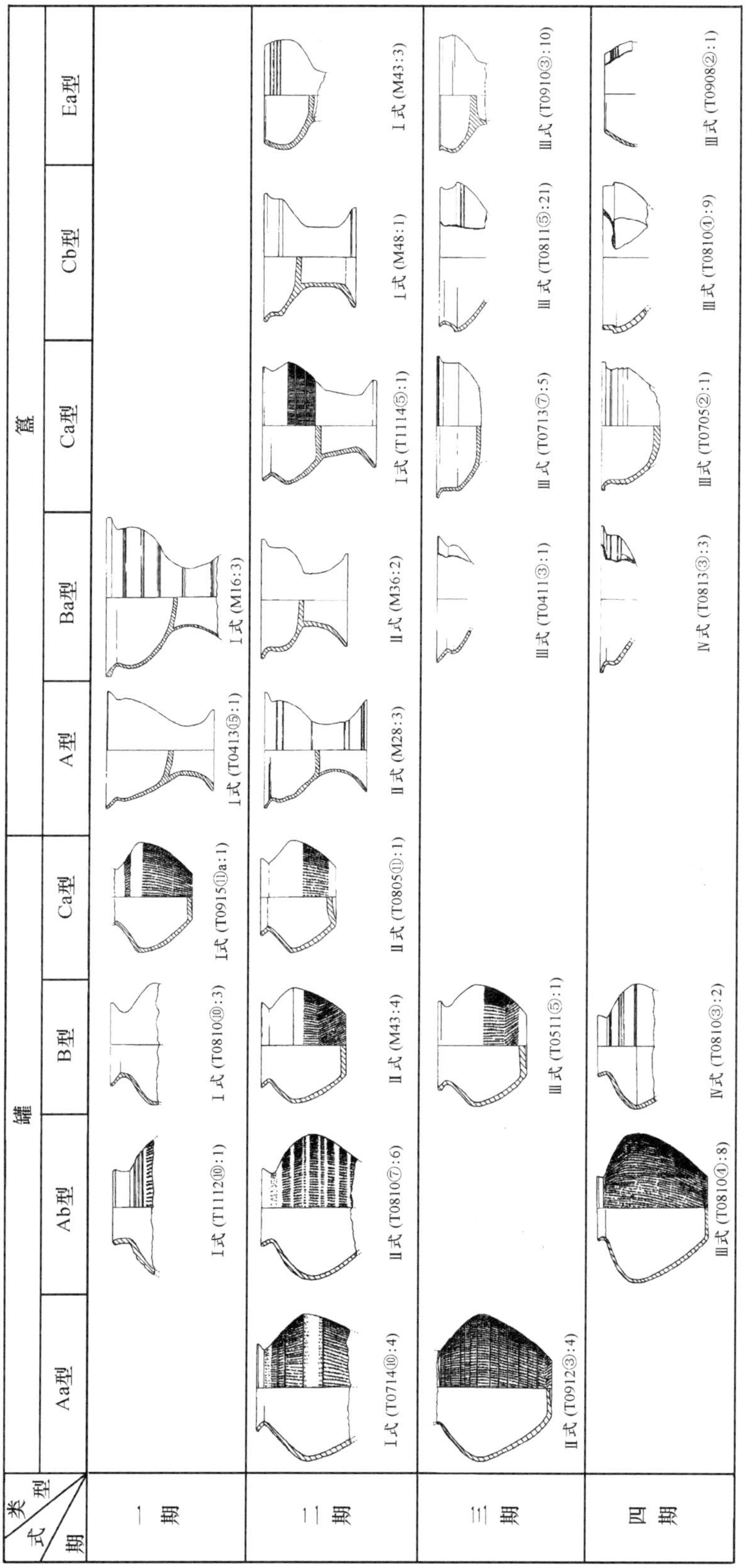
类型
式
期
罐
簋
Aa型
Ab型
B型
Ca型
A型
Ba型
Ca型
Cb型
Ea型
一期
Ⅰ式(T1112⑩:1)
Ⅰ式(T0810⑩:3)
Ⅰ式(T0915⑪a:1)
Ⅰ式(T0413⑮:1)
Ⅰ式(M16:3)
二期
Ⅰ式(T0714⑩:4)
Ⅱ式(T0810⑦:6)
Ⅱ式(M43:4)
Ⅱ式(T0805⑪:1)
Ⅱ式(M28:3)
Ⅱ式(M36:2)
Ⅰ式(T1114⑤:1)
Ⅰ式(M48:1)
Ⅰ式(M43:3)
三期
Ⅱ式(T0912③:4)
Ⅲ式(T0511⑤:1)
Ⅲ式(T0411③:1)
Ⅲ式(T0713⑦:5)
Ⅲ式(T0811⑤:21)
Ⅲ式(T0910③:10)
四期
Ⅲ式(T0810④:8)
Ⅳ式(T0810③:2)
Ⅳ式(T0813③:3)
Ⅲ式(T0705②:1)
Ⅲ式(T0810④:9)
Ⅳ式(T0908②:1)

图二二五　陶罐、簋演变图

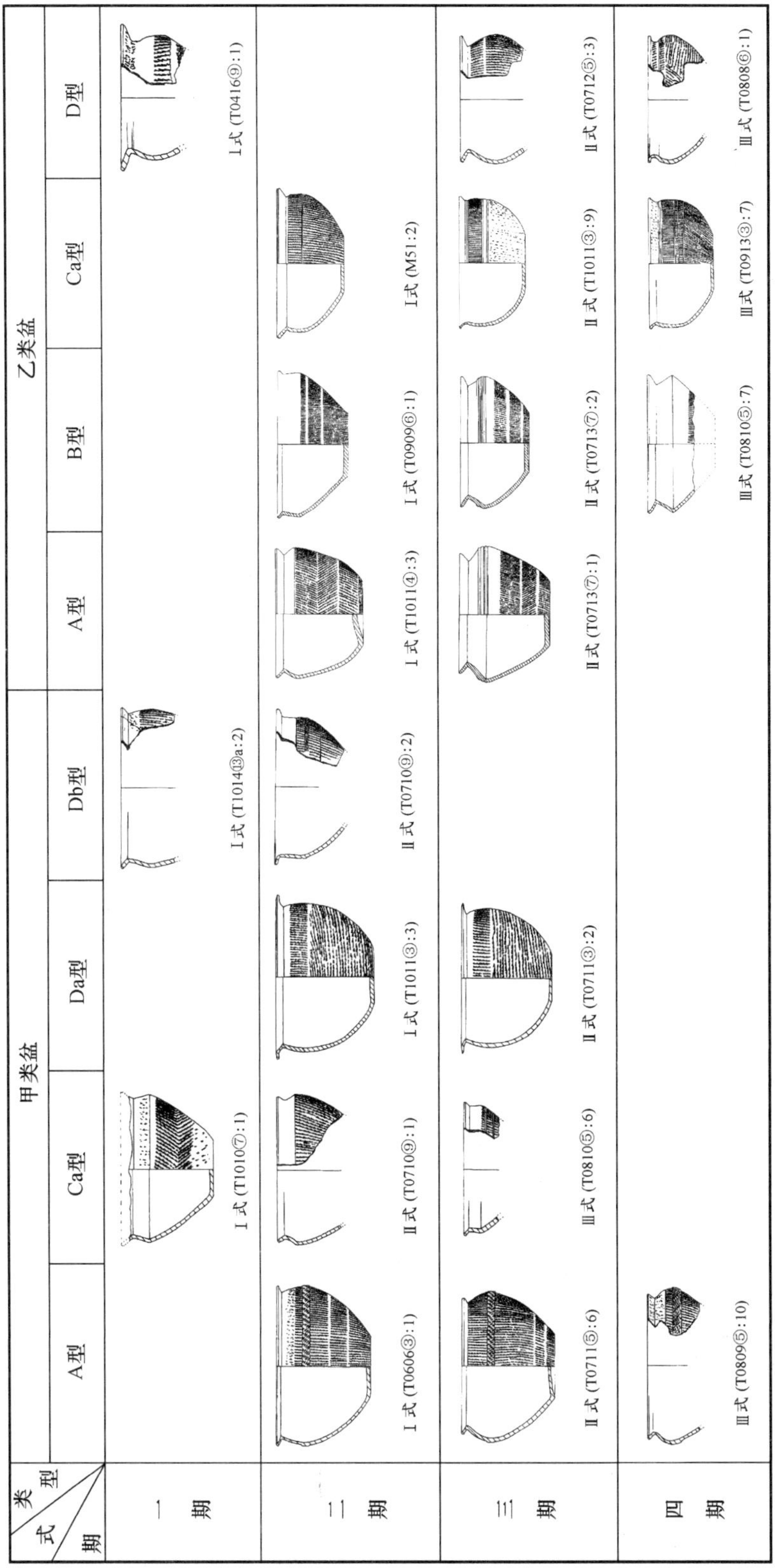

第五章 分期与年代

图二二六 陶盆演变图

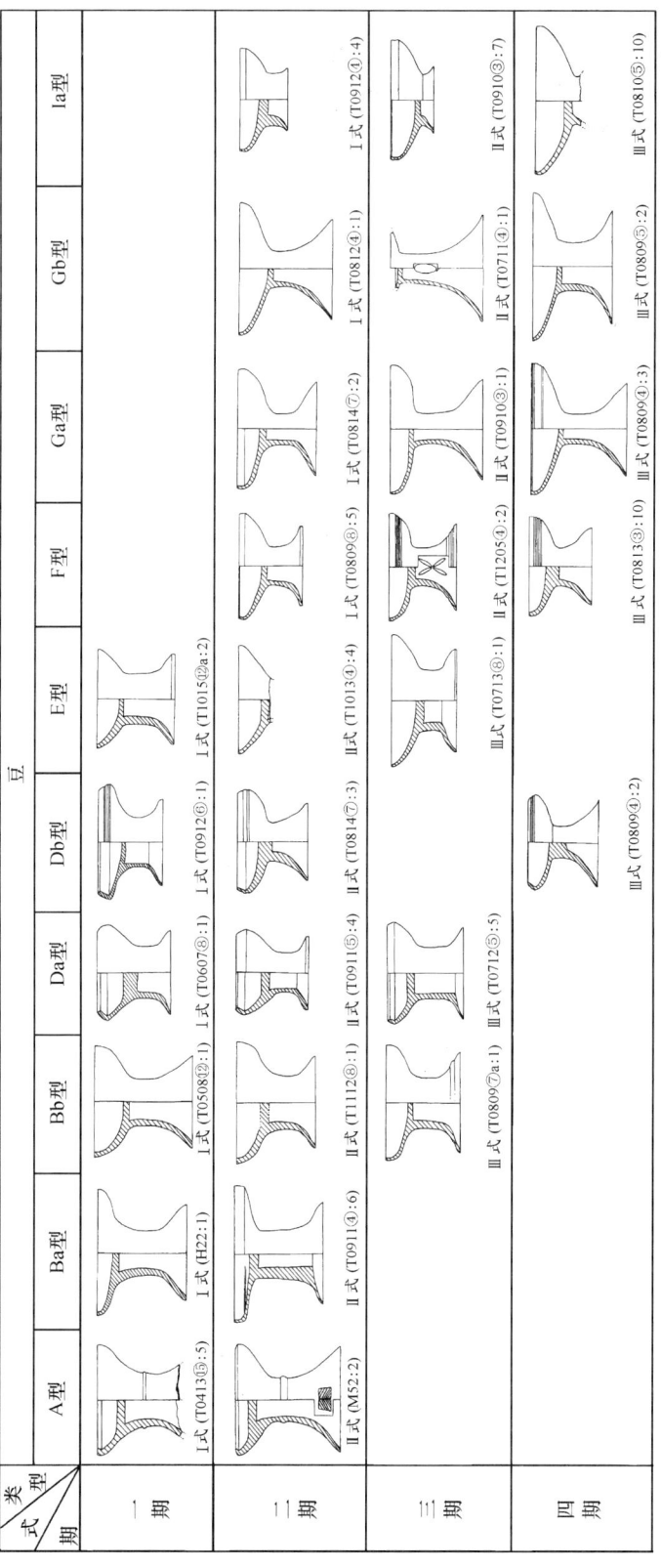

图三二七 陶豆演变图

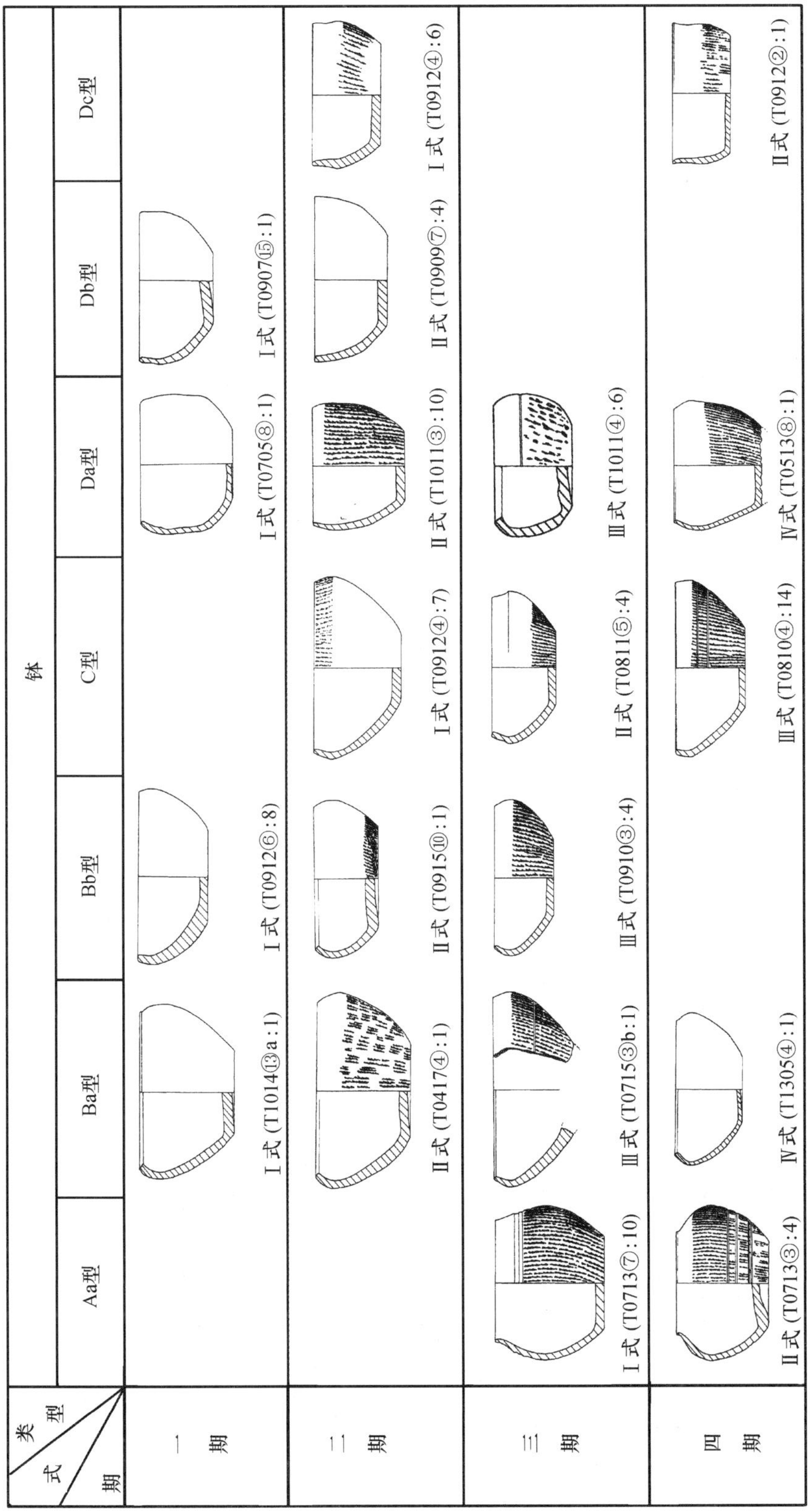

第五章 分期与年代

类型\式\期	钵						
	Aa型	Ba型	Bb型	C型	Da型	Db型	Dc型
一期		Ⅰ式(T1014⑬a:1)	Ⅰ式(T0912⑥:8)		Ⅰ式(T0705⑧:1)		
二期		Ⅱ式(T0417④:1)	Ⅱ式(T0915⑩:1)	Ⅰ式(T0912④:7)	Ⅱ式(T1011③:10)	Ⅰ式(T0907⑮:1)	Ⅰ式(T0924④:6)
三期	Ⅰ式(T0713⑦:10)	Ⅲ式(T0715b:1)	Ⅲ式(T0910③:4)	Ⅱ式(T0811⑤:4)	Ⅲ式(T1011④:6)	Ⅱ式(T0909⑦:4)	
四期	Ⅱ式(T0713③:4)	Ⅳ式(T1305④:1)		Ⅲ式(T0810④:14)	Ⅳ式(T0513⑧:1)		Ⅱ式(T0912②:1)

图二二八 陶钵演变图

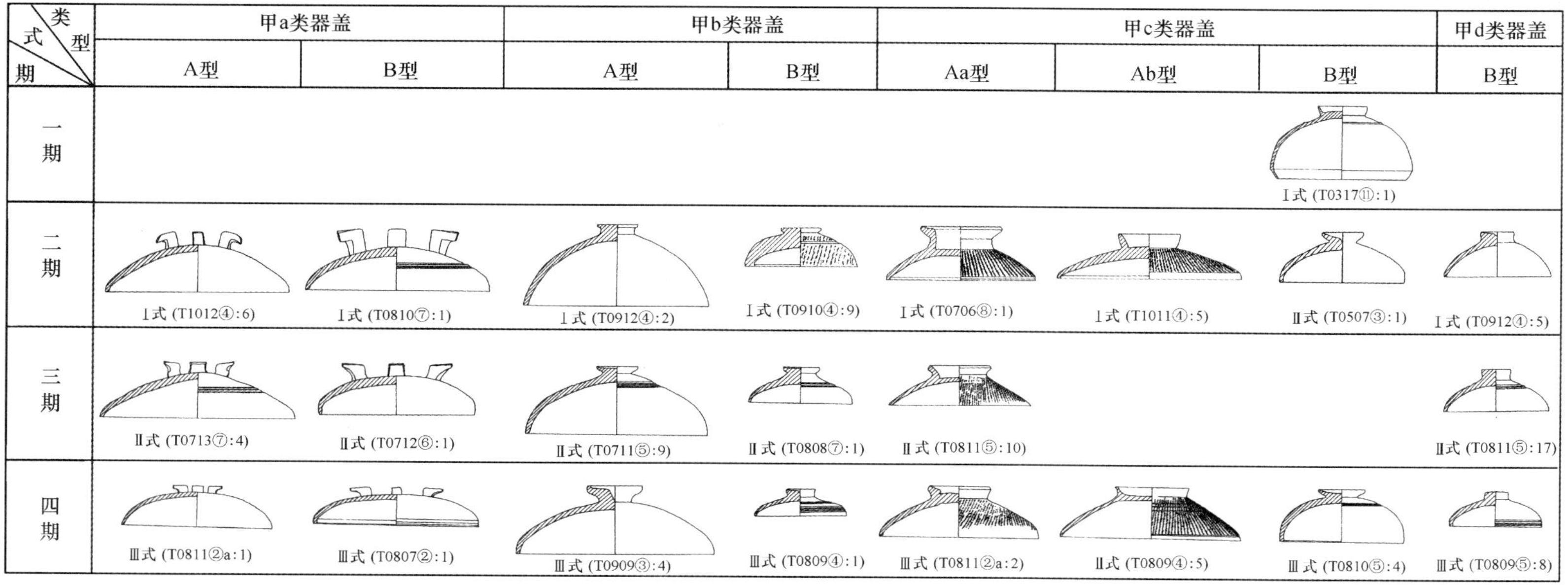
类
型
式
期
甲a类器盖
甲b类器盖
甲c类器盖
甲d类器盖
A型
B型
A型
B型
Aa型
Ab型
B型
B型
一期
二期
三期
四期
Ⅰ式（T0317⑪:1）
Ⅰ式（T1012④:6）
Ⅰ式（T0810⑦:1）
Ⅰ式（T0912④:2）
Ⅰ式（T0910④:9）
Ⅰ式（T0706⑧:1）
Ⅰ式（T1011④:5）
Ⅱ式（T0507③:1）
Ⅰ式（T0912④:5）
Ⅱ式（T0713⑦:4）
Ⅱ式（T0712⑥:1）
Ⅱ式（T0711⑤:9）
Ⅱ式（T0808⑦:1）
Ⅱ式（T0811⑤:10）
Ⅱ式（T0811⑤:17）
Ⅲ式（T0811②a:1）
Ⅲ式（T0807②:1）
Ⅲ式（T0909③:4）
Ⅲ式（T0809④:1）
Ⅲ式（T0811②a:2）
Ⅱ式（T0809④:5）
Ⅲ式（T0810⑤:4）
Ⅲ式（T0809⑤:8）

图二二九　陶器盖演变图

遗址中 T0909~T0913 等探方出土陶片数量较多，通过对诸探方各层堆积出土陶片所做的统计①，得出各段陶质陶色、纹饰、器物种类的变化比例，以探方出土陶片数量统计结果（附表五）作为各段变化的量化依据（图二三〇~图二三二）。

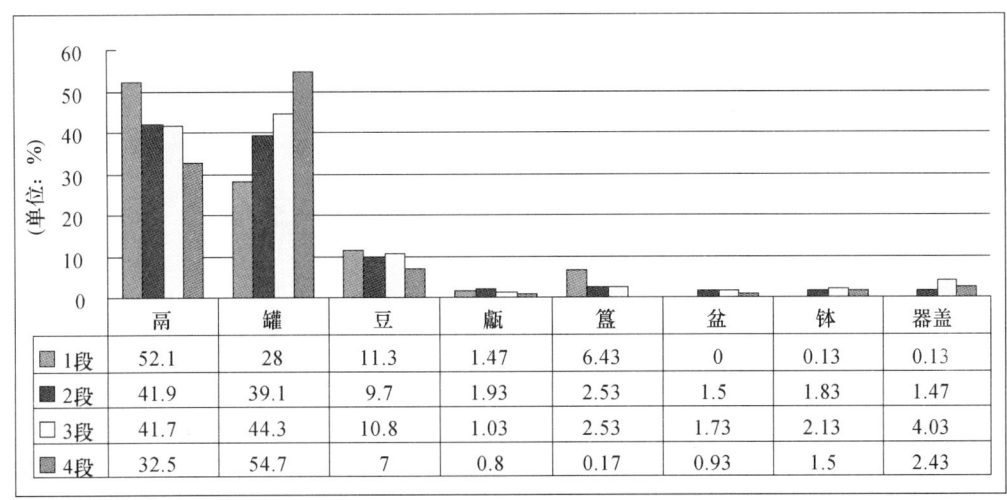

图二三〇　各段陶器器类变化比较图

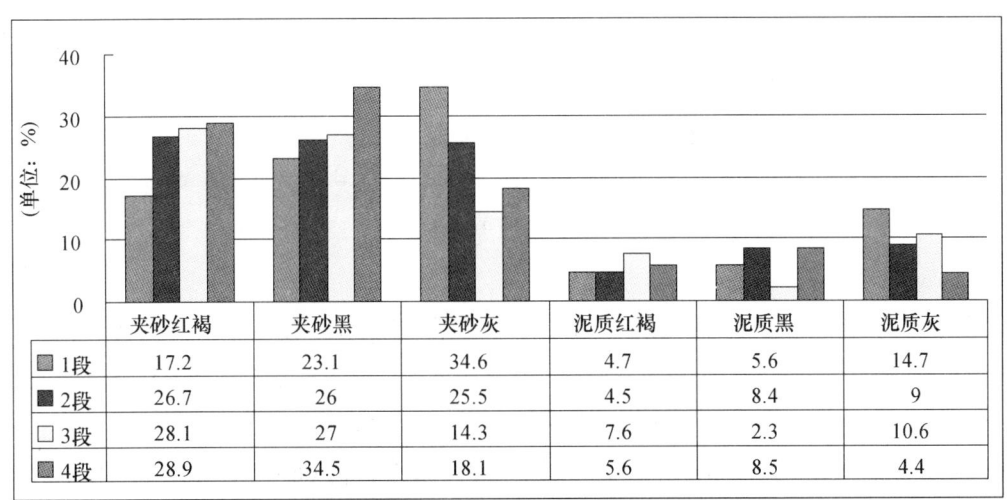

图二三一　各段陶质陶色变化比较图

1段：器类主要以鬲、罐为主，其中陶鬲数量为最，占52.1%，罐居次，占28%，豆、簋、甗、器盖等数量较少。以夹砂灰陶、灰黑陶及红褐陶为主，其中夹砂灰陶

---

① 统计单位从探方 T0909~T0913 的地层堆积单位中随机选取，每期各取三个单位作为各期的统计参数，并求出每期三个单位陶质陶色、器形、纹饰统计数据的均数而得出柱状统计图。

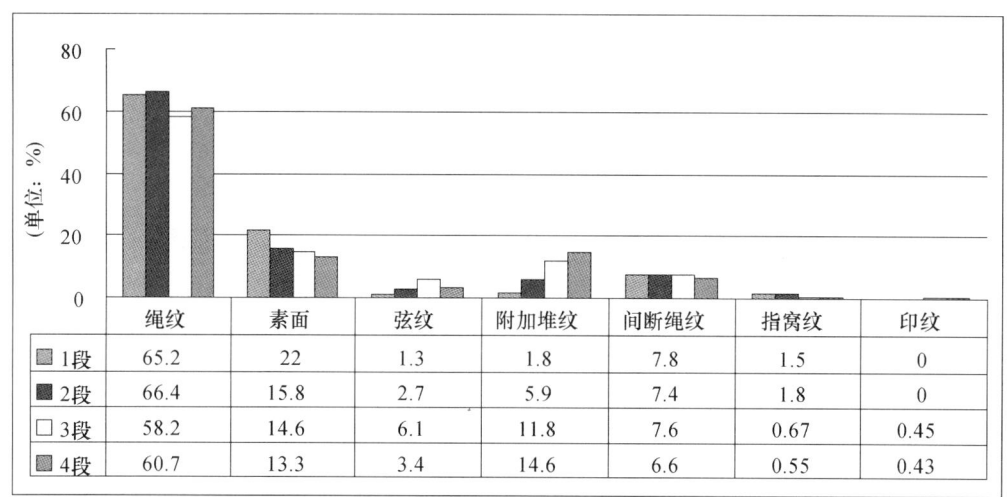

图二三二　各段陶器纹饰变化比较图

占34.6%，夹砂黑陶占23.1%，夹砂红褐陶占17.2%，另有泥质灰陶、泥质黑陶数量较少，分别占14.7%、5.6%。纹饰以绳纹为主，占65.2%，素面居次，占22%，间断绳纹较少，占7.8%，附加堆纹、指窝纹和弦纹数量极少。器形方面，本段主要可见乙类鬲，未见甲类器体较大者。整个陶鬲多显瘦高，口沿外斜较高，裆部内瘪范围较小，多见锥状足；陶甗主要见A、B型，其器腹较深，口沿外斜较高；此段可见小型圆腹盆和大型折肩盆，器形显瘦高，器腹均深；未见双耳罐，小型罐有折肩和圆肩两类，多为小口、束径、腹略深，大型圆腹口径外伸较高，最大腹径偏下；陶钵可见敛口和鼓肩、直腹型，器腹较深；本段所见陶豆均为粗柄，各类器腹略深，豆盘较窄，弧腹豆唇内侧突出尖棱；此段少见器盖。

2段：本段所见罐、鬲数量相差不大，前者占39.1%，较上组有所增多；鬲所占比例有所下降，占41.9%，豆占9.7%，甗、盂、簋、器盖数量较少。夹砂黑陶、夹砂红褐陶、夹砂灰陶所占比例相差不大，分别占26%、26.7%、25.5%。泥质陶数量较少，其中泥质黑陶较上组有所增加。纹饰以绳纹最多，占66.4%，比上段略有增加。其次为素面，占15.8%，间断绳纹、附加堆纹、指窝纹及戳印纹数量较少。器形演变上，出现甲类陶鬲，新见鼓腹鬲、斜弧腹鬲、带扉棱装饰的折肩鬲，器形较上期略显矮胖，口沿下压，器腹有变浅趋势，裆部内瘪范围变大，实足根增高，此段多见陶鬲沿下至上腹部绳纹抹光；陶甗新见折腹甗和敛口甗，弧腹甗较上段器腹更浅；新见双耳罐，大型鼓腹罐较上期略显矮胖，口沿趋于斜直，腹部最大径有上移趋势；新增鼓肩盆，器腹较深，折肩盆较上段更显矮扁，小型弧腹盆亦有同样演变趋势；出现各型器盖，器腹较深，捉手较高；折肩钵内折更明显，整个器形有渐矮趋势；陶豆器形较上段增多，粗柄豆较上段器腹略变浅，豆盘渐宽，此段偶见细柄豆和矮柄豆，同时又可见仿原始瓷器形的小型折沿斜腹豆。

3段：此段陶罐数量多于鬲，较上段有所增加，占44.3%，陶鬲数量下降，为41.7%，豆略增，占10.8%。其他类器物数量较少。夹砂黑、红褐陶数量相近，分别占27%、28.1%，夹砂灰陶有所减少，占14.3%，泥质黑陶降至2.3%，泥质灰陶占10.6%，泥质红陶为7.6%。纹饰以绳纹为主，占58.2%，其次为素面和附加堆纹，其中附加堆纹较上段有所增加，为11.8%，间断绳纹数量与上段有相差不大，弦纹、指窝纹数量较少，可见少量印纹硬陶。大型鬲器类增多，甲类A型弧腹鬲较上段器腹渐矮，口沿外伸变短，乙类小型鬲器形均显矮扁，口沿下压，器腹变浅，瘪裆程度较高、柱状足跟渐多，足根变得更高；折腹簋器腹变浅，圈足较高且竖直，敛口簋器腹亦变浅，未见弧腹簋；圆鼓腹罐上腹外鼓明显，器腹有变浅的趋势；小型折腹盆、小型弧腹盆多显矮扁，口沿有下压趋势；三纽捉手器盖三纽变矮，器腹渐浅，圆饼状、圈足状捉手盖器腹均变浅，且圈足亦变浅；陶钵各型器均有变浅趋势；陶豆、粗柄豆渐少，折盘中柄豆继承上段器腹趋浅，豆盘加宽。

4段：本段陶罐数量为最多，为54.7%，鬲的数量较上段减少，占32.5%。豆、簋、盆、甗、钵、器盖等器数量较少。本段以夹砂黑陶数量为最，占34.5%，其次为夹砂红褐陶，占28.9%，夹砂灰陶较上段略有增加，占18.1%，泥质黑陶较上段略有增多。纹饰方面，仍以绳纹为主，占60.7%，附加堆纹数量有所增加，为14.6%，素面、弦纹、间断绳纹等数量亦较少，印纹陶仍可见。大型鬲数量变少，此段陶鬲器形较小者多见，整体上更显矮胖，器腹变浅，柱足更高，束径明显，口沿下压近平；簋腹部更浅；折腹盆、鼓肩盆均显矮胖，束径明显；器盖中，三纽盖器纽变矮，器腹渐平，圈足盖圈足变浅且呈内凹状，器腹略矮宽，圆饼形捉手盖亦变矮扁；此段所见陶钵，较上段更显矮胖，器腹变浅；未见粗柄豆，细柄浅腹豆多见，另见矮柄和中柄豆，较上段器腹多显浅宽。

通过以上对层位关系及出土遗物的演变特征的分析，可将堰台遗址划分为四期，每期代表了遗址某一特定的发展阶段。需要说明的是，所划分的四期，主要依据遗址层位关系及器物演变特征来进行的，从某些器物的形态来看，似有可再细分的可能，但由于这类遗存阶段特征不甚明显或缺乏充足的层位证据，在此不做进一步的划分。

第三节 年代判断

以上通过层位学和类型学的考察，将堰台遗址划分为四个发展阶段，现与周边地区同时期的遗存进行比较，初步判定遗址各阶段的相对年代，遗址的绝对年代可参考北京大学碳十四实验室所做的碳十四年代测定数据。

一期所见陶簋 T0413⑮:1 与沣西马王村 H18:44、45、46 上体形态较为相似①，但前者圈足较高且足底外撇程度较大，发掘报告将马王村 H18 定为文王居丰时期，从形态上考察马王村 H18 出土陶簋的年代更早于一期所见陶簋，考虑到文化传播等方面的因素，此类簋的年代可定在西周早期偏晚阶段；本期所见弧裆折沿深弧腹鬲 T0607⑨:1 与张家坡西周墓葬 1 段同类鬲相似，如器体瘦高，裆略高等特征，同时亦与第二段有相近之处，如与张家坡 M190:1、M145:2② 较为接近，可推断其年代为西周早期偏晚至中期偏早阶段；本期所见粗柄弧腹豆与张家坡 M384:4 形制较为相近，后者属于张家西周墓葬坡第二期，年代为西周中期偏早，两者年代大致相近。综合来看，一期的年代范围为西周早期偏晚至西周中期偏早阶段。

二期所见 T1010⑤:1 折沿弧裆鬲与宝鸡竹园沟 BZM9:5③ 形态相近，后者被判定为西周中期偏早，前者除裆部略瘪外，两者形态十分相近，考虑到淮河中上游地区多见此类瘪裆鬲，基于两地相距较远等因素，因此推测，前者的年代大致略晚于竹园沟 BZM9；本期 G2 所见陶鬲，与张家坡 M140:1 较为相近，后者年代为西周中期；本期 T1010⑤:3 陶鬲与张家坡西周墓地 M89:2、M30:1 形制相近，后者年代被判定为西周中期；二期所见粗柄弧腹豆亦与张家坡西周墓地三期同类器相近，并且所出陶罐与张家坡西周墓地四期 M253:14 较为相近。综合考察，二期的年代大致为西周中期偏晚至晚期偏早阶段。

三期出土 T0712⑤:2 鬲与枣阳郭家庙曾国墓地春秋早期前段陶鬲 GM17:37 形制较为相近④，两者年代应相差不大；同时，本期所见细高柄豆形态与郭家庙墓地所见西周末至春秋早期偏早的同类器较为相近，与后者年代应大致相同；随州庙台子遗址第 3 层所见遗存与本期器类较为相近⑤，如陶鬲 T23:44 与本期 T0813④:1 形制近同，前者年代被判断为春秋早期或稍早，与后者年代亦应近同；本期遗存与含山大城墩第六期文化遗存同类器十分相近，后者年代推定为西周晚期至春秋早期⑥；本期 T0710⑦:1 陶鬲与山东沂源姑子坪周代墓葬 M2:6 出土鬲形制近同，后者年代被判断为两周之际或春秋

---

① 中国社会科学院考古研究所丰镐工作队：《1997 年沣西发掘报告》，《考古学报》2000 年 2 期。
② 中国社会科学院考古研究所：《张家坡西周墓地》，中国大百科全书出版社，1999 年。
③ 卢连成、胡智生：《宝鸡强国墓地》，文物出版社，1988 年。
④ 襄樊市考古队、湖北省文物考古研究所、湖北孝襄高速公路考古队：《枣阳郭家庙曾国墓地》，科学出版社，2005 年。
⑤ 武汉大学历史系考古教研室、襄樊市博物馆、随州市博物馆：《西花园与庙台子》，武汉大学出版社，1993 年。
⑥ 安徽省文物考古研究所：《安徽含山大城墩遗址发掘报告》，《考古学集刊》第 6 辑，中国社会科学出版社，1989 年。

早期①。因此，推断本期年代大致为两周之际。

从器物形态来看，四期遗存与三期联系紧密，两期年代应相差不远，如前者陶鬲与后者同类器在形态上具有较为接近的承袭关系；本期所见的细柄豆，与湖北襄阳邓城韩岗遗址②、老河口杨营遗址③春秋中期陶豆较为相近。因此，可推断本期的年代大致为春秋早期，部分遗存可能延至春秋中期。

通过比较，判断各期遗存的年代如下：

第一期：西周早期偏晚至西周中期偏早阶段。

第二期：西周中期偏晚至晚期偏早阶段。

第三期：西周晚期至春秋初期，即两周之际。

第四期：春秋早中期。

遗址的绝对年代可参考部分单位碳-14年代的测定，见表一四。

表一四 北京大学加速器质谱实验室、第四纪年代测定实验室碳-14测定数据

实验室编号	样品	原编号	碳十四年代（BP）	高精度表校正年代	
				68.2% 置信度	95.4% 置信度
BA04495	木炭	04HYT0813③层	2475±30	760BC（23.8%）680BC 670BC（21.3%）610BC 600BC（23.2%）520BC	770BC（89.4%）480BC 470BC（6.0%）410BC
BA04496	木炭	04HYT0813④层	2420±30	540BC（68.2%）400BC	750BC（15.7%）680BC 670BC（4.0%）640BC 560BC（75.8%）400BC
BA04497	木炭	04HYT0813⑤层	2615±30	815BC（68.2%）785BC	853BC（95.4%）765BC
BA04498	木炭	04HYT0415⑧层	2690±30	895BC（15.8%）875BC 850BC（52.4%）805BC	900BC（95.4%）800BC

说明：1. 计算年代采用的碳-14半衰期为5568年，年代数据未作树轮年代校正。

2. 校正软件采用 OxCal v3.10 版本。

---

① 山东大学考古系、淄博市文物局、沂源县文管所：《山东沂源县姑子坪周代墓葬》，《考古》2003年1期。

② 湖北省文物考古研究所、襄樊市博物馆：《湖北襄阳邓城韩岗遗址发掘报告》，《江汉考古》2002年2期。

③ 湖北省文物考古研究所、老河口市博物馆：《湖北老河口杨营春秋遗址发掘简报》，《江汉考古》2003年3期。

表一五　T0909⑩陶片统计表

陶质	夹砂陶			泥质陶			合计	百分比（%）
陶色 纹饰	红褐	黑灰	灰	红褐	黑	灰		
素面	6	4	4	2	13	13	42	21.2
绳纹	42	45	29		2	6	124	62.6
弦纹				1		1	2	1.0
附加堆纹		2	2				4	2.0
间断绳纹	2	5	11		1	2	21	10.6
指窝纹		4	1				5	2.5
合计	50	60	47	3	16	22	198	
百分比（%）	25.3	30.3	23.7	1.5	8.1	11.1		
器形	数量			数量			合计	百分比（%）
罐	16	18	12	3	11	14	74	37.4
鬲	31	34	34				99	50.0
豆	3	2			2	5	12	6.1
甗		4	1				5	2.5
簋					3	3	6	3.0
盂		2					2	1.0

表一六　T0912⑥陶片统计表

陶质	夹砂陶			泥质陶			合计	百分比（%）
陶色 纹饰	红褐	黑灰	灰	红褐	黑	灰		
素面	6	16	8	7	16	25	78	11.4
绳纹	97	118	206	9	9	22	461	67.6
弦纹	6	3	2		8	1	20	2.9
附加堆纹	4	8	9			2	23	3.4
间断绳纹	30	23	20		4	10	87	12.8
指窝纹	6	4	3				13	1.9
合计	149	172	248	16	37	60	682	
百分比（%）	21.8	25.2	36.4	2.3	5.4	8.8		
器形	数量			数量			合计	百分比（%）
罐	57	34	86	7	19	21	224	32.8

续表

器形	数量			数量			合计	百分比（%）
鬲	80	121	156				357	52.3
钵				1	2		3	0.4
豆	4	12	1	6	8	34	65	9.5
甗	6	4	3				13	1.9
簋	2	1	2	3	9		17	2.5
器盖						3	3	0.4

表一七　T0913⑦陶片统计表

陶质	夹砂陶			泥质陶			合计	百分比（%）
陶色＼纹饰	红褐	黑灰	灰	红褐	黑	灰		
素面	3	4	3	8	1	10	29	33.3
绳纹	1	8	35	1	2	10	57	65.5
刻划纹						1	1	1.1
合计	4	12	38	9	3	21	87	
百分比（%）	4.6	13.8	43.7	10.3	3.4	24.1		

器形	数量			数量			合计	百分比（%）
罐		8				4	12	13.8
鬲	1	6	30	1		9	47	54.0
豆	3	4		3		6	16	18.4
簋		2		5	3	2	12	13.8

表一八　T0910⑥陶片统计表

陶质	夹砂陶			泥质陶			合计	百分比（%）
陶色＼纹饰	红褐	黑褐	灰褐	红褐	黑	灰		
素面	18	47	22	7	51	38	183	19.2
绳纹	184	216	145	21	28	24	618	64.8
弦纹	2	7		3	6	8	26	2.7
附加堆纹	10	18	21	1		1	51	5.3
间断绳纹	9	31	14	8	5	9	76	8.0

续表

陶质	夹砂陶			泥质陶			合计	百分比（%）
陶色 纹饰	红褐	黑褐	灰褐	红褐	黑	灰		
指窝纹	3	4	2				9	0.9
合计	226	313	204	40	90	80	954	
百分比（%）	23.7	32.8	21.4	4.2	9.4	8.4		
器形	数量			数量			合计	百分比（%）
罐	93	128	163	37	44	60	525	55.0
鬲	124	156	37				317	33.2
钵				1	1	1	3	0.3
豆	2	17		2	29	17	67	7.0
甗	4	4	2				10	1.0
簋		2			4		6	0.6
器盖		9			12	2	23	2.4
盂		3					3	0.3

表一九　T0911⑤陶片统计表

陶质	夹砂陶			泥质陶			合计	百分比（%）
陶色 纹饰	红褐	黑灰	灰	红褐	黑	灰		
素面	14	29	32	42	84	82	283	15.2
绳纹	382	356	330	50	38	64	1220	65.6
弦纹		10		5	16	13	44	2.4
附加堆纹	33	35	26				94	5.1
间断绳纹	34	74	27	12	6	35	188	10.1
指窝纹	9	10	12				31	1.7
合计	472	514	427	109	144	194	1860	
百分比（%）	25.4	27.6	23	5.9	7.7	10.4		
器形	数量			数量			合计	百分比（%）
罐	196	276	296	53	43	93	957	51.5
鬲	261	191	112				564	30.3
钵				2	2	5	9	0.5
豆	3	27	6	45	67	77	225	12.1
甗	12	12	13				37	2.0
簋		8		2	9	12	31	1.7
器盖				7	23	7	37	2.0

表二〇　T0913④陶片统计表

陶质	夹砂陶			泥质陶			合计	百分比（%）
陶色 纹饰	红褐	黑灰	灰	红褐	黑	灰		
素面	6	12	12	12	36	35	113	13.2
绳纹	212	96	227	11	23	21	590	69.2
弦纹			5	3	7	11	26	3.0
附加堆纹	16	32	13		2	2	65	7.6
间断绳纹	20		10	4			34	4.0
指窝纹	12	5	8				25	2.9
合计	266	145	275	30	68	69	853	
百分比（%）	31.2	17.0	32.2	3.5	8.0	8.1		
器形	数量			数量			合计	百分比（%）
罐	28	12	27	5	11	8	91	10.7
鬲	208	102	209			11	530	62.1
钵	5	2	4	2	15	12	40	4.7
豆	5	11	9	15	25	20	85	10.0
瓿	12	4	8				24	2.8
簋	8	6	6	8	17		45	5.3
盆		8	12			18	38	4.5

表二一　T0910③陶片统计表

陶质	夹砂陶			泥质陶			合计	百分比（%）
陶色 纹饰	红褐	黑灰	灰	红褐	黑	灰		
素面	38	54	15	39	149	69	364	13.4
绳纹	476	633	317	26	22	52	1526	56.3
弦纹	7	26	5	10	79	35	162	6.0
附加堆纹	115	197	32	3	2		349	12.9
间断绳纹	55	137	33	15	22	15	277	10.2
戳印纹		2			1		1	0.1
指窝纹	9	6	14				29	1.1
印纹硬陶						1	1	0.04
合计	700	1053	418	93	274	173	2711	
百分比（%）	25.8	38.8	15.4	3.4	10.1	6.4		

续表

陶质	夹砂陶			泥质陶			合计	百分比（%）
陶色 纹饰 器形	红褐	黑灰	灰	红褐	黑	灰		
	数量			数量			合计	百分比（%）
罐	339	436	95	50	115	130	1165	43
鬲	303	537	287				1127	41.6
钵	14	3	2	2	8	4	33	1.2
豆	21	54	15	38	135	39	302	11.1
甗	11	8	14				33	1.2
簋	3	3	2		4		12	0.4
器盖	9	12	3	3	12		39	1.4

表二二　T0912③陶片统计表

陶质	夹砂陶			泥质陶			合计	百分比（%）
陶色 纹饰	红褐	黑灰	灰	红褐	黑	灰		
素面	8	11	10	38	95	15	177	13.4
绳纹	244	238	154	104	76	64	880	66.9
弦纹	10	8	4	12	15	6	55	4.2
附加堆纹	29	58	13	9	3	3	115	8.7
间断绳纹	20	30	20	5	5		80	6.1
指窝纹	2		4				6	0.5
印纹硬陶						3	3	0.2
合计	313	345	205	168	194	91	1316	
百分比（%）	23.8	26.2	15.6	12.8	14.7	6.9		
器形	数量			数量			合计	百分比（%）
罐	109	204	63	84	40	50	550	41.8
鬲	189	127	122	11	12	15	476	36.2
钵	12			6		2	20	1.5
豆		8	7	38	82	18	153	11.6
甗	2		4				6	0.5
簋		6	6	17	12	3	44	3.3
器盖	1			12	48		61	4.6
盆			3			3	6	0.5

表二三　T0913③陶片统计表

陶质	夹砂陶			泥质陶			合计	百分比（%）
陶色 纹饰	红褐	黑灰	灰	红褐	黑	灰		
素面	15	8	12	21	34	48	138	17.1
绳纹	204	50	48	24	19	80	425	52.8
弦纹	9	15	12	8	16	6	66	8.2
附加堆纹	30	46	10	1	18	6	111	13.8
间断绳纹	20	8	14		10		52	6.5
戳印纹					1		1	0.1
指窝纹	2	1					3	0.4
印纹硬陶						9	9	1.1
合计	280	128	96	54	98	149	805	
百分比（%）	34.8	15.9	11.9	6.7	12.2	18.5		
器形	数量			数量			合计	百分比（%）
罐	72	32	25	12	20	25	186	23.1
鬲	157	77	51	19	28	50	382	47.5
钵	6			3	2	19	30	3.7
豆	8	5	5	8	30	22	78	9.7
甗	10	1					11	1.4
簋	12	10			1	8	31	3.9
器盖		3	3	12	15	16	49	6.1
盆	15		12		2	9	38	4.7

表二四　T0909③陶片统计表

陶质	夹砂陶			泥质陶			合计	百分比（%）
陶色 纹饰	红褐	黑灰	灰	红褐	黑	灰		
素面	20	15	6	8	42	17	108	11.8
绳纹	135	197	132	9	31	13	517	56.3
弦纹	1	1		5	29	6	42	4.6
附加堆纹	49	94	20		1		164	17.9
间断绳纹	15	39	7	1	8	4	74	8.1
指窝纹		4	1				5	0.5

续表

陶质	夹砂陶			泥质陶			合计	百分比（%）
陶色 纹饰	红褐	黑灰	灰	红褐	黑	灰		
印纹硬陶	4	4					8	0.9
合计	224	354	166	23	111	40	918	
百分比（%）	24.4	38.6	18.1	2.5	12.1	4.4		
器形	数量			数量			合计	百分比（%）
罐	83	213	84	5	57	22	464	50.5
鬲	132	130	80		7		349	38.0
豆		5		11	19	9	44	4.8
甗	4	4					8	0.9
器盖	2	2		7	28	6	45	4.9
盆	3		2			3	8	0.9

表二五　T0910②陶片统计表

陶质	夹砂陶			泥质陶			合计	百分比（%）
陶色 纹饰	红褐	黑灰	灰	红褐	黑	灰		
素面	33	36	28	79	114	59	349	12.3
绳纹	702	625	330	50	58	36	1801	63.7
弦纹	8	4	4	24	38	17	95	3.4
附加堆纹	95	170	49	1	3	1	319	11.3
间断绳纹	56	84	50	10	14	21	235	8.3
指窝纹	16	9	1				26	0.9
印纹硬陶						2	2	0.1
合计	910	928	462	164	227	136	2827	
百分比（%）	32.2	32.8	16.3	5.8	8.0	4.8		
器形	数量			数量			合计	百分比（%）
罐	479	395	208	96	66	51	1295	45.8
鬲	376	501	210		35	25	1147	40.6
钵				2	7		9	0.3
豆	15	18	13	54	78	33	211	7.5
甗	17	9	1				27	1.0
簋	2	2	1		10		15	0.5
器盖	6	3	7	12	31	9	68	2.4
盆	15		22		18		55	1.9

表二六　T0911②陶片统计表

陶质	夹砂陶			泥质陶			合计	百分比（%）
陶色 纹饰	红褐	黑灰	灰	红褐	黑	灰		
素面	7	18	18	23	25	10	101	15.8
绳纹	153	135	79	24	6	7	404	63.3
弦纹		4		2	3		14	2.2
附加堆纹	25	47	21				93	14.6
间断绳纹	6		7	6	1	1	21	3.3
戳印纹			2				2	0.3
指窝纹	1						1	0.2
印纹硬陶						2	2	0.3
合计	192	204	127	55	35	25	638	
百分比（%）	30.1	32.0	20.0	8.6	5.5	3.9		
器形	数量			数量			合计	百分比（%）
罐	122	143	94	36	21	17	433	67.9
鬲	55	39	23		3		120	18.8
钵		5	2	12	2	6	27	4.2
豆	12	17	8	7	9	2	55	8.6
甗	3						3	0.5

第六章 结 语

第一节 文化特征与文化因素分析

一、文化特征

考察一个遗址的文化特征，应包括遗迹与遗物两大方面。遗迹所反映的考古学文化特征，有宏观方面的聚落布局特征，亦有构成聚落的房址、墓葬、灰坑等各类遗迹的微观特征。如第三章所述，堰台遗址作为一个较为完整的聚落，得到了比较完整的揭露，因此它所反映的聚落特征以及构成该聚落的诸类遗迹的微观特征是此次发掘的一个重大收获，是值得我们仔细考察的一个重要内容。有鉴于此，我们将堰台遗址的聚落特征考察单独辟为一节论述。本节中仅探讨遗物方面所表现出来的文化特征。

1. 陶器

从分期与年代一章中的陶质、陶色和器类统计柱状图中可以看出，堰台遗址的陶器始终以夹砂陶为主，占总数的70%以上，泥质陶始终较少。夹砂陶有红褐、黑、灰三种，它们之间的比例没有较大的悬殊，仅可见夹砂灰陶由早到晚有减少的趋势。从完整器来看，某些器物往往陶色并不一致，有的整体为黑色，但局部又为红褐色，此种情况多见于鬲身与鬲足的差异。夹砂陶器以鬲、大型罐、盆、甗为主，少见钵、器盖；泥质陶多见于豆、小型罐、簋、器盖、钵，少见于晚期的小型鬲。此外，堰台遗址还有极少量的印纹硬陶和原始瓷。

陶器的纹饰始终以绳纹为主，若加上间断绳纹的数量，占总数的70%以上，实际上，统计为附加堆纹的陶片，其上也几乎都有绳纹，纵向绳纹之间多见以较浅的弦纹间断的情况。大型陶器上往往贴附附加堆纹用以加固，甗腰部常按捺指窝纹。素面器物较少，多见于豆、簋、小型罐、器盖等器类，往往器表磨光，有的表面饰几道凹弦纹。此外，陶簋腹片上偶见云雷纹、几何折线纹。堰台遗址出土陶器在纹饰方面有一个突出特点，即在器物口沿以下肩部以上位置多见将绳纹抹光的现象，可见于鬲、罐、盆、钵、器盖等诸类器中。除上述纹饰以外，还有少量的印纹硬陶装饰纹样，种类有方格填线纹、席纹、方格纹、回纹等。在陶拍上常见的叶脉纹却不见于陶容器器表装饰。

陶容器器类始终以鬲、罐、豆、簋为主，且鬲、罐数量最多，统计比例在80%以上，由于鬲、罐是以口沿件数来统计的，必然存在重复统计的情况，实际比例要小些，但其占绝对多数是客观的。豆、簋数量居次，甗、盆、钵、器盖、盂、瓮、壶等少见。另外，遗址中出土较多的叶脉纹陶拍，亦颇具特色。第五章已略述了陶器演变的一般规律，即具有分期意义的器类从早到晚都有由瘦高向矮胖的发展趋势。在器物的微观方面，口沿由早到晚通常由折沿较高向折沿较矮直至折沿近平发展；器腹早期相对较深，向晚期逐渐变浅；鼓肩或折肩程度由早到晚幅度加大，因而束颈程度亦有加深趋势。敛口器物亦是从早到晚口内敛幅度加大。器盖的三纽捉手或圈足捉手由早到晚也是渐矮或渐浅。整体而言，从早到晚器物似乎受到了向下平压的力量且有趋大之势。当然，这只是整体演变特征，具体到某一件器物，还是应该综合观察其整体特征的。从各期的器类而言，一期不见大型甲类鬲、小型折肩鬲，而以小型弧腹鬲、鼓腹鬲为主，鬲裆部内瘪较深（鬲裆部从早到晚内瘪渐浅，但内瘪面积趋大）；大型罐亦少见；簋类有弧腹、鼓腹两类，不见折腹簋；豆以粗柄为主，不见细柄豆；器盖极少；不见大型瓮。从二期开始，器类全面发展，大型的鬲、罐、瓮、盆开始出现，并出现一批极具特色的折肩（腹）或鼓肩器类，如折肩鬲、折肩罐、折腹簋、折肩盆，细柄豆和各类器盖等。三期器类与二期差别不大，只是少数器类开始消失，如小型深弧腹鬲（乙类A型）、D型弧腹袋足鬲，此期鬲足由锥足向柱足（实足根）发展且趋势加大；粗柄豆数量明显减少。四期与三期相比，器类大致相近，大型鬲数量减少，不见粗柄豆。此期鬲足的柱足根变高，罐开始流行贴附双耳。从陶容器发展的特点来看，堰台遗址四期一脉相承，没有大的缺环，其繁荣期当在二、三期。

在陶器制法方面，主要器类均为轮制，不少器物可见轮痕，少量的小型鬲、钵捏制而成。具有特色的制法表现在以下几个方面：①陶鬲瘪裆普遍，其裆部成形与联裆鬲大致相同，只是手法较为特别所致；②柱状鬲足根应是外包于鬲足内核（呈疙瘩状）加高后形成，二者之间有明显的空隙；③甗腰多见按窝，应为上、下两部分连接时按压加固所致；④大型器物往往贴附附加堆纹以加固之，可见于鬲、罐、盆、瓮诸类器物；⑤器物口沿下常有将纹饰抹光的做法，陶豆或盂把部分常见刮削修整痕迹。

除陶容器外，还有陶制生产工具，器类主要有纺轮、陶拍、陶垫、陶范、网坠（仅1件）。其中陶范比较有特点，外表有密布较深的凹窝，当益于散发热量之用，可辨器形仅有斧范一种。

2. 石器

堰台遗址的石器以生产工具类最多，种类有锛、斧、刀、镰、凿、铲、砺石、石范等，其他如石镞、纺轮数量极少。多数石器通体磨光，少数仅在刃部磨光。石锛多为扁长方体，无段，仅发现1件有段。石斧数量较少。石刀有弧背和平背两种。石镰数量较多，多数弧背，仅1件直背，刃部可分有锯齿和无锯齿两种。石凿数量多，均为平整的长条形，仅1件有段，均较厚，绝大多数单面直刃。砺石形状多不规整，被磨的平面光滑平整。石范发现少，仅3件，均为红褐色粉砂石制成，半圆柱体。石镞、石纺轮数量极少，各发现1件。

3. 青铜器

均为小型兵器和生产工具。主要有镞、削、锛、鱼钩、簪等，以铜镞和削数量最多。值得注意的是遗址内还出土铜容器的残片。

4. 骨蚌器

堰台遗址的骨蚌器极少，总共有锥、镞、刀等8件，表明堰台遗址的骨蚌器制作并不发达。

二、文化因素分析

（一）文化影响的历史背景

堰台遗址位于淮河中游的南岸，其存续年代约当西周早期偏晚阶段—春秋早中期。要分析其文化因素的构成，是要置于一定的时空背景来考虑的，从地理位置上说，一方面，淮河位于黄河、长江之间，从新石器时代开始就有南北文化交流的传统，且淮河的许多支流，其上游直入中原腹地，素与中原地区的文化交流互动；另一方面，此地是淮河上下游地区的纽带，在地理上没有重大分隔，因而其与淮河上下游地区的文化联系不容忽视。从政治集团的角度考虑，此区域位于中原中央王朝的东南边缘，即使不考虑政治扩张的因素，它受强势文化（或较发达的文明）的影响也是不言而喻的。从新石器时代开始，本地区与汝水上游的舞阳贾湖遗址的文化联系可见于定远侯家寨遗址中，研究表明，舞阳贾湖遗址的文化影响甚至到达较远的北辛—大汶口文化早期遗存中。或以为这有可能就是中国上古时期太昊、少昊族团之间的一次大迁移，其主要的途经路线就是向东经过淮河流域北上[①]。从大汶口文化时期开始，淮河流域受山东大汶口的影响较为普遍，大汶口文化的广泛影响可见于蒙城尉迟寺遗址、固镇垓下遗

---

① 邵望平、高广仁：《贾湖类型是海岱史前文化的一个源头》，《考古学研究》（五），科学出版社，2003年。

址。龙山时期山东地区的文化影响更为广泛。从这个历史传统来看，海岱地区的考古学文化与淮河流域的考古学文化之间的联系与交流较多。

至夏商时期，中原地区夏、商文化的强势影响已经远达于更远的南方地区。淮河流域邻近中原，其受到的文化影响更甚。不少人认为"禹娶涂山"、"桀放南巢"之事发生在淮河流域，或言商代的"伊尹放太甲于桐"之桐也有可能在这一带①。从考古发现来看，夏商时期遗存可见于邻近的寿县斗鸡台遗址、含山大城墩遗址，至于青铜器的出土地点则更为普遍。与此同时，来自山东地区同时期的岳石文化影响也仍然存在，但其程度较大汶口、龙山时期则明显要轻微得多。显然这一时期来自中原地区的夏、商文化对该地区的影响占主导地位。

周灭商后，以分封的方式统治王土。淮河流域在周初未见大的分封，见于记载的诸多方国皆为子爵，其政治地位较低。所以在春秋以后各大诸侯国借助于政权形成自己的方国文化时，如齐文化、鲁文化、秦文化等，淮河流域仍然处于方国林立的状态。

（二）堰台遗址的文化因素

基于上述地理单元的特点和历史文化影响的传统，需要以较为开阔的视野来分析堰台遗址出土的遗物所包含的各种文化因素。同时，考古学文化的发展是动态而非静止的，需要区分不同时间段内所包含的各种文化因素的组成结构及动态变迁。

通过与相关发掘资料的比较，可以看出堰台遗址出土的陶器所包含的文化因素主要有以下几个方面。

1. 周文化因素

包括乙A型小型深弧腹鬲，B、C型素面弦纹罐或绳纹罐，A型斜弧腹簋，A、B型粗柄豆等主要器类。堰台乙A型小型深弧腹鬲T0607⑨:1可见于张家坡西周墓葬1、2段的M190、M145中②，还可见于1984－1985年发掘的M3、M24及1997年发掘的沣西马王村H11、1996年发掘的96SCMM4诸单位中③，其特点是矮领、弧腹、器腹较深、弧裆、空锥足，是丰镐地区周人的代表性器物，与商人的分裆鬲明显不同。B、C型素面弦纹罐或绳纹罐多为泥质陶，素面者通常器表磨光，其特点是折肩

---

① 王立新、林沄：《"桐宫"再考》，《考古》1995年12期。
② 中国社会科学院考古研究所：《张家坡西周墓地》，中国大百科全书出版社，1999年。
③ 中国社会科学院考古研究所丰镐工作队：《1984—1985年沣西西周遗址、墓葬发掘报告》，《考古》1987年1期。中国社会科学院考古研究所丰镐工作队：《1997年沣西发掘报告》，《考古学报》2000年2期。

或折腹，在丰镐地区的居址或墓葬中亦常见，为周文化典型器物之一。A型斜弧腹
簋T0413⑮：1，可与1997年沣西马王村文王居丰时期的H18：44、45、46相类比，
其特点是深腹、高圈足，不过堰台遗址的这件簋圈足稍高，略呈喇叭形，形态要略
晚，与1967年发掘的西周初年—成康时期的张家坡M16、M72同类簋的圈足更为接
近①。A、B型粗柄豆在丰镐地区的墓葬中常见，而这两类豆也被认为是晚商文化在
周文化中的因素，不过由于西周时期丰镐地区常见，亦可被视为周人吸纳而形成自
己的文化因素之一，且沿用时间较长，并变化发展（如豆把形成凸棱），所以也可视
为周文化因素。此外，堰台遗址的制陶工具烟斗形陶垫亦见于沣西居址中（称陶压
锤）②，或为周人传统。

2. 晚商文化因素

主要包括乙C、乙D型袋足鬲，其特点是袋足颇深，虽然有的为弧裆甚至微瘪，
分裆不明显，但其三袋足颇具分裆意味。这两类鬲与殷墟晚商文化的分裆鬲相比，其
差异较为明显，不过按判定的一期年代，距商末已有不短的时间，它们与典型的商式
鬲之间在形态上具有一定的差异是符合逻辑的。堰台遗址邻近地区经确认的晚商文化
陶器很少，在含山大城墩遗址③的部分陶器中可略见其痕迹，其中T4④：4 袋足鬲、T3
④：20 腹部刻划三角纹的商式簋是特征明显的晚商器物。可见，流行于本地晚商时期的
部分因素亦可在西周时期觅得踪影。

3. 在周文化基础上加以改造和创新形成具有本地特色的文化因素

此类器物在堰台遗址数量较大，类别最多，尤其在二、三期更为突出。包括大型
甲A型弧腹鬲和甲B型折（鼓）肩鬲、乙B型浅弧腹鬲、E型折肩（鼓肩）鬲、G型
附耳鬲、B型高圈足鼓腹簋、C型折腹簋、D型圆腹簋、E型敛口簋、D型粗柄折盘
豆、E型粗柄斜腹豆、F型中柄弧盘豆、G型细柄豆、甲C类大型折肩盆、乙A类小型
深腹折肩盆、乙B类小型浅腹折肩盆。主要器类鬲、簋、豆都是关中周文化中的常见
器物，但在制作过程中有所改造和创新，形成一定的区域特征，而与周文化的同类器
物在形态特征上具有明显差别，其普遍共性特征就是折肩或鼓肩作风。甲A、甲B型
鬲器形颇大，少见于其他地区，但其形态特征与遗址内乙类小型鬲相同。乙B型浅弧

---

① 中国社会科学院考古研究所沣西发掘队：《1967年张家坡西周墓葬的发掘》，《考古学报》
1980年4期。
② 中国科学院考古研究所：《沣西发掘报告》，文物出版社，1962年。
③ 安徽省文物考古研究所：《安徽含山大城墩遗址发掘报告》，《考古学集刊》第6辑，中国社
会科学出版社，1989年。

腹鬲与乙A型深弧腹鬲具有内在的联系，而乙E型折肩或鼓肩鬲，则充分体现了堰台遗址出土器物的创新特征。B型高圈足鼓腹簋、C型折腹簋、D型圆腹簋、E型敛口簋都是在A型斜弧腹簋的基础上加高圈足，器腹部分或折或鼓。其他如D型粗柄折盘豆、E型粗柄斜腹豆、甲C类大型折肩盆、乙A类小型深腹折肩盆、乙B类小型浅腹折肩盆，也都具有这方面的特征。

4. 具有强烈地方特色的文化因素

包括A类大型折肩罐和鼓腹罐、D型双耳罐、带把甗式盉以及数量较多的钵和三纽器盖。A类大型折肩罐和鼓肩罐多为夹砂陶，器形颇大，不见于丰镐地区同时期的居址或墓葬中，是极具地方特色的一类器物。在山东和湖北北部的稍晚时期，还发现了与此类陶器相似的青铜罍[1]，或许与此有一定的渊源关系。D型双耳罐亦颇具特色，它与A类大型折肩罐和鼓肩罐联系较大，一般在遗址的三、四期出现较多。带把甗形盉在遗址的一期即已出现，多见夹砂陶，由上体的钵和下体的鬲组成，类似甗，但器形要小得多，钵与鬲之间往往有箅，鬲腹部置把，一侧有流，与器把形成垂直夹角。带把甗式盉在江淮之间的许多遗址都有发现，如潜山薛家岗遗址H38、庐江神墩遗址、六安堰墩遗址都发现过这类陶盉[2]，也见于湖北东北部、河南信阳地区，在此区域内于春秋时期也同样出现了器形同样的青铜器[3]。堰台遗址出土了数量较多的钵及器盖，钵虽然见于丰镐地区的同时期遗存中，但数量极少，圈足形捉手器盖也在丰镐地区偶有发现，同样不如本遗址数量大，尤其是三纽器盖，尚未见于其他地区。此外，叶脉纹陶拍亦具地方特征。

5. 南方吴越地区土墩墓文化因素

包括印纹硬陶、原始瓷及H型仿原始瓷陶豆。印纹硬陶器没有发现完整器，但纹饰种类有数种。原始瓷仅见豆一种，但H型陶豆明显仿于原始瓷豆，与其他陶豆风格明显不同。一般认为原始瓷器、印纹硬陶器是长江以南的土墩墓遗存的代表器物，是吴越文化的主要文化因素之一。

上述五种文化因素在堰台聚落中所占的比重不同，在其发展过程的不同阶段，所

---

[1] 湖北省文物考古研究所：《曾国青铜器》，172~174页，文物出版社，2007年。
[2] 安徽省文物考古研究所：《潜山薛家岗》，文物出版社，2004年。安徽省文物考古研究所等：《庐江大神墩遗址发掘简报》，《江汉考古》2006年2期。安徽省文物考古研究所等：《安徽六安市堰墩西周遗址发掘简报》，《考古》2002年2期。
[3] 安徽省博物馆等：《安徽六安县发现一座春秋时期墓葬》，《考古》1993年7期。马道阔：《安徽省庐江县出土春秋青铜器》，《东南文化》1990年1期。

占比重也不尽相同，表明堰台遗址并不是一个静态封闭的聚落，具有一定的开放性。

一期：本期器型的型式较少，主要包括：①周文化因素：主要有乙AⅠ式小型深弧腹鬲，乙BⅠ式小型鼓腹罐，乙CaⅠ式小型折肩罐，AⅠ式斜弧腹簋，AⅠ、BbⅠ式粗柄豆；②晚商文化因素：主要有CⅠ、DⅠ式袋足鬲；③在周文化基础上加以改造和创新形成具有本地特色的文化因素：主要有BaⅠ式鬲，BaⅠ式簋，DaⅠ、DbⅠ式粗柄折盘豆，EⅠ式粗柄斜腹豆，甲CaⅠ式大型折肩盆，此类文化因素在本期已初见端倪，不过还没有广泛流行；④具有强烈地方特色的文化因素：主要有AbⅠ式大型鼓肩罐、甗形盉、钵几类，各类器盖少见。此期尚未发现印纹硬陶、原始瓷器等吴越文化因素。综合来看，本期周文化因素具有一定的比例，晚商文化因素较少，而周文化因素的变体已经出现，并存在一定数量具有本地特征的土著文化因素。

二期：代表堰台遗址陶器特征的各类器形普遍形成并趋于稳定。本期中，上期所述周文化及晚商文化因素继续存在，显著变化是在周文化基础上形成了具有本地特色的器形普遍出现，包括甲A型弧腹鬲、甲B型折（鼓）肩鬲、乙Bb型浅弧腹鬲、乙E型折肩鬲、B型高圈足鼓腹鬲、C型折腹（肩）高圈足簋、E型敛口簋、甲A型深腹鼓肩盆、乙A型深腹鼓肩盆、乙B型浅腹折肩盆、乙C型浅弧腹盆等；豆类在一期基础上继续发展，并出现了细柄豆。土著文化因素中的甲Ab型罐、甗形盉继续存在，可能受到折肩风格的影响，出现了甲Aa型折肩罐，陶钵器型在一期基础上继续增加；器盖在本期得到了全面发展，各种类型的器盖都已出现。本期可见极少量的印纹硬陶和仿原始瓷陶豆，表明与南方吴越地区有了少量的文化联系。

三期：不见代表周文化因素的乙A型深弧腹鬲、A型斜弧腹簋，周文化因素和晚商文化因素少见。而在周文化基础上形成的具有本地特色的文化因素的器形与二期基本相同，只是形态略有变化。前期代表土著文化因素的器形继续存在，并新出现了双耳罐。印纹硬陶和仿原始瓷豆有所增加。

四期：本期所见陶器数量明显少于前期，以三期所见的周文化因素变体类器物为主，但各类器物类型减少，如粗柄豆已不见，体现了时代上的变化。不过代表土著文化的各类器物仍较为流行，罐类往往有双耳，亦具时代特征。所见印纹硬陶和原始瓷器较上期增多，说明南方吴越文化的影响有增强之势，不过总量上依然很少。

以上分析表明，堰台遗址一、二期时，尚存一定数量的周文化因素以及少量的晚商文化因素。从二期开始，在周文化因素基础上发展变化而成的各类陶器普遍形成，并占据主导地位，而周文化及晚商文化因素所占比重锐减。三期在二期的基础上继续发展并趋于稳定。土著文化因素自始至终稳定存在，并少有发展。南方地区的吴越文化因素从二期开始出现，但始终数量很少，是最次要的文化因素。从二期开始，鬲足开始出现少量的柱足，三期以后渐多，它的包足制法与楚式鬲有一定的相似性，但器形相去甚远，尚不能说明二者之间的联系。总体而言，堰台遗址一至四期一脉相承，文化面貌一致，其间没有大的缺环。从遗存的丰富程度来看，二、三期是堰台聚落的繁盛期。

三、与周边同时期的文化比较

在全面了解堰台遗址陶器特征的基础上，需要与其邻近地区进行比较分析，来考察以堰台遗址为代表的周代遗存在空间上的分布范围，同时也可了解各区域与堰台遗址所在的淮河中游地区之间在文化交流方面的联系。

在进行比较之前，需要对淮河中游及江淮地区以堰台遗址为代表的周代遗存进行初步梳理，全面地了解该地区周代考古学文化面貌，以了解此类遗存在该地区的分布范围，从而为进行地缘上的比较打好基础。

（一）安徽江淮地区以堰台遗址为代表的周代遗存的分布范围

在堰台遗址发掘以前，江淮地区周代系统的考古工作不多，多为调查或试掘，对周代遗存的文化面貌了解不深刻。近些年随着文物考古工作的深入和基本建设的需要，在江淮西部、大别山东麓地区发现和发掘了一批周代遗存，已发表资料的主要有六安堰墩遗址、庐江大神墩遗址，以及此前发掘的含山大城墩遗址、枞阳汤家墩遗址、安庆张四墩遗址等，薛家岗遗址内有少量遗存，1982 年北京大学在六安地区调查和试掘了一批遗址，其中有部分周代遗存，此外多为未发表或零碎资料。

六安堰墩遗址[①]陶器的陶质陶色、纹饰及主要器类与堰台遗址基本相同，堰墩遗址中的 B 型鬲与堰台遗址的乙 A 型鬲相同，具有周文化的特征；其 A I 式短柱足鬲（疙瘩足）与张家坡 M91、M326 相似，亦具周人遗物特征，年代与堰台一期相当或略早；而素面罐（T907⑨:48）、折盘粗柄豆（T906⑤:7）、烟斗形陶垫亦是关中周文化常见器物。折肩鬲、折腹簋具有周文化因素变体特征。堰墩遗址的大型鼓腹罐、折肩罐、双耳罐、带把甗形盉、钵、器盖、叶脉纹陶拍等与堰台遗址同类器物相同，具有土著特征。与堰台遗址一样，该遗址也有少量的印纹硬陶和原始瓷器。这两个遗址的文化面貌基本相同。

枞阳汤家墩遗址[②]出土陶器的陶质陶色比例构成与堰台相近，器形组合特征与堰台也基本一致。T6⑨:9 鬲与堰台甲 B 型鬲相同，T3⑥:2 鬲与堰台乙 E 型鬲相同，附耳鬲亦见于堰台遗址；大型折肩或鼓腹罐、带把甗形盉、钵、瓮等土著文化因素均与堰台相同。不过，其印纹硬陶与原始瓷器数量明显多于堰台，T4③:15 器耳常见于赣东北、

---

① 安徽省文物考古研究所等：《安徽六安市堰墩西周遗址发掘简报》，《考古》2002 年 2 期。
② 安徽省文物考古研究所：《安徽枞阳县汤家墩遗址发掘简报》，《中原文物》2004 年 4 期。

鄂东南同时期遗存中，这类差别当是地缘差别。总之，汤家墩遗址与堰台遗址之间具有高度的一致性。

庐江大神墩遗址①所出陶鬲与堰台乙 Eb 型鬲近似，陶罐与堰台 Ab 型罐同类，而陶盉则与堰台同类器相同，数量较少的矮蹄形三足盘亦见于堰台遗址中，可见这两个遗址之间存在极大的共性。

其他几处遗址材料比较零散，完整器不多，不过可以大致判断其文化面貌。肥东吴大墩遗址②第四~六期年代约当于堰台遗址，陶质陶色、纹饰及器形与堰台大致相同，如 T3④:7 鬲与堰台乙 E 型鬲相同，T3⑤:15 鬲与堰台 Ba 型鬲相同，T3⑦:19 与堰台 A 型豆相同，高圈足簋与堰台同类器相同，其余如陶钵、叶脉纹陶拍亦常见于堰台遗址，不过该遗址不见器盖，与堰台遗址略有差异。北京大学 1982 年在皖西地区的试掘资料中③，霍邱绣鞋墩遗址二~四期、六安西古城遗址四~五期、众德寺遗址四~五期、寿县青莲寺遗址四~六期、斗鸡台遗址第五期为周代遗存，由于试掘面积小，不足以全面反映文化特征。与堰台遗址陶器相比，陶质陶色的比例构成大致相同，纹饰一致，制作风格也一样。比较器形，绣鞋墩遗址 T1②:9 鬲与堰台甲 B 型鬲相同、T1④b:100 鬲与堰台 Bb 型鬲相同，T1④a:6 鬲与堰台乙 E 型鬲相同；众德寺 M1 与 M2 的器物组合及器形也与堰台相同，其中 M1:1 鬲与堰台 Eb 型鬲相同，所出陶罐皆与堰台 B 型罐相同；青莲寺遗址采集的双耳罐与堰台 D 型罐相同。这些遗存的文化面貌与堰台遗址之间不存在本质差别。2006 年发掘的肥西塘岗遗址④有少量周代遗存，从出土陶鬲、钵的特征来看，与堰台遗址的陶器并无本质差异。安庆张四墩遗址⑤周代遗存中的双耳罐、浅弧腹鬲皆在堰台遗址中出现，但其所出漏斗形附耳却与汤家墩遗址相同，亦为地缘特征。

含山大城墩遗址⑥五、六期遗存与堰台遗址年代相当。其中 T3④:13 斜腹高圈足簋，显具周文化因素；T7④:2 折肩鬲与堰台甲 B 型鬲同类；T3④:17、T5④:20 鬲具周文化变体特征，风格与堰台遗址不同，其深袋足特点与分裆鬲有一定的相似性，而其三角划纹簋显然是晚商遗风。总体而言，大城墩的陶器具有晚商文化因素更多些。从

---

① 安徽省文物考古研究所等：《庐江大神墩遗址发掘简报》，《江汉考古》2006 年 2 期。
② 张敬国、贾庆元：《肥东县古城吴大墩遗址试掘简报》，《文物研究》第一期，黄山书社，1985 年。
③ 北京大学考古学系等：《安徽省霍邱、六安、寿县考古调查试掘报告》，《考古学研究》（三），科学出版社，1997 年。
④ 安徽省文物考古研究所：《安徽肥西塘岗遗址发掘》，《东南文化》2007 年 1 期。
⑤ 北京大学考古学系等：《安徽安庆市张四墩遗址试掘简报》，《考古》2004 年 1 期。
⑥ 安徽省文物考古研究所：《安徽含山大城墩遗址发掘报告》，《考古学集刊》第 6 辑，中国社会科学出版社，1989 年。

土著文化因素来看,大城墩的陶钵、陶拍与堰台相似,但没有带把甗形盉、大型折肩或鼓腹罐、器盖等器形,而原始瓷器、印纹硬陶数量较堰台略多。以上比较显示,大城墩周代遗存与堰台具有一定的联系,但区域差别已比较明显。薛家岗遗址周代遗存较少,其文化面貌可以 H38 为代表,所出带把甗形盉在堰台遗址中可见,但鬲的形态略有差异,而与薛家岗遗址邻近的太湖王家墩遗址①的周代遗存更接近,所出陶鬲为深腹平裆,与堰台遗址明显不同,漏斗形器耳、圈足罐亦不见于堰台遗址,而与赣北、鄂东南同期遗存相近。

上述比较分析说明江淮之间不同区域的周代遗存文化面貌相近,以堰台遗址为代表的陶器组合及特征基本可以代表淮河中游与长江之间周代遗存的一般特征。其分布范围南界大致可到长江,安庆、潜山一线可能是此类遗存分布的西南边缘;西至大别山,东至巢湖以东不远地区。滁河流域的何郢遗址②出土陶器中夹砂素面红陶占较大比例,与堰台遗址差别较大,应在这一范围之外。淮河以北地区周代遗址的考古工作较少,很难用陶器所体现的文化面貌对这一地区作出判断。2005 年在安徽亳州市发掘的程井墓地③,其中有东周墓葬,所出陶鬲有类似于堰台的乙 E 型鬲,但同时也有王青在《海岱地区周代墓葬研究》中所分的甲 Ab 型深腹矮足尖鬲及器把偏细的高圈足簋,显示该区域与鲁文化具有更为密切的联系。因此,对于以堰台遗存所代表的周代遗存的北界尚难推断,或在淮河以北不远地区的沿淮一带。

(二) 与周边地区的文化比较

1. 与豫南淮河上游地区的文化比较

豫南信阳地区地处淮河上游,与安徽淮河流域尤其皖西六安地区接壤,属大别山北麓的山前丘陵、平原地带,两地在地理上没有大的阻隔。信阳地区已发掘的周代遗址不多,可以信阳孙砦遗址和固始平寨古城遗址为例进行比较分析。

孙砦遗址④为高于附近地面约 2 米的台形遗址,与堰台遗址形态相同。该遗址出土完整器较多,虽然没有明确的地层,但从器物形态特征看,时代大约在西周中期—西周晚期。孙砦遗址出土陶器纹饰以绳纹为主,其施纹特点与堰台相同,主要器物有鬲、罐、豆、簋、盆、器盖、钵等,与堰台遗址也基本相同,如 T1:31 鬲与堰台乙 Ba 型鬲相同,T1:46 鬲与堰台乙 Bb 型鬲相同,H2:5 鬲与堰台乙 Ea

---

① 高一龙:《太湖县王家墩遗址试掘》,《文物研究》第一期,黄山书社,1985 年。
② 安徽省文物考古研究所发掘资料。
③ 安徽省文物考古研究所发掘资料。
④ 河南省文物考古研究所:《信阳孙砦遗址发掘报告》,《华夏考古》1989 年 2 期。

型相同；孙砦遗址所出陶瓮实与堰台 Aa 型罐为同类器；高圈足陶甗与堰台 Ba 型甗相同；堰台遗址的带把瓿形盉、钵、器盖、叶脉纹陶拍皆可在孙砦遗址中发现；盆的形态也很相似。由此可见，二者的文化面貌几乎一致。

固始平寨古城遗址①位于豫皖交界处，与堰台遗址相距很近，亦为台地遗址。由于仅发掘了 16 平方米，其西周时期完整器不多。从发表的标本来看，与堰台遗址共性明显。如平寨古城 T1③∶1 AⅢ式鬲与堰台乙 B 型鬲相同；Bb 鬲当属堰台甲类鬲；H1∶2 瓮与堰台 A 型罐相似；B 型把手或为堰台瓿形盉器把；堰台遗址的叶脉纹陶拍亦在该遗址发现。

发现较早的信阳三里店遗址②中亦有周代遗存，其年代约当西周中晚期。该遗址陶器特征与堰台总体相似，如弧腹鬲、盆、粗柄豆、捺窝的甗腰等，陶甗上部的形态与堰台 Ba 型甗相同，但其矮圈足却不见于堰台遗址，二者稍有差异。罗山县擂台子遗址③第三期遗存年代在商末周初，早于堰台遗址，二者不可直接比较。但擂台子遗址的矮柱状疙瘩鬲足可见于六安堰墩遗址，商式簋可见于含山大城墩遗址，这与堰台遗址一期周文化、晚商文化因素略多在逻辑上具有一致性。

信阳地区发现的春秋时期墓葬中也曾有陶器出土。1978 年发现的信阳平桥 1 号春秋墓④中的瓿形盉，1986 年发现的信阳平西五号春秋墓⑤中的折肩鬲、瓿形盉，1988 年发掘的光山黄季佗父墓⑥中出土的折肩鬲、折肩罐，与堰台遗址的带把瓿形盉、E 型鬲、Ca 型罐相同，这些墓中出土的青铜鬲在形态上与这类陶鬲也相同。

综上所述，豫南信阳地区的周代遗存与以堰台遗址为代表的安徽江淮地区的同时期遗存在文化面貌上没有显著差别，二者应属同一文化区。

2. 与鄂东北地区的文化比较

鄂东北为大别山、桐柏山的山前丘陵与平原地带，包括长江北岸的涢水、澴水、滠水、倒水等几条小支流的中上游地区，在地理位置上与淮河上游的信阳地区紧邻。根据发表的相关资料，不少遗址为台地遗址，所出陶器亦与安徽江淮地区的周代遗存相似。目前发表的资料集中于孝感、黄冈两个地区，且以调查资料居多，公布的发掘资料偏少。

---

① 北京大学考古学系等：《河南固始平寨古城遗址发掘报告》，《考古学报》2000 年 3 期。
② 河南省文物工作队：《河南信阳三里店遗址发掘报告》，《考古学报》1959 年 1 期。
③ 河南省文物考古研究所等：《河南罗山县擂台子遗址发掘简报》，《华夏考古》2003 年 2 期。
④ 河南省博物馆等：《河南信阳市平桥春秋墓发掘简报》，《文物》1981 年 1 期。
⑤ 信阳地区文管会等：《河南信阳市平西五号春秋墓发掘简报》，《考古》1989 年 1 期。
⑥ 信阳地区文管会等：《河南光山春秋黄季佗父墓发掘简报》，《考古》1989 年 1 期。

大悟吕王城遗址①位于滠水上游西岸大别山南麓，其周代遗存主要发现于陈家岗和天灯岗两个台地，所发表的陶器有鬲、盂（相当于堰台遗址中的盆）、钵、甗等，器类与堰台相同，西周时期遗存年代当在西周中晚期。T5⑦:159鬲与堰台乙A型鬲相近，为周文化因素器物。其T5⑤B:118、T5⑥:147、T5⑤B:121、T5⑥:137等鬲，当与堰台乙E型鬲相同，而折肩盂、敛口钵也在堰台遗址常见，可见二者具有极大的共性。不过，吕王城遗址T5⑥:162小口鼓腹鬲却与楚式鬲近似，或可说明楚文化在西周晚期对该地区一定程度的影响。总体而言，吕王城遗址的西周文化面貌与堰台没有大的差别。

孝感聂家寨遗址位于澴水中上游②，其周代遗存出土陶鬲多为残片，从折沿、贴附附加堆纹、短柱足鬲足等特点看，与堰台同类器物接近，陶甗与堰台D型圆腹甗相同，但该遗址的长颈罐不见于堰台遗址，二者之间稍有差异。

在该地区已发表的调查资料中，可以发现某些标本与堰台遗址陶器类似。如孝感市自古墩遗址的陶甗圈足、凤凰台遗址的盂（折腹盆）、余家河遗址的折沿折腹盆③，安陆市花台遗址的附加堆纹鬲、晒书台遗址的敛口钵、女儿台遗址的附加堆纹盆④，风格与堰台相近。黄冈地区螺蛳山遗址中的敛口钵、果儿山遗址中的弧腹柱足鬲（堰台乙Bb型鬲）及敛口钵⑤皆有堰台遗址的某些特征，而标本中多高柱足鬲足，显示有可能与楚式鬲因素有关。

在黄冈东部罗田庙山岗遗址的周代遗存中⑥，一方面具有敛口钵、卷尾器把（疑为盂的器把）等少量堰台特征的器物，但更多的是小口或大口的柱足鬲，与楚式鬲同类，以及漏斗形器耳、带刻槽的鬲足等具有长江以南地区特征的器物，其文化特征与堰台遗址之间已有较大差异。在长江以北不远的黄陂鲁台山周代遗存中⑦，陶鬲形态也与堰台遗址之间明显区别，而与楚文化陶鬲接近。1958年发掘的蕲春毛家嘴遗址中⑧，出土陶器除具有周文化特征的弧腹鬲、周式甗外，较多的是深腹平裆鼎式鬲，与黄陂盘龙城晚商遗存接近，而与堰台遗存大相径庭。

上述比较说明了以堰台遗存为代表的安徽江淮之间周代遗存在鄂东北的分布范围是有限的，大致局限于澴水、滠水、倒水等几条小支流的中上游地区，其南界大致在罗田、黄陂一线，西界或在大洪山附近。

---

① 孝感地区博物馆：《湖北大悟吕王城遗址》，《江汉考古》1990年2期。
② 孝感地区博物馆等：《湖北孝感聂家寨遗址发掘简报》，《江汉考古》1994年2期。
③ 李端阳、陈明芳：《湖北孝感市古文化遗址调查简报》，《考古》1994年9期。
④ 孝感地区博物馆：《湖北安陆市商周遗址调查》，《考古》1993年6期。
⑤ 黄冈地区博物馆：《黄冈地区几处古文化遗址》，《江汉考古》1989年1期。
⑥ 湖北省文物考古研究所等：《湖北罗田庙山岗遗址发掘报告》，《考古》1994年9期。
⑦ 黄陂县文化馆等：《湖北黄陂鲁台山两周遗址与墓葬》，《江汉考古》1982年2期。
⑧ 中国科学院考古研究所湖北发掘队：《湖北蕲春毛家嘴西周木构建筑》，《考古》1962年1期。

3. 与苏北地区的文化比较

苏北地区本为淮河下游地区，与安徽淮河流域毗邻。已发表的资料主要有东海县焦庄遗址①、庙墩遗址②、连云港朝阳遗址③等几批。

焦庄遗址为高出地面约 3 米的土墩，其周代遗存出土陶器有鬲、罐（报告称瓿、盂）、簋、钵，器类与堰台遗址相同。陶鬲略折肩，具有堰台乙 E 型鬲特征，但三足肥大，有所差别；罐、钵形态一致；高圈足簋比堰台器把更细，与鲁南地区同类器更接近。该遗址所出陶拍、烟斗形陶垫与堰台一致。该遗址与堰台之间的共性还是明显的。

庙墩遗址是一处高出地面 1.7 米的圆形土台，发表的陶器多为陶片标本，器形有鬲、甗、簋圈足等，其形态与堰台近似。连云港朝阳遗址周代遗存少，从鬲的口沿及装饰附加堆纹的做法看，与堰台遗址之间的差别不大。

邳州九女墩春秋墓 M6 年代较堰台周代遗存要晚④，但其折肩鬲、高圈足簋、钵等器形与堰台遗址同类器之间的内在联系是较为明显的。

上述几个遗址的陶器与稍南的姜堰天目山西周城址⑤、江浦蒋城子遗址⑥的陶器相比，其差别较大。天目山城址和蒋城子遗址中素面陶鬲比例较大，而且印纹硬陶器和原始瓷器所占的比例要比堰台遗址大得多。这两个遗址与长江以南的宁镇地区更为接近，而与堰台遗址之间的差别颇大。不过，天目山城址出土的高圈足簋、钵、叶脉纹陶拍、器盖等器类，与堰台遗址之间还是有一定联系的。在高邮周邶墩遗址⑦少量的周代遗存中，其较多的印纹硬陶罐或可说明该地区的周代文化面貌趋同于宁镇地区。

根据上述分析，苏北地区的周代遗存与以堰台遗存为代表的安徽江淮之间周代遗存之间具有较大的共性，而与南部的周代遗存差别明显。该区域此类遗存的南界当不过高邮。

4. 与鲁东南地区的文化比较

鲁东南地区与苏北毗邻，而发源于泰沂山脉的两条河流沂河与沭河本为淮河支流，

---

① 南波：《江苏省东海县焦庄古遗址》，《文物》1975 年 8 期。
② 南京博物院等：《江苏东海庙墩遗址和墓葬》，《考古》1986 年 12 期。
③ 南京博物院等：《江苏连云港朝阳遗址发掘简报》，《东南文化》2004 年 2 期。
④ 徐州博物馆等：《江苏邳州市九女墩春秋墓发掘简报》，《考古》2003 年 9 期。
⑤ 南京博物院等：《江苏姜堰天目山西周城址发掘报告》，《考古学报》2009 年 1 期。
⑥ 南京市博物馆等：《江苏江浦蒋城子遗址》，《东南文化》1990 年 1、2 合期。
⑦ 南京博物院考古研究所等：《江苏高邮周邶墩遗址发掘报告》，《考古学报》1997 年 4 期。

该区域与苏北进及淮河中游的江淮地区在文化上的联系是需要进行比较的。王青在研究山东地区的周代墓葬时，把这个区域划分为一个单独的文化区——莒文化分布区①。林沄在该书序中指出："鲁东南区的鬲是很有特点的，……和胶东地区'珍珠门文化'和'南黄庄文化'的鬲都没有渊源关系，反而和王迅认为是淮夷文化的鬲相近。"其实这种铜鬲与堰台的甲B型和乙E型陶鬲形态相近，其发现地点已远至鄂北随州、襄樊一带②。

仅从陶器方面比较，鲁东南地区在西周晚期至春秋早中期的不少遗存中就存在与堰台周代遗存相近之处。沂水县刘家店子村时密山南麓的两处周代遗址③，所出Ⅲ式鬲、折腹罐、钵等陶器，与堰台遗址相近，其Ⅲ式鬲即堰台乙E型鬲。沂源县姑子坪遗址是一处高台遗址，其周代墓葬M2出土器物④与堰台接近。如M2:6鬲、罍分别与堰台乙E型鬲，B、C型罐相近。研究者也从陶色、器形方面认识到姑子坪周代遗存中有不同于其他地方的现象，并归之于莒文化⑤。实际上它们的分布范围远至淮河中上游地区。临沂中洽沟三座周代墓葬中出土的陶器⑥，器类基本组合为鬲、罐、簋，陶鬲形态与堰台乙E型相同，采6罐与堰台Ab型罐相同，喇叭形高圈足簋上部形态与堰台相近，但器把更细，可能与鲁文化的同类器物有一定联系。

由此看来，以堰台遗址为代表的周代遗存在鲁东南地区的分布较为普遍。不过，该地区因地缘及文化传统关系与鲁文化、齐文化及当地的岳石文化（胶东莱文化区）之间也有一定的联系，因而在文化面貌上与堰台不尽相同，如该地区不见甗形盉、三纽器盖之类极具特色的器物。从目前该地区发现的周代遗存年代看，多数在西周晚期以后，晚于堰台早期遗存，所以该地区此类遗存当是受到了淮河中上游地区的影响。

通过以上比较，我们大致可以勾勒出以堰台遗址为代表的周代遗存的空间范围：西界可到淮河上游的豫南、鄂东北一带，南界可达长江北岸，东界在安徽滁州、江苏高邮一线，北界在淮河以北不远地区，其东北可达鲁东南沂沭河流域。其中心区域当在淮河中游地区，各区域与中心区域之间因地缘关系、文化传统的不同而在文化面貌上有所差异，相比较而言，鄂东北、豫南地区与堰台之间联系更为紧密。

---

① 王青：《海岱地区周代墓葬研究》，山东大学出版社，2002年。
② 湖北省文物考古研究所：《曾国青铜器》，98、215、276页，文物出版社，2007年。
③ 马玺伦：《山东沂水县时密山春秋遗址调查》，《考古》1991年8期。
④ 山东大学考古系等：《山东沂源县姑子坪周代墓葬》，《考古》2003年1期。
⑤ 任相宏：《山东沂源县姑子坪周代遗存相关问题探讨》，《考古》2003年1期。
⑥ 临沂市博物馆：《山东临沂中洽沟发现三座周墓》，《考古》1987年8期。

第二节　堰台遗址聚落形态分析

一、堰台聚落的基本布局

堰台遗址整体呈圆形，遗址内遗迹主要由环壕、房址、墓葬组成，其间分布大量杂乱、排列无规律的柱洞坑。

1. 环壕

共有内外两道环壕，平行围绕居址一周，其中内、外环壕在遗址西南部略有缺失。内环壕开口宽度在 2 米左右，少数地方稍宽，窄的地方仅 1 米多，较浅。内环壕实际上是利用了居址内外自然地势的高差略加修整而成，靠近台地的一侧因修整而坡度加大，不便于外界进入居址内。外环壕与内环壕基本平行，间距 3~8 米。外环壕开口宽一般在 4 米以上，少数地方更宽，深度一般不超过 2 米，浅的地方不到 1 米。外环壕横剖面呈梯形，壕沟上口为整齐的直边，两壁斜直，人工修建迹象明显。沟内堆积为灰色或蓝灰色淤土，有少量陶片和兽骨。内外环壕是否同时期修建及使用，目前尚无直接证据，但其对遗址内外的分隔功能则是一致的。

2. 房址

堰台遗址保存较好的房址仅一座（F3）。该房址位于遗址西侧，为地面建筑。平面为长方形，分南北两间，面积约 22 平方米。房址主要由三条墙基槽构成，但房内并没有发现灶及与生活相关的遗物。根据剖面堆积推断，房内在使用过程中多次铺垫土，这种情况应该与当地土质情况有关。江淮地区的土质在潮湿的情况下非常黏滑，由于房子密封性可能较差，一旦雨水侵袭，必将造成房内地面黏滑，因而需要铺垫干土以便居住，此种情况或许造成了房内设施的不断更新。

根据 F3 墙基槽的情况，可以推断处于同一活动面的位置相近的两条墙基槽所形成的空间，应都是当时地面建筑的房基，这样，遗址内一共有 10 余座不同时期的较为完整的房基。此外还有一些单条不构成空间的墙基槽，可能是保存不完整的房基。

从堰台遗址的房址分布图可以看出，聚落内不同时期的房址均位于台地边缘区域，所有房址均为东北—西南向或西北—东南向，即一侧墙面向遗址外，一侧墙面向遗址中央。所有房址在聚落的发展过程中形态、面积、方向均未发生大的变化，房址之间从建筑本身来看，亦无明显的等级差别。

3. 墓葬

遗址内共发现不同时期的墓葬 56 座，绝大多数都有人骨架保存。墓葬均为长方形土坑竖穴墓，仅个别发现有木棺葬具或席苇痕迹，其余均未发现葬具。大多数墓葬均无随葬品，仅 8 座墓发现了随葬品，而有随葬品的也仅为陶豆、罐、簋之类的简单组合，看不出相互间的等级差异。从墓葬内人骨架判断，多数为未成年人个体，成年人较少。值得注意的是，墓葬中的人骨架存在缺失头颅的情况，均为成年人骨架。因此，初步推测聚落内的墓葬绝大多数为非正常成年人埋葬，聚落内正常成年人的墓葬可能在聚落之外。

从堰台遗址的墓葬平面分布图来看，不同时期的墓葬均位于遗址的边缘区域，以遗址北部和东南部分布最多。绝大多数的墓葬均为东南—西北向，少数为东西向。不同时期的墓葬早晚差别甚微。

4. 柱洞

遗址内发现数量较多的柱洞坑，或为圆形坑栽柱，或为椭圆形坑栽柱，或为方形坑栽柱。所有柱洞坑与房址、墓葬一样，均分布于遗址的边缘区域。不同时期的柱洞坑早晚没有差别。这类柱洞推测有的可能与房屋的修建有关，有的则可能是形成窝棚之类的简单建筑所遗留，有的则可能与聚落内居民的某种特殊行为方式有关。

通过以上分析，我们可以推断堰台遗址聚落内的基本布局是：在环壕的封护下，聚落内的居民居住于台地四周边缘区域，其日常行为所产生的遗迹如墓葬、柱洞等均位于边缘居住区域。聚落中央区域没有发现房址、墓葬、柱洞之类的人为遗迹，但堰台遗址出土的绝大多数陶片，却恰恰集中分布于遗址中央或靠近中央的探方内，且这几个探方的堆积土质略有淤积现象，据此推测聚落中央区域为遗址内居民处理废弃生活垃圾的场所。

由于居民的日常生活行为均发生于聚落周边区域，并有铺垫干土的行为，所以在堆积上边缘区域相比于中央略高，这势必造成中央区域形成积水情况，反映在中央区域的堆积中存在淤积土的情况。这种聚落布局特点决定了堰台遗址的地层堆积特点，即台地边缘区域地层堆积较厚，向中央趋深趋薄，相同的堆积特点也见于六安堰墩遗址[①]。这种一致性或许是安徽江淮地区面积较小的台形遗址的共性。实际上，堰台遗址的聚落布局

---

① 安徽省文物考古研究所等：《安徽六安市堰墩西周遗址发掘简报》，《考古》2002 年 2 期。

特点，在近年发掘的霍山戴家院周代遗址①、六安徐集庙台周代遗址②中均有反映。这种布局特点在同一聚落的早晚演变过程中亦无大的变化。过去根据堰台遗址的聚落布局特点称之为向心式的布局③，由于门道不朝向中央，称之为绕心式布局更为贴切。

二、堰台聚落的演变过程

为了清晰地说明堰台聚落的演变过程，我们仅对房址、基槽、墓葬等主要遗迹予以重点考察（图二三三），对于大量的没有分布规律的柱洞、坑等遗迹予以忽略。

一期房址仅有F3、F17两座，二者相邻，位于遗址的西部边缘，方向基本相同。墓葬包括M6、M16、M33、M34、M44、M45、M50、M51、M53、M54、M55等11座，集中分布于台地的北部和东南部边缘。在可以判别年龄的墓葬中，位于台地北部的为成人墓，而位于东南部的仅M44为成人墓，其余为婴幼儿墓葬。

二期房址和墓葬单位最多，包括F2、F5~F14、F16等12座房址以及JC6、JC7、JC10、JC11、JC14、JC16、JC27、JC28、JC36、JC37等10条基槽。墓葬包括M2、M5、M7、M8、M12~M14、M15、M17~M32、M35~M43、M46~M49、M52、M56等39座。本期房址F9、F11位置与一期F3、F17基本相同，方向也一致。同时，向东南、西北方向扩展新建F12、F10和F7、F14，它们大约在同一排，方向基本一致。另在遗址东部、东南部、北部也同时扩展。从房址分布看，遗址西部、东南部是聚落的居住中心，其他地方相对稀疏。同期墓葬分布与一期相似，集中分布于台地北部和东南部，其他地方数量较少，并且绝大部分墓葬分布于房址的外侧。二期的房址和墓葬数量最多，表明本期居民活动最频繁，由于聚落布局的特点，遗址周边地区不断升高，影响遗址中央积水的排出，故在遗址南部形成了用于排水的G2。

三期房址的数量较少，包括F1和F15。F1的位置与二期的F13相邻，但方向与F13不同，二者大约形成90°的夹角。F15从基槽的走向判断，与前期房址的方向基本一致。在遗址南部前期G2的基础上，重新开辟了用于排水的G1。本期没有发现墓葬。

四期房址包括F4及JC23、JC24。F4的位置较二期的房址偏向遗址中央，但方向没有发生变化。本期墓葬发现6座，它们是M1、M3、M4、M9、M10、M11，除M11

---

① 安徽省文物考古研究所发掘资料，霍山戴家院遗址2006年发掘，房址位于遗址的边缘区域。
② 安徽省文物考古研究所发掘资料，六安庙台遗址2004年发掘，在遗址边缘区域发现了排房。
③ 安徽省文物考古研究所：《安徽霍邱堰台西周聚落遗址》，《2004中国重要考古发现》，国家文物局主编，文物出版社，2005年。

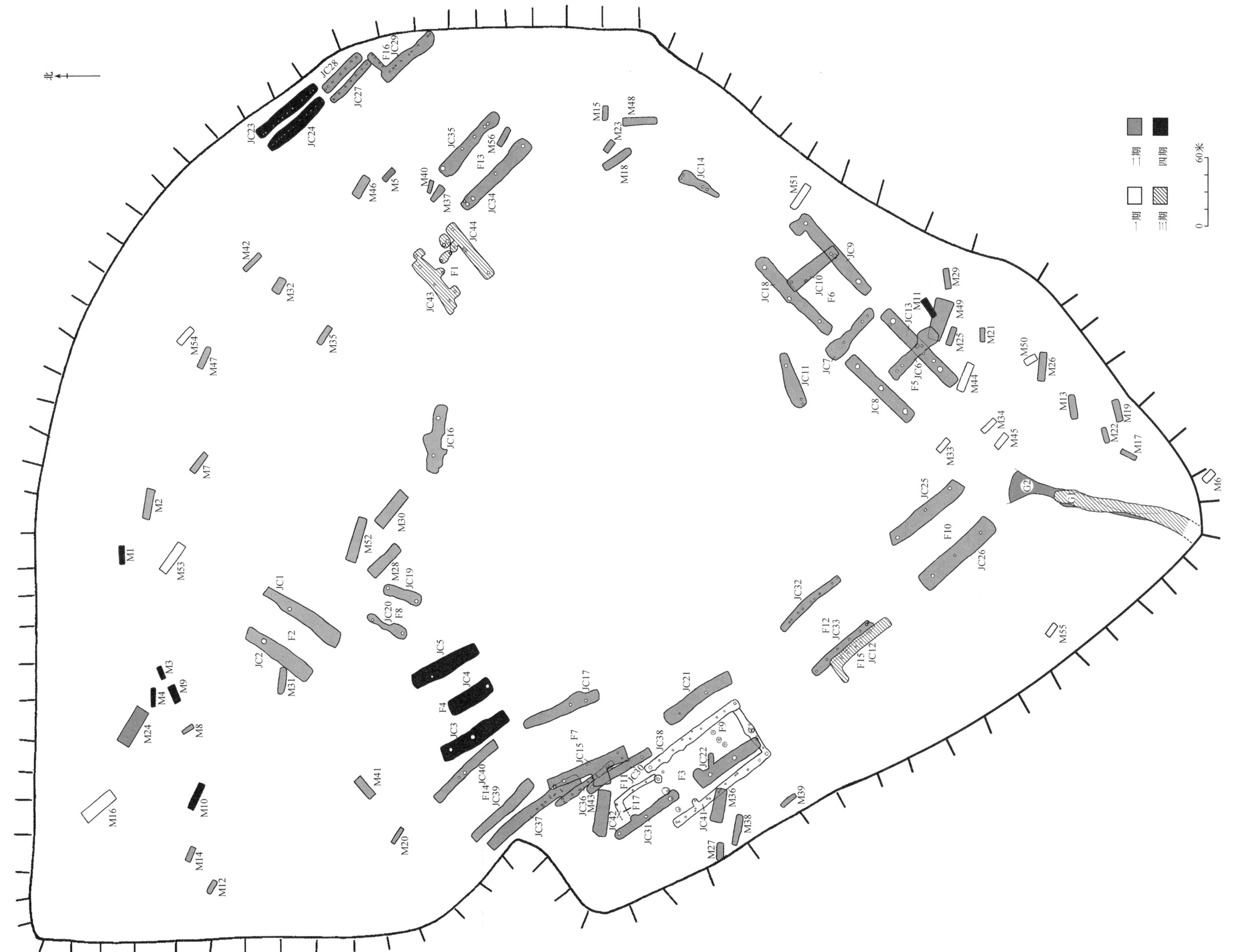

图二三三 埧合遗址主要遗迹分布图

外，全部位于遗址的西北部。

上述各期房址和墓葬的数量及位置表明，一期时聚落居民的活动较少，反映了当时人口数量也相对较少。二期时遗址的布局已经形成，本期的房址和墓葬数量最多，足以反映当时居民的数量较前期有了较大的发展，当进入聚落的繁盛期。三期和四期新出现的房址较少，可能与沿用前期的地面建筑有关。四期的地层堆积分布范围已经较前期缩小，或可说明聚落在该期已经衰落。

三、堰台聚落的性质与功能

堰台遗址位于大别山北麓的沿淮平原地带，在地理位置上没有什么突出的地位。其选址位于地势稍低处，可能与就近水源有关。遗址附近地势平坦，耕地较多，适宜人类耕作生活。

从遗址出土遗物看，以日常生活类的鬲、罐、簋、盆、豆、钵、甗、瓮等陶器最多，同时还有大量的生产工具，其中石铲、石锛、石刀、石镰之类的耕作和收获工具数量最多，表明聚落是以农业为主的定居点。遗址中还出土一定数量的陶纺轮，说明居民同时进行着纺织类的日常工作。此外，遗址中还出土一定数量的铜镞、石镞和个别陶网坠，说明居民在进行农业生产的同时，还进行一定数量的渔猎活动，且以猎为主，捕鱼则为次要。从遗址内出土大量的炭化稻谷和大量动物骨骼（尤以鹿角数量最多）来看，也说明农耕和捕猎是居民获得食物的主要来源。遗址中还出土了少量陶、石范和青铜镞、铲、削等青铜小件，说明居民可能还可以进行简单的冶铸工作。

聚落外围以两道环壕围护，表明聚落具有一定的封闭性，同时也具有一定的防护功能。上述情况说明堰台聚落是一处相对封闭的自给自足的农业定居点，与外界的交换可能较少。考虑到遗址规模较小，可以推断该聚落是一处级别较低的村落。遗址内没有发现青铜礼器或与祭祀相关的高等级遗存，亦可说明这一点。

从遗址内房基的数量来看，聚落内单个家庭的数量不多，同一时期生活着不超过10户家庭，因此，聚落内的人口在同一时期也不是很多。反映在墓葬上，在基本对整个遗址进行全面积发掘的情况下，也仅发现了56座墓葬。即使这56座墓葬的个体全部为非正常死亡埋葬，相对于300多年的历史过程，这一比例在当时的生产力水平下，也是很小的。而环壕修建较浅，可能也与人力有限有关。

墓葬中的人骨架发现有缺失头颅的现象，尤其在M36中，还在颧骨部位发现有铜镞，或许与同其他聚落的争斗或其他政治集团之间的战争行为有关。

与北方遗址不同的是，堰台聚落内没有发现用作窖穴的灰坑，但在陶器中则发现了一定数量的器形颇大的瓮，瓮可能取代窖穴作为存储粮食的容器，这种差异应与气候与土质的不同有关。在该地区其他同时期的同类遗址中,也没有发现类似的作为窖穴的遗迹。

四、堰台聚落的等级考察

安徽江淮地区周代遗址的考古资料已发表的不多,要做这方面的研究,区域考古调查工作必不可少,但目前还没有做这方面的工作。这里仅就堰台遗址所在的霍邱县文物普查资料的汇集结果[①],作一尝试性的初步分析。

表二七　霍邱县商周遗址一览表

序号	遗址名称	地点	遗址形态	面积（万米^2）	时代
1	扁担岗遗址	陈家埠乡桥堂村	漫岗	3.8	新石器、商周
2	红墩寺遗址	姚李镇红石桥村	台地	2.2	新石器、商周
3	城东岗遗址	姚李镇太湖村	台地	2.3	新石器、商周
4	花台孜遗址	牌坊乡牌坊村	台地	0.61	新石器、商周
5	侯郢遗址	临水乡侯郢村	台地	0.48	新石器、商周
6	夏庄遗址	周集乡李郢村	不规则台地	9.1	新石器、商周
7	姚园遗址	王圩乡姚园村	台地	15	新石器、商周
8	金家楼遗址	俞林乡古城村	台地	2.67	新石器、商周
9	老鸹山遗址	曹墩乡曹墩村	台地	0.33	新石器、商周
10	赵店遗址	高塘乡八里村	台地	0.63	新石器、西周
11	古城遗址	白莲乡三岔路村	台地	1.26	新石器、西周
12	楼城孜遗址	孟集乡桥口村	台地	7.5	新石器、西周
13	蓝桥遗址	五塔乡蓝桥村	台地	0.37	新石器、西周
14	大洪城遗址	砖洪乡周台村	台地	15.6	新石器、西周
15	中洪城遗址	岔路镇胡桥村	台地	3.2	新石器、西周
16	东洪城遗址	花园乡鲁店村	台地	5.25	新石器、西周
17	西洪城遗址	周店乡新桥村	台地	0.62	新石器、西周
18	梅古堆遗址	冯井乡安郢村	台地	0.56	新石器、西周
19	徐家庙遗址	陵岗乡响水堰村	台地	0.26	新石器、西周
20	大古城遗址	乌龙乡新民村	台地	3.3	新石器、西周
21	大马城遗址	众兴乡马陈村	台地	4.18	新石器、西周

①　国家文物局主编:《中国文物地图集》安徽分册,中国地图出版社,正在出版中。

续表

序号	遗址名称	地点	遗址形态	面积（万米^2）	时代
22	罗家庙台遗址	陈家埠乡三岔村	台地	2	新石器、西周
23	小台孜遗址	陈家埠乡东家埠村	台地	0.34	新石器、西周
24	陈墩寺遗址	夏店乡李桥村	台地	0.163	新石器、西周
25	东老庄遗址	吴阳乡竹林村	台地	0.4	新石器、西周
26	柏牛城遗址	石店镇孔集村	台地	0.38	新石器、西周
27	大佛寺遗址	龙潭乡龙潭村	台地	0.01（残）	新石器、西周
28	墩孜庙遗址	三元乡龙塘村	台地	0.27	新石器、西周
29	庙店遗址	乌龙乡庙店村	台地	0.49	新石器、西周
30	破堰遗址	吴阳乡新建村	台地	0.24	新石器、西周
31	大滩遗址	白莲乡西河村	台地	0.46	新石器、西周
32	堰台遗址	石店镇韩店村	台地	0.44	新石器、西周
33	绣鞋墩遗址	陈家埠乡桥堂村	台地	0.7	商周
34	义城台遗址	新店乡曹郢村	台地	0.29	商周
35	庙台遗址	宋店乡留城寺村	台地	0.35	西周
36	陈塔遗址	王圩乡姚园村	台地	0.48	西周
37	大庄遗址	王圩乡崔桥村	台地	0.24（残）	西周
38	西圩遗址	王圩乡洪石牌村	台地	0.55	西周、东周
39	月牙城遗址	孟集乡桥塘村	台地	0.08	西周
40	大墩孜遗址	长集镇大墩孜村	台地	0.02	西周
41	小马城遗址	众兴乡马城村	台地	0.42	西周
42	河林遗址	西皋乡马林村	台地	0.65	西周
43	贡家古城遗址	户胡乡古城村	台地	0.9	西周
44	弥城寺遗址	艾井乡草楼村	台地	0.26	西周
45	赵墩孜遗址	洪集乡赵墩村	台地	0.7	西周
46	固畈遗址	大顾店乡固畈村	台地	0.05	西周
47	神仙台遗址	大顾店乡固畈村	台地	0.05	西周
48	小古城遗址	马陈乡胡店村	台地	0.38	西周
49	何小庄遗址	马陈乡和平村	台地	0.31	西周
50	七里庙遗址	牌坊乡九里村	台地	0.5	西周
51	龙泉遗址	牌坊乡龙泉村	台地	0.14	西周
52	祖师遗址	三元乡祖师村	台地	0.4	西周
53	老楼遗址	乌龙乡唐岗店村	台地	3.6	西周
54	墩孜地遗址	大顾店乡大庄村	台地	0.71	西周
55	高台孜遗址	五塔乡西湖南岸	台地	1	西周
56	张家古城遗址	石店镇莲塘村	台地	0.75	西周
57	台北遗址	白庙乡李楼村	台地	0.25	西周
58	胡台遗址	周集乡班台村	台地	0.16	西周
59	七林寺遗址	俞林乡胜利村	台地	0.27	西周
60	范敦子遗址	洪集乡六口塘村	台地	2.27	西周

从霍邱县商周遗址的分布图（图二三四）可以看出，绝大部分遗址的选址均避开了岗陇高地，而选择在岗陇之间地势平坦较低的盆地处。其原因一是就近水源，二是盆地为小河汇集地，土地相对肥沃，有利于农业生产。

因为没有详细的调查资料，我们仅仅根据遗址的面积对所有聚落作一等级划分。面积在10万平方米以上的有姚园遗址和大洪城遗址，分别为15万和15.6万平方米，近10万平方米的则有夏庄遗址，面积为9.1万平方米。这三个聚落的面积与多数面积在数千平方米的小型聚落相比，其等级差别是不言而喻的，理所当然为聚落群的中心。

在所发现的60个聚落中，面积在2万平方米左右至数千平方米之间的共有52个，这些聚落应是当时社会组织的最小聚落单位，其中面积略大者，也应是最小聚落中之规模稍大者，他们之间不构成聚落等级的差别。这样，这些聚落就形成了以淮河边夏庄聚落为中心和以城西湖附近姚园聚落、大洪城聚落为中心的三个聚落群，它们在时代上或许有先后的差异。面积在4万平方米左右至7万平方米左右的有扁担岗遗址（3.8万平方米）、楼城孜遗址（7.5万平方米）、东洪城遗址（5.25万平方米）、大古城遗址（3.3万平方米）、大马城遗址（4.18万平方米）、老楼遗址（3.6万平方米）等7个，它们应是聚落中心与最低等级聚落之间的次级聚落。

由于各聚落缺乏确定的较精密的年代，具体到某一特定历史时期应以哪个聚落为中心是难以确定的，但其聚落等级差别的粗线条应当如此。我们还可以从分布图看出，凡距聚落中心或次级聚落中心稍远的聚落，往往都是面积较小的从属聚落，堰台遗址就是这种距聚落中心较远的最小级别聚落。如果我们考察所有聚落的等级，应当考虑到当时还有方国的古都城，则此聚落等级模式大概就是：方国都城→中心聚落→次级聚落→从属聚落。至于聚落等级之间差别的具体内容，我们在这里尚不能判断。但从含山孙家岗遗址周代遗存出土有卜骨来看[①]，不同等级聚落之间应存在一定功能方面的差异，其原因或是社会组织复杂化程度间的差异。

不仅在霍邱县，安徽江淮地区其他地方的商周遗址绝大部分也都是此类台形遗址，且数量较多，如六安市、肥西县的台形遗址均在100处以上。如果有了较为详细的区域考古调查资料，并伴随着同时期城址的确认，必将有助于恢复淮夷古国的历史。

---

① 安徽省展览、博物馆：《安徽含山县孙家岗商代遗址调查与试掘》，《考古》1977年3期。此遗址从发表资料判断，应为周代遗址。

第六章 结 语

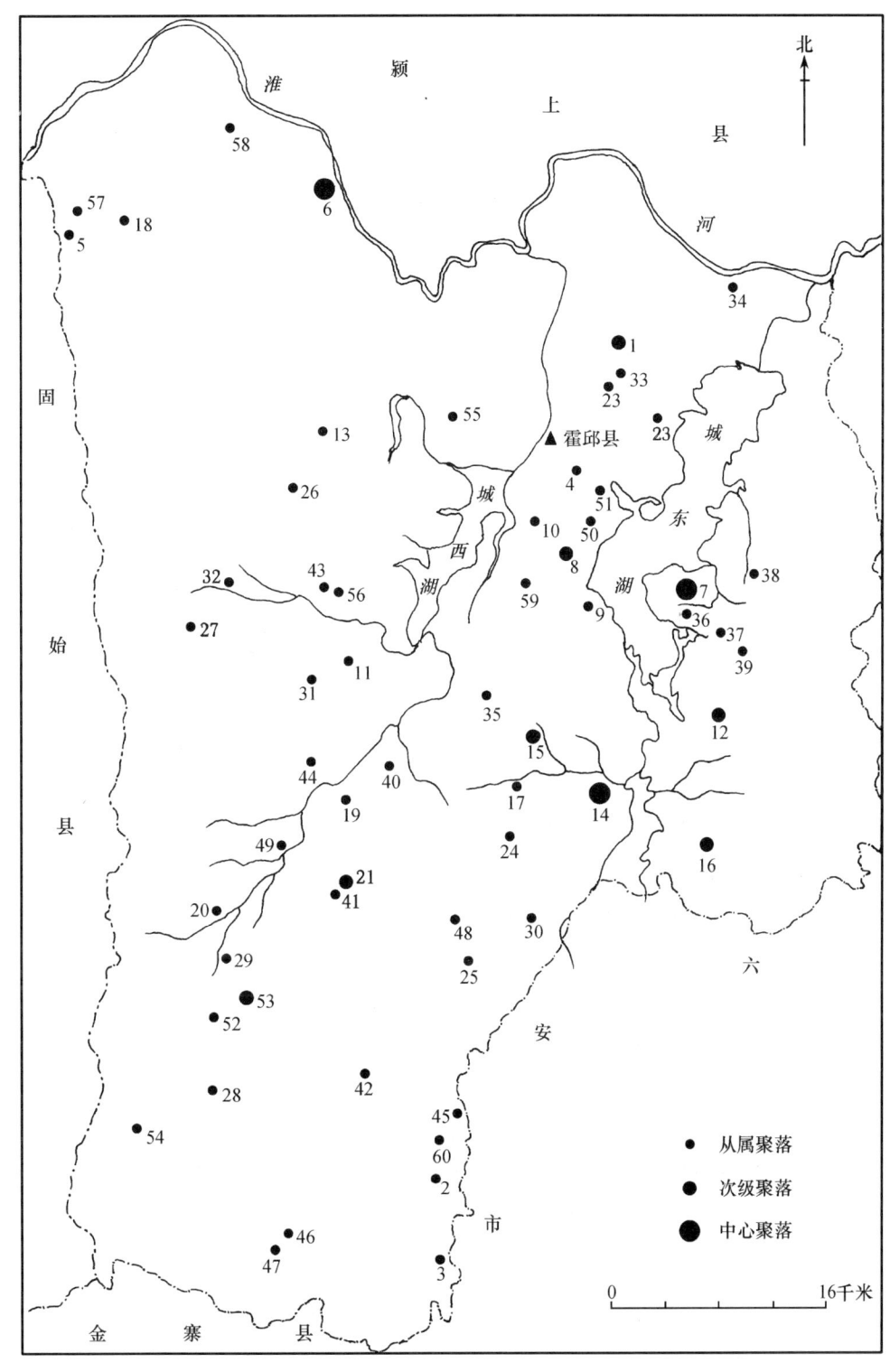

图二三四 霍邱县商周遗址分布图

第三节 关于淮夷文化的探讨

在本章第一节中，我们分析了堰台遗址的遗物特征，指出堰台遗址陶器中的大型甲类弧腹鬲和折（鼓）肩鬲、小型乙类鬲中的浅弧腹鬲、折肩鬲、大型弧腹或折肩罐、双耳罐、高圈足折腹簋、粗柄折盘豆、折肩盆、带把甗形盉、钵、三纽器盖等器物极具个性特征，具有此类特征的遗存广泛分布于淮河中游的安徽江淮地区、淮河上游的豫南、鄂东北地区以及淮河下游的苏北地区，鲁东南地区的沂、沭河流域亦具有较多的共性。这类遗存有别于丰镐地区的周文化，与汉水以西地区的楚文化相比也明显不同。程平山在比较鄂西楚文化与鄂东北周代文化的关系时已经看出了二者的差异，一是西周时期陶器方面的差别，二是春秋时期墓葬形制及青铜礼器方面的差别，二者不能等同[1]。与长江以南吴越地区的周代考古学文化相比，后者极具特色的印纹硬陶与原始瓷器在淮河流域的周代遗存中仅有极少量存在，而吴越地区独特的土墩墓更不见于本区域，二者的考古学文化特征截然不同。鲁东南沂沭河流域的周代遗存与邻近的鲁文化相比，该区域与淮河中游地区相近的折肩鬲、大型罐等均不见于作为鲁文化中心的曲阜鲁故城，王青从墓葬研究的角度认为该区域是以莒文化为核心的夷人文化区[2]，与胶东地区以莱文化为核心的传统东夷文化相比，在考古学特征方面的差异也是明显的。

从遗址形态来看，安徽江淮地区绝大多数商周时期的遗址与堰台遗址一致，都是高于周围平地的台子或土墩。而在淮河上游的豫南地区，遗址形态也以与堰台遗址相类的墩台形遗址为主，据《中国文物地图集·河南分册》[3]，豫南地区的信阳、光山、罗山境内分布有不少墩台形遗址，且面积多在数千平方米，而向北的正阳、向西的桐柏、唐河地区，此类形态的遗址已极少。鄂东北地区考古调查报告较多[4]，所涉及的商周遗址几乎全部为墩台形遗址，不少关于遗址形态的描述也都明确说明高于周围平地（或水田）若干米。从已发表的资料看，淮河下游苏北地区的东海焦庄遗址、庙墩遗址[5]均为典型的墩台形遗址。鲁东南地区的遗址资料少，沂源县姑子

---

[1] 程平山：《夏商周历史与考古》236～238页，人民出版社，2005年。

[2] 王青：《海岱地区周代墓葬研究》第四章第三节，山东大学出版社，2002年。

[3] 国家文物局：《中国文物地图集》（河南分册），中国地图出版社，1991年。

[4] 李端阳、陈明芳：《湖北孝感市古文化遗址调查简报》，《考古》1994年9期。孝感地区博物馆：《湖北安陆市商周遗址调查》，《考古》1993年6期。黄冈地区博物馆：《黄冈地区几处古文化遗址》，《江汉考古》1989年1期。北京大学考古专业商周组等：《晋豫鄂三省考古调查简报》，《文物》1982年7期。

[5] 南波：《江苏省东海县焦庄古遗址》，《文物》1975年8期。南京博物院等：《江苏东海庙墩遗址和墓葬》，《考古》1986年12期。

坪遗址是一处高台遗址①，据此或可说明该地区也有可能存在墩台形遗址。在上述区域内很少有大面积发掘的周代遗址，这类墩台形遗址的形成机制是否相似——即由聚落布局决定了遗址的堆积形态，目前尚难断定，但至少这种共同的遗址形态特征是有理由值得关注的。

西周至春秋时期，在淮河上游至下游的广大区域内，存在一种以堰台遗存为代表的与周文化、楚文化、鲁文化、吴越文化及胶东地区东夷文化不同的考古学文化，这种考古学文化是当时哪个族群的遗存？对于历史时期的考古学研究来说，这个问题应当要探讨。从出土的金文资料和传世文献的相关记载来看，应当与淮夷相对应。

西周时期发生于该区域内的事迹可见于金文及相关传世文献的主要有以下几个方面：

1. 康穆时期对淮夷的战事

康王时期对东南的征伐，缺乏典籍记载。《左传》昭公二十六年说：昔武王克殷，成王靖四方，康王息民，并建母弟，以蕃屏周。俨然康王时期是一个休养生息的时代。许倬云根据小盂鼎铭文盂伐鬼方献俘于王的记载，认为这个息民时期当成王后半期及康王前半期②，言下之意在康王后半期，征伐战事还是有的。

陈梦家在讨论师雍父、白犀父、竞诸组铜器铭文时认为他们是同时的，都在康王时期。并根据分尾、垂喙的纹饰特征认为师雍父诸器在康王后半期，与白犀父诸器约略同时③。如此，则康王之世实有征伐战事。

师雍父诸器有：

（1）遇甗

铭曰：隹六月既死霸丙寅，师雍父戍在古𠂤，遇从。师雍父肩使遇事于䊷侯。侯蔑遇歷，赐遇金，用作旅甗。

（2）稱卣

稱从师雍父戍于古𠂤，蔑歷，赐贝卅孚。稱拜稽首，對揚师雍父休，用作文考日乙宝尊彝，其子子孙孙永福。

（3）𢐗尊

隹十又三月既生霸丁卯，𢐗从师雍父戍于古𠂤之年。𢐗蔑历，中競父赐赤金。𢐗拜稽首，對揚競父休，用作父乙宝旅彝，其子子孙孙永用。

（4）彔簋

白雍父来自甫，蔑彔歷，赐赤金。對揚白休，用作文祖辛公宝䵼簋，其子子孙孙永宝。

---

① 山东大学考古系等：《山东沂源县姑子坪遗址的发掘》，《考古》2003年1期。
② 许倬云：《西周史》，生活·读书·新知三联书店，1994年。
③ 陈梦家：《西周铜器断代》上册，115~120页，中华书局，2004年。

(5) 录㦰卣

王令㦰曰：叙，淮夷敢伐内国，汝其以成周师氏戍于古𠂤。白雍父蔑录歷，赐贝十朋。录白稽首，對揚白休，用作文考乙公宝尊彝。

(6) 𢽤鼎

隹十又一月，师雍父省道至于𢽤，𢽤从，其父蔑𢽤歷，赐金。對揚其父休，用作宝鼎。

上述六器陈梦家均定为康王时器，郭沫若定为穆王时器。六铭中均有地名古𠂤或𢽤。𢽤，陈梦家释为甫，并引《说文》，认为在上蔡之说较为可信，地在汝淮之间。古𠂤，陈梦家释为由，并根据𢽤鼎铭，认为由在成周之南，甫又在由之南。根据录㦰卣铭，则古𠂤地在周成淮的前锋地带，与之相邻的甫、道等国，是周的友邦。所以，录㦰卣铭中的淮夷，应指淮河上游甫国以南，约当信阳及其以东地区。陈秉新释古𠂤为固𠂤，认为是周设在固陵的师次，并疏固为固始[①]。如此，则淮夷之地偏东在淮河中游一带，更接近安徽江淮地区。

竞卣铭文：隹白犀父以成师即东，命戍南夷。……此铭称夷为南夷，与录㦰簋称淮夷不同。此后晚于此器的金文凡提及南方之夷，多见南淮夷，或南夷，偶见直称淮夷者。

2. 西周中期以后对淮夷的战事

穆王以后，周对于东南方的战事渐多，不过其征伐对象的名称以南淮夷或南夷为多。试举以下诸例。

(1) 無䍙簋

隹十又三年正月初吉壬寅，王征南夷……

(2) 翏生盨

王征南淮夷，伐角𤞞，伐桐遹，翏生从，执讯折首，孚戎器，孚金，用作旅盨，用對刺。翏生䍙大娠其百男百女千孙，其万年眉寿永保用。

(3) 中伋父鼎

唯五月初吉丁亥，䙴遍坴，中伋父伐南淮夷，孚金，用作宝鼎，其万年子子孙孙永保用。

(4) 禹鼎

铭200余字。曰：……用天降大丧于下或，亦唯噩侯馭方率南淮夷、东夷广伐南或、东或，至于厉内。王廼命西六师殷八师曰："撲伐噩侯馭方，勿遗寿幼。"……

[①] 陈秉新、李立芳：《出土夷族史料辑考》，166页，安徽大学出版社，2005年。

（5）敔簋

隹王十月，王在成周。南淮夷遷、殳内伐……

（6）兮甲盘

隹五年三月既死霸庚寅，……王令"甲，政司成周、四方积，至于南淮夷。淮夷旧我𢀛畮人，毋敢不出其貝、其积；其进人、其貯，毋敢不即次即市；……"

（7）师𡧱簋

王若曰："师𡧱父，淮夷旧我𢀛畮臣，今敢博厥众叚，反厥工吏，弗蹟我东域。……"

（8）虢仲盨盖

虢仲以（与）王南征，伐南淮夷。在成周，作旅盨，兹盨有十又二。

（9）曾白㝬簠

隹王九月初吉庚午，曾白㝬哲圣元武，元武孔黹。克逖淮夷，抑燮繁汤。……

（10）噩侯馭方鼎

王南征伐角、遹，唯还自征，在坏。噩侯馭方内豊于王，乃祼之。馭方侑王，王休宴。……

（11）𫹭钟

王肇遹省文、武勤疆土。南国反子敢臽处我土。王敦伐其室，撲伐厥都。反子乃遣间来逆卲王，南夷、东夷具见廿又六邦。……

这十一件铜器除曾白㝬簠为春秋初期外，其余诸家多定为西周中晚期。翏生盨中的伐角𣅽、桐遹，陈梦家以为与噩侯馭方鼎的南征角、遹是同时事，则角𣅽、桐遹是王所征南淮夷的对象之一，其地所处未详。或以为角在淮泗之会的角城，𣅽在今江苏宝应县以南，桐在今安徽桐城附近，遹或在淮水上游①。从文辞来看，似乎王所征先角𣅽而后桐遹，从方位看，若其地远至淮河下游，则于周可称东征，所以其地远至淮河下游似不太可能。郭沫若怀疑角、遹为群舒之属②。噩侯馭方鼎所记是王伐南淮夷后在归途中与噩侯宴射之事，所以角𣅽、桐遹之地当以噩国为参照坐标。第一，角𣅽、桐遹在噩国之南；第二，其地与噩国距离当不太远。噩即鄂，西周噩国所在说法颇多，徐少华分析诸说后认为当在南阳盆地③，颇为有理。陈梦家以为遹可能是《楚世家》所记周夷王时熊渠所伐"庸、杨粤"之粤，并引今本《竹书纪年》"遂伐越至于鄂"以为熊渠伐庸、杨粤至于鄂④。依此则遹在庸、噩之间。庸见于《尚书·牧誓》，孔传

---

① 转引自陈秉新、李立芳：《出土夷族史料辑考》，23、203页，安徽大学出版社，2005年。
② 郭沫若：《两周金文辞大系图录考释》释文一〇七，上海书店出版社，1999年。
③ 徐少华：《周代南土历史地理与文化》，25、26页，武汉大学出版社，1994年。
④ 陈梦家：《西周铜器断代》上册，217、218页，中华书局，2004年。

庸在江汉之南，所以遹可能在汉水之东北噩国之东南一带，即鄂东北、信阳以西附近，角、潧、桐三地依二器文辞或在遹地以北不远。如此，则南淮夷之地当在鄂东北、信阳之西的淮河上游一带。

从上述 11 条铭文中还可以看到周人同时以南夷、淮夷称呼南方之夷，其地称为南国。南夷实即南淮夷之简称。兮甲盘铭文中南淮夷、淮夷并称，从文辞看，兮甲所至地南淮夷是一个确指地点，而其索贡对象淮夷则具泛指意味，是包括了南淮夷及其以东的淮河中下游之夷在内的，因此，淮夷是周人对淮河流域之夷的一个泛称，师寰簋之淮夷与此相同。馭钟南夷、东夷并称，则是周人以己为中心，对于不同方位的夷的称呼，南夷指南淮夷，东夷则指其更东更远的淮河中下游之夷。

周初金文，多见东夷，其地称东国，就是周人这种以己为中心的方位概念的体现。

㽙鼎：隹周公于征伐东夷，……

小臣谜簋：叔东夷大反，白懋父以殷八师征东夷。……

明公簋：隹王令明公，遣三族伐东国，……

班簋：隹八月初吉在宗周，……三年静东国，……

周初平东之铭文，一律称为东夷，其地称为东国。不过在传世典籍中，却屡称淮夷。《尚书·大诰》说：武王崩，三监及淮夷叛。传曰，淮夷，徐、奄之属。《费誓》说：徂兹淮夷、徐戎并兴。传曰，淮浦之夷、徐州之戎并起为寇。诸条均以淮夷称之，无一用东夷者。但它们所记载的事，是与金文相同的。所以金文与传世典籍之间称呼的差异，一方面可能是成文时间的不同造成的。周初时，周人称其东方之夷为东夷，而稍后的文献则称淮夷。另一方面，参与叛乱的还涉及淮河下游沂沭河流域的徐夷等淮夷部族。

关于徐夷，徐旭生曾作了详细的考证。认为周初徐国在今山东东南部，春秋时已迁至今泗县一带①。李修松虽然认为淮泗之徐不同于鲁东南之徐，但也指出二者之间可能具有一定的联系②。如从李说，淮泗之徐早在商代即在此立国，并与春秋时的群舒同族，则淮河下游无疑为淮夷之地，而其与鲁东南之间的密切联系，亦可说明鲁东南地区作为淮夷故地的可能性。同样，安徽江淮腹地的群舒诸部，与徐共为淮夷方国，与之邻近的六、蓼、钟离，亦在淮夷之地。《春秋》昭公四年：秋七月，楚子、蔡侯、陈侯、许男、顿子、胡子、沈子、淮夷伐吴。这条记载一方面说明淮夷是与所举的其他七国有别的一方，另一方面说明春秋淮夷之地应当在与所举七国邻近的淮河中上游一带。为何举淮夷方不以国名呢？大概是淮夷方国颇多，而又没有某个强大的方国为代表，故从简以淮夷统称。顾栋高《春秋大事表》卷二十九云：

---

① 徐旭生：《中国古史的传说时代》，194、195 页，广西师范大学出版社，2003 年。

② 李修松：《徐夷迁徙考》，《历史研究》1996 年 4 期。

惟淮夷当齐桓之世，尝病鄫、病杞，后复与楚灵王连兵伐吴，然皆窜伏海滨，于中国无甚厉害。他对春秋淮夷的评价过激，但其时淮夷境内长期没有强国为首的局面却是事实。

西周金文中有明确为淮夷的记载多在穆王及其以后，在周初则多为东夷，其时淮夷对周王朝的威胁颇大。禹鼎记载的淮夷、东夷的叛乱形势是相当严峻的。陈梦家先生以为穆王以前东夷为患，穆王以后则南夷为患，南夷中以南淮夷为最[1]。在淮河上游直至下游的沂沭河流域的广大区域内，如何正确理解周代淮夷、东夷、南夷、南淮夷这些概念，恐怕核心的工作还是要依靠考古研究的方法，力求从文化特征方面加以甄别。

---

[1] 陈梦家：《西周铜器断代》上册，312页，中华书局，2004年。

附　　录

附录一　堰台遗址古环境背景及其对人类活动的影响

杨晓燕[1]　石军民[2]　夏正楷[2]

(1. 中国科学院地理科学与资源研究所；2. 北京大学城市与环境学院)

一、前　　言

　　重建古人类活动区域自然环境演变的历史，探索遗址形成和废弃的自然原因，一直是环境考古研究的一项重要内容。关于安徽境内淮河流域史前环境演变与人类活动之间关系，从20世纪90年代至近年都有学者进行研究探讨[①②③]，从宏观角度上获得了该区域环境演变对古人活动影响的认识。比如朱光耀等[③]分析了安徽淮河流域新石器时代早、中、晚期至三代时期考古遗址的分布特征，发现夏商周时期淮北平原因为长时间的持续降温和夏初的大洪水侵袭，聚落大规模缩减，而在皖中和皖南的丘陵山地，因地势较高，聚落得以迅速发展起来。

　　淮河流域分布有大量的墩台遗址，其特点是遗址高出周围平原1.5~3米，形似土墩。为了了解这些墩台遗址形成的地貌和气候背景，我们以安徽霍邱县西周时期堰台遗址为重点，淮河南岸、淠河两岸庙台、董墩子、霸王墩子、戴家院、邬墩子等遗址为辅进行了研究。本次研究着眼于单个遗址的环境考古工作，用以弥补本区微观研究上的不足。

二、研究剖面与研究方法

　　在堰台遗址选择了两个研究剖面，一个剖面为编号为T0804探方的探方壁(图一)，

---

① 金权等:《安徽淮北平原第四系》，地质出版社，1990年。
② 黄润、李远平:《安徽淮河流域新石器文化兴衰与自然环境变迁的关系》，《皖西学院学报》2008年5期，97~101页。
③ 朱光耀、朱诚、凌善金等:《安徽省新石器及夏商周时代遗址时空分布与人地关系的初步研究》，《地理科学》，2005年3期，346~352页。

该探方位于遗址南部。另一个剖面位于遗址南缘，属自然堆积（图二）。

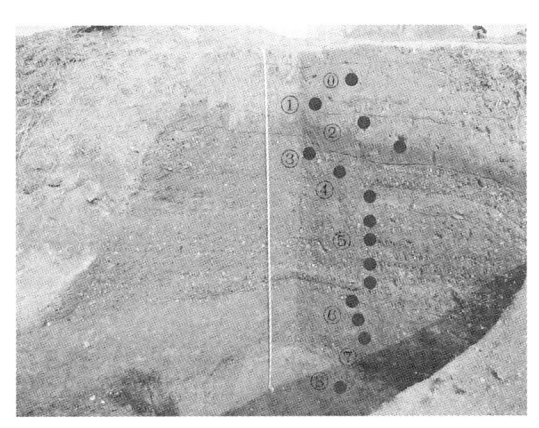

图一　堰台遗址 T0804 探方剖面（YTT）　　　　图二　堰台遗址南缘剖面（YT）

探方壁剖面（YTT）自上而下描述如下。

0 层：0～30 厘米，人工杂填土，偶尔夹灰色陶片（西周）；颜色黄褐色。

1 层：30～40 厘米，红烧土层。

2、3 层：2 层黑褐色，剖面上从南至北（即向遗址方向）逐渐加厚，即厚度从 10 厘米增加到 20 厘米左右。底部夹杂木炭屑。3 层颜色较 2 层更黑，含有丰富的螺壳。螺壳大小不一，大者长约 6 厘米，小者只有 2 厘米左右。炭屑含量更多，隐约成水平分布。炭屑含量从南至北（向遗址方向）逐渐加多。3 层厚度向遗址方向变薄。2、3 层夹杂一些西周时期陶片。

4 层：90～105 厘米，红烧土层。由南至北逐渐变薄，即从 20 厘米逐渐变为 10 厘米左右。底部夹杂零星石块。红烧土块之间夹杂一些黄色粉砂土、木炭屑，顶面有柱洞。

5 层：105～165 厘米，灰黑色粉砂。由南至北略有加厚，含丰富的螺壳。螺壳隐约呈四个水平带分布；螺壳大小不一。丰富的炭屑也隐约呈水平分布，底部含量更加丰富。此层中间夹杂几条泥质条带，或铁红色，或灰白色。含陶片。

6 层：165～200 厘米，铁锈色粉砂质黏土层。没有发现陶片。向遗址方向略有变薄。层中夹杂若干黄色粉砂质团块。该层质地坚硬，含有大量铁锈团块（淋溶或者潜育化形成）。此层还夹有一厚度与层厚差不多，宽约 20 厘米灰绿色沉积，应为还原环境下形成的堆积。

7 层：200～218 厘米，灰黑色黏土质粉砂层，含有丰富的螺壳和木炭屑。螺壳约有两个水平层；炭屑呈水平分布。夹杂灰黄色粉砂条带，夹陶片。

8 层：218 厘米向下，未见底。灰黄色粉砂层。潜育化作用形成大量枝状、丝状铁锈色管道，底部尤甚。顶部有的部分呈灰绿色，夹少许陶片。顶部有灰坑口切入底部。

此层质地坚硬。

6~8层向遗址方向略加厚，向东略加厚。

在此剖面上由上至下采集了16个土壤样品进行孢粉分析、粒度分析和植硅体分析。采样点如图一所示。

在堰台遗址南缘探沟壁上，有一厚层湖沼相沉积，呈灰黑色或者黑灰色，干后呈坚硬块状。沉积物中还夹杂铁锈色痕迹、炭屑，从遗址边缘一直向南延伸100米左右，未见边。据考古钻探，遗址周围都有这层沉积物分布。

由于文化层楔入湖沼相沉积物中，在探沟中选择一处进行了系统采样。采样剖面（YT）位于探沟西壁，外围壕沟以外。

剖面从上至下划分为6层：

1层：耕土层：0~35厘米，含大量现代植物根茎。

2层：黑灰色黏土层。35~82厘米，裂隙发育。70~75厘米处AMS年代测定结果为200±40 A.D.。

3层：青灰色黏土层。82~118厘米，底部夹少量红烧土碎块。2、3两层向北（向遗址方向）夹杂越来越多的红烧土块。

4层：红灰色文化层。118~140厘米，层内含大量红烧土块、木炭、陶片等文化遗物，与堰台遗址文化层相对应。从地层结构看属于自然堆积而成。

5层：青灰色黏土层。140~162厘米，坚硬，含少量木炭屑。层中可见砂粒。155~160厘米处AMS年代测定结果为3000±40 B.C.。

6层：铁红色黏土层。162~180厘米，未见底。红色黏土块，夹青灰色黏土条带。

从2层开始，每5厘米一个样品，由上至下连续采样。共采集30个样品（编号YT1–YT30）进行孢粉分析和粒度分析。

除上述两个剖面外，我们还采集了庙台、霸王墩子、邬墩子、陈墩子、戴家院等其他遗址与堰台遗址同时期的文化层沉积物样品进行了植硅体分析，旨在与堰台遗址进行对比。

上述实验，粒度分析在北京大学城市与环境学院粒度分析实验室完成；植硅体分析在中国科学院地质与地球物理研究所古生态实验室完成；孢粉分析交由国土资源部水文地质研究所孢粉分析实验室完成。年代测定结果由北京大学考古文博学院测年实验室提供。

三、实验结果与古环境重建

孢粉分析结果（附表一）显示各个样品孢粉浓度极低，无法达到统计意义，故放弃本次孢粉分析结果。

1. 粒度分析

YT剖面30个样品的粒度分析结果几近相同：沉积物均由粒径大于3Φ（0.125毫米）的极细砂、粉砂和黏土组成。粒径大于4Φ（0.063毫米）的悬移物质占样品体积百分含量的99%（图三）。

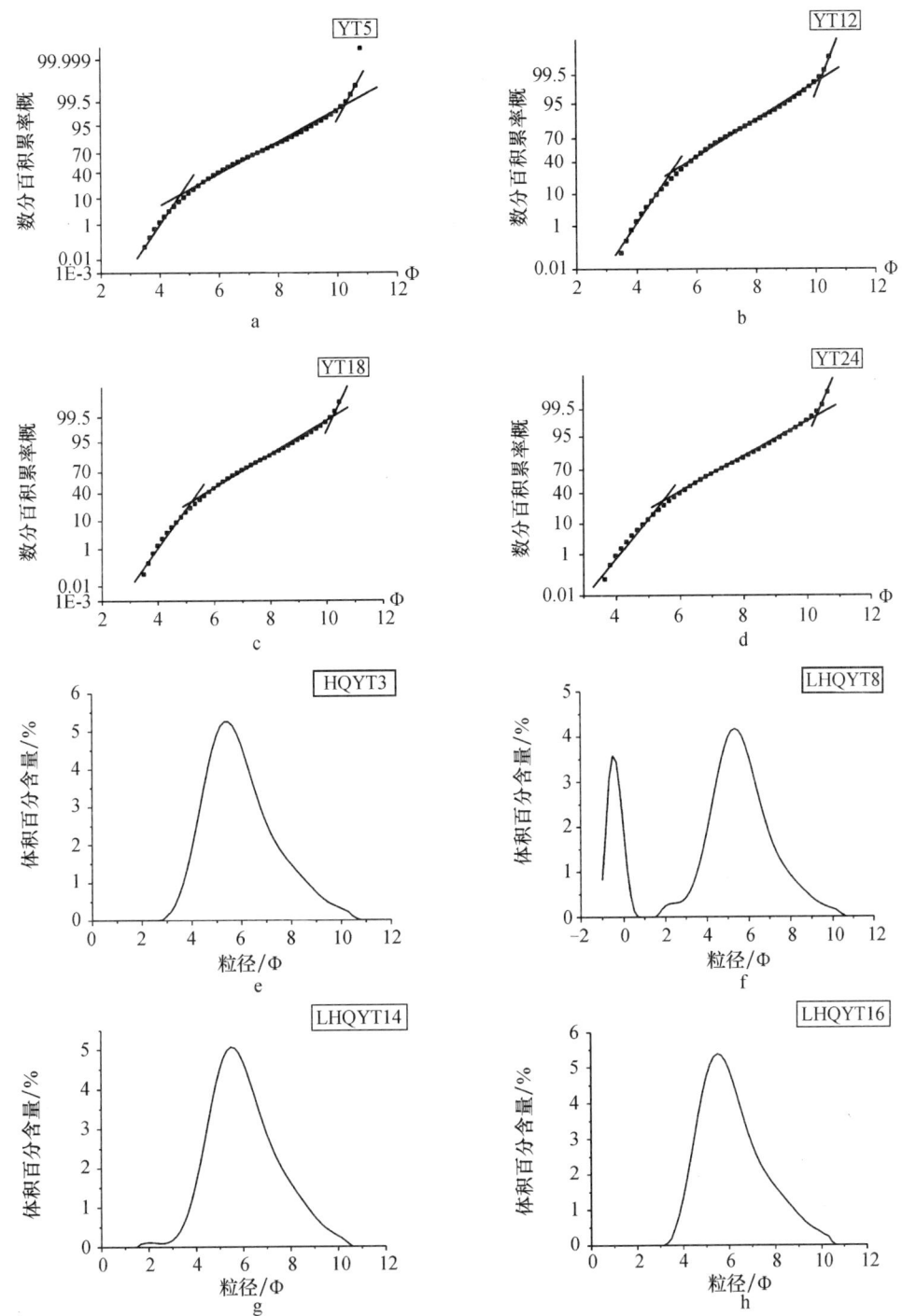

图三　堰台遗址 YT/YTT 剖面粒度分析曲线

a. YT 剖面第 2 层 YT-5 样品概率累积曲线　b. YT 剖面第 3 层 YT-12 样品概率累积曲线　c. YT 剖面第 4 层 YT-18 样品概率累积曲线　d. YT 剖面第 5 层 YT-24 样品概率累积曲线　e. YTT 剖面第 2 层 HQYT-3 样品频率曲线 f. YTT 剖面第 5 层 HQYT-8 样品频率曲线　g. YTT 剖面第 7 层 HQYT-14 样品频率曲线　h. YTT 剖面第 8 层 HQYT-16 样品频率曲线

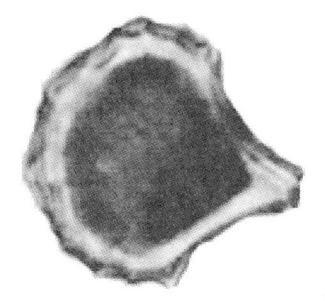

堰台遗址 YTT 剖面的粒度频率曲线，显示样品不同颗粒粒度的分布情况。YTT 剖面的粒度频率曲线很明显可以分为两大类，顶部第 2 层和底部第 8 层为单峰，第 3~7 层为双峰曲线。具有单峰特征的曲线均以粒径大于 3Φ 的颗粒为主，主要由大于 4Φ 的悬移物质为主，与 YT 剖面沉积物粒度特征类似。双峰则由粒径为 -1~1Φ（2~0.5 毫米）的粗砂和大于 1Φ 的颗粒组成。

2. 植硅体分析

YTT 剖面的 16 个样品中，YTT3、5、7、9 号样品出现栽培水稻扇形植硅体（图四 a）；YTT5、6、7、11 号样品出现排列的哑铃型植硅体（图四 b）。这两种来自栽培稻的植硅体类型在其他遗址的文化层样品中也有发现，例如在庙台遗址、霸王墩子遗址、董墩子遗址中都发现了数量不等的稻亚科扇形植硅体，戴家院遗址的文化层样品中两者都有出现。

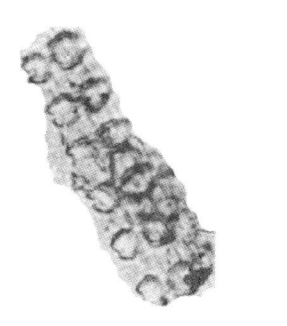

图四　遗址文化层中的水稻植硅体
a：来自栽培水稻的扇形植硅体　b：来自栽培水稻的哑铃型植硅体

四、讨　　论

由于堰台遗址位于与淮北平原相同的地貌单元与气候区划上，虽然研究剖面的孢粉分析结果不尽如人意，但前人对淮北平原颍上钻孔、颍河剖面、蚌埠黄口钻孔、徐家岗钻孔等沉积物的孢粉分析[①]，同样可以代表淮河南岸平原地带的植被历史。根据上述钻孔资料，研究区在距今 4000~2500 年前以含少量针叶树种的阔叶林—草原为特征，林地以栗、栎占优势；低洼区有浅水湖泊发育；气候温暖湿润。2500a B.P. 以针阔叶混交林—草原为主，松占优势，间有栗、栎、桦等，气候温和偏湿。同时，以前的研究成果认为全新世期间，皖西、皖中以相对上升为主，而淮北平原地带以相对下降为主，伴随间歇性地相对上升[②]。最末一次相对上升发生在全新世中期末晚期初（4000~3000a B.P. 前后），形成了沿淮的一级阶地。针对中国东部全新世晚期的气候变化特征，一般认为 3000a B.P. 前后有一次冷事件发生，至大约 2700a B.P. 气候回暖[①②]。

在全新世中期末到晚期初，本区域发生了构造抬升，并且气候逐渐转向相对以前

[①] 张德二：《中国三千年气象记录总集》，凤凰出版社、江苏教育出版社，2004 年。
[②] 张丕远主编：《中国历史气候变化》，山东科学技术出版社，1996 年。

的干凉。无论是构造运动还是气候变化,都使当时淮河的侵蚀基准面相对下降,河流下切,形成低阶地。阶地形成后,一般洪水便不容易漫上去,人类便逐渐占据这些地势相对较高的地方开始生活。杨达源①曾指出,沿着淮河两岸众多的考古遗址都坐落在残存的"低阶地"上。这也是这一区域遗址多呈墩台的地貌背景。

YT 剖面反映了堰台遗址堆积前后周边的自然环境状况。图五是 YT 剖面粒度参数变化情况。整个剖面的粒径主要以大于 4Φ 的颗粒为主,表明这些沉积物均属于水动力条件极弱的静水沉积。从与堰台遗址相对应的第 4 层开始,粒径越来越小,分选越来越好,这种韵律变化反映了湖沼面积的逐步扩大。通过遗址南缘的探沟剖面,我们可以观察到遗址文化层楔入了湖沼相沉积之中(图六)。YT 剖面显示,人类开始占据堰台遗址的时候,临水而居;但由于距今 2700 年前后的气候回暖,造成了侵蚀基准面的相对升高,水域面积增大,威胁到了人类居址的安全,直至后期,随着湖沼面积的进一步扩大,该居住地被放弃。

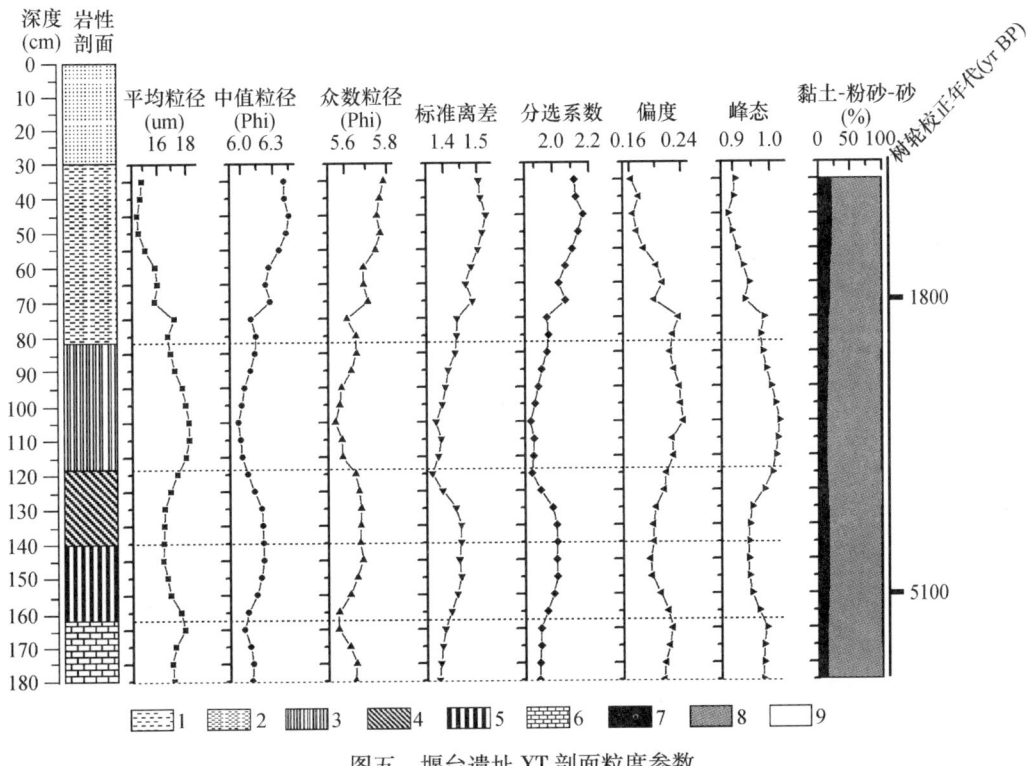

图五 堰台遗址 YT 剖面粒度参数

1. 现代耕作层　2. 第 2 层湖沼沉积　3. 第 3 层湖沼沉积　4. 夹红烧土块的第 4 层湖沼沉积
5. 第 5 层湖沼沉积　6. 第 6 层湖沼沉积

---

① 杨达源、王云飞:《近 2000 年淮河流域地理环境的变化与洪灾——淮河中游的洪灾与洪泽湖的变化》,《湖泊科学》1995 年 1 期,1~7 页。

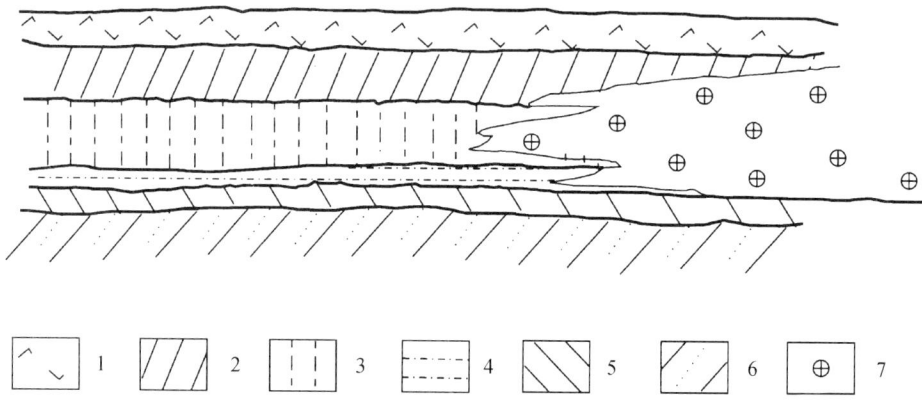

图六 堰台遗址南缘探沟剖面示意图

1. 现代耕作层 2. 第 2 层湖沼沉积 3. 第 3 层湖沼沉积 4. 夹红烧土块的第 4 层湖沼沉积
5. 第 5 层湖沼沉积 6. 第 6 层湖沼沉积 7. 堰台遗址文化层

YTT 剖面的单峰曲线，同 YT 剖面一样，仍然是水动力条件极弱条件下的沉积；而双峰曲线，体现的是沉积物来源地多样性，与之相对应的地层则均含有红烧土、陶片等文化遗物。YTT 剖面实际上反映了人类应对水域扩展所采取的措施。考虑到沉积物中红烧土与含有螺壳的沼泽土互层，以及各层中的红烧土和陶片，该沉积剖面应属于人类加积而成。考古发掘揭示堰台遗址外围高而中间低，成碟形，很有可能就是由于水域扩大，人类不停地将遗址周边垫高所形成。文化层中水稻植硅体的发现，说明栽培水稻和渔猎是当时主要的两种生计模式。

五、结　论

通过上述分析，我们可以得出如下结论：堰台遗址坐落在淮河南岸的一级阶地上，当时的古人临水而居，种植水稻和渔猎是他们生计模式的主要方式之一。距今 2700 年左右气候逐渐回暖，导致湖沼水位上升，对居住在水边的人类产生了威胁，人们被迫不停地加高遗址周边用以防水，但随着水域面积地不停扩大，最终被迫放弃居住地而向地势更高的地方迁移。

附录二　堰台周代遗址人骨研究

原海兵[1]　朱　泓[2]

(1. 四川大学历史文化学院考古学系；2. 吉林大学边疆考古研究中心)

一、前　言

堰台遗址位于安徽省霍邱县石店镇韩店村堰台村民组，东北距霍邱县城约26公里，北距淮河南岸直线距离约25公里，地理坐标大致为东经116°09′，北纬32°15′。处于大别山向北延伸余脉的尽头，为岗地向沿淮平原的过渡地带。遗址是一处典型的台形遗址，高出周围水田约2米。堰湾河紧挨遗址西侧由西北流向东南，注入城西湖后与淮河相通。遗址为平面形状略呈圆形的台子，中央略高，呈漫坡状至遗址边缘，四周因当地群众耕种平整而呈陡坡，整体保存较好。现存遗址台地部分东西长约53米，南北长约71米，面积近3000余平方米。2004年1~8月，为配合阜（阜阳）六（六安）高速公路工程建设，安徽省文物考古研究所对该遗址进行了发掘。发掘面积约2770平方米，基本对整个遗址进行了全面发掘。

发掘所见遗迹种类较多，包括有内外两条壕沟组合形式的环壕、56座墓葬及与建筑相关的红烧土、柱洞、房址、墙基槽等遗迹。从遗址规模及出土遗物判断，该遗址是一处级别较低的村落遗址。堰台遗址陶器以夹砂陶为主，泥质陶较少，陶色以黑、红褐为主，灰色次之。器表纹饰以绳纹和贴敷泥条后压印而成的附加堆纹为主流。器类有鬲、罐、豆、盆、簋、钵、器盖稍次，其余还有瓢、盉等。其时代范围当属周代。据发掘者意见将遗址分为四期，第一期至第四期的相对年代大致为西周中期、西周晚期、春秋早期和春秋中期。2009年9月，我们将该遗址发掘出土的人骨标本运至吉林大学边疆考古研究中心人类学实验室，在室内对其进行了初步的整理与研究，现将研究结果报告如下。

二、性别与年龄

经初步鉴定，在堰台遗址发掘的56座墓葬及其他单位中共包含个体58例，其中男性个体9例，倾向男性特征个体1例，女性个体4例，倾向女性特征个体1例，性别不详个体43例，其中多数为未成年个体。男女性别比为2.25:1，差异显著。

从堰台遗址中个体的死亡年龄来看，在总计可鉴定的58例个体中，男性9例，1

例在壮年期死亡，6例在中年期死亡，另有2例成年个体，男性平均死亡年龄约为38.64岁。女性共计4例，青年期、壮年期、中年期各死亡1例，另外还有1例成年死亡个体，女性的平均死亡年龄约为28.33岁。此外，性别不详个体共计45例，其中11例在婴儿期死亡，19例在幼儿期死亡，8例在少年期死亡，仅有2例青年期和1例壮年期死亡，另有4例不能判定性别的成年个体。从墓葬总体上看有11例死亡时处于婴儿期阶段，占到可鉴定年龄个体总体的21.57%，幼儿期死亡个体为19例，占到总体的37.25%，还有8例死亡个体的年龄处于少年期，占到可鉴定年龄段总体的15.69%，青年期以前的死亡个体占到74.51%，如果考虑进那些不能鉴定年龄段，仅能判定成年的个体，那么死于未成年时期的个体也占到一半以上，是未成年个体死亡占有绝对比例的一个遗址。如此的年龄结构，导致其总体的平均死亡年龄非常低。经计算，堰台遗址总体平均死亡年龄仅有11.20岁。详见表一及附表一。

表一 堰台遗址周代人骨死亡年龄分布统计

年龄阶段（岁）	男性（%）	女性（%）	性别不明（%）	合计（%）
婴儿期（X~2）	0 （0.00）	0 （0.00）	11 （26.83）	11 （21.57）
幼儿期（3~6）	0 （0.00）	0 （0.00）	19 （46.34）	19 （37.25）
少年期（7~14）	0 （0.00）	0 （0.00）	8 （19.51）	8 （15.69）
青年期（15~23）	0 （0.00）	1 （33.33）	2 （4.88）	3 （5.88）
壮年期（24~35）	1 （14.29）	1 （33.33）	1 （2.44）	3 （5.88）
中年期（36~55）	6 （85.71）	1 （33.33）	0 （0.00）	7 （13.73）
老年期（56~X）	0 （0.00）	0 （0.00）	0 （0.00）	0 （0.00）
合　　计	7 （100.00）	3 （100.00）	41 （100.00）	51 （100.00）
成　　年	2	1	4	7
总　　计	9	4	45	58

注：倾向男性特征或女性特征个体按性别不明计。

三、颅骨的观察与测量

该遗址保存较好的颅骨仅3例，2例男性，1例女性。对颅骨非测量性形态特征的观察标准及测量主要依据《人体测量方法》① 和《人体测量手册》② 的相关著述。个体观察及测量结果如下。

NO.1: 2004HYM2　男性，45岁左右。该个体右侧颞颊部和颅底略破损，其余保存基本完好。颅形为卵圆形颅，眉弓发育中等，前额中等，无额中缝，颅顶缝前囟段和后段为深波型，顶段为复杂型，顶孔段为微波型，乳突较发育大且粗壮，枕外隆凸稍发育，眶形为椭圆形，梨状孔基底稍高呈心型，梨状孔下缘为鼻前窝型，鼻前棘不发育，为Broca Ⅰ级。犬齿窝发育中等，鼻根区略有凹陷，翼区呈顶蝶型连接，颞线较发育，清晰的延伸至顶结节后部，颧形欠圆钝，顶孔左侧一个，右侧两个。无矢状嵴发育。腭形为抛物线型，腭圆枕发育中等呈嵴状。下颌骨颏形为圆形，下颌角区外翻，无下颌圆枕发育，左右两侧各有一个颏孔。整体上看该个体颅型表现为圆颅型，高颅型结合狭颅型，并伴有中等偏狭和扁平的上面形态，中眶，阔鼻，阔腭，中等的面部突出程度和长狭型的下颌等颅面形态特点（图版五四）。

NO.2: 2004HYM7　女性，35~40岁。该个体保存基本完好。颅形为卵圆形颅，眉弓发育弱，前额平直，无额中缝，颅顶缝前囟段为微波型，顶段和顶孔段为锯齿型，后段为复杂型，乳突不发育，枕外隆凸不发育，眶形为椭圆形，梨状孔高宽相当呈圆形，梨状孔下缘为锐型，鼻前棘不发育，为Broca Ⅰ级。犬齿窝不发育，鼻根区无凹陷，翼区呈顶蝶型连接，颞线不发育，颧形欠圆钝，无顶孔，无矢状嵴发育。腭形为抛物线型，腭圆枕略显呈丘状。下颌骨颏形为圆形，下颌角区左侧内翻，右侧外翻。下颌圆枕不发育，左右两侧各有一个颏孔。该个体具有长颅型，高颅型结合狭颅型的颅型特点，而且具有偏阔的额部，偏狭且扁平的上面形态，以及低眶，阔鼻，阔腭，中等面部突出程度等特点（图版五五）。

NO.3: 2004HYM24　男性，40~45岁。该个体保存基本完好。颅形为卵圆形颅，眉弓发育中等，前额倾斜，无额中缝，颅顶缝前囟段为深波型，顶段为锯齿型，顶孔段以及后段均愈合，乳突较发育，枕外隆凸发育中等，眶形为椭圆形，梨状孔高宽基本相当呈圆型，梨状孔下缘左侧为锐型，右侧为钝型，鼻前棘不显，为Broca Ⅰ级。犬齿窝发育显著，深而明显。鼻根区略有凹陷，翼区呈顶蝶型连接，颞线较发育，清晰的延伸至顶结节后部，颧形圆钝，顶孔左侧、右侧及矢状缝各有一个。无矢状嵴发育。腭形为椭圆形，腭圆枕略发育呈嵴状。下颌骨颏形为方形，下颌角区陡直，无下颌圆枕发育，左、右侧各有一个颏孔。该个体具有中颅型，高颅型结合中颅型的颅型特点，中等偏狭的上面部和低眶、阔鼻、阔腭、扁平的面部以及长狭的下颌型等颅面特征（图版五六）。

总结以上3例个体非测量性状的结果来看，堰台组颅骨标本的形态特征可以概括

---

① 吴汝康、吴新智、张振标：《人体测量方法》，科学出版社，1984年。
② 邵象清：《人体测量手册》，上海辞书出版社，1985年。

为：颅形多为卵圆形，眉弓发育中等居多，额部男性倾斜者较为常见，女性平直，多无额中缝，颅顶缝结构普遍发育较简单。乳突男性较为发达，女性较弱，枕外隆凸多稍发育，眶型以椭圆形较为常见。梨状孔形状多为圆形，梨状孔下缘形态多样，鼻前棘发育较弱，犬齿窝欠发育，多无明显鼻根凹，翼区以顶蝶型连接为主，颧骨上颌骨下缘转角处多欠圆钝，腭形多为抛物线型，腭圆枕男性以嵴状为主。颏形男性以方形为主，女性为圆形，下颌角区外翻者较多，铲形门齿出现率较高，下颌圆枕多不发育。

从该组男、女两性颅骨主要测量项目的平均值来看，堰台组男性居民的主要体质特征可以概括为：中颅型、高颅型结合狭颅型。面部较低，中等面宽并具有扁平的上面部形态。额宽指数表现为狭额型，鼻指数表现为阔鼻型，眶指数表现为中眶型或低眶型，上面指数表现出中上面型，腭指数表现为阔腭型，下颌骨指数表现为长狭下颌型。女性颅骨除了眉弓发育较弱，乳突较小，前额平直等反映性别差异的特征之外，其种族特征基本与男性一致，只是颅型相对较长，上面部较狭窄。

鉴于本文颅骨标本上所反映出的简单的颅顶缝、欠发达的犬齿窝和鼻根凹、扁平的面形，转角处欠圆钝的颧骨上颌骨下缘，以及铲形门齿和鼻前窝型的梨状孔下缘等特征，我们认为该组颅骨应属于亚洲蒙古人种的范围。

四、比较与分析

首先，为了进一步了解堰台组居民的种系归属，我们将其与现代亚洲蒙古人种中的北亚、东北亚、东亚和南亚等四个区系类型[①]相比较，具体比较的测量值可见表二。

从表二所列出的17项比较项目中，堰台组除最小额宽、鼻颧角、鼻根指数和眶指数4项略超出亚洲蒙古人种界值的上、下限以外，其余13项均落入其变异范围，由此可见，堰台组颅骨的体质特征基本上没有超出亚洲蒙古人种的变异范围，这一结果与前文根据颅面部形态观察的结论相吻合。与亚洲蒙古人种的各个分支类型相比较，堰台组有颅长、额角、颧宽、颅指数和上面指数5项落入到北亚蒙古人种界值范围之内，其他均超出其变异范围。堰台组标本有7项落入到东北亚蒙古人种的界值范围之内，其余10项均与其界值范围有较大差异。堰台组落入到东亚蒙古人种界值范围之内的有9项，在其余的8项中，最小额宽和垂直颅面指数等与其界值上、下项的差异并不大。堰台组落入到南亚蒙古人种界值范围内的有11项，其余的鼻颧角、鼻根指数和眶指数也接近其变异范围。

综合以上分析可知，堰台组颅骨的基本体质特征与现代南亚蒙古人种最为接近，其次为亚洲蒙古人种东亚类型，而与北亚类型之间则存在着较大的形态距离偏差。

---

① 韩康信、潘其风：《安阳殷墟中小墓人骨的研究》，见中国社会科学院历史研究所和考古研究所编：《安阳殷墟头骨研究》，文物出版社，1985年。

附　录

表二　堰合组颅骨与现代亚洲蒙古人种各区域类型的比较（男性）

马丁号	项目↓组别→	堰合组	现代亚洲蒙古人种				
			北亚类型	东北亚类型	东亚类型	南亚类型	变异范围
1	颅长 (g-op)	178.85 (2)	174.90-192.70	180.70-192.40	175.00-182.20	169.90-181.30	169.90-192.70
8	颅宽 (eu-eu)	140.75 (2)	144.40-151.50	134.30-142.60	137.60-143.90	137.90-143.90	134.30-151.50
17	颅高 (ba-b)	138.25 (2)	127.10-132.40	132.90-141.10	135.30-140.20	134.40-137.80	127.10-141.10
9	最小额宽 (ft-ft)	88.40 (2)	90.60-95.80	94.20-96.60	89.00-93.70	89.70-95.40	89.00-96.60
32	额角 (∠n-m-FH)	84.50 (2)	77.30-85.10	77.00-79.00	83.30-86.90	84.20-87.00	77.00-87.00
45	颧宽 (zy-zy)	139.00 (2)	138.20-144.00	137.90-144.80	131.30-136.00	131.50-136.30	131.30-144.80
48	上面高 (n-sd)	71.50 (2)	72.10-77.60	74.00-79.40	70.20-76.60	66.10-71.50	66.10-79.40
8:1	颅指数	78.71 (2)	75.40-85.90	69.80-79.00	76.90-81.50	76.90-83.30	69.80-85.90
17:1	颅长高指数	77.32 (2)	67.40-73.50	72.60-75.20	74.30-80.10	76.50-79.50	67.40-80.10
17:8	颅宽高指数	98.22 (2)	85.20-91.70	93.30-102.80	94.40-100.30	95.00-101.30	85.20-102.80
48:17	垂直颅面指数 (sd)	51.70 (2)	55.80-59.20	53.00-58.40	52.00-54.90	48.00-52.20	48.00-59.20
48:45	上面指数 (sd)	51.44 (2)	51.40-55.00	51.30-56.60	51.70-56.80	49.90-53.30	49.90-56.80
72	面角 (n-pr-FH)	83.50 (2)	85.30-88.10	80.50-86.30	80.60-86.50	81.10-84.20	80.50-88.10
77	鼻颧角 (fmo-n-fmo)	141.72 (2)	147.00-151.40	149.00-152.00	145.00-146.60	142.10-146.00	142.10-152.00
54:55	鼻指数	54.38 (2)	45.00-50.70	42.60-47.60	45.20-50.20	50.30-55.50	42.60-55.50
SS:SC	鼻根指数	25.02 (2)	26.90-38.50	34.70-42.50	31.00-35.00	26.10-36.10	26.10-42.50
52:51	眶指数 R	74.16 (2)	79.30-85.70	81.40-84.90	80.70-85.00	78.20-81.00	78.20-85.70

注：长度单位为毫米；角度为度；指数为百分比（%）；下同。

此外，为了进一步探讨堰台组古代居民与现代亚洲蒙古人种各个地区居民在种族类型上的渊源关系，我们采用计算本文标本与华北组、华南组、抚顺组、因纽特组、蒙古组、通古斯组①等6个近现代颅骨组之间的18项指标的欧氏距离系数和平均数组间差异均方根②函数值的方法进行比较分析，对比组及对比项目见表三，计算结果见表四。

表三　堰台组与各近代颅骨组的比较（男性）

马丁号	项目↓组别→	堰台组	华北组（步达生）	华南组（哈罗维）	抚顺组（岛五郎）	因纽特组（杰别茨）	蒙古组（杰别茨）	通古斯组（杰别茨）	同种系标准差
1	颅长（g-op）	178.85	178.50	179.90	180.80	181.80	182.20	185.50	5.73
8	颅宽（eu-eu）	140.75	138.20	140.90	139.70	140.70	149.00	145.70	4.76
17	颅高（ba-b）	138.25	137.20	137.80	139.20	135.00	131.40	126.30	5.69★
9	最小额宽（ft-ft）	88.40	89.40	91.50	90.80	94.90	94.30	90.60	4.05
45	颧宽（zy-zy）	139.00	132.70	132.60	134.30	137.50	141.80	141.60	4.57
48	上面高（n-sd）	71.50	75.30	73.82	76.20	77.50	78.00	75.40	4.15
52	眶高 R	31.90	35.50	34.60	35.50	35.90	35.80	35.00L	1.91
51	眶宽（mf-ek） R	43.05	44.00	42.10L	42.90	43.40	43.20	43.00L	1.67
54	鼻宽	27.45	25.00	25.25	25.70	24.40	27.40	27.10	1.77
55	鼻高（n-ns）	50.50	55.30	52.60	55.10	54.60	56.50	55.30	2.92
72	面角（n-pr-FH）	83.50	83.39	84.20	83.60	83.80	87.50	86.60	3.24
8:1	颅指数	78.71	77.56	78.75	77.30	77.60	82.00	78.70	2.67
17:1	颅长高指数	77.32	77.02	77.02	77.01	<74.26>	<72.12>	<68.09>	2.94
17:8	颅宽高指数	98.22	99.53	97.80	100.00	<95.95>	<88.19>	<86.68>	4.30
48:45	上面指数（sd）	51.44	56.80	55.67	56.80	<56.36>	<55.01>	<53.25>	3.30▲
52:51	眶指数 R	74.16	80.66	84.90	83.00	83.00	82.90L	81.50L	5.05
54:55	鼻指数	54.38	45.23	49.40	46.90	44.80	48.60	49.40	3.82
9:8	额宽指数	62.82	<64.69>	<64.94>	<65.00>	<67.45>	<63.29>	<62.18>	3.29★

注：①标有"★"的采用挪威组同种系标准差，标有"▲"的采用欧洲同种系标准差，其余采用埃及E组③的同种系标准差。②标注"< >"内的数值是根据平均数计算所得的近似值。

---

① 韩康信、潘其风：《安阳殷墟中小墓人骨的研究》，见中国社会科学院历史研究所和考古研究所编：《安阳殷墟头骨研究》，文物出版社，1985年。中国科学院考古研究所体质人类学组：《赤峰、宁城夏家店上层文化人骨研究》，《考古学报》1975年2期。

② 欧氏距离系数计算公式为：$Dij = \sqrt{\dfrac{\sum_{k=1}^{m}(x_{ik}-x_{jk})^2}{m}}$

公式中的 i、j 代表颅骨组，k 代表比较项目，m 代表比较项目数。

平均数组间差异均方根公式为：$\sqrt{\dfrac{\sum \dfrac{d^2}{\delta^2}}{n}}$

公式中的 d 代表两个对比组之间每项平均值的组差，δ 代表同种系标准差，n 代表比较项目数。

③ Morant, G. M.：《A First Study of Tibetan Skull》，Biometrika，Vol. 14，1923。

表四 堰台组与各近代对比组间的 D_{ij} 值和组差均方根值

对比组	华北组	华南组	抚顺组	因纽特组	蒙古组	通古斯组
欧氏距离系数	3.85	3.64	3.84	4.55	5.48	5.68
组差均方根值	1.11	0.93	1.06	1.29	1.42	1.41

从表四的计算结果来看，两种方法得出的结论比较一致。与堰台组形态距离较近的是近代华南组与抚顺组，而通古斯组、蒙古组和因纽特组与堰台组之间则有不同程度、相对较大的形态距离。

第三，为了探讨堰台遗址先民与我国先秦时期各地区先民之间体质特征上的亲疏关系，我们选择了尉迟寺组、龙虬庄组、殷墟中小墓 B 组、殷墟中小墓③组、呈子二期组、曲村组、甑皮岩组、昙石山组、平洋组等共计 9 组材料来与其做对比分析，各组背景资料详述如下：

尉迟寺组材料出自于安徽省北部的蒙城县尉迟寺新石器时代遗址，通过对该遗址大汶口文化时期居民头骨的研究，发现他们应属于蒙古人种，除表现出近于东亚蒙古类群的同时还在低眶、阔鼻倾向等特征上反映出某些类似南亚蒙古人种的特点，其与大汶口组在形态特征上略有差异，但相似性更多[1]。

龙虬庄组材料出自龙虬庄遗址新石器时代墓地，墓地年代大致在 6300 - 5500aB.P.。该组居民通常具有稍短化的中颅型、高颅型结合狭颅型，偏阔的中上面型，中等面部突出程度、中眶、偏阔的中鼻型、短阔腭等颅面形态。已经具有明显的蒙古人种的综合特征。与黄河中、下游新石器时代组群之间具有明显的同种系性质，而且与仰韶文化组群之间可能有某种较为趋近的现象，与大汶口文化组群的偏离也不强烈。而与华南新石器组群之间有明显的偏离[2]。

殷墟中小墓 B 组材料出自于河南省安阳市殷墟遗址的中小墓地，时代为晚商时期，该组颅骨材料的形态学特征大体可概括为偏长的中颅型，高颅型结合狭颅型，中等上面型，阔鼻、偏低的中眶型，中等偏大的上面部扁平度等特征，其应归属于蒙古大人种，且与东亚蒙古人种类型在颅面特征上具有较多的一致性。其体质类型当属于

---

[1] 张君、韩康信：《尉迟寺新石器时代墓地人骨的观察与鉴定》，《人类学学报》1998 年 1 期。
[2] 龙虬庄遗址考古队：《龙虬庄——江淮东部新石器时代遗址发掘报告》，科学出版社，1999 年。

先秦时期古代居民人种类型的"古中原类型"①。

殷墟中小墓③组材料出自河南省安阳市殷墟遗址的中小墓地，时代为晚商时期，这批颅骨为区别于中小墓②组的约8例形态特征不同的头骨②，他们一般比较粗壮、颅高偏低、面部高、极宽、扁平、颧骨大而突出，鼻根偏高，垂直颅面指数较大，显示出某种类似于现代东亚蒙古人种和北亚蒙古人种相混合的性状，同先秦时期广泛分布于我国东北地区和华北北部的"古东北类型"居民颇相近似③。

呈子二期组材料出自于山东省诸城县的呈子新石器时代墓地④，通过对该地点呈子二期龙山时期头骨的观察和测量研究可知呈子二期组与该地点大汶口文化（呈子一期）的居民一样，与西夏侯、大汶口等其他地点的大汶口文化居民头骨之间的形态距离较小，应属于同一体质类型，且与现代亚洲蒙古人种的东亚类型也极为相似⑤。

曲村组材料出自于山西省曲沃县的天马—曲村西周时期墓地，通过对该组居民颅骨的测量分析可知这些居民的基本体质特征为中、长颅型伴以高颅型和狭颅型，中等上面部、眶型偏低、偏阔的鼻型以及中等的面部突出程度和较为扁平的上面部等特征，这些特征显示出具有东亚蒙古人种的性状，且与华北类型较为接近，并与古代组中的陶寺组最为密切⑥。

甑皮岩组材料采自广西壮族自治区桂林市南郊的甑皮岩新石器时代洞穴遗址。头骨特征表明，他们一般具有长颅型、偏低的正颅型和偏狭的中颅型等颅形特点，较宽而低的面部，低眶、阔鼻以及明显前突的面部，甑皮岩新石器时代居民头骨上显示出基本的蒙古人种性质，仅少数特征反映出某些接近于赤道人种的性状。与现代蒙古人种中分布于华南、印度支那和印度尼西亚等地的南亚种族较接近⑦。后来张子模等对甑皮岩新出土的人骨进行了研究后认为甑皮岩组居民与柳江人有着密切的

---

① 原海兵：《殷墟中小墓人骨的综合研究》，吉林大学博士学位论文，2010年。

② 韩康信、潘其风：《安阳殷墟中小墓人骨的研究》，见中国社会科学院历史研究所、中国社会科学院考古研究所编：《安阳殷墟头骨研究》，文物出版社，1985年。

③ 朱泓：《中国东北地区的古代种族》，《文物季刊》1998年1期。

④ 昌潍地区文物管理组、诸城县博物馆：《山东诸城呈子遗址发掘报告》，《考古学报》1980年3期。

⑤ 韩康信：《山东诸城呈子新石器时代人骨》，《考古》1990年7期。

⑥ 潘其风：《天马—曲村遗址西周墓地出土人骨的研究报告》，见北京大学考古学系商周组、山西省考古研究所编著，邹衡主编：《天马—曲村（1980－1989）》附录一，科学出版社，2000年。

⑦ 张银运、王令红、董兴仁：《广西桂林甑皮岩新石器时代遗址的人类头骨》，《古脊椎动物与古人类》，1977年1期。

亲缘关系①。

昙石山组材料是采自福建省闽侯县昙石山新石器时代遗址第六次发掘出土的人骨，该遗存是一种具有浓厚地方性的文化遗存，并命名为"昙石山文化"②。经放射性碳素测定其年代约距今3000年左右③。通过对这批人类头骨的观察研究，研究者认为该组居民具有长颅型、正颅型结合狭颅型的颅形特点，头高绝对值较大，前额较窄较陡直、中等面宽结合低面，相对较小的上面部扁平度、较明显的上齿槽突颌、偏低的眶形、阔鼻等特征，与现代亚洲蒙古人种的南亚类型和东亚类型比较接近，其在体质上尤其是与蒙古人种中的南亚类型最为接近④。潘其风先生在研究了该遗址第八次发掘出土的人骨后认为其基本体质特征与第六次的人骨没有明显差异，同样具有南亚蒙古人种的特征⑤，应属于同一体质类型。

平洋组材料出自黑龙江省泰来县平洋镇的砖厂和战斗两个墓地，其年代应在春秋晚期至战国晚期之间⑥。关于其族属问题，有学者认为应纳入东胡范畴之内，可进而推定为拓跋鲜卑及其先世⑦。据潘其风先生研究，平洋墓地的古代居民是一组同种系多类型的群体，其人种类型主要与东北亚蒙古人种接近，同时也与北亚蒙古人种和东亚蒙古人种相关。第一种类型的体质特征为东北亚蒙古人种和北亚蒙古人种的混合类型，第二种类型为东北亚蒙古人种与东亚蒙古人种的混合类型⑧。

以上各对比组项目及数据见表五。我们采用计算堰台组与各古代组之间的欧氏距离系数的方法进行定量分析，并根据欧氏距离系数绘制出聚类图，所有的统计分析都在SPSS16.0 for windows下完成，所有用于统计分析的数据均经过标准化。比较结果见表六、图一。

---

① 张子模、漆招进、朱芳武、卢为善、李富强、凌树东：《桂林甑皮岩新石器时代遗址的人骨》，《广西民族研究》1994年3期。
② 福建省博物馆：《闽侯昙石山遗址第六次发掘报告》，《考古学报》1976年1期。
③ 中国科学院考古研究所实验室：《放射性碳素测定年代报告（三）》，《考古》1974年5期。
④ 韩康信、张振标、曾凡：《闽侯昙石山遗址的人骨》，《考古学报》1976年1期。
⑤ 潘其风：《福州闽侯县昙石山遗址第八次发掘出土人骨的观察研究》，《南方文物》2000年1期。
⑥ 黑龙江省文物考古研究所、杨志军、郝思德、李陈奇：《平洋墓葬》，文物出版社，1990年。
⑦ 郝思德、杨志军、李陈奇：《平洋墓葬族属初论——为纪念苏秉琦先生从事考古工作55周年而作》，《北方文物》1989年3期。
⑧ 潘其风：《平洋墓葬人骨的研究》，见黑龙江省文物考古研究所、杨志军、郝思德、李陈奇编：《平洋墓葬》附录一，文物出版社，1990年。

表五 堰台组与各古代颅骨组的比较（男性）

马丁号	项目↓ 组别→	堰台组	尉迟寺组	龙虬庄组	殷墟中小墓B组	殷墟中小墓③组	呈子二期组	曲村组	甑皮岩组	昙石山组	平洋组	同种系标准差
1	颅长（g-op）	178.85	185.30	178.30	183.66	187.18	184.50	183.26	193.30	189.70	190.54	5.73
8	颅宽（eu-eu）	140.75	137.40	141.91	139.60	142.67	144.20	141.56	143.20	139.20	144.60	4.76
17	颅高（ba-b）	138.25	144.50	140.17	139.72	134.83	144.30	141.30	140.90	141.30	140.11	5.69★
9	最小额宽（ft-ft）	88.40	92.10	96.04	91.78	93.86	94.80	94.70	93.50	91.00	91.29	4.05
45	颧宽（zy-zy）	139.00	133.80	141.25	134.54	145.40	136.90	138.28	138.00	135.60	144.90	4.57
48	上面高（n-sd）	71.50	70.30	73.02	73.61	75.08	74.90	73.55	69.70	71.10	77.08	4.15
52	眶高R	31.90	35.30	33.86	33.54	35.52	34.07	34.21	34.40	33.80	33.91	1.91
51	眶宽（mf-ek）R	43.05	<42.63>	43.83	43.05	44.88	44.07	44.45	42.60	42.20	43.74	1.67
54	鼻宽	27.45	27.70	27.98	26.98	28.96	26.20	27.16	28.30	29.50	28.90	1.77
55	鼻高（n-ns）	50.50	53.80	55.07	53.03	56.42	53.20	53.99	53.10	51.90	58.38	2.92
72	面角（n-pr-FH）	83.50	85.80	82.10	84.45	84.63	85.80	85.58	84.00	81.00	90.89	3.24
8:1	颅指数	78.71	74.30	79.72	76.18	76.27	78.20	77.30	73.20	73.40	75.89	2.67
17:1	颅长高指数	77.32	79.20	78.67	75.93	72.08	78.10	77.18	70.50	73.80	74.09	2.94
17:8	颅宽高指数	98.22	104.80	98.82	99.69	94.53	99.50	99.68	97.90	99.50	97.30	4.30
48:45	上面指数（sd）	51.44	52.50	51.70	53.96	51.66	54.70	53.56	50.40	52.50	53.06	3.30▲
52:51	眶指数R	74.16	82.80	77.39	77.62	79.32	78.90	77.05	80.40	80.00	77.77	5.05
54:55	鼻指数	54.38	51.50	50.89	51.21	51.41	49.30	50.52	53.30	57.00	49.40	3.82
9:8	额宽指数	62.82	<67.03>	67.71	65.30	65.46	65.70	70.68	<65.29>	<65.37>	63.19	3.29★

注：①标有"★"的采用挪威组同种系标准差，标有"▲"的采用欧洲同种系标准差，其余采用埃及E组的同种系标准差。②标注"<" ">"内的数值是根据平均数计算所得的近似值。

表六　各对比组之间的 Dij 值（男性）

	1	2	3	4	5	6	7	8	9	10
1	0.00									
2	18.17	0.00								
3	12.18	16.78	0.00							
4	10.85	10.98	11.88	0.00						
5	17.69	21.81	15.17	15.58	0.00					
6	15.07	12.74	11.23	8.82	16.53	0.00				
7	13.83	12.72	8.53	8.15	14.65	7.46	0.00			
8	19.76	16.63	19.93	14.38	14.37	15.88	15.83	0.00		
9	15.98	13.01	18.17	11.01	17.11	15.42	14.72	9.34	0.00	
10	20.31	21.20	19.00	16.86	11.23	15.23	16.06	15.76	19.37	0.00

1、堰台组　2、尉迟寺组　3、龙虬庄组　4、殷墟中小墓B组　5、殷墟中小墓③组

6、呈子二期组　7、曲村组　8、甑皮岩组　9、昙石山组　10、平洋组

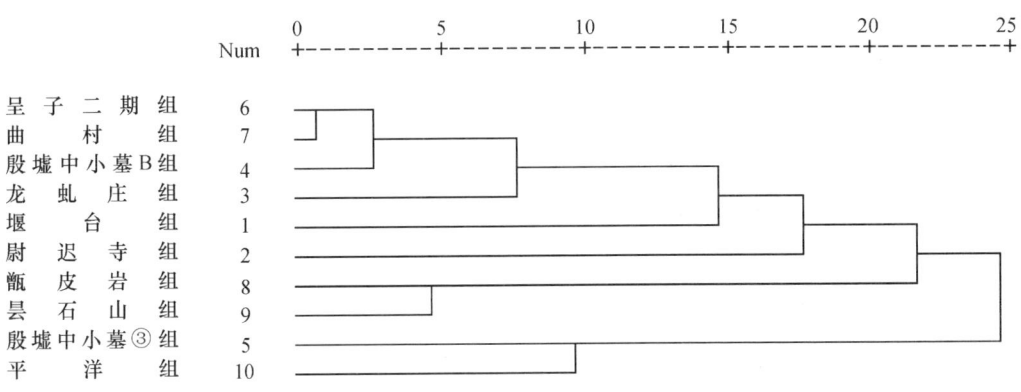

图一　堰台组与各古代对比组组间联系的树状聚类图

图一很直观地反映出堰台组古代居民与其他相关古代居民之间的关系，在刻度小于20的范围内，10个古代颅骨组大致可以区分为3个聚类群。第一聚类群包括呈子二期组、曲村组、殷墟中小墓B组、龙虬庄组、堰台组和尉迟寺组；第二聚类群包括甑皮岩组和昙石山组；第三聚类群包括殷墟中小墓③组和平洋组。归纳可知，第一类群各组主要是以偏长的中颅型结合高而偏狭的颅型，中等偏狭的面宽和中等的上面部扁平度，较低的眶型，明显的低面和阔鼻倾向为主要体质特征，应属于先秦时期的"古中原类型"。第二类群各组主要是以长颅型、低面、阔鼻、低眶和突颌等为主要颅面特征，应属于"古华南类型"体质特征居民的代表。第三类群各组则主要是以较高的颅型、较宽阔而且颇为扁平的面型为主要颅面形态的"古东北类型"居民为代表。

在与堰台组邻近的黄河中下游地区青铜时代的居民种系构成中，主要包括了"古中原类型"和"古东北类型"两种体质特征的居民。"古中原类型"居民应当是这一地区的土著居民，该类型居民从新石器时代到青铜时代曾广泛的分布在黄河中下游地区，南部边缘可达到长江沿线。其分布地域自然包括了堰台组所在的安徽霍邱地区。而"古东北类型"体质特征的居民可能是青铜时代出现在黄河中下游地区的一种外来体质因素的体现，他们逐渐融入了"古中原类型"居民的血液中。堰台组先民的主要体质因素无疑与该类型存在明显的偏差。

从堰台组居民颅骨的测量数据来看，明显偏离北亚类型和东北亚类型，而与东亚类型，尤其是南亚类型表现出一定程度的接近。在与近代各地区颅骨组的比较中也体现出与华南组形态上明显的相似性。在与古代各组的比较中，堰台组与呈子二期组、曲村组、殷墟中小墓B组等"古中原类型"居民聚类，表现出明显的相似性。前文对堰台组颅骨形态观察和测量的结果也基本与"古中原类型"居民的基本形态相似。但是我们也从对比数据中可以看出，堰台组居民似乎较之其他"古中原类型"居民在上面指数、鼻指数和眶指数上体现出来的上面部形态更加低矮，鼻部则更加宽阔，眶也更低。对于这些性状的变异，韩康信在研究仰韶古代居民的种族成分时指出"与其把这些仰韶新石器时代头骨的阔鼻、低眶倾向等特征列为现代种族特征，毋宁将它们视作保存了旧石器时代祖先类型的某种尚未十分分化的性质"[①]。朱泓认为这种类似南亚蒙古人种的体质因素在我国北方地区至少从新石器时代一直延续到夏商时期[②]。从这点来看，堰台组先民较之其他"古中原类型"各组似乎更多地保留了这种更为原始的性状。

综观以上研究可知，堰台组先民与"古中原类型"居民有较近的亲缘关系。这也许表明堰台遗址周代先民的主要体质特征应当划属"古中原类型"的范畴。但值得指出的是他们可能更多的保留或延续了古老先民的原始性状。不过，用于本文研究的颅骨例数较少，结论可能存在一定的局限性，有待今后更多材料的补充和验证。

五、身高的推算

人类学研究中通常采用人类肢骨的最大长来推算身高的方法。但一般认为，以骨

---

① 韩康信：《仰韶新石器时代人类学材料种系特征研究中的几个问题》，见《史前研究》（辑刊）－陕西省考古研究所、西安半坡博物馆成立三十周年纪念特刊，1988年。韩康信、潘其风：《古代中国人种成分研究》，《考古学报》1984年2期。

② 朱泓：《关于殷人与周人的体质类型比较》，《华夏考古》1989年1期。

骼推算身高会有一定的偏差，并且推算所得身高值也只是死者生前身高的近似值①。因此，推算出的身高值只能作为一种参考。身高作为了解人群体质状况的一项重要内容，这样的推算也是非常有意义的。通过前文的研究，我们发现这批人骨属于蒙古大人种即黄色人种范畴，故采用相关黄种人的身高回归方程。另外从骨骼保存情况来看，主要保留了股骨，故在本文中我们采用股骨的回归方程来计算。

男性的回归方程采用有关学者公布的黄种人的一元回归方程来计算②：

"身高 = 股骨 × 3.66 + 5 厘米"

此外还包括邵象清③有关中国汉族人身高的推算公式，由于上文研究得知，该组男性的平均年龄约为38.64岁，故选择31~40岁的公式来计算：

"身高 = 640.21 + 2.32 × 左股骨最大长 ± 33.32

身高 = 635.64 + 2.33 × 右股骨最大长 ± 32.98"，详见表七。

表七　霍邱堰台遗址男性身高推算表　　　　　　　　　（单位：毫米）

个体号	股骨	最大长	生理长	身高值	
				朱泓	中国汉族男性（31-40）
2004HYM2	L	428.00	425.00	1617.40	1633.61
	R	428.50	425.00		
2004HYM24	R	446.00	441.00	1682.36	1674.82
2004HYM32	L	437.50	431.00	1650.34	1654.53
	R	437.00	428.00		
2004HYM36	L	474.00	468.00	1780.27	1737.06
	R	471.50	463.00		
2004HYM38	L	443.00	437.00	1676.87	1671.40
	R	446.00	439.00		
2004HYM48	L	466.00	463.00	1759.22	1723.71
	R	468.00	465.00		
2004HYM52	L	442.00	434.00	1667.72	1665.65
合　计	7例	最小值		1617.40	1633.61
		最大值		1780.27	1737.06
		平均身高		1690.60	1680.11
男性总体平均身高				1685.35	

注：①L表示左侧，R表示右侧。②标本单侧的用单侧，双侧的用两侧平均值。

---

① 朱泓、李法军、魏东等：《体质人类学》，高等教育出版社，2004年。
② 朱泓、李法军、魏东等：《体质人类学》，高等教育出版社，2004年。
③ 邵象清：《人体测量手册》，上海辞书出版社，1985年。

女性身高的回归方程采用了以下的公式计算①：

身高 = 股骨 × 3.71 + 5 厘米

此外，还选择了张继宗的相关研究成果②：

"身高 = 483.913 + 2.671 × 左股骨最大长

身高 = 459.290 + 2.752 × 右股骨最大长"，详见表八。

表八　霍邱堰台遗址女性身高推算表　　　　　　　　（单位：毫米）

个体号	股骨	最大长	生理长	身　高　值	
				朱泓	张继宗
2004HYM7	L	417.00	410.00	1598.93	1603.67
	R	418.00	410.00		
2004HYM46	L	434.00	428.00	1689.82	1670.41
	R	450.00	446.00		
合计	2 例	最小值		1598.93	1603.67
		最大值		1689.82	1670.41
		平均身高		1644.38	1637.04
女性总体平均身高				1640.71	

注：①L 表示左侧，R 表示右侧。②标本单侧的用单侧，双侧的用两侧平均值

从上述计算可以看出，堰台遗址周代先民男性的平均身高约为 168.54 厘米，女性的平均身高约为 164.07 厘米。

六、健康及病理状况

堰台遗址人骨保存状况参差不齐，尤其是以未成年个体占较大比例，不适宜对标本上的病理现象做统计分析，我们仅就发现的一些特殊病理状况做一介绍。

（1）龋齿：在个体 2004HYM24 的下颌左侧第二臼齿远中面齿颈处发现坑状龋齿（彩版二七，1）。

（2）齿槽/根尖脓肿：在个体 2004HYM24 的上颌左侧第一臼齿和第二臼齿齿槽部位以及右侧的门齿、第二臼齿齿槽部位均发现齿槽脓肿痕迹，其中以左侧第一臼齿部位最为严重，不仅在齿根部位形成窝状，且侵蚀到颊侧，形成明显的脓肿病灶（彩版二七，3）。另外在个体 2004HYM7 上颌骨左侧第一臼齿的颊侧近中根根尖发现了轻微的根尖脓肿。

（3）眶板筛状样变：在个体 2004HYM41 的两侧眶上板发现眶板筛状样变现象，表

---

① 朱泓，李法军，魏东等：《体质人类学》，高等教育出版社，2004 年。
② 张继宗：《中国汉族女性长骨推算身高的研究》，《人类学学报》2001 年 4 期。

现程度左侧要重于右侧，左侧孔大且多，右侧较小较少（彩版二七，2）。一般认为这种现象与个体发育过程中的缺铁性贫血有一定关系。

（4）退行性关节病：在个体2004HYM2、2004HYM32、2004HYM48的胸椎、腰椎的边缘上可见有不同程度的唇形病变，可能与反复性的高强度生产活动有关。另外，在个体2004HYM38两侧足骨的第一跖骨上发现了跪踞面，病变程度左侧轻于右侧，可能与该个体长期反复的跪坐姿势活动有一定关系，且活动时多以右侧为主（彩版二七，4）。在个体2004HYM32保留的右侧第一跖骨上也发现了跪踞面。我们推测长期的跪坐姿势可能不是个体行为，很可能代表了一部分人长期的生活姿态。

七、结　　论

经过对堰台遗址出土的58例个体的分析与研究，主要有如下收获。

第一，共鉴定男性个体9例，倾向男性特征个体1例，女性个体4例，倾向女性特征个体1例，性别不详个体43例，其中多数为未成年个体。男女性别比为2.25:1，差异显著。

第二，从该遗址中可鉴定年龄段的个体来看，男性平均死亡年龄约为38.64岁，女性的平均死亡年龄约为28.33岁。此外，从总体上看，青年期以前的死亡个体占到74.51%，是未成年个体死亡占有绝对比例的一个遗址。经计算，堰台遗址总体平均年龄仅有11.20岁。

第三，堰台组颅骨的主要体质特征可以概括为：中颅型、高颅型结合狭颅型；面部较低，中等面宽并具有扁平的上面部形态，偏低的眶型以及阔鼻等特征。综合分析该组颅骨的颅面部形态特征，我们认为他们无疑应属于亚洲蒙古人种的范围。

第四，在堰台组颅骨与亚洲蒙古人种各地区类型的比较中，其基本体质特征与南亚蒙古人种最为接近，其次为亚洲蒙古人种东亚类型，而与北亚类型之间则存在较大的形态距离。

第五，堰台组古代居民与现代亚洲蒙古人种各个地区居民的比较中，与堰台组形态距离较近的是近代华南组与抚顺组，而通古斯组、蒙古组和因纽特组与堰台组之间有不同程度、相对较大的形态距离。

第六，在堰台组与古代各对比组的比较中，堰台组先民与呈子二期组、天马一曲村组、殷墟中小墓B组、龙虬庄组和尉迟寺组聚类，他们在以偏长的中颅型、高而偏狭的颅型，中等偏狭的面宽和中等的上面部扁平度，较低的眶型、明显的低面和阔鼻倾向等体质特征上表现出一致性。其主要体质因素应属于"古中原类型"的范畴。但在相对偏低的上面部、偏阔的鼻部，偏低的眶等性状上，堰台组先民似乎更多的保留或延续了古老先民更为原始的性状。

第七，通过测量堰台组居民的长骨并进行回归方程的推算，可知堰台遗址男性居民的平均身高约为 168.54 厘米，女性居民的平均身高约为 164.07 厘米。

第八，在堰台遗址还发现了龋齿、齿槽脓肿、根尖脓肿、眶板筛状样变以及退行性关节病等病理现象。值得注意的是还发现了与人体长期反复的跪坐姿势活动有密切关系的跪踞面，我们推测长期的跪坐姿势活动可能不是个体行为，而可能是一种较为普遍的群体行为。

致谢：本文研究材料由安徽省文物考古研究所王峰同志提供，写作过程中得到吉林大学边疆考古研究中心豆海锋和赵莹同学的帮助和支持，在此深表感谢。

附表一　安徽霍邱堰台周代遗址人骨性别年龄鉴定表

个 体 号	性别	年龄（岁）	个 体 号	性 别	年龄（岁）
2004HYM1	不详	3±	2004HYM30	不详	25~30
2004HYM2	男	45±	2004HYM31	不详	14~15
2004HYM3	不详	1~1.5	2004HYM32	男	成年
2004HYM4	不详	3±	2004HYM33	不详	婴儿
2004HYM5	不详	3±	2004HYM34	不详	0.5~1
2004HYM6	不详	婴儿	2004HYM35	不详	6±
2004HYM7	女	35~40	2004HYM36	男	35~39
2004HYM8	不详	0~0.5	2004HYM37	不详	6~7
2004HYM9	不详	3±	2004HYM38	男	23~25
2004HYM10	男?	16±	2004HYM39	不详	3~5
2004HYM11	不详	7±	2004HYM40	不详	幼儿
2004HYM12	不详	1.5±	2004HYM41	不详	14±
2004HYM13	不详	8~10	2004HYM42	不详	8~9
2004HYM14	不详	3±	2004HYM44	男	成年
2004HYM15	不详	2±	2004HYM45	不详	幼儿
2004HYM16	女	17~18	2004HYM46	女	30±
2004HYM17	不详	3±	2004HYM47	不详	6±
2004HYM18	女	成年	2004HYM48	男	40~44
2004HYM19	不详	3~5	2004HYM49	女?	成年
2004HYM20	不详	3~5	2004HYM50	不详	婴儿
2004HYM21	不详	0~0.5	2004HYM51	不详	8~9
2004HYM22	不详	3±	2004HYM52	男	35~40
2004HYM23	不详	8~9	2004HYM53	男	40~45
2004HYM24	男	40~45	2004HYM54	不详	3~5
2004HYM25	不详	2±	2004HYM55	不详	0.5~1
2004HYM26	不详	3~5	2004HYM56	不详	6±
2004HYM27	不详	幼儿	2004HYD6	不详	成年
2004HYM28	不详	成年	2004HYT0716⑦层下	不详	成年
2004HYM29	不详	3~5	2004HYT0805⑨层垫土	不详	7~8

附表二 霍邱堰台遗址出土颅骨个体测量表

（长度：毫米；角度：度；指数:%）

马丁号	个体编号	2004HYM2	2004HYM24	平均值	例数	2004HYM7	例数
	性别	男	男			女	
	年龄	45±	40-45			35-40	
	测量项						
	径线及弧线项目						
1	颅骨最大长（g-op）	177.70	180.00	178.85	2	175.50	1
5	颅基底长（n-enba）	97.50	99.30	98.40	2	95.50	1
7	枕骨大孔长（ba-o）	34.40	37.50	35.95	2	35.40	1
8	颅骨最大宽（eu-eu）	142.50	139.00	140.75	2	129.50	1
9	最小额宽（ft-ft）	87.50	89.30	88.40	2	93.50	1
11	耳点间宽（au-au）	130.60	127.00	128.80	2	115.20	1
12	枕骨最大宽（ast-ast）	108.10	111.00	109.55	2	106.30	1
16	枕骨大孔宽	31.50	29.70	30.60	2	30.60	1
17	颅高（ba-b）	141.20	135.30	138.25	2	132.40	1
21	耳上颅高（po-po）	120.40	112.00	116.20	2	108.80	1
23	颅周长（g, op）	520.00	512.00	516.00	2	495.00	1
24	颅横弧（po-b-po）	328.00	309.00	318.50	2	300.00	1
25	颅矢状弧（arc n-o）	386.00	368.00	377.00	2	364.00	1
26	额骨矢状弧（arc n-b）	137.00	128.00	132.50	2	125.00	1
27	顶骨矢状弧（arc b-l）	129.00	121.00	125.00	2	121.00	1
28	枕骨矢状弧（arc l-o）	119.00	118.00	118.50	2	119.50	1
29	额骨矢状弦（chord n-b）	119.10	114.20	116.65	2	107.90	1
30	顶骨矢状弦（chord b-l）	112.70	110.50	111.60	2	109.20	1
31	枕骨矢状弦（chord l-o）	99.00	100.00	99.50	2	99.40	1
40	面基底长（pr-enba）	96.80	94.80	95.80	2	94.60	1
43	上面宽（fmt-fmt）	106.60	103.80	105.20	2	101.50	1
43（1）	两眶内宽（fmo-fmo）	98.60	96.00	97.30	2	93.60	1
FS	鼻根点至两眶内宽之矢高（sub. fmo-n-fmo）	17.46	16.32	16.89	2	15.34	1
44	两眶宽（ec-ec）	98.70	97.20	97.95	2	94.00	1
45	面宽（zy-zy）	145.00	133.00	139.00	2	121.80	1
46	中面宽（zm-zm）	101.20	97.50	99.35	2	101.10	1
47	全面高（n-gn）	120.40	110.00	115.20	2	109.50	1

续表

马丁号	个体编号	2004HYM2	2004HYM24	平均值	例数	2004HYM7	例数
	性别	男	男			女	
	年龄	45±	40–45			35–40	
	测量项						
48	上面高（n–pr）	70.50	63.50	67.00	2	63.70	1
	（n–sd）	74.50	68.50	71.50	2	67.40	1
49a	眶内缘点间宽（d–d）	21.00	17.40	19.20	2	21.20	1
50	前眶间宽（mf–mf）	19.00	15.00	17.00	2	19.70	1
51	眶宽（mf–ek）L	42.30	44.20	43.25	2	40.50	1
	R	42.50	43.60	43.05	2	40.20	1
51a	眶宽（d–ek）L	38.20	40.60	39.40	2	37.40	1
	R	39.20	40.30	39.75	2	34.30	1
52	眶高 L	34.30	30.70	32.50	2	30.70	1
	R	33.50	30.30	31.90	2	30.50	1
54	鼻宽	28.40	26.50	27.45	2	25.50	1
55	鼻高（n–ns）	52.70	48.30	50.50	2	48.50	1
SC	鼻骨最小宽	7.60	6.10	6.85	2	7.20	1
SS	鼻骨最小宽高	1.66	1.72	1.69	2	1.34	1
60	上颌齿槽弓长（pr–alv）	55.00	49.50	52.25	2	50.00	1
61	上颌齿槽弓宽（ecm–ecm）	68.00	64.00	66.00	2	61.20	1
62	腭长（ol–sta）	42.00	39.80	40.90	2	41.00	1
63	腭宽（enm–enm）	44.20	40.20	42.20	2	37.20	1
MH	颧骨高（fmo–zm）L	47.50	43.00	45.25	2	38.00	1
	R	52.40	40.80	46.60	2	38.80	1
MB′	颧骨宽（zm–rim.orb）L	27.80	25.10	26.45	2	24.60	1
	R	28.80	25.20	27.00	2	25.30	1
65	下颌髁突间宽（cdl–cdl）	133.50	122.50	128.00	2	112.00	1
66	下颌角间宽（go–go）	105.50	94.40	99.95	2	84.00	1
67	颏孔间宽	47.30	45.90	46.60	2	41.30	1
68	下颌体长	73.70	70.00	71.85	2	70.00	1
68（1）	下颌体最大投影长	97.50	101.50	99.50	2	98.80	1
69	下颌联合高（id–gn）	37.80	32.40	35.10	2	33.00	1
MBH	下颌体高Ⅰ（颏孔位）L	33.00	28.00	30.50	2	32.60	1
	R	34.00	29.80	31.90	2	30.10	1
MBH	下颌体高Ⅱ（臼齿位）L	30.50	24.70	27.60	2	25.20	1
	R	31.20	26.00	28.60	2	25.00	1

续表

马丁号	个体编号		2004HYM2	2004HYM24	平均值	例数	2004HYM7	例数
	性别		男	男			女	
	年龄		45±	40–45			35–40	
	测量项							
MBT	下颌体厚Ⅰ（颏孔位）	L	12.70	12.80	12.75	2	11.30	1
		R	13.50	13.00	13.25	2	11.10	1
MBT	下颌体厚Ⅱ（臼齿位）	L	16.30	15.00	15.65	2	17.80	1
		R	16.20	16.50	16.35	2	16.60	1
70	下颌支高	L	65.00	56.50	60.75	2	57.00	1
		R	63.00	58.30	60.65	2	57.80	1
71	下颌支宽	L	39.60	—	39.60	1	45.00	1
		R	44.30	46.60	45.45	2	42.50	1
71a	下颌支最小宽	L	33.50	—	33.50	1	32.40	1
		R	34.80	35.70	35.25	2	33.00	1
	颏孔间弧		54.00	51.00	52.50	2	47.00	1
79	下颌角		114.50	129.00	121.75	2	122.50	1
	角度项目							
32	额侧角Ⅰ（n–m FH）		87.00	82.00	84.50	2	88.00	1
	额侧角Ⅱ（g–m FH）		84.00	77.00	80.50	2	84.00	1
	前囟角（g–b FH）		45.00	46.00	45.50	2	45.50	1
72	总面角（n–pr FH）		81.00	86.00	83.50	2	81.50	1
73	鼻面角（n–ns FH）		89.00	90.00	89.50	2	88.50	1
74	齿槽面角（ns–pr FH）		54.00	71.00	62.50	2	64.00	1
75	鼻梁侧角（n–rhi FH）		65.00	70.00	67.50	2	71.00	1
72–75	鼻梁角		16.00	16.00	16.00	2	10.50	1
77	鼻颧角（∠fmo–n–fmo）		141.00	142.43	141.72	2	143.70	1
SSA	颧上颌角（∠zm–ss–zm）		133.17	123.08	128.13	2	126.63	1
	上齿槽点角（∠n–pr–ba）		69.52	75.90	72.71	2	72.08	1
	鼻根点角（∠pr–n–ba）		68.00	66.00	67.00	2	68.20	1
	颅基底角（∠n–ba–pr）		42.48	38.10	40.29	2	39.72	1
	指数项目							
8:1	颅长宽指数		80.19	77.22	78.71	2	73.79	1
17:1	颅长高指数		79.46	75.17	77.32	2	75.44	1
17:8	颅宽高指数		99.09	97.34	98.22	2	102.24	1
21:1	颅长耳高指数		67.75	62.22	64.99	2	61.99	1
9:8	额宽指数		61.40	64.24	62.82	2	72.20	1
16:7	枕骨大孔指数		91.57	79.20	85.39	2	86.44	1

续表

	个体编号	2004HYM2	2004HYM24	平均值	例数	2004HYM7	例数
	性别	男	男			女	
	年龄	45±	40-45			35-40	
马丁号	测量项						
40:5	面突指数	99.28	95.47	97.38	2	99.06	1
45:8	颅面宽指数	101.75	95.68	98.72	2	94.05	1
47:45	全面指数	83.03	82.71	82.87	2	89.90	1
48:17	垂直颅面指数 pr	49.93	46.93	48.43	2	48.11	1
	Sd	52.76	50.63	51.70	2	50.91	1
48:45	上面指数（K）pr	48.62	47.74	48.18	2	52.30	1
	Sd	51.38	51.50	51.44	2	55.34	1
48:46	中面指数（V）pr	69.66	65.13	67.40	2	63.01	1
	Sd	73.62	70.26	71.94	2	66.67	1
52:51	眶指数Ⅰ L	81.09	69.46	75.28	2	75.80	1
	R	78.82	69.50	74.16	2	75.87	1
52:51a	眶指数Ⅱ L	89.79	75.62	82.71	2	82.09	1
	R	85.46	75.19	80.33	2	88.92	1
54:55	鼻指数	53.89	54.87	54.38	2	52.58	1
54:51	鼻眶指数 L	67.14	59.95	63.55	2	62.96	1
	R	66.82	60.78	63.80	2	63.43	1
54:51a	鼻眶指数 L	74.35	65.27	69.81	2	68.18	1
	R	72.45	65.76	69.11	2	74.34	1
SS:SC	鼻根指数	21.84	28.20	25.02	2	18.61	1
61:60	上颌齿槽弓指数	123.64	129.29	126.47	2	122.40	1
63:62	腭指数	105.24	101.01	103.13	2	90.73	1
68:65	下颌骨指数	55.21	57.14	56.18	2	62.50	1
71:70	下颌支指数 L	60.92	—	60.92	1	78.95	1
	R	70.32	79.93	75.13	2	73.53	1
45:(1+8)/2	横颅面指数	90.57	83.39	86.98	2	79.87	1
17:(1+8)/2	高平面指数	88.19	84.83	86.51	2	86.82	1

附录三　堰台遗址出土的动物骨骼研究报告

赵　莹　　陈全家

(吉林大学边疆考古研究中心)

堰台遗址位于安徽省霍邱县石店镇韩店行政村堰台村民组，距堰台村南约600米，北距淮河直线距离20余千米，属沿淮平原区，其海拔为40～100米，东、北、西三面皆为开阔的平原，西南为大别山脉，该地处于淮河上中游交汇地带。遗址所处地势略低，四周为较高的岗地，多已成现代居民点。该遗址平面近椭圆形，总面积为3500平方米，遗址中部地势较高，中部向四周平缓渐低，遗址边缘高于其邻近的梯田，高差不超过1.5米，其应是人工平整土地所形成。为配合阜六（阜阳—六安）高速公路建设，2004年2月开始，安徽省文物考古研究所对堰台遗址进行了抢救性发掘。历时六个月。

一、动物遗存出土简况

该遗址中出土的动物骨骼遗存共计636件。其中，可鉴定种属的标本共518件，仅可鉴定部位的标本共35件，碎片83件（表一、图一）。动物骨骼标本中，软体动物有108件（表二），哺乳动物有410件（表三）。

表一　动物骨骼遗存统计表　　　　　　（单位：件）

项　目 分　期	可鉴定标本		碎片	合计
	可鉴定种属	可鉴定部位		
西周早期晚段—西周中期早段	210	21	37	268
西周中期晚段—西周晚期	283	13	26	322
两周之际	8	1	12	21
春秋早期或稍晚	17	0	8	25
合计	518	35	83	636

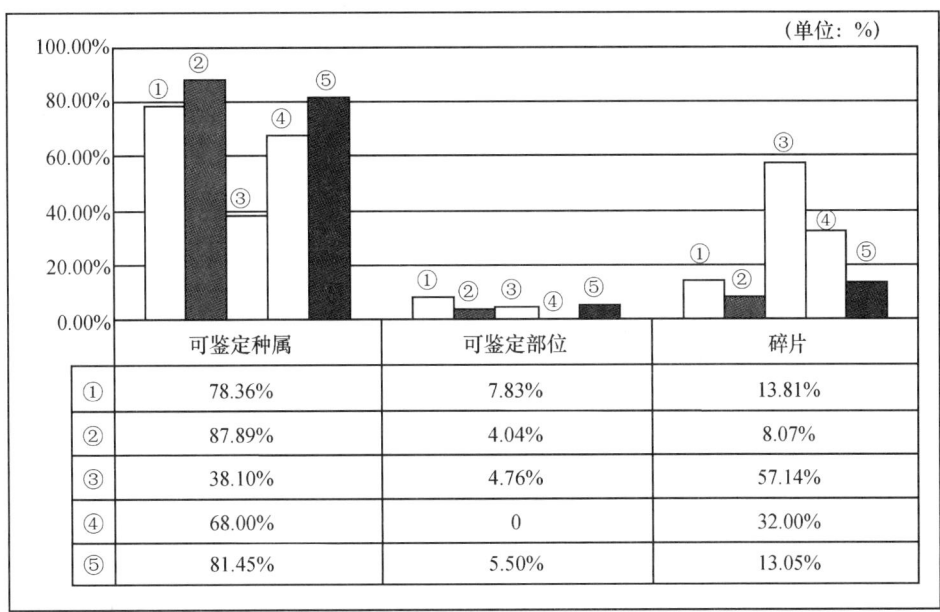

图一　动物骨骼遗存分布表

注：①西周早期晚段—西周中期早段；②西周中期晚段—西周晚期；③两周之际；④春秋早期或稍晚；⑤各项目占动物骨骼标本总数的百分比。

表二　各时期动物骨骼遗存种属统计表　　　　　　　　　　　　　　（单位：件）

分期 种属	西周早期晚段— 西周中期早段	西周中期晚段— 西周晚期	两周之际	春秋早期或稍晚	合计
猪	45	49	2	8	104
狗	5	22	0	0	27
牛	18	17	0	1	36
马	2	3	2	1	8
鹿	70	49	3	4	126
梅花鹿	65	36	1	3	105
麋鹿	3	1	0	0	4
帆蚌	2	2	0	0	4
背瘤丽蚌	0	2	0	0	2
环带丽蚌	0	4	0	0	4
杜氏珠蚌	0	2	0	0	2
剑状矛蚌	0	4	0	0	4
巨首楔蚌	0	1	0	0	1
中国圆田螺	0	91	0	0	91
合计	210	283	8	17	518

表三　各时期哺乳动物骨骼遗存种属及数量统计表　　　（单位：件）

部位				一期 家猪	一期 狗	一期 牛	一期 马	一期 梅花鹿	一期 麋鹿	二期 家猪	二期 狗	二期 牛	二期 马	二期 梅花鹿	二期 麋鹿	三期 家猪	三期 马	三期 梅花鹿	四期 家猪	四期 牛	四期 马	四期 梅花鹿
头骨	较完整																					
头骨	残块									2												
头骨	上颌	左								1									1			
头骨	上颌	右		1								1							1			
头骨	上颌	联合部																				
头骨	下颌	左		5	3	1		11		13	2	1		4					1			
头骨	下颌	右		8	2	4		6		7	5	3		5		2		1	1			
头骨	下颌	联合部		9						5												
角								65	3					36	1			1				3
零牙				6						4	2	4		2		2						
脊椎						2				3	4	1		3								
前肢骨	肩胛骨	左		1		2		4		1		1										
前肢骨	肩胛骨	右		2				3		3				5								
前肢骨	肱骨	左	近																			
前肢骨	肱骨	左	远	3	1			3											1		1	
前肢骨	肱骨	左	完																			
前肢骨	肱骨	右	近																			
前肢骨	肱骨	右	远			1		4		1				3					1			
前肢骨	肱骨	右	完																			
前肢骨	尺骨	左								1	1											
前肢骨	尺骨	右		4		1				1												
前肢骨	桡骨	左	近					1		1												
前肢骨	桡骨	左	远		1			2				1										
前肢骨	桡骨	左	完											1								
前肢骨	桡骨	右	近			1	1			2												
前肢骨	桡骨	右	远											1								
前肢骨	桡骨	右	完												1							
前肢骨	掌骨	左	近					2						2		1						
前肢骨	掌骨	左	远					1						1								
前肢骨	掌骨	左	完							1	1									1		
前肢骨	掌骨	右	近																			1
前肢骨	掌骨	右	远					3														
前肢骨	掌骨	右	完								2	1										

续表

部位			一期						二期						三期			四期			
		种属	家猪	狗	牛	马鹿	梅花鹿	麋鹿	家猪	狗	牛	马鹿	梅花鹿	麋鹿	家猪	马鹿	梅花鹿	家猪	牛	马鹿	梅花鹿
后肢骨	髋骨	左	2						1			1									
		右	1						1		2	1									
	股骨	左 近				2						1									
		左 远	1		1	4						1									
		左 完			1																
		右 近										1									
		右 远				2						2									
		右 完																			
	胫骨	左 近				2				1		1									
		左 远				3			1			2									
		左 完			1				1												
		右 近				3						1									
		右 远				5			1	1		1									1
		右 完															1				
	跟骨	左				3															
		右			1	2						2									
	距骨	左															1				
		右																			
	跖骨	左 近										1	2						1	1	
		左 远																			
		左 完	2			1						1									
		右 近			1	1							3								
		右 远											2								
		右 完				1			1												
	指/趾/蹄骨	左										1			1						
		右			1																
	髌骨	左																			
		右																			
合计			45	5	18	2	70	65	3	49	22	17	3	49	36	1	2	2	3	1	8

注：表中的"完"是指保存程度在85%以上的标本。

二、种属鉴定及描述

(一) 西周早期晚段—西周中期早段

1. 哺乳动物

(1) 家养动物

1) 猪 *Sus domestica*

此类骨骼标本共出土了 45 件。最小个体数为 9。

上颌骨　仅出土 1 件。04HYT0906⑪:7，右侧上颌骨，风化程度为轻级。标本牙齿保留有 P^4—M^3 及其四齿间的上颌体。除 M^3 外均已使用，M^1、M^2 已露出齿质点。经测量，颌骨残长为 54.17 毫米，P^4—M^3 齿列长为 74.28 毫米，M^{1-3} 齿列长为 61.01 毫米，M^3 的长为 28.60 毫米，M^3 宽为 15.96 毫米。

下颌骨　出土 22 件。04HYT0805⑭:3，右侧下颌骨，风化程度为轻级。标本牙齿保留有 P_4、M_1、I_1、I_2、C。C、P_4、I_1、I_2，齿冠均残，P_4 已经使用。M_1 已露出齿质点。保留 I_1 至 M_1 间下颌体。04HYT0705H21:4，右侧下颌骨，风化程度为轻级。标本牙齿保留有 M_2、M_3。M_1 仅存部分齿冠，M_2、M_3 均磨蚀较重，露出齿质点。保留 M_2、M_3 处颌体及部分上升支。详细测量数据见表四。

表四　堰台遗址出土猪下颌骨测量数据表　　　　　　（单位：毫米）

标本　项目	04HYT0805 ⑭:3	04HYT0705 H21:4	04HYT1015 ⑫:4	04HYT0717 ⑨:2
残长	139.78	155.82	149.22	134.14
P_{1-4} 齿列长	60.51			
P_{2-4} 齿列长	37.05			
C 齿槽直径	15.22			
P_2 齿槽口缘－I_3 齿槽远口缘	57.67			
M_{1-3} 齿列长		79.62	65.77	
M_3 长和宽　长		51.17	28.80	40.57
M_3 长和宽　宽		20.11	17.07	18.88
下颌体正中切面长	44.46			
M_3 后下颌骨高		33.15	52.89	30.16*
M_1 前下颌骨高	7.64*		37.37	
P_2 前下颌骨高	42.74			

注：* 表示标本此项目残损。

肩胛骨　出土3件。04HYT1110⑩:20，右侧肩胛骨，风化程度为轻级。标本肩胛冈及前、后缘残，肩臼略残，喙突完整。在其后外侧骨体处有2处剔刮痕和1处砍痕。04HYT1009⑪:8，右侧肩胛骨，风化程度为轻级。标本肩胛冈及前、后缘残，无喙突、肩臼。04HYT0915⑪:1，左侧肩胛骨，风化程度为轻级。标本肩胛冈和前、后缘以及肩臼残，无喙突。在其骨体后外侧有砍痕1条，肩臼处有食肉类动物的啃咬痕迹。详细测量数据见表五。

表五　堰台遗址出土猪肩胛骨测量数据表　　　　　　　（单位：毫米）

标本 项目	04HYT1110⑩:20	04HYT1009⑪:8	04HYT0915⑪:1
残长	156.96	116.96	134.41
沿肩胛冈的高	106.07*	95.68*	134.41
肩胛颈最小长	27.98	18.43	24.59
肩胛结节最大长	35.06*		
肩臼长	28.37		28.17*
肩臼宽	24.62*		23.22*

注：*表示标本此项目残损。

肱骨　出土3件。04HYT0705⑨:4，左侧肱骨远端，风化程度为轻级。标本内上髁嵴残。在其外上髁嵴外侧以及滑车内侧近底部处各有1条砍痕，内侧骨体上有3条砍痕。内上髁嵴处有食肉类动物的啃咬痕迹。经测量，标本残长为113.07毫米，远端宽为45.97毫米（图版五七，4）。04HYT1009⑪:5，左侧肱骨远端，风化程度为轻级。标本滑车残，在其滑车和骨体茬口处均有食肉类动物的啃咬痕迹。经测量，标本残长为106.20毫米，远端残宽为30.37毫米。04HYT0914⑧:1，左侧肱骨远端，风化程度为轻级。标本内上髁嵴内侧有7条割痕；内、外上髁嵴底部有食肉类动物的啃咬痕迹。经测量，标本残长为137.00毫米，远端宽为49.48毫米。

尺骨　共出土4件。04HYT1015⑫:7，右侧尺骨近端，风化程度为轻级。标本尺骨结节脱落（图版五七，6）。04HYT0915⑪:5，右侧尺骨近端，风化程度为轻级。标本尺骨突残，且有食肉类动物啃咬的痕迹。详细测量数据见表六。

表六　堰台遗址出土猪尺骨测量数据表　　　　　　　（单位：毫米）

标本 项目	04HYT1015 ⑫:7	04HYT0915 ⑪:5	04HYT1110 ⑩:18	04HYT0906 ⑪:4
残长	123.48	98.55	105.93	77.46
钩突到尺骨后缘的长	44.60	38.84*	34.67*	45.21
鹰嘴厚	35.37			
近端关节面的最大宽	27.12	23.00	20.21	22.85*

注：*表示标本此项目残损。

髋骨　出土3件。04HYT1212⑩：21，右侧髋骨，风化程度为中级。标本髋臼、髂骨干、坐骨均残，无耻骨。在其髋臼和髂骨干处均有食肉类动物的啃咬痕迹。经测量，标本残长为113.62毫米，髋臼残长为36.66毫米。04HYT0806⑪：2，左侧髋骨，风化程度为中级。标本髋臼、髂骨干、耻骨及坐骨均残。骨体内侧髂骨干处有1处割痕。髂骨干及耻骨茬口处有食肉类动物的啃咬痕迹。经测量，标本残长为127.30毫米，髋臼长为34.60毫米。04HYT0705⑧：5，左侧髋骨，风化程度为轻级。标本髋臼窝残，髂骨干、耻骨及坐骨均残。经测量，标本残长为100.27毫米，髋臼长为37.18毫米。

股骨　仅出土1件。04HYT0806⑫：9，左侧股骨远端，风化程度为轻级。标本远端脱落。经测量，标本残长为88.27毫米，远端残宽为34.38毫米。

第四跖骨　仅出土2件。04HYT1212⑩：33，左侧第四跖骨，保存较好，风化程度为轻级。标本远端髁脱落。经测量，标本残长为83.70毫米，不含跖骨突起的残长为80.42毫米，近端宽为17.72毫米（图版五七，10）。04HYT0916⑪：10，左侧第四跖骨，保存完好，风化程度为轻级。经测量，标本长为95.43毫米，不含跖骨突起的长为91.01毫米，近端宽为18.60毫米，远端宽为17.55毫米（图版五七，8）。

2）狗　*Canis familiaris*

仅出土了5件下颌骨。最小个体数为3。

下颌骨　右侧下颌骨2件。标本04HYT0817⑩：1，风化程度为中级。牙齿保留有I_2、I_3、C、M_1。I_2、I_3牙齿尖峰已经磨灭，磨面略成矩形；C前内侧磨损较重；前臼齿的位置仅有一个齿槽孔；M_1已露出齿质点；咬肌窝残，无下颌角、髁突和角突；为一老年个体。标本04HYT0906⑪：15，风化程度为轻级。保存有P_4以前的下颌水平支部分，没有保留下任何牙齿，从齿槽孔发育的情况看，所有牙齿均已萌出。左侧下颌骨3件。标本04HYT0906⑪：6，风化程度为轻级。保留有P_4前的下颌水平支，牙齿保留有C、P_{2-4}。C齿冠断裂，P_{2-4}均已露出齿质点。标本04HYT0914⑧：3，风化程度为轻级。牙齿保留有C、P_1-M_2。C、P_4-M_2齿冠均略破损，但仍可见P_4已露出齿质点。其角突外侧上有8条割痕。标本04HYT0817⑩：2，风化程度为中级。牙齿保留有C、P_3、M_{1-3}。P_3与C之间仅有一个齿槽孔，C前内侧磨蚀重，P_3、M_{1-3}已露出齿质点；咬肌窝残，无髁突和角突。详细测量数据见表七。

表七　堰台遗址出土狗下颌骨测量数据表　　　　　　（单位：毫米）

项目 \ 标本	04HYT0817⑩:1	04HYT0906⑪:15	04HYT0906⑪:6	04HYT0914⑧:3	04HYT0817⑩:2
残长（髁突—Id）	112.18	69.51	69.68	135.63	115.33
下颌角突—Id				129.90	
髁突、角突切迹—Id				128.84	
下颌髁—犬齿齿槽远口缘				119.49	
髁突、角突切迹—犬齿齿槽远口缘的长				111.94	
下颌角突—犬齿齿槽远口缘的长				113.14	
M_3齿槽远口缘—犬齿齿槽远口缘	71.88			75.80	71.51
M_3—P_1齿列长				70.19	71.04
M_3—P_2齿列长				65.03	54.28
M_{1-3}列长	35.75			33.33	31.07
P_{1-4}齿列长		35.99	34.62	38.12	40.13
P_{2-4}齿列长		30.24	29.80	32.82	
M_1 长	19.01			20.01	19.46
M_1 宽	8.56			9.08	8.01
M_1齿槽长	23.65			19.67	19.48
M_2的长和宽 长				8.52	7.30
M_2的长和宽 宽				6.78	6.28
M_2的长和宽 长					3.96
M_2的长和宽 宽					3.75
颌体的最大厚度	12.81			11.88	12.22
下颌骨垂直部高				51.08	
M_1后下颌骨高				24.32	22.80
P_2和P_3间下颌骨高		17.54	17.57	19.64	

注："Id"为下颌联合部前缘的齿槽点。

3）牛 *Bos* sp.

此类标本共出土了18件。最小个体数为4。

下颌骨　出土5件。右侧下颌骨4件，左侧下颌骨1件。04HYT1113⑫:2，右侧下颌骨，风化程度为轻级。该标本牙齿保留有P_2—M_3，均已露出齿质点；颌体仅保留至下颌角位置。04HYT1114⑩:2，右侧下颌骨，风化程度为轻级。该标本牙齿保留有P_3—M_2，均露出齿质点，保留有M_2前的下颌体。在其P_3至颏孔间的下颌体处有11条割痕。04HYT1113⑫:3，左侧下颌骨，风化程度为轻级。该标本无下颌角，且牙齿保留

有 P_2—M_3，P_2、P_3断裂，其余牙齿均已露出齿质点。在其下颌孔处有 1 条砍痕，下颌水平支处有 5 条砍痕（图版五八，15）。04HYT0705⑧：6，右侧下颌骨，风化程度为轻级。仅保存有 P_2 之前的下颌体。04HY T0508⑫：1，右侧下颌骨，风化程度为轻级。仅保存有下颌角和髁突。详细测量数据见表八。

表八　堰台遗址出土牛下颌骨测量数据表　　　　（单位：毫米）

项 目 \ 标 本		04HY T1113 ⑫：2	04HY T1113 ⑫：3	04HY T1114 ⑩：2
颌体残长		234.93	301.75	213.11
P_2—M_3 齿列长		137.33	135.57	87.71*
P_{2-4} 齿列长		49.28	48.57	
M_{1-3} 齿列长		86.95	87.00	
M_3 的长和宽	长	40.00	38.70	
	宽	14.36	14.23	
M_3 后下颌骨高		74.63	41.83	
M_1 前下颌骨高		59.67	59.07	49.47
P_2 前下颌骨高		42.41	73.95	38.30
上升支残高			140.49	

注：* 是 P_3—M_2 齿列的长。

肩胛骨　出土 2 件。04HYT0610⑩：1，左侧肩胛骨，风化程度为轻级。该标本肩胛冈、肩臼及前、后缘均残，无喙突。在其前缘棱脊处及前内侧处有多条割痕。经测量，标本残长为 164.92 毫米，沿肩胛冈的残高为 152.32 毫米，肩胛颈最小长为 52.63 毫米，肩臼残长为 52.52 毫米，肩臼残宽为 42.52 毫米。04HYT1212⑩：22，左侧肩胛骨，风化程度为轻级。该标本肩胛冈及前、后缘均残，肩臼完整，无喙突。经测量，标本残长为 223.38 毫米，肩胛颈最小长为 53.29 毫米，肩臼长为 53.29 毫米，肩臼宽为 50.21 毫米。

肱骨　出土 2 件。04HYT0705⑩：10，右侧肱骨远端，风化程度为轻级。该标本在滑车处有 1 条砍痕。经测量，标本残长为 116.11 毫米，远端宽为 75.51 毫米，滑车宽为 79.53 毫米。04HYT0805⑭：4，左侧肱骨远端，风化程度为轻级。该标本内上髁嵴略破损；内上髁嵴处有 4 条划痕，滑车处有 3 处剔刮痕。经测量，标本残长为 100.86 毫米，远端宽为 86.36 毫米，滑车宽为 79.56 毫米（图版五八，17）。

桡骨　仅出土 1 件。04HYT1212⑩：13，左侧桡骨远端，风化程度为轻级。该标本残存尺骨，但无尺骨头。在其前内侧骨体茬口处有多条划痕。经测量，标本残长为 160.55 毫米，远端最大宽为 80.30 毫米，远端关节面最大宽为 68.49 毫米（图版五八，16）。

股骨 出土2件。04HYT0606⑨:7,左侧股骨,保存较好,风化程度为轻级。该标本内髁残,无外髁和大转子,并且内、外上髁嵴均残。在其外侧腘窝处有2条砍痕,外上髁嵴处有1条砍痕;近端外侧骨体有2条割痕。远端内、外髁处有食肉类动物啃咬痕迹。经测量,标本外侧残长为291.62毫米,从股骨头到远端滑车的最大长为336.12毫米,近端最大宽为92.76毫米,股骨头最大厚为48.63毫米,远端最大宽为70.51毫米(图版五八,19)。04HYT0413⑮:4,左侧股骨远端,风化程度为轻级。该标本仅存内髁、内上髁嵴和部分骨干以及腘窝。经测量,标本残长为188.39毫米。

胫骨 仅出土1件。04HYT0508⑫:2,左侧胫骨,保存完好,风化程度为轻级。该标本外髁关节面和胫骨粗隆略残,骨体前侧和外侧以及远端关节面、外踝关节面均残破,近端关节面尚未完全愈合。经测量,标本残长为353.64毫米,近端最大宽为109.68毫米,远端最大宽为70.52毫米(图版五八,13)。

跟骨 仅出土1件。04HYT1212⑩:25,右侧跟骨,保存较好,风化程度为轻级。该标本无跟结节,载距突上有1条砍痕,近端靠近跟结节处的骨体有食肉类动物的咬痕。经测量,标本残长为99.15毫米,最大宽为37.05毫米(图版五八,9)。

跖骨 共出土3件。04HYT0606⑨:6,右侧跖骨,保存完好,风化程度为轻级。该标本近端关节面略有破损。在其背侧有3处剔刮痕;远端两髁的背侧关节面及两髁内、外侧均有多条割痕。经测量,标本长为227.30毫米,近端宽为49.46毫米,远端宽为54.25毫米。04HYT0316⑦:2,右侧跖骨近端,风化程度为轻级。该标本近端关节面残,无远端两髁。其远端骨体茬口及近端关节面处有食肉类动物的啃咬痕迹。在其外侧骨体处有2处剔刮痕。经测量,标本残长为174.76毫米,近端最大宽为47.83毫米。04HYT0607⑩:1,左侧跖骨,保存完好,风化程度为轻级。该标本远端背侧靠近外侧处有1条割痕,内侧有2处剔刮痕。经测量,标本长为221.73毫米,近端宽为57.62毫米,远端宽为63.76毫米。

指系骨 仅出土1件。04HYT0915⑪:4,右侧指系骨,保存完好,风化程度为轻级。该标本近端关节面处残。经测量,远轴侧长为57.93毫米,近端最大宽为29.77毫米,远端宽为27.57毫米(图版五八,10)。

4)马 *Equus* sp.

此类标本共出土了2件。最小个体数为1。

尺骨 仅出土1件。04HYT0413⑮:5,右侧尺骨近端,保存完好,风化程度为轻级。尺骨突残,半月切迹处关节面略有破损。经测量,骨体残长为152.25毫米,从钩突到尺骨后缘的最短距离为63.82毫米,近端关节面的最大宽为43.30毫米(图版五七,18)。

桡骨 仅出土1件。04HYT0413⑮:6,右侧桡骨近端,保存不好,风化程度为轻级。近端关节面略有破损,前外侧破损。近端关节面前侧边缘有1条砍痕。经测量,骨体残长为 126.13 毫米，近端最大宽为 80.68 毫米，近端关节面最大宽为 74.44 毫米。

（2）野生动物

鹿　*Cervus* sp.

此类标本共出土 138 件。最小个体数为 11。

①梅花鹿　*Cervus nippon*

梅花鹿角　共出土 65 件。04HYT0517⑩:1，右角，风化程度为轻级。标本保存有角柄、角盘、主枝、眉枝、第二、三枝。角柄和眉枝、主枝、第二、三枝均残，角盘略破损（图版五九，17）。04HYT1211⑩:1，左角，风化程度为轻级。标本角柄、眉枝、第二枝、主枝残，角盘略破损，角柄处有锯痕（图版五九，18）。详细测量数据见表九。

表九　堰台遗址出土梅花鹿角测量数据表　　　　　　　（单位：毫米）

项　目	标　本	04HY T0517 ⑩:1	04HY T1211 ⑩:1	04HY T0617 ⑪:1	04HY T1016 ⑤:1	04HY T1113 ⑫:1
角柄最大径和最小径	最大径	28.97	48.72			
	最小径	26.56	45.93			
角盘最大径和最小径	最大径	52.56	31.49			
	最小径	47.90	28.22			
角盘到第一虎口的距离		64.14	64.48	47.85	50.23	44.47
角盘到第二虎口的距离		291.47	254.31	221.68	257.00	347.75
角盘到第三虎口的距离		388.13			285.06	

②麋鹿　*Elaphuras davidianus*

麋鹿角　共出土 3 件。04HYT0705H21:1，左角，风化程度为轻级。标本保留左角向后伸展的一枝。经测量，标本最大长为 268.54 毫米（图版五九，20）。04HYT1013⑪:2，左角，风化程度为中级，保留有部分左角第二枝。经测量，标本最大长为 165.77 毫米。04HYT0517⑩:2，左角，风化程度为轻级，保留有部分左角第二枝。经测量，标本最大长为 171.34 毫米。

③鹿　*Cervus* sp.

下颌骨　出土 17 件。04HYT0716⑩:1，右侧下颌骨，风化程度为轻级。该标本牙齿保留有 P_3—M_2，均已露出齿质点，M_3 齿冠残，P_3 前的下颌体残，下颌角残，无髁突和冠状突（图版五九，16）。04HYT1009⑪:2，左侧下颌骨，风化程度为轻级。该标本仅保存 M_3、冠状突、髁突和下颌角；M_3 露出齿质点，磨蚀较重，应属老年个体。在其下颌角外侧有 1 处剔刮痕。详细测量数据见表一〇。

表一〇 堰台遗址出土鹿下颌骨测量数据表 （单位：毫米）

项目 \ 标本	04HYT0716⑩:1	04HYT1009⑪:2	04HYT0616⑪:1	04HYT1212⑩:27	04HYT1110⑩:19	04HYT0906⑪:1	04HYT0908⑪:2
颌体残长	150.44	81.15	150.38	153.49	111.77	96.85	98.79
下颌骨水平部长	98.00*			125.82			
P_2—M_3齿列长	90.20 i			72.16 iii	86.45		
M_{1-3}齿列长	61.51		33.88 iv	51.65			54.46
P_{2-4}齿列长	28.32 ii		36.39	32.25	37.91	38.00	
M_3的长和宽 长	23.89	24.34		21.09			23.28
M_3的长和宽 宽	10.78	12.26		6.90			9.71
下颌垂直部远口侧高		80.76					
下颌垂直部中部高		74.89					
下颌垂直部口侧高		110.89					
M_3后下颌骨高	33.82			30.71			
M_1前下颌骨高	24.47		25.39	21.87	26.74	24.74	
P_2前下颌骨高	21.82*		22.26	19.66	22.05	20.32	33.08*

注：*表示标本此项目残损。i P_3—M_3齿列长；ii P_{3-4}齿列长；iii P_2—M_2齿列长；iv M_{2-3}齿列长。

寰椎 仅出土了1件。04HYT0916⑪:11，保存较好，风化程度为轻级。标本两寰椎翼残，腹结节残。在其背侧贴近后关节面处有1条砍痕；其腹侧贴近后关节面处以及腹结节处各有1条割痕；腹侧后关节面处有1处剔刮痕。经测量，寰椎翼最大宽为76.33毫米，最大长为63.11毫米，前关节面宽为58.57毫米，后关节面最大宽为51.97毫米，从前关节面到后关节面的最大长为60.39毫米，残高为47.13毫米（图版五九，7）。

枢椎 仅出土1件。04HYT0805⑫:1，风化程度为轻级。该标本棘突残，后关节面略残，无后关节突。在其左侧背弓处有1条砍痕；椎体左侧靠近前关节面处有2条割痕，棘突左侧10条割痕；椎体左侧有2处剔刮痕，靠近右侧后关节突处有2处剔刮痕。经测量，椎体最大长为86.97毫米，椎弓最大长为86.88毫米，前关节面宽为55.12毫米，后关节面最大宽为30.51毫米，后关节突间最大宽为38.39毫米，椎体最小宽为31.83毫米，最大高为66.94毫米（图版五九，8）。

肩胛骨 出土7件。04HYT1212⑩:32，右侧肩胛骨，风化程度为轻级。标本肩胛冈残，无喙突，肩臼完整。在其前缘外侧，从颈部起直到茬口处共有17条割痕。04HYT0916⑪:12，左侧肩胛骨，风化程度为轻级。标本肩胛冈残，仅保留肩胛骨的中下部。在其颈部外侧有3条割痕（图版五九，5）。详细测量数据见表一一。

表一一 堰台遗址出土鹿肩胛骨测量数据表　　　　　　　　（单位：毫米）

标本\项目	04HYT1212⑩:32	04HYT0916⑪:12	04HYT0906⑪:3	04HYH20:1	04HYT0806⑫:8	04HYT1211⑩:9	04HYT0914⑧:7
残长	100.17	125.17	61.23	105.32	114.80	100.76	78.29
沿肩胛冈的残高	100.17	125.17	58.03	105.32	49.56	89.21	55.51
肩胛颈最小长	24.28	26.94	23.28	28.72	22.88	21.30*	23.72
肩胛结节最大长		41.89			38.40*		40.72
肩臼长	30.19	31.55	29.46	32.19	30.76*	31.51*	29.67
肩臼宽	28.02*	30.49	24.76*	29.85	18.69*	29.99*	29.23

注：*表示标本此项目残损。

肱骨　共出土7件。04HYT1009⑪:5，右侧肱骨远端，风化程度为轻级。标本外上髁嵴处有1条割痕，外侧骨体有1处剔刮痕，滑车处有食肉类动物的啃咬痕迹（图版五九，4）。04HYT1212⑩:12，左侧肱骨远端，风化程度为轻级。详细测量数据见表一二。

表一二 堰台遗址出土鹿肱骨测量数据表　　　　　　　　（单位：毫米）

标本\项目	04HYT1009⑪:5	04HYT1212⑩:12	04HYT0916⑪:13	04HYT0907⑮:3	04HYT0906⑪:18	04HYT0806⑫:5	04HYT0806⑫:3
残长	101.75	134.12	115.54	89.15	95.03	65.60	102.48
远端宽	39.38*	40.64	43.97	43.50	44.06	45.34	43.24*
滑车宽	35.90	35.16	42.09	39.87	37.65	38.67	37.67

注：*表示标本此项目残损。

桡骨　共出土4件。04HYT1010⑦:3，左侧桡骨远端，风化程度为轻级。该标本残存部分尺骨。其前侧骨体有3条割痕。04HYT1213⑦:9，左侧桡骨远端，风化程度为轻级。该标本残存尺骨远端，尺骨头脱落。在其骨体内侧和外侧各有3条割痕。标本远端关节面有食肉类动物的啃咬痕迹。详细测量数据见表一三。

表一三 堰台遗址出土鹿桡骨测量数据表　　　　　　　　（单位：毫米）

标本\项目	04HYT1010⑦:3	04HYT1213⑦:9	04HYT1008⑨:3	04HYT0907⑮:4
残长	117.48	108.71	61.47	60.40
近端宽			38.56	40.76
近端关节面宽			35.17	37.56
远端宽	34.18	38.39*		
远端关节面宽	33.36	35.57*		

注：*表示标本此项目残损。

股骨 共出土8件。04HYT1014⑬:4，右侧股骨远端，风化程度为轻级。该标本外髁残，内、外上髁嵴略残。在其骨体后内侧有多条割痕，骨体前外侧有2处剔刮痕；内、外髁处有食肉类动物的啃咬痕迹（图版五九，2）。04HYT1015⑫:10，左侧股骨远端，风化程度为轻级。该标本外髁残，内髁略残。在其骨体外侧有1条砍痕，骨体内侧有1处剔刮痕。标本内、外髁有食肉类动物的啃咬痕迹。详细测量数据见表一四。

表一四 堰台遗址出土鹿股骨测量数据表　　　　（单位：毫米）

项目＼标本	04HYT1014⑬:4	04HYT0717⑩:1	04HYT0606⑪:3	04HYT1009⑪:6	04HYT1110⑩:4	04HYT1015⑫:10	04HYT1009⑪:3	04HYT1009⑪:4
残长	150.35	135.47	115.26	107.43	96.52	103.49	98.11	70.90
近端宽			48.04*	62.27				
股骨头厚			22.08*	27.01				
远端宽	55.24*	52.90			44.00*	37.50*	53.84	44.12*

注：*表示标本此项目残损。

胫骨 共出土了13件。04HYT1112⑩:4，左侧胫骨近端，风化程度为轻级。标本后外侧有1条砍痕（图版五九，1）。04HYT0906⑪:13，左侧胫骨远端，风化程度为轻级。标本后侧骨体有1处剔刮痕，后侧靠近远端关节面处有多条割痕（图版五九，11）。详细测量数据见表一五。

表一五 堰台遗址出土鹿胫骨测量数据表　　　　（单位：毫米）

项目＼标本	残　长	近端宽	远端宽
04HYT1112⑩:4	162.13	44.39	
04HYT0906⑪:13	81.20		33.71
04HYT1211⑩:6	112.95	52.30*	
04HYT1015⑫:6	133.42	60.68	
04HYT0916⑪:9	138.02	57.92	
04HYT0806⑪:4	87.08		33.97
04HYT0606⑪:2	153.00		40.07
04HYT0916⑪:20	138.93		37.42
04HYT0906⑪:10	79.72		33.56
04HYT0413⑮:8	126.84		37.13
04HYT1015⑫:1	109.30	54.60	
04HYT0617⑪:4	169.64		34.70*
04HYT1015⑫:11	165.21		33.14

注：*表示标本此项目残损。

跟骨　共出土了5件，保存均完好，风化程度为轻级。左侧跟骨：04HYT1009⑪：7（图版五九，15）、04HYT1211⑩：10、04HYT0907⑮：12；右侧跟骨：04HYT0806⑫：2、04HYT1213⑦：8。其中，标本04HYT1211⑩：10的跟结节、内侧骨体及载距突均有不同程度的破损。标本04HYT0907⑮：12的跟结节外侧处有1条砍痕。标本04HYT0806⑫：2，齿突外侧处骨表破损，无跟结节，并且在靠近跟结节的骨体位置处有食肉类动物的啃咬痕迹。详细测量数据见表一六。

表一六　堰台遗址出土鹿跟骨测量数据表　　　　　　（单位：毫米）

标本 项目	04HYT1009 ⑪：7	04HYT1211 ⑩：10	04HYT0907 ⑮：12	04HYT0806 ⑫：2	04HYT1213 ⑦：8
长	84.33	75.56*	89.63	79.18*	85.81
宽	25.73	26.75	27.40	26.51*	25.78

注：*表示标本此项目残损。

掌骨　出土6件。04HYT0906⑪：16，右侧掌骨远端，风化程度为轻级。标本内侧骨体有1处砍痕，且远端两髁有食肉类动物的啃咬痕迹（图版五九，9）。04HYT0916⑪：23，左侧掌骨近端，风化程度为轻级。该标本近端略残。在其掌侧靠外侧处有2处剔刮痕；其掌侧靠外侧的嵴上有1条割痕。详细测量数据见表一七。

表一七　堰台遗址出土鹿掌骨测量数据表　　　　　　（单位：毫米）

标本 项目	04HYT0906 ⑪：16	04HYT0916 ⑪：23	04HYT1212 ⑩：9	04HYT1110 ⑩：15	04HYT1212 ⑩：24	04HYT0610 ⑩：4
残长	101.64	144.86	106.63	82.11	131.57	64.80
近端宽		27.43			31.02	
远端宽	26.50		30.88	26.74		28.39

跖骨　仅出土1件。04HYT0316⑦：4，右侧跖骨近端，风化程度为轻级。经测量，标本残长为71.57毫米，近端宽为28.65毫米。

2. 软体动物

蚌科 Uniionidae

帆蚌 *Hyriopsis* sp.

此类标本共出土了2件。04HYT0507⑩：3，帆蚌左壳，保留扁平的残损壳底部分。经测量，标本最大长为189.61毫米，最大宽为79.93毫米，最大厚为12.30毫米。

04HYT1115⑥:1,帆蚌左壳,保留有扁平的壳底部分。经测量,标本最大长为165.46毫米,最大宽为79.24毫米,最大厚为9.03毫米(图版六〇,7、8)。

(二) 西周中期晚段—西周晚期

1. 哺乳动物

(1) 家养动物

1) 猪 *Sus domestica*

此类标本共出土了48件。最小个体数为13。

寰椎 出土2件。04HYT0415⑧:8,保存完好,风化程度为轻级。标本右翼略破损,其腹结节处有1处割痕(图版五七,2)。04HYT0915⑩:19,保存较好,风化程度为轻级。标本无腹结节及两翼,在其左侧腹弓处有1处剔刮痕。详细测量数据见表一八。

表一八 堰台遗址出土猪寰椎测量数据表　　　　　　　　(单位:毫米)

项目 标本	寰椎翼最大宽	最大长	前关节面宽	后关节面宽	前关节面至后关节面的最大长	高
04HYT0415⑧:8	75.52	46.35	51.41	46.57	41.98	46.30
04HYT0915⑩:19	61.69*	34.63*	61.60	46.41	34.37*	54.75

注:*表示标本此项目残损。

枢椎 仅出土1件。04HYT0415⑧:10,风化程度为轻级。标本背弓残,无棘突,后关节面脱落。在其腹侧棱脊上有11条割痕。经测量,标本椎体长为37.67毫米,前关节面宽为46.62毫米,最大高为30.65毫米(图版五七,1)。

上颌骨 仅出土1件。04HYT1009扩方⑩:2,左侧上颌骨,风化程度为轻级。标本牙齿保留有P^3—M^2,P^3、P^4均刚开始使用,M^1、M^2已露出齿质点。该标本保留了P^3—M^3之间的上颌体。经测量,标本残长为57.81毫米,M^{1-2}齿列长为31.89毫米,P^{3-4}齿列长为22.90毫米,P^3—M^2齿列长为54.79毫米。

下颌骨 出土25件。04HYT1213⑤:2,右侧下颌骨,风化程度为轻级。标本牙齿保留有M_1、M_2,M_1已露出齿质点,齿表颊侧破损,M_2尚未使用。无上升支。04HYT0915⑩:6,左侧下颌骨,风化程度为轻级。标本牙齿保留有M_1、M_2。I_3刚露出齿槽;M_1齿表颊侧略有破损;M_2仅存齿根;P_1尚在齿槽中,未萌出。标本无下颌角、髁突和角突。04HYT0705G2:1,左侧下颌骨,风化程度为轻级。标本牙齿保留有M_1—M_3。所有牙齿均已使用,M_3已露出齿槽孔,但尚未完全萌出。保留P_4后下颌体,但无上升支(图版五七,12)。详细测量数据见表一九。

表一九　堰台遗址出土猪下颌骨测量数据表　　　　（单位：毫米）

标本 项目	04HYT1213 ⑤:2	04HYT0915 ⑩:6	04HYT1014 ⑪:1	04HYT0705 G2:1
残长	155.78	136.27	125.73	133.88
下颌角—M_3齿槽远口缘	55.91			
联合部—M_2的长		101.23		
M_3齿槽远口缘—犬齿齿槽远口缘		70.52		
M_3—P_1齿列长		65.52		
P_2—M_2齿列长		65.27		
M_{1-3}齿列长				53.79
M_{1-2}齿列长	34.58	29.61	50.79	
P_{2-4}齿列长		37.05		
P_2齿槽口缘—I_3齿槽远口缘		28.49		
下颌骨体正中切面长		40.89		
M_3后下颌骨高	40.78	27.65		47.88
M_1前下颌骨高			30.82	37.21
P_2前下颌骨高		33.82		

肩胛骨　共出土4件。04HYT1212⑧:5，左侧肩胛骨，风化程度为轻级。标本肩胛冈和前、后缘均残，无喙突和肩臼。在其外侧颈部有1条砍痕，颈部、后缘均有食肉类动物的啃咬痕迹（图版五七，3）。04HYT1212⑧:4，右侧肩胛骨，风化程度为轻级。标本肩胛冈和前、后缘残，肩臼残，无喙突。肩胛冈和骨体后外侧各有1条割痕。详细测量数据见表二〇。

表二〇　堰台遗址出土猪肩胛骨测量数据表　　　　（单位：毫米）

标本 项目	04HYT1212⑧:5	04HYT1212⑧:4	04HYT0915⑩:15	04HYT0914⑤K2:1
残长	106.63	145.03	95.95	78.75
沿肩胛冈的高	95.69*	145.03*	87.08*	71.69*
肩胛颈最小长	28.10	28.87*	29.26	24.74*
肩臼长		36.68*	31.12*	31.78
肩臼宽		26.95*	25.29*	25.01*

注：*表示标本此项目残损。

肱骨　仅出土1件。04HYT1012⑥:6，右侧肱骨远端，保存完好，风化程度为轻级。标本仅保留滑车，内、外上髁嵴均残。在其前外侧嵴处有1处剔刮痕。骨体外侧有1处划痕。经测量，标本残长为56.65毫米，远端宽为47.50毫米。

桡骨　出土3件。04HYT0314⑩:2，左侧桡骨近端，风化程度为轻级。经测量，标本残长为102.37毫米，近端宽为38.17毫米（图版五七，5）。04HYT0915⑤D3填坑:2，右侧桡骨近端，风化程度为轻级。标本内侧骨体有2处剔刮痕。经测量，标本残长为78.68毫米，近端宽为22.07毫米。04HYT0914⑤下D3:1，右侧桡骨近端，风化程度为轻级。标本前侧骨体中部有3条割痕，骨体茬口处有食肉类动物的啃咬痕迹。经测量，标本残长为73.43毫米，近端宽为30.76毫米。

尺骨　仅出土1件。04HYT0915⑩:14，左侧尺骨近端，风化程度为轻级。标本尺骨突残，且有食肉类动物的啃咬痕迹。经测量，标本残长为125.28毫米，从钩突到尺骨后缘的最短距离为44.42毫米，鹰嘴厚为38.97毫米，近端关节面最大宽为24.30毫米。

髋骨　出土2件。04HYT1014⑪:3，右侧髋骨，风化程度为轻级。标本髋臼略残，髂骨干、坐骨及耻骨均残。经测量，标本残长为113.43毫米，髋臼长为37.46毫米（图版五七，7）。04HYT0915⑩:12，左侧髋骨，风化程度为中级。标本臼窝略残，髂骨干、耻骨及坐骨均残。经测量，标本残长为91.28毫米，髋臼长为35.64毫米。

胫骨　出土3件。04HYT0915⑩:9，右侧胫骨远端，风化程度为轻级。标本骨体前内侧有1处剔刮痕。04HYT1013⑦:1，左侧胫骨，保存较好，风化程度为轻级。标本近端脱落，远端愈合，胫骨粗隆、胫骨嵴均残，后外侧骨体残。在其后外侧有3处剔刮痕，后内嵴处有2条割痕。04HYT1013⑨:5，左侧胫骨远端，风化程度为轻级。详细测量数据见表二一。

表二一　堰台遗址出土猪胫骨测量数据表　　　（单位：毫米）

标本 项目	04HYT0915⑩:9	04HYT1013⑦:1	04HYT1013⑨:5
残　长	101.38	189.61	92
近端宽		46.03*	
远端宽	29.93	33.59	33.24

注：*表示标本此项目残损。

第4掌骨　仅出土1件。04HYT0417④:7，左侧第4掌骨，保存完好，风化程度为轻级。标本掌侧靠外侧部有1处剔刮痕。经测量，标本长为87.23毫米，近端长为19.07毫米，远端长为17.46毫米（图版五七，11）。

第3跖骨　仅出土1件。04HYT1014⑩:2，右侧第3跖骨，保存完好，风化程度为轻级。标本近端突起的内侧及远端髁略有破损。其近端突起的跖侧有1条割痕。近端突起及远端髁有食肉类动物啃咬的痕迹。经测量，标本长为99.41毫米，除跖骨突起的长为95.22毫米，近端宽为17.94毫米，远端宽为19.83毫米（图版五七，9）。

2）狗 *Canis familiaris*

此类标本共出土了 22 件。最小个体数为 5。

颅骨 共出土了 2 件。04HYT0617⑧:1、04HYT0617⑧:2，两者为同一个体，保存较好，只有部分残缺，但由于现代搬运等原因已经无法拼合。该颅骨的鼻骨残，右侧颧弓残；左侧眼眶残，且无眶上突。颅腔残。牙齿保留情况如下：右侧 P^2—M^2，P^4 残，P^2、P^4、M^1、M^2 均已露出齿质点，P^3 已使用，但尚未露出齿质点；左侧 C—M^2，C 残，P^1、P^2、P^4、M^1、M^2 均已露出齿质点，P^3 已使用，但尚未露出齿质点。左侧听泡略有破损。经测量，颅骨残长 115.31 毫米，左侧 P^1—M^2 齿列长为 58.58 毫米，M^{1-2} 齿列长为 14.72 毫米，P^{2-4} 齿列长为 43.86 毫米，犬齿槽残宽为 34.46 毫米，腭骨最小宽 32.74 毫米，腭骨最大宽为 59.82 毫米，外耳道最大宽为 61.41 毫米，枕髁最大宽为 35.88 毫米，枕骨副乳突底部最大宽为 47.79 毫米，枕骨大孔最大宽为 18.89 毫米，枕骨大孔高为 15.45 毫米，枕三角区高为 43.44 毫米（图版五八，3）。

寰椎 仅出土了 1 件。04HYT0617⑧:16，风化程度为轻级，其左翼前侧残。经测量，寰椎翼残宽为 70.38 毫米，最大长为 38.04 毫米，前关节面宽为 27.56 毫米，后关节面宽为 37.73 毫米，从前关节面到后关节面的最大长为 27.99 毫米，背侧弓的长为 13.39 毫米，高为 24.11 毫米（图版五八，2）。

枢椎 仅出土了 1 件。04HYT0617⑧:17，风化程度为轻级。标本棘突略残。经测量，椎体最大长为 51.29 毫米，椎弓长为 46.33 毫米，前关节面宽为 25.25 毫米，后关节面宽为 16.42 毫米，后关节突间宽为 26.82 毫米，两侧横突宽为 37.74 毫米，椎体最小宽为 19.91 毫米，高为 32.99 毫米（图版五八，1）。

颈椎 仅出土 2 件。04HYT0617⑧:18，风化程度为轻级，保存完整。其骨表略残，横突残。04HYT0617⑧:19，风化程度为轻级，保存完整，骨表略残（图版五八，8）。详细测量数据见表二二。

表二二 堰台遗址出土狗颈椎测量数据表 （单位：毫米）

标 本 项 目	04HYT0617⑧:18	04HYT0617⑧:19
生理长度	26.11	27.16
前关节突到后关节突的最大长	36.51	38.43
前关节突的宽	31.56	27.46
后关节突的宽	30.48	31.18
横突宽		43.92
前关节面的宽	13.85	14.17
后关节面的宽	14.72	15.38
前关节面的高	8.84	8.81
后关节面的高	11.69	12.53
高	32.07	22.94

下颌骨　共出土7件。右侧5件，04HYT0617⑧:10，右侧下颌骨，保存完好，风化程度为轻级。牙齿保留有P_1—M_3，所有牙齿均已使用，M_3已露出齿质点。年龄大于6个月（图版五八，4）。04HYT1013⑨:10，右侧下颌骨，保存较好，风化程度为轻级。牙齿保留有P_1、P_2、M_1、M_2。M_1刚开始使用，P_3、P_4仅残存齿根；无角突；上升支及咬肌窝均残；犬齿齿槽残；无下颌联合部；角突外侧处有4条割痕，外侧水平支上有10条割痕。年龄大于6个月。04HYT1009基槽18:3，右侧下颌骨，保存较好，风化程度为轻级。牙齿保留有C、P_3—M_3。C残，P_3—M_3均刚开始使用，M_1齿冠破损。年龄大于6个月。左侧2件，04HYT0617⑧:9，左侧下颌骨，保存完好，风化程度为轻级。牙齿保留有P_1—M_1，所有保留牙齿均已使用，且M_1已露出齿质点；上升支略残，保留有角突、髁突以及冠状突；下颌水平支仅保存至犬齿齿槽。年龄大于6个月。04HYT1112⑥:6，左侧下颌骨，保存完好，风化程度为轻级。牙齿保留有P_{2-4}，均已使用；角突残，且在角突外侧处有4条割痕，外侧髁突处也有4条割痕。年龄大于6个月。详细测量数据见表二三。

表二三　堰台遗址出土狗下颌骨测量数据表　　　　　（单位：毫米）

项目＼标本		04HYT0617⑧:10	04HYT1013⑨:10	04HYT1009基槽18:3	04HYT1013⑥:3	04HYT0314⑩:3	04HYT0617⑧:9	04HYT1112⑥:6
残长（髁突—Id）		126.16	99.43	109.62	95.13	126.62	115.40	117.95
下颌角突—Id		124.97				125.23		113.24
髁突、角突切迹—Id		119.57				122.60		110.66
下颌髁—犬齿齿槽远口缘		110.17				110.83	111.90	104.27
髁突、角突切迹—犬齿齿槽远口缘的长		104.24				106.46	106.30	98.67
下颌角突—犬齿齿槽远口缘的长		109.58				108.19	69.76	101.35
M_3齿槽远口缘—犬齿齿槽远口缘		69.29	73.52	66.69		71.35	63.68	65.77
M_3-P_1齿列长		64.90	67.79	63.77		66.18	57.91	64.47
M_3-P_2齿列长		59.04	62.61	55.53		60.42	28.12	59.84
M_{1-3}齿列长		28.26	31.70	29.84		31.19	36.96	29.48
P_{1-4}齿列长		36.67	37.21	33.66	33.51	34.98	31.01	35.81
P_{2-4}齿列长		31.19	31.28	25.65	26.61	29.02	25.31	30.84
M_1	长	18.06	19.87	18.53		19.74	17.89	
	宽	7.25	7.68	6.86		8.30	7.34	
M_1齿槽长		17.58	18.97	17.93	17.24	19.33	17.49	18.31
M_2的长和宽	长	5.99	7.84	7.44				
	宽	5.27	6.44	5.19				

续表

项　目 \ 标　本		04HYT0617⑧:10	04HYT1013⑨:10	04HYT1009基槽18:3	04HYT1013⑥:3	04HYT0314⑩:3	04HYT0617⑧:9	04HYT1112⑥:6
M_2的长和宽	长	3.79		4.22				
	宽	3.52		3.52				
颌体的最大厚度		10.53	9.73	9.53	10.53	12.09	10.16	10.97
下颌骨垂直部高		53.15				45.44	52.54	42.39
M_1后下颌骨高		21.00	21.71	20.94	19.78	25.21	22.57	23.07
P_2和P_3间下颌骨高		16.20	18.12	17.22	17.74	18.37	15.91	17.81

注："Id"为下颌联合部前缘的齿槽点。

桡骨　共出土了2件。04HYT0617⑧:3，右侧桡骨远端，风化程度为轻级。骨表略有残破。经测量，骨体残长为91.27毫米，远端最大宽为21.25毫米。04HYT0617⑧:4，左侧，保存完好。风化程度为轻级。经测量，骨体最大长为143.72毫米，近端最大宽为15.77毫米，远端最大宽为20.97毫米（图版五八，5）。

尺骨　共出土了2件。04HYT0617⑧:11，右侧远端，风化程度为轻级。骨体残长53.37毫米（图版五八，6）。04HYT0617⑧:12，左侧远端，风化程度为轻级，骨体残长为85.60毫米。

掌骨　共出土了3件。04HYT0617⑧:13，为右侧第3掌骨。04HYT0617⑧:14为左侧第3掌骨（图版五八，7）。04HYT0617⑧:15为右侧第2掌骨。三者风化程度均为轻级，除04HYT0617⑧:15的骨表略有破损外，其余两者保存都很完好。详细测量数据见表二四。

表二四　堰台遗址出土狗掌骨测量数据表　　　　　　　　　（单位：毫米）

项　目 \ 标　本	04HYT0617⑧:13	04HYT0617⑧:14	04HYT0617⑧:15
最大长	55.49	54.76	48.64
远端最大宽	8.06	7.87	7.90

3）牛 *Bos* sp.

此类标本共出土17件。最小个体数为3。

寰椎　仅出土1件，04HYT0709⑫:4，风化程度为中级。该标本前、后关节面、背弓、两翼、腹结节均残。经测量，寰椎翼最大宽为111.40毫米，最大长为70.23毫米，前关节面最大宽为58.69毫米，后关节面最大宽为85.56毫米，从前关节面到后关节面的最大长为55.32毫米，残高为57.93毫米（图版五八，14）。

上颌骨　仅出土1件。04HYT0415⑧:1，右侧上颌骨，风化程度为轻级。该标本牙齿保留有M^{1-3}，均已露出齿质点；保留三齿间的颌体。经测量，标本残长为91.36毫米，M^{1-3}的齿列长为 78.33 毫米。

下颌骨　出土 4 件。04HYT0413⑬:9，右侧下颌骨，风化程度为轻级。该标本牙齿保留有 M_3，且已露出齿质点；保留有 M_1 至下颌角之间的下颌体。04HYT0416④:1，右侧下颌骨，风化程度为轻级。该标本牙齿保留有 M_{1-3}，均已露出齿质点，M_1 齿表残；保留有 M_1 至下颌角处的下颌体。详细测量数据见表二五。

表二五　堰台遗址出土牛下颌骨测量数据表　　　　（单位：毫米）

标本 项目		04HYT0413⑬:9	04HYT0416④:1	04HYT0413⑬:8
颌骨残长		178.65	163.48	138.97
P_{2-4}齿列长				52.70
M_{1-3}齿列长			86.63*	
M_3的长和宽	长	39.12	39.12	
	宽	14.35	13.40	
M_3后下颌骨高				37.15
P_2前下颌骨高		80.25	73.01*	

注：*表示标本的此项目是残缺的。

肩胛骨　仅出土 1 件。04HYT0716⑥:1，左侧肩胛骨，保存较好，风化程度为轻级。该标本肩胛冈略破损，冈下窝和后缘残，肩臼及喙突完整。经测量，骨体残长和沿肩胛冈的高均为 277.71 毫米，肩胛颈最小长为 57.61 毫米，肩胛结节最大长 69.69 毫米，肩臼长为 57.43 毫米，肩臼宽为 49.24 毫米（图版五八，12）。

髋骨　出土 2 件。04HYT1112⑥:2，右侧髋骨，风化程度为中级。该标本仅保存髋臼和部分髂骨、坐骨，髋臼残。在其坐骨靠近髋臼处有 5 条割痕；髋臼处有 1 处剔刮痕，髂骨干有 2 处剔刮痕。经测量，标本残长为 144.43 毫米，包括唇缘的髋臼残长为 37.67 毫米，不包括唇缘的髋臼残长为 60.87 毫米。04HYT1112⑥:1，右侧髋骨，风化程度为中级。该标本髋臼残，髂骨干、坐骨、耻骨均残。经测量，标本残长为 116.61 毫米，包括唇缘的髋臼残长为 51.04 毫米，不包括唇缘的髋臼长为 43.74 毫米（图版五八，18）。

胫骨　出土 2 件。04HYT0709⑫:3，右侧胫骨近端，风化程度为轻级。该标本外髁关节面残，内髁关节面残破。经测量，标本残长为 116.98 毫米，近端宽为 96.14 毫米。04HYT0915⑩:6，右侧胫骨远端，风化程度为轻级。经测量，标本残长为 69.92 毫米，远端宽为 57.11 毫米。

跖骨　出土 2 件。04HYT1013⑨:1，左侧跖骨，保存完好，风化程度为轻级。该标本近端及远端两髁均残。骨体跖侧靠近内侧处有 2 处剔刮痕。在近端及远端两髁有食肉类啃咬的痕迹。经测量，标本残长为 239.94 毫米，近端最大宽为 46.07 毫米，远端最大宽为59.01毫米（图版五八，11）。04HYT0414⑩：1，左侧跖骨近端，风化程度为轻级。经测量，标本残长为89.34毫米，近端宽为44.50毫米。

4）马 *Equus* sp.

此类标本共出土3件。最小个体数为1。

桡骨　仅出土1件。04HYT0706⑨：18，左侧桡骨远端，风化程度为轻级。骨体前内侧及远端关节面外侧各有2条割痕。经测量，骨体残长为145.79毫米，远端最大宽为78.35毫米，远端关节面最大宽为62.90毫米（图版五七，15）。

蹄骨　仅出土1件。04HYT0815⑦：2，左侧蹄骨，保存完好，风化程度为轻级。近端关节面处残。经测量，骨体最大长为74.38毫米，最大宽为77.96毫米，关节面长为25.00毫米，关节面宽为47.47毫米，背侧面长为59.17毫米，伸突区域的高为45.73毫米（图版五七，16）。

掌骨　仅出土1件。04HYT1013⑨：2，右侧掌骨，保存较好，风化程度为轻级。标本远端关节面掌侧略残，近端背侧靠内侧处破损。掌侧骨体有6条砍痕。经测量，标本最大长为238.89毫米，外侧部最大长为234.57毫米，外侧长为228.67毫米，近端最大宽为51.48毫米，近端最大厚为35.21毫米，远端最大宽为52.39毫米，远端最大厚为37.54毫米（图版五七，13）。

（2）野生动物

鹿　*Cervus* sp.

此类标本共出土了86件。最小个体数为5。

①梅花鹿　*Cervus nippon*

梅花鹿角　共出土36件。04HYT0815⑨：1，左角，保存程度为中级。标本系自然脱落，角盘略残，眉枝、第二枝完整，主枝残。在其第二枝内侧有1处剔刮痕（图版五九，19）。04HYT1013⑨：4，右角，保存程度为中级。标本保留角盘、眉枝、第二枝和主枝，第二枝和主枝残，眉枝尖部略残；角盘完整，且是自然脱落；角表面的瘤状物已经磨平。详细测量数据见表二六。

表二六　堰台遗址出土梅花鹿角测量数据表　　　　（单位：毫米）

项目	标本	04HY T0815 ⑨：1	04HY T1013 ⑨：4	04HY T0706 ⑨：22	04HY T0706 ⑨：7	04HY T1012 ⑥：7
角盘最大径和最小径	最大径	43.28	41.14	49.09	37.14	51.16
	最小径	42.39	36.48	43.71	33.62	47.29
角盘到第一虎口的距离		72.36	53.17		65.27	53.63
角盘到第二虎口的距离		255.14	178.38	142.05		

②麋鹿 *Elaphurus davidianus*

麋鹿角 仅出土1件。04HYT0708⑪:1，左角，保存程度为中级。标本保留有基部和部分角体。经测量，标本残长为165.88毫米，基部茬口到第一虎口的距离为151.29毫米（图版五九，21）。

③鹿 *Cervus* sp.

寰椎 仅出土1件。04HYT0417④:1，保存较好，风化程度为轻级。该标本两翼残，腹结节、背弓靠近后关节面处、后关节面均残。其腹侧有3条割痕。经测量，寰椎翼最大宽为76.16毫米，最大长为63.21毫米，前关节面宽为57.49毫米，后关节面最大宽为49.21毫米，从前关节面到后关节面的最大长为62.52毫米，高为45.39毫米。

枢椎 出土2件。04HYT1112⑥:4，风化程度为轻级。标本棘突、后关节面、椎体均残，且无后关节突。在其右侧背弓与椎体相接处有2条砍痕；后关节突处有1处剔刮痕，椎体上有2处剔刮痕。经测量，椎体最大长为75.83毫米，椎弓最大长为74.42毫米，前关节面宽为51.24毫米，后关节突间最大宽为37.54毫米，椎体最小宽为30.90毫米，最大高为59.68毫米。04HYT0804⑤:2，风化程度为轻级。标本仅保留枢椎的前半部分。棘突、前关节面、椎体均残。其前关节面右侧有1条割痕，齿突右侧以及齿突与前关节面相连处各有3条割痕。经测量，椎体最大长为61.11毫米，前关节面最大宽为50.39毫米，最大高为60.85毫米。

下颌骨 共出土9件。04HYT0909⑤:1，左侧下颌骨，风化程度为轻级。标本保留有P_4以前的下颌体，牙齿保留有P_{2-4}，均已露出齿质点，且P_3、P_4已经露出髓腔。04HYT0915⑩:5，左侧下颌骨，风化程度为轻级。标本仅保存M_3及下颌角，M_3齿表舌侧已破损，且已露出齿质点，磨蚀较重。详细测量数据见表二七。

表二七 堰台遗址出土鹿下颌骨测量数据表 （单位：毫米）

标本 项目		04HYT0909 ⑤:1	04HYT0915 ⑩:5	04HYT1013 ⑥:2	04HYT0414 ⑪:7	04HYT1212 ⑧:9
残长		118.35	93.18	99.73	89.11	65.60
P_{2-4}齿列长		37.71		34.11	35.92	
M_3长和宽	长		24.34			
	宽		11.48			
M_3后下颌骨高			40.16			
M_1前下颌骨高		25.87			12.60*	20.10
P_2前下颌骨高		21.92		21.95	14.69*	

注：*表示标本的此项目是残缺的。

肩胛骨　出土7件。04HYT0417④:6，右侧肩胛骨，风化程度为轻级。该标本肩胛冈及前、后缘略残，无肩臼和喙突。04HYT0415⑧:3，右侧肩胛骨，风化程度为轻级。该标本保留有肩臼、肩胛冈及喙突，肩胛冈略破损。其颈部后外侧有2条割痕。详细测量数据见表二八。

表二八　堰台遗址出土鹿肩胛骨测量数据表　　　　　　　（单位：毫米）

项目＼标本	04HYT0417④:6	04HYT0415⑧:3	04HYT0415⑧:5	04HYT1212⑧:7	04HYT1111⑧:2	04HYT0915⑩:18	04HYT0417④:5
残长	104.17	115.01	92.79	90.02	87.83	153.53	114.59
沿肩胛冈的残高	104.17	114.16	68.50	90.02	72.45	153.53	114.59
肩胛颈最小长		27.78	22.97	25.32	23.93*	24.76	23.60
肩胛结节最大长	17.95*	40.30	41.13			44.00	
肩臼长		32.83*	41.06	31.05		32.36	28.42*
肩臼宽		33.63	28.05	28.94		31.77	26.56

注：*表示标本的此项目是残缺的。

肱骨　出土3件。04HYT1009⑩:5，右侧肱骨远端，风化程度为轻级。标本滑车残，而且有食肉类动物的啃咬痕迹。其前内侧和内上髁嵴处各有1处剔刮痕。04HYT0515⑩:1，右侧肱骨远端，风化程度为轻级。标本滑车残，且有食肉类动物的啃咬痕迹；内、外上髁嵴均残。在其外上髁嵴处有1处剔刮痕。04HYT0915⑩:2，右侧肱骨远端，风化程度为轻级。标本外上髁嵴残。详细测量数据见表二九。

表二九　堰台遗址出土鹿肱骨测量数据表　　　　　　　（单位：毫米）

项目＼标本	04HYT1009⑩:5	04HYT0515⑩:1	04HYT0915⑩:2
残　长	106.29	76.40	85.02
远端最大宽	39.36	34.71	41.43
滑车最大宽	34.63	32.25	39.02

桡骨　仅出土1件。04HYT1013⑨:3，右侧桡骨，保存较好，风化程度为轻级。标本远端脱落，近端略残。经测量，标本残长为186.56毫米，近端最大宽为41.30毫米，近端关节面最大宽为38.58毫米，远端最大宽为34.60毫米（图版五九，3）。

髋骨　共出土2件。04HYT0914⑤D1填坑:2，右侧髋骨，风化程度为中级。该标本髋臼略残，髂骨干、耻骨、坐骨均残。其髂骨茬口及耻骨茬口处有食肉类动物的啃咬痕迹。经测量，标本残长为96.85毫米，含唇缘的髋臼长为37.67毫米，不含唇缘的髋臼长为 30.94 毫米（图版五九，6）。04HYT0415⑧：2，左侧髋骨，风化程度为中级。该标本髋臼完整，髂骨干、耻骨、坐骨均残。其臼窝外侧棱脊处以及坐骨与髋臼相连的嵴上各有 1 处剔刮痕；坐骨与髋臼相连的嵴上还有 3 条割痕。经测量，标本残长为 117.08 毫米，含唇缘的髋臼长为 38.48 毫米，不含唇缘的髋臼长为 30.61 毫米。

股骨　出土了 5 件。04HYT0513⑯：3，右侧股骨近端，风化程度为轻级。标本无大转子，股骨头残。大转子和股骨头上均有食肉类动物的啃咬痕迹（图版五九，12）。04HYT0915⑨：22，右侧股骨远端，风化程度为轻级。标本外髁残，内上髁嵴略破损。外髁处有食肉类动物的啃咬痕迹。详细测量数据见表三〇。

表三〇　堰台遗址出土鹿股骨测量数据表　　　　　（单位：毫米）

标本 项目	04HYT0513 ⑯：3	04HYT0915 ⑨：22	04HYT0708 ⑪：2	04HYT0415 ⑧：7	04HYT0915 ⑨：3
残长	89.23	92.48	54.23	105.11	56.62
近端宽	58.40*			61.25*	
股骨头厚	27.82			23.85*	
远端宽		44.78*	50.80		54.40*

注：*表示标本的此项目是残缺的。

胫骨　出土 5 件。04HYT1014⑩：1，左侧胫骨远端，风化程度为轻级。该标本外髁残，远端后侧残。04HYT0914⑤D1 填坑：1，左侧胫骨远端，风化程度为轻级。该标本前侧骨体近茬口处有 1 条砍痕；前侧骨体和远端前内侧各有 1 条割痕，远端内侧关节面处有多条割痕。详细测量数据见表三一。

表三一　堰台遗址出土鹿胫骨测量数据表　　　　　（单位：毫米）

标本 项目	04HYT1014 ⑩：1	04HYT0914 ⑤D1 填坑：1	04HYT0706 ⑨：25	04HYT0914 D6：1	04HYT0915 ⑦：5
残　长	127.11	120.89	86.60	72.36	99.36
近端宽			56.46*		49.69*
远端宽	32.69	37.17		32.06*	

注：*表示标本的此项目是残缺的。

跟骨　出土 2 件。04HYT0815⑦：1，右侧跟骨，保存完好，风化程度为轻级。标本跟结节残，骨表略有破损。在其内侧和前侧跟结节处各有 1 条砍痕；外侧骨体有多条割痕。经测量，标本长为 85.09 毫米，宽为 27.90 毫米。04HYT0706⑨：24，右侧跟骨，保存完好，风化程度为轻级。标本跟结节及齿突处有食肉类动物的啃咬痕迹。经测量，标本长为 96.15 毫米，宽为 31.70 毫米。

掌骨　出土 3 件。04HYT0705G2：2，左侧掌骨近端，风化程度为轻级。标本近端关节面残，经测量，标本残长为 90.07 毫米，近端宽为 32.44 毫米。04HYT0804⑤：4，左侧掌骨近端，风化程度为轻级。标本的背侧靠近内侧处有 1 处剔刮痕。经测量，标本残长为 55.82 毫米，近端宽为 28.34 毫米。04HYT0315⑧：1，左侧掌骨远端，风化程度为轻级。标本远端背侧及两髁背侧均有剔刮痕。经测量，标本残长为 66.48 毫米，远端宽为 27.61 毫米。

跖骨　出土 7 件。04HYT0804⑤：3，右侧跖骨远端，风化程度为轻级。标本远端内髁处有食肉类动物的啃咬痕迹（图版五九，10）。04HYT0915⑩：10，左侧跖骨近端，风化程度为轻级。标本跖侧近端有 1 处剔刮痕（图版五九，13）。详细测量数据见表三二。

表三二　堰台遗址出土鹿跖骨测量数据表　　　　　（单位：毫米）

标本 项目	04HY T0804 ⑤：3	04HY T0915 ⑩：10	04HY T0417 ④：3	04HY T1009 ⑩：2	04HY T0914 ⑤：4	04HY T0804 ⑤：5	04HY T0708 ⑪：4
残　长	63.60	166.75	89.73	100.25	86.27	103.04	64.61
近端宽		25.84	26.38	26.16	23.90		28.13
远端宽	29.61					28.90	

2. 软体动物

（1）蚌科 Uniionidae

1）帆蚌 *Hyriopsis* sp.

帆蚌　仅出土 2 件。04HYT0617⑨：1，左壳，保存程度为中级。标本保留有部分壳身和部分壳底。经测量，标本最大长为 251.19 毫米，最大宽为 155.92 毫米，厚为 20.28 毫米。04HYT0817③：78，右壳，保存程度为中级。标本保留有部分壳嘴。经测量，标本最大长为 90.21 毫米。

2）丽蚌 *Lamprotula*

此类标本共出土 6 件。共分两种类型，分别为背瘤丽蚌和环带丽蚌。

①背瘤丽蚌 *Lamprotula leai*

背瘤丽蚌　共出土 2 件。04HYT0817③：4，左壳，保存程度为轻级。标本后缘略残。经测量，标本长为 61.61 毫米，宽为 42.64 毫米，厚为 12.18 毫米（图版六〇，5、6）。04HYT0817③：79，右壳，保存程度为轻级。标本后缘略残。经测量，标本长为 61.72 毫米，宽为 39.77 毫米，厚为 13.19 毫米。

②环带丽蚌 *Lamprotula zonata*

环带丽蚌　共出土 4 件。04HYT1212⑧：12，左壳，保存完好，保存程度为轻级。经测量，标本长为 78.36 毫米，宽为 52.42 毫米，厚为 26.59 毫米（图版六〇，1、2）。04HYT1111⑧：1，右壳，保存完好，保存程度为轻级。经测量，标本长为 89.68 毫米，宽为60.61毫米，厚为27.47毫米。

3）剑状矛蚌 *Lanceolaria gladiola*

剑状矛蚌　此类标本共出土4件。04HYT0617⑤:3，左壳，保存完好，风化程度为轻级。标本壳嘴前侧略残（图版六〇，12、13）。04HYT0617⑥:22，右壳，保存较好，风化程度为轻级。标本后缘略残。详细测量数据见表三三。

表三三　堰台遗址出土剑状矛蚌测量数据表　　（单位：毫米）

标本 项目	04HYT0617⑤:3	04HYT0617⑥:22	04HYT0817③:2	04HYT0916⑧:1	04HYT0617④:2
长	134.26	97.61	102.50	149.06	75.72
宽	30.68	25.54	28.46	53.98	44.68
厚	14.20	11.72	10.57	24.75	14.85

4）巨首楔蚌 *Cuneopsis capitata*

巨首楔蚌　此类标本共出土1件。04HYT0617④:2，左壳，风化程度为轻级。标本后缘略残。经测量，标本长为75.72毫米，宽为44.68毫米，厚14.85毫米（图版六〇，3、4）。

5）杜氏珠蚌 *Unio douglasiae*

杜氏珠蚌　此类标本共出土2件。04HYT0817⑥:5，右壳，保存完好，保存程度为轻级。经测量，标本长为41.83毫米，宽为19.30毫米，厚为7.42毫米（图版六〇，9、10）。04HYT0817⑥:4，右壳，保存较好，壳身后缘略残，保存程度为轻级。经测量，标本长为37.00毫米，宽为18.09毫米，厚为7.01毫米。

（2）田螺科 Viviparidae

中国圆田螺 *Cipangopaludina chinensis*

此类标本共出土91件。04HYT0817③:38，保存完好，保存程度为轻级（图版六〇，11）。详细测量数据见表三四。

表三四　堰台遗址出土中国圆田螺测量数据表　　（单位：毫米）

标本 项目	04HYT0817③:38	04HYT0817③:19	04HYT0817③:5	04HYT0817⑥:33	04HYT0817⑥:20
螺塔高	27.27	25.35	19.17	11.29	15.87
螺体高	26.09	24.82	17.04	10.53	13.65
最大宽	35.50	34.92	25.37	15.28	24.88

(三) 两周之际

哺乳动物

(1) 家养动物

1) 猪 *Sus domestica*

此类标本共出土2件，均为下颌骨。最小个体数为2。04HYT1013④:2，左侧下颌骨，风化程度为轻级。标本牙齿保留有 I_1、C、P_4—M_3，其中 I_3 和 C 齿表破损，I_3、P_3 仅存齿根，P_4—M_2 均已使用，M_2 已露出齿质点，M_3 尚未使用。04HYT1013④:1，左侧下颌骨，风化程度为轻级。标本牙齿保留有 M_3。M_2 仅存齿根，M_3 已露出齿质点。详细测量数据见表三五。

表三五　堰台遗址出土猪下颌骨测量数据表　　（单位：毫米）

项目 \ 标本	04HYT1013④:2	04HYT1013④:1
残长	196.18	64.27
下颌角—M_3齿槽远口缘长	66.22	
下颌骨水平部长	133.68	
下颌角—P_2齿槽口缘长	153.05	
M_3齿槽远口缘—犬齿齿槽远口缘长	102.56	
M_3—P_1齿列长	99.22	
M_3—P_2齿列长	89.97	
M_{1-3}齿列长	54.57	
P_{1-4}齿列长	43.14	
P_{2-4}齿列长	34.15	
M_3的长、宽　长	23.62	39.62
M_3的长、宽　宽	13.89	19.03
P_2齿槽口缘 - I_3齿槽远口缘	25.45	
下颌骨垂直部远口侧高	54.82*	
下颌骨垂直部口侧高	73.43*	
M_3后下颌骨高	42.49	
M_1前下颌骨高	38.04	
P_2前下颌骨高	38.72*	
犬齿齿槽的最大直径	1.81	

注：*表示标本的此项目是残缺的。

2) 马 *Equus* sp.

此类标本共出土 2 件。最小个体数为 1。

① 鹿 *Cervus* sp.

胫骨　仅出土 1 件。04HYT0913③:1，右侧胫骨远端，风化程度为轻级。标本远端关节面残。经测量，标本最大长为 235.87 毫米，远端最大宽为 73.49 毫米，远端最大厚为 43.29 毫米（图版五七，14）。

趾系骨　仅出土 1 件。04HYT0913③:3，左侧趾系骨，保存完好。风化程度为轻级。标本近端关节面处残。经测量，标本最大长为 85.02 毫米，近端最大宽为 44.97 毫米，近端关节面最大宽为 42.05 毫米，近端厚为 25.02 毫米，远端最大宽为 50.36 毫米，远端关节面最大宽为 47.18 毫米。

（2）野生动物

鹿　*Cervus* sp.

此类标本共发现 4 件。其中，梅花鹿角 1 件，下颌骨 1 件，距骨 1 件，掌骨 1 件。最小个体数为 1。

① 梅花鹿　*Cervus nippon*

梅花鹿角　仅出土 1 件。04HYT1305④:6，右角，保存程度为中级。标本保留有眉枝、主枝和角盘，其中眉枝、主枝残，角盘是自然脱落。在主枝茬口处有 1 处锯痕。经测量，标本角盘最大径为 49.75 毫米，角盘最小径为 44.54 毫米，角盘到第一虎口的距离为 61.82 毫米。

② 鹿　*Cervus* sp.

下颌骨　仅出土 1 件。04HYT1112④:1，右侧下颌骨，风化程度为轻级。标本仅保留有 P_2—M_3 之间的下颌体。牙齿保留有 P_2—M_3，均已露出齿质点。经测量，标本残长为 100.02 毫米，P_2—M_3 齿列长为 94.11 毫米，M_{1-3} 齿列长为 58.35 毫米，P_{2-4} 齿列长为 34.86 毫米，M_3 残长为 17.63 毫米，残宽为 11.19 毫米，M_1 前下颌骨高为 24.08 毫米。

距骨　仅出土 1 件。04HYT0414⑤:1，左侧距骨，保存完好，风化程度为轻级。标本远端跖侧及近端跖侧均有破损。其近端峰及跖侧有食肉类动物的啃咬痕迹。经测量，标本长为 39.40 毫米（图版五九，14）。

掌骨　仅出土 1 件。04HYT1205④:1，左侧掌骨近端，风化程度为中级。经测量，标本残长为 61.71 毫米，近端宽为 30.27 毫米。

（四）春秋早期或稍晚

哺乳动物

（1）家养动物

1) 猪　*Sus domestica*

此类标本共出土了 8 件。最小个体数为 1。

上颌骨　仅出土 2 件。04HYT0706G1:11，右侧上颌骨，风化程度为轻级。标本保

留有 P^{1-4} 之间的上颌体。牙齿保留有 P^2，且磨蚀稍重，P^4 尚在齿槽孔中，即将萌出。经测量，标本残长为 66.11 毫米。04HYT0706G1：12，左侧上颌骨，风化程度为轻级。标本保留有 M^{1-3} 之间的上颌体。牙齿保留有 M^{1-3}，均已露出齿质点，M^2 仅保存后半部分，且磨蚀较重。

下颌骨　仅出土2件。04HYT1305③：1，右侧下颌骨，风化程度为中级。标本保留有 $C—P_3/DP_3$ 之间的下颌体，C 仅存齿根。经测量，标本残长为 62.94 毫米，犬齿槽直径为 11.50 毫米。04HYT1205③：1，左侧下颌骨，风化程度为中级。标本牙齿保留有部分 M_3。M_1、M_2 仅存齿根，M_3 前半部分仅存齿根，后半部分已露出齿质点。该标本仅存 M_{1-3} 之间的颌体。经测量，标本残长为 89.10 毫米，M_{1-3} 齿列长为 58.01 毫米，M_3 后下颌骨残高为 22.29 毫米。

肱骨　仅出土2件。04HYT0705②：10，右侧肱骨远端，风化程度为中级。标本无滑车。在其前内侧嵴和前外侧嵴处各有1处剔刮痕。标本骨体茬口处有食肉类动物的啃咬痕迹。经测量，标本残长为 90.18 毫米。04HYT0705②：5，左侧肱骨远端，风化程度为轻级。标本内、外上髁嵴底侧有食肉类动物的啃咬痕迹。经测量，标本残长为 82.45 毫米，远端宽为 40.36 毫米。

2）牛　*Bos* sp.

此类标本仅出土1件，04HYT0705G1：1，左侧掌骨，保存较好，风化程度为轻级。该标本内髁残，背侧骨表破损，外侧从近端至远端有多处剔刮痕。经测量，标本长为 198.52 毫米，近端宽为 56.35 毫米，远端最大宽为 29.05 毫米。

3）马　*Equus* sp.

此类标本仅出土1件，为马左侧跖骨近端。04HYT1517⑩：1，风化程度为轻级。标本近端内侧略有破损。经测量，骨体残长为 166.32 毫米，近端最大宽为 50.28 毫米，近端厚为 41.01 毫米（图版五七，17）。

（2）野生动物

鹿　*Cervus* sp.

此类标本共发现7件。最小个体数为1。

①鹿　*Cervus* sp.

肱骨　仅出土1件。04HYT0705②：4，左侧肱骨远端，风化程度为轻级。标本滑车处有1条割痕；前外侧骨体有3处砍痕；内侧骨体有2条划痕。经测量，标本残长为 87.60 毫米，远端宽为 38.40 毫米，滑车宽为 42.09 毫米。

胫骨　仅出土1件。04HYT0705②：6，右侧胫骨远端，风化程度为轻级。经测量，标本残长为 134.70 毫米，远端宽为 37.80 毫米。

掌骨　仅出土1件。04HYT0705②：1，右侧掌骨近端，风化程度为轻级。标本近端关节面及掌侧残。经测量，标本残长为 128.29 毫米，近端宽为 30.24 毫米。

跖骨　仅出土1件。04HYT0705G1：5，左侧跖骨近端，风化程度为轻级。经测量，标本残长为 94.31 毫米，近端宽为 26.88 毫米。

②梅花鹿 *Cervus nippon*

梅花鹿角 出土3件。04HYT0705②:8，左角，风化程度为中级。标本保留有第二枝、主枝。第二枝完整，主枝残。角表面的瘤状物已经磨平。04HYT0705②:3，左角，风化程度为中级。标本角盘略破损，主枝和眉枝残。该标本为自然脱落。04HYT0317②:1，右角，保存程度为中级。标本主枝略残，第二枝完整。详细测量数据见表三六。

表三六 堰台遗址出土梅花鹿角测量数据表 （单位：毫米）

项 目	标 本	04HYT0705②:8	04HYT0705②:3	04HYT0317②:1
角盘最大径和最小径	最大径		38.38*	
	最小径		35.66	
角盘到第一虎口的距离			40.29	
角盘到第二虎口的距离		49.44*		78.74

注：*表示标本的此项目是残缺的。

三、动物骨骼表面痕迹分析

（一）非人工作用

1. 自然营力作用

存在于遗址中的骨骼往往受到自然营力作用的影响，该遗址中主要是风化和腐蚀作用。

当动物骨骼直接暴露于地表时，它们会经受风沙雨雪的侵蚀、太阳光的直接照射及温差的变化等物理风化作用，使骨骼表面产生裂纹，甚至裂开、消失。根据该遗址的具体情况，以及骨骼表面骨胶原的受损程度，将该遗址出土的动物骨骼遗存大致分为三个等级：

ⅰ. 轻级：骨骼表面的骨胶质保存较好，骨体重；

ⅱ. 中级：骨骼表面的骨胶质仅有一部分遭到破坏，骨体较重；

ⅲ. 重级：骨骼表面的骨胶质遭到严重破坏，完全被风化掉，或呈现蜂窝状，骨体轻，易碎。

经过统计，轻度标本占83%，中度标本占17%，无重度风化标本。从风化的程度看，大部分骨骼是被迅速埋藏起来的。

2. 动物作用

（1）食肉类咬痕

该遗址由于动物作用造成的痕迹中，大部分为食肉类动物所致，其啃咬部位多在长骨的两端，少数在下颌骨、髋骨、肩胛骨、跟骨和距骨等骨骼处，食肉类的啃咬痕迹多为小的凹坑，即啃咬时留下的压痕；另一类则为"钉子形"的食肉类动物牙齿的划痕。从啃咬的位置来看，食肉类动物多选择啃食骨松质，推测其啃咬部位较集中的原因有二，一为骨松质部分相较骨密质部分容易啃食，不费力；二为骨松质部位含有较高的营养成分，动物更喜欢啃食。

在该遗址中，有这种痕迹的骨骼约占所有骨骼的10%，说明食肉类动物数量较少。

（2）啮齿类咬痕

该遗址中，仅有1件标本的骨骼表面有啮出类动物的啃咬痕迹。该标本是梅花鹿右侧角，咬痕在眉枝内侧、茬口与主枝前内侧，形成细密且整齐排列的齿痕。啮齿类动物啃咬骨骼的目的并非取食，而是为了磨耗牙齿所为。而单从齿痕分析，应该是小型鼠类作为。

这种啮齿类动物留下的痕迹极少，说明当时鼠类动物较少。

（二）人工作用

由于人工痕迹而形成的标本数量很多，大约占骨骼总数的73%。在这些骨骼材料上常见的人工痕迹有割痕、剔刮痕、砍痕、砸痕、锯痕等，少见有削痕和烧烤痕。

割痕　存在割痕的骨骼材料较多，约占所有有人工痕迹的动物骨骼总量的8%。此痕迹多见于长骨骨干及两端和不规则骨的棱嵴上。因此推测其目的主要是将骨与肉分离，以获取肉食资源。骨骼上留下的割痕一般都是很细很浅的，有成排排列的，也有同方向，但却是不规则排列的。

剔刮痕　这类痕迹多见于长骨骨干、肩胛骨上肩胛冈与颈相连处和前后缘的嵴上，髋骨的棱嵴上以及鹿角上。这类痕迹约占骨骼总量的12%。根据痕迹形成的位置以及剔刮的对象分析，其目的与形成割痕的目的相同，都是为了使骨肉分离。但在鹿角上的剔刮痕则不是为了骨肉分离，推测可能是先民出于制作角器的目的而对鹿角进行修形。

砍痕　这类痕迹约占11%，主要见于长骨骨干、角以及掌骨、跖骨和跟骨上，椎骨上少见。形成这种痕迹的主要目的有二，一为肢解动物躯体，例如，在椎骨和髂骨上的砍痕；二为截取骨料，例如，在角柄处。通过观察，砍痕主要在关节处或骨体两端，这类情况的目的往往是肢解动物，因为要将其筋腱或韧带砍断而在关节处或骨体两端留下或深或浅的利器痕迹。从上述情况来看，痕迹部位非常集中，说明当时人们的屠宰技术比较娴熟。

砸痕　据观察，有砸痕的骨骼数量不多，约占10%，这类痕迹主要出现在长骨骨干中间、近远端。具有砸击痕迹的骨骼茬口形状多样。推测，砸击的目的一般是砸骨取髓，砸断长骨中间部分，获取骨髓。

锯痕　这类痕迹在骨骼上集中出现于鹿角上，约占3%，锯的主要目的就是截取骨料。

削痕　这类痕迹出现极少，仅占1%。推测可能是人类为了肢解动物或使骨肉分离时而产生的行为。

四、骨　　料

在这批骨骼材料中，可见一些为先民所用的骨料。这种骨料多见于鹿角，推测可能还有一些大型动物的管状骨等。但由于前期的保存情况和后期的破坏等客观因素，已不能对管状骨等骨料进行分析，这里仅以鹿角为例。鹿角的加工工艺流程如下。

1. 选材

在出土的鹿角标本中，约有43%的鹿角标本上都留有人工痕迹，这说明人类对鹿角的利用率很高，是先民经常使用的材料。另外，鹿角应是来源于遗址以外，是人类狩猎或采集（鹿角中含自然脱落的）的结果。

2. 取材

根据具体需求，在选好的鹿角上截取材料。取材时，使用的手法多为砍、锯，该遗址中，鹿角大多没有眉枝和第二、三枝，在其茬口处就常见有锯痕或砍痕。另外，在保留有部分头骨的鹿角上，常见有砍痕抑或反复锯的痕迹。由此可见，先民是以得到鹿角为目的的。

3. 雏形

将截取的小素材，再经过削、刮等方式，加工成工具的雏形。

4. 成品

将加工成的工具雏形，再经过磨的方式，加工成成品工具。骨锥即是由鹿角的眉枝、第二、三枝加工而成。

从上述的工艺流程和成品工具看，这种制作骨器的方式简单、便捷，而且制作出来的骨器较精致，反映出先民们的聪明才智。

五、结　　语

（1）遗址性质

首先，从堰台遗址的饲养经济角度来分析，该遗址的家养动物中，猪占有绝对的比例优势，这说明先民对这种动物的需求量比较大，同时这种动物又只适宜定居生活。而且根据猪死亡年龄的分析，多为其能为人类提供肉食资源的最佳时期死亡（约15月龄），由此，可以推测出，居住于堰台遗址的先民们是定居生活。但是，出土的猪骨从一、二期到三、四期骤减，说明该遗址一定发生了什么变故，例如一些自然灾害，这样才使得人们被迫放弃了该居址，迁徙到别处。

（2）生业模式

出土的动物骨骼遗存中，饲养动物有猪、牛、马和狗。其中，猪的数量占优势，其次是牛，马和狗的发现甚少。由此可见，当时人们对猪的需求量很大，这是人们比较稳定的肉食资源。由于农业栽培技术的提高，粮食的产量增加，给猪的饲养更加带来了便利条件。狗在一期数量甚少，二期发现了一具较完整的狗骨架。同时在二期狗的数量开始增加，但仍不在多数。牛和马的数量几乎没有任何变化。

在家畜数量增长的同时，可以看到野生动物的数量在减少。这是由于农业栽培技术的发展，使得当时的人们有了比较稳定的食物资源，已经不需要频繁外出打猎。

软体动物的数量也在增长，这说明人们的渔猎活动在增加，生存手段多样化，开始多方面补充营养。

第三、四期所有动物的数量均大幅减少，甚至没有，因此，推测堰台遗址可能经历过较大的变故，使人们弃居而走。

综上所述，人们的生业模式应该是农业、饲养业、狩猎业和渔猎兼备，并以农业和饲养业为主，狩猎和渔猎为辅。

（3）周边环境

该遗址中出土的野生动物仅有两种鹿，即梅花鹿和麋鹿。麋鹿以水草和水生植物为主要食物，喜水并善游泳；梅花鹿栖息于针阔叶混交林的山地、草原和森林边缘。

软体动物有帆蚌、背瘤丽蚌、环带丽蚌、剑状矛蚌、巨首楔蚌、杜氏珠蚌以及中国圆田螺。综合这些软体动物的生活习性和喜好，它们的生存环境应该是流水水域、湖泊以及与其相通的河流，且底质有泥沙。

综上所述，当时堰台遗址的人应该生活在有河流、湖泊等水源丰富，并且周边有林木的地方。

附录四 堰台遗址浮选结果分析报告

赵志军

(中国社会科学院考古研究所)

堰台遗址位于安徽省霍邱县境内，是一处西周中期至春秋时期的村落遗址。2004年，安徽省文物考古研究所对堰台遗址进行了发掘。在发掘过程中，采用了浮选法系统地获取遗址中埋藏的古代植物遗存，然后，通过在实验室对出土植物遗存的种属鉴定和量化分析，复原堰台遗址古代先民对植物利用的情况，探讨当时农业生产的特点和发展状况。

一、采样与浮选

堰台遗址浮选样品的采样工作是伴随着发掘进程逐步开展的，采用的是针对性采样法，即针对发掘出土的性质比较明确的各种遗迹单位，如灰坑、房址、墓葬等，在清理过程中及时采取适量土样作为浮选样品；另外，在发掘结束后选择一些探方，在其隔梁上按文化层分别采取了几组系列地层的土样。

在堰台遗址先后共采集了浮选土样99份，其中以地层样品的数量最多，共计68份，灰坑样品次之，22份，墓葬样品7份，房址样品最少，仅有2份。每份浮选土样的土量约5升，总计获取浮选土量为495升。从总体上看，在堰台遗址采集的浮选样品数量较多，采集面涵盖了整个发掘区域，采集点涉及了各种遗迹背景，因此，从这99份浮选样品中获得的植物遗存具有较强的普遍性和代表性，可以如实地反映整个遗址植物遗存的埋藏情况，为进一步开展量化对比和分析打下了基础。

浮选工作是在发掘现场进行的，所用的浮选设备是水波浮选仪[①]，配备的分样筛规格为80目（筛网孔径0.2毫米）。通过浮选过程的现场观察，堰台遗址的浮选结果比较理想，从绝大多数样品中浮选出了丰富的炭化植物遗存。

浮选结果在当地阴干后被运回中国社会科学院考古研究所植物考古实验室进行分类、植物种属鉴定和分析。

---

① 赵志军：《植物考古学的田野工作方法——浮选法》，《考古》2004年3期。

二、浮选结果的鉴定与分析

通过显微镜观察,在堰台遗址浮选样品中出土的炭化植物遗存大体分为炭化木屑、坚果残块和植物种子三大类。另外,在浮选结果中还发现了大量的稻谷籽粒上的基盘和稻穗上的小穗轴。

(一) 炭化木屑

炭化木屑是指经过燃烧的木头的残存,其主要来源应该是未燃尽的燃料,或遭到焚烧的建筑木材以及其他用途的木料等。从堰台遗址浮选出土的炭化木屑大多十分细碎,但也有少量较大的碎块,可送交专家进行树种的鉴定。我们所做的是对出土的炭化木屑进行量化分析,以求寻找具有某种文化意义的现象或规律。

首先,使用18目(网孔径1毫米)的分样筛,将每份浮选结果中包含的大于1毫米的炭化木屑筛分出来,然后使用电子天平进行称重。结果显示,堰台遗址浮选样品所含的炭化木屑平均重5.8克/5升土样。与其他考古遗址的浮选结果相比较,例如临近的安徽蒙城尉迟寺遗址,堰台遗址浮选结果中的炭化木屑含量十分丰富。

根据称重结果,对不同采样背景的浮选样品的炭化木屑含量进行了统计比较。结果显示,在炭化木屑含量异常的浮选样品中(显著高于平均值或显著低于平均值),既有采自地层的,也有采自灰坑和房址的。另一方面,在未发现任何炭化植物遗存的几份浮选样品中,也是包括了地层、灰坑和墓葬等不同采样背景。这说明,堰台遗址文化堆积中炭化植物遗存的埋藏方面虽然十分丰富,但在不同遗迹现象之间并不存在有分析意义的分布规律。

(二) 坚果残块

坚果是特指那些包含有单个种子的坚硬干果,如板栗、榛子、栎果、菱角等。在堰台遗址浮选结果中发现的坚果遗存数量很少,仅有2例菱角的残壳,均出土于T1114d的11层文化堆积中(图版五三,8)。

菱(*Trapa* spp)是一种水生植物,果实的形态特征十分明显,有三角形的硬壳,顶部有一个发芽孔,底部有果柄残存;硬壳上突出有两个角(两角菱 *T. bispinosa*)或四个角(四角菱 *T. quadrispinosa*),所以被称之为菱角。

堰台遗址浮选出土的菱角残壳过于破碎,无法进一步确定其究竟应该属于两角菱还是四角菱。

(三) 植物种子

植物种子是堰台遗址浮选工作的最大收获，在 99 份浮选样品中共清理出了 50991 粒各种炭化植物种子。经鉴定，出土的植物种子中包括有稻谷（*Oryza sativa*）、小麦（*Triticum aestivum*）和粟（*Setaria italica*）三种农作物遗存。其他植物种子分别属于禾本科（Poaceae）、豆科（Leguminosae）、莎草科（Cyperaceae）、藜科（Chenopodiaceae）、蓼科（Polygonaceae）和马齿苋科（Portulacaceae）等常见的杂草类植物种子，以及紫苏（*Perilla frutescens*）和拉拉藤属（*Galium* sp）等野生植物种属的种子。另外还有一些特征不明显的、或者由于炭化过甚而失去了特征部位的未知种属的植物种子(表一)。

表一　堰台遗址出土植物种子统计表

植物种属	出土数量（个）	数量百分比（%）
稻谷（*Oryza sativa*）		
~完整稻米	2673	5.24
~残碎稻米	47905	93.95
小麦（*Triticum aestivum*）		
~完整麦粒	21	0.04
~残碎麦粒	39	0.08
粟（*Setaria italica*）	156	0.31
禾本科（Poaceae）		
~狗尾草属（*Setaria* ssp）	29	0.06
~马唐属（*Digitaria* ssp.）	2	0.00
~稗属（*Echinochloa* ssp.）	6	0.01
~其他禾本科	35	0.07
莎草科（Cyperaceae）		
~飘浮草（*Fimbristylis dichotoma*）	21	0.04
~其他莎草科	8	0.02
马齿苋科（Portulacaceae）		
~马齿苋（*Portulaca oleracea*）	3	0.01
藜科（Chenopodiaceae）	26	0.05
蓼科（Polygonaceae）	14	0.03
豆科（Leguminosae）	3	0.01
唇形科（Labiatae）		
~紫苏（*Perilla frutescens*）	1	0.00
茜草科（Rubiaceae）		
~拉拉藤属（*Galium* sp）	20	0.04
未知植物种子	29	0.06

从表一可以清楚地看出，在堰台遗址浮选出土的各种炭化植物种子中，绝对数量是以农作物为主，三种谷物遗存的出土数量合计多达50794粒，占到了所有出土植物种子总数的99.6%。其他非农作物植物种子的出土数量，合计不到200粒，所占数量比例微不足道。

1. 稻谷

在三种谷物遗存中，稻谷遗存的出土数量最多，共计清理出了50578粒炭化稻米，占出土谷物总数的99.6%，占所有出土植物种子的99.2%。这些炭化稻米在出土时大部分已经破碎（彩版二八，1），完整的尚有2673粒（彩版二八，2）。我们在完整的炭化稻米中随机抽取了20粒进行了测量，结果显示，堰台遗址出土完整稻米的粒长的平均值是5.26毫米，粒宽的平均值是3.09毫米，粒厚的平均值是2.35毫米，稻粒长宽比的平均值是1.73（表二）。

表二　堰台遗址出土稻米测量数据　　　　（单位：毫米）

序号	长度	宽度	厚度	长宽比
1	5.90	3.36	2.66	1.76
2	5.38	3.46	2.48	1.55
3	5.17	3.19	2.21	1.62
4	5.29	3.17	2.15	1.67
5	5.39	2.81	2.31	1.92
6	5.27	3.35	2.59	1.57
7	5.36	3.40	2.63	1.58
8	5.81	3.17	2.76	1.83
9	5.40	3.70	2.92	1.46
10	4.96	3.13	2.35	1.58
11	5.00	3.34	2.33	1.50
12	5.39	3.67	2.84	1.47
13	5.67	3.50	2.57	1.62
14	5.28	3.14	2.47	1.68
15	5.36	3.25	2.43	1.65
16	5.23	2.48	1.88	2.11
17	5.17	2.42	1.92	2.14
18	5.55	2.43	2.08	2.28
19	4.40	2.40	1.73	1.83
20	4.31	2.38	1.63	1.81
平均值	5.26	3.09	2.35	1.73

现代籼稻的稻粒大多为细长形,长宽比值一般在 2.3 以上,现代粳稻的稻粒短粗,长宽比值为 1.6~2.3,如果按照稻粒长宽比的平均值考虑,堰台遗址浮选出土的稻谷遗存似乎应该归属于粳稻。但是,利用稻粒形态特征判别稻谷的品种是相对的,因为判别的界限是根据一般的规律人为设定的;再则,堰台遗址浮选出土都是炭化的稻米,一般而言,植物籽粒经过火的烧烤多少都会有些变形,而稻米在炭化后的形态变化规律目前还不清楚。因此,根据形态和测量数据判断考古出土稻谷的品种仅具参考意义。

2. 小麦

小麦遗存是堰台遗址浮选结果中最为重要的发现之一,共出土了炭化小麦 60 粒。这些小麦粒的形态特征十分明显,呈小圆柱状,背部高高隆起,腹部有很深的腹沟。其中多数已经残破(彩版二八,3),完整的仍有 21 粒(彩版二八,4)。我们对这 21 粒完整的小麦粒进行了测量,结果显示,堰台遗址浮选出土小麦的粒长的平均值是 3.38 毫米,粒宽的平均值是 2.57 毫米,粒厚的平均值是 2.25 毫米(表三)。

表三　堰台遗址出土小麦测量数据　　　　　　　　　　（单位:毫米）

序号	长度	宽度	厚度
1	2.57	1.88	1.75
2	3.23	2.32	1.96
3	3.82	3.00	2.92
4	3.43	2.84	2.64
5	3.94	3.35	2.59
6	3.96	3.10	2.46
7	3.50	2.82	2.53
8	3.84	2.85	2.34
9	3.68	2.96	2.12
10	3.64	2.78	2.22
11	3.10	2.61	2.42
12	3.65	2.23	2.18
13	3.56	2.61	2.68
14	3.36	2.60	2.24
15	3.00	2.01	2.03
16	3.23	2.14	2.02
17	3.19	2.26	1.97
18	2.89	2.31	2.00
19	3.22	2.22	2.18
20	2.99	2.57	2.23
21	3.09	2.42	1.79
平均值	3.38	2.57	2.25

从测量尺寸看，堰台遗址出土炭化小麦的籽粒非常小。农学家曾对甘肃民乐东灰山遗址出土的炭化小麦粒作过形态学的观察和分析①，将它们分为大粒型、普通型和小粒型三个等级，其中大粒型的平均粒长和粒宽分别是5.7毫米和3.75毫米，普通型是4.9毫米和3.35毫米，小粒型是4.05毫米和2.95毫米，并由此推断大粒型和普通型属于普通小麦（T. aestivum），小粒型可能属于密穗小麦（T. compactum）中的小粒型品种。

从测量数据看，堰台遗址出土的炭化小麦粒的尺寸明显地小于民乐东灰山出土的密穗小麦粒的尺寸，即便考虑到植物籽粒经过烧烤会变形的这一因素，堰台遗址出土小麦籽粒的尺寸仍然偏小，很难将其归属于密穗小麦，其究竟应该属于什么品种有待于今后的分析和判断。

3．粟（谷子）

堰台遗址浮选出土的第三种谷物遗存是炭化粟粒，共计发现了156粒。这些炭化粟粒均呈圆球状，直径多在1.5毫米左右，粟粒的表面较光滑，胚部因烧烤而爆裂呈凹口状（彩版二八，5）。

粟俗称谷子，籽粒非常细小，与另一种籽粒也很细小的谷物黍（Panicum miliaceum）被统称为"小米"，学术界又称之为粟类作物。粟和黍这两种小米是中国古代北方旱作农业的代表性谷物，在南方的考古遗址中很少发现，因此，堰台遗址浮选出土的炭化粟粒数量虽少，但意义重大。

4．禾本科植物种子

堰台遗址浮选出土的非农作物植物遗存中，以禾本科植物种子的数量为多，共计72粒。其中有些可以进一步鉴定到属。

狗尾草属（Setaria）植物种子，共发现29粒，均呈扁椭圆形，背部略鼓，腹部扁平，尺寸较小。

马唐属（Digitaria）植物种子，发现有2粒，形态略显细长，长度在1毫米以下，胚部较短小，胚长约占颖果总长的1/3（图版五三，1）。

稗属（Echinochloa）植物种子，发现了6粒，个体稍大，长度在1毫米以上，胚区较宽大，胚长约占颖果的2/3至3/4（图版五三，2）。

其余的35粒禾本科植物种子尚未进一步鉴定到属种。

禾本科植物中有许多品种属于田间杂草，例如此次鉴定出来的狗尾草属、马唐属和稗属，都是现今十分常见的田间杂草类植物。

---

① 李璠等：《甘肃省民乐县东灰山新石器遗址古农业遗存新发现》，《农业考古》1989年1期。

5. 豆科植物种子

豆科在植物界是一个大科，种类十分繁多，但在堰台遗址浮选出土的豆科植物种子却非常少，仅发现了3粒。这几粒豆科植物种子的尺寸很小，豆粒长度在1.5毫米左右，宽度不到1毫米，豆脐部分已经破损（彩版二八，6）。

豆科植物根据植株的形态可分为木本、藤本和草本三大类，堰台遗址出土的豆科植物种子个体很小，估计应该属于草本类豆科植物种子。草本类豆科植物与人类的生活密切相关，包含有农作物、牧草和杂草三大类。堰台遗址出土的这些豆科种子尚无法进一步鉴定到属种，目前唯一可以肯定是，它们不是农作物遗存，但究竟属于杂草类还是牧草类尚不得知。

6. 莎草科植物种子

在堰台遗址浮选结果中发现了29粒莎草科植物种子，经鉴定，其中有21粒是飘拂草（*Fimbristylis dichotoma*）的籽粒。这些飘拂草籽均呈尖卵形，表面有明显的网纹，尺寸非常小，长度不到1毫米，宽度在0.5毫米左右（图版五三，3）。

另外8粒莎草科植物种子呈三棱形或尖卵形，尺寸很小，目前尚未鉴定到属种。

莎草科植物中的许多品种是常见的水田杂草，其中就包括在堰台遗址浮选结果中鉴定出的飘拂草。

7. 其他杂草类植物种子

除了禾本科和莎草科外，在堰台遗址浮选样品中发现的可能属于杂草类还有藜科、蓼科和马齿苋科的植物种子。

藜科植物种子26粒，籽粒扁圆形，胚根显著，尺寸很小，直径约0.5毫米（图版五三，4）。

蓼科植物种子14粒，籽粒均为三棱状，长1毫米左右。

马齿苋科植物种子3粒，经鉴定为马齿苋（*Portulaca oleracea*），籽粒呈卷卵形，表面布满乳突（图版五三，5）。

与禾本科和莎草科相同，藜科、蓼科和马齿苋科这几类植物都包含有许多杂草类品种，有的生长在田间，有的生长在人类的居住区，与人类日常生活关系十分密切，因此在一般考古遗址的浮选样品中或多或少地都可以见到属于这几个科的植物种子遗存，堰台遗址也不例外。

8. 紫苏

在堰台遗址浮选结果中发现了一粒紫苏种子，呈卵圆形，外皮有六边形的褶皱纹（图版五三，6）。紫苏是一年生的草本植物，在植物分类上属于唇形科（Labiatae）。紫苏的叶、梗和籽粒均能食用，是现代一种常见的中草药。

9. 猪殃殃属植物种子

在浮选结果中还发现了 20 粒属于猪殃殃属的植物种子，圆球状，腹部中央有圆形深坑，直径约 1 毫米（图版五三，7）。猪殃殃属于茜草科（Rubiaceae），是现今北方地区很常见的一类杂草，多生长在农田内外，或路旁和沟边。在其他一些考古遗址的浮选结果中也有发现。

10. 未知植物种子

堰台遗址浮选结果中还有 29 粒植物种子无法鉴定种属。由于这些植物种子出土数量少，又不知道其种属，对分析帮助不大，因此不在此详细描述。

（四）稻谷的基盘和小穗轴

生长中的稻谷籽粒是通过小穗（spikelet）与稻穗相连接的，稻谷籽粒的底部与小穗连接的圆环部位称作"基盘"，小穗的顶端与基盘连接的相应部位被称作小穗轴。在堰台遗址浮选结果中发现了大量的稻谷基盘和小穗轴，其中以基盘为多，共计 7963 个（彩版二八，7），小穗轴很少，仅有 107 个（彩版二八，8），另外还发现了 1127 个仍然联结着小穗轴的基盘，合计共发现稻谷基盘和小穗轴 9197 个。

从理论上讲，栽培稻和野生稻在生物特性上最根本的区别之一，是栽培稻丧失了成熟后自然脱粒的功能。所谓"脱粒"实际就是指基盘与小穗轴之间的分离，换句话说，基盘与小穗轴的连接面的特点是决定稻谷成熟后能否自然脱粒的关键，因此，也就成为判别栽培稻与野生稻的重要标准。

安徽霍邱远离现代野生稻的分布范围，堰台遗址文化堆积的年代已经进入历史时期，所以从逻辑上推理，此次浮选出土的稻谷遗存应该都属于栽培稻，不存在栽/野属性的鉴定问题。根据我们的观察，这是事实，堰台遗址出土基盘的特征，绝大多数与现代栽培稻的一致，例如，基盘圆环明显内凹，圆环中心的连接点有撕裂痕迹等。即便如此，堰台遗址发现的大量的稻谷基盘和小穗轴仍然十分重要，这为今后进一步研究堰台稻谷的特性提供了一批重要的实物资料。

三、分析和讨论

从总体上看，堰台遗址浮选结果中的炭化植物遗存十分丰富，不仅炭化木屑含量很高，而且出土了大量的炭化植物种子，总数多达 5 万余粒，平均每份浮选样品出土植物种子 500 余粒，如此丰富的炭化植物遗存在其他考古遗址的浮选结果中还是不常见的。

更为特殊的是，在堰台遗址浮选出土的炭化植物种子中的绝大多数都属于农作物遗存，数量比例竟然高达99.6%。毫无疑问，堰台遗址浮选结果所反映的基本上都是当时农业生产以及农产品加工和消费的信息。前面已经提到，在堰台遗址采集的99份浮选样品具有较强的普遍性和代表性，反映的是整个遗址植物遗存的埋藏情况。据此，根据浮选结果可以做出判断，堰台遗址的生业形态是处在比较发达的农业经济阶段，农业生产应该是当时人们的物质生活资料的主要来源。考虑到堰台遗址文化堆积的年代已经进入到历史时期，即西周至春秋时期，这一结果应该是在意料之中的。

问题是，堰台遗址的农业生产特点是什么？

在回答这个问题之前，有两个因素值得考虑。其一是堰台遗址浮选出土的农作物遗存中包括有稻谷、小麦和粟（谷子）三种谷物，稻谷是中国南方稻作农业的代表性农作物，粟是中国古代北方旱作农业的传统的主体农作物，小麦是优良的旱地作物，由西亚传入后逐步替代粟成为北方旱作农业的代表性农作物。其二是堰台遗址所处地理位置十分特殊，恰巧位于以黄河中下游地区为代表的北方旱作农业区和以长江中下游地区为代表的南方稻作农业区之间的淮河流域地区。因此，在西周至春秋时期，堰台遗址当地的农业生产特点究竟是偏向于旱作还是稻作，这是值得认真探讨的一个问题。

堰台遗址浮选结果的一个显著特点是，在出土的三种农作物中，稻谷遗存的出土数量异常突出，绝对数量占出土农作物总数的99.6%，占所有出土植物种子的99.2%。然而需要指出的是，古代植物遗存在堆积过程、埋藏过程和提取过程中存在着各种各样的数量误差，不同体积或质地的植物种子在出土绝对数量上的比较应该是相对的[①]。例如，堰台遗址浮选出土的炭化稻米遗存即便是碎稻粒在体积上也比炭化粟粒大的多，因此，仅凭绝对数量的统计数据还不足以探讨农作物遗存与人的生活和生产之间的关系。

为此，我们又采用另外一种统计方法，即植物遗存的出土概率对堰台遗址出土的三种农作物进行了统计比较。植物遗存的出土概率是指在遗址中发现某种植物种类的可能性，是根据出土有该植物种类的样品在采集的样品总数中所占的比例计算得出的，这种统计方法的特点是不考虑每份浮选样品中所出土的各种植物遗存的绝对数量，而是仅以"有"和"无"二分法作为计量标准，因此在客观上减弱了埋藏机制和埋藏背景造成的误差对分析结果的影响。一般而言，考古遗址中所埋藏的植物遗存绝大多数应该属于文化堆积，即人类通过劳动主动地（如谷物）或被动地（如杂草）获得的、而后又被人类有意识地遗弃或无意识地遗漏在遗址中的植物的遗存，从逻辑上讲，与人类生活关系最为密切的植物种类被带回居住地的可能性越大、频率越高，因而被遗弃或遗漏在遗址中的概率就越高，散布在遗址中的范围就越广，由此出土的概率也就越高。据此，我们就可以根据不同植物遗存的出土概率推断出它们在人类生活中的地

---

① 赵志军：《考古出土植物遗存中存在的误差》，《文物科技研究》（第一辑），科学出版社，2003年。

位，从而分析出当时经济形态的特征。

根据统计结果，堰台遗址稻谷的出土概率为72.2%，小麦的出土概率为10.1%，粟的出土概率为28.3%。由此看出，堰台遗址出土农作物遗存中，稻谷无论在绝对数量上还是在出土概率上均占绝对统治地位。这清楚地说明了，在西周至春秋时期，堰台遗址古代先民从事的农业生产属于典型的南方稻作农业，即以种植稻谷为主的特点。

一般认为，中国的农业起源分为两条独立的源流，一是以长江中下游地区为核心的、以种植稻谷为代表的稻作农业起源，二是以黄河中下游地区为核心的、以种植粟类作物为代表的北方旱作农业起源，由此形成了南方稻作农业区和北方旱作农业区，并一直延续至今（其间北方旱作农业区的主体作物逐渐演变为小麦）。现如今，这两个农业区的分界线大体在秦岭淮河一线。但这仅是人为划定的界限。农业区的自然划分应该与代表农作物的生长习性和区域的生态环境密切相关，然而，以河流为界限一般是很难将两个不同的生态环境截然分开的，因此在我国东部地区的淮河两岸实际存在着一个广泛的稻旱混作农业区。堰台遗址地处淮河南岸，恰好位于这个稻旱混作区内，而且现今当地的农业生产也确实是以稻谷和小麦并重为特点的。这与堰台遗址浮选结果所揭示的古代农业生产特点即典型稻作农业生产略有不同。

堰台遗址浮选结果所表现出的古代农业生产特点与现今当地农业生产的特点的不同，有可能是反映了当地农业生产环境的改变。稻属植物是一种半水生的热带植物，现代野生稻的分布范围仅局限于热带地区和亚热带的南端，虽然栽培稻在人的帮助下可以超越自然分布的范围在高纬度环境中生存，但其喜温特别是好湿的生物特性并没有改变。现今在我国，年均温度的高低决定着一个地区稻作的栽培方法和所种植稻谷的品种类型（籼稻或粳稻），而水量（包括降水、河、湖和地下水）的多寡决定着该地区能否种植稻谷以及稻作在农业生产中所占的比重。由此可见，水是决定一个地区种稻还是种麦的关键。20世纪90年代初，地质学者在江苏省建湖县发现一个良好的全新世自然剖面——庆丰剖面，通过采用孢粉分析等方法开展了气候和环境的复原，结果显示，在距今4000~2000年间为大暖期后的第一个降温期，但是苏北至安徽中部，当时的气温仍较目前高[1]。这说明，虽然从整体上讲周代是一个相对的寒冷干燥期，但在堰台遗址所处的区域，仍然保持着一个相对温暖湿润的环境，为发展稻作农业提供了良好的条件。

堰台遗址发现的小麦遗存在绝对数量和出土概率的统计上都不高，但却具有很高的学术研究价值。早在20世纪50年代，在安徽亳县（现亳州市）的钓鱼台遗址曾发现过小麦遗存，这是新中国考古最早发现的古代小麦遗存。据报道，小麦遗存出土于

---

[1] 唐领余、沈才明：《江苏北部全新世高温期植被与气候》，《中国全新世大暖期气候与环境》，海洋出版社，1992年，80~93页。

一件陶鬲中,当时被认定为新石器时代的小麦遗存,但随后这件陶鬲又被确认为是西周时期的遗物①,换句话说,钓鱼台遗址的发现应该是西周时期的小麦遗存。时隔50余年,我们在霍邱的堰台遗址再次出土了西周至春秋时期的小麦遗存,不仅证实了钓鱼台遗址的重要发现,而且为研究小麦传入中国时间和路线、普及的速度和范围等问题均提供了新的考古证据。

小麦是由西亚通过中亚传入中国的,原来认为在中国发现的最早的小麦是出土于甘肃民乐东灰山遗址,小麦自身的碳-14测定年代为距今4230年+250年(实验室编号 BA92101),但是,东灰山遗址的文化堆积属于距今3500年前后的四坝文化,二者的年代相差将近1000年②。对这一矛盾现象,有学者曾尝试着给以解释③,但仍然无法令人完全信服。

近些年通过广泛开展浮选工作,在山东省的日照两城镇、日照六甲庄和聊城校场铺,以及河南省的博爱西金城等考古遗址,相继发现了属于龙山时代的炭化小麦遗存,这些发现对探讨小麦传入中国的时间和传播路线提供了新的实物资料和重要的考古证据。20世纪90年代,在河南省洛阳皂角树遗址的二里头文化层中出土过一定数量的炭化小麦遗存④;近期,在河南省登丰王城岗遗址又出土了二里头时期的小麦遗存,这说明在二里头文化时期小麦已经传入到中原地区。近期的考古发现还显示,至迟在商代早期即二里岗文化时期,小麦已经开始在中原地区普遍种植,而发展到西周至春秋时期,小麦虽然仍然没有完全取代粟和黍这两种小米,但已经成为中国北方旱作农业的重要粮食作物⑤。

堰台遗址的浮选结果显示,在西周至春秋时期当地的农业生产特点属于典型的稻作农业,但却发现了一定数量的小麦,这说明,小麦在传入中国后,很快被广阔的区域所认识和接受,以至于应归属于稻作农业生产地区的堰台遗址也开始种植小麦。

除了稻谷和小麦外,堰台遗址还出土了中国古代北方旱作农业的代表性农作物——粟。根据统计结果,粟的出土概率远低于稻谷,出土的绝对数量非常少,这说明,粟在堰台遗址的农业生产中并不重要,可能仅是辅助性的农作物品种,甚至有可能是通过交易或其他方式从更北的地方获得的。

此次浮选出土的非农作物植物遗存是以杂草类植物种子为主,其中包括禾本科的

---

① 杨建芳:《安徽钓鱼台出土小麦年代商榷》,《考古》1963年11期。
② 甘肃省文物考古研究所、吉林大学北方考古研究室:《民乐东灰山考古》,科学出版社,1998年。
③ 李水城、莫多闻:《东灰山遗址炭化小麦年代考》,《考古与文物》2004年6期。
④ 洛阳文物工作队:《洛阳皂角树》,科学出版社,2002年,122页。
⑤ 赵志军、方燕明:《登丰王城岗遗址浮选结果及分析》,《华夏考古》2007年2期。

狗尾草属、马唐属、稗属，莎草科的飘浮草，马齿苋科的马齿苋，以及蓼科和蔊科的植物种子。杂草是伴随着人类的出现而形成的、依附于人类的生产和生活而存在的一类特殊植物，杂草在进化过程中逐步地侵入并适应了人工生态环境，但却又不具备被人类所利用的价值。由于杂草的生长环境是人工生境，因此，考古出土的杂草类植物应该与人类的活动直接或间接相关，这也是通常在考古遗址中能够发现大量杂草类植物种子的主要原因之一。

杂草类植物中的主要成分是田间杂草，堰台遗址浮选出土的杂草种子中有许多就应该属于田间杂草。例如，马唐属植物中的马唐（D. sanguinalis）、毛马唐（D. ciliaris）等，就是对秋熟旱作农田危害最为严重的两种杂草。稗属植物中的稗（E. crusgalli）、长芒稗（E. caudata）等，就是恶性水田杂草，如由于其形态和生长习性与稻谷十分相似，是稻田中最难清除的杂草之一。狗尾草属植物也有许多品种是常见的田间杂草。

作为田间杂草，进入遗址途径的最大可能性是混杂在收获的农作物中被带入人类居住地的，因此，考古遗址出土的杂草类植物种子与农作物的数量比值在一定意义上能够反映出当时的耕作技术水平或农作物加工情况。一个考古遗址的浮选样品中如果伴随着农作物出土了大量的杂草类植物种子，说明当时的农田耕作技术仍处在较为粗放的阶段，田间管理特别是中耕除草这一环节尚不发达。但是，在堰台遗址的浮选结果中，杂草类植物种子的品种虽然较多，出土的绝对数量却非常少，这似乎表明堰台遗址农业生产技术已经达到了一定水平，在精耕细作方面有了显著进步。当然，出土杂草类植物种子数量少所反映的还有另一种可能，即农作物的加工情况，确切地讲，如果古人在收获谷物后，就地在田间地头脱粒加工，然后将加工后谷物籽粒带回居住地储藏，这样，随农作物被带回的杂草类植物种子的数量自然也会大大减少。

四、结　语

堰台遗址是一处西周中期至春秋时期的村落遗址，通过科学的采样和系统地浮选，获取到了十分丰富的炭化植物遗存，为我们探讨历史时期古代人类的生活和生产方式提供了重要的资料和信息。

根据浮选结果，我们认识到，在西周至春秋时期，堰台遗址所处的淮河中游地区已经发展到了比较发达的古代农业经济阶段，当时的农业生产属于典型的稻作农业，即以种植稻谷为主的农业生产特点，这与现今当地稻谷和小麦并重的稻旱混作农业生产特点略有不同。

在堰台遗址浮选结果中发现有小麦遗存，证实了20世纪50年代在安徽亳县钓鱼台遗址出土西周小麦的重要发现，同时也为探讨小麦传入中国后的普及速度和范围提供了重要的考古新证据，具有十分重要的学术价值和意义。

Abstract

Huoqiu Yantai site is part of the village Handian, Shidian town, Liu'an city, Anhui province. It is located in western part of Anhui, south of the middle Huai River. The Anhui Institute of Archaeology and Cultural Relics excavated the site during the period from February to July, 2004, to coordinate the construction of the Expressway. Yantai site is the most complete Zhou settlement that has been unearthed in the region of the middle Huai valley. This fieldwork made detailed exposure on the distribution and structure of the settlement, in which the terrace settlement, red burnt clay, surrounded ditch, house pit, grave and numerous pillar hole remains produce precious archaeological materials for the research of Zhou settlement of the Huai valley. Meanwhile, Yantai site is also characterized by abundant artifacts, including pottery, stone tool, bronze, as well as bone and shell artifacts. Several sequential phases have been differentiated by the typological analysis of pottery, and the date of Yantai is temporally defined in the stage from the middle West Zhou or earlier, to the early or middle Spring and Autumn period. It presents an important time ruler for the sequences of Zhou cultures in the Huai valley, and it also provides a new angle for the affiliation study of ethnic groups represented by the archaeological remains.

The archaeological report Huoqiu Yantai—the Excavation Report of Zhou Settlement in the Huai Valley consists of six parts. The major content of each part will be briefly sketched below:

Part I basically introduces the physical environment, historical background, as well as the process of archaeological excavation and report editing. This site is located in the region of middle Huai valley, which has been the crossroad of south and north cultures since the prehistoric period. The uniqueness of geographical position and environmental features highlights the importance of Yantai site.

Part two introduces site stratigraphy. The deposit of Yantai site is fairly thick and very complicated. This report classifies the whole site into four areas, and lists the temporally stratigraphic relationships of each excavation unit of different areas. It includes a longitudinal section map of the entire site, and it exemplifies deposits of different areas in the site. The following features are summarized after analyzing the stratigraphic deposits of the site: (1) The margin area of the site is characterized by more layers of deposits, whereas fewer layers in the central areas. (2) The deposits tend to be deeper and thinner from margin to center. (3) It was found the pure loess or yellow brown deposits in the margin, most likely related to architectural construction. (4) There are four layers of red burnt clay in the margin, but not seen in the central area. (5) And archaeological features mostly located in the margin indicate that the margin was the major activity area of the site.

Part three manifests all discovered remains one by one, include foundation ditch and house structure, grave, pillar hole, pit, hearth, red burnt clay remains, and rock deposit. In these remains, house structures seem more prominent in that they are generally composed by two foundation ditches, timber pillars found in them. While timber bone structures were found in the red burnt clay, it suggests that the wall should be constructed by mud and timber, and then burnt. Nearly a thousand pillar holes were found in the site with very diverse forms, no pattern observed in them. All graves found in the site are located in the margin, more children graves than the adult. Not many graves buried with funerary objects. In general, the goods are buried in the filled soil, located in the foot end of body, much different from the funerary habits of other regions. The funerary objects are mostly pottery, represented by li (鬲), gui (簋), dou (豆), and basin. The red burnt clay deposits found in the site should be related to the architecture, or formed by re – leveling ground after abandonment of the building. However, more evidence is still needed to confirm this point of view.

Part four introduces unearthed artifacts, which mostly comprise of pottery, also including stone, bronze, bone and shell artifacts.

Part five is the studies of site periodization and chronology. By analyzing morphological characteristics of pottery, coordinated with stratigraphic relationships, the site is divided into four phases, which represents four developmental stages of the site. Compared with the contemporary archaeological remains of neighboring regions, and combined with radiocarbon dates, the dates of phases now can be temporarily defined as below:

Phase I, from late period of early West Zhou to early period of middle West Zhou;

Phase II, from late period of middle West Zhou to early period of late West Zhou;

Phase III, from late West Zhou to Spring and Autumn Period, that is, the transitional period between West Zhou to East Zhou;

Phase IV, early and middle Spring and Autumn Period.

Part six is the conclusion and discussion. This part primarily discusses the cultural characteristics, composition of cultural factors of the Yantai site, and their relationships with neighboring regions. Meanwhile, it also analyzes the settlement pattern about the site, combined with the site distribution of Shang and Zhou Periods in Huoqiu, and it macroscopically explores the hierarchy of settlements. It further discusses the affiliation of ethnic group represented by this type of archaeological remains. Considered historical documents and bronze inscription, the region should belong to "Huai Yi" group in Zhou dynasty. In sum, the comparisons of time, space, archaeological culture and settlement pattern confirm that these remains should be attributed to the "Huai Yi" culture.

In addition, the appendix of this report includes multidisciplinary studies on ancient environment, human bones, animal bones, and plant remains. They are the first work on Zhou remains of the Huai valley. It uncovers very rich information about archaeological cultures.

后 记

墩台形遗址在安徽江淮地区普遍存在。在霍邱堰台遗址发掘之前，就已经发掘了多个这类遗址，并注意到了这类遗址的地层堆积极具特色。然而由于受发掘面积较小的限制及其他原因，尚不能了解形成这种地层堆积特点的原因，也不能了解这类遗址聚落布局的一般特点。

由于高速公路建设，需要对堰台遗址进行大面积的抢救发掘，这为我们解决这方面的问题提供了一个难得的契机。在经费有了保障的前提下，我们对堰台遗址进行了全面积发掘，从而基本弄清了这类遗址的聚落布局特点及由此决定的地层堆积特点，这是我们此次工作的一个重大收获。

参与发掘工作主要是一批具有丰富发掘经验的技工，是他们认真、辛勤的劳动才使发掘结果有了一定的科学保障，否则仅凭领队一人是无论如何也做不到的。

还要指出的是，整个发掘工作期间，安徽省文物考古研究所的邓坚、王强二位同志承担了全部的后勤工作，保障了发掘工作的顺利进行。

后期资料的整理和报告编写工作分工如下：

器物的拼对与修复工作由王庆华、李化、王登亮承担，器物绘图与纹饰拓片由李化完成，器物照片由程京安拍摄。报告中的柱洞和坑统计表由吉林大学2008级硕士研究生林森、2009级硕士研究生陈斌共同完成，本所陈超和他们还制作了部分电子版遗迹线图。

本报告由王峰主编，文字部分分工如下：

第一、二、三、六章由王峰撰写；第四、五章由豆海锋、王峰共同撰写；附录一由杨晓燕、夏正楷、石军民撰写；附录二由原海兵、朱泓撰写；附录三由赵莹、陈全家撰写；附录四由赵志军撰写。

报告编写工作得到了吉林大学考古系王立新老师的大力支持，他还审阅了初稿并提出了宝贵的意见。

特别感谢的是吉林大学考古系2008级博士豆海锋同学，他于2008年寒假、2009年暑假的业余时间来到安徽，帮助整理报告，付出了巨大的劳动。

本报告的编写和出版工作还得到了安徽省文物局、安徽省文物考古研究所杨立新、李虹、宫希成等诸领导的支持，吉林大学边疆考古中心陈胜前为本书翻译了英文摘要，科学出版社责任编辑宋小军也为本书的出版付出了辛勤劳动，在此一并感谢！

编　者
2010年5月

彩版一

1. 遗址远景（镜头向北）

2. 遗址远景（镜头向南）

堰台遗址远景

彩版二

1. 遗址发掘现场（镜头向西）

2. T0804、T0805西壁剖面（镜头向西）

堰台遗址发掘现场与剖面

1. T1内、外壕沟

2. T1506外壕沟解剖

内、外壕沟

彩版四

1. F1（JC43、JC44）

2. F3（JC38、JC41）

3. JC41解剖

F1、F3

1. F5（JC8、JC13）及F6（JC9、JC18）

2. F7（JC15、JC17）

3. F8（JC19、JC20）

F5、F6、F7、F8

彩版六

1. F10（JC25、JC26）及F12（JC22、JC33）

2. JC26解剖

F10、F12

1. F13（JC34、JC35）

2. JC35解剖

F13

彩版八

1. JC16平面
2. JC16解剖
3. JC19解剖
4. JC18解剖
5. JC24解剖
6. JC27解剖

基槽

彩版九

1. T0612⑦红烧土平面

2. T0507④红烧土剖面

3. T1016④红烧土平面

4. T0410⑥红烧土平面

5. T0512⑪红烧土平面

6. 红烧土木骨痕迹

红烧土痕迹

彩版一〇

1. G1与G2（镜头向南）

2. T0806D7平、剖面

G1、G2、T0806D7

彩版一一

1. M28、M30、M52

2. M28

3. M52

4. M43

M28、M30、M52、M43

彩版一二

1. M16

2. M48

3. M36

M16、M48、M36

彩版一三

1. M24

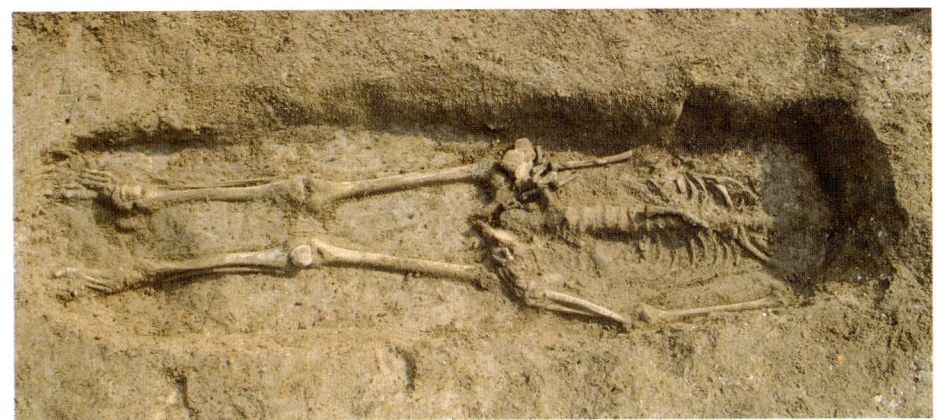

2. M44

3. M51

M24、M44、M51

彩版一四

1. M49

2. M7

M49、M7

彩版一五

1. 甲类AⅡ式鬲（T0712⑤：1）

2. 乙类CⅢ式鬲（T0909④：4）

3. 乙类CⅡ式鬲（T1114⑤：2）

4. 甲类C型鬲（T1011④：1）

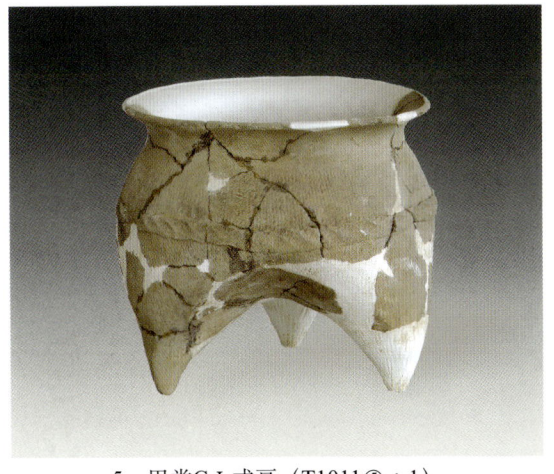

5. 甲类CⅠ式鬲（T1011⑤：1）

6. 甲类BⅡ式鬲（T0811⑤：23）

陶鬲

彩版一六

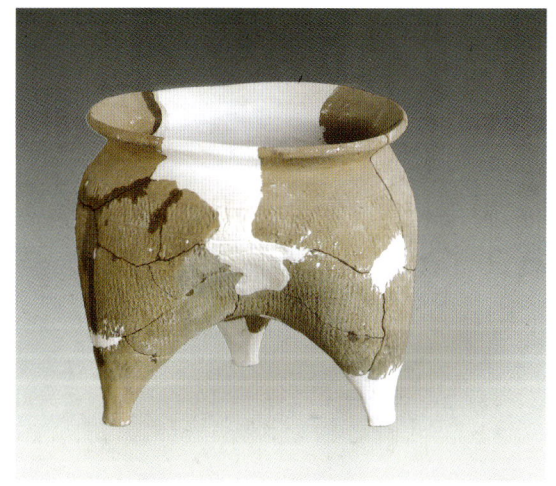

1. 乙类BbⅠ式鬲（T0911③：3）

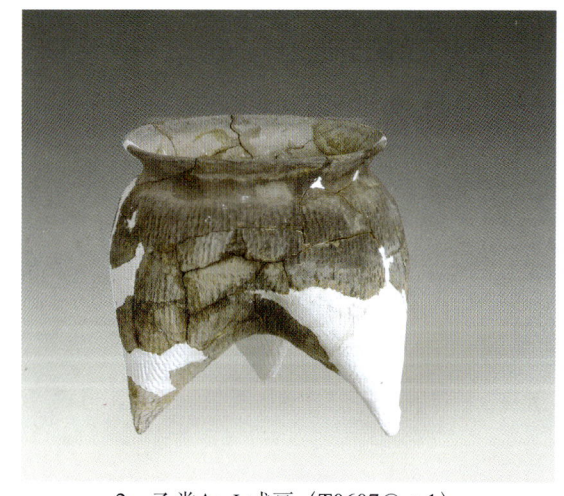

2. 乙类AaⅠ式鬲（T0607⑨：1）

3. 乙类AaⅡ式鬲（T0617②：1）

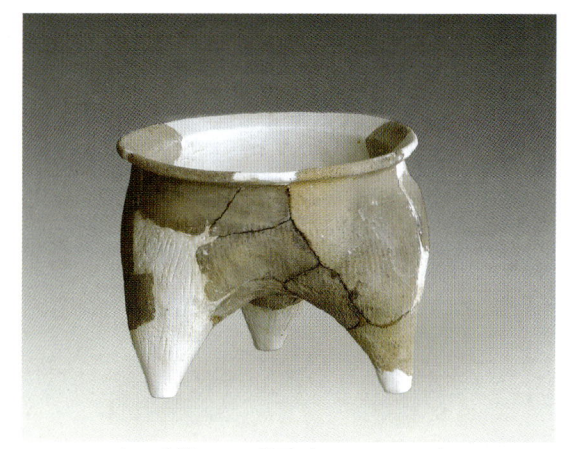

4. 乙类BaⅡ式鬲（T1010⑤：1）

5. 乙类DⅡ式鬲（T0616⑧：1）

6. 乙类DⅠ式鬲（T0315⑫：1）

陶鬲

彩版一七

1. 乙类Eb Ⅰ式鬲（T0712⑤：2）

2. 乙类Eb Ⅱ式鬲（T0810⑤：5）

3. 乙类Ec型鬲（T0810⑤：3）

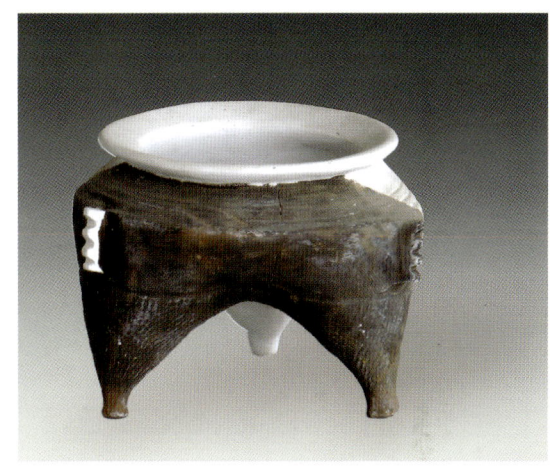

4. 乙类Ec型鬲（T0911③：4）

5. 乙类Ea Ⅱ式鬲（T0710⑦：1）

6. 乙类EaⅠ式鬲（T0714⑫：2）

陶鬲

彩版一八

1. 甲类DaⅠ式盆（T1011③:3）

2. 甲类AⅠ式盆（T0606③:1）

3. 甲类AⅡ式盆（T0711⑤:6）

4. 乙类BⅡ式盆（T0909④:3）

5. 乙类BⅢ式盆（T0810⑤:7）

6. 乙类E型盆（T0912③:3）

陶盆

彩版一九

1. AⅡ式簋（M28∶3）

2. CaⅠ式簋（T1114⑤∶1）

3. CbⅠ式簋（M48∶1）

4. BaⅡ式簋（M36∶2）

5. CaⅠ式簋（M52∶1）

6. EaⅠ式簋（T0717③∶1）

陶簋

彩版二〇

1. AⅡ式豆（M28∶1）

2. BbⅢ式豆（T0809⑦a∶1）

3. C型豆（T0911⑤∶7）

4. FⅡ式豆（T1205④∶2）

5. Ha型豆（T0813③∶2）

6. GaⅡ式豆（T0910③∶1）

陶豆

彩版二一

1. 甲a类AⅢ式器盖（T0810⑤：2）

2. 甲a类BⅠ式器盖（T0810⑦：1）

3. 乙a类器盖（T0912③：2）

4. 甲c类AaⅡ器盖（T0811⑤：10）

5. 甲b类BⅠ式器盖（T0809⑨：1）

6. 乙c类器盖（T0809⑤：5）

陶器盖

彩版二二

1. AⅢ式罐（T0810④：8）

2. BⅡ式罐（M48：2）

3. CaⅡ式罐（M28：4）

4. Cb型罐（T0909④：2）

5. Da型罐（T0811③：1）

6. E型罐（T1214②：1）

陶罐

1. 石凿（T1114⑩∶1）正面

2. 石凿（T1114⑩∶1）反面

3. A型陶范（T0713③∶3）正面

4. A型陶范（T0713③∶3）反面

5. 石范（T0808④∶4）

6. 石斧（T0507⑨∶1）

石凿、石范、陶范

彩版二四

1. 双刺形铜器（T1010④:1）

2. A型铜刀（T1115⑥a:1）

3. 甲类Aa型铜镞（T1214⑥a:1）

4. 甲类Ab型铜镞（T0913④:2）

5. 铜锛（T0615⑦:1）

6. A型铜刀（T0916⑥b:1）

铜器

彩版二五

1. A型盉 (T0909⑦:1)

2. B型盉 (T1010③:1)

3. A型壶 (T0910④:5)

4. 缸底 (T0812③:4)

5. Ab型钵 (T0911④:2)

6. BaⅢ式钵 (T0811⑤:1)

陶盉、壶、缸底、钵

彩版二六

1. A型陶瓮（T0810②a：2）

2. 陶三足盘（T0711⑤：3）

4. 原始瓷豆（T0913②：3）

3. 玉琮（T0913③：8）

5. 陶甗（T0416④：1）

陶瓮、陶三足盘、原始瓷豆、陶甗、玉琮

彩版二七

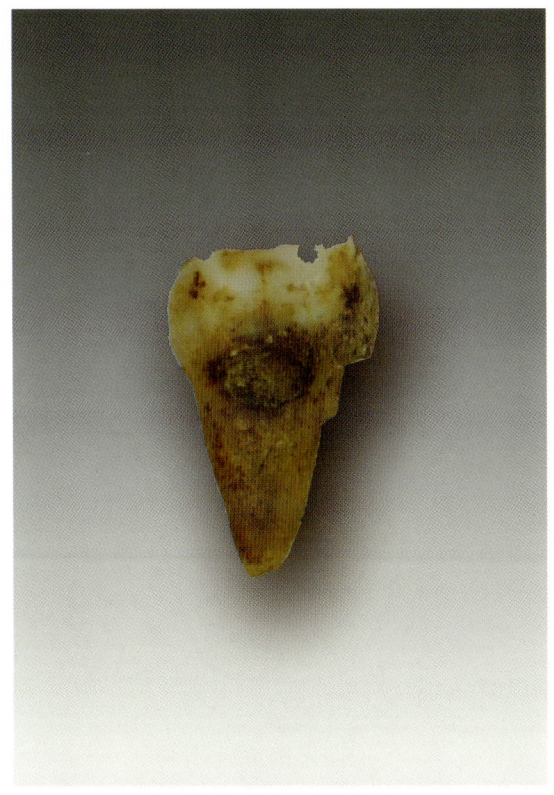

1. 龋齿（2004HYM24）

2. 眶板筛状样变（2004HYM41，左侧）

3. 齿槽脓肿（2004HYM24）

4. 跪踞面（2004HYM38）

人骨特殊病理现象

彩版二八

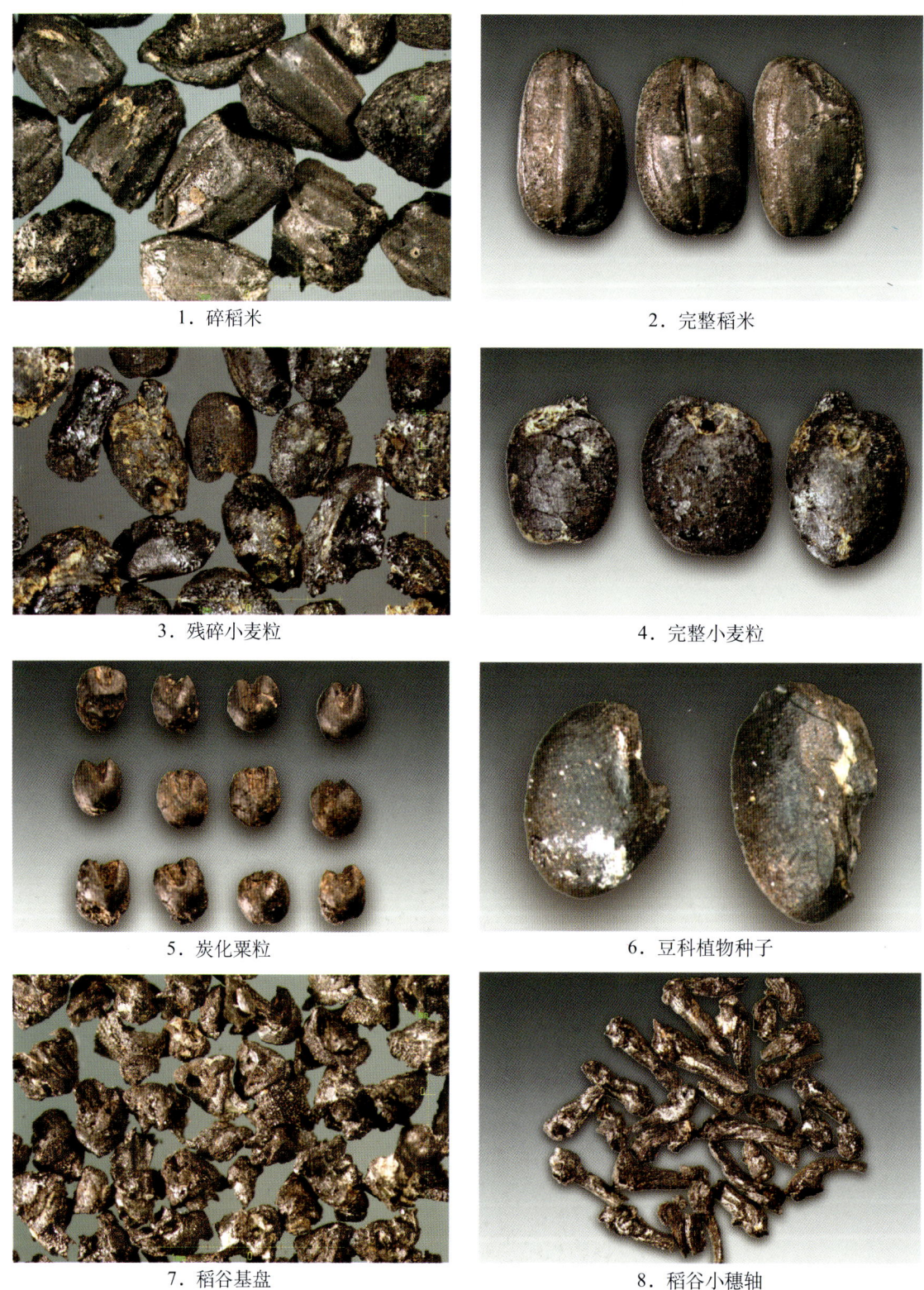

1. 碎稻米　　2. 完整稻米
3. 残碎小麦粒　　4. 完整小麦粒
5. 炭化粟粒　　6. 豆科植物种子
7. 稻谷基盘　　8. 稻谷小穗轴

出土植物遗存

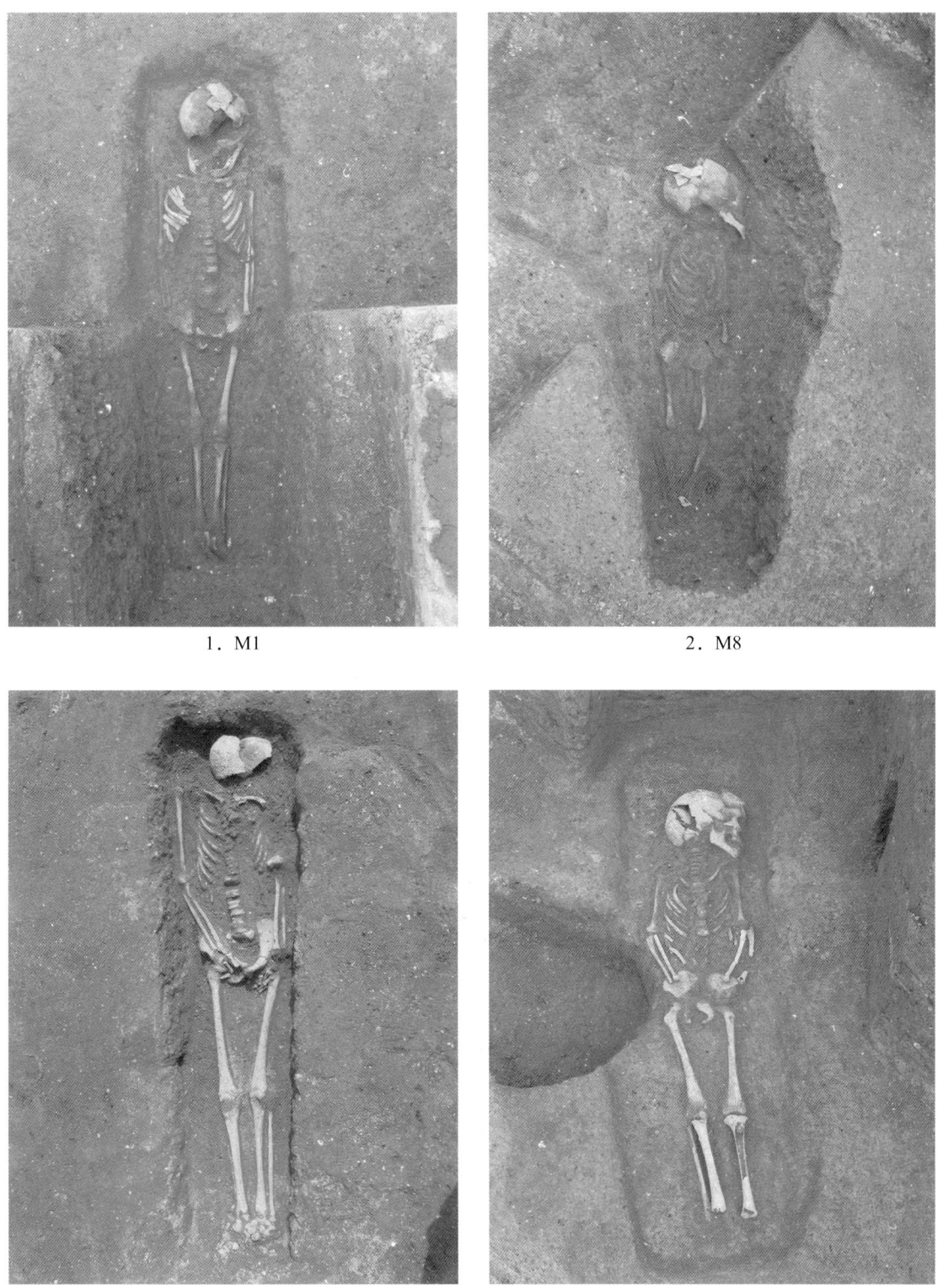

1. M1
2. M8
3. M10
4. M35

M1、M8、M10、M35

图版一

图版二

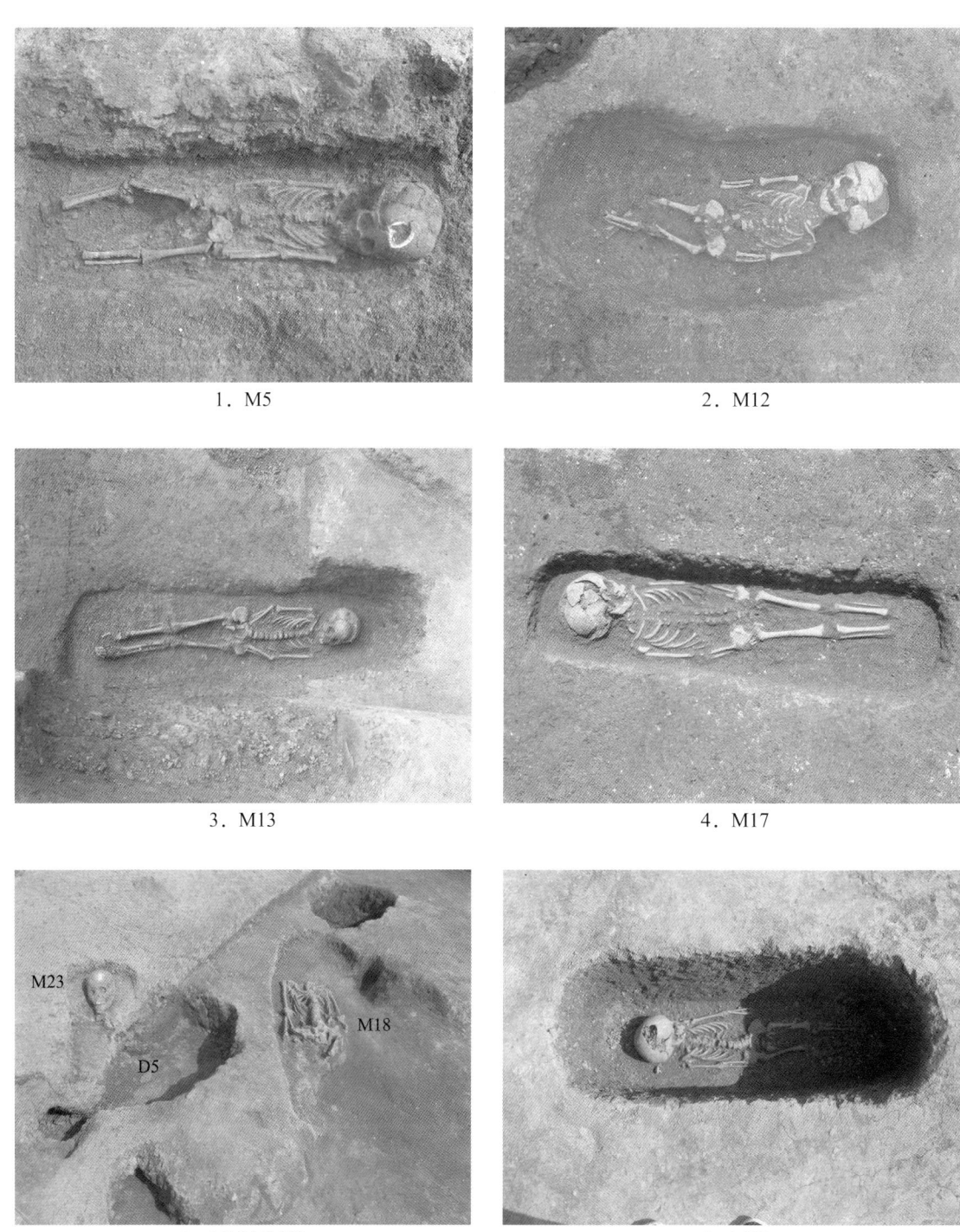

1. M5
2. M12
3. M13
4. M17
5. M18与M23
6. M27

M5、M12、M13、M17、M18、M23、M27

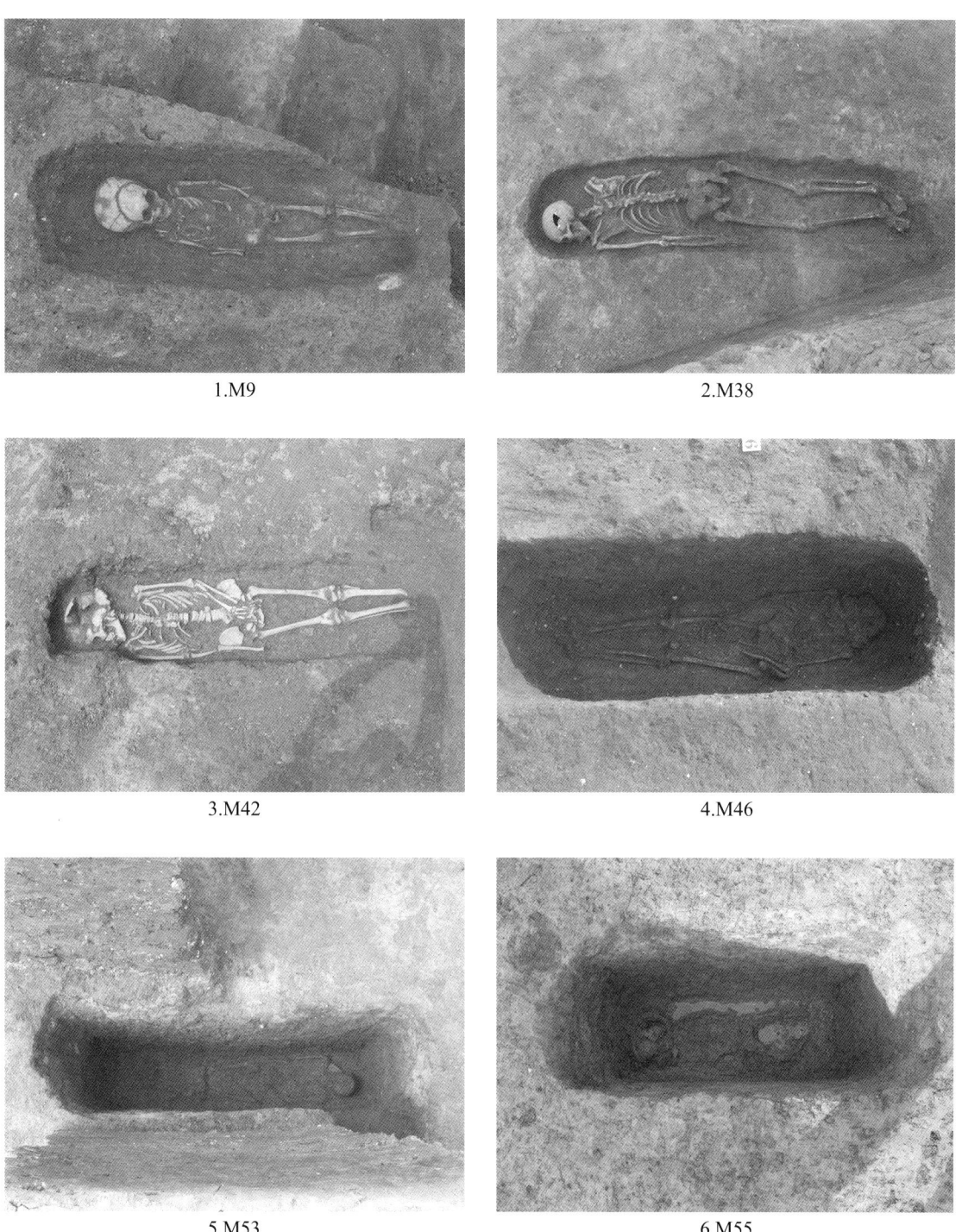

图版三

1. M9
2. M38
3. M42
4. M46
5. M53
6. M55

M9、M38、M42、M46、M53、M55

图版四

1. 甲类AⅡ式鬲（T0814⑥：1）

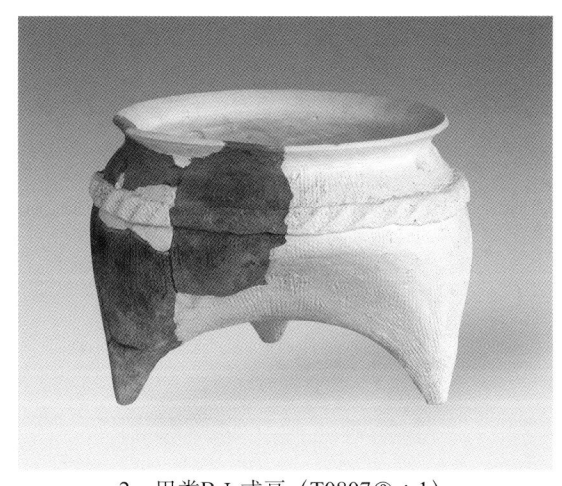

2. 甲类BⅠ式鬲（T0807⑨：1）

3. 甲类BⅠ式鬲（T0617②：2）

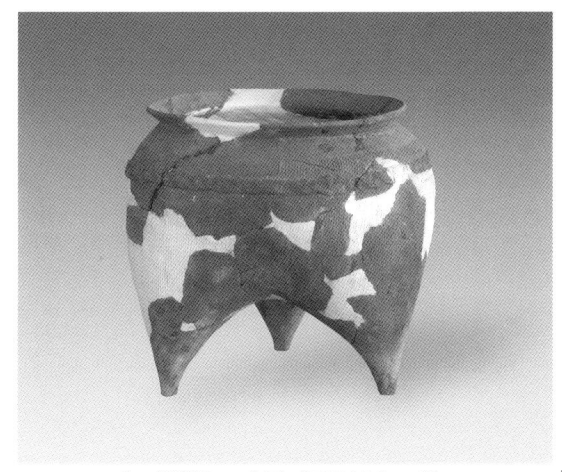

4. 甲类BⅠ式鬲（T0812⑥：1）

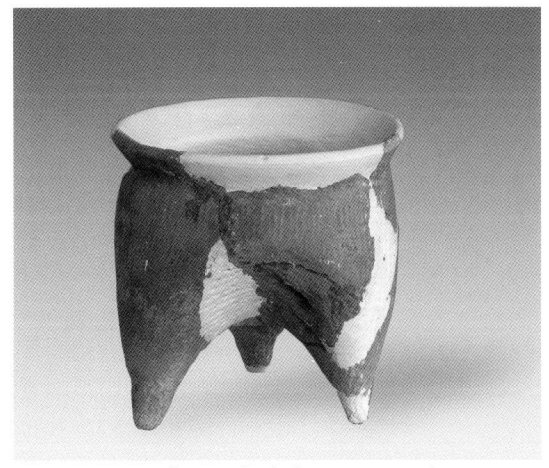

5. 乙类AaⅡ式鬲（T0809⑦b：4）

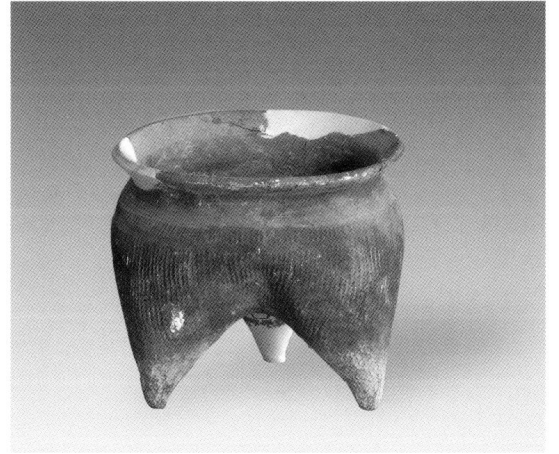

6. 乙类AaⅡ式鬲（M32：1）

陶鬲

图版五

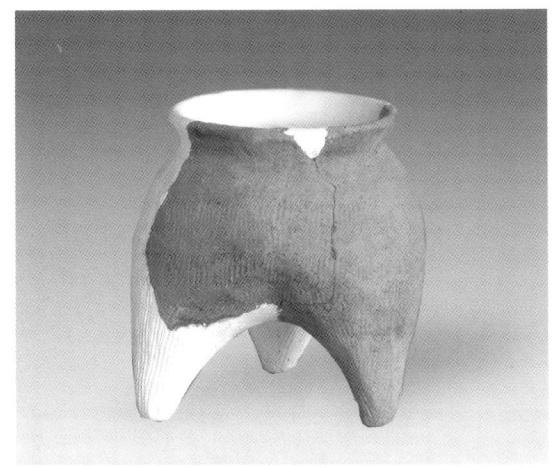

1. 乙类Ab型鬲（M28∶2）

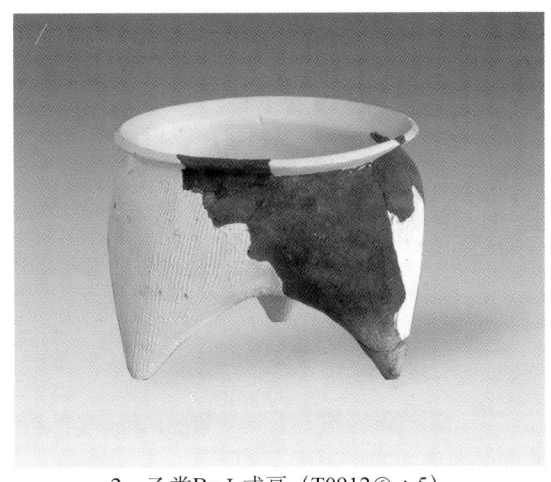

2. 乙类BaⅠ式鬲（T0912⑥∶5）

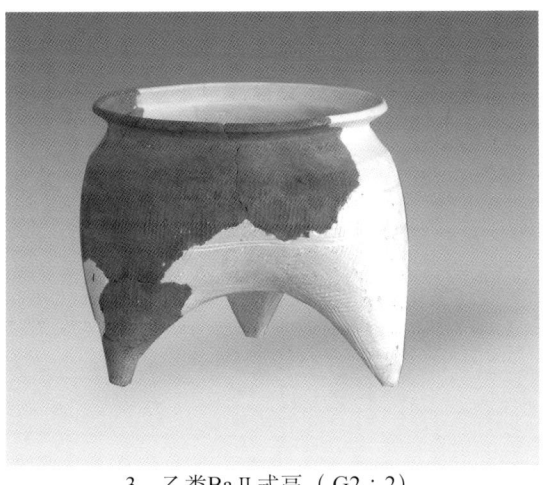

3. 乙类BaⅡ式鬲（G2∶2）

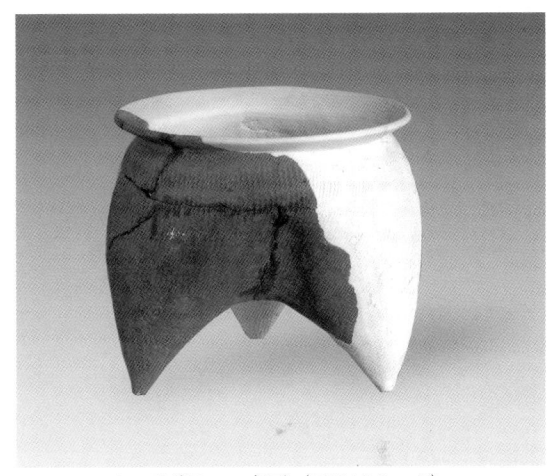

4. 乙类BaⅡ式鬲（T1010⑤∶2）

5. 乙类BaⅡ式鬲（T1010⑤∶3）

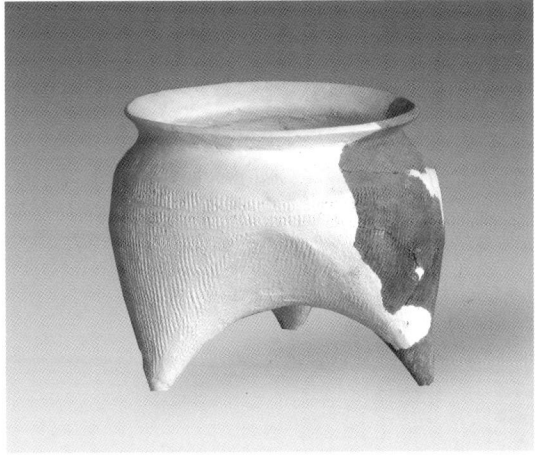

6. 乙类BaⅢ式鬲（T0813④∶1）

陶鬲

图版六

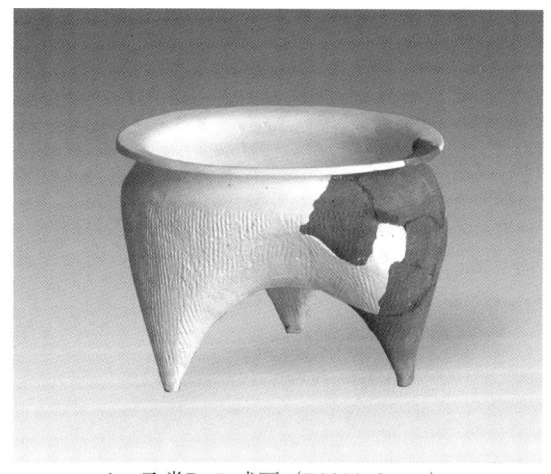

1. 乙类BaⅣ式鬲（T0909 ③：2）

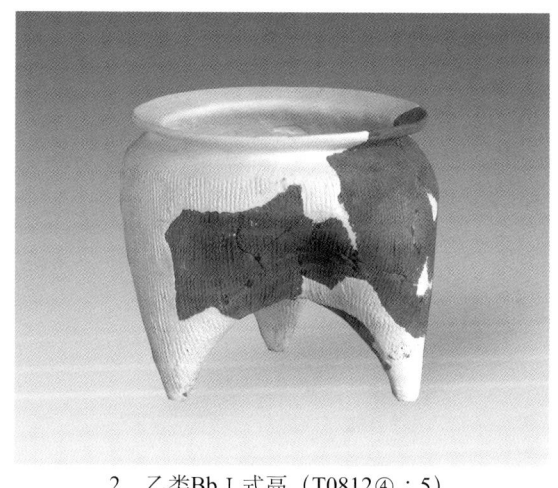

2. 乙类BbⅠ式鬲（T0812④：5）

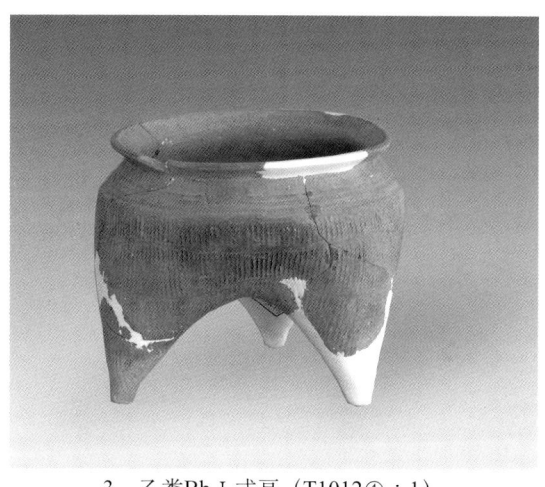

3. 乙类BbⅠ式鬲（T1012④：1）

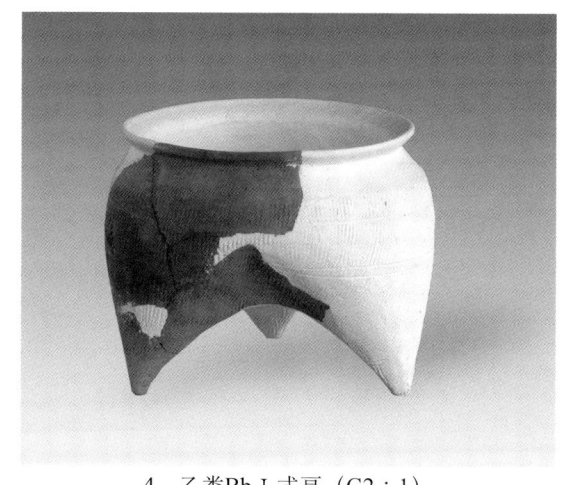

4. 乙类BbⅠ式鬲（G2：1）

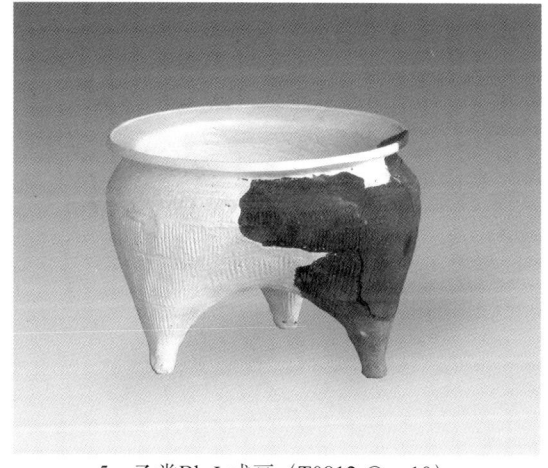

5. 乙类BbⅠ式鬲（T0812④：10）

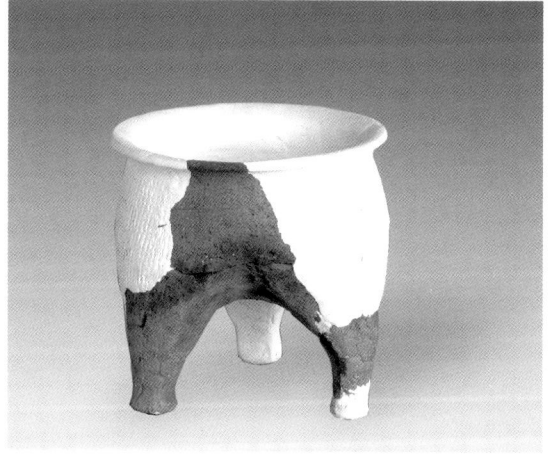

6. 乙类BbⅡ式鬲（T0611④：1）

陶鬲

图版七

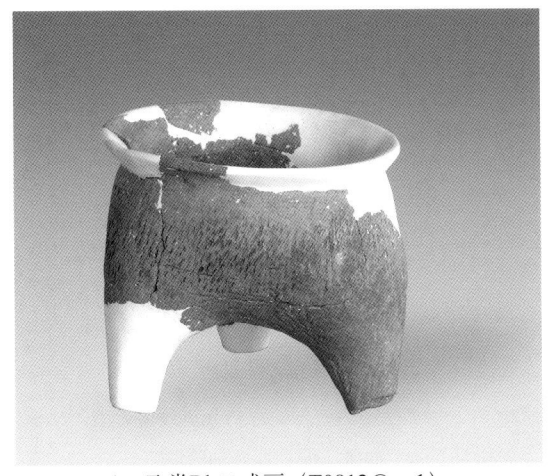

1. 乙类BbⅡ式鬲（T0812③∶1）

2. 乙类ⅭⅠ式鬲（T0617⑤∶1）

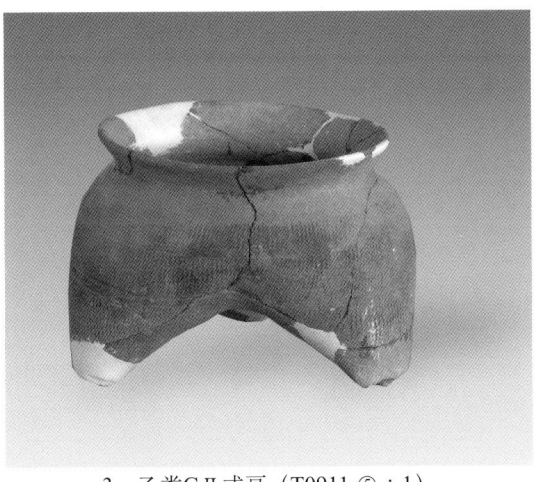

3. 乙类ⅭⅡ式鬲（T0911⑤∶1）

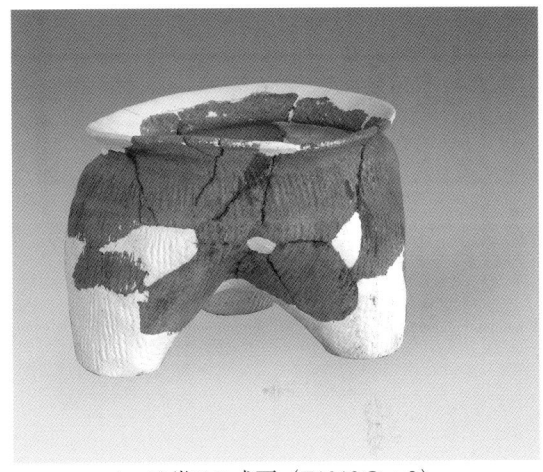

4. 乙类ⅭⅡ式鬲（T1013⑦∶2）

5. 乙类ⅭⅡ式鬲（T0910⑥∶4）

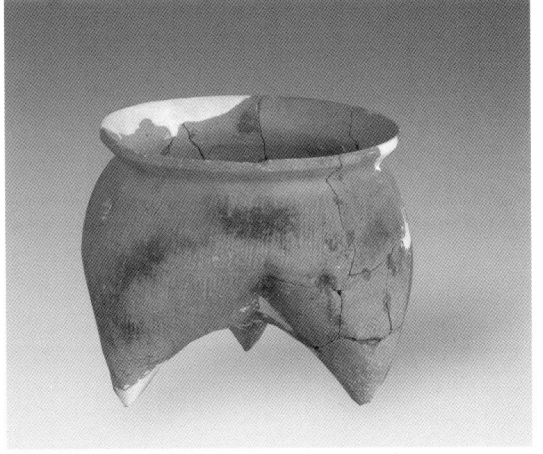

6. 乙类ⅮⅠ式鬲（M16∶2）

陶鬲

图版八

1. 乙类DⅡ式鬲(T0911④:1)

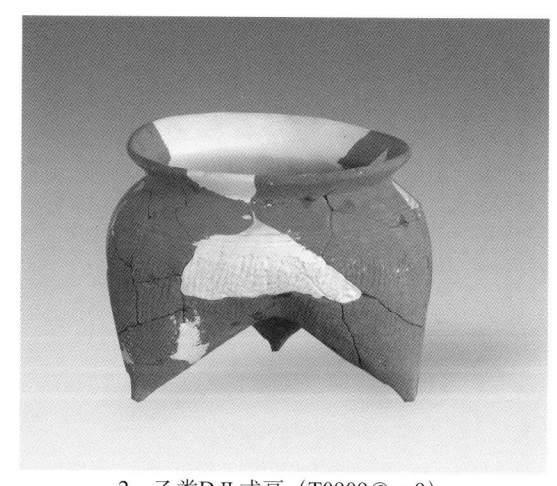

2. 乙类DⅡ式鬲(T0909⑤:9)

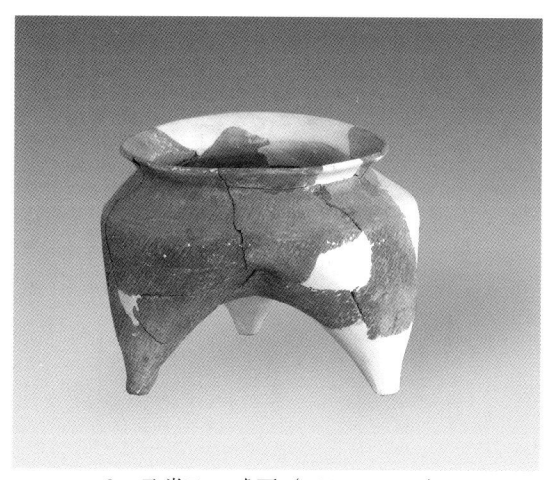

3. 乙类EaⅠ式鬲(T0809⑧:4)

4. 乙类EaⅠ式鬲(T0909⑦:2)

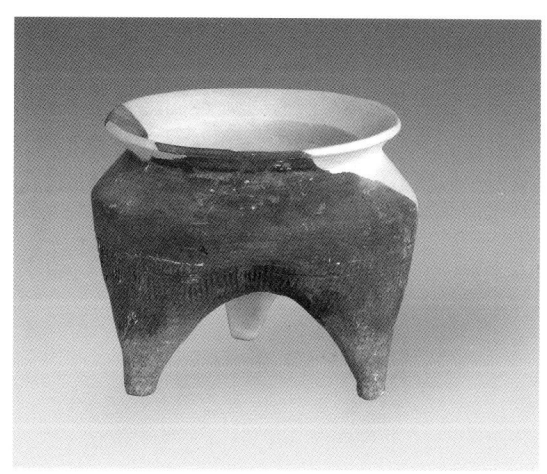

5. 乙类EaⅠ式鬲(T0806③:1)

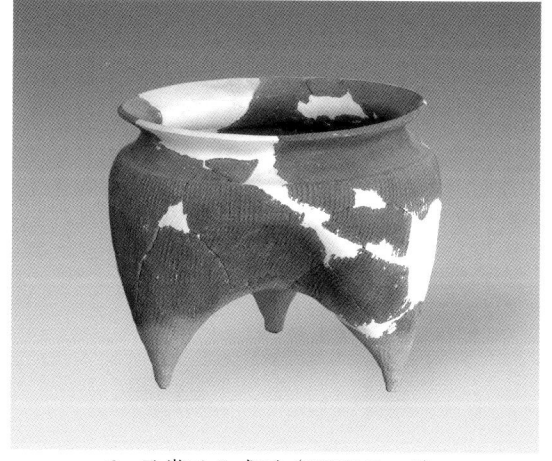

6. 乙类EbⅠ式鬲(T0811⑤:3)

陶鬲

图版九

1. F型鬲（T0909⑦:3）

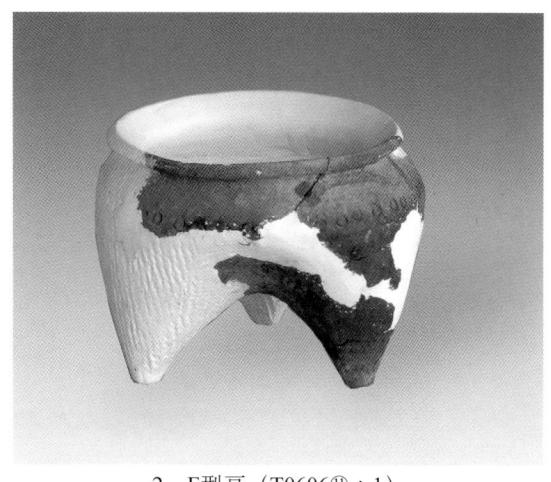

2. F型鬲（T0606⑪:1）

3. F型鬲（G1:1）

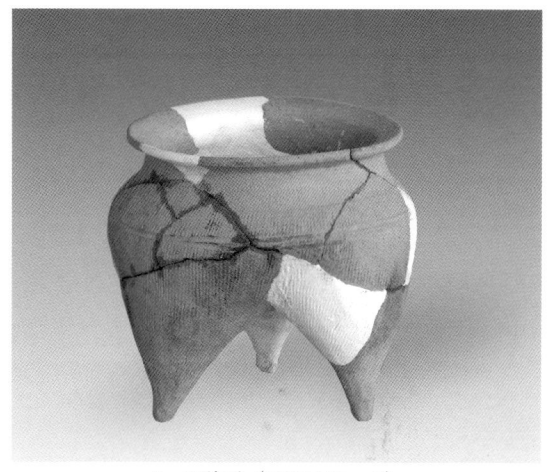

4. F型鬲（T1011③:2）

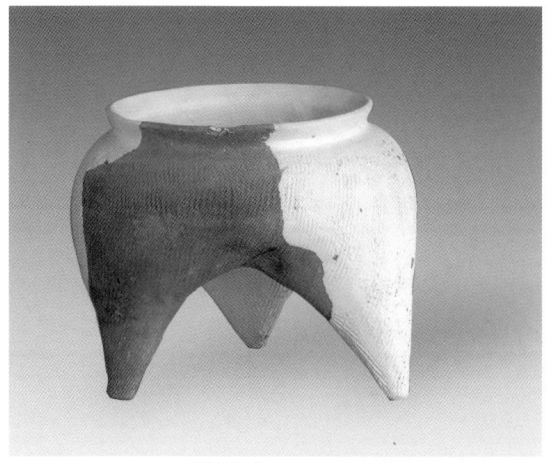

5. F型鬲（T0813④:3）

6. F型鬲（T0812⑤:6）

陶鬲

图版一〇

1. 甲类AⅢ式鬲（T0810③：1）

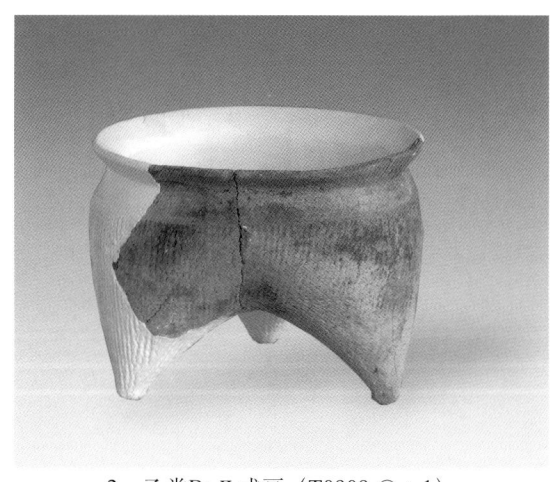

2. 乙类BaⅡ式鬲（T0909⑤：1）

3. 乙类EaⅡ式鬲（T0712⑤：9）

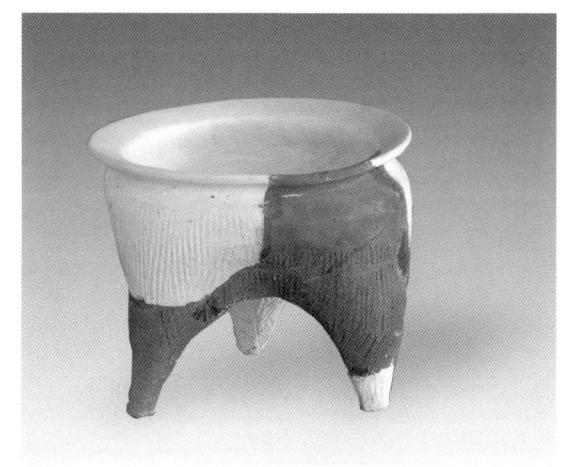

4. 乙类EⅢ式鬲（T0909③：3）

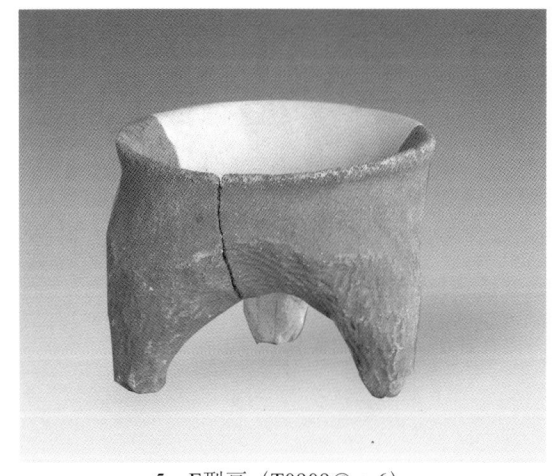

5. F型鬲（T0909⑤：6）

6. F型鬲（T1⑨：1）

陶鬲

图版一一

1. 甲类B型盆（T0717⑩:2）

2. 甲类CaⅠ式盆（T1010⑦:1）

3. 甲类Cb型盆（T1011③:8）

4. 甲类Cb型盆（T0913③:4）

5. 甲类DaⅡ式盆（T0711③:2）

6. 乙类AⅠ式盆（T1011④:3）

陶盆

图版一二

1. 乙类AⅡ式盆（T0713⑦：1）

2. 乙类AⅡ式盆（T0811⑤：15）

3. 乙类AⅡ式盆（T0713⑦：8）

4. 乙类BⅠ式盆（T0909⑥：1）

5. 乙类BⅡ式盆（T0713⑦：2）

6. 乙类BⅢ式盆（T0613⑨：1）

陶盆

图版一三

1. 乙类CaⅠ式盆（M51:2）

2. 乙类CaⅡ式盆（T0316⑥:1）

3. 乙类CaⅢ式盆（T0913③:7）

4. 乙类Cb型盆（T0717⑩:1）

5. 乙类Cb型盆（T0814②:1）

陶盆

图版一四

1. AⅡ式豆（T1013⑦：1）

2. AⅡ式豆（M52：2）

3. AⅡ式豆（T0409⑨：1）

4. BaⅠ式豆（T1114⑩：2）

5. BaⅠ式豆（H22：1）

6. BaⅡ式豆（T0911④：6）

陶豆

图版一五

1. BbⅠ式豆（T0508⑫：1）

2. BbⅡ式豆（T1112⑧：1）

3. BbⅠ式豆（M16：1）

4. BbⅠ式豆（H22：2）

5. BbⅡ式豆（T0708⑨：1）

6. BbⅠ式豆（T0805⑭：2）

陶豆

图版一六

1. C型豆（M32∶2）

2. C型豆（T0913⑥∶3）

3. DaⅠ式豆（T0607⑧∶1）

4. DaⅡ式豆（T0911⑤∶4）

5. DaⅢ式豆（T0712⑤∶5）

6. DbⅠ式豆（T0912⑥∶1）

陶豆

图版一七

1. DbⅡ式豆（T0911④∶5）

2. DbⅡ式豆（T0814⑦∶3）

3. DbⅡ式豆（T0913⑥∶2）

4. DbⅡ式豆（T0913④∶3）

5. DbⅢ式豆（T0809④∶2）

6. Dc型豆（T0810⑤∶1）

陶豆

图版一八

1. EⅠ式豆（T1015⑫a∶2）

2. EⅢ式豆（T0713⑧∶1）

3. FⅠ式豆（T0809⑧∶5）

4. FⅡ式豆（T0712⑥∶2）

5. FⅡ式豆（T0910③∶9）

6. FⅢ式豆（T0813③∶10）

陶豆

图版一九

1. FⅢ式豆 (T0810④:7)

2. GaⅠ式豆 (T0814⑦:2)

3. GaⅢ式豆 (T0809④:3)

4. GaⅢ式豆 (T0810④:4)

5. GbⅠ式豆 (T0812④:1)

6. GbⅢ式豆 (T0809⑤:1)

陶豆

图版二〇

1. GbⅢ式豆（T0809⑤：2）

2. GbⅢ式豆（T0810④：5）

3. Ha型豆（T0911③：6）

4. Ha型豆（T0811⑤：2）

5. Hb型豆（T0810⑦：2）

6. IaⅠ式豆（T0912④：4）

陶豆

图版二一

1. Ia Ⅱ式陶豆（T0910③：7）

2. Ia Ⅱ式陶豆（T1012③：3）

3. Ib型陶豆（T1010③：2）

4. Ib型陶豆（T0910④：6）

5. J型陶豆（T0809④：8）

6. 原始瓷豆（T0813③：7）

陶豆、原始瓷豆

图版二二

1. AaⅠ式罐（T0714⑩∶4）

2. AaⅠ式罐（T0711⑨∶1）

3. AaⅠ式罐（T0911④∶3）

4. AaⅡ式罐（T0912③∶4）

5. AbⅡ式罐（T0810⑦∶6）

6. AbⅡ式罐（T0711⑥∶4）

陶罐

图版二三

1. BⅠ式罐（T0705⑨∶1）

2. BⅡ式罐（M43∶4）

3. BⅡ式罐（M32∶3）

4. BⅡ式罐（T0711⑨∶2）

5. BⅢ式罐（T0511⑤∶1）

6. CaⅠ式罐（T0915⑪a∶1）

陶罐

图版二四

1. CaⅡ式罐（M36:1）

2. CaⅡ式罐（T0805⑪:1）

3. CaⅡ式罐（T0711⑥:3）

4. Cb型罐（T0714⑩:3）

5. Da型罐（T0811③:2）

6. Da型罐（T0813③:5）

陶罐

图版二五

1. AⅠ式簋（T0413⑮：1）　　　　2. AⅡ式簋（T0915⑩：3）

3. BaⅠ式簋（M16：3）　　　　4. CaⅠ式簋（T0814⑦：1）

5. CaⅡ式簋（T0713⑦：5）　　　　6. CaⅢ式簋（T0705②：1）

陶簋

图版二六

1. EaⅠ式簋（M43∶3）

2. EaⅠ式簋（T0517④∶1）

3. EaⅡ式簋（T0910③∶10）

4. Eb型簋（T0713⑦∶6）

5. F型簋（T1115⑥a∶2）

陶簋

图版二七

1. AaⅠ式钵（T0713⑦∶10）

2. AaⅡ式钵（T0713③∶4）

3. AaⅡ式钵（T0808④∶2）

4. DaⅢ式钵（T1011④∶6）

5. Ab型钵（T0912⑤∶1）

6. BaⅠ式钵（T0607⑩∶1）

陶钵

图版二八

1. BaⅠ式钵（T1014⑬a∶1）

2. BaⅡ式钵（T0810⑦∶3）

3. BaⅡ式钵（T0915⑩∶2）

4. BaⅡ式钵（T0812④∶3）

5. BaⅡ式钵（T0417④∶1）

6. BaⅡ式钵（T0911⑤∶3）

陶钵

图版二九

1. BaⅣ式钵（T1205③:1）

2. BaⅣ式钵（T1305④:1）

3. BbⅠ式钵（T0912⑥:8）

4. BbⅠ式钵（T0912⑥:4）

5. BbⅠ式钵（T0912⑥:2）

6. BbⅡ式钵（T0915⑩:1）

陶钵

图版三〇

1. BaⅡ式钵（T0910⑥：3）

2. BaⅡ式钵（T0711⑥：2）

3. BaⅢ式钵（T0711⑤：4）

4. BbⅢ式钵（T0910③：4）

5. CⅠ式钵（T0912④：7）

6. CⅠ式钵（T0913④：1）

陶钵

图版三一

1. CⅠ式钵 (T0810⑦:5)

2. CⅠ式钵 (T1011③:5)

3. CⅠ式钵 (T0914⑥:2)

4. CⅡ式钵 (T0811⑤:4)

5. CⅡ式钵 (T1012③:1)

6. CⅡ式钵 (T0811⑤:18)

陶钵

图版三二

1. CⅡ式钵（T0913③：2）
2. CⅢ式钵（T0810④：14）
3. DaⅠ式钵（T0705⑧：1）
4. DaⅡ式钵（T0812④：2）
5. DaⅡ式钵（T1011③：10）
6. DaⅣ式钵（T0513⑧：1）

陶钵

图版三三

1. DbⅠ式钵（T0907⑮：1）

2. DbⅡ式钵（T0911⑤：2）

3. DbⅡ式钵（T0907⑦：4）

4. DbⅡ式钵（T0708⑪：1）

5. DcⅠ式钵（T0912④：6）

6. DcⅡ式钵（T0912②：1）

陶钵

图版三四

1. Ea型钵（T0810⑧:2）

2. Ea型钵（T1011④:2）

3. Ea型钵（T0617⑥:1）

4. Eb型钵（T1011③:4）

5. Eb型钵（T0912④:1）

6. Eb型钵（T1111②:1）

陶钵

图版三五

1. Ec型钵（T0810⑧：1）

2. Ec型钵（T0810⑧：5）

3. F型钵（T0317②：1）

4. F型钵（T0810④：1）

5. F型钵（T0805⑫：1）

6. F型钵（T1015⑧：1）

陶钵

图版三六

1. 甲a类AⅢ式器盖（T0810⑤：2）

2. 甲a类AⅠ式器盖（T1010③：3）

3. 甲a类AⅡ式器盖（T0713⑦：4）

4. 甲a类AⅢ式器盖（T0811②a：1）

5. 甲a类BⅠ式器盖（T0810⑦：7）

6. 甲a类BⅠ式器盖（T0809⑧：6）

陶器盖

图版三七

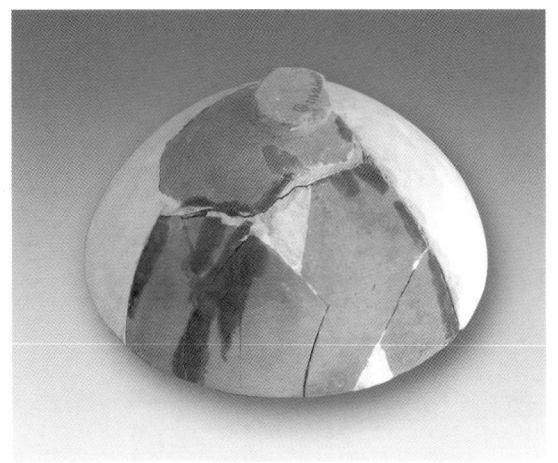

1. 甲b类AⅠ式器盖（T0912④：2）

2. 甲b类AⅡ式器盖（T0810⑥：1）

3. 甲b类AⅡ式器盖（T0711⑤：9）

4. 甲b类AⅢ式器盖（T0909③：4）

5. 甲b类BⅠ式器盖（T0910④：9）

6. 甲b类BⅠ式器盖（T0812④：6）

陶器盖

图版三八

1. 甲b类BⅡ式器盖（T0813④：4）

2. 甲b类BⅡ式器盖（T0808⑦：1）

3. 甲b类BⅢ式器盖（T0809④：1）

4. 甲c类AaⅠ式器盖（T0706⑧：1）

5. 甲c类AaⅡ式器盖（T1009④：1）

6. 甲c类AaⅢ式器盖（T0811②a：2）

陶器盖

图版三九

1. 甲a类BⅡ式器盖（T0707③：1）

2. 甲b类BⅡ式器盖（T0712⑥：1）

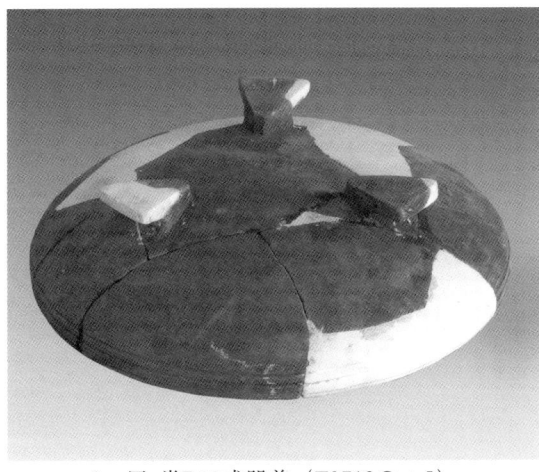

3. 甲a类BⅢ式器盖（T0713③：5）

4. 甲a类BⅢ式器盖（T0813②a：1）

5. 甲a类BⅢ式器盖（T0807②：1）

6. 甲a类C型器盖（T0711⑤：1）

陶器盖

图版四〇

1. 甲C类AbⅠ式器盖（T1011④：5）

2. 甲C类AbⅡ式器盖（T0713③：1）

3. 甲C类AbⅡ式器盖（T0809④：5）

4. 甲C类AbⅡ式器盖（T0712③：1）

5. 甲C类BⅠ式器盖（T0317⑪：1）

6. 甲C类BⅡ式器盖（T0507③：1）

陶器盖

图版四一

1. 甲c类BⅢ式器盖（T0810⑤:4）

2. 甲d类A型器盖（T0913③:3）

3. 甲d类BⅡ式器盖（T0713⑦:8）

4. 甲d类BⅡ式器盖（T0811⑤:8）

5. 甲d类BⅡ式器盖（T0811⑤:17）

6. 甲d类BⅡ式器盖（T0713⑦:3）

陶器盖

图版四二

1. 乙b类器盖（T0910③∶5）

2. 乙b类器盖（T0712③∶3）

3. 乙b类器盖（T0710⑤∶1）

4. 乙d类器盖（T0913③∶1）

5. A型陶壶（T0807⑨∶2）

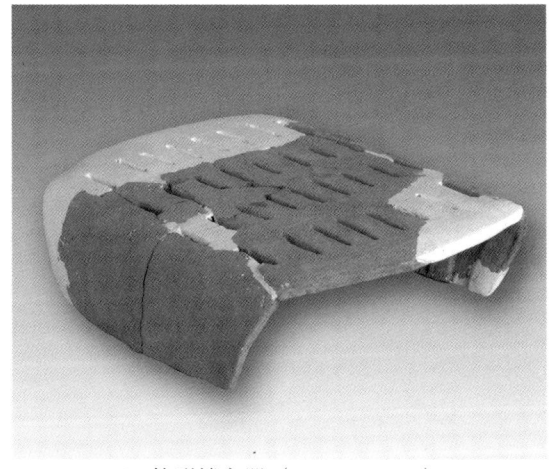
6. 箕形镂空器（T0810④∶12）

陶器盖、壶、箕形镂空器

图版四三

1. 鬲（T0911③∶5）

2. 鬲（T0811③∶3）

3. 鬲（T0809⑨∶5）

4. 鬲（T0810⑤∶9）

5. A型盉把（T0705⑨∶2）

6. B型盉把（T0910⑥∶6）

陶鬲及盉把

图版四四

1. B型瓮（T0813③：9）

2. B型瓮（T0811⑤：13）

3. B型瓮（T0511⑥：1）

4. B型瓮（T0809⑦b：3）

5. B型瓮（T0810④：13）

6. 圈足器（T0713③：7）

陶瓮及圈足器

图版四五

1. CⅠ式陶钵 (T0910⑦:1)

2. F型陶钵 (T0712③:4)

3. F型陶钵 (T1405④:1)

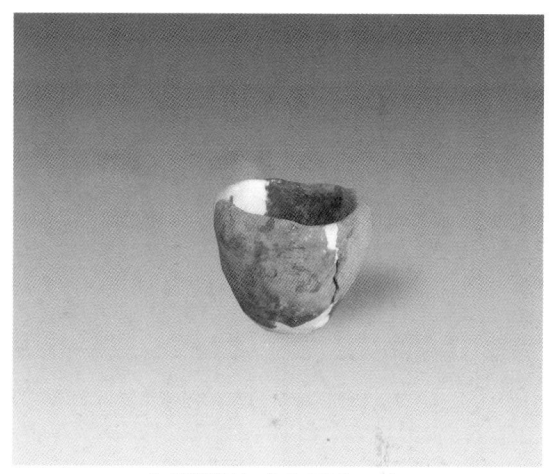

4. F型陶钵 (T0413⑮:2)

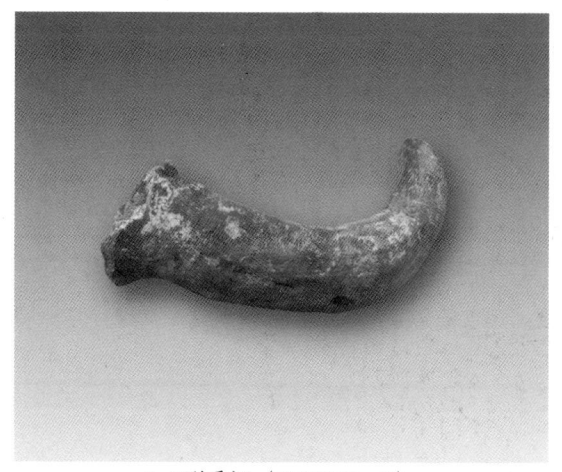

5. A型盉把 (T1012⑥:3)

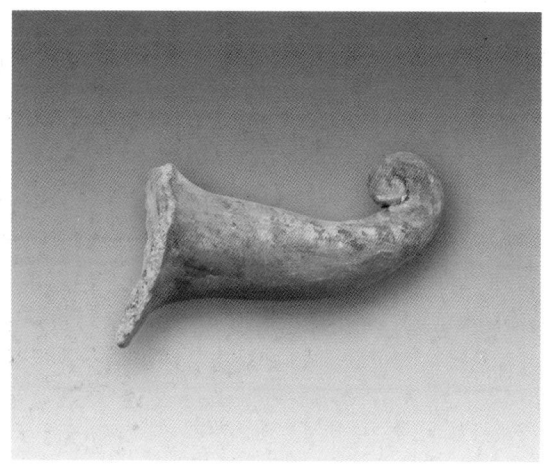

6. B型盉把 (T1213⑦a:3)

陶钵和盉把

图版四六

1. 陶器纹饰（T0316⑥：2）

2. 陶器纹饰（T0316⑥：3）

3. 印纹硬陶片

4. B型鬲口沿（T1010③：6）

5. B型鬲口沿（T0912④：10）

6. B型鬲口沿（T1112②：1）

陶器

图版四七

1. Aa型陶纺轮（T0912③:1）

2. Aa型陶纺轮（T0712⑤:8）

3. Ab型陶纺轮（T0815④:1）

4. B型陶纺轮（T0808⑧:1）

5. 石纺轮（T1110⑧:1）

6. 石圆饼（T0712⑤:10）

陶纺轮、石圆饼

图版四八

1. 石斧（T0913⑦：1）
2. 石斧（T0513⑮：1）
3. 石凿（H12：2）
4. 石斧（T1014⑫：1）
5. 石锛（T0910④：3）
6. 石凿（T0507⑩：1）

石斧、锛、凿

图版四九

1. 石凿（T1414③:1）
2. 石凿（T1414③:2）
3. 石凿（T1305④:3）
4. 石凿（T0911③:2）
5. 石铲（T0810④:2）
6. A型石刀（T0915⑦:1）

石凿、铲、刀

图版五〇

1. 甲类A型石镰（T1011②:1）

2. 甲类A型石镰（T1011③:6）

3. 甲类B型石镰（T0911③:1）

4. 甲类B型石镰（T0916⑧:1）

5. 甲类B型石镰（T0911⑤:6）

6. 甲类B型石镰（T1205④:1）

石镰

图版五一

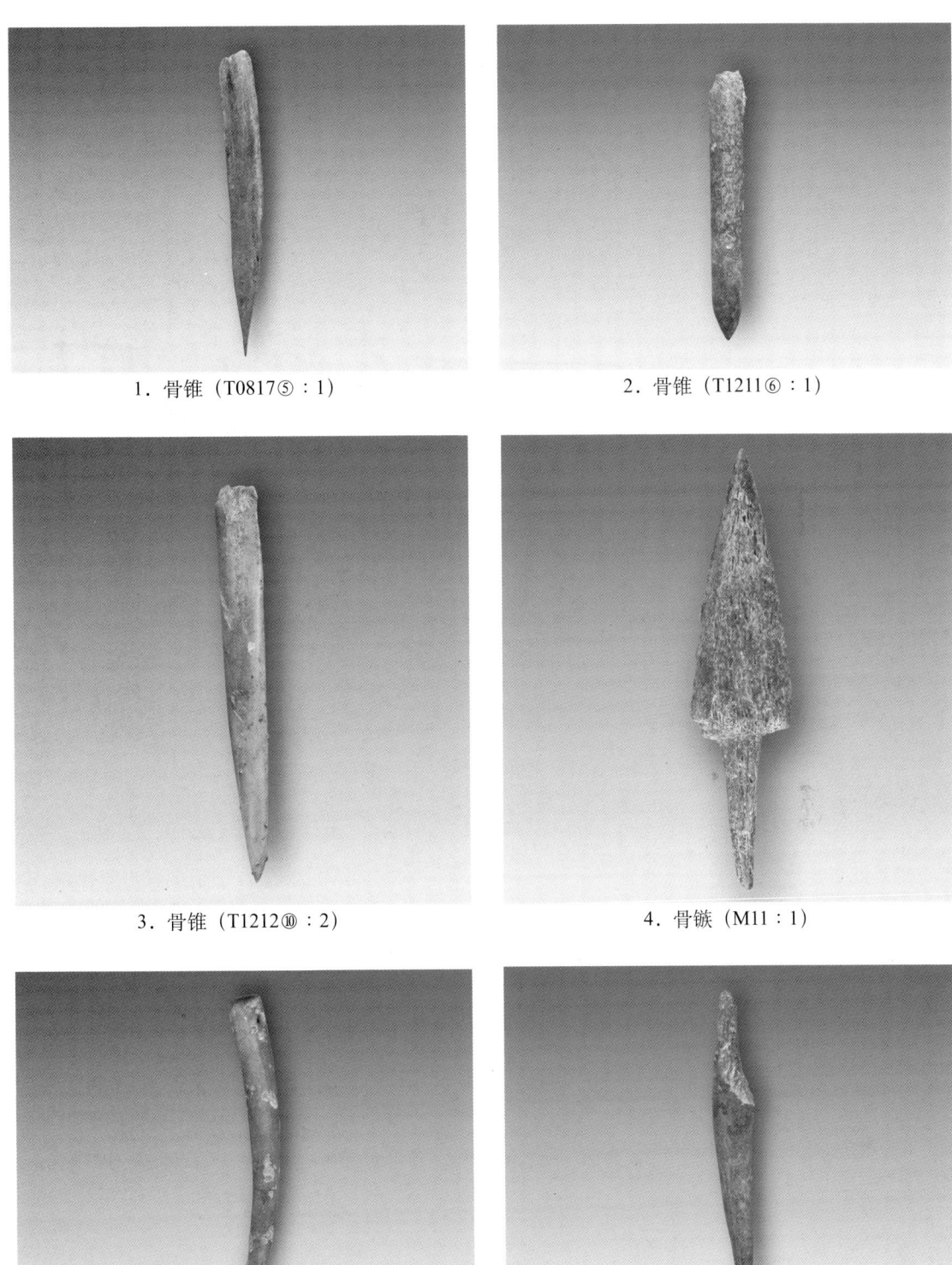

1. 骨锥（T0817⑤:1）
2. 骨锥（T1211⑥:1）
3. 骨锥（T1212⑩:2）
4. 骨镞（M11:1）
5. 角锥（T0916⑪b:2）
6. 角锥（T0717⑤:1）

骨角器

图版五二

1. Ab型陶拍（T0617⑧：1）

2. Aa型陶拍（T1110②：1）

3. 陶垫（T0815⑪：1）

4. B型陶范（T0910⑥：1）

5. 蚌刀（T1110⑤：1）

6. 蚌刀（T0817⑥：1）

陶拍、陶垫、陶范、蚌刀

图版五三

1. 马唐属植物种子
2. 稗属植物种子
3. 飘拂草
4. 藜科植物种子
5. 马齿苋
6. 紫苏
7. 猪殃殃
8. 菱角残块

出土植物遗存

图版五四

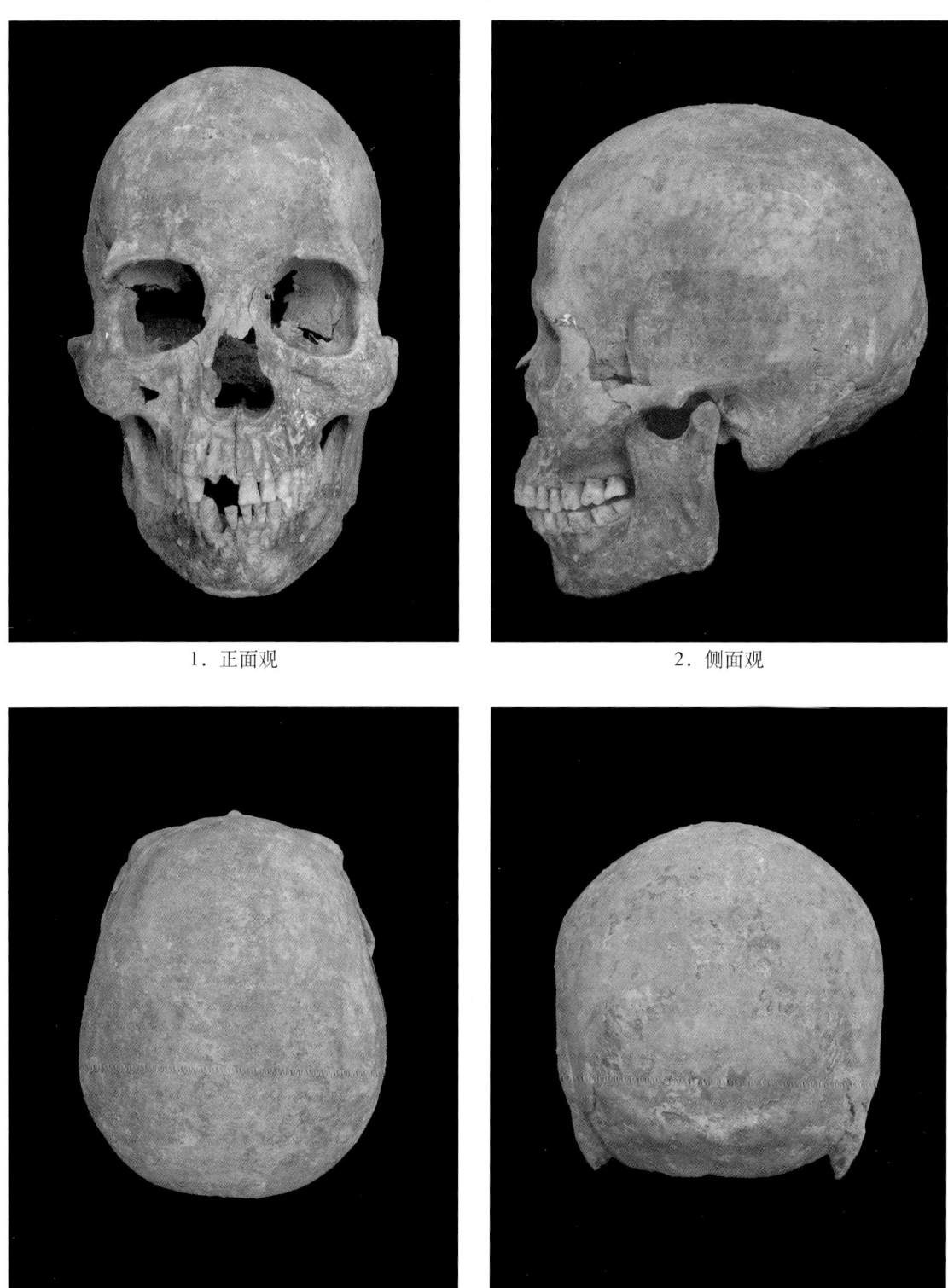

1. 正面观
2. 侧面观
3. 顶面观
4. 后面观

男性颅骨（2004HYM2）

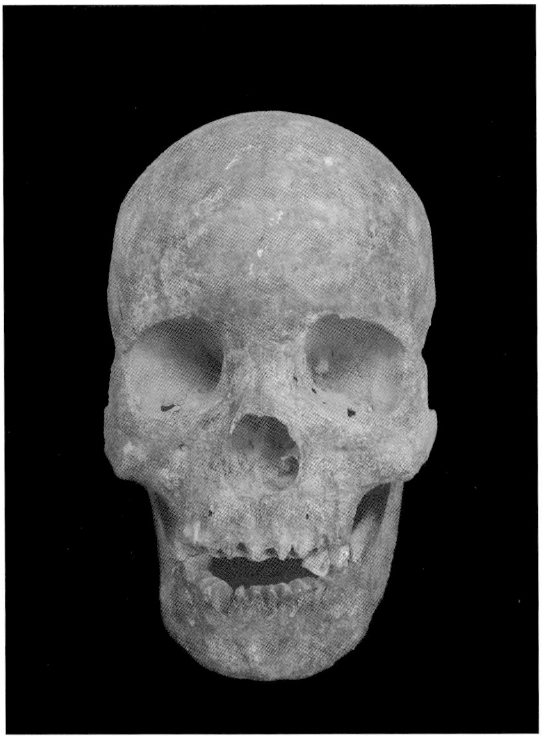

图版五五

1. 正面观

2. 侧面观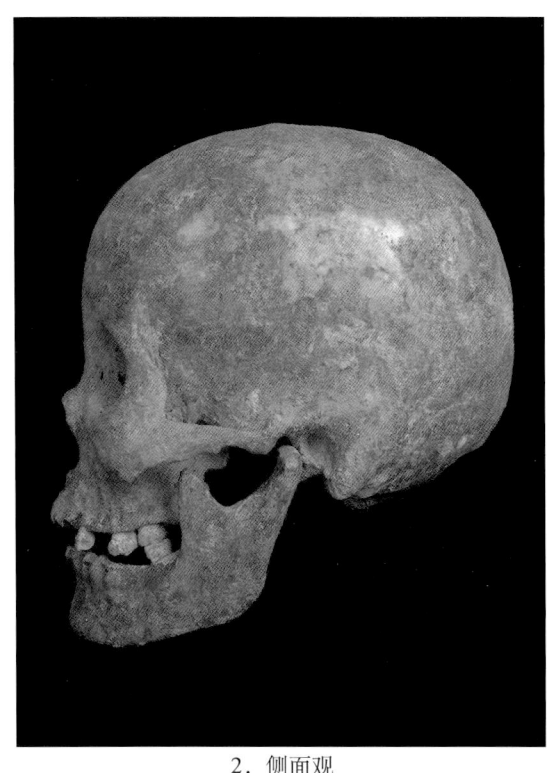

3. 顶面观

4. 后面观

女性颅骨（2004HYM7）

图版五六

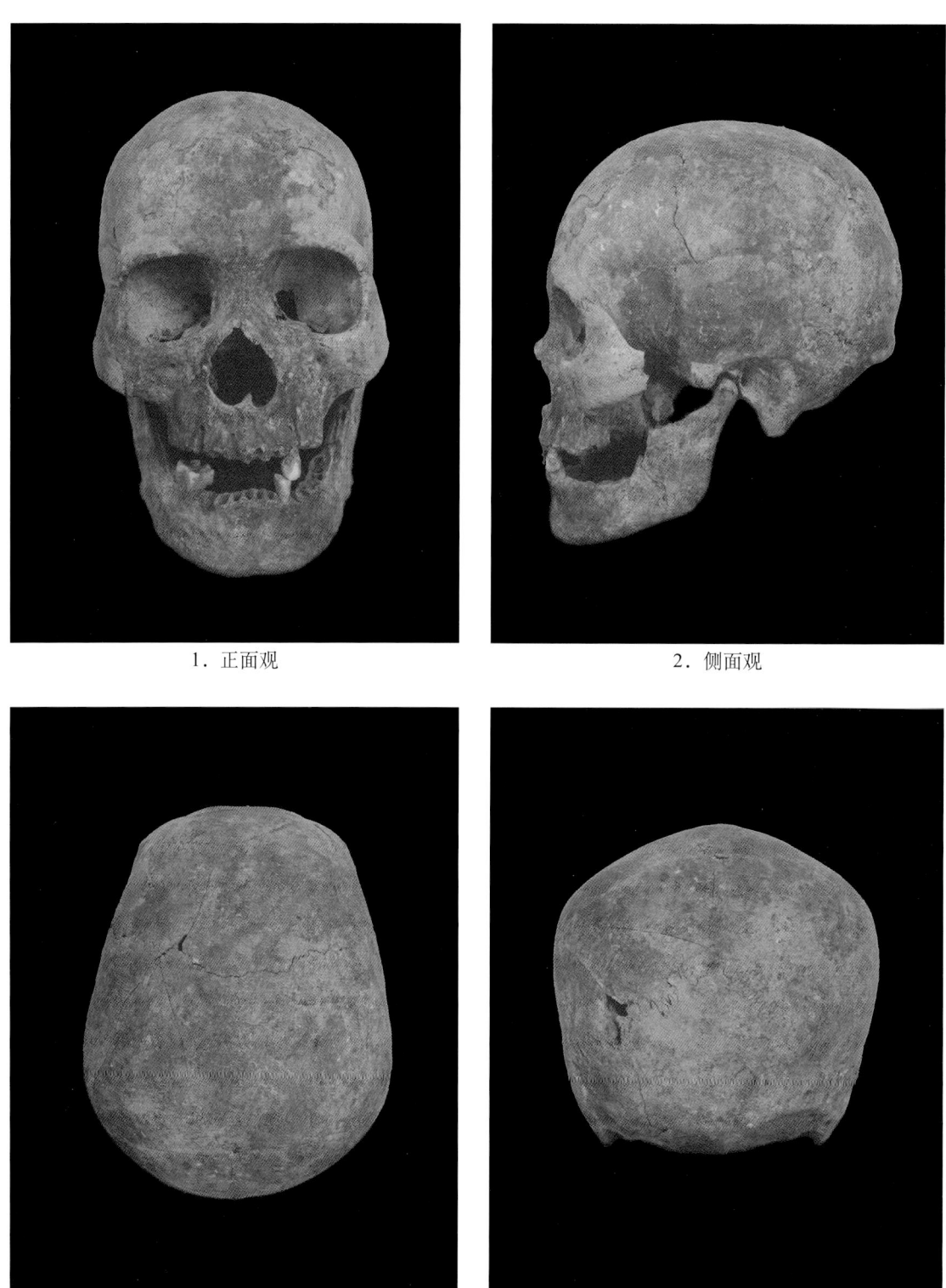

1. 正面观
2. 侧面观
3. 顶面观
4. 后面观

男性颅骨（2004HYM24）

图版五七

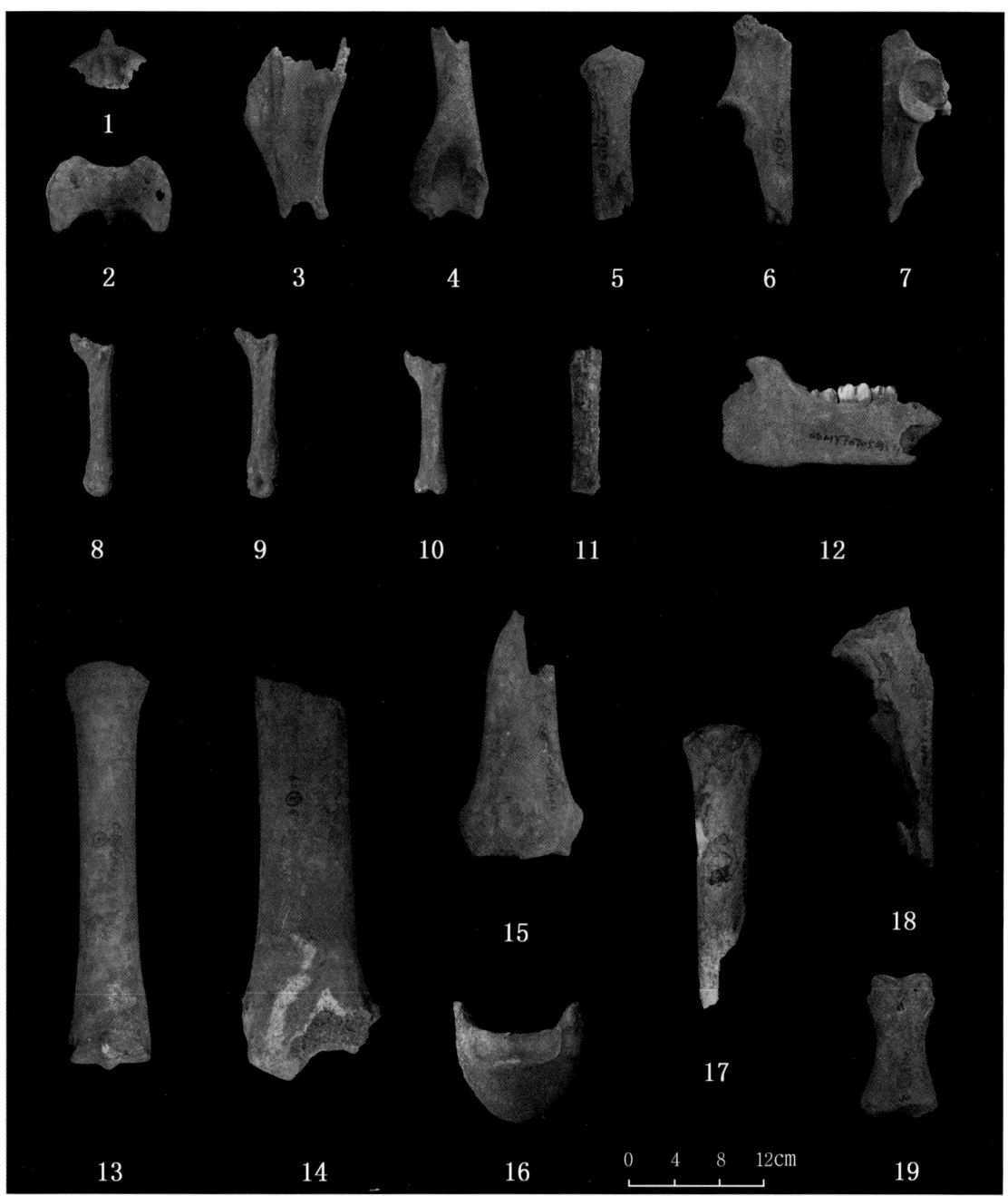

1.猪枢椎（背侧观，04HYT0415⑧：10） 2.猪寰椎（背侧观，04HYT0415⑧：8） 3.猪左侧肩胛骨（外侧观，04HYT1212⑧：5） 4.猪左侧肱骨远端（后侧观，04HYT0705⑨：4） 5.猪右侧桡骨近端（前侧观，04HYT0314⑩：2） 6.猪右侧尺骨近端（内侧观，04HYT1015⑫：7） 7.猪右侧髋骨（外侧观，04HYT1014⑪：3） 8.猪左侧第4跖骨（内侧观，04HYT0916⑪：10） 9.猪右侧第3跖骨（外侧观，04HYT1014⑩：2） 10.猪左侧第4跖骨（内侧观，04HYT1212⑩：33） 11.猪左侧第4掌骨（背侧观，04HYT0417④：7） 12.猪左侧下颌骨（舌侧观，04HYT0705G2：1） 13.马右侧掌骨（背侧观，04HYT1013⑨：2） 14.马左侧胫骨远端（前侧观，04HYT0913③：1） 15.马左侧桡骨远端（前侧观，04HYT0706⑨：18） 16.马左侧蹄骨（背侧观，04HYT0815⑦：2） 17.马左侧距骨近端（背侧观，04HYT1517⑩：1） 18.马右侧尺骨近端（内侧观，04HYT0413⑮：5） 19.马左侧趾系骨（背侧观，04HYT0913③：3）

猪、马骨骼

图版五八

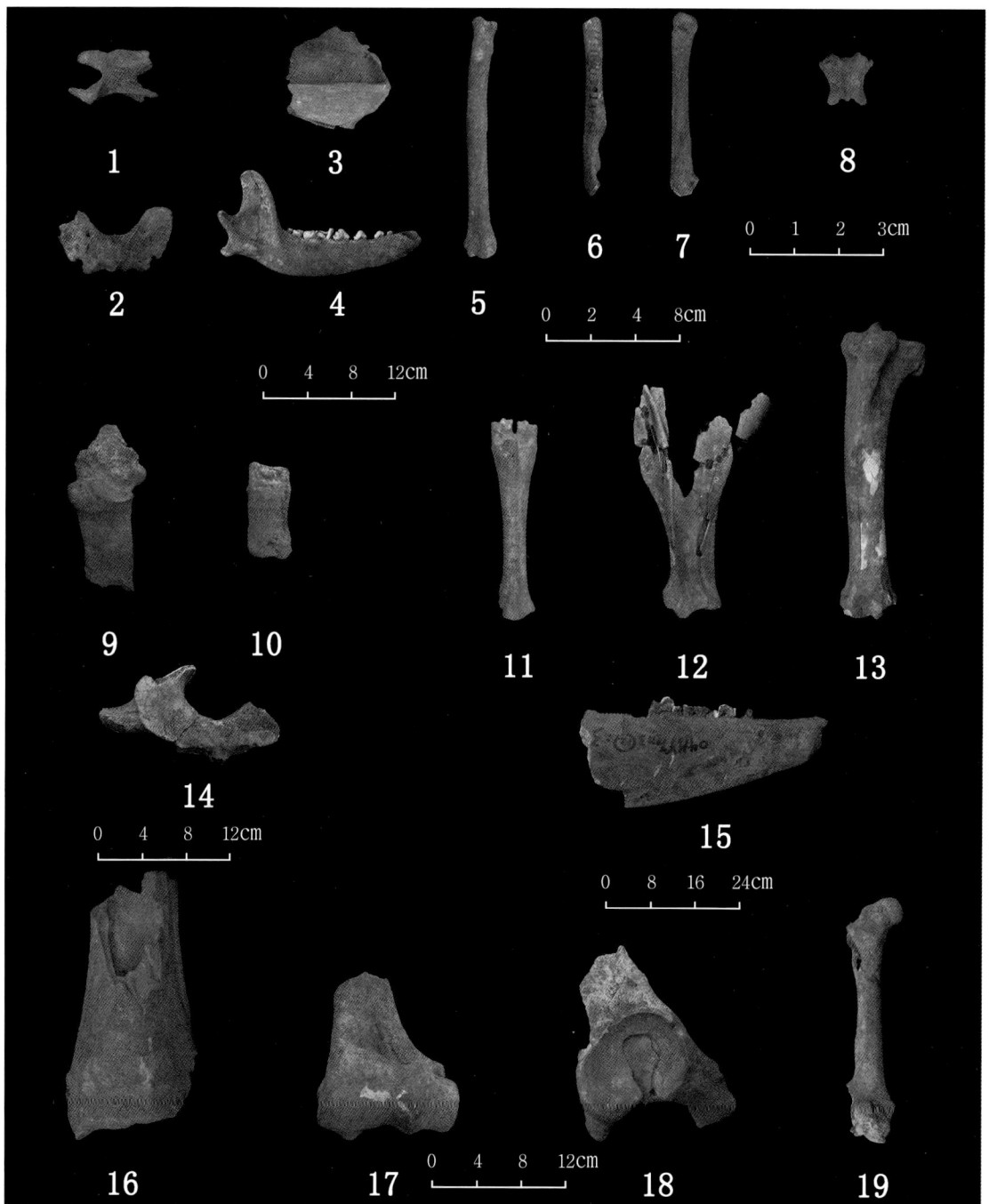

1.狗枢椎（左侧观，04HYT0617⑧：17） 2.狗寰椎（背侧观，04HYT0617⑧：16） 3.狗颅骨后侧（背侧观，04HYT0617⑧：1） 4.狗右侧下颌骨（颊侧观，04HYT0617⑧：10） 5.狗左侧桡骨（前侧观，04HYT0617⑧：4） 6.狗右侧尺骨远端（外侧观，04HYT0617⑧：11） 7.狗左侧第3掌骨（内侧观，04HYT0617⑧：14） 8.狗颈椎（背侧观，04HYT0617⑧：19） 9.牛右侧跟骨（内侧观，04HYT1212⑫：25） 10.牛右侧指系骨（背侧观，04HYT0915⑪：4） 11.牛左侧距骨（背侧观，04HYT1013⑨：1） 12.牛左侧肩胛骨（外侧观，04HYT0716⑥：1） 13.牛左侧胫骨（前侧观，04HYT0508⑫：2） 14.牛寰椎后关节面（后侧观，04HYT0709⑫：4） 15.牛左侧下颌骨（舌侧观，04HYT1113⑫：3） 16.牛左侧桡骨远端（前侧观，04HYT1212⑩：13） 17.牛左侧肱骨远端（前侧观，04HYT0805 ⑭：4） 18.牛右侧髋骨（外侧观，04HYT1112⑥：1） 19.牛左侧股骨（后侧观，04HYT0606⑨：7）

狗、牛骨骼

图版五九

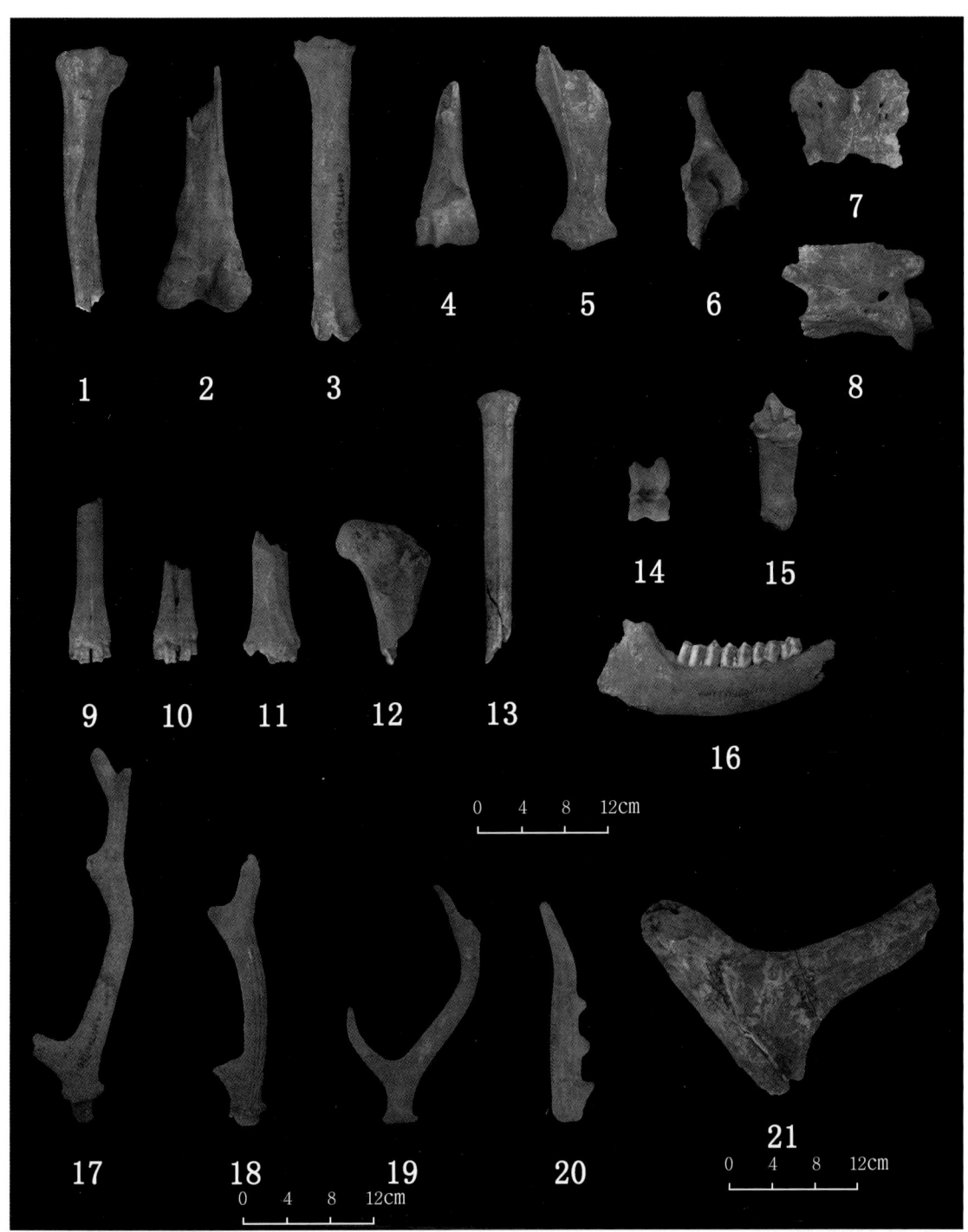

1.鹿左侧胫骨近端（前侧观，04HYT1112⑩：4）2.鹿右侧股骨远端（后侧观，04HYT1014⑬：4）3.鹿右侧桡骨（前侧观，04HYT1013⑨：3）4.鹿右侧肱骨远端（前侧观，04HYT1009⑪：5）5.鹿左侧肩胛骨（外侧观，04HYT0916⑪：12）6.鹿右侧髋骨（外侧观，04HYT0914⑤D1填坑：2）7.鹿寰椎（背侧观，04HYT0916⑪：11）8.鹿枢椎（右侧观，04HYT0805⑫：1）9.鹿右侧掌骨远端（背侧观，04HYT0906⑪：16）10.鹿右侧跖骨远端（背侧观，04HYT0804⑤：3）11.鹿左侧胫骨远端（后侧观，04HYT0906⑪：13）12.鹿右侧股骨近端（后侧观，04HYT0513⑯：3）13.鹿左侧跖骨近端（背侧观，04HYT0915⑩：10）14.鹿左侧距骨（背侧观，04HYT0414⑤：1）15.鹿左侧跟骨（内侧观，04HYT1009⑪：7）16.鹿右侧下颌骨（颊侧观，04HYT0716⑩：1）17.梅花鹿右角（内侧观，04HYT0517⑩：1）18.梅花鹿左角（外侧观，04HYT1211⑩：1）19.梅花鹿左角（外侧观，04HYT0815⑨：1）20.麋鹿左角（内侧观，04HYT0705H21：1）21.麋鹿左角（外侧观，04HYT0708⑪：1）

鹿骨骼

图版六〇

1.环带丽蚌左壳（外侧观，04HYT1212⑧：12） 2.环带丽蚌左壳（内侧观，04HYT1212⑧：12） 3.巨首楔蚌左壳（外侧观，04HYT0617④：2） 4.巨首楔蚌左壳（内侧观，04HYT0617④：2） 5.背瘤丽蚌左壳（外侧观，04HYT0817③：4） 6.背瘤丽蚌左壳（内侧观，04HYT0817③：4） 7.帆蚌左壳（外侧观，04HYT1115⑥：1） 8.帆蚌左壳（内侧观，04HYT1115⑥：1） 9.杜氏珠蚌右壳（外侧观，04HYT0817⑥：5） 10.杜氏珠蚌右壳（内侧观，04HYT0817⑥：5） 11.中国圆田螺（04HYT0817③：38） 12.剑状矛蚌左壳（外侧观，04HYT0617⑤：3） 13.剑状矛蚌左壳（内侧观，04HYT0617⑤：3）

软体动物骨骼